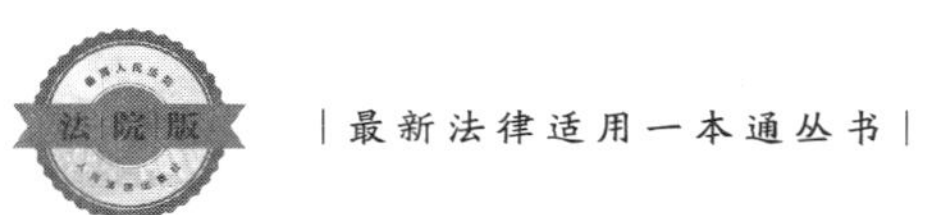

民法典合同编适用一本通

人民法院出版社 编

人民法院出版社

图书在版编目（CIP）数据

民法典合同编适用一本通 / 人民法院出版社编. -- 北京 ： 人民法院出版社， 2023.12
（最新法律适用一本通丛书）
ISBN 978-7-5109-3993-8

Ⅰ. ①民… Ⅱ. ①人… Ⅲ. ①合同法—法律适用—中国 Ⅳ. ①D923.65

中国国家版本馆CIP数据核字(2023)第242105号

民法典合同编适用一本通

人民法院出版社 编

策划编辑 李安尼
责任编辑 赵芳慧
封面设计 尹苗苗
出版发行 人民法院出版社
地　　址 北京市东城区东交民巷27号（100745）
电　　话 （010）67550628（责任编辑）　67550558（发行部查询）
65223677（读者服务部）
客服QQ 2092078039
网　　址 http：//www.courtbook.com.cn
E－mail courtpress@sohu.com
印　　刷 保定市中画美凯印刷有限公司
经　　销 新华书店

开　　本 880毫米×1230毫米 1/32
字　　数 900千字
印　　张 27.5
版　　次 2023年12月第1版　2023年12月第1次印刷
书　　号 ISBN 978-7-5109-3993-8
定　　价 98.00元

前　言

民法典作为我国基本法律之一，是新时代国家精神、民族精神和法律文化传统的立法表达。编纂民法典是党的十八届四中全会提出的重大立法任务，也是切实贯彻落实党的十九届四中全会精神、丰富完善国家法制体系、推进依法治国能力现代化的重要举措。2020 年 5 月 28 日，十三届全国人大三次会议正式表决通过《中华人民共和国民法典》，共 7 编、1260 条，各编依次为总则、物权、合同、人格权、婚姻家庭、继承、侵权责任和附则，自 2021 年 1 月 1 日起施行。民法典的颁行对于统一《民法通则》和其他已有民事法律规范，消弭单行立法之间的疏漏、重复和冲突，保护人们在社会中生存发展的民事权利，保证司法的统一、公正、高效和权威，激发社会发展的活力和潜力等均具有重要意义。

在民法典实施三周年之际，为更好地回应广大读者对民法典深入学习的热切期盼和强烈渴求，人民法院出版社立足法律实践，在之前出版的《中华人民共和国民法典适用一本通丛书》的基础上，对该丛书全面升级改版，全新推出《最新法律适用一本通丛书》之《民法典总则编适用一本通》《民法典物权编适用一本通》《民法典合同编适用一本通》《民法典人格权编和侵权责任编适用一本通》《民法典婚姻家庭编和继承编适用一本通》5 个分册。每一分册均以《中华人民共和国民法典》主体法律条文为主线，逐条全面梳理与之密切关联的法律规范及权威案例，并新增“适用要点”栏目，为部分重点条文的理解与适用提供具体指引。本丛书通过“以法析法”、“以案释法”、要点提示的方式将民事法律规范系统、全面、生动地呈现在广大读者面前，为法官、律师等司法工作者及法律教学、社会普法等大众读者提供了全面、丰富、实用的法律实践指引和学习参考指引。

丛书具有以下四项显著特点：

1. 内容全面、编排得当。丛书体例上，以《中华人民共和国民法典》条文为纲，在每个条文之后插入与之密切相关的法律、行政法规、司法解释及文件、部门规章及规范性文件，重点法条配有地方性法规、地方政府规章、权威案例、适用要点等，使读者一目了然地了解与民法典各个条文相关的全部重点内容。

2. 紧扣实务、以案释法。为增强丛书的实用性，使读者更好地理解法律条文的内容，为解决实务问题提供参考，丛书精心收录了与主条文切合的具有全国指导意义的权威典型案例，如最高人民法院指导性案例、公报案例、典型案例、人民法院案例选案例、民事审判指导与参考案例等，并制作单独的案例索引目录方便实践应用。

3. 精心设计、方便实用。丛书体例内容均经过精心设计，仅收录现行有效的、最新的、与民法典条文密切相关的内容，民法典颁布后失效的以及时间久远的指导当前实践意义不大的规范及案例并未被选取。此外，为方便读者翻阅查询，丛书还为民法典各个条文提炼了相应的条文要旨。

4. 传统纸媒与数字内容深度融合。鉴于部分案例全文内容庞大，悉数收录将极大增加图书篇幅，不便于阅读和携带，丛书充分利用大数据资源，将传统纸媒与数字内容深度融合，书中指导案例及公报案例等仅保留发布时间、关键词和案例要旨部分，方便读者了解案例概况，同时可扫描案例下方的二维码读取案例原文。

丛书的编纂一切从读者的需求出发，希望本丛书的出版能够为广大读者深入学习和理解民法典，解决工作学习中的问题提供有益的帮助。囿于时间仓促及资料有限，丛书可能还存在一些不当与纰漏之处，敬请读者朋友谅解，也欢迎批评指正。

编者

2023 年 12 月

凡 例

1. 法律文件名称中的“中华人民共和国”省略，其余一般不省略，例如《中华人民共和国立法法》，简称为《立法法》。

2. 以《中华人民共和国民法典》正式颁布条文为纲，原有条文要旨和适用要点的提炼参考已出版的法律及司法解释理解与适用图书及其他图书，新增条文要旨的提炼根据条文关键词及内容概要。

3. 法律规范的选取及排序。选取法律、立法解释、行政法规、司法解释及文件、部门规章及规范性文件等。每一类别下优先按照与主条文相关性排序，其次按照发布时间从新到旧排序。收录日期截至2023年12月底。

4. 案例的选取及排序。选取最高人民法院指导性案例、最高人民法院公报案例、最高人民法院公布的典型案例、《人民法院案例选》案例、《民事审判指导与参考》案例，并以此为序。收录日期截至2023年12月底。

5. 案例索引。每册书制作单独的案例索引，放在每册目录之后。索引中将案例按照内容主题分类列明，方便读者快速查阅。

目 录

第一分编 通 则

第二分编 典型合同

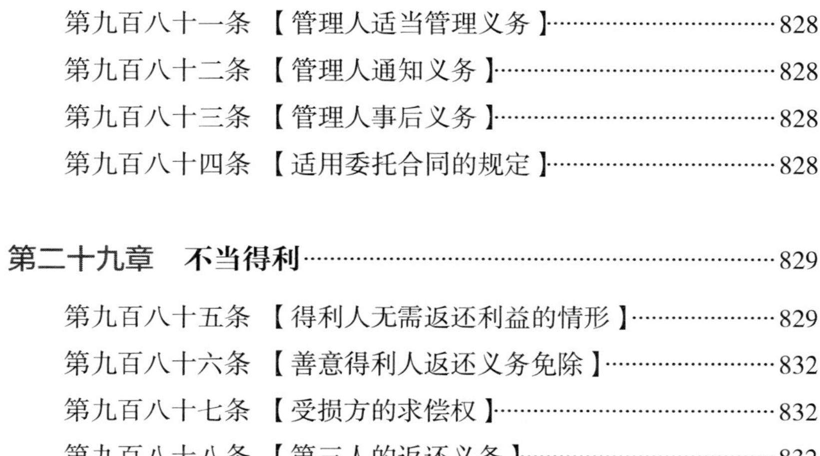

案例索引

一般规定

合同的订立

合同的效力

合同的履行

合同的保全

合同的变更和转让

合同的权利义务终止

违约责任

买卖合同

供用电、水、气、热力合同

赠与合同

借款合同

保证合同

租赁合同

融资租赁合同

承揽合同

建设工程合同

运输合同

技术合同

保管合同

仓储合同

委托合同

物业服务合同

行纪合同

中介合同

合伙合同

无因管理

不当得利

第一分编　通　则

第一章　一般规定

第四百六十三条 【调整范围】 本编调整因合同产生的民事关系。

法　律

⊙《**民法典**》(**总则编**)(2020 年 5 月 28 日)

第一条　为了保护民事主体的合法权益，调整民事关系，维护社会和经济秩序，适应中国特色社会主义发展要求，弘扬社会主义核心价值观，根据宪法，制定本法。

第二条　民法调整平等主体的自然人、法人和非法人组织之间的人身关系和财产关系。

适用要点

⊙ 行政机关与民事主体签订的合同是否受《民法典》合同编的调整

在判断行政主体与民事主体所订立的合同是否应为合同编所调整时，应当遵循以下步骤：首先，应当确定行政主体与民事主体所签订的合同是否属于行政法所确定的行政合同。如若其属于行政法所确定的行政合同，则其不适用合同编的规定。我国行政法律、法规所确立的行政合同主要有政府采购合同、行政机关委托的科研合同、国家订购合同、行政补偿合同、公益事业建设投资合同、土地等国有资源开发利用合同、企业承包管理合同、行政委托合同、计划生育合同、交通安全保障合同、环境资源保护合同以及人事聘用合同。其次，如果其不属于行政法所直接确定的行政合同，则应当在分析因该合同产生的法律关系性质的基础上，结合该合同的目的进行综合判断。如若其产生的法律关系性质不具备交易关系所具有的特征，其目的又在于追求行政管理目标的实现，则其不受合同编的调整。如若该合同所产生的法律关系符合交易关系所具有的特征，其目的又是意图实现私法上的效果，则应当认定其受合同编所调整。

第四百六十四条 【合同定义】合同是民事主体之间设立、变更、终止民事法律关系的协议。

婚姻、收养、监护等有关身份关系的协议，适用有关该身份关系的法律规定；没有规定的，可以根据其性质参照适用本编规定。

法　律

⊙《**民法典**》(**总则编**)(2020年5月28日)

第十一条　其他法律对民事关系有特别规定的，依照其规定。

第一百一十八条　民事主体依法享有债权。

债权是因合同、侵权行为、无因管理、不当得利以及法律的其他规定，权利人请求特定义务人为或者不为一定行为的权利。

第一百三十三条　民事法律行为是民事主体通过意思表示设立、变更、终止民事法律关系的行为。

⊙《**民法典**》(**婚姻家庭编**)(2020年5月28日)

第一千零四十条　本编调整因婚姻家庭产生的民事关系。

第四百六十五条　【合同受保护及合同的相对性】 依法成立的合同，受法律保护。

依法成立的合同，仅对当事人具有法律约束力，但是法律另有规定的除外。

法　律

⊙《**民法典**》(**总则编**)(2020年5月28日)

第一百一十九条　依法成立的合同，对当事人具有法律约束力。

第一百三十六条　民事法律行为自成立时生效，但是法律另有规定或者当事人另有约定的除外。

行为人非依法律规定或者未经对方同意，不得擅自变更或者解除民事法律行为。

第一百四十三条　具备下列条件的民事法律行为有效：

（一）行为人具有相应的民事行为能力；

（二）意思表示真实；

（三）不违反法律、行政法规的强制性规定，不违背公序良俗。

⊙《**产品质量法**》(2018年12月29日修正)

第四十三条　因产品存在缺陷造成人身、他人财产损害的，受害人可以向产品的生产者要求赔偿，也可以向产品的销售者要求赔偿。属于产品的生产者的责任，产品的销售者赔偿的，产品的销售者有权向产品的生产者追偿。属于产品的销售者的责任，产品的生产者赔偿的，产品的生产者有权向产品的销售者追偿。

司法解释及文件

⊙《**最高人民法院关于适用〈中华人民共和国公司法〉若干问题的规定（三）**》(2020年12月29日修正)

第二条　发起人为设立公司以自己名义对外签订合同，合同相对人请求该发起人承担合同责任的，人民法院应予支持；公司成立后合同相对人请求公司承担合同责任的，人民法院应予支持。

第三条 发起人以设立中公司名义对外签订合同，公司成立后合同相对人请求公司承担合同责任的，人民法院应予支持。

公司成立后有证据证明发起人利用设立中公司的名义为自己的利益与相对人签订合同，公司以此为由主张不承担合同责任的，人民法院应予支持，但相对人为善意的除外。

公报案例

⊙洪某风与昆明安钡佳房地产开发有限公司房屋买卖合同纠纷案

（《最高人民法院公报》2016 年第 1 期）

【关键词】

合同　约束力　全面履行

【案例要旨】

依法成立的合同，受法律保护，当事人应当按照约定全面履行自己的义务。在洪某风已经按约支付全部价款的情况下，安钡佳公司应当依法按约向洪某风交付房产并协助办理所有权变更登记。百富琪商业广场存在违规超建的事实，但该行政违法并不针对本案争议房产，安钡佳公司向洪某风交付房产并不存在法律上和事实上的障碍。对洪某风有关安钡佳公司交付涉案房产的诉请，应予支持。

第四百六十六条 【合同条款的解释】当事人对合同条款的理解有争议的，应当依据本法第一百四十二条第一款的规定，确定争议条款的含义。

合同文本采用两种以上文字订立并约定具有同等效力的，对各文本使用的词句推定具有相同含义。各文本使用的词句不一致的，应当根据合同的相关条款、性质、目的以及诚信原则等予以解释。

法　律

⊙《**民法典**》(**总则编**)(2020 年 5 月 28 日)

第一百四十二条第一款　有相对人的意思表示的解释，应当按照所使用的词句，结合相关条款、行为的性质和目的、习惯以及诚信原则，确定意思表示的含义。

司法解释及文件

⊙《**最高人民法院关于适用〈中华人民共和国民法典〉合同编通则若干问题的解释**》(2023 年 12 月 4 日　法释〔2023〕13 号)

第一条　人民法院依据民法典第一百四十二条第一款、第四百六十六条第一款的规定解释合同条款时，应当以词句的通常含义为基础，结合相关条款、合同的性质和目的、习惯以及诚信原则，参考缔约背景、磋商过程、履行行为等因素确定争议条款的含义。

有证据证明当事人之间对合同条款有不同于词句的通常含义的其他共同理解，一方主张按照词句的通常含义理解合同条款的，人民法院不予支持。

对合同条款有两种以上解释，可能影响该条款效力的，人民法院应当选择有利于该条款有效的解释；属于无偿合同的，应当选择对债务人负担较轻的解释。

⊙《**最高人民法院关于印发〈全国法院贯彻实施民法典工作会议纪要〉的通知**》(2021 年 4 月 6 日　法〔2021〕94 号)

6. 当事人对于合同是否成立发生争议，人民法院应当本着尊重合同自由，鼓励和促进交易的精神依法处理。能够确定当事人名称或者姓名、标的和数量的，人民法院一般应当认定合同成立，但法律另有规定或者当事人另有约定的除外。

对合同欠缺的当事人名称或者姓名、标的和数量以外的其他内容，当事人达不成协议的，人民法院依照民法典第四百六十六条、第五百一十条、第五百一十一条等规定予以确定。

第四百六十七条 【无名合同及涉外合同的法律适用】本法或者其他法律没有明文规定的合同，适用本编通则的规定，并可以参照适用本编或者其他法律最相类似合同的规定。

在中华人民共和国境内履行的中外合资经营企业合同、中外合作经营企业合同、中外合作勘探开发自然资源合同，适用中华人民共和国法律。

法 律

⊙《**民法典**》(**总则编**)(2020年5月28日)

第十二条 中华人民共和国领域内的民事活动，适用中华人民共和国法律。法律另有规定的，依照其规定。

⊙《**民事诉讼法**》(2023年9月1日修正)

第二百七十九条 下列民事案件，由人民法院专属管辖：

（一）因在中华人民共和国领域内设立的法人或者其他组织的设立、解散、清算，以及该法人或者其他组织作出的决议的效力等纠纷提起的诉讼；

（二）因与在中华人民共和国领域内审查授予的知识产权的有效性有关的纠纷提起的诉讼；

（三）因在中华人民共和国领域内履行中外合资经营企业合同、中外合作经营企业合同、中外合作勘探开发自然资源合同发生纠纷提起的诉讼。

⊙《**涉外民事关系法律适用法**》(2010年10月28日)

第四条 中华人民共和国法律对涉外民事关系有强制性规定的，直接适用该强制性规定。

第四十一条 当事人可以协议选择合同适用的法律。当事人没有选择的，适用履行义务最能体现该合同特征的一方当事人经常居所地法律或者其他与该合同有最密切联系的法律。

司法解释及文件

⊙《**最高人民法院关于审理商品房买卖合同纠纷案件适用法律若干问题的解释**》（2020 年 12 月 29 日修正）

第五条　商品房的认购、订购、预订等协议具备《商品房销售管理办法》第十六条规定的商品房买卖合同的主要内容，并且出卖人已经按照约定收受购房款的，该协议应当认定为商品房买卖合同。

⊙《**最高人民法院关于审理买卖合同纠纷案件适用法律问题的解释**》（2020 年 12 月 29 日修正）

第三十二条　法律或者行政法规对债权转让、股权转让等权利转让合同有规定的，依照其规定；没有规定的，人民法院可以根据民法典第四百六十七条和第六百四十六条的规定，参照适用买卖合同的有关规定。

权利转让或者其他有偿合同参照适用买卖合同的有关规定的，人民法院应当首先引用民法典第六百四十六条的规定，再引用买卖合同的有关规定。

第四百六十八条　【非因合同产生的债权债务关系的法律适用】 非因合同产生的债权债务关系，适用有关该债权债务关系的法律规定；没有规定的，适用本编通则的有关规定，但是根据其性质不能适用的除外。

法　律

⊙《**民法典**》（**总则编**）（2020 年 5 月 28 日）

第一百一十八条　民事主体依法享有债权。

债权是因合同、侵权行为、无因管理、不当得利以及法律的其他规定，权利人请求特定义务人为或者不为一定行为的权利。

第一百二十条　民事权益受到侵害的，被侵权人有权请求侵权人承担侵权责任。

第一百二十一条 没有法定的或者约定的义务，为避免他人利益受损失而进行管理的人，有权请求受益人偿还由此支出的必要费用。

第一百二十二条 因他人没有法律根据，取得不当利益，受损失的人有权请求其返还不当利益。

第二章　合同的订立

第四百六十九条 【合同的形式】当事人订立合同，可以采用书面形式、口头形式或者其他形式。

书面形式是合同书、信件、电报、电传、传真等可以有形地表现所载内容的形式。

以电子数据交换、电子邮件等方式能够有形地表现所载内容，并可以随时调取查用的数据电文，视为书面形式。

法　律

⊙《**民法典**》(**总则编**)(2020 年 5 月 28 日)

第一百三十五条　民事法律行为可以采用书面形式、口头形式或者其他形式；法律、行政法规规定或者当事人约定采用特定形式的，应当采用特定形式。

⊙《**电子签名法**》(2019 年 4 月 23 日修正)

第二条　本法所称电子签名，是指数据电文中以电子形式所含、所附用于识别签名人身份并表明签名人认可其中内容的数据。

本法所称数据电文，是指以电子、光学、磁或者类似手段生成、发送、接收或者储存的信息。

第三条　民事活动中的合同或者其他文件、单证等文书，当事人可以约定使用或者不使用电子签名、数据电文。

当事人约定使用电子签名、数据电文的文书，不得仅因为其采用电子签名、数据电文的形式而否定其法律效力。

前款规定不适用下列文书：

（一）涉及婚姻、收养、继承等人身关系的；

（二）涉及停止供水、供热、供气等公用事业服务的；

（三）法律、行政法规规定的不适用电子文书的其他情形。

第四条 能够有形地表现所载内容，并可以随时调取查用的数据电文，视为符合法律、法规要求的书面形式。

第五条 符合下列条件的数据电文，视为满足法律、法规规定的原件形式要求：

（一）能够有效地表现所载内容并可供随时调取查用；

（二）能够可靠地保证自最终形成时起，内容保持完整、未被更改。但是，在数据电文上增加背书以及数据交换、储存和显示过程中发生的形式变化不影响数据电文的完整性。

第六条 符合下列条件的数据电文，视为满足法律、法规规定的文件保存要求：

（一）能够有效地表现所载内容并可供随时调取查用；

（二）数据电文的格式与其生成、发送或者接收时的格式相同，或者格式不相同但是能够准确表现原来生成、发送或者接收的内容；

（三）能够识别数据电文的发件人、收件人以及发送、接收的时间。

第七条 数据电文不得仅因为其是以电子、光学、磁或者类似手段生成、发送、接收或者储存的而被拒绝作为证据使用。

第八条 审查数据电文作为证据的真实性，应当考虑以下因素：

（一）生成、储存或者传递数据电文方法的可靠性；

（二）保持内容完整性方法的可靠性；

（三）用以鉴别发件人方法的可靠性；

（四）其他相关因素。

⊙**《城市房地产管理法》**（2019年8月26日修正）

第十五条 土地使用权出让，应当签订书面出让合同。

土地使用权出让合同由市、县人民政府土地管理部门与土地使用者签订。

第四十一条　房地产转让，应当签订书面转让合同，合同中应当载明土地使用权取得的方式。

第五十条　房地产抵押，抵押人和抵押权人应当签订书面抵押合同。

第五十四条　房屋租赁，出租人和承租人应当签订书面租赁合同，约定租赁期限、租赁用途、租赁价格、修缮责任等条款，以及双方的其他权利和义务，并向房产管理部门登记备案。

⊙《**建筑法**》（2019 年 4 月 23 日修正）

第十五条　建筑工程的发包单位与承包单位应当依法订立书面合同，明确双方的权利和义务。

发包单位和承包单位应当全面履行合同约定的义务。不按照合同约定履行义务的，依法承担违约责任。

第三十一条　实行监理的建筑工程，由建设单位委托具有相应资质条件的工程监理单位监理。建设单位与其委托的工程监理单位应当订立书面委托监理合同。

⊙《**民用航空法**》（2021 年 4 月 29 日修正）

第十四条　民用航空器所有权的取得、转让和消灭，应当向国务院民用航空主管部门登记；未经登记的，不得对抗第三人。

民用航空器所有权的转让，应当签订书面合同。

第二十六条　民用航空器租赁合同，包括融资租赁合同和其他租赁合同，应当以书面形式订立。

第一百四十八条　通用航空企业从事经营性通用航空活动，应当与用户订立书面合同，但是紧急情况下的救护或者救灾飞行除外。

⊙《**农村土地承包法**》（2018 年 12 月 29 日修正）

第二十二条　发包方应当与承包方签订书面承包合同。

承包合同一般包括以下条款：

（一）发包方、承包方的名称，发包方负责人和承包方代表的姓名、住所；

（二）承包土地的名称、坐落、面积、质量等级；

（三）承包期限和起止日期；

（四）承包土地的用途；

（五）发包方和承包方的权利和义务；

（六）违约责任。

第四十条 土地经营权流转，当事人双方应当签订书面流转合同。

土地经营权流转合同一般包括以下条款：

（一）双方当事人的姓名、住所；

（二）流转土地的名称、坐落、面积、质量等级；

（三）流转期限和起止日期；

（四）流转土地的用途；

（五）双方当事人的权利和义务；

（六）流转价款及支付方式；

（七）土地被依法征收、征用、占用时有关补偿费的归属；

（八）违约责任。

承包方将土地交由他人代耕不超过一年的，可以不签订书面合同。

⊙《**旅游法**》（2018年10月26日修正）

第五十八条 包价旅游合同应当采用书面形式，包括下列内容：

（一）旅行社、旅游者的基本信息；

（二）旅游行程安排；

（三）旅游团成团的最低人数；

（四）交通、住宿、餐饮等旅游服务安排和标准；

（五）游览、娱乐等项目的具体内容和时间；

（六）自由活动时间安排；

（七）旅游费用及其交纳的期限和方式；

（八）违约责任和解决纠纷的方式；

（九）法律、法规规定和双方约定的其他事项。

订立包价旅游合同时，旅行社应当向旅游者详细说明前款第二项至第八项所载内容。

⊙《**广告法**》（2021 年 4 月 29 日修正）

第三十条 广告主、广告经营者、广告发布者之间在广告活动中应当依法订立书面合同。

⊙《**商业银行法**》（2015 年 8 月 29 日修正）

第三十七条 商业银行贷款，应当与借款人订立书面合同。合同应当约定贷款种类、借款用途、金额、利率、还款期限、还款方式、违约责任和双方认为需要约定的其他事项。

⊙《**保险法**》（2015 年 4 月 24 日修正）

第十三条 投保人提出保险要求，经保险人同意承保，保险合同成立。保险人应当及时向投保人签发保险单或者其他保险凭证。

保险单或者其他保险凭证应当载明当事人双方约定的合同内容。当事人也可以约定采用其他书面形式载明合同内容。

依法成立的保险合同，自成立时生效。投保人和保险人可以对合同的效力约定附条件或者附期限。

⊙《**拍卖法**》（2015 年 4 月 24 日修正）

第四十二条 拍卖人应当对委托人提供的有关文件、资料进行核实。拍卖人接受委托的，应当与委托人签订书面委托拍卖合同。

⊙《**草原法**》（2021 年 4 月 29 日修正）

第十四条 承包经营草原，发包方和承包方应当签订书面合同。草原承包合同的内容应当包括双方的权利和义务、承包草原四至界限、面积和等级、承包期和起止日期、承包草原用途和违约责任等。承包期届满，原承包经营者在同等条件下享有优先承包权。

承包经营草原的单位和个人，应当履行保护、建设和按照承包合同约定的用途合理利用草原的义务。

⊙《**著作权法**》（2020 年 11 月 11 日修正）

第二十七条 转让本法第十条第一款第五项至第十七项规定的权利，应当订立书面合同。

权利转让合同包括下列主要内容：

（一）作品的名称；

（二）转让的权利种类、地域范围；

（三）转让价金；

（四）交付转让价金的日期和方式；

（五）违约责任；

（六）双方认为需要约定的其他内容。

⊙《**专利法**》（2020年10月17日修正）

第十条 专利申请权和专利权可以转让。

中国单位或者个人向外国人、外国企业或者外国其他组织转让专利申请权或者专利权的，应当依照有关法律、行政法规的规定办理手续。

转让专利申请权或者专利权的，当事人应当订立书面合同，并向国务院专利行政部门登记，由国务院专利行政部门予以公告。专利申请权或者专利权的转让自登记之日起生效。

⊙《**海商法**》（1992年11月7日）

第九条 船舶所有权的取得、转让和消灭，应当向船舶登记机关登记；未经登记的，不得对抗第三人。

船舶所有权的转让，应当签订书面合同。

第十二条 船舶所有人或者船舶所有人授权的人可以设定船舶抵押权。

船舶抵押权的设定，应当签订书面合同。

第一百二十八条 船舶租用合同，包括定期租船合同和光船租赁合同，均应当书面订立。

⊙《**合伙企业法**》（2006年8月27日修订）

第四条 合伙协议依法由全体合伙人协商一致、以书面形式订立。

公　约

⊙《**联合国国际货物销售合同公约**》（1980年4月11日订于维也纳）

第十一条 销售合同无须以书面订立或书面证明，在形式方面也不受任何其他条件的限制。

销售合同可以用包括人证在内的任何方法证明。

行政法规

⊙《**国内水路运输管理条例**》（2023 年 7 月 20 日修订）

第二十八条　船舶管理业务经营者接受委托提供船舶管理服务，应当与委托人订立书面合同，并将合同报所在地海事管理机构备案。

船舶管理业务经营者应当按照国家有关规定和合同约定履行有关船舶安全和防止污染的管理义务。

第三十一条　船舶代理、水路旅客运输代理、水路货物运输代理业务的经营者接受委托提供代理服务，应当与委托人订立书面合同，按照国家有关规定和合同约定办理代理业务，不得强行代理，不得为未依法取得水路运输业务经营许可或者超越许可范围的经营者办理代理业务。

⊙《**城市房地产开发经营管理条例**》（2020 年 11 月 29 日修订）

第二十七条　商品房销售，当事人双方应当签订书面合同。合同应当载明商品房的建筑面积和使用面积、价格、交付日期、质量要求、物业管理方式以及双方的违约责任。

⊙《**招标投标法实施条例**》（2019 年 3 月 2 日修订）

第十四条　招标人应当与被委托的招标代理机构签订书面委托合同，合同约定的收费标准应当符合国家有关规定。

第五十七条　招标人和中标人应当依照招标投标法和本条例的规定签订书面合同，合同的标的、价款、质量、履行期限等主要条款应当与招标文件和中标人的投标文件的内容一致。招标人和中标人不得再行订立背离合同实质性内容的其他协议。

招标人最迟应当在书面合同签订后 5 日内向中标人和未中标的投标人退还投标保证金及银行同期存款利息。

⊙《**期货交易管理条例**》（2017 年 3 月 1 日修订）

第二十四条 期货公司接受客户委托为其进行期货交易，应当事先向客户出示风险说明书，经客户签字确认后，与客户签订书面合同。期货公司不得未经客户委托或者不按照客户委托内容，擅自进行期货交易。

期货公司不得向客户作获利保证；不得在经纪业务中与客户约定分享利益或者共担风险。

⊙《**中国公民出国旅游管理办法**》（2017 年 3 月 1 日修订）

第十五条 组团社组织旅游者出国旅游，应当选择在目的地国家依法设立并具有良好信誉的旅行社（以下简称境外接待社），并与之订立书面合同后，方可委托其承担接待工作。

⊙《**对外承包工程管理条例**》（2017 年 3 月 1 日修订）

第九条 对外承包工程的单位应当与境外工程项目发包人订立书面合同，明确双方的权利和义务，并按照合同约定履行义务。

⊙《**植物新品种保护条例**》（2014 年 7 月 29 日修订）

第九条 植物新品种的申请权和品种权可以依法转让。

中国的单位或者个人就其在国内培育的植物新品种向外国人转让申请权或者品种权的，应当经审批机关批准。

国有单位在国内转让申请权或者品种权的，应当按照国家有关规定报经有关行政主管部门批准。

转让申请权或者品种权的，当事人应当订立书面合同，并向审批机关登记，由审批机关予以公告。

⊙《**计算机软件保护条例**》（2013 年 1 月 30 日修订）

第十条 由两个以上的自然人、法人或者其他组织合作开发的软件，其著作权的归属由合作开发者签订书面合同约定。无书面合同或者合同未作明确约定，合作开发的软件可以分割使用的，开发者对各自开发的部分可以单独享有著作权；但是，行使著作权时，不得扩展到合作开发的软件整体的著作权。合作开发的软件不能分割使用的，其著作权由各合作开发者共同享有，通过协商一致行使；不能协商一致，又无正当理由的，任何一方不得阻止他方行使除转让权以外的其他权利，但是所得收益应当合理分配给所有合作开发者。

第十一条　接受他人委托开发的软件，其著作权的归属由委托人与受托人签订书面合同约定；无书面合同或者合同未作明确约定的，其著作权由受托人享有。

第十九条　许可他人专有行使软件著作权的，当事人应当订立书面合同。

没有订立书面合同或者合同中未明确约定为专有许可的，被许可行使的权利应当视为非专有权利。

第二十条　转让软件著作权的，当事人应当订立书面合同。

⊙《**集成电路布图设计保护条例**》（2001 年 4 月 2 日）

第二十二条　布图设计权利人可以将其专有权转让或者许可他人使用其布图设计。

转让布图设计专有权的，当事人应当订立书面合同，并向国务院知识产权行政部门登记，由国务院知识产权行政部门予以公告。布图设计专有权的转让自登记之日起生效。

许可他人使用其布图设计的，当事人应当订立书面合同。

⊙《**广告管理条例**》（1987 年 10 月 26 日）

第十七条　广告经营者承办或者代理广告业务。应当与客户或者被代理人签订书面合同，明确各方的责任。

司法解释及文件

⊙《**最高人民法院关于审理买卖合同纠纷案件适用法律问题的解释**》（2020 年 12 月 29 日修正）

第一条　当事人之间没有书面合同，一方以送货单、收货单、结算单、发票等主张存在买卖合同关系的，人民法院应当结合当事人之间的交易方式、交易习惯以及其他相关证据，对买卖合同是否成立作出认定。

对账确认函、债权确认书等函件、凭证没有记载债权人名称，买卖合同当事人一方以此证明存在买卖合同关系的，人民法院应予支持，但有相反证据足以推翻的除外。

⊙《**最高人民法院关于适用〈中华人民共和国仲裁法〉若干问题的解释**》（2006 年 8 月 23 日　法释〔2006〕7 号）

第一条　仲裁法第十六条规定的“其他书面形式”的仲裁协议，包括以合同书、信件和数据电文（包括电报、电传、传真、电子数据交换和电子邮件）等形式达成的请求仲裁的协议。

⊙《**最高人民法院关于印发〈第二次全国涉外商事海事审判工作会议纪要〉的通知**》（2005 年 12 月 26 日　法发〔2005〕26 号）

66. 仲裁协议应当采用书面形式。是否具有书面形式，按照《中华人民共和国合同法》第十一条的规定办理。当事人在订立的涉外合同中援引适用其他合同、文件中的有效仲裁条款的，是书面形式的仲裁协议。

人民法院案例选案例

⊙**壳牌统一（北京）石油化工有限公司诉史某某、龙某某侵权责任纠纷案**［《人民法院案例选》2017 年第 1 辑（总第 107 辑）］

【关键词】

合同形式　合同要件　会议纪要

【案例要旨】

在涉建设工程案件中，认定“会议纪要”是否构成合同，应该从意思表示是否一致、意思表示是否具体确定以及是否有受约束的意思表示三个要件进行分析，三者缺一不可。如果双方针对协商具体事宜缺乏受约束的意思表示，则不应认定“会议纪要”构成合同。

第四百七十条 【合同内容】合同的内容由当事人约定，一般包括下列条款：

（一）当事人的姓名或者名称和住所；

（二）标的；

（三）数量；

（四）质量；

（五）价款或者报酬；

（六）履行期限、地点和方式；

（七）违约责任；

（八）解决争议的方法。

当事人可以参照各类合同的示范文本订立合同。

法 律

⊙**《农村土地承包法》**（2018年12月29日修正）

第二十二条 发包方应当与承包方签订书面承包合同。

承包合同一般包括以下条款：

（一）发包方、承包方的名称，发包方负责人和承包方代表的姓名、住所；

（二）承包土地的名称、坐落、面积、质量等级；

（三）承包期限和起止日期；

（四）承包土地的用途；

（五）发包方和承包方的权利和义务；

（六）违约责任。

⊙**《保险法》**（2015年4月24日修正）

第十八条 保险合同应当包括下列事项：

（一）保险人的名称和住所；

（二）投保人、被保险人的姓名或者名称、住所，以及人身保险的受益人的姓名或者名称、住所；

（三）保险标的；

（四）保险责任和责任免除；

（五）保险期间和保险责任开始时间；

（六）保险金额；

（七）保险费以及支付办法；

（八）保险金赔偿或者给付办法；

（九）违约责任和争议处理；

（十）订立合同的年、月、日。

投保人和保险人可以约定与保险有关的其他事项。

受益人是指人身保险合同中由被保险人或者投保人指定的享有保险金请求权的人。投保人、被保险人可以为受益人。

保险金额是指保险人承担赔偿或者给付保险金责任的最高限额。

⊙《**著作权法**》（2020年11月11日修正）

第二十六条　使用他人作品应当同著作权人订立许可使用合同，本法规定可以不经许可的除外。

许可使用合同包括下列主要内容：

（一）许可使用的权利种类；

（二）许可使用的权利是专有使用权或者非专有使用权；

（三）许可使用的地域范围、期间；

（四）付酬标准和办法；

（五）违约责任；

（六）双方认为需要约定的其他内容。沿革信息

第二十七条　转让本法第十条第一款第五项至第十七项规定的权利，应当订立书面合同。

权利转让合同包括下列主要内容：

（一）作品的名称；

（二）转让的权利种类、地域范围；

（三）转让价金；

（四）交付转让价金的日期和方式；

（五）违约责任；

（六）双方认为需要约定的其他内容。

⊙《**海商法**》（1992 年 11 月 7 日）

第一百五十六条　海上拖航合同应当书面订立。海上拖航合同的内容，主要包括承拖方和被拖方的名称和住所、拖轮和被拖物的名称和主要尺度、拖轮马力、起拖地和目的地、起拖日期、拖航费及其支付方式，以及其他有关事项。

第四百七十一条　【订立合同方式】当事人订立合同，可以采取要约、承诺方式或者其他方式。

法　律

⊙《**电子商务法**》（2018 年 8 月 31 日）

第四十九条　电子商务经营者发布的商品或者服务信息符合要约条件的，用户选择该商品或者服务并提交订单成功，合同成立。当事人另有约定的，从其约定。

电子商务经营者不得以格式条款等方式约定消费者支付价款后合同不成立；格式条款等含有该内容的，其内容无效。

⊙《**招标投标法**》（2017 年 12 月 27 日修正）

第四十六条　招标人和中标人应当自中标通知书发出之日起三十日内，按照招标文件和中标人的投标文件订立书面合同。招标人和中标人不得再行订立背离合同实质性内容的其他协议。

招标文件要求中标人提交履约保证金的，中标人应当提交。

部门规章及规范性文件

⊙**《商务部关于网上交易的指导意见（暂行）》**（2007年3月6日　商务部公告2007年第19号）

3. 遵守合同订立的各项要求

交易各方采用电子邮件、网上交流等方式订立合同，应当遵守合同法、电子签名法的有关规定，注意下列事项：

（1）与数据电文确认收讫有关的事项；

（2）以数据电文形式发送的要约的撤回、撤销和失效以及承诺的撤回；

（3）自动交易系统形成的文件的法律效力；

（4）价款的支付，标的物和有关单据、凭证的交付；

（5）管辖法院或仲裁机构的选择，准据法的确定；

（6）法律、法规规定的其他事项。

交易方采用格式合同的，制定合同的一方应遵守法律、法规关于格式合同的规定，并注意适应网络特点，相对方要仔细阅读合同条款，谨慎操作。

人民法院案例选案例

⊙**山东省临朐县进出口公司诉韩国先进海运航空株式会社海上货物运输合同纠纷案**［《人民法院案例选》2002年第4辑（总第42辑）］

【关键词】

合同订立方式　要约与承诺

【案例要旨】

在本案中，原告传真给被告的订舱委托书内容具体确定，有明确的缔约意思表示，是有约束力的要约；而被告给原告的“入货通知”是同意要约的意思表示，构成承诺，加之被告已经实际上承运了要约所指货物，足以认定原、被告之间以要约、承诺方式订立了海上货物运输合同，该合同在承诺生效时成立，并且已经得到了履行。由本案事实来看，在既不存在书面海上货物运输合同，又没有提单等证据证明合同存在的情形下，依据我国《合同法》（《民法典》）关于合同订立、成立相关规定的精神，仍可以确认当事人之间是否存在海上货物运输合同。

第四百七十二条　【要约】要约是希望与他人订立合同的意思表示，该意思表示应当符合下列条件：

（一）内容具体确定；

（二）表明经受要约人承诺，要约人即受该意思表示约束。

公　约

⊙**《联合国国际货物销售合同公约》**（1980年4月11日订于维也纳）

第十四条

（1）向一个或一个以上特定的人提出的订立合同的建议，如果十分确定并且表明发价人在得到接受时承受约束的意旨，即构成发价。一个建议如果写明货物并且明示或暗示地规定数量和价格或规定如何确定数量和价格，即为十分确定。

（2）非向一个或一个以上特定的人提出的建议，仅应视为邀请做出发价，除非提出建议的人明确地表示相反的意向。

第十五条

（1）发价于送达被发价人时生效。

（2）一项发价，即使是不可撤销的，得予撤回，如果撤回通知于发价送达被发价人之前或同时，送达被发价人。

行政法规

⊙**《股票发行与交易管理暂行条例》**（1993年4月22日）

第五十二条　收购要约发出后，主要要约条件改变的，收购要约人应当立即通知所有受要约人。通知可以采用新闻发布会、登报或者其他传播形式。

收购要约人在要约期内及要约期满后三十个工作日内，不得以要约规定以外的任何条件购买该种股票。

预受收购要约的受要约人有权在收购要约失效前撤回对该要约的预受。

人民法院案例选案例

⊙**承诺人杨某某诉要约人西港水产养殖场在要约确定的承诺期限其作出了承诺要求履行承包合同要约案**［《人民法院案例选》2002 年第 2 辑（总第 40 辑）］

【关键词】

要约的要件　意思表示　要约生效

【案例要旨】

要约是希望和他人订立合同的意思表示。养殖场发布的通知明确了承包期限、承包金额、承诺期限，应视该通知为要约。（1）该通知的内容具体确定。通知确定了新一轮的承包价格、承包期限及总承包金额，内容明确清晰，已经具备了足以使承包合同成立的主要条款。（2）该意思表示明确地表明了，经受要约人承诺，要约人即受该意思表示约束。要约人确定了承诺期限或者以其他形式明示要约不可撤销的，要约不得撤销。

第四百七十三条　【要约邀请】要约邀请是希望他人向自己发出要约的表示。拍卖公告、招标公告、招股说明书、债券募集办法、基金招募说明书、商业广告和宣传、寄送的价目表等为要约邀请。

商业广告和宣传的内容符合要约条件的，构成要约。

法　律

⊙《**公司法**》（2018 年 10 月 26 日修正）

第八十五条　发起人向社会公开募集股份，必须公告招股说明书，并制作认股书。认股书应当载明本法第八十六条所列事项，由认股人填写认购股数、金额、住所，并签名、盖章。认股人按照所认购股数缴纳股款。

第一百三十四条　公司经国务院证券监督管理机构核准公开发行新股时，必须公告新股招股说明书和财务会计报告，并制作认股书。

本法第八十七条、第八十八条的规定适用于公司公开发行新股。

⊙《**招标投标法**》（2017 年 12 月 27 日修正）

第十条　招标分为公开招标和邀请招标。

公开招标，是指招标人以招标公告的方式邀请不特定的法人或者其他组织投标。

邀请招标，是指招标人以投标邀请书的方式邀请特定的法人或者其他组织投标。

第十六条　招标人采用公开招标方式的，应当发布招标公告。依法必须进行招标的项目的招标公告，应当通过国家指定的报刊、信息网络或者其他媒介发布。

招标公告应当载明招标人的名称和地址、招标项目的性质、数量、实施地点和时间以及获取招标文件的办法等事项。

第十七条　招标人采用邀请招标方式的，应当向三个以上具备承担招标项目的能力、资信良好的特定的法人或者其他组织发出投标邀请书。

投标邀请书应当载明本法第十六条第二款规定的事项。

⊙《**拍卖法**》（2015 年 4 月 24 日修正）

第四十五条　拍卖人应当于拍卖日七日前发布拍卖公告。

第四十六条　拍卖公告应当载明下列事项：

（一）拍卖的时间、地点；

（二）拍卖标的；

（三）拍卖标的展示时间、地点；

（四）参与竞买应当办理的手续；

（五）需要公告的其他事项。

第四十七条 拍卖公告应当通过报纸或者其他新闻媒介发布。

第四十八条 拍卖人应当在拍卖前展示拍卖标的，并提供查看拍卖标的的条件及有关资料。拍卖标的的展示时间不得少于两日。

司法解释及文件

⊙《最高人民法院关于审理商品房买卖合同纠纷案件适用法律若干问题的解释》（2020年12月29日修正）

第三条 商品房的销售广告和宣传资料为要约邀请，但是出卖人就商品房开发规划范围内的房屋及相关设施所作的说明和允诺具体确定，并对商品房买卖合同的订立以及房屋价格的确定有重大影响的，构成要约。该说明和允诺即使未载入商品房买卖合同，亦应当为合同内容，当事人违反的，应当承担违约责任。

公报案例

⊙成都鹏伟实业有限公司与江西省永修县人民政府、永修县鄱阳湖采砂管理工作领导小组办公室采矿权纠纷案（《最高人民法院公报》2010年第4期）

【关键词】

要约邀请　合同

【案例要旨】

行政机关在网站发布的拍卖信息可以视为其就公开拍卖采砂权事宜向社会不特定对象发出的要约邀请，在受要约人与之建立合同关系，且双方对合同约定的内容产生争议时，该要约邀请对合同的解释可以产生证据的效力。

第四百七十四条 【要约的生效时间】要约生效的时间适用本法第一百三十七条的规定。

法 律

⊙《**民法典**》(**总则编**)(2020 年 5 月 28 日)

第一百三十七条 以对话方式作出的意思表示，相对人知道其内容时生效。

以非对话方式作出的意思表示，到达相对人时生效。以非对话方式作出的采用数据电文形式的意思表示，相对人指定特定系统接收数据电文的，该数据电文进入该特定系统时生效；未指定特定系统的，相对人知道或者应当知道该数据电文进入其系统时生效。当事人对采用数据电文形式的意思表示的生效时间另有约定的，按照其约定。

⊙《**电子签名法**》(2019 年 4 月 23 日修正)

第九条 数据电文有下列情形之一的，视为发件人发送：

(一)经发件人授权发送的；

(二)发件人的信息系统自动发送的；

(三)收件人按照发件人认可的方法对数据电文进行验证后结果相符的。

当事人对前款规定的事项另有约定的，从其约定。

第十条 法律、行政法规规定或者当事人约定数据电文需要确认收讫的，应当确认收讫。发件人收到收件人的收讫确认时，数据电文视为已经收到。

第十一条 数据电文进入发件人控制之外的某个信息系统的时间，视为该数据电文的发送时间。

收件人指定特定系统接收数据电文的，数据电文进入该特定系统的时间，视为该数据电文的接收时间；未指定特定系统的，数据电文进入收件人的任何系统的首次时间，视为该数据电文的接收时间。

当事人对数据电文的发送时间、接收时间另有约定的，从其约定。

第四百七十五条 【要约的撤回】要约可以撤回。要约的撤回适用本法第一百四十一条的规定。

法　律

⊙《**民法典**》(**总则编**)(2020年5月28日)

第一百四十一条　行为人可以撤回意思表示。撤回意思表示的通知应当在意思表示到达相对人前或者与意思表示同时到达相对人。

第四百七十六条 【要约不得撤销的情形】要约可以撤销，但是有下列情形之一的除外：

（一）要约人以确定承诺期限或者其他形式明示要约不可撤销；

（二）受要约人有理由认为要约是不可撤销的，并已经为履行合同做了合理准备工作。

公　约

⊙《**联合国国际货物销售合同公约**》(1980年4月11日订于维也纳)

第十六条

(1)在未订立合同之前，发价得予撤销，如果撤销通知于被发价人发出接受通知之前送达被发价人。

(2)但在下列情况下，发价不得撤销：

(a)发价写明接受发价的期限或以其他方式表示发价是不可撤销的；或

(b)被发价人有理由信赖该项发价是不可撤销的，而且被发价人已本着对该项发价的信赖行事。

第四百七十七条　【要约的撤销】撤销要约的意思表示以对话方式作出的，该意思表示的内容应当在受要约人作出承诺之前为受要约人所知道；撤销要约的意思表示以非对话方式作出的，应当在受要约人作出承诺之前到达受要约人。

法　律

⊙《**证券法**》（2019 年 12 月 28 日修订）

第六十八条　在收购要约确定的承诺期限内，收购人不得撤销其收购要约。收购人需要变更收购要约的，应当及时公告，载明具体变更事项，且不得存在下列情形：

（一）降低收购价格；

（二）减少预定收购股份数额；

（三）缩短收购期限；

（四）国务院证券监督管理机构规定的其他情形。

第四百七十八条　【要约的失效】有下列情形之一的，要约失效：

（一）要约被拒绝；

（二）要约被依法撤销；

（三）承诺期限届满，受要约人未作出承诺；

（四）受要约人对要约的内容作出实质性变更。

司法解释及文件

⊙**《最高人民法院关于对诗董橡胶股份有限公司与三角轮胎股份有限公司涉外仲裁一案不予执行的请示的复函》**（2013年3月22日〔2013〕民四他字第12号）

山东省高级人民法院：

你院（2012）鲁执请字第2号《关于对诗董橡胶股份有限公司与三角轮胎股份有限公司涉外仲裁一案不予执行的请示报告》收悉。经研究，答复如下：

本案系当事人申请不予执行国内仲裁机构作出的涉外仲裁裁决案件。根据《最高人民法院关于修改后的民事诉讼法施行时未结案件适用法律若干问题的规定》第七条的规定，本案应当依据《中华人民共和国民事诉讼法》（2007年修正）第二百五十八条的规定进行审查。

根据你院请示报告所述事实，诗董橡胶股份有限公司（以下简称诗董公司）仅提交了载有仲裁条款的合同复印件，三角轮胎股份有限公司（以下简称三角公司）对该复印件的真实性不予认可并否认双方之间存在有效的仲裁协议。诗董公司未能提交其他证据予以佐证，其不能证明与三角公司达成了有效的仲裁协议。且即使认可该合同复印件的真实性，从当事人确认的缔约过程来看，在三角公司将要约传真给诗董公司后，诗董公司对要约中载明的主体、货物数量以及价款等内容进行了实质性修改，构成新的要约。诗董公司亦未能提供证据证明三角公司对该新的要约进行了承诺，双方之间的合同并未成立。退一步讲，即使以当事人已实际履行合同的行为推定合同成立，但是根据我国法律对仲裁协议的书面性要求和仲裁协议的独立性原则，不能据此即认定当事人就纠纷的解决方式达成仲裁协议。况且根据一审法院查明的事实，当事人实际履行的合同不是诗董公司提交的载有仲裁条款的合同，是案外的其他现货买卖合同，而该现货买卖合同中并没有仲裁条款。因此，诗董公司与三角公司之间不存在有效的书面仲裁协议。

综上，案涉仲裁裁决存在《中华人民共和国民事诉讼法》第二百五十八条第一款第（一）项规定的情形，人民法院应不予执行。同意你院审判委员会的意见。

此复

第四百七十九条　【承诺】承诺是受要约人同意要约的意思表示。

第四百八十条　【承诺的方式】承诺应当以通知的方式作出；但是，根据交易习惯或者要约表明可以通过行为作出承诺的除外。

法　律

⊙**《民法典》（总则编）**（2020年5月28日）

第一百四十条　行为人可以明示或者默示作出意思表示。

沉默只有在有法律规定、当事人约定或者符合当事人之间的交易习惯时，才可以视为意思表示。

司法解释及文件

⊙**《最高人民法院关于适用〈中华人民共和国民法典〉合同编通则若干问题的解释》**（2023年12月4日　法释〔2023〕13号）

第二条　下列情形，不违反法律、行政法规的强制性规定且不违背公序良俗的，人民法院可以认定为民法典所称的“交易习惯”：

（一）当事人之间在交易活动中的惯常做法；

（二）在交易行为当地或者某一领域、某一行业通常采用并为交易对方订立合同时所知道或者应当知道的做法。

对于交易习惯，由提出主张的当事人一方承担举证责任。

第四百八十一条　【承诺的期限】承诺应当在要约确定的期限内到达要约人。

要约没有确定承诺期限的，承诺应当依照下列规定到达：

（一）要约以对话方式作出的，应当即时作出承诺；

（二）要约以非对话方式作出的，承诺应当在合理期限内到达。

公 约

⊙**《联合国国际货物销售合同公约》**（1980 年 4 月 11 日订于维也纳）

第十八条

（1）被发价人声明或做出其他行为表示同意一项发价，即是接受，缄默或不行动本身不等于接受。

（2）接受发价于表示同意的通知送达发价人时生效。如果表示同意的通知在发价人所规定的时间内，如未规定时间，在一段合理的时间内，未曾送达发价人，接受就成为无效，但须适当地考虑到交易的情况，包括发价人所使用的通讯方法的迅速程序。对口头发价必须立即接受，但情况有别者不在此限。

（3）但是，如果根据该项发价或依照当事人之间确立的习惯做法和惯例，被发价人可以做出某种行为，例如与发运货物或支付价款有关的行为，来表示同意，而无须向发价人发出通知，则接受于该项行为做出时生效，但该项行为必须在上一款所规定的期间内做出。

适用要点

⊙ **关于如何确定合理期限的问题**

要约以非对话方式作出的且没有确定承诺期限的，承诺应当在合理期限内到达。合理期限，是指承诺到达要约人的期限应当符合正常情况下当事人作出判断以及传递信息所需的时间。合理期限的确定，一般应根据要约发出的具体情况和交易习惯确定。可以将“依通常情形可期待承诺到达时期”分为三段：一是要约到达受要约人的期限；二是为承诺所必要的期限；三是承诺的通知到达要约人所必要的期限。第一段与第三段的期限，依通讯方式确定，如依邮寄或电报为要约或回答通常所必要的期限。如果要约及承诺的通知，途中有非常事变（火车障碍、暴风雨等）的迟延，要约人如果知道该情况的发生，应当斟酌以定其达到所必要的期限。此承诺到达所必要的期限，依其通知的方法而有不同。要约人如特别限定其承诺通知的方法，须以其方法为承诺，否则得依通常交易上所用的方法。以电报为要约时，是否必须以电报作为回答，应依要约的性质及特别的情事确定。第二段的期限，是自要约到达时以至发送承诺通知的期限，是受要约人审查考虑是否承诺所必要的时间。这个时间可以通常人为标准确定，但依要约的内容不同有所差异，内容复杂，审查考虑的时间就长，如果还要经过法定代表人或者董事会的批准，可能时间还会更长。此三段期限为“依通常情形可期待承诺到达时期”，也就是“合理期限”。在审判实践中，应当根据具体案件情况综合考虑要约到达受要约人的期限、作出承诺所必要的期限（根据要约内容的复杂程度、要约措辞的缓急程度等确定）和承诺通知到达要约人所必要的期限，以保证当事人双方的合法权益。因信息传递方式不同，所需时间也不尽相同，如通过邮局寄送挂号信，与通过互联网发送电子邮件，所需时间就不一样，确定“合理期限”的时间长短也就不同。

第四百八十二条　【承诺期限的计算方法】要约以信件或者电报作出的，承诺期限自信件载明的日期或者电报交发之日开始计算。信件未载明日期的，自投寄该信件的邮戳日期开始计算。要约以电话、传真、电子邮件等快速通讯方式作出的，承诺期限自要约到达受要约人时开始计算。

公　约

⊙**《联合国国际货物销售合同公约》**（1980 年 4 月 11 日订于维也纳）

第二十条

（1）发价人在电报或信件内规定的接受期间，从电报交发时刻或信上载明的发信日期起算，如信上未载明发信日期，则从信封上所载日期起算。发价人以电话、电传或其他快速通讯方法规定的接受期间，从发价送达被发价人时起算。

（2）在计算接受期间时，接受期间内的正式假日或非营业日应计算在内。但是，如果接受通知在接受期间的最后 1 天未能送到发价人地址，因为那天在发价人营业地是正式假日或非营业日，则接受期间应顺延至下一个营业日。

第四百八十三条 【合同成立时间】 承诺生效时合同成立，但是法律另有规定或者当事人另有约定的除外。

法 律

⊙《**电子商务法**》（2018年8月31日）

第四十九条 电子商务经营者发布的商品或者服务信息符合要约条件的，用户选择该商品或者服务并提交订单成功，合同成立。当事人另有约定的，从其约定。

电子商务经营者不得以格式条款等方式约定消费者支付价款后合同不成立；格式条款等含有该内容的，其内容无效。

公 约

⊙《**联合国国际货物销售合同公约**》（1980年4月11日订于维也纳）

第二十三条 合同于按照本公约规定对发价的接受生效时订立。

司法解释及文件

⊙《**最高人民法院关于适用〈中华人民共和国民法典〉合同编通则若干问题的解释**》（2023年12月4日 法释〔2023〕13号）

第三条 当事人对合同是否成立存在争议，人民法院能够确定当事人姓名或者名称、标的和数量的，一般应当认定合同成立。但是，法律另有规定或者当事人另有约定的除外。

根据前款规定能够认定合同已经成立的，对合同欠缺的内容，人民法院应当依据民法典第五百一十条、第五百一十一条等规定予以确定。

当事人主张合同无效或者请求撤销、解除合同等，人民法院认为合同不成立的，应当依据《最高人民法院关于民事诉讼证据的若干规定》第五十三条的规定将合同是否成立作为焦点问题进行审理，并可以根据案件的具体情况重新指定举证期限。

第四条 采取招标方式订立合同，当事人请求确认合同自中标通知书到达中标人时成立的，人民法院应予支持。合同成立后，当事人拒绝签订书面合同的，人民法院应当依据招标文件、投标文件和中标通知书等确定合同内容。

采取现场拍卖、网络拍卖等公开竞价方式订立合同，当事人请求确认合同自拍卖师落槌、电子交易系统确认成交时成立的，人民法院应予支持。合同成立后，当事人拒绝签订成交确认书的，人民法院应当依据拍卖公告、竞买人的报价等确定合同内容。

产权交易所等机构主持拍卖、挂牌交易，其公布的拍卖公告、交易规则等文件公开确定了合同成立需要具备的条件，当事人请求确认合同自该条件具备时成立的，人民法院应予支持。

适用要点

⊙ 发出中标通知书是否可以认定合同成立

中标通知书为招标人向投标人发出的确认投标人中标的通知书。在整个招投标过程中，招标是要约邀请，投标是要约，发出中标通知书为承诺。根据《招标投标法》第46条第1款规定，招标人和中标人应当自中标通知书发出之日起30日内，按照招标文件和中标人的投标文件订立书面合同。招标人和中标人不得再行订立背离合同实质性内容的其他协议。由此可知，当事人发出中标通知书后，不能再实质性地修改，书面合同文本只是一种进一步的确认形式。故，发出中标通知书应认定合同成立。

⊙ 区分合同成立与合同生效

合同成立与合同生效，是两个既有联系又有区别的概念。两者之间存在明显区别：一是解决的问题不同。合同成立主要解决合同是否存在、合同何时成立的事实问题；合同生效主要解决合同是否合法、是否受法律保护的法律问题。合同成立与否属于事实判断问题，合同是否生效属于法律评价问题。从法律性质上，法律行为的成立只涉及当事人个人的意思问题，成立与否完全看当事人是否完成了相应的意思，与国家意志无关。而法律行为的生效与否则取决于当事人的意思是否符合法定的标准。法律行为的生效制度集中体现了国家对当事人已成立的法律行为进行的法律评价。合同无效并不等同于效力待定或可撤销。合同无效是指法律按照一定的标准对已经成立的合同进行评价后所得的否定性结论；效力待定是指待定的条件出现或者经同意或追认后可以生效的合同；而可撤销则反映了法律将合同效力交给有撤销权的一方当事人来决定。二是体现的时段、内容不同。合同成立属于合同订立阶段，反映和体现当事人之间订立合同的过程是否已经终结；合同生效属于合同履行阶段，反映和体现当事人之间订立合同的目的能否实现。三是判断的主体不同。合同是否已经成立，通常情况下由当事人自己来作出判断，并据此实施相应的行为；合同是否生效，即判断、确认合同是否合法有效，属于法院或者仲裁机构的职责。两者之间存在密切联系，合同成立是合同生效的前提，没有合同的成立，也就谈不上合同的生效。

第四百八十四条 【承诺的生效时间】以通知方式作出的承诺，生效的时间适用本法第一百三十七条的规定。

承诺不需要通知的，根据交易习惯或者要约的要求作出承诺的行为时生效。

法 律

⊙**《民法典》(总则编)**(2020 年 5 月 28 日)

第一百三十七条 以对话方式作出的意思表示，相对人知道其内容时生效。

以非对话方式作出的意思表示，到达相对人时生效。以非对话方式作出的采用数据电文形式的意思表示，相对人指定特定系统接收数据电文的，该数据电文进入该特定系统时生效；未指定特定系统的，相对人知道或者应当知道该数据电文进入其系统时生效。当事人对采用数据电文形式的意思表示的生效时间另有约定的，按照其约定。

司法解释及文件

⊙《**最高人民法院关于适用〈中华人民共和国民法典〉合同编通则若干问题的解释**》（2023 年 12 月 4 日　法释〔2023〕13 号）

第二条　下列情形，不违反法律、行政法规的强制性规定且不违背公序良俗的，人民法院可以认定为民法典所称的"交易习惯"：

（一）当事人之间在交易活动中的惯常做法；

（二）在交易行为当地或者某一领域、某一行业通常采用并为交易对方订立合同时所知道或者应当知道的做法。

对于交易习惯，由提出主张的当事人一方承担举证责任。

第四百八十五条　【承诺的撤回】承诺可以撤回。承诺的撤回适用本法第一百四十一条的规定。

法　律

⊙《**民法典**》（**总则编**）（2020 年 5 月 28 日）

第一百四十一条　行为人可以撤回意思表示。撤回意思表示的通知应当在意思表示到达相对人前或者与意思表示同时到达相对人。

公　约

⊙《**联合国国际货物销售合同公约**》（1980 年 4 月 11 日订于维也纳）

第二十二条　接受得予撤回，如果撤回通知于接受原应生效之前或同时，送达发价人。

行政法规

⊙《**股票发行与交易管理暂行条例**》（1993年4月22日）

第五十二条 收购要约发出后，主要要约条件改变的，收购要约人应当立即通知所有受要约人。通知可以采用新闻发布会、登报或者其他传播形式。

收购要约人在要约期内及要约期满后三十个工作日内，不得以要约规定以外的任何条件购买该种股票。

预受收购要约的受要约人有权在收购要约失效前撤回对该要约的预受。

第四百八十六条 【新要约】受要约人超过承诺期限发出承诺，或者在承诺期限内发出承诺，按照通常情形不能及时到达要约人的，为新要约；但是，要约人及时通知受要约人该承诺有效的除外。

公 约

⊙《**联合国国际货物销售合同公约**》（1980年4月11日订于维也纳）

第二十一条

（1）逾期接受仍有接受的效力，如果发价人毫不迟延地用口头或书面将此种意见通知被发价人。

（2）如果载有逾期接受的信件或其他书面文件表明，它是在传递正常、能及时送达发价人的情况下寄发的，则该项逾期接受具有接受的效力，除非发价人毫不迟延地用口头或书面通知被发价人：他认为他的发价已经失效。

第四百八十七条 【迟到的承诺】受要约人在承诺期限内发出承诺，按照通常情形能够及时到达要约人，但是因其他原因致使承诺到达要约人时超过承诺期限的，除要约人及时通知受要约人因承诺超过期限不接受该承诺外，该承诺有效。

第四百八十八条　【对要约内容的实质性变更】承诺的内容应当与要约的内容一致。受要约人对要约的内容作出实质性变更的，为新要约。有关合同标的、数量、质量、价款或者报酬、履行期限、履行地点和方式、违约责任和解决争议方法等的变更，是对要约内容的实质性变更。

第四百八十九条　【对要约内容的非实质性变更】承诺对要约的内容作出非实质性变更的，除要约人及时表示反对或者要约表明承诺不得对要约的内容作出任何变更外，该承诺有效，合同的内容以承诺的内容为准。

公　约

⊙**《联合国国际货物销售合同公约》**（1980 年 4 月 11 日订于维也纳）

第十九条

（1）对发价表示接受但载有添加、限制或其他更改的答复，即为拒绝该项发价，并构成还价。

（2）但是，对发价表示接受但载有添加或不同条件的答复，如所载的添加或不同条件在实质上并不变更该项发价的条件，除发价人在不过分迟延的期间内以口头或书面通知反对其间的差异外，仍构成接受。如果发价人不做出这种反对，合同的条件就以该项发价的条件以及接受通知内所载的更改为准。

（3）有关货物价格、付款、货物质量和数量、交货地点和时间、一方当事人对另一方当事人的赔偿责任范围或解决争端等等的添加或不同条件，均视为在实质上变更发价的条件。

第四百九十条 【合同成立时间】当事人采用合同书形式订立合同的，自当事人均签名、盖章或者按指印时合同成立。在签名、盖章或者按指印之前，当事人一方已经履行主要义务，对方接受时，该合同成立。

法律、行政法规规定或者当事人约定合同应当采用书面形式订立，当事人未采用书面形式但是一方已经履行主要义务，对方接受时，该合同成立。

法 律

⊙《**电子签名法**》(2019 年 4 月 23 日修正)

第十三条 电子签名同时符合下列条件的，视为可靠的电子签名：

(一)电子签名制作数据用于电子签名时，属于电子签名人专有；

(二)签署时电子签名制作数据仅由电子签名人控制；

(三)签署后对电子签名的任何改动能够被发现；

(四)签署后对数据电文内容和形式的任何改动能够被发现。

当事人也可以选择使用符合其约定的可靠条件的电子签名。

第十四条 可靠的电子签名与手写签名或者盖章具有同等的法律效力。

司法解释及文件

⊙《**最高人民法院关于适用〈中华人民共和国保险法〉若干问题的解释(二)**》(2020 年 12 月 29 日修正)

第三条 投保人或者投保人的代理人订立保险合同时没有亲自签字或者盖章，而由保险人或者保险人的代理人代为签字或者盖章的，对投保人不生效。但投保人已经交纳保险费的，视为其对代签字或者盖章行为的追认。

保险人或者保险人的代理人代为填写保险单证后经投保人签字或者盖

章确认的，代为填写的内容视为投保人的真实意思表示。但有证据证明保险人或者保险人的代理人存在保险法第一百一十六条、第一百三十一条相关规定情形的除外。

⊙《**最高人民法院关于审理著作权民事纠纷案件适用法律若干问题的解释**》（2020年12月29日修正）

第二十二条　著作权转让合同未采取书面形式的，人民法院依据民法典第四百九十条的规定审查合同是否成立。

⊙《**最高人民法院关于印发〈全国法院民商事审判工作会议纪要〉的通知**》（2019年11月8日　法〔2019〕254号）

41.【盖章行为的法律效力】司法实践中，有些公司有意刻制两套甚至多套公章，有的法定代表人或者代理人甚至私刻公章，订立合同时恶意加盖非备案的公章或者假公章，发生纠纷后法人以加盖的是假公章为由否定合同效力的情形并不鲜见。人民法院在审理案件时，应当主要审查签约人于盖章之时有无代表权或者代理权，从而根据代表或者代理的相关规则来确定合同的效力。

法定代表人或者其授权之人在合同上加盖法人公章的行为，表明其是以法人名义签订合同，除《公司法》第16条等法律对其职权有特别规定的情形外，应当由法人承担相应的法律后果。法人以法定代表人事后已无代表权、加盖的是假章、所盖之章与备案公章不一致等为由否定合同效力的，人民法院不予支持。

代理人以被代理人名义签订合同，要取得合法授权。代理人取得合法授权后，以被代理人名义签订的合同，应当由被代理人承担责任。被代理人以代理人事后已无代理权、加盖的是假章、所盖之章与备案公章不一致等为由否定合同效力的，人民法院不予支持。

公报案例

⊙**建行浦东分行诉中基公司等借款合同纠纷案**（《最高人民法院公报》2004年第7期）

【关键词】

签字　盖章　成立

【案例要旨】

当事人的签字包括自然人本人或其委托代理人签字，企业法人或者其他经济组织的法定代表人、负责人或其委托代理人签字。企业的法定代表人签字的合同代表了企业的意思表示，可以产生合同成立的法律效果。同样，盖章也可以产生合同成立的效果。合同书上盖章的意义在于证明该合同书的内容是印章记载当事人的意思表示，此时合同书上的印模具有证据的作用。加盖真实印章的合同，其权利义务由该当事人承受。有争议的合同文本经司法鉴定认定，一方当事人的签名系伪造，印章系变造，且经当事人举证和人民法院查证，均不能证明变造的印章为该当事人自己加盖或授意他人加盖，也不能证明该当事人有明知争议合同文本的存在而不予否认，或者在其他业务活动中使用过变造印章，或者明知他人使用变造印章而不予否认等情形，故不能认定或推定争议合同文本为该当事人真实意思的表示。

典型案例

⊙**某物业管理有限公司与某研究所房屋租赁合同纠纷案**（最高人民法院2023年12月5日发布的民法典合同编通则司法解释相关典型案例）

【裁判要点】

招投标程序中，中标通知书送达后，一方当事人不履行订立书面合同的义务，相对方请求确认合同自中标通知书到达中标人时成立的，人民法院应予支持。

【简要案情】

2021年7月8日，某研究所委托招标公司就案涉宿舍项目公开发出投标邀请。2021年7月28日，某物业管理有限公司向招标公司发出《投标文件》，表示对招标文件无任何异议，愿意提供招标文件要求的服务。2021年8月1日，招标公司向物业管理公司送达中标通知书，确定物业管理公司为中标人。2021年8月11日，研究所向物业管理公司致函，要求解除与物业管理公司之间的中标关系，后续合同不再签订。物业管理公司主张中标通知书送达后双方租赁合同法律关系成立，研究所应承担因违约给其造成的损失。研究所辩称双方并未签订正式书面租赁合同，仅成立预约合同关系。

【判决理由】

法院生效裁判认为，从合同法律关系成立角度，招投标程序中的招标行为应为要约邀请，投标行为应为要约，经评标后招标人向特定投标人发送中标通知书的行为应为承诺，中标通知书送达投标人后承诺生效，合同成立。预约合同是指约定将来订立本约合同的合同，其主要目的在于将来成立本约合同。《招标投标法》第四十六条第一款规定："招标人和中标人应当自中标通知书发出之日起三十日内，按照招标文件和中标人的投标文件订立书面合同。招标人和中标人不得再行订立背离合同实质性内容的其他协议。"从该条可以看出，中标通知书发出后签订的书面合同必须按照招投标文件订立。本案中招投标文件对租赁合同内容已有明确记载，故应认为中标通知书到达投标人时双方当事人已就租赁合同内容达成合意。该合意与主要目的为签订本约合同的预约合意存在区别，应认为租赁合同在中标通知书送达时成立。中标通知书送达后签订的书面合同，按照上述法律规定其实质性内容应与招投标文件一致，因此应为租赁合同成立后法律要求的书面确认形式，而非新的合同。由于中标通知书送达后租赁合同法律关系已成立，故研究所不履行合同义务，应承担违约责任。

适用要点

⊙ **只有签名、盖章或按指印是否影响合同成立**

本条规定为，“自当事人均签名、盖章或者按指印时合同成立”，三种方式之间具备同等的效力。在当事人没有约定或当事人约定的表述与本条规定表述一致的情形下，签名、盖章或按指印三者有其一即可。但在当事人为法人或非法人组织的情形下，如果没有公章，签名或者按指印的人又非法定代表人的，签名的人应有相应的授权。如当事人约定“签名且盖章”或“签名并盖章”后合同成立，则签名和盖章均需具备，否则合同不成立。

第四百九十一条 【采用信件、数据电文等形式订立合同的成立时间】当事人采用信件、数据电文等形式订立合同要求签订确认书的，签订确认书时合同成立。

当事人一方通过互联网等信息网络发布的商品或者服务信息符合要约条件的，对方选择该商品或者服务并提交订单成功时合同成立，但是当事人另有约定的除外。

法 律

⊙《**电子商务法**》（2018年8月31日）

第四十九条 电子商务经营者发布的商品或者服务信息符合要约条件的，用户选择该商品或者服务并提交订单成功，合同成立。当事人另有约定的，从其约定。

电子商务经营者不得以格式条款等方式约定消费者支付价款后合同不成立；格式条款等含有该内容的，其内容无效。

⊙《**拍卖法**》（2015年4月24日修正）

第五十二条 拍卖成交后，买受人和拍卖人应当签署成交确认书。

司法解释及文件

⊙《**最高人民法院关于审理买卖合同纠纷案件适用法律问题的解释**》（2020 年 12 月 29 日修正）

第一条　当事人之间没有书面合同，一方以送货单、收货单、结算单、发票等主张存在买卖合同关系的，人民法院应当结合当事人之间的交易方式、交易习惯以及其他相关证据，对买卖合同是否成立作出认定。

对账确认函、债权确认书等函件、凭证没有记载债权人名称，买卖合同当事人一方以此证明存在买卖合同关系的，人民法院应予支持，但有相反证据足以推翻的除外。

第四百九十二条　【合同成立地点】承诺生效的地点为合同成立的地点。

采用数据电文形式订立合同的，收件人的主营业地为合同成立的地点；没有主营业地的，其住所地为合同成立的地点。当事人另有约定的，按照其约定。

法　律

⊙《**电子签名法**》（2019 年 4 月 23 日修正）

第十二条　发件人的主营业地为数据电文的发送地点，收件人的主营业地为数据电文的接收地点。没有主营业地的，其经常居住地为发送或者接收地点。

当事人对数据电文的发送地点、接收地点另有约定的，从其约定。

第四百九十三条　【书面合同成立地点】当事人采用合同书形式订立合同的，最后签名、盖章或者按指印的地点为合同成立的地点，但是当事人另有约定的除外。

第四百九十四条 【依国家订货任务、指令性任务订立合同及强制要约、强制承诺】 国家根据抢险救灾、疫情防控或者其他需要下达国家订货任务、指令性任务的，有关民事主体之间应当依照有关法律、行政法规规定的权利和义务订立合同。

依照法律、行政法规的规定负有发出要约义务的当事人，应当及时发出合理的要约。

依照法律、行政法规的规定负有作出承诺义务的当事人，不得拒绝对方合理的订立合同要求。

法 律

⊙《**民法典**》(**合同编**)(2020年5月28日)

第六百四十八条 供用电合同是供电人向用电人供电，用电人支付电费的合同。

向社会公众供电的供电人，不得拒绝用电人合理的订立合同要求。

第八百一十条 从事公共运输的承运人不得拒绝旅客、托运人通常、合理的运输要求。

⊙《**证券法**》(2019年12月28日修订)

第六十五条 通过证券交易所的证券交易，投资者持有或者通过协议、其他安排与他人共同持有一个上市公司已发行的有表决权股份达到百分之三十时，继续进行收购的，应当依法向该上市公司所有股东发出收购上市公司全部或者部分股份的要约。

收购上市公司部分股份的要约应当约定，被收购公司股东承诺出售的股份数额超过预定收购的股份数额的，收购人按比例进行收购。

⊙《**电力法**》(2018年12月29日修正)

第二十六条 供电营业区内的供电营业机构，对本营业区内的用户有按照国家规定供电的义务；不得违反国家规定对其营业区内申请用电的单位和个人拒绝供电。

申请新装用电、临时用电、增加用电容量、变更用电和终止用电，应当依照规定的程序办理手续。

供电企业应当在其营业场所公告用电的程序、制度和收费标准，并提供用户须知资料。

⊙《**全民所有制工业企业法**》（2009 年 8 月 27 日修正）

第二十三条　企业有权自行销售本企业的产品，国务院另有规定的除外。

承担指令性计划的企业，有权自行销售计划外超产的产品和计划内分成的产品。

第三十四条　企业必须履行依法订立的合同。

第四百九十五条　【预约合同】当事人约定在将来一定期限内订立合同的认购书、订购书、预订书等，构成预约合同。

当事人一方不履行预约合同约定的订立合同义务的，对方可以请求其承担预约合同的违约责任。

法　律

⊙《**海商法**》（1992 年 11 月 7 日）

第二百三十一条　被保险人在一定期间分批装运或者接受货物的，可以与保险人订立预约保险合同。预约保险合同应当由保险人签发预约保险单证加以确认。

司法解释及文件

⊙《**最高人民法院关于适用〈中华人民共和国民法典〉合同编通则若干问题的解释**》（2023 年 12 月 4 日　法释〔2023〕13 号）

第六条　当事人以认购书、订购书、预订书等形式约定在将来一定期限内订立合同，或者为担保在将来一定期限内订立合同交付了定金，能够确定将来所要订立合同的主体、标的等内容的，人民法院应当认定预约合同成立。

当事人通过签订意向书或者备忘录等方式，仅表达交易的意向，未约定在将来一定期限内订立合同，或者虽然有约定但是难以确定将来所要订立合同的主体、标的等内容，一方主张预约合同成立的，人民法院不予支持。

当事人订立的认购书、订购书、预订书等已就合同标的、数量、价款或者报酬等主要内容达成合意，符合本解释第三条第一款规定的合同成立条件，未明确约定在将来一定期限内另行订立合同，或者虽然有约定但是当事人一方已实施履行行为且对方接受的，人民法院应当认定本约合同成立。

第七条 预约合同生效后，当事人一方拒绝订立本约合同或者在磋商订立本约合同时违背诚信原则导致未能订立本约合同的，人民法院应当认定该当事人不履行预约合同约定的义务。

人民法院认定当事人一方在磋商订立本约合同时是否违背诚信原则，应当综合考虑该当事人在磋商时提出的条件是否明显背离预约合同约定的内容以及是否已尽合理努力进行协商等因素。

第八条 预约合同生效后，当事人一方不履行订立本约合同的义务，对方请求其赔偿因此造成的损失的，人民法院依法予以支持。

前款规定的损失赔偿，当事人有约定的，按照约定；没有约定的，人民法院应当综合考虑预约合同在内容上的完备程度以及订立本约合同的条件的成就程度等因素酌定。

⊙**《最高人民法院关于审理商品房买卖合同纠纷案件适用法律若干问题的解释》**（2020 年 12 月 29 日修正）

第五条 商品房的认购、订购、预订等协议具备《商品房销售管理办法》第十六条规定的商品房买卖合同的主要内容，并且出卖人已经按照约定收受购房款的，该协议应当认定为商品房买卖合同。

公报案例

⊙张某与徐州市同力创展房地产有限公司商品房预售合同纠纷案

（《最高人民法院公报》2012 年第 11 期）

【关键词】

预约　合同主要内容

【案例要旨】

预约合同是一种约定将来订立一定合同的合同。当事人一方违反预约合同约定，不与对方签订本约合同或无法按照预约的内容与对方签订本约合同的，应当向对方承担违约责任。

判断商品房买卖中的认购、订购、预订等协议究竟是预约合同还是本约合同，最主要的是看此类协议是否具备《商品房销售管理办法》第十六条规定的商品房买卖合同的主要内容，即只要具备了双方当事人的姓名或名称，商品房的基本情况（包括房号、建筑面积）、总价或单价、付款时间、方式、交付条件及日期，同时出卖人已经按照约定收受购房款的，就可以认定此类协议已经具备了商品房买卖合同本约的条件；反之，则应认定为预约合同。如果双方当事人在协议中明确约定在具备商品房预售条件时还需重新签订商品房买卖合同的，该协议应认定为预约合同。

典型案例

⊙某通讯公司与某实业公司房屋买卖合同纠纷案（最高人民法院 2023 年 12 月 5 日发布的民法典合同编通则司法解释相关典型案例）

【裁判要点】

判断当事人之间订立的合同是本约还是预约的根本标准应当是当事人是否有意在将来另行订立一个新的合同，以最终明确双方之间的权利义务关系。即使当事人对标的、数量以及价款等内容进行了约定，但如果约定将来一定期间仍须另行订立合同，就应认定该约定是预约而非本约。当事人在签订预约合同后，已经实施交付标的物或者支付价款等履行行为，应当认定当事人以行为的方式订立了本约合同。

【简要案情】

2006年9月20日，某实业公司与某通讯公司签订《购房协议书》，对买卖诉争房屋的位置、面积及总价款等事宜作出约定，该协议书第三条约定在本协议原则下磋商确定购房合同及付款方式，第五条约定本协议在双方就诉争房屋签订房屋买卖合同时自动失效。通讯公司向实业公司的股东某纤维公司共转款1000万元，纤维公司为此出具定金收据两张，金额均为500万元。次年1月4日，实业公司向通讯公司交付了诉争房屋，此后该房屋一直由通讯公司使用。2009年9月28日，通讯公司发出《商函》给实业公司，该函的内容为因受金融危机影响，且房地产销售价格整体下调，请求实业公司将诉争房屋的价格下调至6000万元左右。当天，实业公司发函给通讯公司，要求其在30日内派员协商正式的房屋买卖合同。通讯公司于次日回函表示同意商谈购房事宜，商谈时间为同年10月9日。2009年10月10日，实业公司发函致通讯公司，要求通讯公司对其拟定的《房屋买卖合同》作出回复。当月12日，通讯公司回函对其已收到上述合同文本作出确认。2009年11月12日，实业公司发函给通讯公司，函件内容为双方因对买卖合同的诸多重大问题存在严重分歧，未能签订《房屋买卖合同》，故双方并未成立买卖关系，通讯公司应支付场地使用费。通讯公司于当月17日回函，称双方已实际履行了房屋买卖义务，其系合法占有诉争房屋，故无需支付场地占用费。2010年3月3日，实业公司发函给通讯公司，解除其与通讯公司签订于2006年9月20日的《购房协议书》，且要求通讯公司腾出诉争房屋并支付场地使用费、退还定金。通讯公司以其与实业公司就诉争房屋的买卖问题签订了《购房协议书》，且其已支付1000万元定金，实业公司亦已将诉争房屋交付给其使用，双方之间的《购房协议书》合法有效，且以已实际履行为由，认为其与实业公司于2006年9月20日签订的《购房协议书》已成立并合法有效，请求判令实业公司向其履行办理房屋产权过户登记的义务。

【判决理由】

法院生效裁判认为，判断当事人之间订立的合同系本约还是预约的根本标准应当是当事人的意思表示，即当事人是否有意在将来订立一个新的合同，以最终明确在双方之间形成某种法律关系的具体内容。如果当事人存在明确的将来订立本约的意思，那么，即使预约的内容与本约已经十分接近，且通过合同解释，从预约中可以推导出本约的全部内容，也应当尊重当事人的意思表示，排除这种客观解释的可能性。不过，仅就案涉《购房协议书》而言，虽然其性质应为预约，但结合双方当事人在订立《购房协议书》之后的履行事实，实业公司与通讯公司之间已经成立了房屋买卖法律关系。对于当事人之间存在预约还是本约关系，不能仅凭一份孤立的协议就简单地加以认定，而是应当综合审查相关协议的内容以及当事人嗣后为达成交易进行的磋商甚至具体的履行行为等事实，从中探寻当事人的真实意思，并据此对当事人之间法律关系的性质作出准确的界定。本案中，双方当事人在签订《购房协议书》时，作为买受人的通讯公司已经实际交付了定金并约定在一定条件下自动转为购房款，作为出卖人的实业公司也接受了通讯公司的交付。在签订《购房协议书》的三个多月后，实业公司将合同项下的房屋交付给了通讯公司，通讯公司接受了该交付。而根据《购房协议书》的预约性质，实业公司交付房屋的行为不应视为对该合同的履行，在当事人之间不存在租赁等其他有偿使用房屋的法律关系的情形下，实业公司的该行为应认定为系基于与通讯公司之间的房屋买卖关系而为的交付。据此，可以认定当事人之间达成了买卖房屋的合意，成立了房屋买卖法律关系。

第四百九十六条　【格式条款定义及使用人义务】格式条款是当事人为了重复使用而预先拟定，并在订立合同时未与对方协商的条款。

采用格式条款订立合同的，提供格式条款的一方应当遵循公平原则确定当事人之间的权利和义务，并采取合理的方式提示对方注意免除或者减轻其责任等与对方有重大利害关系的条款，按照对方的要求，对该条款予以说明。提供格式条款的一方未履行提示或者说明义务，致使对方没有注意或者理解与其有重大利害关系的条款的，对方可以主张该条款不成为合同的内容。

法　律

⊙《**邮政法**》（2015 年 4 月 24 日修正）

第二十二条　邮政企业采用其提供的格式条款确定与用户的权利义务的，该格式条款适用《中华人民共和国合同法》关于合同格式条款的规定。

⊙《**消费者权益保护法**》（2013 年 10 月 25 日修正）

第二十六条　经营者在经营活动中使用格式条款的，应当以显著方式提请消费者注意商品或者服务的数量和质量、价款或者费用、履行期限和方式、安全注意事项和风险警示、售后服务、民事责任等与消费者有重大利害关系的内容，并按照消费者的要求予以说明。

经营者不得以格式条款、通知、声明、店堂告示等方式，作出排除或者限制消费者权利、减轻或者免除经营者责任、加重消费者责任等对消费者不公平、不合理的规定，不得利用格式条款并借助技术手段强制交易。

格式条款、通知、声明、店堂告示等含有前款所列内容的，其内容无效。

⊙《**保险法**》（2015 年 4 月 24 日修正）

第十七条　订立保险合同，采用保险人提供的格式条款的，保险人向投保人提供的投保单应当附格式条款，保险人应当向投保人说明合同的内容。

对保险合同中免除保险人责任的条款，保险人在订立合同时应当在投保单、保险单或者其他保险凭证上作出足以引起投保人注意的提示，并对该条款的内容以书面或者口头形式向投保人作出明确说明；未作提示或者明确说明的，该条款不产生效力。

司法解释及文件

⊙《**最高人民法院关于适用〈中华人民共和国民法典〉合同编通则若干问题的解释**》（2023 年 12 月 4 日　法释〔2023〕13 号）

第九条　合同条款符合民法典第四百九十六条第一款规定的情形，当事人仅以合同系依据合同示范文本制作或者双方已经明确约定合同条款不属于格式条款为由主张该条款不是格式条款的，人民法院不予支持。

从事经营活动的当事人一方仅以未实际重复使用为由主张其预先拟定且未与对方协商的合同条款不是格式条款的，人民法院不予支持。但是，有证据证明该条款不是为了重复使用而预先拟定的除外。

第十条 提供格式条款的一方在合同订立时采用通常足以引起对方注意的文字、符号、字体等明显标识，提示对方注意免除或者减轻其责任、排除或者限制对方权利等与对方有重大利害关系的异常条款的，人民法院可以认定其已经履行民法典第四百九十六条第二款规定的提示义务。

提供格式条款的一方按照对方的要求，就与对方有重大利害关系的异常条款的概念、内容及其法律后果以书面或者口头形式向对方作出通常能够理解的解释说明的，人民法院可以认定其已经履行民法典第四百九十六条第二款规定的说明义务。

提供格式条款的一方对其已经尽到提示义务或者说明义务承担举证责任。对于通过互联网等信息网络订立的电子合同，提供格式条款的一方仅以采取了设置勾选、弹窗等方式为由主张其已经履行提示义务或者说明义务的，人民法院不予支持，但是其举证符合前两款规定的除外。

⊙**《最高人民法院关于适用〈中华人民共和国民事诉讼法〉的解释》**（2022 年 4 月 1 日修正）

第三十一条 经营者使用格式条款与消费者订立管辖协议，未采取合理方式提请消费者注意，消费者主张管辖协议无效的，人民法院应予支持。

⊙**《最高人民法院关于适用〈中华人民共和国民法典〉时间效力的若干规定》**（2020 年 12 月 29 日 法释〔2020〕15 号）

第九条 民法典施行前订立的合同，提供格式条款一方未履行提示或者说明义务，涉及格式条款效力认定的，适用民法典第四百九十六条的规定。

⊙**《最高人民法院关于适用〈中华人民共和国保险法〉若干问题的解释（二）》**（2020 年 12 月 29 日修正）

第十一条 保险合同订立时，保险人在投保单或者保险单等其他保险凭证上，对保险合同中免除保险人责任的条款，以足以引起投保人注意的文字、字体、符号或者其他明显标志作出提示的，人民法院应当认定其履行了保险法第十七条第二款规定的提示义务。

保险人对保险合同中有关免除保险人责任条款的概念、内容及其法律后果以书面或者口头形式向投保人作出常人能够理解的解释说明的，人民法院应当认定保险人履行了保险法第十七条第二款规定的明确说明义务。

第十二条 通过网络、电话等方式订立的保险合同，保险人以网页、音频、视频等形式对免除保险人责任条款予以提示和明确说明的，人民法院可以认定其履行了提示和明确说明义务。

⊙《**最高人民法院关于原告中国平安财产保险股份有限公司大连分公司与被告中远航运股份有限公司、广州远洋运输公司海上货物运输合同保险代位求偿案所涉仲裁条款是否有效的请示的复函**》（2007年1月26日〔2006〕民四他字第49号）

湖北省高级人民法院：

你院〔2006〕鄂民立他字第027－1号《关于原告中国平安财产保险股份有限公司大连分公司与被告中远航运股份有限公司、广州远洋运输公司海上货物运输合同保险代位求偿案所涉仲裁条款是否有效的请示》收悉。经研究答复如下：

根据你院查明的事实，涉案提单正面仅记载“2004年4月19日租约中条款、条件、除外责任等并入本提单”，并未明确记载将该租约中的仲裁条款并入提单。涉案提单背面记载的有关并入的格式条款并不能构成租约仲裁条款的有效并入。因此，可以认定涉案租约中的仲裁条款没有并入提单，中远航运股份有限公司、广州远洋运输公司依据该仲裁条款主张仲裁的理由不能成立，该仲裁条款对中国平安财产保险股份有限公司大连分公司不具有约束力。本案所涉海上货物运输卸货港为南通，属于武汉海事法院管辖范围，武汉海事法院对本案具有管辖权。同意你院关于武汉海事法院对本案具有管辖权的结论意见。

此复。

⊙《**最高人民法院关于印发〈全国法院贯彻实施民法典工作会议纪要〉的通知**》（2021年4月6日　法〔2021〕94号）

7.提供格式条款的一方对格式条款中免除或者减轻其责任等与对方有重大利害关系的内容，在合同订立时采用足以引起对方注意的文字、符号、字体等特别标识，并按照对方的要求以常人能够理解的方式对该格式条款予以说明的，人民法院应当认定符合民法典第四百九十六条所称“采取合理的方式”。提供格式条款一方对已尽合理提示及说明义务承担举证责任。

部门规章及规范性文件

⊙《**合同行政监督管理办法**》（2023年5月18日　国家市场监督管理总局令第77号）

第六条　经营者采用格式条款与消费者订立合同，应当以单独告知、字体加粗、弹窗等显著方式提请消费者注意商品或者服务的数量和质量、价款或者费用、履行期限和方式、安全注意事项和风险警示、售后服务、民事责任等与消费者有重大利害关系的内容，并按照消费者的要求予以说明。

经营者预先拟定的，对合同双方权利义务作出规定的通知、声明、店堂告示等，视同格式条款。

⊙《**网络交易平台合同格式条款规范指引**》（2014年7月30日　工商市字〔2014〕144号）

第九条　网络交易平台经营者使用合同格式条款的，应当采用显著方式提请合同相对人注意与其有重大利害关系、对其权利可能造成影响的价款或者费用、履行期限和方式、安全注意事项和风险警示、售后服务、民事责任等内容。网络交易平台经营者应当按照合同相对人的要求对格式条款作出说明。鼓励网络交易平台经营者采取必要的技术手段和管理措施确保平台内经营者履行提示和说明义务。

前款所述显著方式是指，采用足以引起合同相对人注意的方式，包括：合理运用足以引起注意的文字、符号、字体等特别标识。不得以技术手段对合同格式条款设置不方便链接或者隐藏格式条款内容，不得仅以提示进一步阅读的方式履行提示义务。

网络交易平台经营者违反合同法第三十九条第一款关于提示和说明义务的规定，导致对方没有注意免除或者限制责任的条款，合同相对人依法可以向人民法院提出撤销该合同格式条款的申请。

网络交易平台经营者使用的合同格式条款，属于《消费者权益保护法》第二十六条第二款和《最高人民法院关于适用〈中华人民共和国合同法〉若干问题的解释（二）》第十条规定情形的，其内容无效。

指导案例

⊙**刘某捷诉中国移动通信集团江苏有限公司徐州分公司电信服务合同纠纷案**（指导案例 64 号，最高人民法院审判委员会讨论通过，2016 年 6 月 30 日发布）

【关键词】

格式合同　不利解释

【案例要旨】

经营者在格式合同中未明确规定对某项商品或服务的限制条件，且未能证明在订立合同时已将该限制条件明确告知消费者并获得消费者同意的，该限制条件对消费者不产生效力。

公报案例

⊙**张某 1、张某 2 诉上海亚绿实业投资有限公司商品房预售合同纠纷案**（《最高人民法院公报》2019 年第 5 期）

【关键词】

格式条款　免责条款　无效

【案例要旨】

责任限制型格式条款本质上是一种风险转移约定，根据诚实信用原则，在签约时，经营者除了需要对条款

内容进行重点提示，还应当对免责范围内已经显露的重大风险进行如实告知，以保护相对人的信赖利益。经营者故意隐瞒重大风险，造成相对人在信息不对称的情况下达成免责合意，应当认定相对人的真实意思表示中不包括承担被隐瞒的重大风险，免责合意的范围仅限于签约后发生的不确定风险。在后续履行中，因恶意隐瞒重大风险最终导致违约情形发生，经营者主张适用免责条款排除自身违约责任，人民法院不予支持。

⊙**戴某某诉华新公司商品房订购协议定金纠纷案**（《最高人民法院公报》2006 年第 8 期）

【关键词】

定金　格式条款

【案例要旨】

购房者对开发商的样板房表示满意，与开发商签订订购协议并向其交付了定金，约定双方于某日订立商品房预售合同。后由于开发商提供的商品房预售格式合同中有样板房仅供参考等不利于购房者的条款，购房者对该格式条款提出异议要求删除，开发商不能立即给予答复，以致商品房预售合同没有在订购协议约定的日期订立的，属于《最高人民法院关于审理商品房买卖合同纠纷案件适用法律若干问题的解释》第四条规定的“不可归责于当事人双方的事由”，开发商应当将收取的定金返还给购房者。

人民法院案例选案例

⊙**李某某、冉某诉北京乔治医学研究有限公司、广州医科大学附属第二医院等药物临床试验合同纠纷案**［《人民法院案例选》2018 年第 5 辑（总第 123 辑）］

【关键词】

合同的成立　格式条款　合同的解释

【案例要旨】

1. 合同关系的成立，有书面形式、口头形式和其他形式。在药物临床试验关系中，受试者不仅与实施药物临床试验的医疗机构之间成立医疗服务合同关系及药物临床试验合同关系，也同时与该项药物试验临床试验研究的申办者之间成立合同关系，除非受试者与申办者另有约定。后一关系属于《合同法》第十条（《民法典》第四百六十九条）规定的通过其他形式订立的合同关系。

2. 在药物临床试验合同关系中，由申办者编写并由实施药物临床试验的医疗机构提供给受试者的知情同意条款等文件属于格式条款，应当适用格式条款的解释规则。

3. 申办者没有依照卫生部《药物临床试验质量管理规范》第四十三条的规定和药物临床试验知情同意文件为受试者购买保险的，应当承担违约责任。所谓为受试者购买保险，应遵从文义解释与限缩解释规则，即以受试者为被保险人和受益人的保险而非以申办者或者医疗机构为被保险人的责任保险。

4. 受试者因参加药物临床试验导致伤残或死亡等固有利益损害的，申办者的违约责任损害赔偿范围以受试者固有利益的损害为限。

第四百九十七条 【格式条款无效情形】 有下列情形之一的，该格式条款无效：

（一）具有本法第一编第六章第三节和本法第五百零六条规定的无效情形；

（二）提供格式条款一方不合理地免除或者减轻其责任、加重对方责任、限制对方主要权利；

（三）提供格式条款一方排除对方主要权利。

法 律

⊙**《民法典》（总则编）**（2020 年 5 月 28 日）

第一百四十三条 具备下列条件的民事法律行为有效：

（一）行为人具有相应的民事行为能力；

（二）意思表示真实；

（三）不违反法律、行政法规的强制性规定，不违背公序良俗。

第一百四十四条　无民事行为能力人实施的民事法律行为无效。

第一百四十五条　限制民事行为能力人实施的纯获利益的民事法律行为或者与其年龄、智力、精神健康状况相适应的民事法律行为有效；实施的其他民事法律行为经法定代理人同意或者追认后有效。

相对人可以催告法定代理人自收到通知之日起三十日内予以追认。法定代理人未作表示的，视为拒绝追认。民事法律行为被追认前，善意相对人有撤销的权利。撤销应当以通知的方式作出。

第一百四十六条　行为人与相对人以虚假的意思表示实施的民事法律行为无效。

以虚假的意思表示隐藏的民事法律行为的效力，依照有关法律规定处理。

第一百四十七条　基于重大误解实施的民事法律行为，行为人有权请求人民法院或者仲裁机构予以撤销。

第一百四十八条　一方以欺诈手段，使对方在违背真实意思的情况下实施的民事法律行为，受欺诈方有权请求人民法院或者仲裁机构予以撤销。

第一百四十九条　第三人实施欺诈行为，使一方在违背真实意思的情况下实施的民事法律行为，对方知道或者应当知道该欺诈行为的，受欺诈方有权请求人民法院或者仲裁机构予以撤销。

第一百五十条　一方或者第三人以胁迫手段，使对方在违背真实意思的情况下实施的民事法律行为，受胁迫方有权请求人民法院或者仲裁机构予以撤销。

第一百五十一条　一方利用对方处于危困状态、缺乏判断能力等情形，致使民事法律行为成立时显失公平的，受损害方有权请求人民法院或者仲裁机构予以撤销。

第一百五十二条　有下列情形之一的，撤销权消灭：

（一）当事人自知道或者应当知道撤销事由之日起一年内、重大误解的当事人自知道或者应当知道撤销事由之日起九十日内没有行使撤销权；

（二）当事人受胁迫，自胁迫行为终止之日起一年内没有行使撤销权；

（三）当事人知道撤销事由后明确表示或者以自己的行为表明放弃撤销权。

当事人自民事法律行为发生之日起五年内没有行使撤销权的，撤销权消灭。

第一百五十三条 违反法律、行政法规的强制性规定的民事法律行为无效。但是，该强制性规定不导致该民事法律行为无效的除外。

违背公序良俗的民事法律行为无效。

第一百五十四条 行为人与相对人恶意串通，损害他人合法权益的民事法律行为无效。

第一百五十五条 无效的或者被撤销的民事法律行为自始没有法律约束力。

第一百五十六条 民事法律行为部分无效，不影响其他部分效力的，其他部分仍然有效。

第一百五十七条 民事法律行为无效、被撤销或者确定不发生效力后，行为人因该行为取得的财产，应当予以返还；不能返还或者没有必要返还的，应当折价补偿。有过错的一方应当赔偿对方由此所受到的损失；各方都有过错的，应当各自承担相应的责任。法律另有规定的，依照其规定。

第五百零六条 合同中的下列免责条款无效：

（一）造成对方人身损害的；

（二）因故意或者重大过失造成对方财产损失的。

⊙**《电子商务法》**（2018年8月31日）

第四十九条 电子商务经营者发布的商品或者服务信息符合要约条件的，用户选择该商品或者服务并提交订单成功，合同成立。当事人另有约定的，从其约定。

电子商务经营者不得以格式条款等方式约定消费者支付价款后合同不成立；格式条款等含有该内容的，其内容无效。

⊙《**保险法**》（2015 年 4 月 24 日修正）

第十九条　采用保险人提供的格式条款订立的保险合同中的下列条款无效：

（一）免除保险人依法应承担的义务或者加重投保人、被保险人责任的；

（二）排除投保人、被保险人或者受益人依法享有的权利的。

⊙《**消费者权益保护法**》（2013 年 10 月 25 日修正）

第二十六条　经营者在经营活动中使用格式条款的，应当以显著方式提请消费者注意商品或者服务的数量和质量、价款或者费用、履行期限和方式、安全注意事项和风险警示、售后服务、民事责任等与消费者有重大利害关系的内容，并按照消费者的要求予以说明。

经营者不得以格式条款、通知、声明、店堂告示等方式，作出排除或者限制消费者权利、减轻或者免除经营者责任、加重消费者责任等对消费者不公平、不合理的规定，不得利用格式条款并借助技术手段强制交易。

格式条款、通知、声明、店堂告示等含有前款所列内容的，其内容无效。

⊙《**民用航空法**》（2021 年 4 月 29 日修正）

第一百三十条　任何旨在免除本法规定的承运人责任或者降低本法规定的赔偿责任限额的条款，均属无效；但是，此种条款的无效，不影响整个航空运输合同的效力。

⊙《**海商法**》（1992 年 11 月 7 日）

第一百二十六条　海上旅客运输合同中含有下列内容之一的条款无效：

（一）免除承运人对旅客应当承担的法定责任；

（二）降低本章规定的承运人责任限额；

（三）对本章规定的举证责任作出相反的约定；

（四）限制旅客提出赔偿请求的权利。

前款规定的合同条款的无效，不影响合同其他条款的效力。

司法解释及文件

⊙《最高人民法院关于适用〈中华人民共和国民事诉讼法〉的解释》（2022年4月1日修正）

第三十一条 经营者使用格式条款与消费者订立管辖协议，未采取合理方式提请消费者注意，消费者主张管辖协议无效的，人民法院应予支持。

⊙《最高人民法院关于审理网络消费纠纷案件适用法律若干问题的规定（一）》（2022年3月1日 法释〔2022〕8号）

第一条 电子商务经营者提供的格式条款有以下内容的，人民法院应当依法认定无效：

（一）收货人签收商品即视为认可商品质量符合约定；

（二）电子商务平台经营者依法应承担的责任一概由平台内经营者承担；

（三）电子商务经营者享有单方解释权或者最终解释权；

（四）排除或者限制消费者依法投诉、举报、请求调解、申请仲裁、提起诉讼的权利；

（五）其他排除或者限制消费者权利、减轻或者免除电子商务经营者责任、加重消费者责任等对消费者不公平、不合理的内容。

⊙《最高人民法院关于审理食品药品纠纷案件适用法律若干问题的规定》（2021年11月18日修正）

第十六条 食品、药品的生产者与销售者以格式合同、通知、声明、告示等方式作出排除或者限制消费者权利，减轻或者免除经营者责任、加重消费者责任等对消费者不公平、不合理的规定，消费者依法请求认定该内容无效的，人民法院应予支持。

⊙《最高人民法院关于审理旅游纠纷案件适用法律若干问题的规定》（2020年12月29日修正）

第六条 旅游经营者以格式条款、通知、声明、店堂告示等方式作出排除或者限制旅游者权利、减轻或者免除旅游经营者责任、加重旅游者责任等对旅游者不公平、不合理的规定，旅游者依据消费者权益保护法第二十六条的规定请求认定该内容无效的，人民法院应予支持。

⊙《**最高人民法院关于适用〈中华人民共和国保险法〉若干问题的解释（二）**》（2020 年 12 月 29 日修正）

第九条　保险人提供的格式合同文本中的责任免除条款、免赔额、免赔率、比例赔付或者给付等免除或者减轻保险人责任的条款，可以认定为保险法第十七条第二款规定的“免除保险人责任的条款”。

保险人因投保人、被保险人违反法定或者约定义务，享有解除合同权利的条款，不属于保险法第十七条第二款规定的“免除保险人责任的条款”。

第十条　保险人将法律、行政法规中的禁止性规定情形作为保险合同免责条款的免责事由，保险人对该条款作出提示后，投保人、被保险人或者受益人以保险人未履行明确说明义务为由主张该条款不成为合同内容的，人民法院不予支持。

部门规章及规范性文件

⊙《**合同行政监督管理办法**》（2023 年 5 月 18 日　国家市场监督管理总局令第 77 号）

第七条　经营者与消费者订立合同，不得利用格式条款等方式作出减轻或者免除自身责任的规定。格式条款中不得含有以下内容：

（一）免除或者减轻经营者造成消费者人身伤害依法应当承担的责任；

（二）免除或者减轻经营者因故意或者重大过失造成消费者财产损失依法应当承担的责任；

（三）免除或者减轻经营者对其所提供的商品或者服务依法应当承担的修理、重作、更换、退货、补足商品数量、退还货款和服务费用等责任；

（四）免除或者减轻经营者依法应当承担的违约责任；

（五）免除或者减轻经营者根据合同的性质和目的应当履行的协助、通知、保密等义务；

（六）其他免除或者减轻经营者自身责任的内容。

第八条　经营者与消费者订立合同，不得利用格式条款等方式作出加重消费者责任、排除或者限制消费者权利的规定。格式条款中不得含有以下内容：

（一）要求消费者承担的违约金或者损害赔偿金超过法定数额或者合理数额；

（二）要求消费者承担依法应当由经营者承担的经营风险；

（三）排除或者限制消费者依法自主选择商品或者服务的权利；

（四）排除或者限制消费者依法变更或者解除合同的权利；

（五）排除或者限制消费者依法请求支付违约金或者损害赔偿金的权利；

（六）排除或者限制消费者依法投诉、举报、请求调解、申请仲裁、提起诉讼的权利；

（七）经营者单方享有解释权或者最终解释权；

（八）其他加重消费者责任、排除或者限制消费者权利的内容。

第九条 经营者采用格式条款与消费者订立合同的，不得利用格式条款并借助技术手段强制交易。

⊙**《网络交易平台合同格式条款规范指引》**（2014年7月30日 工商市字〔2014〕144号）

第九条 网络交易平台经营者使用合同格式条款的，应当采用显著方式提请合同相对人注意与其有重大利害关系、对其权利可能造成影响的价款或者费用、履行期限和方式、安全注意事项和风险警示、售后服务、民事责任等内容。网络交易平台经营者应当按照合同相对人的要求对格式条款作出说明。鼓励网络交易平台经营者采取必要的技术手段和管理措施确保平台内经营者履行提示和说明义务。

前款所述显著方式是指，采用足以引起合同相对人注意的方式，包括：合理运用足以引起注意的文字、符号、字体等特别标识。不得以技术手段对合同格式条款设置不方便链接或者隐藏格式条款内容，不得仅以提示进一步阅读的方式履行提示义务。

网络交易平台经营者违反合同法第三十九条第一款关于提示和说明义务的规定，导致对方没有注意免除或者限制责任的条款，合同相对人依法可以向人民法院提出撤销该合同格式条款的申请。

网络交易平台经营者使用的合同格式条款，属于《消费者权益保护法》第二十六条第二款和《最高人民法院关于适用〈中华人民共和国合同法〉若干问题的解释（二）》第十条规定情形的，其内容无效。

公报案例

⊙**周某某、俞某某与余姚众安房地产开发有限公司商品房销售合同纠纷案**（《最高人民法院公报》2016年第11期）

【关键词】

格式条款　合同义务

【案例要旨】

商品房买卖中，开发商的交房义务不仅仅局限于交钥匙，还需出示相应的证明文件，并签署房屋交接单等。合同中分别约定了逾期交房与逾期办证的违约责任，但同时又约定开发商承担了逾期交房的责任之后，逾期办证的违约责任就不予承担的，应认定该约定属于免除开发商按时办证义务的无效格式条款，开发商仍应按照合同约定承担逾期交房、逾期办证的多项违约之责。

⊙**孙某某诉上海一定得美容有限公司服务合同纠纷案**（《最高人民法院公报》2014年第11期）

【关键词】

格式条款　无效

【案例要旨】

在消费者预先支付全部费用、经营者分期分次提供商品或服务的预付式消费模式中，如果经营者提供的格式条款约定，倘若消费者单方终止消费，则经营者对已经收费但尚未提供商品或服务部分的价款不予退还的，该类格式条款违反我国消费者权益保护法等相关法律的规定，应属无效。

第四百九十八条 【格式条款的解释】对格式条款的理解发生争议的，应当按照通常理解予以解释。对格式条款有两种以上解释的，应当作出不利于提供格式条款一方的解释。格式条款和非格式条款不一致的，应当采用非格式条款。

法 律

⊙《**保险法**》（2015 年 4 月 24 日修正）

第三十条 采用保险人提供的格式条款订立的保险合同，保险人与投保人、被保险人或者受益人对合同条款有争议的，应当按照通常理解予以解释。对合同条款有两种以上解释的，人民法院或者仲裁机构应当作出有利于被保险人和受益人的解释。

行政法规

⊙《**旅行社条例**》（2020 年 11 月 29 日修订）

第二十九条 旅行社在与旅游者签订旅游合同时，应当对旅游合同的具体内容作出真实、准确、完整的说明。

旅行社和旅游者签订的旅游合同约定不明确或者对格式条款的理解发生争议的，应当按照通常理解予以解释；对格式条款有两种以上解释的，应当作出有利于旅游者的解释；格式条款和非格式条款不一致的，应当采用非格式条款。

司法解释及文件

⊙《**最高人民法院关于适用〈中华人民共和国保险法〉若干问题的解释（二）**》（2020 年 12 月 29 日修正）

第十四条 保险合同中记载的内容不一致的，按照下列规则认定：

（一）投保单与保险单或者其他保险凭证不一致的，以投保单为准。

但不一致的情形系经保险人说明并经投保人同意的，以投保人签收的保险单或者其他保险凭证载明的内容为准；

（二）非格式条款与格式条款不一致的，以非格式条款为准；

（三）保险凭证记载的时间不同的，以形成时间在后的为准；

（四）保险凭证存在手写和打印两种方式的，以双方签字、盖章的手写部分的内容为准。

第十七条 保险人在其提供的保险合同格式条款中对非保险术语所作的解释符合专业意义，或者虽不符合专业意义，但有利于投保人、被保险人或者受益人的，人民法院应予认可。

⊙《**最高人民法院关于中国人民保险公司青岛市分公司与巴拿马浮山航运有限公司船舶保险合同纠纷一案的复函**》（2002年12月25日〔2002〕民四他字第12号）

山东省高级人民法院：

你院鲁高法函〔2002〕24号《关于中国人民保险公司青岛市分公司与巴拿马浮山航运有限公司船舶保险合同纠纷一案的请示》收悉。经研究，答复如下：

关于巴拿马浮山航运有限公司所属的“浮山”轮与“继承者”轮在青岛主航道发生的无接触碰撞是否属于船舶碰撞的问题，根据最高人民法院法发〔1995〕17号《关于审理船舶碰撞和触碰案件财产损害赔偿的规定》第十六条的规定，船舶碰撞包括两艘或者两艘以上船舶之间发生接触或者无接触的碰撞。“浮山轮”投保了“一切险”，船舶保险条款属于格式条款，该条款第一条订明的碰撞责任包括因被保险船舶与其他船舶碰撞而引起被保险人应负的法律赔偿责任，订立船舶保险合同时保险人并未向被保险人明示船舶碰撞排除无接触碰撞。根据诚信原则和《中华人民共和国和合同法》第四十一条的规定，对格式条款有两种以上解释的，应当作出不利于提供格式条款一方的解释。因此，本案船舶保险条款所指碰撞应当包括无接触碰撞。

此复

部门规章及规范性文件

⊙**《国家工商行政管理总局关于制定推行合同示范文本工作的指导意见》**（2015年10月30日　工商市字〔2015〕178号）

（十二）合同条款的解释。

当事人参照合同示范文本订立合同的，应充分理解合同中条款的内容，并自行承担合同订立履行所发生的法律后果。

当事人对合同条款理解发生争议时，应按照有关法律法规规定对条款进行解释。工商和市场监管部门不负责对当事人订立的合同内容进行解释。

⊙**《网络交易平台合同格式条款规范指引》**（2014年7月30日　工商市字〔2014〕144号）

第十三条　对网络交易平台经营者提供的合同格式条款内容理解发生争议的，应当按照通常理解予以解释；对相应内容有两种以上解释的，应当作出不利于网络交易平台经营者的解释。格式条款与非格式条款不一致的，应当采用非格式条款。

公报案例

⊙**范某某与银建期货经纪有限责任公司天津营业部期货交易合同纠纷再审案**（《最高人民法院公报》2011年第6期）

【关键词】

格式合同　解释

【案例要旨】

“随时自行通知保证金比例，随时对范某某单独提高保证金比例”的约定，属于概括性约定且以格式合同为表现。当格式合同履行中出现不同理解或履行中发生不公平现实时，应当适用《合同法》第四十一条（《民法典》第四百九十八条）的规定，向有利于非格式合同提供方（客户）作合同解释和认定。所以，仅就25日一个交易日单独对范某某实施远超过上海期货交易所标准的提高保证金比例行为，是不公平和不合理的。

⊙**徐某某诉中汇房产公司财产所有权纠纷案**（《最高人民法院公报》2005 年第 9 期）

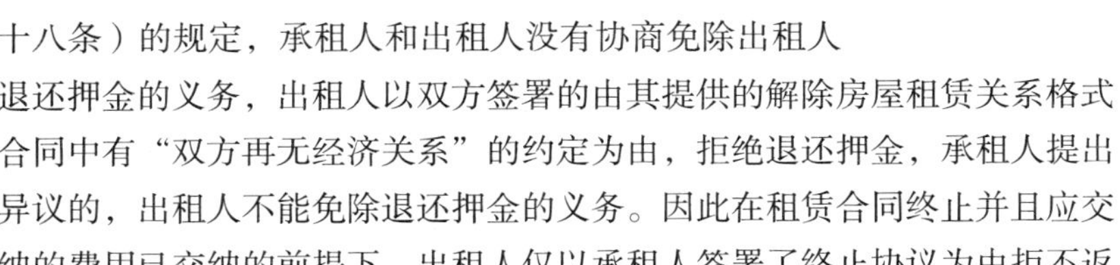

【关键词】

格式合同　押金

【案例要旨】

根据《合同法》第四十一条（《民法典》第四百九十八条）的规定，承租人和出租人没有协商免除出租人退还押金的义务，出租人以双方签署的由其提供的解除房屋租赁关系格式合同中有“双方再无经济关系”的约定为由，拒绝退还押金，承租人提出异议的，出租人不能免除退还押金的义务。因此在租赁合同终止并且应交纳的费用已交纳的前提下，出租人仅以承租人签署了终止协议为由拒不返还押金，于法无据，侵犯了承租人的财产所有权。

⊙**来某某诉北京四通利方信息技术有限公司服务合同纠纷案**（《最高人民法院公报》2002 年第 6 期）

【关键词】

格式条款　解释

【案例要旨】

对格式条款的理解发生争议的，首先应当按照通常理解予以解释。只有按照通常理解对格式条款有两种以上解释的，才应采用不利解释原则。连带共同保证中保证人减少时，应按实际保证人人数平均分配保证份额。

适用要点

⊙ 非格式条款优先规则

本条规定的三条格式条款解释规则有其适用顺序，依次为非格式条款优先规则、通常解释规则、不利解释规则。按照非格式条款优先规则，格式条款和非格式条款对同一合同事项均有约定的，无需考虑格式条款的解释问题。如二者约定一致，再予解释没有意义。如二者约定不一致，应以非格式条款约定为准，无需再对格式条款予以解释。故审判实务中，如案件当事人对格式条款发生争议，应先查明就争议格式条款约定的合同事项而言，有无非格式条款规定。

第四百九十九条 【悬赏广告】悬赏人以公开方式声明对完成特定行为的人支付报酬的，完成该行为的人可以请求其支付。

法　律

⊙**《民法典》（物权编）**（2020年5月28日）

第三百一十七条　权利人领取遗失物时，应当向拾得人或者有关部门支付保管遗失物等支出的必要费用。

权利人悬赏寻找遗失物的，领取遗失物时应当按照承诺履行义务。

拾得人侵占遗失物的，无权请求保管遗失物等支出的费用，也无权请求权利人按照承诺履行义务。

司法解释及文件

⊙**《最高人民法院关于张树东与平阴县平阴镇人民政府追索奖励费纠纷一案的复函》**（2003年7月24日　〔2003〕民监他字第14号）

山东省高级人民法院：

你院请示收悉，经研究，答复如下：

平阴镇政府于1996年6月6日下发的平镇政发〔1996〕7号《关于在工业园内引办项目、引进资金、技术和人才的优惠政策》中第七条关于引资奖励的内容属于悬赏广告。镇政府承诺“对引进独资（外资、合资、内资）项目的任何单位和个人给予奖励”，该悬赏广告未对引资人的主体资格作出限制。张树东作为引资人，完成了引资项目，享有奖励请求权。镇政府未履行承诺引发的纠纷，系平等主体之间的民事纠纷，属于人民法院民事案件的受理范围。张树东完成招商引资的行为不是经营活动，不适用《国家公务员暂行条例》所禁止的“其他营利性经营活动”的规定。

故原则上同意你院审判委员会的倾向性意见，即张树东要求镇政府履行承诺的主张应予支持。原一、二审判决适用法律不当，应依法再审改判。

公报案例

⊙**鲁某某诉东港市公安局悬赏广告纠纷案**（《最高人民法院公报》2003 年第 1 期）

【关键词】

悬赏广告　报酬　公开

【案例要旨】

发布悬赏广告是一种民事法律行为，即广告人以广告的方式发布声明，承诺对任何按照声明的条件完成指定事项的人给予约定的报酬。任何人按照广告公布的条件，完成了广告所指定的行为，即对广告人享有报酬请求权。发出悬赏广告的人，则应该按照所发布广告的约定，向完成广告指定行为的人支付承诺的报酬。本案中东港市公安局通过东港市电视台发布通告中的部分内容，属于悬赏广告。通告虽然是以东港市公安局的名义发布的，但由于悬赏给付的报酬，是由被害人家属提供的，通告中的悬赏行为，实际上是受被害人家属委托的行为。被害人家属的本意是以 50 万元人民币直接奖励能够提供破案线索的举报人，希望能够有助于公安机关迅速破案。被害人家属并没有表示可以区别举报人提供线索的不同情形，给予举报人不同数额的奖励；也没有表示可以将该报酬用于办案或奖励办案人员。东港市公安局在悬赏通告中规定了其他悬赏情形，并没有得到被害人家属的授权或者委托。鲁某某按悬赏通告的要求，向东港市公安局提供了其知道的重要线索，致使公安机关根据该线索及时破获了“12·12”特大持枪杀人案，即完成了悬赏通告所指定的行为。据此，鲁某某就获得了取得被害人家属支付悬赏报酬的权利。

第五百条 【缔约过失】当事人在订立合同过程中有下列情形之一，造成对方损失的，应当承担赔偿责任：

（一）假借订立合同，恶意进行磋商；

（二）故意隐瞒与订立合同有关的重要事实或者提供虚假情况；

（三）有其他违背诚信原则的行为。

司法解释及文件

⊙《**最高人民法院关于审理期货纠纷案件若干问题的规定**》（2020年12月29日修正）

第十六条 期货公司在与客户订立期货经纪合同时，未提示客户注意《期货交易风险说明书》内容，并由客户签字或者盖章，对于客户在交易中的损失，应当依据民法典第五百条第三项的规定承担相应的赔偿责任。但是，根据以往交易结果记载，证明客户已有交易经历的，应当免除期货公司的责任。

⊙《**最高人民法院关于印发〈全国法院民商事审判工作会议纪要〉的通知**》（2019年11月8日 法〔2019〕254号）

32.【合同不成立、无效或者被撤销的法律后果】《合同法》第58条就合同无效或者被撤销时的财产返还责任和损害赔偿责任作了规定，但未规定合同不成立的法律后果。考虑到合同不成立时也可能发生财产返还和损害赔偿责任问题，故应当参照适用该条的规定。

在确定合同不成立、无效或者被撤销后财产返还或者折价补偿范围时，要根据诚实信用原则的要求，在当事人之间合理分配，不能使不诚信的当事人因合同不成立、无效或者被撤销而获益。合同不成立、无效或者被撤销情况下，当事人所承担的缔约过失责任不应超过合同履行利益。比如，依据《最高人民法院关于审理建设工程施工合同纠纷案件适用法律问题的解释》第2条规定，建设工程施工合同无效，在建设工程经竣工验收合格情况下，可以参照合同约定支付工程款，但除非增加了合同约定之外新的工程项目，一般不应超出合同约定支付工程款。

部门规章及规范性文件

⊙**《中国保险监督管理委员会关于保险合同纠纷案件有关问题的复函》**（2006 年 2 月 21 日）

重庆市高级人民法院：

你院关于咨询保险合同纠纷案件有关问题的函（〔2005〕渝高法民终字第 174 号）收悉。经研究，现就有关问题函复如下：

一、关于如实告知义务

依据保险法第十七条规定，投保人订立保险合同时的如实告知义务，应当属于询问告知，即保险人以书面或者口头形式提出询问，投保人有义务进行告知。如果保险人对有关事项已在风险情况询问表上提出，投保人未填写，应视为投保人未履行告知义务。

依据保险法第五条、合同法第六十条规定，保险合同当事人行使权利、履行义务应当遵循诚实信用原则，合同履行过程中应当根据合同的性质、目的和交易习惯履行通知、协助等诚信附随义务。投保时，如果投保人明知或应当知道某些重要事项涉及保险标的风险，影响到保险人决定是否承保或提高保险费率，即使保险人没有进行明确询问，投保人基于诚信原则，也应进行适当说明或者告知；如果投保人故意不履行这种诚信义务，依据合同法第四十二条第（二）、（三）款，投保人要承担缔约过失的损害赔偿责任。此外，依据保险法第三十七条，保险合同成立后，保险标的危险程度增加的，投保人按照约定负有通知义务；否则，对因保险标的危险程度增加而发生的保险事故，保险公司不承担赔偿责任。

二、关于保险条款解释

你院来函未附本案涉及的具体保险条款文本，因此我们难以确定该条款实际版本。根据承保时间推断，该《财产保险综合险》条款应是由中国人民银行于 1996 年制定并颁发实施的。根据我会《关于财产保险条款费率备案管理的通知》（保监发〔2001〕120 号）的有关规定，该险种的条款在中国保监会未修订前，仍按中国人民银行的原规定执行。保险公司继续使用该条款，不需履行有关报备手续。而非由中国保监会制定或修订的保险条款，中国保监会不负责解释。该条款有关术语的解释，请参考中国人民银行在《关于印发〈财产保险基本险〉和〈财产保险综合险〉条款、费率及条款解释的通知》(银发〔1996〕187号)。该通知所附的《财产保险综合险条款解释》中对“危险建筑”未作出明确定义，但其第三条关于“所列明的财产不属于本保险标的承保范围”主要原因说明的第三项“不利于贯彻执行政府有关命令或规定，如违章建筑及其他政府命令限期拆除、改建的房屋、建筑物”，可以作为一个参考标准；第四条中对“突发性滑坡”的定义为“斜坡上不稳的岩体、土体或人为堆积物在重力作用下突然整体向下滑动”。

三、关于保险公估鉴定

依据我会发布的《保险公估机构管理规定》，保险公估公司是依法由中国保监会批准设立的，接受保险当事人委托，专门从事保险标的的评估、勘验、鉴定、估损、理算等业务的单位。保险公估公司接受当事人一方委托所作的相关鉴定结论，当事人如有异议，属于事实认定范畴，应由法院作出调查认定。

以上意见，供参考。

公报案例

⊙深圳市标榜投资发展有限公司与鞍山市财政局股权转让纠纷案

(《最高人民法院公报》2017年第12期)

【关键词】

生效　缔约过失　损失

【案例要旨】

1. 合同约定生效要件为报批允准，承担报批义务方不履行报批义务的，应当承担缔约过失责任。

2. 缔约过失人获得利益以善意相对人丧失交易机会为代价，善意相对人要求缔约过失人赔偿的，人民法院应予支持。

3. 除直接损失外，缔约过失人对善意相对人的交易机会损失等间接损失，应予赔偿。间接损失数额应考虑缔约过失人过错程度及获得利益情况、善意相对人成本支出及预期利益等，综合衡量确定。

⊙广州市仙源房地产股份有限公司与广东中大中鑫投资策划有限公司、广州远兴房产有限公司、中国投资集团国际理财有限公司股权转让纠纷案（《最高人民法院公报》2010 年第 8 期）

【关键词】

合同效力 诚实信用原则

【案例要旨】

1. 合作者一方转让其在中外合作企业合同中的权利、义务，转让合同成立后未报审批机关批准的，合同效力应确定为未生效，而非无效。

2. 即使转让合同未经批准，仍应认定“报批”义务在合同成立时即已产生，否则当事人可通过肆意不办理或不协助办理“报批”手续而恶意阻止合同生效，有悖于诚实信用原则。

3. 有义务办理申请批准手续的一方当事人未按照法律规定或者合同约定办理申请批准手续的，人民法院可以判决相对人自行办理有关手续，对方当事人对由此产生的费用和给相对人造成的实际损失，应当承担损害赔偿责任。据此，人民法院也可以根据当事人的请求判决义务人履行报请审批机关批准的义务。

第五百零一条 【当事人的保密义务】当事人在订立合同过程中知悉的商业秘密或者其他应当保密的信息，无论合同是否成立，不得泄露或者不正当地使用；泄露、不正当地使用该商业秘密或者信息，造成对方损失的，应当承担赔偿责任。

法 律

⊙《**反不正当竞争法**》（2019 年 4 月 23 日修正）

第九条 经营者不得实施下列侵犯商业秘密的行为：

（一）以盗窃、贿赂、欺诈、胁迫、电子侵入或者其他不正当手段获取权利人的商业秘密；

（二）披露、使用或者允许他人使用以前项手段获取的权利人的商业秘密；

（三）违反保密义务或者违反权利人有关保守商业秘密的要求，披露、使用或者允许他人使用其所掌握的商业秘密；

（四）教唆、引诱、帮助他人违反保密义务或者违反权利人有关保守商业秘密的要求，获取、披露、使用或者允许他人使用权利人的商业秘密。

经营者以外的其他自然人、法人和非法人组织实施前款所列违法行为的，视为侵犯商业秘密。

第三人明知或者应知商业秘密权利人的员工、前员工或者其他单位、个人实施本条第一款所列违法行为，仍获取、披露、使用或者允许他人使用该商业秘密的，视为侵犯商业秘密。

本法所称的商业秘密，是指不为公众所知悉、具有商业价值并经权利人采取相应保密措施的技术信息、经营信息等商业信息。

第十七条 经营者违反本法规定，给他人造成损害的，应当依法承担民事责任。

经营者的合法权益受到不正当竞争行为损害的，可以向人民法院提起诉讼。

因不正当竞争行为受到损害的经营者的赔偿数额，按照其因被侵权所受到的实际损失确定；实际损失难以计算的，按照侵权人因侵权所获得的利益确定。经营者恶意实施侵犯商业秘密行为，情节严重的，可以在按照上述方法确定数额的一倍以上五倍以下确定赔偿数额。赔偿数额还应当包括经营者为制止侵权行为所支付的合理开支。

经营者违反本法第六条、第九条规定，权利人因被侵权所受到的实际损失、侵权人因侵权所获得的利益难以确定的，由人民法院根据侵权行为的情节判决给予权利人五百万元以下的赔偿。

第二十一条 经营者以及其他自然人、法人和非法人组织违反本法第九条规定侵犯商业秘密的，由监督检查部门责令停止违法行为，没收违法所得，处十万元以上一百万元以下的罚款；情节严重的，处五十万元以上五百万元以下的罚款。

部门规章及规范性文件

⊙《**商业特许经营信息披露管理办法**》（2012年2月23日　商务部令2012年第2号）

第七条　特许人向被特许人披露信息前，有权要求被特许人签署保密协议。

被特许人在订立合同过程中知悉的商业秘密，无论特许经营合同是否成立，不得泄露或者不正当使用。

特许经营合同终止后，被特许人因合同关系知悉特许人商业秘密的，即使未订立合同终止后的保密协议，也应当承担保密义务。

被特许人违反本条前两款规定，泄露或者不正当使用商业秘密给特许人或者其他人造成损失的，应当承担相应的损害赔偿责任。

⊙《**国家工商行政管理局关于禁止侵犯商业秘密行为的若干规定**》（1998年12月3日修订　国家工商行政管理局令第86号）

第二条　本规定所称商业秘密，是指不为公众所知悉、能为权利人带来经济利益、具有实用性并经权利人采取保密措施的技术信息和经营信息。

本规定所称不为公众所知悉，是指该信息是不能从公开渠道直接获取的。

本规定所称能为权利人带来经济利益、具有实用性，是指该信息具有确定的可应用性，能为权利人带来现实的或者潜在的经济利益或者竞争优势。

本规定所称权利人采取保密措施，包括订立保密协议，建立保密制度及采取其他合理的保密措施。

本规定所称技术信息和经营信息，包括设计、程序、产品配方、制作工艺、制作方法、管理诀窍、客户名单、货源情报、产销策略、招投标中的标底及标书内容等信息。

本规定所称权利人，是指依法对商业秘密享有所有权或者使用权的公民、法人或者其他组织。

第三条 禁止下列侵犯商业秘密的行为：

（一）以盗窃、利诱、胁迫或者其他不正当手段获取的权利人的商业秘密；

（二）披露、使用或者允许他人使用以前项手段获取的权利人的商业秘密；

（三）与权利人有业务关系的单位和个人违反合同约定或者违反权利人保守商业秘密的要求，披露、使用或者允许他人使用其所掌握的权利人的商业秘密；

（四）权利人的职工违反合同约定或者违反权利人保守商业秘密的要求，披露、使用或者允许他人使用其所掌握的权利人的商业秘密。

第三人明知或者应知前款所列违法行为，获取、使用或者披露他人的商业秘密，视为侵犯商业秘密。

⊙**《国家工商行政管理局关于商业秘密构成要件问题的答复》**（1998年6月12日　工商公字〔1998〕第109号）

江苏省工商行政管理局：

你局《关于权利人提供的技术信息能否定为商业秘密的请示》（苏工商〔1998〕41号）收悉。经研究，答复如下：

商业秘密的构成要件有三：一是该信息不为公众所知悉。即该信息是不能从公开渠道直接获取的；二是该信息能为权利人带来经济利益，具有实用性；三是权利人对该信息采取了保密措施。概括地说，不能从公开渠道直接获取的，能为权利人带来经济利益，具有实用性，并经权利人采取保密措施的信息，即为《反不正当竞争法》所保护的商业秘密。

权利人采取保密措施，包括口头或书面的保密协议、对商业秘密权利人的职工或与商业秘密权利人有业务关系的他人提出保密要求等合理措施。只要权利人提出了保密要求，商业秘密权利人的职工或与商业秘密权利人有业务关系的他人知道或应该知道存在商业秘密，即为权利人采取了合理的保密措施，职工或他人就对权利人承担保密义务。

第三章　合同的效力

第五百零二条　【合同的生效】 依法成立的合同，自成立时生效，但是法律另有规定或者当事人另有约定的除外。

依照法律、行政法规的规定，合同应当办理批准等手续的，依照其规定。未办理批准等手续影响合同生效的，不影响合同中履行报批等义务条款以及相关条款的效力。应当办理申请批准等手续的当事人未履行义务的，对方可以请求其承担违反该义务的责任。

依照法律、行政法规的规定，合同的变更、转让、解除等情形应当办理批准等手续的，适用前款规定。

法　律

⊙《**民法典**》(**物权编**)(2020年5月28日)

第二百零九条　不动产物权的设立、变更、转让和消灭，经依法登记，发生效力；未经登记，不发生效力，但是法律另有规定的除外。

依法属于国家所有的自然资源，所有权可以不登记。

第二百一十四条　不动产物权的设立、变更、转让和消灭，依照法律规定应当登记的，自记载于不动产登记簿时发生效力。

第二百一十五条　当事人之间订立有关设立、变更、转让和消灭不动产物权的合同，除法律另有规定或者当事人另有约定外，自合同成立时生效；未办理物权登记的，不影响合同效力。

⊙《**城市房地产管理法**》(2019年8月26日修正)

第四十四条 以出让方式取得土地使用权的，转让房地产后，受让人改变原土地使用权出让合同约定的土地用途的，必须取得原出让方和市、县人民政府城市规划行政主管部门的同意，签订土地使用权出让合同变更协议或者重新签订土地使用权出让合同，相应调整土地使用权出让金。

⊙《**民用航空法**》(2021年4月29日修正)

第十四条 民用航空器所有权的取得、转让和消灭，应当向国务院民用航空主管部门登记；未经登记的，不得对抗第三人。

民用航空器所有权的转让，应当签订书面合同。

⊙《**海商法**》(1992年11月7日)

第十三条 设定船舶抵押权，由抵押权人和抵押人共同向船舶登记机关办理抵押权登记；未经登记的，不得对抗第三人。

船舶抵押权登记，包括下列主要项目：

（一）船舶抵押权人和抵押人的姓名或者名称、地址；

（二）被抵押船舶的名称、国籍、船舶所有权证书的颁发机关和证书号码；

（三）所担保的债权数额、利息率、受偿期限。

船舶抵押权的登记状况，允许公众查询。

⊙《**商业银行法**》(2015年8月29日修正)

第二十八条 任何单位和个人购买商业银行股份总额百分之五以上的，应当事先经国务院银行业监督管理机构批准。

⊙《**保险法**》(2015年4月24日修正)

第八十四条 保险公司有下列情形之一的，应当经保险监督管理机构批准：

（一）变更名称；

（二）变更注册资本；

（三）变更公司或者分支机构的营业场所；

（四）撤销分支机构；

（五）公司分立或者合并；

（六）修改公司章程；

（七）变更出资额占有限责任公司资本总额百分之五以上的股东，或者变更持有股份有限公司股份百分之五以上的股东；

（八）国务院保险监督管理机构规定的其他情形。

⊙**《矿产资源法》**（2009年8月27日修正）

第六条　除按下列规定可以转让外，探矿权、采矿权不得转让：

（一）探矿权人有权在划定的勘查作业区内进行规定的勘查作业，有权优先取得勘查作业区内矿产资源的采矿权。探矿权人在完成规定的最低勘查投入后，经依法批准，可以将探矿权转让他人。

（二）已取得采矿权的矿山企业，因企业合并、分立，与他人合资、合作经营，或者因企业资产出售以及有其他变更企业资产产权的情形而需要变更采矿权主体的，经依法批准可以将采矿权转让他人采矿。

前款规定的具体办法和实施步骤由国务院规定。

禁止将探矿权、采矿权倒卖牟利。

行政法规

⊙**《技术进出口管理条例》**（2020年11月29日修订）

第十六条　技术进口经许可的，由国务院外经贸主管部门颁发技术进口许可证。技术进口合同自技术进口许可证颁发之日起生效。

第三十五条　技术出口经许可的，由国务院外经贸主管部门颁发技术出口许可证。技术出口合同自技术出口许可证颁发之日起生效。

⊙**《外汇管理条例》**（2008年8月5日修订）

第十九条　提供对外担保，应当向外汇管理机关提出申请，由外汇管理机关根据申请人的资产负债等情况作出批准或者不批准的决定；国家规定其经营范围需经有关主管部门批准的，应当在向外汇管理机关提出申请前办理批准手续。申请人签订对外担保合同后，应当到外汇管理机关办理对外担保登记。

经国务院批准为使用外国政府或者国际金融组织贷款进行转贷提供对外担保的，不适用前款规定。

司法解释及文件

⊙**《最高人民法院关于适用〈中华人民共和国民法典〉合同编通则若干问题的解释》**（2023年12月4日　法释〔2023〕13号）

第十一条　当事人一方是自然人，根据该当事人的年龄、智力、知识、经验并结合交易的复杂程度，能够认定其对合同的性质、合同订立的法律后果或者交易中存在的特定风险缺乏应有的认知能力的，人民法院可以认定该情形构成民法典第一百五十一条规定的“缺乏判断能力”。

第十二条　合同依法成立后，负有报批义务的当事人不履行报批义务或者履行报批义务不符合合同的约定或者法律、行政法规的规定，对方请求其继续履行报批义务的，人民法院应予支持；对方主张解除合同并请求其承担违反报批义务的赔偿责任的，人民法院应予支持。

人民法院判决当事人一方履行报批义务后，其仍不履行，对方主张解除合同并参照违反合同的违约责任请求其承担赔偿责任的，人民法院应予支持。

合同获得批准前，当事人一方起诉请求对方履行合同约定的主要义务，经释明后拒绝变更诉讼请求的，人民法院应当判决驳回其诉讼请求，但是不影响其另行提起诉讼。

负有报批义务的当事人已经办理申请批准等手续或者已经履行生效判决确定的报批义务，批准机关决定不予批准，对方请求其承担赔偿责任的，人民法院不予支持。但是，因迟延履行报批义务等可归责于当事人的原因导致合同未获批准，对方请求赔偿因此受到的损失的，人民法院应当依据民法典第一百五十七条的规定处理。

第十三条　合同存在无效或者可撤销的情形，当事人以该合同已在有关行政管理部门办理备案、已经批准机关批准或者已依据该合同办理财产权利的变更登记、移转登记等为由主张合同有效的，人民法院不予支持。

第十四条　当事人之间就同一交易订立多份合同，人民法院应当认定其中以虚假意思表示订立的合同无效。当事人为规避法律、行政法规的强制性规定，以虚假意思表示隐藏真实意思表示的，人民法院应当依据民法典第一百五十三条第一款的规定认定被隐藏合同的效力；当事人为规避法律、行政法规关于合同应当办理批准等手续的规定，以虚假意思表示隐藏真实意思表示的，人民法院应当依据民法典第五百零二条第二款的规定认定被隐藏合同的效力。

依据前款规定认定被隐藏合同无效或者确定不发生效力的，人民法院应当以被隐藏合同为事实基础，依据民法典第一百五十七条的规定确定当事人的民事责任。但是，法律另有规定的除外。

当事人就同一交易订立的多份合同均系真实意思表示，且不存在其他影响合同效力情形的，人民法院应当在查明各合同成立先后顺序和实际履行情况的基础上，认定合同内容是否发生变更。法律、行政法规禁止变更合同内容的，人民法院应当认定合同的相应变更无效。

第十五条　人民法院认定当事人之间的权利义务关系，不应当拘泥于合同使用的名称，而应当根据合同约定的内容。当事人主张的权利义务关系与根据合同内容认定的权利义务关系不一致的，人民法院应当结合缔约背景、交易目的、交易结构、履行行为以及当事人是否存在虚构交易标的等事实认定当事人之间的实际民事法律关系。

第十六条　合同违反法律、行政法规的强制性规定，有下列情形之一，由行为人承担行政责任或者刑事责任能够实现强制性规定的立法目的的，人民法院可以依据民法典第一百五十三条第一款关于“该强制性规定不导致该民事法律行为无效的除外”的规定认定该合同不因违反强制性规定无效：

（一）强制性规定虽然旨在维护社会公共秩序，但是合同的实际履行对社会公共秩序造成的影响显著轻微，认定合同无效将导致案件处理结果有失公平公正；

（二）强制性规定旨在维护政府的税收、土地出让金等国家利益或者其他民事主体的合法利益而非合同当事人的民事权益，认定合同有效不会影响该规范目的的实现；

（三）强制性规定旨在要求当事人一方加强风险控制、内部管理等，对方无能力或者无义务审查合同是否违反强制性规定，认定合同无效将使其承担不利后果；

（四）当事人一方虽然在订立合同时违反强制性规定，但是在合同订立后其已经具备补正违反强制性规定的条件却违背诚信原则不予补正；

（五）法律、司法解释规定的其他情形。

法律、行政法规的强制性规定旨在规制合同订立后的履行行为，当事人以合同违反强制性规定为由请求认定合同无效的，人民法院不予支持。但是，合同履行必然导致违反强制性规定或者法律、司法解释另有规定的除外。

依据前两款认定合同有效，但是当事人的违法行为未经处理的，人民法院应当向有关行政管理部门提出司法建议。当事人的行为涉嫌犯罪的，应当将案件线索移送刑事侦查机关；属于刑事自诉案件的，应当告知当事人可以向有管辖权的人民法院另行提起诉讼。

第十七条 合同虽然不违反法律、行政法规的强制性规定，但是有下列情形之一，人民法院应当依据民法典第一百五十三条第二款的规定认定合同无效：

（一）合同影响政治安全、经济安全、军事安全等国家安全的；

（二）合同影响社会稳定、公平竞争秩序或者损害社会公共利益等违背社会公共秩序的；

（三）合同背离社会公德、家庭伦理或者有损人格尊严等违背善良风俗的。

人民法院在认定合同是否违背公序良俗时，应当以社会主义核心价值观为导向，综合考虑当事人的主观动机和交易目的、政府部门的监管强度、一定期限内当事人从事类似交易的频次、行为的社会后果等因素，并在裁判文书中充分说理。当事人确因生活需要进行交易，未给社会公共秩序造成重大影响，且不影响国家安全，也不违背善良风俗的，人民法院不应当认定合同无效。

第十八条 法律、行政法规的规定虽然有“应当”“必须”或者“不得”等表述，但是该规定旨在限制或者赋予民事权利，行为人违反该规定将构成无权处分、无权代理、越权代表等，或者导致合同相对人、第三人因此获得撤销权、解除权等民事权利的，人民法院应当依据法律、行政法规规定的关于违反该规定的民事法律后果认定合同效力。

第十九条 以转让或者设定财产权利为目的订立的合同，当事人或者真正权利人仅以让与人在订立合同时对标的物没有所有权或者处分权为由主张合同无效的，人民法院不予支持；因未取得真正权利人事后同意或者让与人事后未取得处分权导致合同不能履行，受让人主张解除合同并请求让与人承担违反合同的赔偿责任的，人民法院依法予以支持。

前款规定的合同被认定有效，且让与人已经将财产交付或者移转登记至受让人，真正权利人请求认定财产权利未发生变动或者请求返还财产的，人民法院应予支持。但是，受让人依据民法典第三百一十一条等规定善意取得财产权利的除外。

第二十四条 合同不成立、无效、被撤销或者确定不发生效力，当事人请求返还财产，经审查财产能够返还的，人民法院应当根据案件具体情况，单独或者合并适用返还占有的标的物、更正登记簿册记载等方式；经审查财产不能返还或者没有必要返还的，人民法院应当以认定合同不成立、无效、被撤销或者确定不发生效力之日该财产的市场价值或者以其他合理方式计算的价值为基准判决折价补偿。

除前款规定的情形外，当事人还请求赔偿损失的，人民法院应当结合财产返还或者折价补偿的情况，综合考虑财产增值收益和贬值损失、交易成本的支出等事实，按照双方当事人的过错程度及原因力大小，根据诚信原则和公平原则，合理确定损失赔偿额。

合同不成立、无效、被撤销或者确定不发生效力，当事人的行为涉嫌违法且未经处理，可能导致一方或者双方通过违法行为获得不当利益的，人民法院应当向有关行政管理部门提出司法建议。当事人的行为涉嫌犯罪的，应当将案件线索移送刑事侦查机关；属于刑事自诉案件的，应当告知当事人可以向有管辖权的人民法院另行提起诉讼。

第二十五条 合同不成立、无效、被撤销或者确定不发生效力，有权请求返还价款或者报酬的当事人一方请求对方支付资金占用费的，人民法院应当在当事人请求的范围内按照中国人民银行授权全国银行间同业拆借中心公布的一年期贷款市场报价利率（LPR）计算。但是，占用资金的当事人对于合同不成立、无效、被撤销或者确定不发生效力没有过错的，应当以中国人民银行公布的同期同类存款基准利率计算。

双方互负返还义务，当事人主张同时履行的，人民法院应予支持；占有标的物的一方对标的物存在使用或者依法可以使用的情形，对方请求将其应支付的资金占用费与应收取的标的物使用费相互抵销的，人民法院应予支持，但是法律另有规定的除外。

⊙**《最高人民法院关于适用〈中华人民共和国民法典〉时间效力的若干规定》**（2020年12月29日　法释〔2020〕15号）

第八条　民法典施行前成立的合同，适用当时的法律、司法解释的规定合同无效而适用民法典的规定合同有效的，适用民法典的相关规定。

⊙**《最高人民法院关于国有土地开荒后用于农耕的土地使用权转让合同纠纷案件如何适用法律问题的批复》**（2020年12月29日修正）

甘肃省高级人民法院：

你院《关于对国有土地经营权转让如何适用法律的请示》（甘高法〔2010〕84号）收悉。经研究，答复如下：

开荒后用于农耕而未交由农民集体使用的国有土地，不属于《中华人民共和国农村土地承包法》第二条规定的农村土地。此类土地使用权的转让，不适用《中华人民共和国农村土地承包法》的规定，应适用《中华人民共和国民法典》和《中华人民共和国土地管理法》等相关法律规定加以规范。

对于国有土地开荒后用于农耕的土地使用权转让合同，不违反法律、行政法规的强制性规定的，当事人仅以转让方未取得土地使用权证书为由请求确认合同无效的，人民法院依法不予支持；当事人根据合同约定主张对方当事人履行办理土地使用权证书义务的，人民法院依法应予支持。

⊙**《最高人民法院关于审理涉及国有土地使用权合同纠纷案件适用法律问题的解释》**（2020年12月29日修正）

第八条　土地使用权人作为转让方与受让方订立土地使用权转让合同后，当事人一方以双方之间未办理土地使用权变更登记手续为由，请求确认合同无效的，不予支持。

⊙**《最高人民法院关于审理商品房买卖合同纠纷案件适用法律若干问题的解释》**（2020年12月29日修正）

第六条　当事人以商品房预售合同未按照法律、行政法规规定办理登记备案手续为由，请求确认合同无效的，不予支持。

当事人约定以办理登记备案手续为商品房预售合同生效条件的，从其约定，但当事人一方已经履行主要义务，对方接受的除外。

⊙**《最高人民法院关于审理外商投资企业纠纷案件若干问题的规定（一）》**（2020年12月29日修正）

第一条　当事人在外商投资企业设立、变更等过程中订立的合同，依法律、行政法规的规定应当经外商投资企业审批机关批准后才生效的，自批准之日起生效；未经批准的，人民法院应当认定该合同未生效。当事人请求确认该合同无效的，人民法院不予支持。

前款所述合同因未经批准而被认定未生效的，不影响合同中当事人履行报批义务条款及因该报批义务而设定的相关条款的效力。

第二条　当事人就外商投资企业相关事项达成的补充协议对已获批准的合同不构成重大或实质性变更的，人民法院不应以未经外商投资企业审批机关批准为由认定该补充协议未生效。

前款规定的重大或实质性变更包括注册资本、公司类型、经营范围、营业期限、股东认缴的出资额、出资方式的变更以及公司合并、公司分立、股权转让等。

第五条　外商投资企业股权转让合同成立后，转让方和外商投资企业不履行报批义务，经受让方催告后在合理的期限内仍未履行，受让方请求解除合同并由转让方返还其已支付的转让款、赔偿因未履行报批义务而造成的实际损失的，人民法院应予支持。

第六条　外商投资企业股权转让合同成立后，转让方和外商投资企业不履行报批义务，受让方以转让方为被告、以外商投资企业为第三人提起诉讼，请求转让方与外商投资企业在一定期限内共同履行报批义务的，人民法院应予支持。受让方同时请求在转让方和外商投资企业于生效判决确定的期限内不履行报批义务时自行报批的，人民法院应予支持。

转让方和外商投资企业拒不根据人民法院生效判决确定的期限履行报批义务，受让方另行起诉，请求解除合同并赔偿损失的，人民法院应予支持。赔偿损失的范围可以包括股权的差价损失、股权收益及其他合理损失。

第十三条 外商投资企业股东与债权人订立的股权质押合同，除法律、行政法规另有规定或者合同另有约定外，自成立时生效。未办理质权登记的，不影响股权质押合同的效力。

当事人仅以股权质押合同未经外商投资企业审批机关批准为由主张合同无效或未生效的，人民法院不予支持。

股权质押合同依照民法典的相关规定办理了出质登记的，股权质权自登记时设立。

第十五条 合同约定一方实际投资、另一方作为外商投资企业名义股东，不具有法律、行政法规规定的无效情形的，人民法院应认定该合同有效。一方当事人仅以未经外商投资企业审批机关批准为由主张该合同无效或者未生效的，人民法院不予支持。

实际投资者请求外商投资企业名义股东依据双方约定履行相应义务的，人民法院应予支持。

双方未约定利益分配，实际投资者请求外商投资企业名义股东向其交付从外商投资企业获得的收益的，人民法院应予支持。外商投资企业名义股东向实际投资者请求支付必要报酬的，人民法院应酌情予以支持。

⊙**《最高人民法院关于破产企业国有划拨土地使用权应否列入破产财产等问题的批复》**（2020 年 12 月 29 日修正）

湖北省高级人民法院：

你院鄂高法〔2002〕158 号《关于破产企业国有划拨土地使用权应否列入破产财产以及有关抵押效力认定等问题的请示》收悉。经研究，答复如下：

一、根据《中华人民共和国土地管理法》第五十八条第一款第（三）项及《城镇国有土地使用权出让和转让暂行条例》第四十七条的规定，破产企业以划拨方式取得的国有土地使用权不属于破产财产，在企业破产时，有关人民政府可以予以收回，并依法处置。纳入国家兼并破产计划的国有企业，其依法取得的国有土地使用权，应依据国务院有关文件规定办理。

二、企业对其以划拨方式取得的国有土地使用权无处分权，以该土地使用权设定抵押，未经有审批权限的人民政府或土地行政管理部门批准的，不影响抵押合同效力；履行了法定的审批手续，并依法办理抵押登记的，抵押权自登记时设立。根据《中华人民共和国城市房地产管理法》第五十一条的规定，抵押权人只有在以抵押标的物折价或拍卖、变卖所得价款缴纳相当于土地使用权出让金的款项后，对剩余部分方可享有优先受偿权。但纳入国家兼并破产计划的国有企业，其用以划拨方式取得的国有土地使用权设定抵押的，应依据国务院有关文件规定办理。

三、国有企业以关键设备、成套设备、建筑物设定抵押的，如无其他法定的无效情形，不应当仅以未经政府主管部门批准为由认定抵押合同无效。

本批复自公布之日起施行，正在审理或者尚未审理的案件，适用本批复，但对提起再审的判决、裁定已经发生法律效力的案件除外。

此复。

⊙**《最高人民法院关于审理与企业改制相关的民事纠纷案件若干问题的规定》**（2020年12月29日修正）

第十七条　以协议转让形式出售企业，企业出售合同未经有审批权的地方人民政府或其授权的职能部门审批的，人民法院在审理相关的民事纠纷案件时，应当确认该企业出售合同不生效。

第三十条　企业兼并协议自当事人签字盖章之日起生效。需经政府主管部门批准的，兼并协议自批准之日起生效；未经批准的，企业兼并协议不生效。但当事人在一审法庭辩论终结前补办报批手续的，人民法院应当确认该兼并协议有效。

⊙**《最高人民法院关于审理涉及农村土地承包纠纷案件适用法律问题的解释》**（2020年12月29日修正）

第十四条　承包方依法采取出租、入股或者其他方式流转土地经营权，发包方仅以该土地经营权流转合同未报其备案为由，请求确认合同无效的，不予支持。

⊙《**最高人民法院关于审理技术合同纠纷案件适用法律若干问题的解释**》（2020年12月29日修正）

第八条 生产产品或者提供服务依法须经有关部门审批或者取得行政许可，而未经审批或者许可的，不影响当事人订立的相关技术合同的效力。

当事人对办理前款所称审批或者许可的义务没有约定或者约定不明确的，人民法院应当判令由实施技术的一方负责办理，但法律、行政法规另有规定的除外。

⊙《**最高人民法院关于印发〈全国法院民商事审判工作会议纪要〉的通知**》（2019年11月8日 法〔2019〕254号）

37.【未经批准合同的效力】法律、行政法规规定某类合同应当办理批准手续生效的，如商业银行法、证券法、保险法等法律规定购买商业银行、证券公司、保险公司5%以上股权须经相关主管部门批准，依据《合同法》第44条第2款的规定，批准是合同的法定生效条件，未经批准的合同因欠缺法律规定的特别生效条件而未生效。实践中的一个突出问题是，把未生效合同认定为无效合同，或者虽认定为未生效，却按无效合同处理。无效合同从本质上来说是欠缺合同的有效要件，或者具有合同无效的法定事由，自始不发生法律效力。而未生效合同已具备合同的有效要件，对双方具有一定的拘束力，任何一方不得擅自撤回、解除、变更，但因欠缺法律、行政法规规定或当事人约定的特别生效条件，在该生效条件成就前，不能产生请求对方履行合同主要权利义务的法律效力。

38.【报批义务及相关违约条款独立生效】须经行政机关批准生效的合同，对报批义务及未履行报批义务的违约责任等相关内容作出专门约定的，该约定独立生效。一方因另一方不履行报批义务，请求解除合同并请求其承担合同约定的相应违约责任的，人民法院依法予以支持。

39.【报批义务的释明】须经行政机关批准生效的合同，一方请求另一方履行合同主要权利义务的，人民法院应当向其释明，将诉讼请求变更为请求履行报批义务。一方变更诉讼请求的，人民法院依法予以支持；经释明后当事人拒绝变更的，应当驳回其诉讼请求，但不影响其另行提起诉讼。

40.【判决履行报批义务后的处理】人民法院判决一方履行报批义务后，该当事人拒绝履行，经人民法院强制执行仍未履行，对方请求其承担合同违约责任的，人民法院依法予以支持。一方依据判决履行报批义务，行政机关予以批准，合同发生完全的法律效力，其请求对方履行合同的，人民法院依法予以支持；行政机关没有批准，合同不具有法律上的可履行性，一方请求解除合同的，人民法院依法予以支持。

⊙**《最高人民法院印发〈关于当前形势下进一步做好房地产纠纷案件审判工作的指导意见〉的通知》**（2009年7月9日　法发〔2009〕42号）

二、切实依法维护国有土地使用权转让市场。要正确理解城市房地产管理法等法律、行政法规关于土地使用权转让条件的规定，准确把握物权效力与合同效力的区分原则，尽可能维持合同效力，促进土地使用权的正常流转。

⊙**《最高人民法院关于印发全国法院知识产权审判工作会议关于审理技术合同纠纷案件若干问题的纪要的通知》**（2001年6月19日　法〔2001〕84号）

22. 法律、法规规定生产产品或者提供服务须经有关部门审批手续或者领取许可证，而实际尚未办理该审批手续或者领取许可证的，不影响当事人就有关产品的生产或者服务的提供所订立的技术合同的效力。

当事人对办理前款所称审批手续或者许可证的义务没有约定或者约定不明确，依照合同法第六十一条的规定不能达成补充协议的，除法律、法规另有规定的以外，由实施技术的一方负责办理。

⊙**《最高人民法院关于审理金融资产管理公司利用外资处置不良债权案件涉及对外担保合同效力问题的通知》**（2010年7月1日　法发〔2010〕25号）

一、2005年1月1日之后金融资产管理公司利用外资处置不良债权，向外国投资者出售或转让不良资产，外国投资者受让债权之后向人民法院提起诉讼，要求债务人及担保人直接向其承担责任的案件，由于债权人变更为外国投资者，使得不良资产中含有的原国内性质的担保具有了对外担保的性质，该类担保有其自身的特性，国家有关主管部门对该类担保的审查采取较为宽松的政策。如果当事人提供证据证明依照《国家外汇管理局关于金融资产管理公司利用外资处置不良资产有关外汇管理问题的通知》（汇发〔2004〕119 号）第六条规定，金融资产管理公司通知了原债权债务合同的担保人，外国投资者或其代理人在办理不良资产转让备案登记时提交的材料中注明了担保的具体情况，并经国家外汇管理局分局、管理部审核后办理不良资产备案登记的，人民法院不应以转让未经担保人同意或者未经国家有关主管部门批准或者登记为由认定担保合同无效。

二、外国投资者或其代理人办理不良资产转让备案登记时，向国家外汇管理局分局、管理部提交的材料中应逐笔列明担保的情况，未列明的，视为担保未予登记。当事人在一审法庭辩论终结前向国家外汇管理局分局、管理部补交了注明担保具体情况的不良资产备案资料的，人民法院不应以未经国家有关主管部门批准或者登记为由认定担保合同无效。

三、对于因 2005 年 1 月 1 日之前金融资产管理公司利用外资处置不良债权而产生的纠纷案件，如果当事人能够提供证据证明依照当时的规定办理了相关批准、登记手续的，人民法院不应以未经国家有关主管部门批准或者登记为由认定担保合同无效。

⊙**《最高人民法院关于转发国土资源部〈关于国有划拨土地使用权抵押登记有关问题的通知〉的通知》**（2004 年 3 月 23 日　法发〔2004〕11 号）

各省、自治区、直辖市高级人民法院，解放军军事法院，新疆维吾尔自治区高级人民法院生产建设兵团分院：

国土资源部于 2004 年 1 月 15 日发布了国土资发〔2004〕9 号《关于国有划拨土地使用权抵押登记有关问题的通知》。现将该《通知》转发给你们，在《通知》发布之日起，人民法院尚未审结的涉及国有划拨土地使用权抵押经过有审批权限的土地行政管理部门依法办理抵押登记手续的案件，不以国有划拨土地使用权抵押未经批准而认定抵押无效。已经审结的案件不应依据该《通知》提起再审。

特此通知。

公报案例

⊙陈某某与宽甸满族自治县虎山镇老边墙村民委员会采矿权转让合同纠纷案（《最高人民法院公报》2012 年第 3 期）

【关键词】

特许行业　审批　生效

【案例要旨】

租赁采矿权属于一种特殊的矿业权转让方式，采矿权转让合同属于批准后才生效的合同。根据国务院《探矿权采矿权转让管理办法》第十条第三款的规定，出租采矿权须经有权批准的机关审批，批准转让的，转让合同自批准之日起生效。

⊙青岛市国土资源和房屋管理局崂山国土资源分局与青岛乾坤木业有限公司土地使用权出让合同纠纷案（《最高人民法院公报》2008 年第 5 期）

【关键词】

部分无效　效力　成立

【案例要旨】

1. 对于双方当事人意思表示真实，约定内容不损害国家、集体和第三人的合法权益，且已经过公证的合同，应认定已经成立。

2. 根据合同法的相关规定，依法成立的合同，自成立时生效。法律、行政法规规定应当办理批准、登记等手续生效的，依照其规定。

3. 合同部分内容无效，但不影响其他部分效力的，应当认定合同其他部分内容有效。

第五百零三条　【无权代理人订立的合同】无权代理人以被代理人的名义订立合同，被代理人已经开始履行合同义务或者接受相对人履行的，视为对合同的追认。

法　律

⊙《**民法典**》(**总则编**)(2020年5月28日)

第一百七十一条　行为人没有代理权、超越代理权或者代理权终止后，仍然实施代理行为，未经被代理人追认的，对被代理人不发生效力。

相对人可以催告被代理人自收到通知之日起三十日内予以追认。被代理人未作表示的，视为拒绝追认。行为人实施的行为被追认前，善意相对人有撤销的权利。撤销应当以通知的方式作出。

行为人实施的行为未被追认的，善意相对人有权请求行为人履行债务或者就其受到的损害请求行为人赔偿。但是，赔偿的范围不得超过被代理人追认时相对人所能获得的利益。

相对人知道或者应当知道行为人无权代理的，相对人和行为人按照各自的过错承担责任。

第五百零四条　【法定代表人越权订立的合同】法人的法定代表人或者非法人组织的负责人超越权限订立的合同，除相对人知道或者应当知道其超越权限外，该代表行为有效，订立的合同对法人或者非法人组织发生效力。

法　律

⊙《**民法典**》(**总则编**)(2020年5月28日)

第六十一条　依照法律或者法人章程的规定，代表法人从事民事活动的负责人，为法人的法定代表人。

法定代表人以法人名义从事的民事活动，其法律后果由法人承受。

法人章程或者法人权力机构对法定代表人代表权的限制，不得对抗善意相对人。

⊙《**公司法**》(2018年10月26日修正)

第十六条　公司向其他企业投资或者为他人提供担保，依照公司章程的规定，由董事会或者股东会、股东大会决议；公司章程对投资或者担保的总额及单项投资或者担保的数额有限额规定的，不得超过规定的限额。

公司为公司股东或者实际控制人提供担保的，必须经股东会或者股东大会决议。

前款规定的股东或者受前款规定的实际控制人支配的股东，不得参加前款规定事项的表决。该项表决由出席会议的其他股东所持表决权的过半数通过。

第一百四十八条　董事、高级管理人员不得有下列行为：

（一）挪用公司资金；

（二）将公司资金以其个人名义或者以其他个人名义开立账户存储；

（三）违反公司章程的规定，未经股东会、股东大会或者董事会同意，将公司资金借贷给他人或者以公司财产为他人提供担保；

（四）违反公司章程的规定或者未经股东会、股东大会同意，与本公司订立合同或者进行交易；

（五）未经股东会或者股东大会同意，利用职务便利为自己或者他人谋取属于公司的商业机会，自营或者为他人经营与所任职公司同类的业务；

（六）接受他人与公司交易的佣金归为己有；

（七）擅自披露公司秘密；

（八）违反对公司忠实义务的其他行为。

董事、高级管理人员违反前款规定所得的收入应当归公司所有。

司法解释及文件

⊙**《最高人民法院关于适用〈中华人民共和国民法典〉合同编通则若干问题的解释》**（2023 年 12 月 4 日　法释〔2023〕13 号）

第二十条　法律、行政法规为限制法人的法定代表人或者非法人组织的负责人的代表权，规定合同所涉事项应当由法人、非法人组织的权力机构或者决策机构决议，或者应当由法人、非法人组织的执行机构决定，法定代表人、负责人未取得授权而以法人、非法人组织的名义订立合同，未尽到合理审查义务的相对人主张该合同对法人、非法人组织发生效力并由其承担违约责任的，人民法院不予支持，但是法人、非法人组织有过错的，可以参照民法典第一百五十七条的规定判决其承担相应的赔偿责任。相对人已尽到合理审查义务，构成表见代表的，人民法院应当依据民法典第五百零四条的规定处理。

合同所涉事项未超越法律、行政法规规定的法定代表人或者负责人的代表权限，但是超越法人、非法人组织的章程或者权力机构等对代表权的限制，相对人主张该合同对法人、非法人组织发生效力并由其承担违约责任的，人民法院依法予以支持。但是，法人、非法人组织举证证明相对人知道或者应当知道该限制的除外。

法人、非法人组织承担民事责任后，向有过错的法定代表人、负责人追偿因越权代表行为造成的损失的，人民法院依法予以支持。法律、司法解释对法定代表人、负责人的民事责任另有规定的，依照其规定。

第二十一条 法人、非法人组织的工作人员就超越其职权范围的事项以法人、非法人组织的名义订立合同，相对人主张该合同对法人、非法人组织发生效力并由其承担违约责任的，人民法院不予支持。但是，法人、非法人组织有过错的，人民法院可以参照民法典第一百五十七条的规定判决其承担相应的赔偿责任。前述情形，构成表见代理的，人民法院应当依据民法典第一百七十二条的规定处理。

合同所涉事项有下列情形之一的，人民法院应当认定法人、非法人组织的工作人员在订立合同时超越其职权范围：

（一）依法应当由法人、非法人组织的权力机构或者决策机构决议的事项；

（二）依法应当由法人、非法人组织的执行机构决定的事项；

（三）依法应当由法定代表人、负责人代表法人、非法人组织实施的事项；

（四）不属于通常情形下依其职权可以处理的事项。

合同所涉事项未超越依据前款确定的职权范围，但是超越法人、非法人组织对工作人员职权范围的限制，相对人主张该合同对法人、非法人组织发生效力并由其承担违约责任的，人民法院应予支持。但是，法人、非法人组织举证证明相对人知道或者应当知道该限制的除外。

法人、非法人组织承担民事责任后，向故意或者有重大过失的工作人员追偿的，人民法院依法予以支持。

第二十二条　法定代表人、负责人或者工作人员以法人、非法人组织的名义订立合同且未超越权限，法人、非法人组织仅以合同加盖的印章不是备案印章或者系伪造的印章为由主张该合同对其不发生效力的，人民法院不予支持。

合同系以法人、非法人组织的名义订立，但是仅有法定代表人、负责人或者工作人员签名或者按指印而未加盖法人、非法人组织的印章，相对人能够证明法定代表人、负责人或者工作人员在订立合同时未超越权限的，人民法院应当认定合同对法人、非法人组织发生效力。但是，当事人约定以加盖印章作为合同成立条件的除外。

合同仅加盖法人、非法人组织的印章而无人员签名或者按指印，相对人能够证明合同系法定代表人、负责人或者工作人员在其权限范围内订立的，人民法院应当认定该合同对法人、非法人组织发生效力。

在前三款规定的情形下，法定代表人、负责人或者工作人员在订立合同时虽然超越代表或者代理权限，但是依据民法典第五百零四条的规定构成表见代表，或者依据民法典第一百七十二条的规定构成表见代理的，人民法院应当认定合同对法人、非法人组织发生效力。

第二十三条　法定代表人、负责人或者代理人与相对人恶意串通，以法人、非法人组织的名义订立合同，损害法人、非法人组织的合法权益，法人、非法人组织主张不承担民事责任的，人民法院应予支持。

法人、非法人组织请求法定代表人、负责人或者代理人与相对人对因此受到的损失承担连带赔偿责任的，人民法院应予支持。

根据法人、非法人组织的举证，综合考虑当事人之间的交易习惯、合同在订立时是否显失公平、相关人员是否获取了不正当利益、合同的履行情况等因素，人民法院能够认定法定代表人、负责人或者代理人与相对人存在恶意串通的高度可能性的，可以要求前述人员就合同订立、履行的过程等相关事实作出陈述或者提供相应的证据。其无正当理由拒绝作出陈述，或者所作陈述不具合理性又不能提供相应证据的，人民法院可以认定恶意串通的事实成立。

⊙**《最高人民法院关于适用〈中华人民共和国民法典〉有关担保制度的解释》**（2020 年 12 月 31 日 法释〔2020〕28 号）

第七条 公司的法定代表人违反公司法关于公司对外担保决议程序的规定，超越权限代表公司与相对人订立担保合同，人民法院应当依照民法典第六十一条和第五百零四条等规定处理：

（一）相对人善意的，担保合同对公司发生效力；相对人请求公司承担担保责任的，人民法院应予支持。

（二）相对人非善意的，担保合同对公司不发生效力；相对人请求公司承担赔偿责任的，参照适用本解释第十七条的有关规定。

法定代表人超越权限提供担保造成公司损失，公司请求法定代表人承担赔偿责任的，人民法院应予支持。

第一款所称善意，是指相对人在订立担保合同时不知道且不应当知道法定代表人超越权限。相对人有证据证明已对公司决议进行了合理审查，人民法院应当认定其构成善意，但是公司有证据证明相对人知道或者应当知道决议系伪造、变造的除外。

⊙**《最高人民法院关于印发〈全国法院民商事审判工作会议纪要〉的通知》**（2019 年 11 月 8 日 法〔2019〕254 号）

17.【违反《公司法》第 16 条构成越权代表】为防止法定代表人随意代表公司为他人提供担保给公司造成损失，损害中小股东利益，《公司法》第 16 条对法定代表人的代表权进行了限制。根据该条规定，担保行为不是法定代表人所能单独决定的事项，而必须以公司股东（大）会、董事会等公司机关的决议作为授权的基础和来源。法定代表人未经授权擅自为他人提供担保的，构成越权代表，人民法院应当根据《合同法》第 50 条关于法定代表人越权代表的规定，区分订立合同时债权人是否善意分别认定合同效力：债权人善意的，合同有效；反之，合同无效。

18.【善意的认定】前条所称的善意，是指债权人不知道或者不应当知道法定代表人超越权限订立担保合同。《公司法》第 16 条对关联担保和非关联担保的决议机关作出了区别规定，相应地，在善意的判断标准上也应当有所区别。一种情形是，为公司股东或者实际控制人提供关联担保，《公司法》第 16 条明确规定必须由股东（大）会决议，未经股东（大）会决议，构成越权代表。在此情况下，债权人主张担保合同有效，应当提供证据证明其在订立合同时对股东（大）会决议进行了审查，决议的表决程序符合《公司法》第 16 条的规定，即在排除被担保股东表决权的情况下，该项表决由出席会议的其他股东所持表决权的过半数通过，签字人员也符合公司章程的规定。另一种情形是，公司为公司股东或者实际控制人以外的人提供非关联担保，根据《公司法》第 16 条的规定，此时由公司章程规定是由董事会决议还是股东（大）会决议。无论章程是否对决议机关作出规定，也无论章程规定决议机关为董事会还是股东（大）会，根据《民法总则》第 61 条第 3 款关于"法人章程或者法人权力机构对法定代表人代表权的限制，不得对抗善意相对人"的规定，只要债权人能够证明其在订立担保合同时对董事会决议或者股东（大）会决议进行了审查，同意决议的人数及签字人员符合公司章程的规定，就应当认定其构成善意，但公司能够证明债权人明知公司章程对决议机关有明确规定的除外。

债权人对公司机关决议内容的审查一般限于形式审查，只要求尽到必要的注意义务即可，标准不宜太过严苛。公司以机关决议系法定代表人伪造或者变造、决议程序违法、签章（名）不实、担保金额超过法定限额等事由抗辩债权人非善意的，人民法院一般不予支持。但是，公司有证据证明债权人明知决议系伪造或者变造的除外。

20.【越权担保的民事责任】依据前述 3 条规定，担保合同有效，债权人请求公司承担担保责任的，人民法院依法予以支持；担保合同无效，债权人请求公司承担担保责任的，人民法院不予支持，但可以按照担保法及有关司法解释关于担保无效的规定处理。公司举证证明债权人明知法定代表人超越权限或者机关决议系伪造或者变造，债权人请求公司承担合同无效后的民事责任的，人民法院不予支持。

21.【权利救济】法定代表人的越权担保行为给公司造成损失，公司请求法定代表人承担赔偿责任的，人民法院依法予以支持。公司没有提起诉讼，股东依据《公司法》第 151 条的规定请求法定代表人承担赔偿责任的，人民法院依法予以支持。

23.【债务加入准用担保规则】法定代表人以公司名义与债务人约定加入债务并通知债权人或者向债权人表示愿意加入债务，该约定的效力问题，参照本纪要关于公司为他人提供担保的有关规则处理。

第五百零五条　【超越经营范围订立的合同】当事人超越经营范围订立的合同的效力，应当依照本法第一编第六章第三节和本编的有关规定确定，不得仅以超越经营范围确认合同无效。

法　律

⊙《**民法典**》(**总则编**)(2020 年 5 月 28 日)

第一百四十三条　具备下列条件的民事法律行为有效：

(一)行为人具有相应的民事行为能力；

(二)意思表示真实；

(三)不违反法律、行政法规的强制性规定，不违背公序良俗。

第一百四十四条　无民事行为能力人实施的民事法律行为无效。

第一百四十五条　限制民事行为能力人实施的纯获利益的民事法律行为或者与其年龄、智力、精神健康状况相适应的民事法律行为有效；实施的其他民事法律行为经法定代理人同意或者追认后有效。

相对人可以催告法定代理人自收到通知之日起三十日内予以追认。法定代理人未作表示的，视为拒绝追认。民事法律行为被追认前，善意相对人有撤销的权利。撤销应当以通知的方式作出。

第一百四十六条　行为人与相对人以虚假的意思表示实施的民事法律行为无效。

以虚假的意思表示隐藏的民事法律行为的效力，依照有关法律规定处理。

第一百四十七条　基于重大误解实施的民事法律行为，行为人有权请求人民法院或者仲裁机构予以撤销。

第一百四十八条　一方以欺诈手段，使对方在违背真实意思的情况下实施的民事法律行为，受欺诈方有权请求人民法院或者仲裁机构予以撤销。

第一百四十九条　第三人实施欺诈行为，使一方在违背真实意思的情况下实施的民事法律行为，对方知道或者应当知道该欺诈行为的，受欺诈方有权请求人民法院或者仲裁机构予以撤销。

第一百五十条　一方或者第三人以胁迫手段，使对方在违背真实意思的情况下实施的民事法律行为，受胁迫方有权请求人民法院或者仲裁机构予以撤销。

第一百五十一条　一方利用对方处于危困状态、缺乏判断能力等情形，致使民事法律行为成立时显失公平的，受损害方有权请求人民法院或者仲裁机构予以撤销。

第一百五十二条　有下列情形之一的，撤销权消灭：

（一）当事人自知道或者应当知道撤销事由之日起一年内、重大误解的当事人自知道或者应当知道撤销事由之日起九十日内没有行使撤销权；

（二）当事人受胁迫，自胁迫行为终止之日起一年内没有行使撤销权；

（三）当事人知道撤销事由后明确表示或者以自己的行为表明放弃撤销权。

当事人自民事法律行为发生之日起五年内没有行使撤销权的，撤销权消灭。

第一百五十三条　违反法律、行政法规的强制性规定的民事法律行为无效。但是，该强制性规定不导致该民事法律行为无效的除外。

违背公序良俗的民事法律行为无效。

第一百五十四条　行为人与相对人恶意串通，损害他人合法权益的民事法律行为无效。

第一百五十五条　无效的或者被撤销的民事法律行为自始没有法律约束力。

第一百五十六条　民事法律行为部分无效，不影响其他部分效力的，其他部分仍然有效。

第一百五十七条　民事法律行为无效、被撤销或者确定不发生效力后，行为人因该行为取得的财产，应当予以返还；不能返还或者没有必要返还的，应当折价补偿。有过错的一方应当赔偿对方由此所受到的损失；各方都有过错的，应当各自承担相应的责任。法律另有规定的，依照其规定。

⊙《**公司法**》（2018 年 10 月 26 日修正）

第十二条 公司的经营范围由公司章程规定，并依法登记。公司可以修改公司章程，改变经营范围，但是应当办理变更登记。

公司的经营范围中属于法律、行政法规规定须经批准的项目，应当依法经过批准。

司法解释及文件

⊙《**最高人民法院关于审理期货纠纷案件若干问题的规定**》（2020 年 12 月 29 日修正）

第十二条 期货公司设立的取得营业执照和经营许可证的分公司、营业部等分支机构超出经营范围开展经营活动所产生的民事责任，该分支机构不能承担的，由期货公司承担。

客户有过错的，应当承担相应的民事责任。

人民法院案例选案例

⊙**俞某某诉天津日樱教育咨询有限公司教育培训合同纠纷案**［《人民法院案例选》2018 年第 6 辑（总第 124 辑）］

【关键词】

合同效力　超越经营范围　效力性强制性规定

【案例要旨】

合同一方未取得办学许可证，超经营范围订立教育培训合同的，经审查双方签订合同的内容，如当事人提供的培训属于经营性培训行为，不属于国家限制经营、特许经营以及法律、行政法规禁止经营的范围，且双方签订的合同亦不存在违反法律、行政法规效力性强制性规定的情形的，应当认定双方签订的合同有效。

第五百零六条　【合同免责条款的无效】合同中的下列免责条款无效：

（一）造成对方人身损害的；

（二）因故意或者重大过失造成对方财产损失的。

法　律

⊙《**民用航空法**》（2021 年 4 月 29 日修正）

第一百三十条　任何旨在免除本法规定的承运人责任或者降低本法规定的赔偿责任限额的条款，均属无效；但是，此种条款的无效，不影响整个航空运输合同的效力。

⊙《**保险法**》（2015 年 4 月 24 日修正）

第十九条　采用保险人提供的格式条款订立的保险合同中的下列条款无效：

（一）免除保险人依法应承担的义务或者加重投保人、被保险人责任的；

（二）排除投保人、被保险人或者受益人依法享有的权利的。

第五百零七条　【合同解决争议条款的效力】合同不生效、无效、被撤销或者终止的，不影响合同中有关解决争议方法的条款的效力。

法　律

⊙《**仲裁法**》（2017 年 9 月 1 日修正）

第十九条　仲裁协议独立存在，合同的变更、解除、终止或者无效，不影响仲裁协议的效力。

仲裁庭有权确认合同的效力。

司法解释及文件

⊙**《最高人民法院关于适用〈中华人民共和国仲裁法〉若干问题的解释》**（2006年8月23日　法释〔2006〕7号）

第十条　合同成立后未生效或者被撤销的，仲裁协议效力的认定适用仲裁法第十九条第一款的规定。

当事人在订立合同时就争议达成仲裁协议的，合同未成立不影响仲裁协议的效力。

⊙**《最高人民法院关于王国林申请撤销中国国际经济贸易仲裁委员会华南分会（2012）中国贸仲深裁字第3号仲裁裁决一案的请示的复函》**（2013年2月26日　〔2013〕民四他字第8号）

广东省高级人民法院：

你院（2012）粤高法仲复字第4号《关于王国林申请撤销中国国际经济贸易仲裁委员会华南分会（2012）中国贸仲深裁字第3号仲裁裁决一案的请示》收悉。根据你院请示报告所述事实，经研究，答复如下：

本案系当事人申请撤销我国仲裁机构作出的涉台仲裁裁决案件，应当参照《中华人民共和国仲裁法》第七十条和《中华人民共和国民事诉讼法》（2012年修正）第二百七十四条第一款的规定进行审查。

关于仲裁条款的效力问题。本案当事人在案涉合同中约定了明确的仲裁条款。根据仲裁条款独立性原则，案涉合同的无效并不影响合同中仲裁条款的效力。同意你院关于案涉仲裁条款有效的意见。关于仲裁裁决是否存在超裁问题。本案中，吴硕琛系以案涉合同有效并要求王国林支付股权转让余款为请求提起仲裁，仲裁庭有权主动对案涉合同的效力进行审查并作出认定。但是，仲裁庭在未向当事人释明合同无效的后果以及未给予当事人变更仲裁请求机会的情况下，直接对合同无效后的返还以及赔偿责任作出裁决，确实超出了当事人的请求，属于超裁。人民法院可以参照《中华人民共和国仲裁法》第七十条和《中华人民共和国民事诉讼法》第二百七十四条第一款第（四）项的规定对案涉仲裁裁决予以撤销。但是考虑到本案标的具体情况，仲裁庭有能力纠正上述错误，人民法院可给予仲裁庭重新仲裁的机会。因此，对于本案的具体处理，人民法院应当根据《中华人民共和国仲裁法》第六十一条的规定通知仲裁庭重新仲裁，如果仲裁庭拒绝重新仲裁，人民法院可以对案涉仲裁裁决予以撤销。

此复。

公报案例

⊙**招商银行股份有限公司无锡分行与中国光大银行股份有限公司长春分行委托合同纠纷管辖权异议案**（《最高人民法院公报》2016 年第 7 期）

【关键词】

合同无效　撤销　争议解决条款

【案例要旨】

合同效力是对已经成立的合同是否具有合法性的评价，依法成立的合同，始对当事人具有法律约束力。《合同法》第五十七条（《民法典》第五百零七条）关于“合同无效、被撤销或者终止的，不影响合同中独立存在的有关解决争议方法的条款的效力”的规定适用于已经成立的合同，“有关解决争议方法的条款”应当符合法定的成立条件。

第五百零八条　【合同效力的适用性规定】本编对合同的效力没有规定的，适用本法第一编第六章的有关规定。

法　律

⊙**《民法典》（总则编）**（2020 年 5 月 28 日）

第一百三十七条　以对话方式作出的意思表示，相对人知道其内容时生效。

以非对话方式作出的意思表示，到达相对人时生效。以非对话方式作出的采用数据电文形式的意思表示，相对人指定特定系统接收数据电文的，该数据电文进入该特定系统时生效；未指定特定系统的，相对人知道或者应当知道该数据电文进入其系统时生效。当事人对采用数据电文形式的意思表示的生效时间另有约定的，按照其约定。

第一百四十一条 行为人可以撤回意思表示。撤回意思表示的通知应当在意思表示到达相对人前或者与意思表示同时到达相对人。

第一百四十三条 具备下列条件的民事法律行为有效：

（一）行为人具有相应的民事行为能力；

（二）意思表示真实；

（三）不违反法律、行政法规的强制性规定，不违背公序良俗。

第一百四十四条 无民事行为能力人实施的民事法律行为无效。

第一百四十五条 限制民事行为能力人实施的纯获利益的民事法律行为或者与其年龄、智力、精神健康状况相适应的民事法律行为有效；实施的其他民事法律行为经法定代理人同意或者追认后有效。

相对人可以催告法定代理人自收到通知之日起三十日内予以追认。法定代理人未作表示的，视为拒绝追认。民事法律行为被追认前，善意相对人有撤销的权利。撤销应当以通知的方式作出。

第一百四十六条 行为人与相对人以虚假的意思表示实施的民事法律行为无效。

以虚假的意思表示隐藏的民事法律行为的效力，依照有关法律规定处理。

第一百四十七条 基于重大误解实施的民事法律行为，行为人有权请求人民法院或者仲裁机构予以撤销。

第一百四十八条 一方以欺诈手段，使对方在违背真实意思的情况下实施的民事法律行为，受欺诈方有权请求人民法院或者仲裁机构予以撤销。

第一百四十九条 第三人实施欺诈行为，使一方在违背真实意思的情况下实施的民事法律行为，对方知道或者应当知道该欺诈行为的，受欺诈方有权请求人民法院或者仲裁机构予以撤销。

第一百五十条 一方或者第三人以胁迫手段，使对方在违背真实意思的情况下实施的民事法律行为，受胁迫方有权请求人民法院或者仲裁机构予以撤销。

第一百五十一条　一方利用对方处于危困状态、缺乏判断能力等情形，致使民事法律行为成立时显失公平的，受损害方有权请求人民法院或者仲裁机构予以撤销。

第一百五十二条　有下列情形之一的，撤销权消灭：

（一）当事人自知道或者应当知道撤销事由之日起一年内、重大误解的当事人自知道或者应当知道撤销事由之日起九十日内没有行使撤销权；

（二）当事人受胁迫，自胁迫行为终止之日起一年内没有行使撤销权；

（三）当事人知道撤销事由后明确表示或者以自己的行为表明放弃撤销权。

当事人自民事法律行为发生之日起五年内没有行使撤销权的，撤销权消灭。

第一百五十三条　违反法律、行政法规的强制性规定的民事法律行为无效。但是，该强制性规定不导致该民事法律行为无效的除外。

违背公序良俗的民事法律行为无效。

第一百五十四条　行为人与相对人恶意串通，损害他人合法权益的民事法律行为无效。

第一百五十五条　无效的或者被撤销的民事法律行为自始没有法律约束力。

第一百五十六条　民事法律行为部分无效，不影响其他部分效力的，其他部分仍然有效。

第一百五十七条　民事法律行为无效、被撤销或者确定不发生效力后，行为人因该行为取得的财产，应当予以返还；不能返还或者没有必要返还的，应当折价补偿。有过错的一方应当赔偿对方由此所受到的损失；各方都有过错的，应当各自承担相应的责任。法律另有规定的，依照其规定。

第四章　合同的履行

第五百零九条　【合同履行注意事项】当事人应当按照约定全面履行自己的义务。

当事人应当遵循诚信原则，根据合同的性质、目的和交易习惯履行通知、协助、保密等义务。

当事人在履行合同过程中，应当避免浪费资源、污染环境和破坏生态。

法　律

⊙**《民法典》（总则编）**（2020 年 5 月 28 日）

第七条　民事主体从事民事活动，应当遵循诚信原则，秉持诚实，恪守承诺。

第九条　民事主体从事民事活动，应当有利于节约资源、保护生态环境。

⊙**《民事诉讼法》**（2023 年 9 月 1 日修正）

第十三条　民事诉讼应当遵循诚信原则。

当事人有权在法律规定的范围内处分自己的民事权利和诉讼权利。

司法解释及文件

⊙《**最高人民法院关于适用〈中华人民共和国民法典〉合同编通则若干问题的解释**》（2023年12月4日　法释〔2023〕13号）

第二条　下列情形，不违反法律、行政法规的强制性规定且不违背公序良俗的，人民法院可以认定为民法典所称的“交易习惯”：

（一）当事人之间在交易活动中的惯常做法；

（二）在交易行为当地或者某一领域、某一行业通常采用并为交易对方订立合同时所知道或者应当知道的做法。

对于交易习惯，由提出主张的当事人一方承担举证责任。

第二十六条　当事人一方未根据法律规定或者合同约定履行开具发票、提供证明文件等非主要债务，对方请求继续履行该债务并赔偿因怠于履行该债务造成的损失的，人民法院依法予以支持；对方请求解除合同的，人民法院不予支持，但是不履行该债务致使不能实现合同目的或者当事人另有约定的除外。

⊙《**最高人民法院关于适用〈中华人民共和国民法典〉时间效力的若干规定**》（2020年12月29日　法释〔2020〕15号）

第二十条　民法典施行前成立的合同，依照法律规定或者当事人约定该合同的履行持续至民法典施行后，因民法典施行前履行合同发生争议的，适用当时的法律、司法解释的规定；因民法典施行后履行合同发生争议的，适用民法典第三编第四章和第五章的相关规定。

⊙《**最高人民法院关于审理旅游纠纷案件适用法律若干问题的规定**》（2020年12月29日修正）

第十七条　旅游者在自行安排活动期间遭受人身损害、财产损失，旅游经营者未尽到必要的提示义务、救助义务，旅游者请求旅游经营者承担相应责任的，人民法院应予支持。

前款规定的自行安排活动期间，包括旅游经营者安排的在旅游行程中独立的自由活动期间、旅游者不参加旅游行程的活动期间以及旅游者经导游或者领队同意暂时离队的个人活动期间等。

部门规章及规范性文件

⊙**《中国保险监督管理委员会关于保险合同纠纷案件有关问题的复函》**（2006 年 2 月 21 日）

重庆市高级人民法院：

你院关于咨询保险合同纠纷案件有关问题的函（〔2005〕渝高法民终字第 174 号）收悉。经研究，现就有关问题函复如下：

一、关于如实告知义务

依据保险法第十七条规定，投保人订立保险合同时的如实告知义务，应当属于询问告知，即保险人以书面或者口头形式提出询问，投保人有义务进行告知。如果保险人对有关事项已在风险情况询问表上提出，投保人未填写，应视为投保人未履行告知义务。

依据保险法第五条、合同法第六十条规定，保险合同当事人行使权利、履行义务应当遵循诚实信用原则，合同履行过程中应当根据合同的性质、目的和交易习惯履行通知、协助等诚信附随义务。投保时，如果投保人明知或应当知道某些重要事项涉及保险标的风险，影响到保险人决定是否承保或提高保险费率，即使保险人没有进行明确询问，投保人基于诚信原则，也应进行适当说明或者告知；如果投保人故意不履行这种诚信义务，依据合同法第四十二条第（二）、（三）款，投保人要承担缔约过失的损害赔偿责任。此外，依据保险法第三十七条，保险合同成立后，保险标的危险程度增加的，投保人按照约定负有通知义务；否则，对因保险标的危险程度增加而发生的保险事故，保险公司不承担赔偿责任。

二、关于保险条款解释

你院来函未附本案涉及的具体保险条款文本，因此我们难以确定该条款实际版本。根据承保时间推断，该《财产保险综合险》条款应是由中国人民银行于 1996 年制定并颁发实施的。根据我会《关于财产保险条款费率备案管理的通知》（保监发〔2001〕120 号）的有关规定，该险种的条款在中国保监会未修订前，仍按中国人民银行的原规定执行。保险公司继续使用该条款，不需履行有关报备手续。而非由中国保监会制定或修订的保险条款，中国保监会不负责解释。该条款有关术语的解释，请参考中国人民银行在《关于印发〈财产保险基本险〉和〈财产保险综合险〉条款、费率及条款解释的通知》(银发〔1996〕187号)。该通知所附的《财产保险综合险条款解释》中对“危险建筑”未作出明确定义，但其第三条关于“所列明的财产不属于本保险标的承保范围”主要原因说明的第三项“不利于贯彻执行政府有关命令或规定，如违章建筑及其他政府命令限期拆除、改建的房屋、建筑物”，可以作为一个参考标准；第四条中对“突发性滑坡”的定义为“斜坡上不稳的岩体、土体或人为堆积物在重力作用下突然整体向下滑动”。

三、关于保险公估鉴定

依据我会发布的《保险公估机构管理规定》，保险公估公司是依法由中国保监会批准设立的，接受保险当事人委托，专门从事保险标的的评估、勘验、鉴定、估损、理算等业务的单位。保险公估公司接受当事人一方委托所作的相关鉴定结论，当事人如有异议，属于事实认定范畴，应由法院作出调查认定。

以上意见，供参考。

通　则·合同的履行

公报案例

⊙**吉林省东润房地产开发有限公司与吉林佳垒房地集团有限公司、第三人大商股份有限公司合资、合作开发房地产合同纠纷案**(《最高人民法院公报》2013年第4期)

【关键词】

合同履行　公平　诚信　变更

【案例要旨】

双方当事人在签订合同后、履行合同过程中，因情况变化，又签订多份补充协议修改原合同约定的，只要

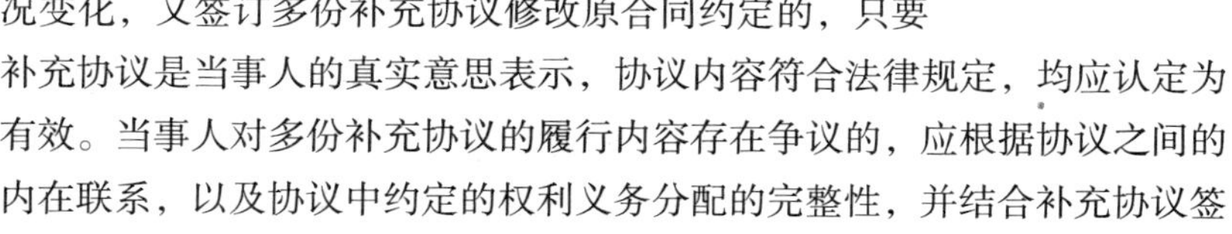

补充协议是当事人的真实意思表示，协议内容符合法律规定，均应认定为有效。当事人对多份补充协议的履行内容存在争议的，应根据协议之间的内在联系，以及协议中约定的权利义务分配的完整性，并结合补充协议签订和成立的时间顺序，根据民法的公平和诚实信用原则，确定协议的最终

履行内容。

⊙**王某某、张某某诉上海银河宾馆赔偿纠纷案**（《最高人民法院公报》2001年第2期）

【关键词】

违约责任　义务

【案例要旨】

根据住宿合同的性质、目的和行业习惯，避免旅客人身、财产受到侵害，就成为此类合同的附随义务。宾馆未尽该义务，导致旅客人身财产受损的，应承担违约赔偿责任。宾馆能证明自己履行了该义务后，可以不承担责任。

第五百一十条　【合同没有约定或者约定不明的补救】合同生效后，当事人就质量、价款或者报酬、履行地点等内容没有约定或者约定不明确的，可以协议补充；不能达成补充协议的，按照合同相关条款或者交易习惯确定。

法　律

⊙**《民法典》（合同编）**（2020年5月28日）

第六百零二条　当事人没有约定标的物的交付期限或者约定不明确的，适用本法第五百一十条、第五百一十一条第四项的规定。

第六百零三条　出卖人应当按照约定的地点交付标的物。

当事人没有约定交付地点或者约定不明确，依据本法第五百一十条的规定仍不能确定的，适用下列规定：

（一）标的物需要运输的，出卖人应当将标的物交付给第一承运人以运交给买受人；

（二）标的物不需要运输，出卖人和买受人订立合同时知道标的物在某一地点的，出卖人应当在该地点交付标的物；不知道标的物在某一地点的，应当在出卖人订立合同时的营业地交付标的物。

第六百一十六条 当事人对标的物的质量要求没有约定或者约定不明确，依据本法第五百一十条的规定仍不能确定的，适用本法第五百一十一条第一项的规定。

第六百一十九条 出卖人应当按照约定的包装方式交付标的物。对包装方式没有约定或者约定不明确，依据本法第五百一十条的规定仍不能确定的，应当按照通用的方式包装；没有通用方式的，应当采取足以保护标的物且有利于节约资源、保护生态环境的包装方式。

第六百二十六条 买受人应当按照约定的数额和支付方式支付价款。对价款的数额和支付方式没有约定或者约定不明确的，适用本法第五百一十条、第五百一十一条第二项和第五项的规定。

第六百二十七条 买受人应当按照约定的地点支付价款。对支付地点没有约定或者约定不明确，依据本法第五百一十条的规定仍不能确定的，买受人应当在出卖人的营业地支付；但是，约定支付价款以交付标的物或者交付提取标的物单证为条件的，在交付标的物或者交付提取标的物单证的所在地支付。

第六百二十八条 买受人应当按照约定的时间支付价款。对支付时间没有约定或者约定不明确，依据本法第五百一十条的规定仍不能确定的，买受人应当在收到标的物或者提取标的物单证的同时支付。

司法解释及文件

⊙**《最高人民法院关于适用〈中华人民共和国民法典〉合同编通则若干问题的解释》**（2023年12月4日 法释〔2023〕13号）

第二条 下列情形，不违反法律、行政法规的强制性规定且不违背公序良俗的，人民法院可以认定为民法典所称的“交易习惯”：

（一）当事人之间在交易活动中的惯常做法；

（二）在交易行为当地或者某一领域、某一行业通常采用并为交易对方订立合同时所知道或者应当知道的做法。

对于交易习惯，由提出主张的当事人一方承担举证责任。

第三条 当事人对合同是否成立存在争议，人民法院能够确定当事人姓名或者名称、标的和数量的，一般应当认定合同成立。但是，法律另有规定或者当事人另有约定的除外。

根据前款规定能够认定合同已经成立的，对合同欠缺的内容，人民法院应当依据民法典第五百一十条、第五百一十一条等规定予以确定。

当事人主张合同无效或者请求撤销、解除合同等，人民法院认为合同不成立的，应当依据《最高人民法院关于民事诉讼证据的若干规定》第五十三条的规定将合同是否成立作为焦点问题进行审理，并可以根据案件的具体情况重新指定举证期限。

⊙《最高人民法院关于审理民事案件适用诉讼时效制度若干问题的规定》（2020年12月29日修正）

第四条 未约定履行期限的合同，依照民法典第五百一十条、第五百一十一条的规定，可以确定履行期限的，诉讼时效期间从履行期限届满之日起计算；不能确定履行期限的，诉讼时效期间从债权人要求债务人履行义务的宽限期届满之日起计算，但债务人在债权人第一次向其主张权利之时明确表示不履行义务的，诉讼时效期间从债务人明确表示不履行义务之日起计算。

⊙《最高人民法院关于审理买卖合同纠纷案件适用法律问题的解释》（2020年12月29日修正）

第二条 标的物为无需以有形载体交付的电子信息产品，当事人对交付方式约定不明确，且依照民法典第五百一十条的规定仍不能确定的，买受人收到约定的电子信息产品或者权利凭证即为交付。

公报案例

⊙陆某某诉中国人寿保险股份有限公司太仓支公司保险合同纠纷案（《最高人民法院公报》2013年第1期）

【关键词】

交易习惯　诚信原则　解除

【案例要旨】

人寿保险合同未约定具体的保费缴纳方式，投保人与保险人之间长期以来形成了较为固定的保费缴纳方式的，应视为双方成就了特定的交易习惯。保险公司单方改变交易习惯，违反最大诚信原则，致使投保人未能及时缴纳保费的，不应据此认定保单失效，保险公司无权中止合同效力并解除保险合同。

第五百一十一条 【合同约定不明时的履行】当事人就有关合同内容约定不明确，依据前条规定仍不能确定的，适用下列规定：

（一）质量要求不明确的，按照强制性国家标准履行；没有强制性国家标准的，按照推荐性国家标准履行；没有推荐性国家标准的，按照行业标准履行；没有国家标准、行业标准的，按照通常标准或者符合合同目的的特定标准履行。

（二）价款或者报酬不明确的，按照订立合同时履行地的市场价格履行；依法应当执行政府定价或者政府指导价的，依照规定履行。

（三）履行地点不明确，给付货币的，在接受货币一方所在地履行；交付不动产的，在不动产所在地履行；其他标的，在履行义务一方所在地履行。

（四）履行期限不明确的，债务人可以随时履行，债权人也可以随时请求履行，但是应当给对方必要的准备时间。

（五）履行方式不明确的，按照有利于实现合同目的的方式履行。

（六）履行费用的负担不明确的，由履行义务一方负担；因债权人原因增加的履行费用，由债权人负担。

法　律

⊙**《标准化法》**（2017 年 11 月 4 日修订）

第二条　本法所称标准（含标准样品），是指农业、工业、服务业以及社会事业等领域需要统一的技术要求。

标准包括国家标准、行业标准、地方标准和团体标准、企业标准。国家标准分为强制性标准、推荐性标准，行业标准、地方标准是推荐性标准。

强制性标准必须执行。国家鼓励采用推荐性标准。

第十条 对保障人身健康和生命财产安全、国家安全、生态环境安全以及满足经济社会管理基本需要的技术要求，应当制定强制性国家标准。

国务院有关行政主管部门依据职责负责强制性国家标准的项目提出、组织起草、征求意见和技术审查。国务院标准化行政主管部门负责强制性国家标准的立项、编号和对外通报。国务院标准化行政主管部门应当对拟制定的强制性国家标准是否符合前款规定进行立项审查，对符合前款规定的予以立项。

省、自治区、直辖市人民政府标准化行政主管部门可以向国务院标准化行政主管部门提出强制性国家标准的立项建议，由国务院标准化行政主管部门会同国务院有关行政主管部门决定。社会团体、企业事业组织以及公民可以向国务院标准化行政主管部门提出强制性国家标准的立项建议，国务院标准化行政主管部门认为需要立项的，会同国务院有关行政主管部门决定。

强制性国家标准由国务院批准发布或者授权批准发布。

法律、行政法规和国务院决定对强制性标准的制定另有规定的，从其规定。

第十一条 对满足基础通用、与强制性国家标准配套、对各有关行业起引领作用等需要的技术要求，可以制定推荐性国家标准。

推荐性国家标准由国务院标准化行政主管部门制定。

第十二条 对没有推荐性国家标准、需要在全国某个行业范围内统一的技术要求，可以制定行业标准。

行业标准由国务院有关行政主管部门制定，报国务院标准化行政主管部门备案。

第二十一条 推荐性国家标准、行业标准、地方标准、团体标准、企业标准的技术要求不得低于强制性国家标准的相关技术要求。

国家鼓励社会团体、企业制定高于推荐性标准相关技术要求的团体标准、企业标准。

司法解释及文件

⊙**《最高人民法院关于适用〈中华人民共和国民法典〉合同编通则若干问题的解释》**（2023年12月4日　法释〔2023〕13号）

第三条　当事人对合同是否成立存在争议，人民法院能够确定当事人姓名或者名称、标的和数量的，一般应当认定合同成立。但是，法律另有规定或者当事人另有约定的除外。

根据前款规定能够认定合同已经成立的，对合同欠缺的内容，人民法院应当依据民法典第五百一十条、第五百一十一条等规定予以确定。

当事人主张合同无效或者请求撤销、解除合同等，人民法院认为合同不成立的，应当依据《最高人民法院关于民事诉讼证据的若干规定》第五十三条的规定将合同是否成立作为焦点问题进行审理，并可以根据案件的具体情况重新指定举证期限。

⊙**《最高人民法院关于适用〈中华人民共和国民事诉讼法〉的解释》**（2022年4月1日修正）

第十八条　合同约定履行地点的，以约定的履行地点为合同履行地。

合同对履行地点没有约定或者约定不明确，争议标的为给付货币的，接收货币一方所在地为合同履行地；交付不动产的，不动产所在地为合同履行地；其他标的，履行义务一方所在地为合同履行地。即时结清的合同，交易行为地为合同履行地。

合同没有实际履行，当事人双方住所地都不在合同约定的履行地的，由被告住所地人民法院管辖。

第十九条　财产租赁合同、融资租赁合同以租赁物使用地为合同履行地。合同对履行地有约定的，从其约定。

第二十条　以信息网络方式订立的买卖合同，通过信息网络交付标的的，以买受人住所地为合同履行地；通过其他方式交付标的的，收货地为合同履行地。合同对履行地有约定的，从其约定。

⊙**《最高人民法院关于审理民事案件适用诉讼时效制度若干问题的规定》**（2020年12月29日修正）

第四条 未约定履行期限的合同，依照民法典第五百一十条、第五百一十一条的规定，可以确定履行期限的，诉讼时效期间从履行期限届满之日起计算；不能确定履行期限的，诉讼时效期间从债权人要求债务人履行义务的宽限期届满之日起计算，但债务人在债权人第一次向其主张权利之时明确表示不履行义务的，诉讼时效期间从债务人明确表示不履行义务之日起计算。

⊙**《最高人民法院关于审理民间借贷案件适用法律若干问题的规定》**（2020年12月29日修正）

第三条 借贷双方就合同履行地未约定或者约定不明确，事后未达成补充协议，按照合同相关条款或者交易习惯仍不能确定的，以接受货币一方所在地为合同履行地。

⊙**《最高人民法院关于人民法院确定财产处置参考价若干问题的规定》**（2018年8月28日 法释〔2018〕15号）

第五条 当事人议价不能或者不成，且财产有计税基准价、政府定价或者政府指导价的，人民法院应当向确定参考价时财产所在地的有关机构进行定向询价。

双方当事人一致要求直接进行定向询价，且财产有计税基准价、政府定价或者政府指导价的，人民法院应当准许。

⊙**《最高人民法院经济审判庭关于如何确定加工承揽合同履行地问题的电话答复》**（1989年11月23日）

天津市高级人民法院：

你院津高法经（1989）7号“关于如何确定加工承揽合同履行地问题的请示”收悉。经研究答复如下：

合同履行地应为合同规定义务履行的地点。加工承揽合同主要是以承揽方按照定作方的特定要求完成加工生产任务为履约内容的，承揽方履约又是以使用自己的设备、技术、人力为前提条件的。因此，加工承揽方所在地通常应为合同规定义务履行的地点，即合同履行地。

此复

⊙《**最高人民法院关于确定购销合同履行地问题的复函**》（1994年1月24日　法经〔1994〕26号）

山东省高级人民法院：

你院鲁高法函〔1993〕202号“关于确定购销合同履行地问题的请示”收悉。经研究，答复如下：

关于合同履行地问题，我院《关于适用〈中华人民共和国民事诉讼法〉若干问题的意见》第19条作了具体解释。依据该条规定，购销合同的双方当事人在合同中对交货地点有约定的，不管采取何种交货方式，约定的交货地点即为合同履行地；合同中没有约定交货地点的，才依交货方式确定合同履行地：采用送货方式，即供方自备运输工具，将货物运至需方所在地或需方指定地点的，不论运费由谁承担，货物送达地为合同履行地；采用自提方式，即需方自备或租用运输工具到供方所在地或供方指定的地点提取货物的，不管运费由谁承担，提货地为合同履行地。

⊙《**最高人民法院关于如何确定委托贷款合同履行地问题的答复**》（1998年7月6日　法明传〔1998〕198号）

湖北省高级人民法院：

你院（1997）169号《关于如何确定委托贷款合同履行地问题的请示》收悉。经研究认为，委托贷款合同以贷款方（即受托方）住所地为合同履行地，但合同中对履行地有约定的除外。

⊙《**最高人民法院关于买受人在交易时未支付价款向出卖人出具没有还款日期的欠款条诉讼时效期间应从何时开始计算问题的请示的答复**》（2006年3月10日　〔2005〕民二他字第35号）

广东省高级人民法院：

你院粤高法民一请字〔2005〕1号《关于买受人在交易时未支付价款向出卖人出具没有还款日期的欠款条诉讼时效期间应从何时开始计算问题

的请示》收悉。经研究，答复如下：

根据你院报告所述情况，冯树根向广州市白云农业综合服务有限公司（以下简称白云农业公司）购买农药，双方并未签订书面买卖合同，也无证据证明双方对合同的履行期限进行约定，因此，该合同属于未定履行期限的合同。根据《中华人民共和国合同法》第六十二条第一款第（四）项及《中华人民共和国民法通则》第八十八条第二款第（二）项、第一百三十七条的规定，本案诉讼时效期间应从白云农业公司向冯树根主张权利时起算。本案不符合法复〔1994〕3号批复适用的条件，故同意你院审判委员会多数意见。

此复。

⊙**《最高人民法院关于生效法律文书未确定履行期限能否依当事人约定的履行期限受理执行的请示的复函》**（2005年6月29日　〔2004〕执他字第23号）

山西省高级人民法院：

你院《生效法律文书未确定履行期限能否依当事人约定的履行期限受理执行的请示》收悉，经研究，答复如下：

一、关于法律文书生效后，当事人在自动履行期间内达成和解协议，申请执行期限是否可以延长的问题，现行法律及司法解释没有明确规定。

二、从本案的实际情况看，当事人是在一审法院审判法官的主持下多次达成和解协议，这是造成债权人未能在法律文书生效后及时向人民法院申请强制执行的主要原因。为充分保护债权人的合法权益，本案可参照最高人民法院《关于适用〈中华人民共和国民事诉讼法〉若干问题的意见》第267条规定的精神，作为个案的特殊情况妥善处理。

此复

第五百一十二条　【电子合同标的交付时间】通过互联网等信息网络订立的电子合同的标的为交付商品并采用快递物流方式交付的，收货人的签收时间为交付时间。电子合同的标的为提供服务的，生成的电子凭证或者实物凭证中载明的时间为提供服务时间；前述凭证没有载明时间或者载明时间与实际提供服务时间不一致的，以实际提供服务的时间为准。

电子合同的标的物为采用在线传输方式交付的，合同标的物进入对方当事人指定的特定系统且能够检索识别的时间为交付时间。

电子合同当事人对交付商品或者提供服务的方式、时间另有约定的，按照其约定。

法　律

⊙《**电子签名法**》(2019 年 4 月 23 日修正)

第十一条　数据电文进入发件人控制之外的某个信息系统的时间，视为该数据电文的发送时间。

收件人指定特定系统接收数据电文的，数据电文进入该特定系统的时间，视为该数据电文的接收时间；未指定特定系统的，数据电文进入收件人的任何系统的首次时间，视为该数据电文的接收时间。

当事人对数据电文的发送时间、接收时间另有约定的，从其约定。

⊙《**电子商务法**》(2018 年 8 月 31 日)

第五十一条　合同标的为交付商品并采用快递物流方式交付的，收货人签收时间为交付时间。合同标的为提供服务的，生成的电子凭证或者实物凭证中载明的时间为交付时间；前述凭证没有载明时间或者载明时间与实际提供服务时间不一致的，实际提供服务的时间为交付时间。

合同标的为采用在线传输方式交付的，合同标的进入对方当事人指定的特定系统并且能够检索识别的时间为交付时间。

合同当事人对交付方式、交付时间另有约定的，从其约定。

第五十二条 电子商务当事人可以约定采用快递物流方式交付商品。

快递物流服务提供者为电子商务提供快递物流服务，应当遵守法律、行政法规，并应当符合承诺的服务规范和时限。快递物流服务提供者在交付商品时，应当提示收货人当面查验；交由他人代收的，应当经收货人同意。

快递物流服务提供者应当按照规定使用环保包装材料，实现包装材料的减量化和再利用。

快递物流服务提供者在提供快递物流服务的同时，可以接受电子商务经营者的委托提供代收货款服务。

第五十三条 电子商务当事人可以约定采用电子支付方式支付价款。

电子支付服务提供者为电子商务提供电子支付服务，应当遵守国家规定，告知用户电子支付服务的功能、使用方法、注意事项、相关风险和收费标准等事项，不得附加不合理交易条件。电子支付服务提供者应当确保电子支付指令的完整性、一致性、可跟踪稽核和不可篡改。

电子支付服务提供者应当向用户免费提供对账服务以及最近三年的交易记录。

第五十四条 电子支付服务提供者提供电子支付服务不符合国家有关支付安全管理要求，造成用户损失的，应当承担赔偿责任。

第五十五条 用户在发出支付指令前，应当核对支付指令所包含的金额、收款人等完整信息。

支付指令发生错误的，电子支付服务提供者应当及时查找原因，并采取相关措施予以纠正。造成用户损失的，电子支付服务提供者应当承担赔偿责任，但能够证明支付错误非自身原因造成的除外。

第五十六条 电子支付服务提供者完成电子支付后，应当及时准确地向用户提供符合约定方式的确认支付的信息。

第五十七条 用户应当妥善保管交易密码、电子签名数据等安全工具。用户发现安全工具遗失、被盗用或者未经授权的支付的，应当及时通知电子支付服务提供者。

未经授权的支付造成的损失，由电子支付服务提供者承担；电子支付服务提供者能够证明未经授权的支付是因用户的过错造成的，不承担责任。

电子支付服务提供者发现支付指令未经授权，或者收到用户支付指令未经授权的通知时，应当立即采取措施防止损失扩大。电子支付服务提供者未及时采取措施导致损失扩大的，对损失扩大部分承担责任。

第五百一十三条 【执行政府定价或者政府指导价的合同价格确定】执行政府定价或者政府指导价的，在合同约定的交付期限内政府价格调整时，按照交付时的价格计价。逾期交付标的物的，遇价格上涨时，按照原价格执行；价格下降时，按照新价格执行。逾期提取标的物或者逾期付款的，遇价格上涨时，按照新价格执行；价格下降时，按照原价格执行。

法　律

⊙**《价格法》**（1997 年 12 月 29 日）

第十八条　下列商品和服务价格，政府在必要时可以实行政府指导价或者政府定价：

（一）与国民经济发展和人民生活关系重大的极少数商品价格；

（二）资源稀缺的少数商品价格；

（三）自然垄断经营的商品价格；

（四）重要的公用事业价格；

（五）重要的公益性服务价格。

第三十九条　经营者不执行政府指导价、政府定价以及法定的价格干预措施、紧急措施的，责令改正，没收违法所得，可以并处违法所得五倍以下的罚款；没有违法所得的，可以处以罚款；情节严重的，责令停业整顿。

部门规章及规范性文件

⊙《**边销茶调拨合同实施办法（试行）**》（1992年3月3日商业部发布）

第七条 调拨边销茶的价格，按照商业部规定的调拨价执行。在合同期内如遇国家价格调整时按新规定价格计算；超过合同期限逾期交货的，遇价格上调时，按原价格执行，遇价格下降时，按新价格执行；逾期接货的，遇价格上调时，按新价格执行，遇价格下降时，按原价格执行。

⊙《**油脂调拨合同实施办法**》［1984年9月12日 （84）商油字第6号］

第七条 调拨油脂的价格，国家计划内调拨的，按照部规定的调拨作价原则执行；议价调拨的，由供需双方协商自定价格。

执行国家调拨价格的，在合同期内如遇国家价格调整时，按新规定价格计价；超过合同期限逾期交货的，遇价格上调时，按原价格执行，遇价格下降时，按新价格执行；逾期接货的，遇价格上调时，按新价格执行，遇价格下降时，按原价格执行。

⊙《**肉食禽蛋调拨合同实施办法**》（1984年8月27日商业部发布）

在合同规定的交货期限内，如遇国家价格调整时，按交货时的价格计算。逾期交货的，遇价格上涨时，按原价格执行。遇价格下降时，按新价格执行。逾期接货或逾期付款的，遇价格上涨时，按新价格执行。遇价格下降时，按原价格执行。实行季节差价的鲜蛋，其调拨价格，按第六条规定执行。

第五百一十四条 【法定货币履行】以支付金钱为内容的债，除法律另有规定或者当事人另有约定外，债权人可以请求债务人以实际履行地的法定货币履行。

法　律

⊙《**中国人民银行法**》（2003年12月27日修正）

第十六条 中华人民共和国的法定货币是人民币。以人民币支付中华人民共和国境内的一切公共的和私人的债务，任何单位和个人不得拒收。

第五百一十五条　【选择之债中的选择权】标的有多项而债务人只需履行其中一项的，债务人享有选择权；但是，法律另有规定、当事人另有约定或者另有交易习惯的除外。

享有选择权的当事人在约定期限内或者履行期限届满未作选择，经催告后在合理期限内仍未选择的，选择权转移至对方。

司法解释及文件

⊙**《最高人民法院关于适用〈中华人民共和国民法典〉合同编通则若干问题的解释》**（2023 年 12 月 4 日　法释〔2023〕13 号）

第二条　下列情形，不违反法律、行政法规的强制性规定且不违背公序良俗的，人民法院可以认定为民法典所称的“交易习惯”：

（一）当事人之间在交易活动中的惯常做法；

（二）在交易行为当地或者某一领域、某一行业通常采用并为交易对方订立合同时所知道或者应当知道的做法。

对于交易习惯，由提出主张的当事人一方承担举证责任。

第五百一十六条　【选择权的行使】当事人行使选择权应当及时通知对方，通知到达对方时，标的确定。标的确定后不得变更，但是经对方同意的除外。

可选择的标的发生不能履行情形的，享有选择权的当事人不得选择不能履行的标的，但是该不能履行的情形是由对方造成的除外。

第五百一十七条 【按份债权与按份债务】债权人为二人以上，标的可分，按照份额各自享有债权的，为按份债权；债务人为二人以上，标的可分，按照份额各自负担债务的，为按份债务。

按份债权人或者按份债务人的份额难以确定的，视为份额相同。

法 律

⊙**《民法典》(总则编)**(2020年5月28日)

第一百七十七条 二人以上依法承担按份责任，能够确定责任大小的，各自承担相应的责任；难以确定责任大小的，平均承担责任。

第五百一十八条 【连带债权与连带债务】债权人为二人以上，部分或者全部债权人均可以请求债务人履行债务的，为连带债权；债务人为二人以上，债权人可以请求部分或者全部债务人履行全部债务的，为连带债务。

连带债权或者连带债务，由法律规定或者当事人约定。

法 律

⊙**《民法典》(总则编)**(2020年5月28日)

第六十七条 法人合并的，其权利和义务由合并后的法人享有和承担。

法人分立的，其权利和义务由分立后的法人享有连带债权，承担连带债务，但是债权人和债务人另有约定的除外。

第七十五条 设立人为设立法人从事的民事活动，其法律后果由法人承受；法人未成立的，其法律后果由设立人承受，设立人为二人以上的，享有连带债权，承担连带债务。

设立人为设立法人以自己的名义从事民事活动产生的民事责任，第三人有权选择请求法人或者设立人承担。

第一百六十四条　代理人不履行或者不完全履行职责，造成被代理人损害的，应当承担民事责任。

代理人和相对人恶意串通，损害被代理人合法权益的，代理人和相对人应当承担连带责任。

⊙《**民法典**》（**物权编**）（2020 年 5 月 28 日）

第三百零七条　因共有的不动产或者动产产生的债权债务，在对外关系上，共有人享有连带债权、承担连带债务，但是法律另有规定或者第三人知道共有人不具有连带债权债务关系的除外；在共有人内部关系上，除共有人另有约定外，按份共有人按照份额享有债权、承担债务，共同共有人共同享有债权、承担债务。偿还债务超过自己应当承担份额的按份共有人，有权向其他共有人追偿。

第五百一十九条　【连带债务份额的确定与追偿】连带债务人之间的份额难以确定的，视为份额相同。

实际承担债务超过自己份额的连带债务人，有权就超出部分在其他连带债务人未履行的份额范围内向其追偿，并相应地享有债权人的权利，但是不得损害债权人的利益。其他连带债务人对债权人的抗辩，可以向该债务人主张。

被追偿的连带债务人不能履行其应分担份额的，其他连带债务人应当在相应范围内按比例分担。

法　律

⊙《**民法典**》（**总则编**）（2020 年 5 月 28 日）

第一百七十八条　二人以上依法承担连带责任的，权利人有权请求部分或者全部连带责任人承担责任。

连带责任人的责任份额根据各自责任大小确定；难以确定责任大小的，平均承担责任。实际承担责任超过自己责任份额的连带责任人，有权向其他连带责任人追偿。

连带责任，由法律规定或者当事人约定。

司法解释及文件

⊙**《最高人民法院关于适用〈中华人民共和国民法典〉有关担保制度的解释》**（2020年12月31日　法释〔2020〕28号）

第十三条　同一债务有两个以上第三人提供担保，担保人之间约定相互追偿及分担份额，承担了担保责任的担保人请求其他担保人按照约定分担份额的，人民法院应予支持；担保人之间约定承担连带共同担保，或者约定相互追偿但是未约定分担份额的，各担保人按照比例分担向债务人不能追偿的部分。

同一债务有两个以上第三人提供担保，担保人之间未对相互追偿作出约定且未约定承担连带共同担保，但是各担保人在同一份合同书上签字、盖章或者按指印，承担了担保责任的担保人请求其他担保人按照比例分担向债务人不能追偿部分的，人民法院应予支持。

除前两款规定的情形外，承担了担保责任的担保人请求其他担保人分担向债务人不能追偿部分的，人民法院不予支持。

适用要点

⊙ 连带债务人内部债务份额的确定

在司法实践中，如何确定连带债务人之间的内部份额仍需根据具体的法律规定和合同约定进行分析。在具体适用过程中，应当避免为简便而直接适用本条第1款的做法。在存在法律明确规定时，应当按照法律规定确定连带债务人的内部份额；在法律没有规定或者允许当事人以约定排除法律规定时，如果能够结合相关约定确定债务人内部各自的具体份额的，应当以当事人的约定确定债务份额。只有在没有法律特别规定或当事人没有约定，或者虽然存在法律规定或者相应约定但是确定具体份额存在障碍时，才能适用本条第1款的规定，对连带债务人之间的债务份额视为相同。

第五百二十条　【连带债务涉他效力】部分连带债务人履行、抵销债务或者提存标的物的，其他债务人对债权人的债务在相应范围内消灭；该债务人可以依据前条规定向其他债务人追偿。

部分连带债务人的债务被债权人免除的，在该连带债务人应当承担的份额范围内，其他债务人对债权人的债务消灭。

部分连带债务人的债务与债权人的债权同归于一人的，在扣除该债务人应当承担的份额后，债权人对其他债务人的债权继续存在。

债权人对部分连带债务人的给付受领迟延的，对其他连带债务人发生效力。

司法解释及文件

⊙**《最高人民法院关于审理人身损害赔偿案件适用法律若干问题的解释》**（2022年4月24日修正）

第二条　赔偿权利人起诉部分共同侵权人的，人民法院应当追加其他共同侵权人作为共同被告。赔偿权利人在诉讼中放弃对部分共同侵权人的诉讼请求的，其他共同侵权人对被放弃诉讼请求的被告应当承担的赔偿份额不承担连带责任。责任范围难以确定的，推定各共同侵权人承担同等责任。

人民法院应当将放弃诉讼请求的法律后果告知赔偿权利人，并将放弃诉讼请求的情况在法律文书中叙明。

⊙**《最高人民法院关于审理民事案件适用诉讼时效制度若干问题的规定》**（2020年12月29日修正）

第十五条　对于连带债权人中的一人发生诉讼时效中断效力的事由，应当认定对其他连带债权人也发生诉讼时效中断的效力。

对于连带债务人中的一人发生诉讼时效中断效力的事由，应当认定对其他连带债务人也发生诉讼时效中断的效力。

第五百二十一条 【连带债权的内部关系及法律适用】 连带债权人之间的份额难以确定的，视为份额相同。

实际受领债权的连带债权人，应当按比例向其他连带债权人返还。

连带债权参照适用本章连带债务的有关规定。

适用要点

⊙ 连带债权的内外部关系

在司法实践中，要正确区分连带债权中债权人与债务人的外部关系与连带债权人之间的内部关系。在外部关系上，连带债权作为连带之债，从债权人的角度，部分连带债权人在请求、受领迟延等方面发生总括效力，及于全体连带债权人；在免除事项上发生有限制的总括效力，仅在自身份额范围内对其他连带债权人发生效力。从债务人的角度，债务人向任一或者部分债权人履行、抵销债务或者提存标的物或者发生混同，债权人与债务人之间的债权债务关系即终止。在连带债权外部关系消灭后，可能在连带债权人之间产生按份之债，连带债权人内部仍应按照按份之债进行处理，连带债权人应将实际受领之债权按比例向其他连带债权人返还。

第五百二十二条 【向第三人履行债务】 当事人约定由债务人向第三人履行债务，债务人未向第三人履行债务或者履行债务不符合约定的，应当向债权人承担违约责任。

法律规定或者当事人约定第三人可以直接请求债务人向其履行债务，第三人未在合理期限内明确拒绝，债务人未向第三人履行债务或者履行债务不符合约定的，第三人可以请求债务人承担违约责任；债务人对债权人的抗辩，可以向第三人主张。

司法解释及文件

⊙《**最高人民法院关于适用〈中华人民共和国民法典〉合同编通则若干问题的解释**》（2023年12月4日　法释〔2023〕13号）

第二十九条　民法典第五百二十二条第二款规定的第三人请求债务人向自己履行债务的，人民法院应予支持；请求行使撤销权、解除权等民事权利的，人民法院不予支持，但是法律另有规定的除外。

合同依法被撤销或者被解除，债务人请求债权人返还财产的，人民法院应予支持。

债务人按照约定向第三人履行债务，第三人拒绝受领，债权人请求债务人向自己履行债务的，人民法院应予支持，但是债务人已经采取提存等方式消灭债务的除外。第三人拒绝受领或者受领迟延，债务人请求债权人赔偿因此造成的损失的，人民法院依法予以支持。

第五百二十三条　【第三人不履行债务的责任承担】当事人约定由第三人向债权人履行债务，第三人不履行债务或者履行债务不符合约定的，债务人应当向债权人承担违约责任。

法　律

⊙《**旅游法**》（2018年10月26日修正）

第七十一条　由于地接社、履行辅助人的原因导致违约的，由组团社承担责任；组团社承担责任后可以向地接社、履行辅助人追偿。

由于地接社、履行辅助人的原因造成旅游者人身损害、财产损失的，旅游者可以要求地接社、履行辅助人承担赔偿责任，也可以要求组团社承担赔偿责任；组团社承担责任后可以向地接社、履行辅助人追偿。但是，由于公共交通经营者的原因造成旅游者人身损害、财产损失的，由公共交通经营者依法承担赔偿责任，旅行社应当协助旅游者向公共交通经营者索赔。

第一百一十一条　本法下列用语的含义：

（一）旅游经营者，是指旅行社、景区以及为旅游者提供交通、住宿、餐饮、购物、娱乐等服务的经营者。

（二）景区，是指为旅游者提供游览服务、有明确的管理界限的场所或者区域。

（三）包价旅游合同，是指旅行社预先安排行程，提供或者通过履行辅助人提供交通、住宿、餐饮、游览、导游或者领队等两项以上旅游服务，旅游者以总价支付旅游费用的合同。

（四）组团社，是指与旅游者订立包价旅游合同的旅行社。

（五）地接社，是指接受组团社委托，在目的地接待旅游者的旅行社。

（六）履行辅助人，是指与旅行社存在合同关系，协助其履行包价旅游合同义务，实际提供相关服务的法人或者自然人。

⊙《**海商法**》（1992 年 11 月 7 日）

第六十九条 托运人应当按照约定向承运人支付运费。

托运人与承运人可以约定运费由收货人支付；但是，此项约定应当在运输单证中载明。

司法解释及文件

⊙《**最高人民法院关于审理旅游纠纷案件适用法律若干问题的规定**》（2020 年 12 月 29 日修正）

第四条 因旅游辅助服务者的原因导致旅游经营者违约，旅游者仅起诉旅游经营者的，人民法院可以将旅游辅助服务者追加为第三人。

第五百二十四条 【第三人代为履行】债务人不履行债务，第三人对履行该债务具有合法利益的，第三人有权向债权人代为履行；但是，根据债务性质、按照当事人约定或者依照法律规定只能由债务人履行的除外。

债权人接受第三人履行后，其对债务人的债权转让给第三人，但是债务人和第三人另有约定的除外。

法 律

⊙《**民法典**》(**合同编**)(2020 年 5 月 28 日)

第七百一十九条 承租人拖欠租金的，次承租人可以代承租人支付其欠付的租金和违约金，但是转租合同对出租人不具有法律约束力的除外。

次承租人代为支付的租金和违约金，可以充抵次承租人应当向承租人支付的租金；超出其应付的租金数额的，可以向承租人追偿。

司法解释及文件

⊙《**最高人民法院关于适用〈中华人民共和国民法典〉合同编通则若干问题的解释**》(2023 年 12 月 4 日 法释〔2023〕13 号)

第三十条 下列民事主体，人民法院可以认定为民法典第五百二十四条第一款规定的对履行债务具有合法利益的第三人：

(一)保证人或者提供物的担保的第三人；

(二)担保财产的受让人、用益物权人、合法占有人；

(三)担保财产上的后顺位担保权人；

(四)对债务人的财产享有合法权益且该权益将因财产被强制执行而丧失的第三人；

(五)债务人为法人或者非法人组织的，其出资人或者设立人；

(六)债务人为自然人的，其近亲属；

(七)其他对履行债务具有合法利益的第三人。

第三人在其已经代为履行的范围内取得对债务人的债权，但是不得损害债权人的利益。

担保人代为履行债务取得债权后，向其他担保人主张担保权利的，依据《最高人民法院关于适用〈中华人民共和国民法典〉有关担保制度的解释》第十三条、第十四条、第十八条第二款等规定处理。

⊙《**最高人民法院关于人民法院办理执行异议和复议案件若干问题的规定**》(2020 年 12 月 29 日修正)

第十八条 执行过程中，第三人因书面承诺自愿代被执行人偿还债务而被追加为被执行人后，无正当理由反悔并提出异议的，人民法院不予支持。

第五百二十五条 【同时履行抗辩权】当事人互负债务，没有先后履行顺序的，应当同时履行。一方在对方履行之前有权拒绝其履行请求。一方在对方履行债务不符合约定时，有权拒绝其相应的履行请求。

司法解释及文件

⊙**《最高人民法院关于适用〈中华人民共和国民法典〉合同编通则若干问题的解释》**（2023年12月4日 法释〔2023〕13号）

第三十一条 当事人互负债务，一方以对方没有履行非主要债务为由拒绝履行自己的主要债务的，人民法院不予支持。但是，对方不履行非主要债务致使不能实现合同目的或者当事人另有约定的除外。

当事人一方起诉请求对方履行债务，被告依据民法典第五百二十五条的规定主张双方同时履行的抗辩且抗辩成立，被告未提起反诉的，人民法院应当判决被告在原告履行债务的同时履行自己的债务，并在判项中明确原告申请强制执行的，人民法院应当在原告履行自己的债务后对被告采取执行行为；被告提起反诉的，人民法院应当判决双方同时履行自己的债务，并在判项中明确任何一方申请强制执行的，人民法院应当在该当事人履行自己的债务后对对方采取执行行为。

当事人一方起诉请求对方履行债务，被告依据民法典第五百二十六条的规定主张原告应先履行的抗辩且抗辩成立的，人民法院应当驳回原告的诉讼请求，但是不影响原告履行债务后另行提起诉讼。

⊙**《最高人民法院关于审理海上货运代理纠纷案件若干问题的规定》**（2020年12月29日修正）

第七条 海上货运代理合同约定货运代理企业交付处理海上货运代理事务取得的单证以委托人支付相关费用为条件，货运代理企业以委托人未支付相关费用为由拒绝交付单证的，人民法院应予支持。

合同未约定或约定不明确，货运代理企业以委托人未支付相关费用为由拒绝交付单证的，人民法院应予支持，但提单、海运单或者其他运输单证除外。

⊙《**最高人民法院关于印发〈全国法院民商事审判工作会议纪要〉的通知**》（2019 年 11 月 8 日　法〔2019〕254 号）

36.【合同无效时的释明问题】在双务合同中，原告起诉请求确认合同有效并请求继续履行合同，被告主张合同无效的，或者原告起诉请求确认合同无效并返还财产，而被告主张合同有效的，都要防止机械适用“不告不理”原则，仅就当事人的诉讼请求进行审理，而应向原告释明变更或者增加诉讼请求，或者向被告释明提出同时履行抗辩，尽可能一次性解决纠纷。例如，基于合同有给付行为的原告请求确认合同无效，但并未提出返还原物或者折价补偿、赔偿损失等请求的，人民法院应当向其释明，告知其一并提出相应诉讼请求；原告请求确认合同无效并要求被告返还原物或者赔偿损失，被告基于合同也有给付行为的，人民法院同样应当向被告释明，告知其也可以提出返还请求；人民法院经审理认定合同无效的，除了要在判决书“本院认为”部分对同时返还作出认定外，还应当在判项中作出明确表述，避免因判令单方返还而出现不公平的结果。

第一审人民法院未予释明，第二审人民法院认为应当对合同不成立、无效或者被撤销的法律后果作出判决的，可以直接释明并改判。当然，如果返还财产或者赔偿损失的范围确实难以确定或者双方争议较大的，也可以告知当事人通过另行起诉等方式解决，并在裁判文书中予以明确。

当事人按照释明变更诉讼请求或者提出抗辩的，人民法院应当将其归纳为案件争议焦点，组织当事人充分举证、质证、辩论。

适用要点

⊙ 注意区分同时履行抗辩权和留置权

根据同时履行抗辩权，在对方未为对待给付之前，可以将自己之给付暂时保留。因此，同时履行抗辩权与留置权有竞合之处。但留置权是担保物权，是为担保债务人履行其合同债务而设立的，留置权人对留置的债务人的财产价值有优先受偿权，既可以对抗债务人，也可以对抗合同之外的其他任何第三人，包括任何第三人对于留置权的物权请求权和债务人的其他债权人的债权请求权。而同时履行抗辩权的效力性质上属于债的效力，仅在于当事人之间，只能对抗对方当事人的请求权，不具有对抗合同以外的第三人的效力，只能就双务合同的对方当事人的债权请求权行使。留置权只能在法定的合同如保管合同、运输合同、加工承揽合同存在，其行使亦具有法定程序，而同时履行抗辩权可在所有双务合同中存在，其行使只需提出抗辩即可。

第五百二十六条 【先履行抗辩权】当事人互负债务，有先后履行顺序，应当先履行债务一方未履行的，后履行一方有权拒绝其履行请求。先履行一方履行债务不符合约定的，后履行一方有权拒绝其相应的履行请求。

司法解释及文件

⊙**《最高人民法院关于适用〈中华人民共和国民法典〉合同编通则若干问题的解释》**（2023年12月4日　法释〔2023〕13号）

第三十一条　当事人互负债务，一方以对方没有履行非主要债务为由拒绝履行自己的主要债务的，人民法院不予支持。但是，对方不履行非主要债务致使不能实现合同目的或者当事人另有约定的除外。

当事人一方起诉请求对方履行债务，被告依据民法典第五百二十五条的规定主张双方同时履行的抗辩且抗辩成立，被告未提起反诉的，人民法院应当判决被告在原告履行债务的同时履行自己的债务，并在判项中明确原告申请强制执行的，人民法院应当在原告履行自己的债务后对被告采取执行行为；被告提起反诉的，人民法院应当判决双方同时履行自己的债务，并在判项中明确任何一方申请强制执行的，人民法院应当在该当事人履行自己的债务后对对方采取执行行为。

当事人一方起诉请求对方履行债务，被告依据民法典第五百二十六条的规定主张原告应先履行的抗辩且抗辩成立的，人民法院应当驳回原告的诉讼请求，但是不影响原告履行债务后另行提起诉讼。

第五百二十七条 【不安抗辩权】 应当先履行债务的当事人，有确切证据证明对方有下列情形之一的，可以中止履行：

（一）经营状况严重恶化；

（二）转移财产、抽逃资金，以逃避债务；

（三）丧失商业信誉；

（四）有丧失或者可能丧失履行债务能力的其他情形。

当事人没有确切证据中止履行的，应当承担违约责任。

司法解释及文件

⊙**《最高人民法院关于审理矿业权纠纷案件适用法律若干问题的解释》**（2020年12月29日修正）

第九条　矿业权转让合同约定受让人支付全部或者部分转让款后办理报批手续，转让人在办理报批手续前请求受让人先履行付款义务的，人民法院应予支持，但受让人有确切证据证明存在转让人将同一矿业权转让给第三人、矿业权人将被兼并重组等符合民法典第五百二十七条规定情形的除外。

⊙**《最高人民法院印发〈关于当前形势下审理民商事合同纠纷案件若干问题的指导意见〉的通知》**（2009年7月7日　法发〔2009〕40号）

六、合理适用不安抗辩权规则，维护权利人合法权益

17. 在当前情势下，为敦促诚信的合同一方当事人及时保全证据、有效保护权利人的正当合法权益，对于一方当事人已经履行全部交付义务，虽然约定的价款期限尚未到期，但其诉请付款方支付未到期价款的，如果

有确切证据证明付款方明确表示不履行给付价款义务，或者付款方被吊销营业执照、被注销、被有关部门撤销、处于歇业状态，或者付款方转移财产、抽逃资金以逃避债务，或者付款方丧失商业信誉，以及付款方以自己的行为表明不履行给付价款义务的其他情形的，除非付款方已经提供适当的担保，人民法院可以根据合同法第六十八条第一款、第六十九条、第九十四条第（二）项、第一百零八条、第一百六十七条等规定精神，判令付款期限已到期或者加速到期。

公报案例

⊙俞某某与福建华辰房地产有限公司、魏某某商品房买卖（预约）合同纠纷案（《最高人民法院公报》2011年第8期）

【关键词】

合同相对性　不安抗辩权　违约

【案例要旨】

根据合同的相对性原则，涉案合同一方当事人以案外人违约为由，主张在涉案合同履行中行使不安抗辩权的，人民法院不予支持。

适用要点

⊙ 先履行抗辩权与不安抗辩权对抗问题

先履行抗辩权与不安抗辩权均发生在合同约定的履行期到来之前，当两者产生对抗时，应当先审查不安抗辩权是否成立，因为先履行一方往往是在其履行过程中发现对方存在不安事由，此时其履约行为尚未完成，当然存在部分履行、瑕疵履行或不完全履行等情形，若此时后履行方能以先履行抗辩权进行对抗，则不安抗辩权将会沦为虚设。若后履行方确实丧失履行能力，则其不能主张先履行抗辩权，亦不能以此对抗先履行方主张不安抗辩权。

第五百二十八条　【不安抗辩权的行使】当事人依据前条规定中止履行的，应当及时通知对方。对方提供适当担保的，应当恢复履行。中止履行后，对方在合理期限内未恢复履行能力且未提供适当担保的，视为以自己的行为表明不履行主要债务，中止履行的一方可以解除合同并可以请求对方承担违约责任。

公报案例

⊙沛时投资公司诉天津市金属工具公司中外合资合同纠纷上诉案（《最高人民法院公报》2003 年第 4 期）

【关键词】

不安抗辩权　先履行　解除合同

【案例要旨】

先履行合同义务的一方，有证据证明对方存在有确切证据证明对方有丧失或者可能丧失履行债务的法定事由，并在及时通知对方的情况下，可以中止合同的履行。合同中止之后所产生的法律后果主要有两个方面：一是对方若提供适当担保则恢复履行；二是若在合理期限内对方未恢复履行能力或者未提供适当担保的，中止履行一方可以解除合同。

第五百二十九条　【因债权人原因致债务履行困难的处理】债权人分立、合并或者变更住所没有通知债务人，致使履行债务发生困难的，债务人可以中止履行或者将标的物提存。

法　律

⊙**《民法典》（合同编）**（2020 年 5 月 28 日）

第五百七十条　有下列情形之一，难以履行债务的，债务人可以将标的物提存：

（一）债权人无正当理由拒绝受领；

（二）债权人下落不明；

（三）债权人死亡未确定继承人、遗产管理人，或者丧失民事行为能力未确定监护人；

（四）法律规定的其他情形。

标的物不适于提存或者提存费用过高的，债务人依法可以拍卖或者变卖标的物，提存所得的价款。

第五百七十一条 债务人将标的物或者将标的物依法拍卖、变卖所得价款交付提存部门时，提存成立。

提存成立的，视为债务人在其提存范围内已经交付标的物。

第五百三十条 【债务的提前履行】 债权人可以拒绝债务人提前履行债务，但是提前履行不损害债权人利益的除外。

债务人提前履行债务给债权人增加的费用，由债务人负担。

第五百三十一条 【债务的部分履行】 债权人可以拒绝债务人部分履行债务，但是部分履行不损害债权人利益的除外。

债务人部分履行债务给债权人增加的费用，由债务人负担。

第五百三十二条 【当事人变化对合同履行的影响】 合同生效后，当事人不得因姓名、名称的变更或者法定代表人、负责人、承办人的变动而不履行合同义务。

法 律

⊙《**民法典**》(**总则编**)(2020 年 5 月 28 日)

第六十七条 法人合并的，其权利和义务由合并后的法人享有和承担。

法人分立的，其权利和义务由分立后的法人享有连带债权，承担连带债务，但是债权人和债务人另有约定的除外。

⊙《**民法典**》(**人格权编**)(2020年5月28日)

第一千零一十六条 自然人决定、变更姓名，或者法人、非法人组织决定、变更、转让名称的，应当依法向有关机关办理登记手续，但是法律另有规定的除外。

民事主体变更姓名、名称的，变更前实施的民事法律行为对其具有法律约束力。

第五百三十三条 【情势变更】合同成立后，合同的基础条件发生了当事人在订立合同时无法预见的、不属于商业风险的重大变化，继续履行合同对于当事人一方明显不公平的，受不利影响的当事人可以与对方重新协商；在合理期限内协商不成的，当事人可以请求人民法院或者仲裁机构变更或者解除合同。

人民法院或者仲裁机构应当结合案件的实际情况，根据公平原则变更或者解除合同。

法 律

⊙《**旅游法**》(2018年10月26日修正)

第六十七条 因不可抗力或者旅行社、履行辅助人已尽合理注意义务仍不能避免的事件，影响旅游行程的，按照下列情形处理：

(一)合同不能继续履行的，旅行社和旅游者均可以解除合同。合同不能完全履行的，旅行社经向旅游者作出说明，可以在合理范围内变更合同；旅游者不同意变更的，可以解除合同。

(二)合同解除的，组团社应当在扣除已向地接社或者履行辅助人支付且不可退还的费用后，将余款退还旅游者；合同变更的，因此增加的费用由旅游者承担，减少的费用退还旅游者。

（三）危及旅游者人身、财产安全的，旅行社应当采取相应的安全措施，因此支出的费用，由旅行社与旅游者分担。

（四）造成旅游者滞留的，旅行社应当采取相应的安置措施。因此增加的食宿费用，由旅游者承担；增加的返程费用，由旅行社与旅游者分担。

司法解释及文件

⊙**《最高人民法院关于适用〈中华人民共和国民法典〉合同编通则若干问题的解释》**（2023年12月4日　法释〔2023〕13号）

第三十二条　合同成立后，因政策调整或者市场供求关系异常变动等原因导致价格发生当事人在订立合同时无法预见的、不属于商业风险的涨跌，继续履行合同对于当事人一方明显不公平的，人民法院应当认定合同的基础条件发生了民法典第五百三十三条第一款规定的“重大变化”。但是，合同涉及市场属性活跃、长期以来价格波动较大的大宗商品以及股票、期货等风险投资型金融产品的除外。

合同的基础条件发生了民法典第五百三十三条第一款规定的重大变化，当事人请求变更合同的，人民法院不得解除合同；当事人一方请求变更合同，对方请求解除合同的，或者当事人一方请求解除合同，对方请求变更合同的，人民法院应当结合案件的实际情况，根据公平原则判决变更或者解除合同。

人民法院依据民法典第五百三十三条的规定判决变更或者解除合同的，应当综合考虑合同基础条件发生重大变化的时间、当事人重新协商的情况以及因合同变更或者解除给当事人造成的损失等因素，在判项中明确合同变更或者解除的时间。

当事人事先约定排除民法典第五百三十三条适用的，人民法院应当认定该约定无效。

⊙**《最高人民法院关于依法妥善审理涉新冠肺炎疫情民事案件若干问题的指导意见（二）》**（2020年5月15日　法发〔2020〕17号）

2. 买卖合同能够继续履行，但疫情或者疫情防控措施导致人工、原材料、物流等履约成本显著增加，或者导致产品大幅降价，继续履行合同对一方当事人明显不公平，受不利影响的当事人请求调整价款的，人民法院应当结合案件的实际情况，根据公平原则调整价款。疫情或者疫情防控措施导致出卖人不能按照约定的期限交货，或者导致买受人不能按照约定的期限付款，当事人请求变更履行期限的，人民法院应当结合案件的实际情况，根据公平原则变更履行期限。

已经通过调整价款、变更履行期限等方式变更合同，当事人请求对方承担违约责任的，人民法院不予支持。

⊙**《最高人民法院关于依法妥善审理涉新冠肺炎疫情民事案件若干问题的指导意见（一）》**（2020 年 4 月 16 日　法发〔2020〕12 号）

三、依法妥善审理合同纠纷案件。受疫情或者疫情防控措施直接影响而产生的合同纠纷案件，除当事人另有约定外，在适用法律时，应当综合考量疫情对不同地区、不同行业、不同案件的影响，准确把握疫情或者疫情防控措施与合同不能履行之间的因果关系和原因力大小，按照以下规则处理：

（一）疫情或者疫情防控措施直接导致合同不能履行的，依法适用不可抗力的规定，根据疫情或者疫情防控措施的影响程度部分或者全部免除责任。当事人对于合同不能履行或者损失扩大有可归责事由的，应当依法承担相应责任。因疫情或者疫情防控措施不能履行合同义务，当事人主张其尽到及时通知义务的，应当承担相应举证责任。

（二）疫情或者疫情防控措施仅导致合同履行困难的，当事人可以重新协商；能够继续履行的，人民法院应当切实加强调解工作，积极引导当事人继续履行。当事人以合同履行困难为由请求解除合同的，人民法院不予支持。继续履行合同对于一方当事人明显不公平，其请求变更合同履行期限、履行方式、价款数额等的，人民法院应当结合案件实际情况决定是否予以支持。合同依法变更后，当事人仍然主张部分或者全部免除责任的，人民法院不予支持。因疫情或者疫情防控措施导致合同目的不能实现，当事人请求解除合同的，人民法院应予支持。

（三）当事人存在因疫情或者疫情防控措施得到政府部门补贴资助、

税费减免或者他人资助、债务减免等情形的，人民法院可以作为认定合同能否继续履行等案件事实的参考因素。

⊙《**最高人民法院印发〈关于当前形势下审理民商事合同纠纷案件若干问题的指导意见〉的通知**》（2009年7月7日　法发〔2009〕40号）

一、慎重适用情势变更原则，合理调整双方利益关系

1. 当前市场主体之间的产品交易、资金流转因原料价格剧烈波动、市场需求关系的变化、流动资金不足等诸多因素的影响而产生大量纠纷，对于部分当事人在诉讼中提出适用情势变更原则变更或者解除合同的请求，人民法院应当依据公平原则和情势变更原则严格审查。

2. 人民法院在适用情势变更原则时，应当充分注意到全球性金融危机和国内宏观经济形势变化并非完全是一个令所有市场主体猝不及防的突变过程，而是一个逐步演变的过程。在演变过程中，市场主体应当对于市场风险存在一定程度的预见和判断。人民法院应当依法把握情势变更原则的适用条件，严格审查当事人提出的"无法预见"的主张，对于涉及石油、焦炭、有色金属等市场属性活泼、长期以来价格波动较大的大宗商品标的物以及股票、期货等风险投资型金融产品标的物的合同，更要慎重适用情势变更原则。

3. 人民法院要合理区分情势变更与商业风险。商业风险属于从事商业活动的固有风险，诸如尚未达到异常变动程度的供求关系变化、价格涨跌等。情势变更是当事人在缔约时无法预见的非市场系统固有的风险。人民法院在判断某种重大客观变化是否属于情势变更时，应当注意衡量风险类型是否属于社会一般观念上的事先无法预见、风险程度是否远远超出正常人的合理预期、风险是否可以防范和控制、交易性质是否属于通常的"高风险高收益"范围等因素，并结合市场的具体情况，在个案中识别情势变更和商业风险。

公报案例

⊙**大宗集团有限公司、宗某晋与淮北圣火矿业有限公司、淮北圣火房地产开发有限责任公司、涡阳圣火房地产开发有限公司股权转让纠纷案**（《最高人民法院公报》2016 年第 6 期）

【关键词】

情势变更 合同效力

【案例要旨】

矿业权与股权是两种不同的民事权利，如果仅转让公司股权而不导致矿业权主体的变更，则不属于矿业权转让，转让合同无需地质矿产主管部门审批，在不违反法律、行政法规强制性规定的情况下，应认定合同合法有效。迟延履行生效合同约定义务的当事人以迟延履行期间国家政策变化为由主张情势变更的，不予支持。

第五百三十四条 【对合同实施的监督处理】 对当事人利用合同实施危害国家利益、社会公共利益行为的，市场监督管理和其他有关行政主管部门依照法律、行政法规的规定负责监督处理。

部门规章及规范性文件

⊙**《合同行政监督管理办法》**（2023 年 5 月 18 日 国家市场监督管理总局令第 77 号）

第一条 为了维护市场经济秩序，保护国家利益、社会公共利益和消费者合法权益，根据《中华人民共和国民法典》《中华人民共和国消费者权益保护法》等法律法规，制定本办法。

第二条 市场监督管理部门根据法律、行政法规和本办法的规定，在职责范围内开展合同行政监督管理工作。

第三条 市场监督管理部门开展合同行政监督管理工作，应当坚持监管与指导相结合、处罚与教育相结合的原则。

第四条 经营者订立合同应当遵循平等、自愿、公平、诚信的原则，不得违反法律、行政法规的规定，违背公序良俗，不得利用合同实施危害国家利益、社会公共利益和消费者合法权益的行为。

第五条 经营者不得利用合同从事下列违法行为，扰乱市场经济秩序，危害国家利益、社会公共利益：

（一）虚构合同主体资格或者盗用、冒用他人名义订立合同；

（二）没有实际履行能力，诱骗对方订立合同；

（三）故意隐瞒与实现合同目的有重大影响的信息，与对方订立合同；

（四）以恶意串通、贿赂、胁迫等手段订立合同；

（五）其他利用合同扰乱市场经济秩序的行为。

第六条 经营者采用格式条款与消费者订立合同，应当以单独告知、字体加粗、弹窗等显著方式提请消费者注意商品或者服务的数量和质量、价款或者费用、履行期限和方式、安全注意事项和风险警示、售后服务、民事责任等与消费者有重大利害关系的内容，并按照消费者的要求予以说明。

经营者预先拟定的，对合同双方权利义务作出规定的通知、声明、店堂告示等，视同格式条款。

第七条 经营者与消费者订立合同，不得利用格式条款等方式作出减轻或者免除自身责任的规定。格式条款中不得含有以下内容：

（一）免除或者减轻经营者造成消费者人身伤害依法应当承担的责任；

（二）免除或者减轻经营者因故意或者重大过失造成消费者财产损失依法应当承担的责任；

（三）免除或者减轻经营者对其所提供的商品或者服务依法应当承担的修理、重作、更换、退货、补足商品数量、退还货款和服务费用等责任；

（四）免除或者减轻经营者依法应当承担的违约责任；

（五）免除或者减轻经营者根据合同的性质和目的应当履行的协助、通知、保密等义务；

（六）其他免除或者减轻经营者自身责任的内容。

第八条　经营者与消费者订立合同，不得利用格式条款等方式作出加重消费者责任、排除或者限制消费者权利的规定。格式条款中不得含有以下内容：

（一）要求消费者承担的违约金或者损害赔偿金超过法定数额或者合理数额；

（二）要求消费者承担依法应当由经营者承担的经营风险；

（三）排除或者限制消费者依法自主选择商品或者服务的权利；

（四）排除或者限制消费者依法变更或者解除合同的权利；

（五）排除或者限制消费者依法请求支付违约金或者损害赔偿金的权利；

（六）排除或者限制消费者依法投诉、举报、请求调解、申请仲裁、提起诉讼的权利；

（七）经营者单方享有解释权或者最终解释权；

（八）其他加重消费者责任、排除或者限制消费者权利的内容。

第九条　经营者采用格式条款与消费者订立合同的，不得利用格式条款并借助技术手段强制交易。

第十条　市场监督管理部门引导重点行业经营者建立健全格式条款公示等制度，引导规范经营者合同行为，提升消费者合同法律意识。

第十一条　经营者与消费者订立合同时，一般应当包括《中华人民共和国民法典》第四百七十条第一款规定的主要内容，并明确双方的主要权利和义务。

营者采用书面形式与消费者订立合同的，应当将双方签订的书面合同交付消费者留存，并不少于一份。

经营者以电子形式订立合同的，应当清晰、全面、明确地告知消费者订立合同的步骤、注意事项、下载方法等事项，并保证消费者能够便利、完整地阅览和下载。

第十二条　任何单位和个人不得在明知或者应知的情况下，为本办法禁止的违法行为提供证明、印章、账户等便利条件。

第十三条 省级以上市场监督管理部门可以根据有关法律法规规定，针对特定行业或者领域，联合有关部门制定合同示范文本。

根据前款规定制定的合同示范文本，应当主动公开，供社会公众免费阅览、下载、使用。

第十四条 合同示范文本供当事人参照使用。合同各方具体权利义务由当事人自行约定。当事人可以对合同示范文本中的有关条款进行修改、补充和完善。

第十五条 参照合同示范文本订立合同的，当事人应当充分理解合同条款，自行承担合同订立和履行所发生的法律后果。

第十六条 省级以上市场监督管理部门可以设立合同行政监督管理专家评审委员会，邀请相关领域专家参与格式条款评审、合同示范文本制定等工作。

第十七条 县级以上市场监督管理部门对涉嫌违反本办法的合同行为进行查处时，可以依法采取下列措施：

（一）对与涉嫌合同违法行为有关的经营场所进行现场检查；

（二）询问涉嫌违法的当事人；

（三）向与涉嫌合同违法行为有关的自然人、法人和非法人组织调查了解有关情况；

（四）查阅、调取、复制与涉嫌违法行为有关的合同、票据、账簿等资料；

（五）法律、法规规定可以采取的其他措施。

采取前款规定的措施，依法需要报经批准的，应当办理批准手续。

市场监督管理部门及其工作人员对履行相关工作职责过程中知悉的国家秘密、商业秘密或者个人隐私，应当依法予以保密。

第十八条 经营者违反本办法第五条、第六条第一款、第七条、第八条、第九条、第十二条规定，法律、行政法规有规定的，依照其规定；没有规定的，由县级以上市场监督管理部门责令限期改正，给予警告，并可以处十万元以下罚款。

第十九条 合同违法行为轻微并及时改正，没有造成危害后果的，不予行政处罚；主动消除或者减轻危害后果的，从轻或者减轻行政处罚。

第二十条　市场监督管理部门作出行政处罚决定后，应当依法通过国家企业信用信息公示系统向社会公示。

第二十一条　违反本办法规定，构成犯罪的，依法追究刑事责任。

第二十二条　市场监督管理部门依照本办法开展合同行政监督管理，不对合同的民事法律效力作出认定，不影响合同当事人民事责任的承担。法律、行政法规另有规定的，依照其规定。

第二十三条　本办法自2023年7月1日起施行。2010年10月13日原国家工商行政管理总局令第51号公布的《合同违法行为监督处理办法》同时废止。

第五章　合同的保全

第五百三十五条　【债权人的代位权】因债务人怠于行使其债权或者与该债权有关的从权利，影响债权人的到期债权实现的，债权人可以向人民法院请求以自己的名义代位行使债务人对相对人的权利，但是该权利专属于债务人自身的除外。

代位权的行使范围以债权人的到期债权为限。债权人行使代位权的必要费用，由债务人负担。

相对人对债务人的抗辩，可以向债权人主张。

法　律

⊙《**民法典**》（**合同编**）（2020年5月28日）

第九百七十五条　合伙人的债权人不得代位行使合伙人依照本章规定和合伙合同享有的权利，但是合伙人享有的利益分配请求权除外。

⊙《**合伙企业法**》（2006年8月27日修订）

第四十一条　合伙人发生与合伙企业无关的债务，相关债权人不得以其债权抵销其对合伙企业的债务；也不得代位行使合伙人在合伙企业中的权利。

⊙《**税收征收管理法**》（2015年4月24日修正）

第五十条　欠缴税款的纳税人因怠于行使到期债权，或者放弃到期债权，或者无偿转让财产，或者以明显不合理的低价转让财产而受让人知道该情形，对国家税收造成损害的，税务机关可以依照合同法第七十三条、第七十四条的规定行使代位权、撤销权。

税务机关依照前款规定行使代位权、撤销权的，不免除欠缴税款的纳税人尚未履行的纳税义务和应承担的法律责任。

司法解释及文件

⊙**《最高人民法院关于适用〈中华人民共和国民法典〉合同编通则若干问题的解释》**（2023 年 12 月 4 日　法释〔2023〕13 号）

第三十三条　债务人不履行其对债权人的到期债务，又不以诉讼或者仲裁方式向相对人主张其享有的债权或者与该债权有关的从权利，致使债权人的到期债权未能实现的，人民法院可以认定为民法典第五百三十五条规定的“债务人怠于行使其债权或者与该债权有关的从权利，影响债权人的到期债权实现”。

第三十四条　下列权利，人民法院可以认定为民法典第五百三十五条第一款规定的专属于债务人自身的权利：

（一）抚养费、赡养费或者扶养费请求权；

（二）人身损害赔偿请求权；

（三）劳动报酬请求权，但是超过债务人及其所扶养家属的生活必需费用的部分除外；

（四）请求支付基本养老保险金、失业保险金、最低生活保障金等保障当事人基本生活的权利；

（五）其他专属于债务人自身的权利。

第三十五条　债权人依据民法典第五百三十五条的规定对债务人的相对人提起代位权诉讼的，由被告住所地人民法院管辖，但是依法应当适用专属管辖规定的除外。

债务人或者相对人以双方之间的债权债务关系订有管辖协议为由提出异议的，人民法院不予支持。

第三十六条 债权人提起代位权诉讼后，债务人或者相对人以双方之间的债权债务关系订有仲裁协议为由对法院主管提出异议的，人民法院不予支持。但是，债务人或者相对人在首次开庭前就债务人与相对人之间的债权债务关系申请仲裁的，人民法院可以依法中止代位权诉讼。

第三十七条 债权人以债务人的相对人为被告向人民法院提起代位权诉讼，未将债务人列为第三人的，人民法院应当追加债务人为第三人。

两个以上债权人以债务人的同一相对人为被告提起代位权诉讼的，人民法院可以合并审理。债务人对相对人享有的债权不足以清偿其对两个以上债权人负担的债务的，人民法院应当按照债权人享有的债权比例确定相对人的履行份额，但是法律另有规定的除外。

第三十八条 债权人向人民法院起诉债务人后，又向同一人民法院对债务人的相对人提起代位权诉讼，属于该人民法院管辖的，可以合并审理。不属于该人民法院管辖的，应当告知其向有管辖权的人民法院另行起诉；在起诉债务人的诉讼终结前，代位权诉讼应当中止。

第三十九条 在代位权诉讼中，债务人对超过债权人代位请求数额的债权部分起诉相对人，属于同一人民法院管辖的，可以合并审理。不属于同一人民法院管辖的，应当告知其向有管辖权的人民法院另行起诉；在代位权诉讼终结前，债务人对相对人的诉讼应当中止。

第四十条 代位权诉讼中，人民法院经审理认为债权人的主张不符合代位权行使条件的，应当驳回诉讼请求，但是不影响债权人根据新的事实再次起诉。

债务人的相对人仅以债权人提起代位权诉讼时债权人与债务人之间的债权债务关系未经生效法律文书确认为由，主张债权人提起的诉讼不符合代位权行使条件的，人民法院不予支持。

第四十一条 债权人提起代位权诉讼后，债务人无正当理由减免相对人的债务或者延长相对人的履行期限，相对人以此向债权人抗辩的，人民法院不予支持。

⊙《最高人民法院关于审理建设工程施工合同纠纷案件适用法律问题的解释（一）》（2020 年 12 月 29 日　法释〔2020〕25 号）

第四十四条　实际施工人依据民法典第五百三十五条规定，以转包人或者违法分包人怠于向发包人行使到期债权或者与该债权有关的从权利，影响其到期债权实现，提起代位权诉讼的，人民法院应予支持。

⊙《最高人民法院关于审理民事案件适用诉讼时效制度若干问题的规定》（2020 年 12 月 29 日修正）

第十六条　债权人提起代位权诉讼的，应当认定对债权人的债权和债务人的债权均发生诉讼时效中断的效力。

⊙《最高人民法院印发〈关于依法制裁规避执行行为的若干意见〉的通知》（2011 年 5 月 27 日　法〔2011〕195 号）

四、完善对被执行人享有债权的保全和执行措施，运用代位权、撤销权诉讼制裁规避执行行为

12. 依法执行已经生效法律文书确认的被执行人的债权。对于被执行人已经生效法律文书确认的债权，执行法院可以书面通知被执行人在限期内向有管辖权的人民法院申请执行该生效法律文书。限期届满被执行人仍怠于申请执行的，执行法院可以依法强制执行该到期债权。

被执行人已经申请执行的，执行法院可以请求执行该债权的人民法院协助扣留相应的执行款物。

13. 依法保全被执行人的未到期债权。对被执行人的未到期债权，执行法院可以依法冻结，待债权到期后参照到期债权予以执行。第三人仅以该债务未到期为由提出异议的，不影响对该债权的保全。

14. 引导申请执行人依法诉讼。被执行人怠于行使债权对申请执行人造成损害的，执行法院可以告知申请执行人依照《中华人民共和国合同法》第七十三条的规定，向有管辖权的人民法院提起代位权诉讼。

被执行人放弃债权、无偿转让财产或者以明显不合理的低价转让财产，对申请执行人造成损害的，执行法院可以告知申请执行人依照《中华人民共和国合同法》第七十四条的规定向有管辖权的人民法院提起撤销权诉讼。

⊙《**最高人民法院关于深圳发展银行与赛格（香港）有限公司、深圳赛格集团财务公司代位权纠纷一案的请示的复函**》（2005年9月16日〔2005〕民四他字第31号）

广东省高级人民法院：

你院〔2005〕粤高法民四他字第16号“关于上诉人深圳发展银行与被上诉人赛格（香港）有限公司、深圳赛格集团财务公司代位权纠纷一案的请示”收悉。经研究，答复如下：

根据本院《关于审判工作请示问题的通知》的规定，下级法院只能就审判案件如何具体应用法律的问题向本院请示。对于你院请示的“本案应如何认定赛格财务与香港赛格之间的权利义务关系的性质”的问题，你院应在查明相关协议签订、履行等事实的基础上，自行作出认定。

对于你院请示报告中阐述少数意见时提出的问题即代位权的范畴可否从仅限于债权扩张到所有权？本院认为，根据目前的法律规定和司法解释，债权人仅可以向人民法院请求以自己名义代位行使债务人具有金钱给付内容的到期债权，且该债权不能是专属于债务人自身的，代位权的范畴不能从债权扩张到所有权。

综上，你院应自行在查明赛格财务与香港赛格之间权利义务关系性质的基础上，结合现行的法律规定和司法解释，对深圳发展银行能否向香港赛格行使代位权作出判决。

此复。

⊙《**最高人民法院关于印发〈全国法院贯彻实施民法典工作会议纪要〉的通知**》（2021年4月6日　法〔2021〕94号）

8.民法典第五百三十五条规定的“债务人怠于行使其债权或者与该债权有关的从权利，影响债权人的到期债权实现的”，是指债务人不履行其对债权人的到期债务，又不以诉讼方式或者仲裁方式向相对人主张其享有的债权或者与该债权有关的从权利，致使债权人的到期债权未能实现。相对人不认为债务人有怠于行使其债权或者与该债权有关的从权利情况的，应当承担举证责任。

公报案例

⊙**成都市国土资源局武侯分局与招商（蛇口）成都房地产开发有限责任公司、成都港招实业开发有限责任公司、海南民丰科技实业开发总公司债权人代位权纠纷案**（《最高人民法院公报》2012 年第 6 期）

【关键词】

代位权　代物清偿

【案例要旨】

根据《合同法》第七十三条（《民法典》第五百三十五条）的规定，因债务人怠于行使其到期债权，对债权人造成损害的，债权人可以向人民法院请求以自己的名义代位行使债务人的债权，但该债权专属于债务人自身的除外。债务人与次债务人约定以代物清偿方式清偿债务的，因代物清偿协议系实践性合同，故若次债务人未实际履行代物清偿协议，则次债务人与债务人之间的原金钱债务并未消灭，债权人仍有权代位行使债务人的债权。

⊙**湘财证券有限责任公司与中国光大银行长沙新华支行、第三人湖南省平安轻化科技实业有限公司借款合同代位权纠纷案**（《最高人民法院公报》）

【关键词】

代位权　到期债务

【案例要旨】

债权人对债务人享有债权，债务人对次债务人享有债权，且上述债权均已到期。债务人既不向债权人履行到期债务，又怠于向次债务人主张到期债权，对债权人造成了损害。因此债权人根据规定行使代位权成立。

典型案例

⊙**某控股株式会社与某利公司等债权人代位权纠纷案**（最高人民法院2023年12月5日发布的民法典合同编通则司法解释相关典型案例）

【裁判要点】

在代位权诉讼中，相对人以其与债务人之间的债权债务关系约定了仲裁条款为由，主张案件不属于人民法院受理案件范围的，人民法院不予支持。

【简要案情】

2015年至2016年，某控股株式会社与某利国际公司等先后签订《可转换公司债发行及认购合同》及补充协议，至2019年3月，某利国际公司欠付某控股株式会社款项6400余万元。2015年5月，某利公司与其母公司某利国际公司签订《贷款协议》，由某利国际公司向某利公司出借2.75亿元用于公司经营。同年6月，某利国际公司向某利公司发放了贷款。案涉《可转换公司债发行及认购合同》及补充协议、《贷款协议》均约定了仲裁条款。某控股株式会社认为某利国际公司怠于行使对某利公司的债权，影响了某控股株式会社到期债权的实现，遂提起代位权诉讼。一审法院认为，虽然某控股株式会社与某利公司之间并无直接的仲裁协议，但某控股株式会社向某利公司行使代位权时，应受某利公司与某利国际公司之间仲裁条款的约束。相关协议约定的仲裁条款排除了人民法院的管辖，故裁定驳回某控股株式会社的起诉。某控股株式会社不服提起上诉。二审法院依据《最高人民法院关于适用〈中华人民共和国合同法〉若干问题的解释（一）》第十四条的规定，裁定撤销一审裁定，移送被告住所地人民法院审理。

【判决理由】

生效裁判认为，虽然案涉合同中均约定了仲裁条款，但仲裁条款只约束签订合同的各方当事人，对合同之外的当事人不具有约束力。本案并非债权转让引起的诉讼，某控股株式会社既非《贷款协议》的当事人，亦非该协议权利义务的受让人，一审法院认为某控股株式会社行使代位权时应受某利公司与某利国际公司之间仲裁条款的约束缺乏依据。

第五百三十六条　【债权人代位权的提前行使】债权人的债权到期前，债务人的债权或者与该债权有关的从权利存在诉讼时效期间即将届满或者未及时申报破产债权等情形，影响债权人的债权实现的，债权人可以代位向债务人的相对人请求其向债务人履行、向破产管理人申报或者作出其他必要的行为。

第五百三十七条　【代位权行使的后果】人民法院认定代位权成立的，由债务人的相对人向债权人履行义务，债权人接受履行后，债权人与债务人、债务人与相对人之间相应的权利义务终止。债务人对相对人的债权或者与该债权有关的从权利被采取保全、执行措施，或者债务人破产的，依照相关法律的规定处理。

指导案例

⊙北京大唐燃料有限公司诉山东百富物流有限公司买卖合同纠纷案（指导案例167号，最高人民法院审判委员会讨论通过，2021年11月9日发布）

【关键词】

买卖合同　代位权诉讼　未获清偿　另行起诉

【案例要旨】

代位权诉讼执行中，因相对人无可供执行的财产而被终结本次执行程序，债权人就未实际获得清偿的债权另行向债务人主张权利的，人民法院应予支持。

适用要点

⊙　代位权判决的判项表达

代位权成立的，判项表达除判令相对人向债权人履行相应义务外，还应加上“债权人接受履行后，债权人与债务人、债务人与相对人之间相应的权利义务终止”这句话。因为一方面代位权判决后，在相对人未向债权人履行之前，债权人与债务人、债务人与相对人的权利义务关系仍然存在，债务人仍然有义务向债权人履行；另一方面也可协调解决代位权判决和债权人与债务人债权关系判决的冲突，防止债权人双份受偿。

第五百三十八条 【无偿处分财产时债权人的撤销权】债务人以放弃其债权、放弃债权担保、无偿转让财产等方式无偿处分财产权益，或者恶意延长其到期债权的履行期限，影响债权人的债权实现的，债权人可以请求人民法院撤销债务人的行为。

法 律

⊙**《税收征收管理法》**（2015 年 4 月 24 日修正）

第五十条 欠缴税款的纳税人因怠于行使到期债权，或者放弃到期债权，或者无偿转让财产，或者以明显不合理的低价转让财产而受让人知道该情形，对国家税收造成损害的，税务机关可以依照合同法第七十三条、第七十四条的规定行使代位权、撤销权。

税务机关依照前款规定行使代位权、撤销权的，不免除欠缴税款的纳税人尚未履行的纳税义务和应承担的法律责任。

司法解释及文件

⊙**《最高人民法院关于适用〈中华人民共和国民法典〉合同编通则若干问题的解释》**（2023 年 12 月 4 日 法释〔2023〕13 号）

第四十四条 债权人依据民法典第五百三十八条、第五百三十九条的规定提起撤销权诉讼的，应当以债务人和债务人的相对人为共同被告，由债务人或者相对人的住所地人民法院管辖，但是依法应当适用专属管辖规定的除外。

两个以上债权人就债务人的同一行为提起撤销权诉讼的，人民法院可以合并审理。

⊙**《最高人民法院关于审理与企业改制相关的民事纠纷案件若干问题的规定》**（2020年12月29日修正）

第二十九条　出售企业的行为具有民法典第五百三十八条、第五百三十九条规定的情形，债权人在法定期限内行使撤销权的，人民法院应当予以支持。

⊙**《最高人民法院关于适用〈中华人民共和国企业破产法〉若干问题的规定（二）》**（2020年12月29日修正）

第十三条　破产申请受理后，管理人未依据企业破产法第三十一条的规定请求撤销债务人无偿转让财产、以明显不合理价格交易、放弃债权行为的，债权人依据民法典第五百三十八条、第五百三十九条等规定提起诉讼，请求撤销债务人上述行为并将因此追回的财产归入债务人财产的，人民法院应予受理。

相对人以债权人行使撤销权的范围超出债权人的债权抗辩的，人民法院不予支持。

公报案例

⊙**国家开发银行与沈阳高压开关有限责任公司、新东北电气（沈阳）高压开关有限公司、新东北电气（沈阳）高压隔离开关有限公司、沈阳北富机械制造有限公司等借款合同、撤销权纠纷案**（《最高人民法院公报》2008年第12期）

【关键词】

撤销　明显不合理

【案例要旨】

根据《合同法》第七十四条（《民法典》第五百三十八条至第五百四十条）的规定，债务人以明显不合理的低价转让财产，对债权人造成损害，并且受让人知道该情形的，债权人可以请求人民法院撤销债务人转让财产的行为。

典型案例

⊙**周某与丁某、薛某债权人撤销权纠纷案**（最高人民法院 2023 年 12 月 5 日发布的民法典合同编通则司法解释相关典型案例）

【裁判要点】

在债权人撤销权诉讼中，债权人请求撤销债务人与相对人的行为并主张相对人向债务人返还财产的，人民法院依法予以支持。

【简要案情】

周某因丁某未能履行双方订立的加油卡买卖合同，于 2020 年 8 月提起诉讼，请求解除买卖合同并由丁某返还相关款项。生效判决对周某的诉讼请求予以支持，但未能执行到位。执行中，周某发现丁某于 2020 年 6 月至 7 月间向其母亲薛某转账 87 万余元，遂提起债权人撤销权诉讼，请求撤销丁某无偿转让财产的行为并同时主张薛某向丁某返还相关款项。

【判决理由】

生效裁判认为，丁某在其基于加油卡买卖合同关系形成的债务未能履行的情况下，将名下银行卡中的款项无偿转账给其母亲薛某的行为客观上影响了债权人周某债权的实现。债权人周某在法定期限内提起撤销权诉讼，符合法律规定。丁某的行为被撤销后，薛某即丧失占有案涉款项的合法依据，应当负有返还义务，遂判决撤销丁某的行为、薛某向丁某返还相关款项。

第五百三十九条 【不合理价格交易时债权人的撤销权】债务人以明显不合理的低价转让财产、以明显不合理的高价受让他人财产或者为他人的债务提供担保，影响债权人的债权实现，债务人的相对人知道或者应当知道该情形的，债权人可以请求人民法院撤销债务人的行为。

法　律

⊙《**企业破产法**》（2006 年 8 月 27 日）

第三十一条　人民法院受理破产申请前一年内，涉及债务人财产的下列行为，管理人有权请求人民法院予以撤销：

（一）无偿转让财产的；

（二）以明显不合理的价格进行交易的；

（三）对没有财产担保的债务提供财产担保的；

（四）对未到期的债务提前清偿的；

（五）放弃债权的。

司法解释及文件

⊙《**最高人民法院关于适用〈中华人民共和国民法典〉合同编通则若干问题的解释**》（2023 年 12 月 4 日　法释〔2023〕13 号）

第四十二条　对于民法典第五百三十九条规定的“明显不合理”的低价或者高价，人民法院应当按照交易当地一般经营者的判断，并参考交易时交易地的市场交易价或者物价部门指导价予以认定。

转让价格未达到交易时交易地的市场交易价或者指导价百分之七十的，一般可以认定为“明显不合理的低价”；受让价格高于交易时交易地的市场交易价或者指导价百分之三十的，一般可以认定为“明显不合理的高价”。

债务人与相对人存在亲属关系、关联关系的，不受前款规定的百分之七十、百分之三十的限制。

第四十三条　债务人以明显不合理的价格，实施互易财产、以物抵债、出租或者承租财产、知识产权许可使用等行为，影响债权人的债权实现，债务人的相对人知道或者应当知道该情形，债权人请求撤销债务人的行为的，人民法院应当依据民法典第五百三十九条的规定予以支持。

第四十四条　债权人依据民法典第五百三十八条、第五百三十九条的规定提起撤销权诉讼的，应当以债务人和债务人的相对人为共同被告，由债务人或者相对人的住所地人民法院管辖，但是依法应当适用专属管辖规定的除外。

两个以上债权人就债务人的同一行为提起撤销权诉讼的，人民法院可以合并审理。

⊙**《最高人民法院关于印发〈全国法院贯彻实施民法典工作会议纪要〉的通知》**（2021年4月6日 法〔2021〕94号）

9. 对于民法典第五百三十九条规定的明显不合理的低价或者高价，人民法院应当以交易当地一般经营者的判断，并参考交易当时交易地的物价部门指导价或者市场交易价，结合其他相关因素综合考虑予以认定。

转让价格达不到交易时交易地的指导价或者市场交易价百分之七十的，一般可以视为明显不合理的低价；对转让价格高于当地指导价或者市场交易价百分之三十的，一般可以视为明显不合理的高价。当事人对于其所主张的交易时交易地的指导价或者市场交易价承担举证责任。

⊙**《最高人民法院关于印发〈全国法院民商事审判工作会议纪要〉的通知》**（2019年11月8日 法〔2019〕254号）

120.【债权人能否提起第三人撤销之诉】第三人撤销之诉中的第三人仅局限于《民事诉讼法》第56条规定的有独立请求权及无独立请求权的第三人，而且一般不包括债权人。但是，设立第三人撤销之诉的目的在于，救济第三人享有的因不能归责于本人的事由未参加诉讼但因生效裁判文书内容错误受到损害的民事权益，因此，债权人在下列情况下可以提起第三人撤销之诉：

（1）该债权是法律明确给予特殊保护的债权，如《合同法》第286条规定的建设工程价款优先受偿权，《海商法》第22条规定的船舶优先权；

（2）因债务人与他人的权利义务被生效裁判文书确定，导致债权人本来可以对《合同法》第74条和《企业破产法》第31条规定的债务人的行为享有撤销权而不能行使的；

（3）债权人有证据证明，裁判文书主文确定的债权内容部分或者全部虚假的。

债权人提起第三人撤销之诉还要符合法律和司法解释规定的其他条

件。对于除此之外的其他债权，债权人原则上不得提起第三人撤销之诉。

第五百四十条 【撤销权的行使范围及必要费用承担】撤销权的行使范围以债权人的债权为限。债权人行使撤销权的必要费用，由债务人负担。

行政法规

⊙《**诉讼费用交纳办法**》（2006年12月19日）

第二十九条　诉讼费用由败诉方负担，胜诉方自愿承担的除外。

部分胜诉、部分败诉的，人民法院根据案件的具体情况决定当事人各自负担的诉讼费用数额。

共同诉讼当事人败诉的，人民法院根据其对诉讼标的的利害关系，决定当事人各自负担的诉讼费用数额。

司法解释及文件

⊙《**最高人民法院关于适用〈中华人民共和国民法典〉合同编通则若干问题的解释**》（2023年12月4日　法释〔2023〕13号）

第四十五条　在债权人撤销权诉讼中，被撤销行为的标的可分，当事人主张在受影响的债权范围内撤销债务人的行为的，人民法院应予支持；被撤销行为的标的不可分，债权人主张将债务人的行为全部撤销的，人民法院应予支持。

债权人行使撤销权所支付的合理的律师代理费、差旅费等费用，可以认定为民法典第五百四十条规定的"必要费用"。

第四十六条　债权人在撤销权诉讼中同时请求债务人的相对人向债务人承担返还财产、折价补偿、履行到期债务等法律后果的，人民法院依法予以支持。

债权人请求受理撤销权诉讼的人民法院一并审理其与债务人之间的债

权债务关系，属于该人民法院管辖的，可以合并审理。不属于该人民法院管辖的，应当告知其向有管辖权的人民法院另行起诉。

债权人依据其与债务人的诉讼、撤销权诉讼产生的生效法律文书申请强制执行的，人民法院可以就债务人对相对人享有的权利采取强制执行措施以实现债权人的债权。债权人在撤销权诉讼中，申请对相对人的财产采取保全措施的，人民法院依法予以准许。

适用要点

⊙ 必要费用的范围

债权人行使代位权的必要费用范围除律师代理费、差旅费外，还应包括为对转让或受让财产估值而发生的评估费用、针对相对人采取财产保全措施的费用（如诉讼保全的财产担保保险费用）、为查明债务人诈害行为所支出的调查取证费用、债权人为保存相对人返还的财产而支出的费用等必要费用。

第五百四十一条 【撤销权的行使期限】撤销权自债权人知道或者应当知道撤销事由之日起一年内行使。自债务人的行为发生之日起五年内没有行使撤销权的，该撤销权消灭。

法　律

⊙《民法典》(总则编)(2020 年 5 月 28 日)

第一百九十九条　法律规定或者当事人约定的撤销权、解除权等权利的存续期间，除法律另有规定外，自权利人知道或者应当知道权利产生之日起计算，不适用有关诉讼时效中止、中断和延长的规定。存续期间届满，撤销权、解除权等权利消灭。

第五百四十二条　【撤销权行使的后果】 债务人影响债权人的债权实现的行为被撤销的，自始没有法律约束力。

法　律

⊙《**民法典**》(**总则编**)(2020 年 5 月 28 日)

第一百五十五条　无效的或者被撤销的民事法律行为自始没有法律约束力。

第六章　合同的变更和转让

第五百四十三条　【合同变更】当事人协商一致，可以变更合同。

法　律

⊙**《保险法》**（2015 年 4 月 24 日修正）

第二十条　投保人和保险人可以协商变更合同内容。

变更保险合同的，应当由保险人在保险单或者其他保险凭证上批注或者附贴批单，或者由投保人和保险人订立变更的书面协议。

公报案例

⊙**吉林冶金设备厂诉烟台冶金研究所加工承揽合同纠纷案**（《最高人民法院公报》2005 年第 4 期）

【关键词】

变更　修改　协商

【案例要旨】

协议经双方当事人协商签订后，一方当事人在盖章时对部分条款作了修改，另一方当事人对此没有提出书面异议的，应认定同意修改后的协议。

第五百四十四条　【合同变更内容不明的处理】当事人对合同变更的内容约定不明确的，推定为未变更。

公报案例

⊙新疆维吾尔自治区建筑木材加工总厂与中国民主同盟新疆实业发展总公司房屋租赁纠纷上诉案（《最高人民法院公报》2002 年第 1 期）

【关键词】

推定　未明确约定　参照

【案例要旨】

1993 年 3 月，木材总厂与交流站签订的《协议书》将木材总厂为实业公司贷款提供担保与实业公司向木材总厂提前支付 80 万元联系起来，但未约定提前付款时间，参照《合同法》第七十八条（《民法典》第五百四十四条）规定，当事人对合同变更的内容约定不明确的，推定为未变更，据此应推定原合同的履行方式未因签订该协议而变更。

民事审判指导与参考案例

⊙华太建设集团有限公司与浙江福得尔电器有限公司建设工程施工合同纠纷案［《民事审判指导与参考》2011 年第 3 辑（总第 47 辑）］

【关键词】

合同变更　约定内容　协商一致

【案例要旨】

当事人在合同履行过程中，只要对合同变更协商一致，除法律、行政法规规定变更合同应当办理批准、登记等手续的外，就可以认定合同变更；当事人通过书面形式订立合同的，变更合同原则上也应采用书面形式；或者采用书面以外的如口头形式以及包括事实行为等在内的其他形式变更合同的，只要当事人没有争议，也可以认定为合同变更。如果当事人就除书面形式以外的是否变更合同的情形理解不一致引发争议，就应当适用《合同法》第七十八条（《民法典》第五百四十四条）的规定，视为当事人对合同变更的内容约定不明，推定为合同未变更。

第五百四十五条 【债权的转让】债权人可以将债权的全部或者部分转让给第三人，但是有下列情形之一的除外：

（一）根据债权性质不得转让；

（二）按照当事人约定不得转让；

（三）依照法律规定不得转让。

当事人约定非金钱债权不得转让的，不得对抗善意第三人。当事人约定金钱债权不得转让的，不得对抗第三人。

法律

⊙《**民法典**》（**合同编**）（2020年5月28日）

第六百九十六条 债权人转让全部或者部分债权，未通知保证人的，该转让对保证人不发生效力。

保证人与债权人约定禁止债权转让，债权人未经保证人书面同意转让债权的，保证人对受让人不再承担保证责任。

⊙《**保险法**》（2015年4月24日修正）

第三十四条 以死亡为给付保险金条件的合同，未经被保险人同意并认可保险金额的，合同无效。

按照以死亡为给付保险金条件的合同所签发的保险单，未经被保险人书面同意，不得转让或者质押。

父母为其未成年子女投保的人身保险，不受本条第一款规定限制。

司法解释及文件

⊙**《最高人民法院关于适用〈中华人民共和国民法典〉有关担保制度的解释》**（2020 年 12 月 31 日　法释〔2020〕28 号）

第三十九条　主债权被分割或者部分转让，各债权人主张就其享有的债权份额行使担保物权的，人民法院应予支持，但是法律另有规定或者当事人另有约定的除外。

主债务被分割或者部分转移，债务人自己提供物的担保，债权人请求以该担保财产担保全部债务履行的，人民法院应予支持；第三人提供物的担保，主张对未经其书面同意转移的债务不再承担担保责任的，人民法院应予支持。

⊙**《最高人民法院关于审理买卖合同纠纷案件适用法律问题的解释》**（2020 年 12 月 29 日修正）

第三十二条　法律或者行政法规对债权转让、股权转让等权利转让合同有规定的，依照其规定；没有规定的，人民法院可以根据民法典第四百六十七条和第六百四十六条的规定，参照适用买卖合同的有关规定。

权利转让或者其他有偿合同参照适用买卖合同的有关规定的，人民法院应当首先引用民法典第六百四十六条的规定，再引用买卖合同的有关规定。

⊙**《最高人民法院关于判决生效后当事人将判决确认的债权转让债权受让人对该判决不服提出再审申请人民法院是否受理问题的批复》**（2011 年 1 月 7 日　法释〔2011〕2 号）

海南省高级人民法院：

你院《关于海南长江旅业有限公司、海南凯立中部开发建设股份有限公司与交通银行海南分行借款合同纠纷一案的请示报告》［（2009）琼民再终字第 16 号］收悉。经研究，答复如下：

判决生效后当事人将判决确认的债权转让，债权受让人对该判决不服提出再审申请的，因其不具有申请再审人主体资格，人民法院应依法不予受理。

⊙**《最高人民法院印发〈关于审理涉及金融不良债权转让案件工作座谈会纪要〉的通知》**（2009年3月30日 法发〔2009〕19号）

二、关于案件的受理

会议认为，为确保此类案件得到公正妥善的处理，凡符合民事诉讼法规定的受理条件及《纪要》有关规定精神涉及的此类案件，人民法院应予受理。不良债权已经剥离至金融资产管理公司又被转让给受让人后，国有企业债务人知道或者应当知道不良债权已经转让而仍向原国有银行清偿的，不得对抗受让人对其提起的追索之诉，国有企业债务人在对受让人清偿后向原国有银行提起返还不当得利之诉的，人民法院应予受理；国有企业债务人不知道不良债权已经转让而向原国有银行清偿的，可以对抗受让人对其提起的追索之诉，受让人向国有银行提起返还不当得利之诉的，人民法院应予受理。

受让人在对国有企业债务人的追索诉讼中，主张追加原国有银行为第三人的，人民法院不予支持；在《纪要》发布前已经终审或者根据《纪要》做出终审的，当事人根据《纪要》认为生效裁判存在错误而申请再审的，人民法院不予支持。

案件存在下列情形之一的，人民法院不予受理：

（一）金融资产管理公司与国有银行就政策性金融资产转让协议发生纠纷起诉到人民法院的；

（二）债权人向国家政策性关闭破产的国有企业债务人主张清偿债务的；

（三）债权人向已列入经国务院批准的全国企业政策性关闭破产总体规划并拟实施关闭破产的国有企业债务人主张清偿债务的；

（四）《纪要》发布前，受让人与国有企业债务人之间的债权债务关系已经履行完毕，优先购买权人或国有企业债务人提起不良债权转让合同无效诉讼的；

（五）受让人自金融资产管理公司受让不良债权后，以不良债权存在瑕疵为由起诉原国有银行的；

（六）国有银行或金融资产管理公司转让享受天然林资源保护工程政策的国有森工企业不良债权而引发受让人向森工企业主张债权的（具体详

见《天然林资源保护区森工企业金融机构债务免除申请表》名录）；

（七）在不良债权转让合同无效之诉中，国有企业债务人不能提供相应担保或者优先购买权人放弃优先购买权的。

五、关于国有企业的诉权及相关诉讼程序

会议认为，为避免当事人滥用诉权，在受让人向国有企业债务人主张债权的诉讼中，国有企业债务人以不良债权转让行为损害国有资产等为由，提出不良债权转让合同无效抗辩的，人民法院应告知其向同一人民法院另行提起不良债权转让合同无效的诉讼；国有企业债务人不另行起诉的，人民法院对其抗辩不予支持。国有企业债务人另行提起不良债权转让合同无效诉讼的，人民法院应中止审理受让人向国有企业债务人主张债权的诉讼，在不良债权转让合同无效诉讼被受理后，两案合并审理。国有企业债务人在二审期间另行提起不良债权转让合同无效诉讼的，人民法院应中止审理受让人向国有企业债务人主张债权的诉讼，在不良债权转让合同无效诉讼被受理且做出一审裁判后再行审理。

国有企业债务人提出的不良债权转让合同无效诉讼被受理后，对于受让人的债权系直接从金融资产管理公司处受让的，人民法院应当将金融资产管理公司和受让人列为案件当事人；如果受让人的债权系金融资产管理公司转让给其他受让人后，因该受让人再次转让或多次转让而取得的，人民法院应当将金融资产管理公司和该转让人以及后手受让人列为案件当事人。

六、关于不良债权转让合同无效和可撤销事由的认定

会议认为，在审理不良债权转让合同效力的诉讼中，人民法院应当根据合同法和《金融资产管理公司条例》等法律法规，并参照国家相关政策规定，重点审查不良债权的可转让性、受让人的适格性以及转让程序的公正性和合法性。金融资产管理公司转让不良债权存在下列情形的，人民法院应当认定转让合同损害国家利益或社会公共利益或者违反法律、行政法规强制性规定而无效。

（一）债务人或者担保人为国家机关的；

（二）被有关国家机关依法认定为涉及国防、军工等国家安全和敏感信息的以及其他依法禁止转让或限制转让情形的；

（三）与受让人恶意串通转让不良债权的；

（四）转让不良债权公告违反《金融资产管理公司资产处置公告管理办法（修订）》规定，对依照公开、公平、公正和竞争、择优原则处置不良资产造成实质性影响的；

（五）实际转让的资产包与转让前公告的资产包内容严重不符，且不符合《金融资产管理公司资产处置公告管理办法（修订）》规定的；

（六）根据有关规定应经合法、独立的评估机构评估，但未经评估的；或者金融资产管理公司与评估机构、评估机构与债务人、金融资产管理公司和债务人以及三方之间恶意串通，低估、漏估不良债权的；

（七）根据有关规定应当采取公开招标、拍卖等方式处置，但未公开招标、拍卖的；或者公开招标中的投标人少于三家（不含三家）的；或者以拍卖方式转让不良债权时，未公开选择有资质的拍卖中介机构的；或者未依照《中华人民共和国拍卖法》的规定进行拍卖的；

（八）根据有关规定应当向行政主管部门办理相关报批或者备案、登记手续而未办理，且在一审法庭辩论终结前仍未能办理的；

（九）受让人为国家公务员、金融监管机构工作人员、政法干警、金融资产管理公司工作人员、国有企业债务人管理人员、参与资产处置工作的律师、会计师、评估师等中介机构等关联人或者上述关联人参与的非金融机构法人的；

（十）受让人与参与不良债权转让的金融资产管理公司工作人员、国有企业债务人或者受托资产评估机构负责人员等有直系亲属关系的；

（十一）存在其他损害国家利益或社会公共利益的转让情形的。

在金融资产管理公司转让不良债权后，国有企业债务人有证据证明不良债权根本不存在或者已经全部或部分归还而主张撤销不良债权转让合同的，人民法院应当撤销或者部分撤销不良债权转让合同；不良债权转让合同被撤销或者部分撤销后，受让人可以请求金融资产管理公司承担相应的缔约过失责任。

七、关于不良债权转让无效合同的处理

会议认为，人民法院认定金融不良债权转让合同无效后，对于受让人直接从金融资产管理公司受让不良债权的，人民法院应当判决金融资产管理公司与受让人之间的债权转让合同无效；受让人通过再次转让而取得债权的，人民法院应当判决金融资产管理公司与转让人、转让人与后手受让人之间的系列债权转让合同无效。债权转让合同被认定无效后，人民法院应当按照合同法的相关规定处理；受让人要求转让人赔偿损失，赔偿损失数额应以受让人实际支付的价金之利息损失为限。相关不良债权的诉讼时效自金融不良债权转让合同被认定无效之日起重新计算。

金融资产管理公司以整体“资产包”的形式转让不良债权中出现单笔或者数笔债权无效情形、或者单笔或数笔不良债权的债务人为非国有企业，受让人请求认定合同全部无效的，人民法院应当判令金融资产管理公司与转让人之间的资产包债权转让合同无效；受让人请求认定已履行或已清结部分有效的，人民法院应当认定尚未履行或尚未清结部分无效，并判令受让人将尚未履行部分或尚未清结部分返还给金融资产管理公司，金融资产管理公司不再向受让人返还相应价金。

八、关于举证责任分配和相关证据的审查

会议认为，人民法院在审查不良债权转让合同效力时，要加强对不良债权转让合同、转让标的、转让程序以及相关证据的审查，尤其是对受让人权利范围、受让人身份合法性以及证据真实性的审查。不良债权转让合同中经常存在诸多限制受让人权利范围的条款，人民法院应当要求受让人向法庭披露不良债权转让合同以证明其权利合法性和权利范围。受让人不予提供的，人民法院应当责令其提供；受让人拒不提供的，应当承担举证不能的法律后果。人民法院在对受让人身份的合法性以及是否存在恶意串通等方面存在合理怀疑时，应当根据最高人民法院《关于民事诉讼证据的若干规定》及时合理地分配举证责任；但人民法院不得仅以不良债权出让价格与资产账面额之间的差额幅度作为引起怀疑的证据，而应当综合判断。对当事人伪造或变造借款合同、担保合同、借款借据、修改缔约时间和债务人还贷时间以及产生诉讼时效中断证据等情形的，人民法院应当严格依据相关法律规定予以制裁。

九、关于受让人收取利息的问题

会议认为，受让人向国有企业债务人主张利息的计算基数应以原借款合同本金为准；受让人向国有企业债务人主张不良债权受让日之后发生的利息的，人民法院不予支持。但不良债权转让合同被认定无效的，出让人在向受让人返还受让款本金的同时，应当按照中国人民银行规定的同期定期存款利率支付利息。

十、关于诉讼或执行主体的变更

会议认为，金融资产管理公司转让已经涉及诉讼、执行或者破产等程序的不良债权的，人民法院应当根据债权转让合同以及受让人或者转让人的申请，裁定变更诉讼主体或者执行主体。在不良债权转让合同被认定无效后，金融资产管理公司请求变更受让人为金融资产管理公司以通过诉讼继续追索国有企业债务人的，人民法院应予支持。人民法院裁判金融不良债权转让合同无效后当事人履行相互返还义务时，应从不良债权最终受让人开始逐一与前手相互返还，直至完成第一受让人与金融资产管理公司的相互返还。后手受让人直接对金融资产管理公司主张不良债权转让合同无效并请求赔偿的，人民法院不予支持。

部门规章及规范性文件

⊙**《财政部关于进一步规范金融资产管理公司不良债权转让有关问题的通知》**（2005年7月4日　财金〔2005〕74号）

中国华融资产管理公司，中国长城资产管理公司，中国东方资产管理公司，中国信达资产管理公司：

为进一步规范金融资产管理公司（以下简称资产公司）债权转让工作，有效处置不良资产，防范国有资产流失，现将有关事宜通知如下：

一、资产公司应严格执行《金融资产管理公司条例》《金融资产管理公司资产处置管理办法（修订）》（财金〔2004〕41号）、《财政部关于金融资产管理公司债权资产打包转让有关问题的通知》（财金〔2005〕12号）、《金融资产管理公司资产处置公告管理办法》（财金〔2005〕47号）等有关规定，充分论证采取转让方式处置资产的可行性和必要性，合理确定能够提升处置回收价值的有效方式，确保处置程序的规范性和处置信息的公开透明，并高度重视和积极防范不良债权转让中的国有资产流失问题。

二、下列资产不得对外公开转让：债务人或担保人为国家机关的不良债权；经国务院批准列入全国企业政策性关闭破产计划的国有企业债权；国防、军工等涉及国家安全和敏感信息的债权以及其他限制转让的债权。

三、下列人员不得购买或变相购买不良资产：国家公务员、金融监管机构工作人员、政法干警、资产公司工作人员、原债务企业管理层以及参与资产处置工作的律师、会计师等中介机构人员等关联人。

四、除上述限制转让的债权和限制参与购买的人员外，资产公司应采取公开招标、拍卖等市场化方式，吸引国内外各类合格投资者参与不良资产市场交易，引入市场竞争机制，提高处置回收率，并慎重确定债权买受人，防止借机炒作资产和逃废债务。

五、资产公司应进一步加强内部控制建设，全面梳理、修改和完善现有规章制度，规范债权转让程序和转让过程中评估、定价、处置信息公告、招标拍卖、中介机构选用等各个环节的操作，采取职责分离、岗位轮换、责任追究等措施，严格控制和防范债权转让中的道德风险和操作风险，防止国有资产流失。

⊙《**中国人民银行办公厅关于商业银行借款合同项下债权转让有关问题的批复**》（2001年7月30日　银办函〔2001〕648号）

中国人民银行上海分行：

你分行《关于商业银行将借款合同项下债权转让给非金融机构的行为是否妥当的请示》（上海银发〔2001〕124号）收悉。现批复如下：

根据《合同法》第七十九条关于合同债权转让的规定，商业银行贷款合同项下的债权及其他权利一般原则上是可以转让的，但由于金融业是一种特许行业，金融债权的转让在受让对象上存在一定的限制。按照我国现行法律法规的规定，放贷收息（含罚息）是经营贷款业务的金融机构的一项特许权利。因此，由贷款而形成的债权及其他权利只能在具有贷款业务资格的金融机构之间转让。未经许可，商业银行不得将其债权转让给非金融企业。

⊙**《中国银行业监督管理委员会关于商业银行向社会投资者转让贷款债权法律效力有关问题的批复》**（2009年2月5日　银监办发〔2009〕24号）

广东银监局：

你局《关于商业银行将债权转让给个人有关问题的请示》（粤银监报〔2009〕5号）收悉。经研究，现就有关问题批复如下：

一、对商业银行向社会投资者转让贷款债权没有禁止性规定，转让合同具有合同法上的效力。

社会投资者是指金融机构以外的自然人、法人或者其他组织。

二、转让具体的贷款债权，属于债权人将合同的权利转让给第三人，并非向社会不特定对象发放贷款的经营性活动，不涉及从事贷款业务的资格问题，受让主体无须具备从事贷款业务的资格。

三、商业银行向社会投资者转让贷款债权，应当建立风险管理制度、内部控制制度等相应的制度和内部批准程序。

四、商业银行向社会投资者转让贷款债权，应当采取拍卖等公开形式，以形成公允的价格，接受社会监督。

五、商业银行向社会投资者转让贷款债权，应当向银监会或其派出机构报告，接受监管部门的监督检查。

第五百四十六条　【债权转让的通知义务】债权人转让债权，未通知债务人的，该转让对债务人不发生效力。

债权转让的通知不得撤销，但是经受让人同意的除外。

司法解释及文件

⊙**《最高人民法院关于适用〈中华人民共和国民法典〉合同编通则若干问题的解释》**（2023年12月4日　法释〔2023〕13号）

第四十八条　债务人在接到债权转让通知前已经向让与人履行，受让人请求债务人履行的，人民法院不予支持；债务人接到债权转让通知后仍然向让与人履行，受让人请求债务人履行的，人民法院应予支持。

让与人未通知债务人，受让人直接起诉债务人请求履行债务，人民法院经审理确认债权转让事实的，应当认定债权转让自起诉状副本送达时对债务人发生效力。债务人主张因未通知而给其增加的费用或者造成的损失从认定的债权数额中扣除的，人民法院依法予以支持。

第四十九条　债务人接到债权转让通知后，让与人以债权转让合同不成立、无效、被撤销或者确定不发生效力为由请求债务人向其履行的，人民法院不予支持。但是，该债权转让通知被依法撤销的除外。

受让人基于债务人对债权真实存在的确认受让债权后，债务人又以该债权不存在为由拒绝向受让人履行的，人民法院不予支持。但是，受让人知道或者应当知道该债权不存在的除外。

第五十条　让与人将同一债权转让给两个以上受让人，债务人以已经向最先通知的受让人履行为由主张其不再履行债务的，人民法院应予支持。债务人明知接受履行的受让人不是最先通知的受让人，最先通知的受让人请求债务人继续履行债务或者依据债权转让协议请求让与人承担违约责任的，人民法院应予支持；最先通知的受让人请求接受履行的受让人返还其接受的财产的，人民法院不予支持，但是接受履行的受让人明知该债权在其受让前已经转让给其他受让人的除外。

前款所称最先通知的受让人，是指最先到达债务人的转让通知中载明的受让人。当事人之间对通知到达时间有争议的，人民法院应当结合通知的方式等因素综合判断，而不能仅根据债务人认可的通知时间或者通知记载的时间予以认定。当事人采用邮寄、通讯电子系统等方式发出通知的，人民法院应当以邮戳时间或者通讯电子系统记载的时间等作为认定通知到达时间的依据。

⊙**《最高人民法院关于审理民事案件适用诉讼时效制度若干问题的规定》**（2020 年 12 月 29 日修正）

第十七条　债权转让的，应当认定诉讼时效从债权转让通知到达债务人之日起中断。

债务承担情形下，构成原债务人对债务承认的，应当认定诉讼时效从债务承担意思表示到达债权人之日起中断。

⊙**《最高人民法院关于审理与企业改制相关的民事纠纷案件若干问题的规定》**（2020年12月29日修正）

第六条 企业以其部分财产和相应债务与他人组建新公司，对所转移的债务债权人认可的，由新组建的公司承担民事责任；对所转移的债务未通知债权人或者虽通知债权人，而债权人不予认可的，由原企业承担民事责任。原企业无力偿还债务，债权人就此向新设公司主张债权的，新设公司在所接收的财产范围内与原企业承担连带民事责任。

⊙**《最高人民法院印发〈关于审理涉及金融不良债权转让案件工作座谈会纪要〉的通知》**（2009年3月30日 法发〔2009〕19号）

三、关于债权转让生效条件的法律适用和自行约定的效力

会议认为，不良债权成立在合同法施行之前，转让于合同法施行之后的，该债权转让对债务人生效的条件应适用合同法第八十条第一款的规定。

金融资产管理公司受让不良债权后，自行与债务人约定或重新约定诉讼管辖的，如不违反法律规定，人民法院应当认定该约定有效。金融资产管理公司在不良债权转让合同中订有禁止转售、禁止向国有银行、各级人民政府、国家机构等追偿、禁止转让给特定第三人等要求受让人放弃部分权利条款的，人民法院应认定该条款有效。国有银行向金融资产管理公司转让不良债权，或者金融资产管理公司收购、处置不良债权的，担保债权同时转让，无须征得担保人的同意，担保人仍应在原担保范围内对受让人继续承担担保责任。担保合同中关于合同变更需经担保人同意或者禁止转让主债权的约定，对主债权和担保权利转让没有约束力。

⊙**《最高人民法院关于判决确定的金融不良债权多次转让人民法院能否裁定变更申请执行主体请示的答复》**（〔2009〕执他字第1号）

湖北省高级人民法院：

你院鄂高法（2009）21号请示收悉。经研究，答复如下：

《最高人民法院关于人民法院执行若干问题的规定（试行）》，已经对

申请执行人的资格以明确。其中第 18 条第一款规定“人民法院受理执行案件应当符合下列条件：……（2）申请执行人是生效法律文书确定的权利人或继承人、权利承受人。”该条中的“权利承受人”，包含通过债权转让的方式承受债权的人。依法从金融资产管理公司受让债权的受让人将债权再行转让给其他普通受让人的，执行法院可以依据上述规定，依债权转让协议以及受让人或者转让人的申请，裁定变更申请执行主体。

《最高人民法院关于金融资产管理公司收购、处置银行不良资产有关问题的补充通知》第三条，虽只就金融资产管理公司转让金融不良债权环节可以变更申请执行主体作了专门规定，但并未排除普通受让人再行转让给其他普通受让人时变更申请执行主体。此种情况下裁定变更申请执行主体，也符合该通知及其他相关文件中关于支持金融不良债权处置工作的司法政策，但对普通受让人不能适用诉讼费用减半收取和公告通知债务人等专门适用金融资产管理公司处置不良债权的特殊政策规定。

公报案例

⊙沈阳银胜天成投资管理有限公司与中国华融资产管理公司沈阳办事处债权转让合同纠纷案（《最高人民法院公报》2010 年第 5 期）

【关键词】

债权转让 履行义务

【案例要旨】

《合同法》第八十条第一款（《民法典》第五百四十六条第一款）的规定，是为了避免债务人重复履行、错误履行债务或加重履行债务的负担。债权人以登报的形式通知债务人并不违反法律的规定。只要债权人实施了有效的通知行为，债权转让就应对债务人发生法律效力。

⊙**大连远东房屋开发有限公司与辽宁金利房屋实业公司、辽宁澳金利房地产开发有限公司国有土地使用权转让合同纠纷案**（《最高人民法院公报》2006 年第 12 期）

【关键词】

债权转让　通知

【案例要旨】

根据《合同法》第七十九条、第八十条（《民法典》第五百四十五条、第五百四十六条）的规定，债权人可以将合同权利全部或者部分转让给第三人，转让只需通知到债务人即可而无需征得债务人的同意。因此，转让行为一经完成，原债权人即不再是合同权利主体，亦即丧失以自己名义作为债权人向债务人主张合同权利的资格。

第五百四十七条　【从权利的转移】债权人转让债权的，受让人取得与债权有关的从权利，但是该从权利专属于债权人自身的除外。

受让人取得从权利不因该从权利未办理转移登记手续或者未转移占有而受到影响。

法　律

⊙《**民法典**》（**总则编**）（2020 年 5 月 28 日）

第四百零七条　抵押权不得与债权分离而单独转让或者作为其他债权的担保。债权转让的，担保该债权的抵押权一并转让，但是法律另有规定或者当事人另有约定的除外。

司法解释及文件

⊙《**最高人民法院关于适用〈中华人民共和国民法典〉有关担保制度的解释**》(2020年12月31日　法释〔2020〕28号)

第三十九条　主债权被分割或者部分转让，各债权人主张就其享有的债权份额行使担保物权的，人民法院应予支持，但是法律另有规定或者当事人另有约定的除外。

主债务被分割或者部分转移，债务人自己提供物的担保，债权人请求以该担保财产担保全部债务履行的，人民法院应予支持；第三人提供物的担保，主张对未经其书面同意转移的债务不再承担担保责任的，人民法院应予支持。

⊙《**最高人民法院关于印发〈全国法院民商事审判工作会议纪要〉的通知**》(2019年11月8日　法〔2019〕254号)

62.【抵押权随主债权转让】抵押权是从属于主合同的从权利，根据"从随主"规则，债权转让的，除法律另有规定或者当事人另有约定外，担保该债权的抵押权一并转让。受让人向抵押人主张行使抵押权，抵押人以受让人不是抵押合同的当事人、未办理变更登记等为由提出抗辩的，人民法院不予支持。

⊙《**最高人民法院关于香港盈伞财务公司诉广东华美集团有限公司担保合同纠纷案有关法律问题的请示的复函**》(2010年3月23日〔2010〕民四他字第5号)

广东省高级人民法院：

你院粤高法〔2009〕441号《关于香港盈伞财务公司诉广东华美集团有限公司担保合同纠纷案有关法律问题的请示》收悉。经研究，答复如下：

担保人基于担保合同既可能承担在担保合同有效情况下的担保责任，也可能承担在担保合同无效情况下因其过错而产生的赔偿责任。《最高人民法院关于适用〈中华人民共和国担保法〉若干问题的解释》第六条第一款第(五)项虽然规定在对外担保的情况下，"主合同变更或者债权人将对外担保合同项下的权利转让，未经担保人同意和国家有关主管部门批准的，担保人不再承担担保责任”。但该项规定适用的情形是指担保人向原债权人出具的对外担保办理了相关的批准登记手续，对外担保是有效的，原债权人向第三人转让债权后，对外担保未依照有关规定经过担保人同意并重新办理批准、登记手续，从而造成担保无效。此种情形担保人对于造成对外担保无效是没有过错的，故上述司法解释规定免除了担保人的担保责任。而本案中担保人华美集团有限公司向原债权人中南银行香港分行出具的对外担保因未经批准、登记而应认定无效，对造成担保无效担保人是有过错的，现在所要解决的是担保人应否该承担赔偿责任的问题，《最高人民法院关于适用〈中华人民共和国担保法〉若干问题的解释》第六条第一款第（五）项的规定不适用于本案。

《中华人民共和国合同法》第八十一条规定：“债权人转让权利的，受让人取得与债权有关的从权利，但该从权利专属于债权人自身的除外。”在担保人应当向原债权人承担赔偿责任、且法律并未规定该种赔偿责任具有特定人身属性的情况下，如果原债权人依法将债权转让给了第三人，此时受让债权的第三人享有的权益，既应包括合同有效的情况下，依据合同要求对方履行义务的权利，也应包括在合同无效的情况下，要求存在过错的合同相对方承担赔偿责任的权利。因此未经审批的对外担保的债权人在未经担保人同意的情况下将债权转让给第三人，在债权转让依法有效的情况下，担保人仍应向受让债权的第三人承担相应的赔偿责任，而不应以债权转让未经担保人同意为由免除其赔偿责任。

此复

⊙**《最高人民法院关于甘肃省高级人民法院就在诉讼时效期间债权人依法将主债权转让给第三人保证人是否继续承担保证责任等问题请示的答复》**（2003年10月20日 〔2003〕民二他字第39号）

甘肃省高级人民法院：

你院甘高法〔2003〕176号请示收悉。经研究，答复如下：

一、在诉讼时效期间，凡符合《中华人民共和国合同法》第八十一条和《中华人民共和国担保法》第二十二条规定的，债权人将主债权转让给第三人，保证债权作为从权利一并转移，保证人在原保证担保的范围内继续承担保证责任。

二、按照《关于适用〈中华人民共和国担保法〉若干问题的解释》第三十六条第一款的规定，主债务诉讼时效中断，连带保证债务诉讼时效不因主债务诉讼时效中断而中断。按照上述解释第三十四条第二款的规定，连带责任保证的债权人在保证期间内要求保证人承担保证责任的，自该要求之日起开始计算连带保证债务的诉讼时效。《最高人民法院对〈关于贯彻执行最高人民法院"十二条"司法解释有关问题的函〉的答复》是答复四家资产管理公司的，其目的是为了最大限度地保全国有资产。因此，债权人对保证人有公告催收行为的，人民法院应比照适用《最高人民法院关于审理涉及金融资产公司收购、管理、处置国有银行不良贷款形成的资产的案件适用法律若干问题的规定》第十条的规定，认定债权人对保证债务的诉讼时效中断。

此复

第五百四十八条 【债务人的抗辩权】债务人接到债权转让通知后，债务人对让与人的抗辩，可以向受让人主张。

司法解释及文件

⊙**《最高人民法院关于适用〈中华人民共和国民法典〉合同编通则若干问题的解释》**（2023 年 12 月 4 日　法释〔2023〕13 号）

第四十七条　债权转让后，债务人向受让人主张其对让与人的抗辩的，人民法院可以追加让与人为第三人。

债务转移后，新债务人主张原债务人对债权人的抗辩的，人民法院可以追加原债务人为第三人。

当事人一方将合同权利义务一并转让后，对方就合同权利义务向受让人主张抗辩或者受让人就合同权利义务向对方主张抗辩的，人民法院可以追加让与人为第三人。

第五百四十九条 【债权转让时债务人的抵销权】有下列情形之一的，债务人可以向受让人主张抵销：

（一）债务人接到债权转让通知时，债务人对让与人享有债权，且债务人的债权先于转让的债权到期或者同时到期；

（二）债务人的债权与转让的债权是基于同一合同产生。

第五百五十条 【履行费用的负担】因债权转让增加的履行费用，由让与人负担。

第五百五十一条 【债务转移】债务人将债务的全部或者部分转移给第三人的，应当经债权人同意。

债务人或者第三人可以催告债权人在合理期限内予以同意，债权人未作表示的，视为不同意。

司法解释及文件

⊙**《最高人民法院关于审理旅游纠纷案件适用法律若干问题的规定》**（2020年12月29日修正）

第十条 旅游经营者将旅游业务转让给其他旅游经营者，旅游者不同意转让，请求解除旅游合同、追究旅游经营者违约责任的，人民法院应予支持。

旅游经营者擅自将其旅游业务转让给其他旅游经营者，旅游者在旅游过程中遭受损害，请求与其签订旅游合同的旅游经营者和实际提供旅游服务的旅游经营者承担连带责任的，人民法院应予支持。

⊙**《最高人民法院关于审理与企业改制相关的民事纠纷案件若干问题的规定》**（2020年12月29日修正）

第六条 企业以其部分财产和相应债务与他人组建新公司，对所转移的债务债权人认可的，由新组建的公司承担民事责任；对所转移的债务未通知债权人或者虽通知债权人，而债权人不予认可的，由原企业承担民事责任。原企业无力偿还债务，债权人就此向新设公司主张债权的，新设公司在所接收的财产范围内与原企业承担连带民事责任。

公报案例

⊙中国工商银行股份有限公司三门峡车站支行与三门峡天元铝业股份有限公司、三门峡天元铝业集团有限公司借款担保合同纠纷案（《最高人民法院公报》2008年第11期）

【关键词】

转让　同意

【案例要旨】

根据《合同法》第八十四条（《民法典》第五百五十一条）的规定，债务人将合同的义务全部或者部分转移给第三人的，应当经债权人同意。因此，债务人向债权人出具承诺书，表示将所负债务全部或者部分转移给第三人，而债权人对此未予接受，亦未在债务人与第三人签订的债务转移协议书上加盖公章的，应当认定债权人不同意债务转让，债务人与第三人之间的债务转让协议对债权人不发生法律效力。

适用要点

⊙ 债务人部分转移是否需要经债权人同意

债务的部分转移，即新的债务人加入到原债务中，和原债务人一起向债权人履行义务。依据本条规定，债务人不论转移的是全部债务还是部分债务，都需要征得债权人同意。未经债权人同意，债务人转移债务的行为对债权人不发生效力。债权人有权拒绝第三人向其履行，同时有权要求债务人履行债务并承担不履行或者迟延履行的法律责任。在此需要注意的是，这与本法第552条规定的第三人加入债务是有根本区别的。债务部分转移后，就转移部分原债务人不再承担履行义务，这部分债务需由第三人来履行，这就涉及第三人的资信或者偿债能力问题，与债权能否实现影响甚巨，因此需要债权人同意。但第三人加入债务，这时原债务人仍要承担全部的债务履行义务，只是增加一个人来共同履行债务，应该说这时增加了债权实现的可能性，故无需债权人同意。

第五百五十二条 【债务的加入】第三人与债务人约定加入债务并通知债权人，或者第三人向债权人表示愿意加入债务，债权人未在合理期限内明确拒绝的，债权人可以请求第三人在其愿意承担的债务范围内和债务人承担连带债务。

司法解释及文件

⊙**《最高人民法院关于适用〈中华人民共和国民法典〉合同编通则若干问题的解释》**（2023 年 12 月 4 日　法释〔2023〕13 号）

第五十一条　第三人加入债务并与债务人约定了追偿权，其履行债务后主张向债务人追偿的，人民法院应予支持；没有约定追偿权，第三人依照民法典关于不当得利等的规定，在其已经向债权人履行债务的范围内请求债务人向其履行的，人民法院应予支持，但是第三人知道或者应当知道加入债务会损害债务人利益的除外。

债务人就其对债权人享有的抗辩向加入债务的第三人主张的，人民法院应予支持。

⊙**《最高人民法院关于适用〈中华人民共和国民法典〉有关担保制度的解释》**（2020 年 12 月 31 日　法释〔2020〕28 号）

第十二条　法定代表人依照民法典第五百五十二条的规定以公司名义加入债务的，人民法院在认定该行为的效力时，可以参照本解释关于公司为他人提供担保的有关规则处理。

第三十六条　第三人向债权人提供差额补足、流动性支持等类似承诺文件作为增信措施，具有提供担保的意思表示，债权人请求第三人承担保证责任的，人民法院应当依照保证的有关规定处理。

第三人向债权人提供的承诺文件，具有加入债务或者与债务人共同承担债务等意思表示的，人民法院应当认定为民法典第五百五十二条规定的债务加入。

前两款中第三人提供的承诺文件难以确定是保证还是债务加入的，人民法院应当将其认定为保证。

第三人向债权人提供的承诺文件不符合前三款规定的情形，债权人请求第三人承担保证责任或者连带责任的，人民法院不予支持，但是不影响其依据承诺文件请求第三人履行约定的义务或者承担相应的民事责任。

公报案例

⊙广东达宝物业管理有限公司与广东中岱企业集团有限公司、广东中岱电讯产业有限公司、广州市中珊实业有限公司股权转让合作纠纷案（《最高人民法院公报》2012年第5期）

【关键词】

无效　合同解除　违约金

【案例要旨】

合同外的第三人向合同中的债权人承诺承担债务人义务的，如果没有充分的证据证明债权人同意债务转移给该第三人或者债务人退出合同关系，不宜轻易认定构成债务转移，一般应认定为债务加入。第三人向债权人表明债务加入的意思后，即使债权人未明确表示同意，但只要其未明确表示反对或未以行为表示反对，仍应当认定为债务加入成立，债权人可以依照债务加入关系向该第三人主张权利。

第五百五十三条 【新债务人的抗辩权】债务人转移债务的，新债务人可以主张原债务人对债权人的抗辩；原债务人对债权人享有债权的，新债务人不得向债权人主张抵销。

司法解释及文件

⊙《**最高人民法院关于审理民事案件适用诉讼时效制度若干问题的规定**》（2020 年 12 月 29 日修正）

第十七条 债权转让的，应当认定诉讼时效从债权转让通知到达债务人之日起中断。

债务承担情形下，构成原债务人对债务承认的，应当认定诉讼时效从债务承担意思表示到达债权人之日起中断。

第五百五十四条 【从债务随主债务转移】债务人转移债务的，新债务人应当承担与主债务有关的从债务，但是该从债务专属于原债务人自身的除外。

法 律

⊙《**民法典**》（**物权编**）（2020 年 5 月 28 日）

第三百九十一条 第三人提供担保，未经其书面同意，债权人允许债务人转移全部或者部分债务的，担保人不再承担相应的担保责任。

第五百五十五条 【概括转让】当事人一方经对方同意，可以将自己在合同中的权利和义务一并转让给第三人。

司法解释及文件

⊙《**最高人民法院关于审理旅游纠纷案件适用法律若干问题的规定**》（2020 年 12 月 29 日修正）

第十一条 除合同性质不宜转让或者合同另有约定之外，在旅游行程开始前的合理期间内，旅游者将其在旅游合同中的权利义务转让给第三人，请求确认转让合同效力的，人民法院应予支持。

因前款所述原因，旅游经营者请求旅游者、第三人给付增加的费用或者旅游者请求旅游经营者退还减少的费用的，人民法院应予支持。

第五百五十六条 【概括转让的法律适用】合同的权利和义务一并转让的，适用债权转让、债务转移的有关规定。

第七章　合同的权利义务终止

第五百五十七条　【债权债务终止的情形】有下列情形之一的，债权债务终止：

（一）债务已经履行；

（二）债务相互抵销；

（三）债务人依法将标的物提存；

（四）债权人免除债务；

（五）债权债务同归于一人；

（六）法律规定或者当事人约定终止的其他情形。

合同解除的，该合同的权利义务关系终止。

司法解释及文件

⊙**《最高人民法院关于印发〈全国法院民商事审判工作会议纪要〉的通知》**（2019年11月8日　法〔2019〕254号）

43.【抵销】抵销权既可以通知的方式行使，也可以提出抗辩或者提起反诉的方式行使。抵销的意思表示自到达对方时生效，抵销一经生效，其效力溯及自抵销条件成就之时，双方互负的债务在同等数额内消灭。双方互负的债务数额，是截至抵销条件成就之时各自负有的包括主债务、利息、违约金、赔偿金等在内的全部债务数额。行使抵销权一方享有的债权不足以抵销全部债务数额，当事人对抵销顺序又没有特别约定的，应当根据实现债权的费用、利息、主债务的顺序进行抵销。

部门规章及规范性文件

⊙**《银行间债券市场债券登记托管结算管理办法》**（2009年3月26日　中国人民银行令〔2009〕第1号）

第三十二条　因到期兑付、提前兑付、选择权行使等原因导致债权债务终止的，债券登记托管结算机构应当办理债券注销登记；涉及二级托管账户的，柜台交易承办银行和其他交易场所证券登记托管结算机构等应当及时办理托管债券余额注销。

仍处于冻结状态的债券到期兑付时，债券登记托管结算机构应当提存其本息，待相关当事人出具有效法律文件后，按有关规定办理。

第五百五十八条　【债权债务终止后的义务】债权债务终止后，当事人应当遵循诚信等原则，根据交易习惯履行通知、协助、保密、旧物回收等义务。

司法解释及文件

⊙**《最高人民法院关于适用〈中华人民共和国民法典〉合同编通则若干问题的解释》**（2023年12月4日　法释〔2023〕13号）

第二条　下列情形，不违反法律、行政法规的强制性规定且不违背公序良俗的，人民法院可以认定为民法典所称的“交易习惯”：

（一）当事人之间在交易活动中的惯常做法；

（二）在交易行为当地或者某一领域、某一行业通常采用并为交易对方订立合同时所知道或者应当知道的做法。

对于交易习惯，由提出主张的当事人一方承担举证责任。

⊙**《最高人民法院关于审理物业服务纠纷案件适用法律若干问题的解释》**(2020年12月29日修正)

第三条 物业服务合同的权利义务终止后，业主请求物业服务人退还已经预收，但尚未提供物业服务期间的物业费的，人民法院应予支持。

⊙**《最高人民法院关于印发〈全国法院贯彻实施民法典工作会议纪要〉的通知》**(2021年4月6日 法〔2021〕94号)

10.当事人一方违反民法典第五百五十八条规定的通知、协助、保密、旧物回收等义务，给对方当事人造成损失，对方当事人请求赔偿实际损失的，人民法院应当支持。

适用要点

⊙ 应当注意后合同义务与合同义务的区分

实践中，当事人经常会在合同中约定合同终止后当事人负有的义务，如竞业禁止义务、保密义务等。如果已经在合同中加以明确约定的义务，如在售后维修义务场合，即使合同主给付义务履行完毕后，该义务的性质仍为合同义务，具体性质为从给付义务。申言之，虽然产品交付和货款支付的合同主给付义务已经履行完毕，但是鉴于出售方对产品的售后维修之从给付义务尚未履行完毕，此时出售方的债务并未清偿完毕，出售方违反售后维修义务的，应当承担违约责任，而不能适用本条关于债权债务终止后的后合同义务的规定。再如，本法第568条第2款规定："当事人主张抵销的，应当通知对方。通知自到达对方时生效。抵销不得附条件或者附期限。"这里的通知义务发生在合同履行期间，属于附随义务的范畴，亦不应将该通知义务认定为后合同义务。

第五百五十九条 【从权利的消灭】债权债务终止时，债权的从权利同时消灭，但是法律另有规定或者当事人另有约定的除外。

法　律

⊙**《民法典》**(**物权编**)(2020年5月28日)

第三百九十三条　有下列情形之一的，担保物权消灭：

（一）主债权消灭；

（二）担保物权实现；

（三）债权人放弃担保物权；

（四）法律规定担保物权消灭的其他情形。

第五百六十条　【指定履行与优先履行】债务人对同一债权人负担的数项债务种类相同，债务人的给付不足以清偿全部债务的，除当事人另有约定外，由债务人在清偿时指定其履行的债务。

债务人未作指定的，应当优先履行已经到期的债务；数项债务均到期的，优先履行对债权人缺乏担保或者担保最少的债务；均无担保或者担保相等的，优先履行债务人负担较重的债务；负担相同的，按照债务到期的先后顺序履行；到期时间相同的，按照债务比例履行。

司法解释及文件

⊙**《最高人民法院关于适用〈中华人民共和国民法典〉合同编通则若干问题的解释》**(2023年12月4日　法释〔2023〕13号)

第五十六条　行使抵销权的一方负担的数项债务种类相同，但是享有的债权不足以抵销全部债务，当事人因抵销的顺序发生争议的，人民法院可以参照民法典第五百六十条的规定处理。

行使抵销权的一方享有的债权不足以抵销其负担的包括主债务、利息、实现债权的有关费用在内的全部债务，当事人因抵销的顺序发生争议的，人民法院可以参照民法典第五百六十一条的规定处理。

第五百六十一条 【债务的履行顺序】债务人在履行主债务外还应当支付利息和实现债权的有关费用，其给付不足以清偿全部债务的，除当事人另有约定外，应当按照下列顺序履行：

（一）实现债权的有关费用；

（二）利息；

（三）主债务。

司法解释及文件

⊙**《最高人民法院关于适用〈中华人民共和国民法典〉合同编通则若干问题的解释》**（2023年12月4日 法释〔2023〕13号）

第五十六条 行使抵销权的一方负担的数项债务种类相同，但是享有的债权不足以抵销全部债务，当事人因抵销的顺序发生争议的，人民法院可以参照民法典第五百六十条的规定处理。

行使抵销权的一方享有的债权不足以抵销其负担的包括主债务、利息、实现债权的有关费用在内的全部债务，当事人因抵销的顺序发生争议的，人民法院可以参照民法典第五百六十一条的规定处理。

第五百六十二条 【合同的约定解除】当事人协商一致，可以解除合同。

当事人可以约定一方解除合同的事由。解除合同的事由发生时，解除权人可以解除合同。

司法解释及文件

⊙**《最高人民法院关于适用〈中华人民共和国民法典〉合同编通则若干问题的解释》**（2023年12月4日 法释〔2023〕13号）

第五十二条 当事人就解除合同协商一致时未对合同解除后的违约责

任、结算和清理等问题作出处理，一方主张合同已经解除的，人民法院应予支持。但是，当事人另有约定的除外。

有下列情形之一的，除当事人一方另有意思表示外，人民法院可以认定合同解除：

（一）当事人一方主张行使法律规定或者合同约定的解除权，经审理认为不符合解除权行使条件但是对方同意解除；

（二）双方当事人均不符合解除权行使的条件但是均主张解除合同。

前两款情形下的违约责任、结算和清理等问题，人民法院应当依据民法典第五百六十六条、第五百六十七条和有关违约责任的规定处理。

⊙**《最高人民法院关于适用〈中华人民共和国民法典〉合同编通则若干问题的解释》**（2023 年 12 月 4 日　法释〔2023〕13 号）

第五十六条　行使抵销权的一方负担的数项债务种类相同，但是享有的债权不足以抵销全部债务，当事人因抵销的顺序发生争议的，人民法院可以参照民法典第五百六十条的规定处理。

行使抵销权的一方享有的债权不足以抵销其负担的包括主债务、利息、实现债权的有关费用在内的全部债务，当事人因抵销的顺序发生争议的，人民法院可以参照民法典第五百六十一条的规定处理。

⊙**《最高人民法院关于印发〈全国法院民商事审判工作会议纪要〉的通知》**（2019 年 11 月 8 日　法〔2019〕254 号）

47.【约定解除条件】合同约定的解除条件成就时，守约方以此为由请求解除合同的，人民法院应当审查违约方的违约程度是否显著轻微，是否影响守约方合同目的的实现，根据诚实信用原则，确定合同应否解除。违约方的违约程度显著轻微，不影响守约方合同目的的实现，守约方请求解除合同的，人民法院不予支持；反之，则依法予以支持。

第五百六十三条 【合同的法定解除】有下列情形之一的，当事人可以解除合同：

（一）因不可抗力致使不能实现合同目的；

（二）在履行期限届满前，当事人一方明确表示或者以自己的行为表明不履行主要债务；

（三）当事人一方迟延履行主要债务，经催告后在合理期限内仍未履行；

（四）当事人一方迟延履行债务或者有其他违约行为致使不能实现合同目的；

（五）法律规定的其他情形。

以持续履行的债务为内容的不定期合同，当事人可以随时解除合同，但是应当在合理期限之前通知对方。

法 律

⊙《**农村土地承包法**》（2018 年 12 月 29 日修正）

第四十二条 承包方不得单方解除土地经营权流转合同，但受让方有下列情形之一的除外：

（一）擅自改变土地的农业用途；

（二）弃耕抛荒连续两年以上；

（三）给土地造成严重损害或者严重破坏土地生态环境；

（四）其他严重违约行为。

⊙《**劳动合同法**》（2012 年 12 月 28 日修正）

第三十七条 劳动者提前三十日以书面形式通知用人单位，可以解除劳动合同。劳动者在试用期内提前三日通知用人单位，可以解除劳动合同。

⊙《**合伙企业法**》（2006 年 8 月 27 日修订）

第四十六条 合伙协议未约定合伙期限的，合伙人在不给合伙企业事

务执行造成不利影响的情况下，可以退伙，但应当提前三十日通知其他合伙人。

⊙《**海商法**》（1992年11月7日）

第八十九条　船舶在装货港开航前，托运人可以要求解除合同。但是，除合同另有约定外，托运人应当向承运人支付约定运费的一半；货物已经装船的，并应当负担装货、卸货和其他与此有关的费用。

第九十条　船舶在装货港开航前，因不可抗力或者其他不能归责于承运人和托运人的原因致使合同不能履行的，双方均可以解除合同，并互相不负赔偿责任。除合同另有约定外，运费已经支付的，承运人应当将运费退还给托运人；货物已经装船的，托运人应当承担装卸费用；已经签发提单的，托运人应当将提单退还承运人。

第九十六条　出租人应当提供约定的船舶；经承租人同意，可以更换船舶。但是，提供的船舶或者更换的船舶不符合合同约定的，承租人有权拒绝或者解除合同。

因出租人过失未提供约定的船舶致使承租人遭受损失的，出租人应当负赔偿责任。

第九十七条　出租人在约定的受载期限内未能提供船舶的，承租人有权解除合同。但是，出租人将船舶延误情况和船舶预期抵达装货港的日期通知承租人的，承租人应当自收到通知时起四十八小时内，将是否解除合同的决定通知出租人。

因出租人过失延误提供船舶致使承租人遭受损失的，出租人应当负赔偿责任。

第一百条　承租人应当提供约定的货物；经出租人同意，可以更换货物，但是，更换的货物对出租人不利的，出租人有权拒绝或者解除合同。

因未提供约定的货物致使出租人遭受损失的，承租人应当负赔偿责任。

第一百三十一条　出租人应当按照合同约定的时间交付船舶。

出租人违反前款规定的，承租人有权解除合同，出租人将船舶延误情况和船舶预期抵达交船港的日期通知承租人的，承租人应当自接到通知时起四十八小时内，将解除合同或者继续租用船舶的决定通知出租人。

因出租人过失延误提供船舶致使承租人遭受损失的，出租人应当负赔偿责任。

第一百三十二条 出租人交付船舶时，应当做到谨慎处理，使船舶适航。交付的船舶应当适于约定的用途。

出租人违反前款规定的，承租人有权解除合同，并有权要求赔偿因此遭受的损失。

第一百三十四条 承租人应当保证船舶在约定航区内的安全港口或者地点之间从事约定的海上运输。

承租人违反前款规定的，出租人有权解除合同，并有权要求赔偿因此遭受的损失。

第一百四十六条 出租人应当在合同约定的港口或者地点，按照合同约定的时间，向承租人交付船舶以及船舶证书。交船时，出租人应当做到谨慎处理，使船舶适航。交付的船舶应当适于合同约定的用途。

出租人违反前款规定的，承租人有权解除合同，并有权要求赔偿因此遭受的损失。

第一百五十八条 起拖前，因不可抗力或者其他不能归责于双方的原因致使合同不能履行的，双方均可以解除合同，并互相不负赔偿责任。除合同另有约定外，拖航费已经支付的，承拖方应当退还给被拖方。

第一百五十九条 起拖后，因不可抗力或者其他不能归责于双方的原因致使合同不能继续履行的，双方均可以解除合同，并互相不负赔偿责任。

第二百二十三条 由于被保险人的故意，未将本法第二百二十二条第一款规定的重要情况如实告知保险人的，保险人有权解除合同，并不退还保险费。合同解除前发生保险事故造成损失的，保险人不负赔偿责任。

不是由于被保险人的故意，未将本法第二百二十二条第一款规定的重要情况如实告知保险人的，保险人有权解除合同或者要求相应增加保险费。保险人解除合同的，对于合同解除前发生保险事故造成的损失，保险人应当负赔偿责任；但是，未告知或者错误告知的重要情况对保险事故的发生有影响的除外。

第二百二十六条 保险责任开始前，被保险人可以要求解除合同，但是应当向保险人支付手续费，保险人应当退还保险费。

第二百二十七条　除合同另有约定外，保险责任开始后，被保险人和保险人均不得解除合同。

根据合同约定在保险责任开始后可以解除合同的，被保险人要求解除合同，保险人有权收取自保险责任开始之日起至合同解除之日止的保险费，剩余部分予以退还；保险人要求解除合同，应当将自合同解除之日起至保险期间届满之日止的保险费退还被保险人。

第二百二十八条　虽有本法第二百二十七条规定，货物运输和船舶的航次保险，保险责任开始后，被保险人不得要求解除合同。

第二百三十条　因船舶转让而转让船舶保险合同的，应当取得保险人同意。未经保险人同意，船舶保险合同从船舶转让时起解除；船舶转让发生在航次之中的，船舶保险合同至航次终了时解除。

合同解除后，保险人应当将自合同解除之日起至保险期间届满之日止的保险费退还被保险人。

⊙《**消费者权益保护法**》(2013年10月25日修正)

第二十四条　经营者提供的商品或者服务不符合质量要求的，消费者可以依照国家规定、当事人约定退货，或者要求经营者履行更换、修理等义务。没有国家规定和当事人约定的，消费者可以自收到商品之日起七日内退货；七日后符合法定解除合同条件的，消费者可以及时退货，不符合法定解除合同条件的，可以要求经营者履行更换、修理等义务。

依照前款规定进行退货、更换、修理的，经营者应当承担运输等必要费用。

⊙《**拍卖法**》(2015年4月24日修正)

第四十三条　拍卖人认为需要对拍卖标的进行鉴定的，可以进行鉴定。

鉴定结论与委托拍卖合同载明的拍卖标的状况不相符的，拍卖人有权要求变更或者解除合同。

⊙《**保险法**》(2015年4月24日修正)

第十五条　除本法另有规定或者保险合同另有约定外，保险合同成立后，投保人可以解除合同，保险人不得解除合同。

第十六条 订立保险合同，保险人就保险标的或者被保险人的有关情况提出询问的，投保人应当如实告知。

投保人故意或者因重大过失未履行前款规定的如实告知义务，足以影响保险人决定是否同意承保或者提高保险费率的，保险人有权解除合同。

前款规定的合同解除权，自保险人知道有解除事由之日起，超过三十日不行使而消灭。自合同成立之日起超过二年的，保险人不得解除合同；发生保险事故的，保险人应当承担赔偿或者给付保险金的责任。

投保人故意不履行如实告知义务的，保险人对于合同解除前发生的保险事故，不承担赔偿或者给付保险金的责任，并不退还保险费。

投保人因重大过失未履行如实告知义务，对保险事故的发生有严重影响的，保险人对于合同解除前发生的保险事故，不承担赔偿或者给付保险金的责任，但应当退还保险费。

保险人在合同订立时已经知道投保人未如实告知的情况的，保险人不得解除合同；发生保险事故的，保险人应当承担赔偿或者给付保险金的责任。

保险事故是指保险合同约定的保险责任范围内的事故。

第二十七条 未发生保险事故，被保险人或者受益人谎称发生了保险事故，向保险人提出赔偿或者给付保险金请求的，保险人有权解除合同，并不退还保险费。

投保人、被保险人故意制造保险事故的，保险人有权解除合同，不承担赔偿或者给付保险金的责任；除本法第四十三条规定外，不退还保险费。

保险事故发生后，投保人、被保险人或者受益人以伪造、变造的有关证明、资料或者其他证据，编造虚假的事故原因或者夸大损失程度的，保险人对其虚报的部分不承担赔偿或者给付保险金的责任。

投保人、被保险人或者受益人有前三款规定行为之一，致使保险人支付保险金或者支出费用的，应当退回或者赔偿。

第三十二条 投保人申报的被保险人年龄不真实，并且其真实年龄不符合合同约定的年龄限制的，保险人可以解除合同，并按照合同约定退还保险单的现金价值。保险人行使合同解除权，适用本法第十六条第三款、第六款的规定。

投保人申报的被保险人年龄不真实，致使投保人支付的保险费少于应付保险费的，保险人有权更正并要求投保人补交保险费，或者在给付保险金时按照实付保险费与应付保险费的比例支付。

投保人申报的被保险人年龄不真实，致使投保人支付的保险费多于应付保险费的，保险人应当将多收的保险费退还投保人。

第三十七条　合同效力依照本法第三十六条规定中止的，经保险人与投保人协商并达成协议，在投保人补交保险费后，合同效力恢复。但是，自合同效力中止之日起满二年双方未达成协议的，保险人有权解除合同。

保险人依照前款规定解除合同的，应当按照合同约定退还保险单的现金价值。

第四十七条　投保人解除合同的，保险人应当自收到解除合同通知之日起三十日内，按照合同约定退还保险单的现金价值。

第五十条　货物运输保险合同和运输工具航程保险合同，保险责任开始后，合同当事人不得解除合同。

第五十一条　被保险人应当遵守国家有关消防、安全、生产操作、劳动保护等方面的规定，维护保险标的的安全。

保险人可以按照合同约定对保险标的的安全状况进行检查，及时向投保人、被保险人提出消除不安全因素和隐患的书面建议。

投保人、被保险人未按照约定履行其对保险标的的安全应尽责任的，保险人有权要求增加保险费或者解除合同。

保险人为维护保险标的的安全，经被保险人同意，可以采取安全预防措施。

第五十二条　在合同有效期内，保险标的的危险程度显著增加的，被保险人应当按照合同约定及时通知保险人，保险人可以按照合同约定增加保险费或者解除合同。保险人解除合同的，应当将已收取的保险费，按照合同约定扣除自保险责任开始之日起至合同解除之日止应收的部分后，退还投保人。

被保险人未履行前款规定的通知义务的，因保险标的的危险程度显著增加而发生的保险事故，保险人不承担赔偿保险金的责任。

第五十八条 保险标的发生部分损失的，自保险人赔偿之日起三十日内，投保人可以解除合同；除合同另有约定外，保险人也可以解除合同，但应当提前十五日通知投保人。

合同解除的，保险人应当将保险标的未受损失部分的保险费，按照合同约定扣除自保险责任开始之日起至合同解除之日止应收的部分后，退还投保人。

⊙《**旅游法**》（2018年10月26日修正）

第六十三条 旅行社招徕旅游者组团旅游，因未达到约定人数不能出团的，组团社可以解除合同。但是，境内旅游应当至少提前七日通知旅游者，出境旅游应当至少提前三十日通知旅游者。

因未达到约定人数不能出团的，组团社经征得旅游者书面同意，可以委托其他旅行社履行合同。组团社对旅游者承担责任，受委托的旅行社对组团社承担责任。旅游者不同意的，可以解除合同。

因未达到约定的成团人数解除合同的，组团社应当向旅游者退还已收取的全部费用。

第六十五条 旅游行程结束前，旅游者解除合同的，组团社应当在扣除必要的费用后，将余款退还旅游者。

第六十六条 旅游者有下列情形之一的，旅行社可以解除合同：

（一）患有传染病等疾病，可能危害其他旅游者健康和安全的；

（二）携带危害公共安全的物品且不同意交有关部门处理的；

（三）从事违法或者违反社会公德的活动的；

（四）从事严重影响其他旅游者权益的活动，且不听劝阻、不能制止的；

（五）法律规定的其他情形。

因前款规定情形解除合同的，组团社应当在扣除必要的费用后，将余款退还旅游者；给旅行社造成损失的，旅游者应当依法承担赔偿责任。

第六十七条 因不可抗力或者旅行社、履行辅助人已尽合理注意义务仍不能避免的事件，影响旅游行程的，按照下列情形处理：

（一）合同不能继续履行的，旅行社和旅游者均可以解除合同。合同不能完全履行的，旅行社经向旅游者作出说明，可以在合理范围内变更合同；旅游者不同意变更的，可以解除合同。

（二）合同解除的，组团社应当在扣除已向地接社或者履行辅助人支付且不可退还的费用后，将余款退还旅游者；合同变更的，因此增加的费用由旅游者承担，减少的费用退还旅游者。

（三）危及旅游者人身、财产安全的，旅行社应当采取相应的安全措施，因此支出的费用，由旅行社与旅游者分担。

（四）造成旅游者滞留的，旅行社应当采取相应的安置措施。因此增加的食宿费用，由旅游者承担；增加的返程费用，由旅行社与旅游者分担。

第六十八条　旅游行程中解除合同的，旅行社应当协助旅游者返回出发地或者旅游者指定的合理地点。由于旅行社或者履行辅助人的原因导致合同解除的，返程费用由旅行社承担。

⊙《**城市房地产管理法**》（2019 年 8 月 26 日修正）

第十六条　土地使用者必须按照出让合同约定，支付土地使用权出让金；未按照出让合同约定支付土地使用权出让金的，土地管理部门有权解除合同，并可以请求违约赔偿。

第十七条　土地使用者按照出让合同约定支付土地使用权出让金的，市、县人民政府土地管理部门必须按照出让合同约定，提供出让的土地；未按照出让合同约定提供出让的土地的，土地使用者有权解除合同，由土地管理部门返还土地使用权出让金，土地使用者并可以请求违约赔偿。

⊙《**企业破产法**》（2006 年 8 月 27 日）

第十八条　人民法院受理破产申请后，管理人对破产申请受理前成立而债务人和对方当事人均未履行完毕的合同有权决定解除或者继续履行，并通知对方当事人。管理人自破产申请受理之日起二个月内未通知对方当事人，或者自收到对方当事人催告之日起三十日内未答复的，视为解除合同。

管理人决定继续履行合同的，对方当事人应当履行；但是，对方当事人有权要求管理人提供担保。管理人不提供担保的，视为解除合同。

司法解释及文件

⊙《**最高人民法院关于适用〈中华人民共和国民法典〉合同编通则若干问题的解释**》（2023年12月4日　法释〔2023〕13号）

第六十一条　在以持续履行的债务为内容的定期合同中，一方不履行支付价款、租金等金钱债务，对方请求解除合同，人民法院经审理认为合同应当依法解除的，可以根据当事人的主张，参考合同主体、交易类型、市场价格变化、剩余履行期限等因素确定非违约方寻找替代交易的合理期限，并按照该期限对应的价款、租金等扣除非违约方应当支付的相应履约成本确定合同履行后可以获得的利益。

非违约方主张按照合同解除后剩余履行期限相应的价款、租金等扣除履约成本确定合同履行后可以获得的利益的，人民法院不予支持。但是，剩余履行期限少于寻找替代交易的合理期限的除外。

⊙《**最高人民法院关于审理买卖合同纠纷案件适用法律问题的解释**》（2020年12月29日修正）

第十九条　出卖人没有履行或者不当履行从给付义务，致使买受人不能实现合同目的，买受人主张解除合同的，人民法院应当根据民法典第五百六十三条第一款第四项的规定，予以支持。

第三十一条　出卖人履行交付义务后诉请买受人支付价款，买受人以出卖人违约在先为由提出异议的，人民法院应当按照下列情况分别处理：

（一）买受人拒绝支付违约金、拒绝赔偿损失或者主张出卖人应当采取减少价款等补救措施的，属于提出抗辩；

（二）买受人主张出卖人应支付违约金、赔偿损失或者要求解除合同的，应当提起反诉。

⊙《**最高人民法院关于审理商品房买卖合同纠纷案件适用法律若干问题的解释**》（2020年12月29日修正）

第九条　因房屋主体结构质量不合格不能交付使用，或者房屋交付使用后，房屋主体结构质量经核验确属不合格，买受人请求解除合同和赔偿损失的，应予支持。

第十条　因房屋质量问题严重影响正常居住使用，买受人请求解除合同和赔偿损失的，应予支持。

交付使用的房屋存在质量问题，在保修期内，出卖人应当承担修复责任；出卖人拒绝修复或者在合理期限内拖延修复的，买受人可以自行或者委托他人修复。修复费用及修复期间造成的其他损失由出卖人承担。

第十一条　根据民法典第五百六十三条的规定，出卖人迟延交付房屋或者买受人迟延支付购房款，经催告后在三个月的合理期限内仍未履行，解除权人请求解除合同的，应予支持，但当事人另有约定的除外。

法律没有规定或者当事人没有约定，经对方当事人催告后，解除权行使的合理期限为三个月。对方当事人没有催告的，解除权人自知道或者应当知道解除事由之日起一年内行使。逾期不行使的，解除权消灭。

第十五条　商品房买卖合同约定或者《城市房地产开发经营管理条例》第三十二条规定的办理不动产登记的期限届满后超过一年，由于出卖人的原因，导致买受人无法办理不动产登记，买受人请求解除合同和赔偿损失的，应予支持。

第十九条　商品房买卖合同约定，买受人以担保贷款方式付款、因当事人一方原因未能订立商品房担保贷款合同并导致商品房买卖合同不能继续履行的，对方当事人可以请求解除合同和赔偿损失。因不可归责于当事人双方的事由未能订立商品房担保贷款合同并导致商品房买卖合同不能继续履行的，当事人可以请求解除合同，出卖人应当将收受的购房款本金及其利息或者定金返还买受人。

第二十条　因商品房买卖合同被确认无效或者被撤销、解除，致使商品房担保贷款合同的目的无法实现，当事人请求解除商品房担保贷款合同的，应予支持。

⊙**《最高人民法院关于审理期货纠纷案件若干问题的规定》**（2020年12月29日修正）

第四十四条　在交割日，卖方期货公司未向期货交易所交付标准仓单，或者买方期货公司未向期货交易所账户交付足额货款，构成交割违约。

构成交割违约的，违约方应当承担违约责任；具有民法典第五百六十三条第一款第四项规定情形的，对方有权要求终止交割或者要求违约方继续交割。

征购或者竞卖失败的，应当由违约方按照交易所有关赔偿办法的规定承担赔偿责任。

⊙**《最高人民法院关于审理技术合同纠纷案件适用法律若干问题的解释》**（2020年12月29日修正）

第十五条 技术合同当事人一方迟延履行主要债务，经催告后在30日内仍未履行，另一方依据民法典第五百六十三条第一款第（三）项的规定主张解除合同的，人民法院应当予以支持。

当事人在催告通知中附有履行期限且该期限超过30日的，人民法院应当认定该履行期限为民法典第五百六十三条第一款第（三）项规定的合理期限。

第二十三条 专利申请权转让合同当事人以专利申请被驳回或者被视为撤回为由请求解除合同，该事实发生在依照专利法第十条第三款的规定办理专利申请权转让登记之前的，人民法院应当予以支持；发生在转让登记之后的，不予支持，但当事人另有约定的除外。

专利申请因专利申请权转让合同成立时即存在尚未公开的同样发明创造的在先专利申请被驳回，当事人依据民法典第五百六十三条第一款第（四）项的规定请求解除合同的，人民法院应当予以支持。

⊙**《最高人民法院关于审理旅游纠纷案件适用法律若干问题的规定》**（2020年12月29日修正）

第十条 旅游经营者将旅游业务转让给其他旅游经营者，旅游者不同意转让，请求解除旅游合同、追究旅游经营者违约责任的，人民法院应予支持。

旅游经营者擅自将其旅游业务转让给其他旅游经营者，旅游者在旅游过程中遭受损害，请求与其签订旅游合同的旅游经营者和实际提供旅游服务的旅游经营者承担连带责任的，人民法院应予支持。

⊙**《最高人民法院关于审理涉及国有土地使用权合同纠纷案件适用法律问题的解释》**（2020年12月29日修正）

第三条　经市、县人民政府批准同意以协议方式出让的土地使用权，土地使用权出让金低于订立合同时当地政府按照国家规定确定的最低价的，应当认定土地使用权出让合同约定的价格条款无效。

当事人请求按照订立合同时的市场评估价格交纳土地使用权出让金的，应予支持；受让方不同意按照市场评估价格补足，请求解除合同的，应予支持。因此造成的损失，由当事人按照过错承担责任。

第六条　受让方擅自改变土地使用权出让合同约定的土地用途，出让方请求解除合同的，应予支持。

第九条　土地使用权人作为转让方就同一出让土地使用权订立数个转让合同，在转让合同有效的情况下，受让方均要求履行合同的，按照以下情形分别处理：

（一）已经办理土地使用权变更登记手续的受让方，请求转让方履行交付土地等合同义务的，应予支持；

（二）均未办理土地使用权变更登记手续，已先行合法占有投资开发土地的受让方请求转让方履行土地使用权变更登记等合同义务的，应予支持；

（三）均未办理土地使用权变更登记手续，又未合法占有投资开发土地，先行支付土地转让款的受让方请求转让方履行交付土地和办理土地使用权变更登记等合同义务的，应予支持；

（四）合同均未履行，依法成立在先的合同受让方请求履行合同的，应予支持。

未能取得土地使用权的受让方请求解除合同、赔偿损失的，依照民法典的有关规定处理。

⊙**《最高人民法院关于审理融资租赁合同纠纷案件适用法律问题的解释》**（2020年12月29日修正）

第五条　有下列情形之一，出租人请求解除融资租赁合同的，人民法院应予支持：

（一）承租人未按照合同约定的期限和数额支付租金，符合合同约定的解除条件，经出租人催告后在合理期限内仍不支付的；

（二）合同对于欠付租金解除合同的情形没有明确约定，但承租人欠付租金达到两期以上，或者数额达到全部租金百分之十五以上，经出租人催告后在合理期限内仍不支付的；

（三）承租人违反合同约定，致使合同目的不能实现的其他情形。

第六条 因出租人的原因致使承租人无法占有、使用租赁物，承租人请求解除融资租赁合同的，人民法院应予支持。

⊙《最高人民法院关于审理城镇房屋租赁合同纠纷案件具体应用法律若干问题的解释》（2020年12月29日修正）

第五条 出租人就同一房屋订立数份租赁合同，在合同均有效的情况下，承租人均主张履行合同的，人民法院按照下列顺序确定履行合同的承租人：

（一）已经合法占有租赁房屋的；

（二）已经办理登记备案手续的；

（三）合同成立在先的。

不能取得租赁房屋的承租人请求解除合同、赔偿损失的，依照民法典的有关规定处理。

第六条 承租人擅自变动房屋建筑主体和承重结构或者扩建，在出租人要求的合理期限内仍不予恢复原状，出租人请求解除合同并要求赔偿损失的，人民法院依照民法典第七百一十一条的规定处理。

⊙《最高人民法院关于审理外商投资企业纠纷案件若干问题的规定（一）》（2020年12月29日修正）

第五条 外商投资企业股权转让合同成立后，转让方和外商投资企业不履行报批义务，经受让方催告后在合理的期限内仍未履行，受让方请求解除合同并由转让方返还其已支付的转让款、赔偿因未履行报批义务而造成的实际损失的，人民法院应予支持。

第八条 外商投资企业股权转让合同约定受让方支付转让款后转让方才办理报批手续，受让方未支付股权转让款，经转让方催告后在合理的期限内仍未履行，转让方请求解除合同并赔偿因迟延履行而造成的实际损失的，人民法院应予支持。

第十六条 外商投资企业名义股东不履行与实际投资者之间的合同，致使实际投资者不能实现合同目的，实际投资者请求解除合同并由外商投资企业名义股东承担违约责任的，人民法院应予支持。

⊙**《最高人民法院关于审理与企业改制相关的民事纠纷案件若干问题的规定》**（2020 年 12 月 29 日修正）

第二十条 企业出售合同约定的履行期限届满，一方当事人拒不履行合同，或者未完全履行合同义务，致使合同目的不能实现，对方当事人要求解除合同并要求赔偿损失的，人民法院应当予以支持。

⊙**《最高人民法院关于适用〈中华人民共和国保险法〉若干问题的解释（二）》**（2020 年 12 月 29 日修正）

第七条 保险人在保险合同成立后知道或者应当知道投保人未履行如实告知义务，仍然收取保险费，又依照保险法第十六条第二款的规定主张解除合同的，人民法院不予支持。

⊙**《最高人民法院关于审理海上保险纠纷案件若干问题的规定》**（2020 年 12 月 29 日修正）

第五条 被保险人未按照海商法第二百三十四条的规定向保险人支付约定的保险费的，保险责任开始前，保险人有权解除保险合同，但保险人已经签发保险单证的除外；保险责任开始后，保险人以被保险人未支付保险费请求解除合同的，人民法院不予支持。

第六条 保险人以被保险人违反合同约定的保证条款未立即书面通知保险人为由，要求从违反保证条款之日起解除保险合同的，人民法院应予支持。

第七条 保险人收到被保险人违反合同约定的保证条款书面通知后仍支付保险赔偿，又以被保险人违反合同约定的保证条款为由请求解除合同的，人民法院不予支持。

第八条 保险人收到被保险人违反合同约定的保证条款的书面通知

后，就修改承保条件、增加保险费等事项与被保险人协商未能达成一致的，保险合同于违反保证条款之日解除。

⊙**《最高人民法院关于印发〈全国法院民商事审判工作会议纪要〉的通知》**（2019年11月8日　法〔2019〕254号）

46.【通知解除的条件】审判实践中，部分人民法院对合同法司法解释（二）第24条的理解存在偏差，认为不论发出解除通知的一方有无解除权，只要另一方未在异议期限内以起诉方式提出异议，就判令解除合同，这不符合合同法关于合同解除权行使的有关规定。对该条的准确理解是，只有享有法定或者约定解除权的当事人才能以通知方式解除合同。不享有解除权的一方向另一方发出解除通知，另一方即便未在异议期限内提起诉讼，也不发生合同解除的效果。人民法院在审理案件时，应当审查发出解除通知的一方是否享有约定或者法定的解除权来决定合同应否解除，不能仅以受通知一方在约定或者法定的异议期限届满内未起诉这一事实就认定合同已经解除。

48.【违约方起诉解除】违约方不享有单方解除合同的权利。但是，在一些长期性合同如房屋租赁合同履行过程中，双方形成合同僵局，一概不允许违约方通过起诉的方式解除合同，有时对双方都不利。在此前提下，符合下列条件，违约方起诉请求解除合同的，人民法院依法予以支持：

（1）违约方不存在恶意违约的情形；

（2）违约方继续履行合同，对其显失公平；

（3）守约方拒绝解除合同，违反诚实信用原则。

人民法院判决解除合同的，违约方本应当承担的违约责任不能因解除合同而减少或者免除。

⊙**《最高人民法院关于印发全国法院知识产权审判工作会议关于审理技术合同纠纷案件若干问题的纪要的通知》**（2001年6月19日　法〔2001〕84号）

26.技术合同当事人一方迟延履行主要债务，经催告后在30日内仍未履行的，另一方可以依据合同法第九十四条第（三）项的规定解除合同。

当事人在催告通知中附有履行期限且该期限长于30日的，自该期限届满时，方可解除合同。

27. 有下列情形之一，使技术合同的履行成为不必要或者不可能时，当事人可以依据合同法第九十四条第（四）项的规定解除合同：

（1）因一方违约致使履行合同必备的物质条件灭失或者严重破坏，无法替代或者修复的；

（2）技术合同标的的项目或者技术因违背科学规律或者存在重大缺陷，无法达到约定的技术、经济效益指标的；

28. 专利实施许可合同和技术秘密转让合同约定按照提成支付技术使用费，受让人无正当理由不实施合同标的技术，并以此为由拒绝支付技术使用费的，让与人可以依据合同法第九十四条第（四）项的规定解除合同。

61. 专利实施许可合同让与人应当在合同有效期内维持专利权有效，但当事人另有约定的除外。

在合同有效期内，由于让与人的原因导致专利权被终止的，受让人可以依据合同法第九十四条第（四）项的规定解除合同，让与人应当承担违约责任；专利权被宣告无效的，合同终止履行，并依据专利法的有关规定处理。

公报案例

⊙张某某、徐某某诉启东市取生置业有限公司房屋买卖合同纠纷案

（《最高人民法院公报》2017 年第 9 期）

【关键词】

解除　主观目的　合同基础

【案例要旨】

当事人将特定主观目的作为合同条件或成交基础并明确约定，则该特定主观目的之客观化，属于《合同

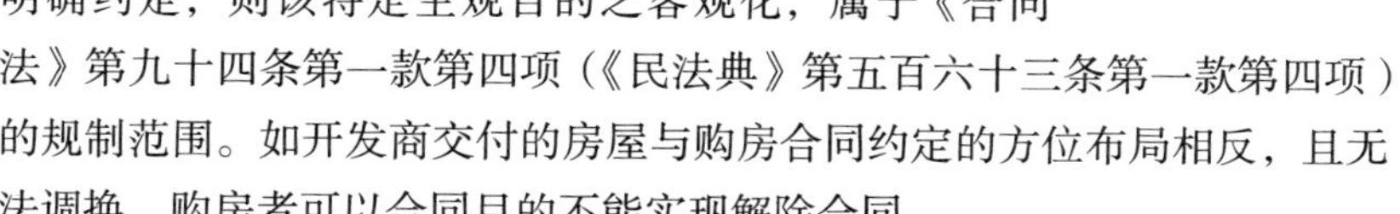

法》第九十四条第一款第四项（《民法典》第五百六十三条第一款第四项）的规制范围。如开发商交付的房屋与购房合同约定的方位布局相反，且无法调换，购房者可以合同目的不能实现解除合同。

⊙深圳富山宝实业有限公司与深圳市福星股份合作公司、深圳市宝安区福永物业发展总公司、深圳市金安城投资发展有限公司等合作开发房地产合同纠纷案（《最高人民法院公报》2011 年第 5 期）

【关键词】

合同解除　根本违约

【案例要旨】

房地产合作开发合同中，若一方当事人违反主要出资义务、开发建设义务，则可认定其为根本违约，另一方当事人可行使合同解除权。

> **第五百六十四条　【解除权行使期限】** 法律规定或者当事人约定解除权行使期限，期限届满当事人不行使的，该权利消灭。
>
> 法律没有规定或者当事人没有约定解除权行使期限，自解除权人知道或者应当知道解除事由之日起一年内不行使，或者经对方催告后在合理期限内不行使的，该权利消灭。

法　律

⊙**《民法典》（总则编）**（2020 年 5 月 28 日）

第一百九十九条　法律规定或者当事人约定的撤销权、解除权等权利的存续期间，除法律另有规定外，自权利人知道或者应当知道权利产生之日起计算，不适用有关诉讼时效中止、中断和延长的规定。存续期间届满，撤销权、解除权等权利消灭。

⊙**《保险法》**（2015 年 4 月 24 日修正）

第十六条　订立保险合同，保险人就保险标的或者被保险人的有关情况提出询问的，投保人应当如实告知。

投保人故意或者因重大过失未履行前款规定的如实告知义务，足以影响保险人决定是否同意承保或者提高保险费率的，保险人有权解除合同。

前款规定的合同解除权，自保险人知道有解除事由之日起，超过三十日不行使而消灭。自合同成立之日起超过二年的，保险人不得解除合同；发生保险事故的，保险人应当承担赔偿或者给付保险金的责任。

投保人故意不履行如实告知义务的，保险人对于合同解除前发生的保险事故，不承担赔偿或者给付保险金的责任，并不退还保险费。

投保人因重大过失未履行如实告知义务，对保险事故的发生有严重影响的，保险人对于合同解除前发生的保险事故，不承担赔偿或者给付保险金的责任，但应当退还保险费。

保险人在合同订立时已经知道投保人未如实告知的情况的，保险人不得解除合同；发生保险事故的，保险人应当承担赔偿或者给付保险金的责任。

保险事故是指保险合同约定的保险责任范围内的事故。

司法解释及文件

⊙**《最高人民法院关于适用〈中华人民共和国民法典〉时间效力的若干规定》**（2020年12月29日　法释〔2020〕15号）

第二十五条　民法典施行前成立的合同，当时的法律、司法解释没有规定且当事人没有约定解除权行使期限，对方当事人也未催告的，解除权人在民法典施行前知道或者应当知道解除事由，自民法典施行之日起一年内不行使的，人民法院应当依法认定该解除权消灭；解除权人在民法典施行后知道或者应当知道解除事由的，适用民法典第五百六十四条第二款关于解除权行使期限的规定。

⊙**《最高人民法院关于审理商品房买卖合同纠纷案件适用法律若干问题的解释》**（2020年12月29日修正）

第十一条　根据民法典第五百六十三条的规定，出卖人迟延交付房屋或者买受人迟延支付购房款，经催告后在三个月的合理期限内仍未履行，解除权人请求解除合同的，应予支持，但当事人另有约定的除外。

法律没有规定或者当事人没有约定，经对方当事人催告后，解除权行使的合理期限为三个月。对方当事人没有催告的，解除权人自知道或者应当知道解除事由之日起一年内行使。逾期不行使的，解除权消灭。

⊙**《最高人民法院关于适用〈中华人民共和国保险法〉若干问题的解释（一）》**（2009年9月21日　法释〔2009〕12号）

第五条　保险法施行前成立的保险合同，下列情形下的期间自2009年10月1日起计算：

（一）保险法施行前，保险人收到赔偿或者给付保险金的请求，保险法施行后，适用保险法第二十三条规定的三十日的；

（二）保险法施行前，保险人知道解除事由，保险法施行后，按照保险法第十六条、第三十二条的规定行使解除权，适用保险法第十六条规定的三十日的；

（三）保险法施行后，保险人按照保险法第十六条第二款的规定请求解除合同，适用保险法第十六条规定的二年的；

（四）保险法施行前，保险人收到保险标的转让通知，保险法施行后，以保险标的转让导致危险程度显著增加为由请求按照合同约定增加保险费或者解除合同，适用保险法第四十九条规定的三十日的。

公报案例

⊙**天津市滨海商贸大世界有限公司与天津市天益工贸有限公司、王某某财产权属纠纷申请再审案**（《最高人民法院公报》2013年第10期）

【关键词】

合同解除　合理期限　行使

【案例要旨】

《最高人民法院关于审理商品房买卖合同纠纷案件适用法律若干问题的解释》中关于解除权行使期限的规定仅适用于该解释所称的商品房买卖合同纠纷案件。对于其他房屋买卖合同解除权的行使期限，法律没有规定或者当事人没有约定的，应当根据《合同法》第九十五条（《民法典》第五百六十四条）的规定，在合理期限内行使。何为“合理期限”，由人民法院结合具体案情予以认定。

第五百六十五条　【解除权的行使】当事人一方依法主张解除合同的，应当通知对方。合同自通知到达对方时解除；通知载明债务人在一定期限内不履行债务则合同自动解除，债务人在该期限内未履行债务的，合同自通知载明的期限届满时解除。对方对解除合同有异议的，任何一方当事人均可以请求人民法院或者仲裁机构确认解除行为的效力。

当事人一方未通知对方，直接以提起诉讼或者申请仲裁的方式依法主张解除合同，人民法院或者仲裁机构确认该主张的，合同自起诉状副本或者仲裁申请书副本送达对方时解除。

司法解释及文件

⊙**《最高人民法院关于适用〈中华人民共和国民法典〉合同编通则若干问题的解释》**（2023 年 12 月 4 日　法释〔2023〕13 号）

第五十三条　当事人一方以通知方式解除合同，并以对方未在约定的异议期限或者其他合理期限内提出异议为由主张合同已经解除的，人民法院应当对其是否享有法律规定或者合同约定的解除权进行审查。经审查，享有解除权的，合同自通知到达对方时解除；不享有解除权的，不发生合同解除的效力。

第五十四条　当事人一方未通知对方，直接以提起诉讼的方式主张解除合同，撤诉后再次起诉主张解除合同，人民法院经审理支持该主张的，合同自再次起诉的起诉状副本送达对方时解除。但是，当事人一方撤诉后又通知对方解除合同且该通知已经到达对方的除外。

⊙**《最高人民法院关于适用〈中华人民共和国民法典〉时间效力的若干规定》**（2020 年 12 月 29 日　法释〔2020〕15 号）

第十条　民法典施行前，当事人一方未通知对方而直接以提起诉讼方式依法主张解除合同的，适用民法典第五百六十五条第二款的规定。

典型案例

⊙**孙某与某房地产公司合资、合作开发房地产合同纠纷案**（最高人民法院 2023 年 12 月 5 日发布的民法典合同编通则司法解释相关典型案例）

【裁判要点】

合同一方当事人以通知形式行使合同解除权的，须以享有法定或者约定解除权为前提。不享有解除权的一方向另一方发出解除通知，另一方即便未在合理期限内提出异议，也不发生合同解除的效力。

【简要案情】

2014 年 5 月，某房地产开发有限公司（以下简称房地产公司）与孙某签订《合作开发协议》。协议约定：房地产公司负有证照手续办理、项目招商、推广销售的义务，孙某承担全部建设资金的投入；房地产公司拟定的《项目销售整体推广方案》，应当与孙某协商并取得孙某书面认可；孙某投入 500 万元（保证金）资金后，如果销售额不足以支付工程款，孙某再投入 500 万元，如不到位按违约处理；孙某享有全权管理施工项目及承包商、施工场地权利，房地产公司支付施工方款项必须由孙某签字认可方能转款。

同年 10 月，房地产公司向孙某发出协调函，双方就第二笔 500 万元投资款是否达到支付条件产生分歧。2015 年 1 月 20 日，房地产公司向孙某发出《关于履行的通知》，告知孙某 5 日内履行合作义务，向该公司支付 500 万元投资款，否则将解除《合作开发协议》。孙某在房地产公司发出协调函后，对其中提及的需要支付的工程款并未提出异议，亦未要求该公司提供依据，并于 2015 年 1 月 23 日向该公司发送回复函，要求该公司近日内尽快推出相关楼栋销售计划并取得其签字认可，尽快择期开盘销售，并尽快按合同约定设立项目资金管理共同账户。房地产公司于 2015 年 3 月 13 日向孙某发出《解除合同告知函》，通知解除《合作开发协议》。孙某收到该函后，未对其形式和内容提出异议。2015 年 7 月 17 日，孙某函告房地产公司，请该公司严格执行双方合作协议约定，同时告知“销售已近半月，望及时通报销售进展实况”。后孙某诉至法院，要求房地产公司支付合作开发房地产收益分红总价值 3000 万元；房地产公司提出反诉，要求孙某给付违约金300万元。一审、二审法院认为，孙某收到解除通知后，未对通知的形式和内容提出异议，亦未在法律规定期限内请求人民法院或者仲裁机构确认解除合同的效力，故认定双方的合同已经解除。孙某不服二审判决，向最高人民法院申请再审。

【判决理由】

生效裁判认为，房地产公司于2015年3月13日向孙某发送《解除合同告知函》，通知解除双方签订的《合作开发协议》，但该《解除合同告知函》产生解除合同的法律效果须以该公司享有法定或者约定解除权为前提。从案涉《合作开发协议》的约定看，孙某第二次投入500万元资金附有前置条件，即房地产公司应当对案涉项目进行销售，只有在销售额不足以支付工程款时，才能要求孙某投入第二笔500万元。结合《合作开发协议》的约定，能否认定房地产公司作为守约方，享有法定解除权，应当审查该公司是否依约履行了己方合同义务。包括案涉项目何时开始销售，销售额是否足以支付工程款；房地产公司在房屋销售前后，是否按照合同约定，将《项目销售整体推广方案》报孙某审批；工程款的支付是否经由孙某签字等一系列事实。一审、二审法院未对上述涉及房地产公司是否享有法定解除权的事实进行审理，即以孙某“未在法律规定期限内请求人民法院或者仲裁机构确认解除合同的效力”为由，认定《合作开发协议》已经解除，属于认定事实不清，适用法律错误。

民事审判指导与参考案例

⊙**甲房地产公司诉乙网络科技公司服务合同纠纷案**［《民事审判指导与参考》2017年第4辑（总第72辑）］

【关键词】

合同解除　解除生效时间　起诉状副本送达

【案例要旨】

解除权为形成权，依解除权人单方意思表示即可发生合同解除的法律效果。在解除权人以通知方式行使解除权时，合同自通知到达对方时解除。解除权人直接向人民法院提起诉讼行使解除权，法院确认合同解除，解除合同的效力可自载有解除请求的起诉状副本送达对方时，发生解除合同的效力。

第五百六十六条 【解除的效力】合同解除后，尚未履行的，终止履行；已经履行的，根据履行情况和合同性质，当事人可以请求恢复原状或者采取其他补救措施，并有权请求赔偿损失。

合同因违约解除的，解除权人可以请求违约方承担违约责任，但是当事人另有约定的除外。

主合同解除后，担保人对债务人应当承担的民事责任仍应当承担担保责任，但是担保合同另有约定的除外。

法 律

⊙《**旅游法**》（2018 年 10 月 26 日修正）

第六十五条 旅游行程结束前，旅游者解除合同的，组团社应当在扣除必要的费用后，将余款退还旅游者。

第六十八条 旅游行程中解除合同的，旅行社应当协助旅游者返回出发地或者旅游者指定的合理地点。由于旅行社或者履行辅助人的原因导致合同解除的，返程费用由旅行社承担。

⊙《**保险法**》（2015 年 4 月 24 日修正）

第四十七条 投保人解除合同的，保险人应当自收到解除合同通知之日起三十日内，按照合同约定退还保险单的现金价值。

司法解释及文件

⊙《**最高人民法院关于适用〈中华人民共和国民法典〉合同编通则若干问题的解释**》（2023 年 12 月 4 日　法释〔2023〕13 号）

第五十二条 当事人就解除合同协商一致时未对合同解除后的违约责任、结算和清理等问题作出处理，一方主张合同已经解除的，人民法院应予支持。但是，当事人另有约定的除外。

有下列情形之一的，除当事人一方另有意思表示外，人民法院可以认定合同解除：

（一）当事人一方主张行使法律规定或者合同约定的解除权，经审理认为不符合解除权行使条件但是对方同意解除；

（二）双方当事人均不符合解除权行使的条件但是均主张解除合同。

前两款情形下的违约责任、结算和清理等问题，人民法院应当依据民法典第五百六十六条、第五百六十七条和有关违约责任的规定处理。

⊙**《最高人民法院关于审理旅游纠纷案件适用法律若干问题的规定》**（2020年12月29日修正）

第十二条　旅游行程开始前或者进行中，因旅游者单方解除合同，旅游者请求旅游经营者退还尚未实际发生的费用，或者旅游经营者请求旅游者支付合理费用的，人民法院应予支持。

⊙**《最高人民法院关于审理融资租赁合同纠纷案件适用法律问题的解释》**（2020年12月29日修正）

第七条　当事人在一审诉讼中仅请求解除融资租赁合同，未对租赁物的归属及损失赔偿提出主张的，人民法院可以向当事人进行释明。

⊙**《最高人民法院关于审理城镇房屋租赁合同纠纷案件具体应用法律若干问题的解释》**（2020年12月29日修正）

第八条　承租人经出租人同意装饰装修，租赁期间届满或者合同解除时，除当事人另有约定外，未形成附合的装饰装修物，可由承租人拆除。因拆除造成房屋毁损的，承租人应当恢复原状。

第九条　承租人经出租人同意装饰装修，合同解除时，双方对已形成附合的装饰装修物的处理没有约定的，人民法院按照下列情形分别处理：

（一）因出租人违约导致合同解除，承租人请求出租人赔偿剩余租赁期内装饰装修残值损失的，应予支持；

（二）因承租人违约导致合同解除，承租人请求出租人赔偿剩余租赁期内装饰装修残值损失的，不予支持。但出租人同意利用的，应在利用价值范围内予以适当补偿；

（三）因双方违约导致合同解除，剩余租赁期内的装饰装修残值损失，由双方根据各自的过错承担相应的责任；

（四）因不可归责于双方的事由导致合同解除的，剩余租赁期内的装饰装修残值损失，由双方按照公平原则分担。法律另有规定的，适用其规定。

⊙**《最高人民法院关于审理买卖合同纠纷案件适用法律问题的解释》**（2020年12月29日修正）

第二十八条 分期付款买卖合同约定出卖人在解除合同时可以扣留已受领价金，出卖人扣留的金额超过标的物使用费以及标的物受损赔偿额，买受人请求返还超过部分的，人民法院应予支持。

当事人对标的物的使用费没有约定的，人民法院可以参照当地同类标的物的租金标准确定。

⊙**《最高人民法院关于审理商品房买卖合同纠纷案件适用法律若干问题的解释》**（2020年12月29日修正）

第十九条 商品房买卖合同约定，买受人以担保贷款方式付款、因当事人一方原因未能订立商品房担保贷款合同并导致商品房买卖合同不能继续履行的，对方当事人可以请求解除合同和赔偿损失。因不可归责于当事人双方的事由未能订立商品房担保贷款合同并导致商品房买卖合同不能继续履行的，当事人可以请求解除合同，出卖人应当将收受的购房款本金及其利息或者定金返还买受人。

第二十条 因商品房买卖合同被确认无效或者被撤销、解除，致使商品房担保贷款合同的目的无法实现，当事人请求解除商品房担保贷款合同的，应予支持。

第二十一条 以担保贷款为付款方式的商品房买卖合同的当事人一方请求确认商品房买卖合同无效或者撤销、解除合同的，如果担保权人作为有独立请求权第三人提出诉讼请求，应当与商品房担保贷款合同纠纷合并审理；未提出诉讼请求的，仅处理商品房买卖合同纠纷。担保权人就商品房担保贷款合同纠纷另行起诉的，可以与商品房买卖合同纠纷合并审理。

商品房买卖合同被确认无效或者被撤销、解除后，商品房担保贷款合同也被解除的，出卖人应当将收受的购房贷款和购房款的本金及利息分别返还担保权人和买受人。

⊙**《最高人民法院关于审理外商投资企业纠纷案件若干问题的规定（一）》**（2020年12月29日修正）

第十六条　外商投资企业名义股东不履行与实际投资者之间的合同，致使实际投资者不能实现合同目的，实际投资者请求解除合同并由外商投资企业名义股东承担违约责任的，人民法院应予支持。

⊙**《最高人民法院关于印发〈全国法院民商事审判工作会议纪要〉的通知》**（2019年11月8日　法〔2019〕254号）

49.【合同解除的法律后果】合同解除时，一方依据合同中有关违约金、约定损害赔偿的计算方法、定金责任等违约责任条款的约定，请求另一方承担违约责任的，人民法院依法予以支持。

双务合同解除时人民法院的释明问题，参照本纪要第36条的相关规定处理。

公报案例

⊙**长春泰恒房屋开发有限公司与长春市规划和自然资源局国有土地使用权出让合同纠纷案**（《最高人民法院公报》2020年第6期）

【关键词】

合同解除效力　过错分担　合同解除后果

【案例要旨】

1.因国家法律、法规及政策出台导致当事人签订的合同不能履行，以致一方当事人缔约目的不能实现，该方当事人请求法院判决解除合同的，人民法院应予支持。

2.鉴于双方当事人对于合同不能履行及一方当事人缔约目的不能实现均无过错，故可依据《合同法》第九十七条（《民法典》第五百六十六条）的规定，仅判决返还已支付的价款及相应孳息，对一方当事人请求对方当事人赔偿损失的诉讼请求不予支持。

3. 对于一方当事人为履行合同而支付的契税损失，在双方当事人对于案涉合同的解除均无过错的情况下，可由双方当事人基于公平原则平均分担。

⊙**广西桂冠电力股份有限公司与广西泳臣房地产开发有限公司房屋买卖合同纠纷上诉案**（《最高人民法院公报》2010年第5期）

【关键词】

合同解除　赔偿损失　补救措施

【案例要旨】

根据《合同法》第九十七条（《民法典》第五百六十六条）规定，合同解除后，尚未履行的，终止履行，已经履行的，根据履行情况和合同性质，当事人可以请求恢复原状、采取其他补救措施，并有权要求赔偿损失。合同解除导致合同关系归于消灭，故合同解除的法律后果不表现为违约责任，而是返还不当得利、赔偿损失等形式的民事责任。

第五百六十七条　【合同终止后有关结算、清算条款的效力】 合同的权利义务关系终止，不影响合同中结算和清理条款的效力。

司法解释及文件

⊙**《最高人民法院关于适用〈中华人民共和国民法典〉合同编通则若干问题的解释》**（2023年12月4日　法释〔2023〕13号）

第五十二条　当事人就解除合同协商一致时未对合同解除后的违约责任、结算和清理等问题作出处理，一方主张合同已经解除的，人民法院应予支持。但是，当事人另有约定的除外。

有下列情形之一的，除当事人一方另有意思表示外，人民法院可以认定合同解除：

（一）当事人一方主张行使法律规定或者合同约定的解除权，经审理认为不符合解除权行使条件但是对方同意解除；

（二）双方当事人均不符合解除权行使的条件但是均主张解除合同。

前两款情形下的违约责任、结算和清理等问题，人民法院应当依据民法典第五百六十六条、第五百六十七条和有关违约责任的规定处理。

⊙**《最高人民法院关于审理买卖合同纠纷案件适用法律问题的解释》**（2020 年 12 月 29 日修正）

第二十条　买卖合同因违约而解除后，守约方主张继续适用违约金条款的，人民法院应予支持；但约定的违约金过分高于造成的损失的，人民法院可以参照民法典第五百八十五条第二款的规定处理。

⊙**《最高人民法院印发〈关于当前形势下审理民商事合同纠纷案件若干问题的指导意见〉的通知》**（2009 年 7 月 7 日　法发〔2009〕40 号）

8. 为减轻当事人诉累，妥当解决违约金纠纷，违约方以合同不成立、合同未生效、合同无效或者不构成违约进行免责抗辩而未提出违约金调整请求的，人民法院可以就当事人是否需要主张违约金过高问题进行释明。人民法院要正确确定举证责任，违约方对于违约金约定过高的主张承担举证责任，非违约方主张违约金约定合理的，亦应提供相应的证据。合同解除后，当事人主张违约金条款继续有效的，人民法院可以根据合同法第九十八条的规定进行处理。

第五百六十八条　【债务的抵销及行使】当事人互负债务，该债务的标的物种类、品质相同的，任何一方可以将自己的债务与对方的到期债务抵销；但是，根据债务性质、按照当事人约定或者依照法律规定不得抵销的除外。

当事人主张抵销的，应当通知对方。通知自到达对方时生效。抵销不得附条件或者附期限。

法 律

⊙《**证券投资基金法**》(2015 年 4 月 24 日修正)

第六条 基金财产的债权，不得与基金管理人、基金托管人固有财产的债务相抵销；不同基金财产的债权债务，不得相互抵销。

⊙《**企业破产法**》(2006 年 8 月 27 日)

第四十条 债权人在破产申请受理前对债务人负有债务的，可以向管理人主张抵销。但是，有下列情形之一的，不得抵销：

(一)债务人的债务人在破产申请受理后取得他人对债务人的债权的；

(二)债权人已知债务人有不能清偿到期债务或者破产申请的事实，对债务人负担债务的；但是，债权人因为法律规定或者有破产申请一年前所发生的原因而负担债务的除外；

(三)债务人的债务人已知债务人有不能清偿到期债务或者破产申请的事实，对债务人取得债权的；但是，债务人的债务人因为法律规定或者有破产申请一年前所发生的原因而取得债权的除外。

⊙《**合伙企业法**》(2006 年 8 月 27 日修订)

第四十一条 合伙人发生与合伙企业无关的债务，相关债权人不得以其债权抵销其对合伙企业的债务；也不得代位行使合伙人在合伙企业中的权利。

⊙《**信托法**》(2001 年 4 月 28 日)

第十八条 受托人管理运用、处分信托财产所产生的债权，不得与其固有财产产生的债务相抵销。

受托人管理运用、处分不同委托人的信托财产所产生的债权债务，不得相互抵销。

司法解释及文件

⊙《**最高人民法院关于适用〈中华人民共和国民法典〉合同编通则若干问题的解释**》(2023 年 12 月 4 日 法释〔2023〕13 号)

第五十五条 当事人一方依据民法典第五百六十八条的规定主张抵

销，人民法院经审理认为抵销权成立的，应当认定通知到达对方时双方互负的主债务、利息、违约金或者损害赔偿金等债务在同等数额内消灭。

第五十六条　行使抵销权的一方负担的数项债务种类相同，但是享有的债权不足以抵销全部债务，当事人因抵销的顺序发生争议的，人民法院可以参照民法典第五百六十条的规定处理。

行使抵销权的一方享有的债权不足以抵销其负担的包括主债务、利息、实现债权的有关费用在内的全部债务，当事人因抵销的顺序发生争议的，人民法院可以参照民法典第五百六十一条的规定处理。

第五十七条　因侵害自然人人身权益，或者故意、重大过失侵害他人财产权益产生的损害赔偿债务，侵权人主张抵销的，人民法院不予支持。

第五十八条　当事人互负债务，一方以其诉讼时效期间已经届满的债权通知对方主张抵销，对方提出诉讼时效抗辩的，人民法院对该抗辩应予支持。一方的债权诉讼时效期间已经届满，对方主张抵销的，人民法院应予支持。

⊙**《最高人民法院关于审理民事案件适用诉讼时效制度若干问题的规定》**（2020年12月29日修正）

第十一条　下列事项之一，人民法院应当认定与提起诉讼具有同等诉讼时效中断的效力：

（一）申请支付令；

（二）申请破产、申报破产债权；

（三）为主张权利而申请宣告义务人失踪或死亡；

（四）申请诉前财产保全、诉前临时禁令等诉前措施；

（五）申请强制执行；

（六）申请追加当事人或者被通知参加诉讼；

（七）在诉讼中主张抵销；

（八）其他与提起诉讼具有同等诉讼时效中断效力的事项。

⊙**《最高人民法院关于人民法院办理执行异议和复议案件若干问题的规定》**（2020年12月29日修正）

第十九条　当事人互负到期债务，被执行人请求抵销，请求抵销的债务符合下列情形的，除依照法律规定或者按照债务性质不得抵销的以外，人民法院应予支持：

（一）已经生效法律文书确定或者经申请执行人认可；

（二）与被执行人所负债务的标的物种类、品质相同。

⊙**《最高人民法院关于审理涉及农村土地承包纠纷案件适用法律问题的解释》**（2020 年 12 月 29 日修正）

第十七条 发包方或者其他组织、个人擅自截留、扣缴承包收益或者土地经营权流转收益，承包方请求返还的，应予支持。

发包方或者其他组织、个人主张抵销的，不予支持。

⊙**《最高人民法院关于适用〈中华人民共和国企业破产法〉若干问题的规定（二）》**（2020 年 12 月 29 日修正）

第四十一条 债权人依据企业破产法第四十条的规定行使抵销权，应当向管理人提出抵销主张。

管理人不得主动抵销债务人与债权人的互负债务，但抵销使债务人财产受益的除外。

第四十二条 管理人收到债权人提出的主张债务抵销的通知后，经审查无异议的，抵销自管理人收到通知之日起生效。

管理人对抵销主张有异议的，应当在约定的异议期限内或者自收到主张债务抵销的通知之日起三个月内向人民法院提起诉讼。无正当理由逾期提起的，人民法院不予支持。

人民法院判决驳回管理人提起的抵销无效诉讼请求的，该抵销自管理人收到主张债务抵销的通知之日起生效。

第四十三条 债权人主张抵销，管理人以下列理由提出异议的，人民法院不予支持：

（一）破产申请受理时，债务人对债权人负有的债务尚未到期；

（二）破产申请受理时，债权人对债务人负有的债务尚未到期；

（三）双方互负债务标的物种类、品质不同。

第四十四条 破产申请受理前六个月内，债务人有企业破产法第二条第一款规定的情形，债务人与个别债权人以抵销方式对个别债权人清偿，其抵销的债权债务属于企业破产法第四十条第（二）、（三）项规定的情形之一，管理人在破产申请受理之日起三个月内向人民法院提起诉讼，主张该抵销无效的，人民法院应予支持。

第四十五条　企业破产法第四十条所列不得抵销情形的债权人，主张以其对债务人特定财产享有优先受偿权的债权，与债务人对其不享有优先受偿权的债权抵销，债务人管理人以抵销存在企业破产法第四十条规定的情形提出异议的，人民法院不予支持。但是，用以抵销的债权大于债权人享有优先受偿权财产价值的除外。

第四十六条　债务人的股东主张以下列债务与债务人对其负有的债务抵销，债务人管理人提出异议的，人民法院应予支持：

（一）债务人股东因欠缴债务人的出资或者抽逃出资对债务人所负的债务；

（二）债务人股东滥用股东权利或者关联关系损害公司利益对债务人所负的债务。

⊙**《最高人民法院关于破产债权能否与未到位的注册资金抵销问题的复函》**（1995 年 4 月 10 日　法函〔1995〕32 号）

湖北省高级人民法院：

你院（1994）鄂经初字第 10 号请示报告收悉，经研究，答复如下：

据你院报告称：中国外运武汉公司（下称武汉公司）与香港德仓运输股份有限公司（下称香港公司）合资成立的武汉货柜有限公司（下称货柜公司），于 1989 年 3 月 7 日至 8 日曾召开董事会议，决定将注册资金由原来的 110 万美元增加到 180 万美元。1993 年 1 月 4 日又以董事会议对合资双方同意将注册资金增加到 240 万美元的《合议书》予以认可。事后，货柜公司均依规定向有关审批机构和国家工商行政管理局办理了批准、变更手续。因此，应当确认货柜公司的注册资金已变更为 240 万美元，尚未到位的资金应由出资人予以补足。货柜公司被申请破产后，武汉公司作为货柜公司的债权人同货柜公司的其他债权人享有平等的权利。为保护其他债权人的合法权益，武汉公司对货柜公司享有的破产债权不能与该公司对货柜公司未出足的注册资金相抵销。

公报案例

⊙**厦门源昌房地产开发有限公司与海南悦信集团有限公司委托合同纠纷案**（《最高人民法院公报》2019 年第 4 期）

【关键词】

债务到期　法定抵销　抵销权的行使

【案例要旨】

双方债务均已到期属于法定抵销权形成的积极条件之一。该条件不仅意味着双方债务均已届至履行期，同时还要求双方债务各自从履行期届至到诉讼时效期间届满的时间段，应当存在重合的部分。在上述时间段的重合部分，双方债权均处于没有时效等抗辩的可履行状态，"双方债务均已到期"之条件即为成就，即使此后抵销权行使之时主动债权已经超过诉讼时效，亦不影响该条件的成立。

因被动债权诉讼时效的抗辩可由当事人自主放弃，故在审查抵销权形成的积极条件时，当重点考察主动债权的诉讼时效，即主动债权的诉讼时效届满之前，被动债权进入履行期的，当认为满足双方债务均已到期之条件；反之则不得认定该条件已经成就。

抵销权的行使不同于抵销权的形成。作为形成权，抵销权的行使不受诉讼时效的限制。我国法律并未对法定抵销权的行使设置除斥期间。在法定抵销权已经有效成立的情况下，如抵销权的行使不存在不合理迟延之情形，综合实体公平及抵销权的担保功能等因素，人民法院应认可抵销的效力。

典型案例

⊙**某实业发展公司与某棉纺织品公司委托合同纠纷案**（最高人民法院 2023 年 12 月 5 日发布的民法典合同编通则司法解释相关典型案例）

【裁判要点】

据以行使抵销权的债权不足以抵销其全部债务，应当按照实现债权的有关费用、利息、主债务的顺序进行抵销。

【简要案情】

2012年6月7日，某实业发展公司与某棉纺织品公司签订《委托协议》，约定某实业发展公司委托某棉纺织品公司通过某银行向案外人某商贸公司发放贷款5000万元。该笔委托贷款后展期至2015年6月9日。某商贸公司在贷款期间所支付的利息，均已通过某棉纺织品公司支付给某实业发展公司。2015年6月2日，某商贸公司将5000万元本金归还某棉纺织品公司，但某棉纺织品公司未将该笔款项返还给某实业发展公司，形成本案诉讼。另，截至2015年12月31日，某实业发展公司欠某棉纺织品公司8296517.52元。某棉纺织品公司于2017年7月20日向某实业发展公司送达《债务抵销通知书》，提出以其对某实业发展公司享有的8296517.52元债权抵销案涉5000万元本金债务。某实业发展公司以某棉纺织品公司未及时归还所欠款项为由诉至法院，要求某棉纺织品公司归还本息。在本案一审期间，某棉纺织品公司又以抗辩的形式就该笔债权向一审法院提出抵销，并提起反诉，后主动撤回反诉。

【判决理由】

生效裁判认为，某棉纺织品公司据以行使抵销权的债权不足以抵销其对某实业发展公司负有的全部债务，参照《最高人民法院关于适用〈中华人民共和国合同法〉若干问题的解释（二）》第二十一条的规定，应当按照实现债权的有关费用、利息、主债务的顺序进行抵销，即某棉纺织品公司对某实业发展公司享有的8296517.52元债权，先用于抵销其对某实业发展公司负有的5000万元债务中的利息，然后再用于抵销本金。某棉纺织品公司有关8296517.52元先用于抵销5000万元本金的再审申请缺乏事实和法律依据，故不予支持。

适用要点

⊙ 抵销的范围与顺序

根据《全国法院民商事审判工作会议纪要》第43条的规定，双方互负的债务数额，是截至抵销条件成就之时各自负有的包括主债务、利息、违约金、赔偿金等在内的全部债务数额。行使抵销权一方享有的债权不足以抵销全部债务数额，当事人对抵销顺序又没有特别约定的，应当根据实现债权的费用、利息、主债务的顺序进行抵销。

第五百六十九条 【债务的约定抵销】当事人互负债务，标的物种类、品质不相同的，经协商一致，也可以抵销。

法　律

⊙**《企业破产法》**（2006年8月27日）

第四十条　债权人在破产申请受理前对债务人负有债务的，可以向管理人主张抵销。但是，有下列情形之一的，不得抵销：

（一）债务人的债务人在破产申请受理后取得他人对债务人的债权的；

（二）债权人已知债务人有不能清偿到期债务或者破产申请的事实，对债务人负担债务的；但是，债权人因为法律规定或者有破产申请一年前所发生的原因而负担债务的除外；

（三）债务人的债务人已知债务人有不能清偿到期债务或者破产申请的事实，对债务人取得债权的；但是，债务人的债务人因为法律规定或者有破产申请一年前所发生的原因而取得债权的除外。

司法解释及文件

⊙**《最高人民法院执行工作办公室关于上市公司发起人股份质押合同及红利抵债协议效力问题请示案的复函》**（2004年4月15日 〔2002〕执他字第22号）

江苏省高级人民法院：

你院《关于上市公司发起人以其持有的法人股在法定不得转让期内设质押担保在可转让时清偿期届满的债权其质押合同效力如何确认等两个问题的请示报告》收悉。经研究，答复如下：

一、关于本案发起人股份质押合同效力的问题，基本同意你院的第二种意见。《公司法》第 147 条规定对发起人股份转让的期间限制，应当理解为是对股权实际转让的时间的限制，而不是对达成股权转让协议的时间的限制。本案质押的股份不得转让期截止到 2002 年 3 月 3 日，而质押权行使期至 2005 年 9 月 25 日才可开始，在质押权人有权行使质押权时，该质押的股份已经没有转让期间的限制，因此不应以该股份在设定质押时依法尚不得转让为由确认质押合同无效。

二、关于本案中三方当事人达成的以股份所产生的红利抵债的协议（简称三方抵债协议），我们认为：首先，该协议性质上属于三方当事人之间的连环债务的协议抵销关系。在协议抵销的情况下，抵销的条件、标的物、范围，均由当事人自主约定。《合同法》第 100 条关于双方当事人协议抵销的规定，并不排除本案中三方当事人协议抵销的做法。其次，该协议属于预定抵销合同。根据这种合同，当事人之间将来发生可以抵销的债务时，无须另行作出抵销的意思表示，而当然发生抵销债务的效果。这种协议并不违反法律的强制性规定，应予以认可。本案中吴江工艺织造厂（以下简称织造厂）在中国服装股份有限公司（以下简称服装公司）中的预期红利收益处于不确定状态，符合这种预定抵销合同的特点。

三、关于股份质押协议与三方抵债协议的关系问题，因本案股份质押权的行使附有期限，故质押的效力只能及于质押权行使期到来（即 2005 年 9 月 25 日）之后该股份产生的红利，质押权人中国银行吴江支行（以下简称吴江支行）不能对此前的红利行使质押权。因此，对于织造厂于 2001 年 6 月 9 日从服装公司分得的该期红利，吴江支行不能以股份质押合同有效而对抗服装公司依据三方抵债协议所为的抵销。

四、织造厂在服装公司的红利一旦产生，按照三方抵债协议的约定，服装公司给付织造厂的红利即时自动抵销面料厂对服装公司的债务，不需要实际支付。因此，在宜兴市人民法院向服装公司送达协助执行通知时，被执行人织造厂在服装公司的红利债权已经消灭，不再有可供执行的债权。宜兴市人民法院从服装公司划拨红利的执行是错误的，应予纠正。

第五百七十条 【标的物提存的情形】有下列情形之一，难以履行债务的，债务人可以将标的物提存：

（一）债权人无正当理由拒绝受领；

（二）债权人下落不明；

（三）债权人死亡未确定继承人、遗产管理人，或者丧失民事行为能力未确定监护人；

（四）法律规定的其他情形。

标的物不适于提存或者提存费用过高的，债务人依法可以拍卖或者变卖标的物，提存所得的价款。

法 律

⊙《**公证法**》（2017年9月1日修正）

第十二条 根据自然人、法人或者其他组织的申请，公证机构可以办理下列事务：

（一）法律、行政法规规定由公证机构登记的事务；

（二）提存；

（三）保管遗嘱、遗产或者其他与公证事项有关的财产、物品、文书；

（四）代写与公证事项有关的法律事务文书；

（五）提供公证法律咨询。

⊙《**企业破产法**》（2006年8月27日）

第一百一十七条 对于附生效条件或者解除条件的债权，管理人应当将其分配额提存。

管理人依照前款规定提存的分配额，在最后分配公告日，生效条件未成就或者解除条件成就的，应当分配给其他债权人；在最后分配公告日，生效条件成就或者解除条件未成就的，应当交付给债权人。

第一百一十八条 债权人未受领的破产财产分配额，管理人应当提存。债权人自最后分配公告之日起满二个月仍不领取的，视为放弃受领分配的权利，管理人或者人民法院应当将提存的分配额分配给其他债权人。

第一百一十九条　破产财产分配时，对于诉讼或者仲裁未决的债权，管理人应当将其分配额提存。自破产程序终结之日起满二年仍不能受领分配的，人民法院应当将提存的分配额分配给其他债权人。

司法解释及文件

⊙《**最高人民法院关于执行和解若干问题的规定**》(2020年12月29日修正)

第七条　执行和解协议履行过程中，符合民法典第五百七十条规定情形的，债务人可以依法向有关机构申请提存；执行和解协议约定给付金钱的，债务人也可以向执行法院申请提存。

部门规章及规范性文件

⊙《**提存公证规则**》(1995年6月2日　司法部令第38号)

第五条　债务清偿期限届至，有下列情况之一使债务人无法按时给付的，公证处可以根据债务人申请依法办理提存：

（一）债权人无正当理由拒绝或延迟受领债之标的的；

（二）债权人不在债务履行地又不能到履行地受领的；

（三）债权人不清、地址不详，或失踪、死亡（消灭）其继承人不清，或无行为能力其法定代理人不清的。

第六条　有下列情况之一的，公证处可以根据当事人申请办理提存公证：

（一）债的双方在合同（协议）中约定以提存方式给付的；

（二）为了保护债权人利益，保证人、抵押人或质权人请求将担保物（金）或其替代物提存的；

当事人申办前款所列提存公证，必须列明提存物给付条件，公证处应按提存人所附条件给付提存标的物。

第七条　下列标的物可以提存：

（一）货币；

（二）有价证券、票据、提单、权利证书；

（三）贵重物品；

（四）担保物（金）或其替代物；

（五）其他适宜提存的标的物。

第十三条 符合下列条件的，公证处应当予以提存：

（一）提存人具有行为能力，意思表示真实；

（二）提存之债真实、合法；

（三）符合本规则第五条或第六条以及第七条规定条件；

（四）提存标的与债的标的相符。

提存标的与债的标的不符或在提存时难以判明两者是否相符的，公证处应告知提存人如提存受领人因此原因拒绝受领提存物则不能产生提存的效力。提存人仍要求提存的，公证处可以办理提存公证，并记载上述条件。

不符合前两款规定的，公证处应当拒绝办理提存公证，并告知申请人对拒绝公证不服的复议程序。

第五百七十一条 【提存成立】债务人将标的物或者将标的物依法拍卖、变卖所得价款交付提存部门时，提存成立。

提存成立的，视为债务人在其提存范围内已经交付标的物。

第五百七十二条 【提存后的通知】标的物提存后，债务人应当及时通知债权人或者债权人的继承人、遗产管理人、监护人、财产代管人。

部门规章及规范性文件

⊙《**提存公证规则**》（1995年6月2日　司法部令第38号）

第十八条 提存人应将提存事实及时通知提存受领人。

以清偿为目的的提存或提存人通知有困难的，公证处应自提存之日起七日内，以书面形式通知提存受领人，告知其领取提存物的时间、期限、地点、方法。

提存受领人不清或下落不明、地址不详无法送达通知的，公证处应自提存之日起六十日内，以公告方式通知。公告应刊登在国家或债权人在国内住所地的法制报刊上，公告应在一个月内在同一报刊刊登三次。

第五百七十三条　【提存的效力】标的物提存后，毁损、灭失的风险由债权人承担。提存期间，标的物的孳息归债权人所有。提存费用由债权人负担。

部门规章及规范性文件

⊙**《提存公证规则》**（1995年6月2日　司法部令第38号）

第三条　以清偿为目的的提存公证具有债的消灭和债之标的物风险责任转移的法律效力。

以担保为目的的提存公证具有保证债务履行和替代其他担保形式的法律效力。

不符合法定条件的提存或提存人取回提存标的的，不具有提存公证的法律效力。

第十七条　公证处应当从提存之日起三日内出具提存公证书。提存之债从提存之日即告清偿。

第二十二条　提存物在提存期间所产生的孳息归提存受领人所有。提存人取回提存物的，孳息归提存人所有。

提存的存款单、有价证券、奖券需要领息、承兑、领奖的，公证处应当代为承兑或领取，所获得的本金和孳息在不改变用途的前提下，按不损害提存受领人利益的原则处理。无法按原用途使用的，应以货币形式存入提存账户。

定期存款到期的，原则上按原来期限将本金和利息一并转存。股息红利除用于支付有关的费用外，剩余部分应当存入提存专用账户。

提存的不动产或其他物品的收益，除用于维护费用外剩余部分应当存入提存账户。

第二十七条 公证处不得挪用提存标的。公证处或公证人员挪用提存标的的，除应负相应的赔偿责任外，对直接责任人员要追究行政或刑事责任。

提存期间，提存物毁损灭失的风险责任由提存受领人负担；但因公证处过错造成毁损、灭失的，公证处负有赔偿责任。

公民、法人以不正当手段骗取提存标的的，负有赔偿责任；构成犯罪的，依法追究刑事责任。

公证处未按法定或当事人约定条件给付提存标的给当事人造成损失的，公证处负有连带赔偿责任。

第五百七十四条 【提存物的受领及受领权消灭】 债权人可以随时领取提存物。但是，债权人对债务人负有到期债务的，在债权人未履行债务或者提供担保之前，提存部门根据债务人的要求应当拒绝其领取提存物。

债权人领取提存物的权利，自提存之日起五年内不行使而消灭，提存物扣除提存费用后归国家所有。但是，债权人未履行对债务人的到期债务，或者债权人向提存部门书面表示放弃领取提存物权利的，债务人负担提存费用后有权取回提存物。

部门规章及规范性文件

⊙《**提存公证规则**》（1995年6月2日　司法部令第38号）

第十六条 提存货币的，以现金、支票交付公证处的日期或提存款划入公证处提存账户的日期为提存日期。

提存的物品需要验收的，以公证处验收合格的日期为提存日期。

提存的有价证券、提单、权利证书或无需验收的物品，以实际交付公证处的日期为提存日期。

第十九条　公证处有保管提存标的物的权利和义务。公证处应当采取适当的方法妥善保管提存标的，以防毁损、变质或灭失。

对不宜保存的、提存受领人到期不领取或超过保管期限的提存物品，公证处可以拍卖，保存其价款。

第二十条　下列物品的保管期限为六个月：

（一）不适于长期保管或长期保管将损害其价值的；

（二）六个月的保管费用超过物品价值 5 %的。

第二十一条　从提存之日起，超过二十年无人领取的提存标的物，视为无主财产；公证处应在扣除提存费用后将其余额上缴国库。

第二十三条　公证处应当按照当事人约定或法定的条件给付提存标的。本规则第六条第一项规定的以对待给付为条件的提存，在提存受领人未为对待给付之前，公证处不得给付提存标的物。

提存受领人领取提存标的物时，应提供身份证明、提存通知书或公告，以及有关债权的证明，并承担因提存所支出的费用。提存受领人负有对待给付义务的，应提供履行对待给付义务的证明。委托他人代领的，还应提供有效的授权委托书。由其继承人领取的，应当提交继承公证书或其他有效的法律文书。

第二十四条　因债权的转让、抵销等原因需要由第三人领取提存标的物的，该第三人应当提供已取得提存之债债权的有效法律文书。

第二十五条　除当事人另有约定外，提存费用由提存受领人承担。

提存费用包括：提存公证费、公告费、邮电费、保管费、评估鉴定费、代管费、拍卖变卖费、保险费，以及为保管、处理、运输提存标的物所支出的其他费用。

提存受领人未支付提存费用前，公证处有权留置价值相当的提存标的物。

第二十六条　提存人可以凭人民法院生效的判决、裁定或提存之债已经清偿的公证证明取回提存物。

提存受领人以书面形式向公证处表示抛弃提存受领权的，提存人得取回提存物。

提存人取回提存物的，视为未提存。因此产生的费用由提存人承担。提存人未支付提存费用前，公证处有权留置价值相当的提存标的。

第五百七十五条 【免除的效力】债权人免除债务人部分或者全部债务的，债权债务部分或者全部终止，但是债务人在合理期限内拒绝的除外。

第五百七十六条 【混同的效力】债权和债务同归于一人的，债权债务终止，但是损害第三人利益的除外。

第八章　违约责任

第五百七十七条 【违约责任】当事人一方不履行合同义务或者履行合同义务不符合约定的，应当承担继续履行、采取补救措施或者赔偿损失等违约责任。

法　律

⊙《**民法典**》(**总则编**)(2020年5月28日)

第一百七十六条　民事主体依照法律规定或者按照当事人约定，履行民事义务，承担民事责任。

第一百七十七条　二人以上依法承担按份责任，能够确定责任大小的，各自承担相应的责任；难以确定责任大小的，平均承担责任。

第一百七十八条　二人以上依法承担连带责任的，权利人有权请求部分或者全部连带责任人承担责任。

连带责任人的责任份额根据各自责任大小确定；难以确定责任大小的，平均承担责任。实际承担责任超过自己责任份额的连带责任人，有权向其他连带责任人追偿。

连带责任，由法律规定或者当事人约定。

第一百七十九条　承担民事责任的方式主要有：

（一）停止侵害；

（二）排除妨碍；

（三）消除危险；

（四）返还财产；

（五）恢复原状；

（六）修理、重作、更换；

（七）继续履行；

（八）赔偿损失；

（九）支付违约金；

（十）消除影响、恢复名誉；

（十一）赔礼道歉。

法律规定惩罚性赔偿的，依照其规定。

本条规定的承担民事责任的方式，可以单独适用，也可以合并适用。

第一百八十六条 因当事人一方的违约行为，损害对方人身权益、财产权益的，受损害方有权选择请求其承担违约责任或者侵权责任。

⊙《**证券法**》（2019年12月28日修订）

第八十四条 除依法需要披露的信息之外，信息披露义务人可以自愿披露与投资者作出价值判断和投资决策有关的信息，但不得与依法披露的信息相冲突，不得误导投资者。

发行人及其控股股东、实际控制人、董事、监事、高级管理人员等作出公开承诺的，应当披露。不履行承诺给投资者造成损失的，应当依法承担赔偿责任。

⊙《**建筑法**》（2019年4月23日修正）

第十五条 建筑工程的发包单位与承包单位应当依法订立书面合同，明确双方的权利和义务。

发包单位和承包单位应当全面履行合同约定的义务。不按照合同约定履行义务的，依法承担违约责任。

⊙《**公司法**》（2018年10月26日修正）

第二十八条 股东应当按期足额缴纳公司章程中规定的各自所认缴的出资额。股东以货币出资的，应当将货币出资足额存入有限责任公司在银行开设的账户；以非货币财产出资的，应当依法办理其财产权的转移手续。

股东不按照前款规定缴纳出资的，除应当向公司足额缴纳外，还应当向已按期足额缴纳出资的股东承担违约责任。

第八十三条 以发起设立方式设立股份有限公司的，发起人应当书面认足公司章程规定其认购的股份，并按照公司章程规定缴纳出资。以非货币财产出资的，应当依法办理其财产权的转移手续。

发起人不依照前款规定缴纳出资的，应当按照发起人协议承担违约责任。

发起人认足公司章程规定的出资后，应当选举董事会和监事会，由董事会向公司登记机关报送公司章程以及法律、行政法规规定的其他文件，申请设立登记。

⊙《**拍卖法**》（2015 年 4 月 24 日修正）

第三十九条 买受人应当按照约定支付拍卖标的的价款，未按照约定支付价款的，应当承担违约责任，或者由拍卖人征得委托人的同意，将拍卖标的再行拍卖。

拍卖标的再行拍卖的，原买受人应当支付第一次拍卖中本人及委托人应当支付的佣金。再行拍卖的价款低于原拍卖价款的，原买受人应当补足差额。

第四十条 买受人未能按照约定取得拍卖标的的，有权要求拍卖人或者委托人承担违约责任。

买受人未按照约定受领拍卖标的的，应当支付由此产生的保管费用。

⊙《**著作权法**》（2020 年 11 月 11 日修正）

第六十一条 当事人因不履行合同义务或者履行合同义务不符合约定而承担民事责任，以及当事人行使诉讼权利、申请保全等，适用有关法律的规定。

⊙《**全民所有制工业企业法**》（2009 年 8 月 27 日修正）

第五十八条 企业因生产、销售质量不合格的产品，给用户和消费者造成财产、人身损害的，应当承担赔偿责任；构成犯罪的，对直接责任人员依法追究刑事责任。

产品质量不符合经济合同约定的条件的，应当承担违约责任。

⊙《**合伙企业法**》（2006年8月27日修订）

第六十五条 有限合伙人应当按照合伙协议的约定按期足额缴纳出资；未按期足额缴纳的，应当承担补缴义务，并对其他合伙人承担违约责任。

第一百零三条 合伙人违反合伙协议的，应当依法承担违约责任。

合伙人履行合伙协议发生争议的，合伙人可以通过协商或者调解解决。不愿通过协商、调解解决或者协商、调解不成的，可以按照合伙协议约定的仲裁条款或者事后达成的书面仲裁协议，向仲裁机构申请仲裁。合伙协议中未订立仲裁条款，事后又没有达成书面仲裁协议的，可以向人民法院起诉。

⊙《**农村土地承包法**》（2018年12月29日修正）

第五十九条 当事人一方不履行合同义务或者履行义务不符合约定的，应当依法承担违约责任。

司法解释及文件

⊙《**最高人民法院关于审理食品药品纠纷案件适用法律若干问题的规定**》（2021年11月18日修正）

第五条 消费者举证证明所购买食品、药品的事实以及所购食品、药品不符合合同的约定，主张食品、药品的生产者、销售者承担违约责任的，人民法院应予支持。

消费者举证证明因食用食品或者使用药品受到损害，初步证明损害与食用食品或者使用药品存在因果关系，并请求食品、药品的生产者、销售者承担侵权责任的，人民法院应予支持，但食品、药品的生产者、销售者能证明损害不是因产品不符合质量标准造成的除外。

⊙《**最高人民法院关于审理建设工程施工合同纠纷案件适用法律问题的解释（一）**》（2020年12月29日　法释〔2020〕25号）

第十九条 当事人对建设工程的计价标准或者计价方法有约定的，按照约定结算工程价款。

因设计变更导致建设工程的工程量或者质量标准发生变化，当事人对该部分工程价款不能协商一致的，可以参照签订建设工程施工合同时当地建设行政主管部门发布的计价方法或者计价标准结算工程价款。

建设工程施工合同有效，但建设工程经竣工验收不合格的，依照民法典第五百七十七条规定处理。

⊙**《最高人民法院关于审理旅游纠纷案件适用法律若干问题的规定》**（2020年12月29日修正）

第十五条 旅游经营者违反合同约定，有擅自改变旅游行程、遗漏旅游景点、减少旅游服务项目、降低旅游服务标准等行为，旅游者请求旅游经营者赔偿未完成约定旅游服务项目等合理费用的，人民法院应予支持。

旅游经营者提供服务时有欺诈行为，旅游者依据消费者权益保护法第五十五条第一款规定请求旅游经营者承担惩罚性赔偿责任的，人民法院应予支持。

⊙**《最高人民法院关于审理融资租赁合同纠纷案件适用法律问题的解释》**（2020年12月29日修正）

第三条 承租人拒绝受领租赁物，未及时通知出租人，或者无正当理由拒绝受领租赁物，造成出租人损失，出租人向承租人主张损害赔偿的，人民法院应予支持。

⊙**《最高人民法院关于审理矿业权纠纷案件适用法律若干问题的解释》**（2020年12月29日修正）

第八条 矿业权转让合同依法成立后，转让人无正当理由拒不履行报批义务，受让人请求解除合同、返还已付转让款及利息，并由转让人承担违约责任的，人民法院应予支持。

第十一条 矿业权转让合同依法成立后、自然资源主管部门批准前，矿业权人又将矿业权转让给第三人并经自然资源主管部门批准、登记，受让人请求解除转让合同、返还已付转让款及利息，并由矿业权人承担违约责任的，人民法院应予支持。

⊙《最高人民法院关于审理与企业改制相关的民事纠纷案件若干问题的规定》（2020年12月29日修正）

第二十一条 企业出售合同约定的履行期限届满，一方当事人未完全履行合同义务，对方当事人要求继续履行合同并要求赔偿损失的，人民法院应当予以支持。双方当事人均未完全履行合同义务的，应当根据当事人的过错，确定各自应当承担的民事责任。

⊙《最高人民法院关于审理外商投资企业纠纷案件若干问题的规定（一）》（2020年12月29日修正）

第六条 外商投资企业股权转让合同成立后，转让方和外商投资企业不履行报批义务，受让方以转让方为被告、以外商投资企业为第三人提起诉讼，请求转让方与外商投资企业在一定期限内共同履行报批义务的，人民法院应予支持。受让方同时请求在转让方和外商投资企业于生效判决确定的期限内不履行报批义务时自行报批的，人民法院应予支持。

转让方和外商投资企业拒不根据人民法院生效判决确定的期限履行报批义务，受让方另行起诉，请求解除合同并赔偿损失的，人民法院应予支持。赔偿损失的范围可以包括股权的差价损失、股权收益及其他合理损失。

⊙《最高人民法院关于审理无正本提单交付货物案件适用法律若干问题的规定》（2020年12月29日修正）

第三条 承运人因无正本提单交付货物造成正本提单持有人损失的，正本提单持有人可以要求承运人承担违约责任，或者承担侵权责任。

正本提单持有人要求承运人承担无正本提单交付货物民事责任的，适用海商法规定；海商法没有规定的，适用其他法律规定。

⊙《最高人民法院关于印发〈第八次全国法院民事商事审判工作会议（民事部分）纪要〉的通知》（2016年11月21日 法〔2016〕399号）

（四）关于违约责任问题

18. 买受人请求出卖人支付逾期办证的违约金，从合同约定或者法定期限届满之次日起计算诉讼时效期间。

合同没有约定违约责任或者损失数额难以确定的，可参照《最高人民法院关于审理民间借贷案件适用法律若干问题的规定》第二十九条第二款规定处理。

⊙**《最高人民法院关于印发〈全国法院民商事审判工作会议纪要〉的通知》**（2019 年 11 月 8 日　法〔2019〕254 号）

9.【侵犯优先购买权的股权转让合同的效力】审判实践中，部分人民法院对公司法司法解释（四）第 21 条规定的理解存在偏差，往往以保护其他股东的优先购买权为由认定股权转让合同无效。准确理解该条规定，既要注意保护其他股东的优先购买权，也要注意保护股东以外的股权受让人的合法权益，正确认定有限责任公司的股东与股东以外的股权受让人订立的股权转让合同的效力。一方面，其他股东依法享有优先购买权，在其主张按照股权转让合同约定的同等条件购买股权的情况下，应当支持其诉讼请求，除非出现该条第 1 款规定的情形。另一方面，为保护股东以外的股权受让人的合法权益，股权转让合同如无其他影响合同效力的事由，应当认定有效。其他股东行使优先购买权的，虽然股东以外的股权受让人关于继续履行股权转让合同的请求不能得到支持，但不影响其依约请求转让股东承担相应的违约责任。

35.【损害赔偿】合同不成立、无效或者被撤销时，仅返还财产或者折价补偿不足以弥补损失，一方还可以向有过错的另一方请求损害赔偿。在确定损害赔偿范围时，既要根据当事人的过错程度合理确定责任，又要考虑在确定财产返还范围时已经考虑过的财产增值或者贬值因素，避免双重获利或者双重受损的现象发生。

38.【报批义务及相关违约条款独立生效】须经行政机关批准生效的合同，对报批义务及未履行报批义务的违约责任等相关内容作出专门约定的，该约定独立生效。一方因另一方不履行报批义务，请求解除合同并请求其承担合同约定的相应违约责任的，人民法院依法予以支持。

40.【判决履行报批义务后的处理】人民法院判决一方履行报批义务后，该当事人拒绝履行，经人民法院强制执行仍未履行，对方请求其承担合同违约责任的，人民法院依法予以支持。一方依据判决履行报批义务，行政机关予以批准，合同发生完全的法律效力，其请求对方履行合同的，人民法院依法予以支持；行政机关没有批准，合同不具有法律上的可履行性，一方请求解除合同的，人民法院依法予以支持。

49.【合同解除的法律后果】合同解除时，一方依据合同中有关违约金、约定损害赔偿的计算方法、定金责任等违约责任条款的约定，请求另一方承担违约责任的，人民法院依法予以支持。

双务合同解除时人民法院的释明问题，参照本纪要第36条的相关规定处理。

63.【流动质押的设立与监管人的责任】在流动质押中，经常由债权人、出质人与监管人订立三方监管协议，此时应当查明监管人究竟是受债权人的委托还是受出质人的委托监管质物，确定质物是否已经交付债权人，从而判断质权是否有效设立。如果监管人系受债权人的委托监管质物，则其是债权人的直接占有人，应当认定完成了质物交付，质权有效设立。监管人违反监管协议约定，违规向出质人放货、因保管不善导致质物毁损灭失，债权人请求监管人承担违约责任的，人民法院依法予以支持。

⊙**《最高人民法院关于合营企业起诉股东承担不履行出资义务的违约责任是否得当及合资经营合同仲裁条款是否约束合营企业的请示的复函》**（2004年12月20日　民四他字〔2004〕第41号）

山东省高级人民法院：

你院鲁高法，〔2004〕203号《关于合营企业起诉股东承担不履行出资义务的违约责任是否得当及合资经营合同仲裁条款是否约束合营企业的请示》收悉。经研究，答复如下：

根据你院请示报告认定的事实，青岛华翔精密技术有限公司（以下简称华翔公司）由青岛保税区华强国际贸易有限公司（以下简称华强公司）、日本国有限会社北条理化学研究所及日本国竹内铁工株式会社三方共同出资设立。合营企业成立后，华强公司将其在合营企业占有的35%股权全部转让给了青岛华强达工贸有限公司（以下简称华强达公司）。由于华强达公司未履行出资义务，合营企业华翔公司直接向华强达公司提起了诉讼，要求其按照合资经营合同的约定履行出资义务或者赔偿损失。我们认为：在合营企业成立之后，合资一方未按合资经营合同履行出资义务的行为，既损害了合资他方的权益，也损害了合资经营企业的权益。在合资他方未依约对违约方提请仲裁或者诉讼的情况下，合营企业有权以自己的名义提起诉讼，要求未履行出资义务的一方股东承担民事责任。因合营企业不是合资经营合同的签约主体，未参与订立仲裁条款，因此，合资经营合同中的仲裁条款不能约束合营企业。对于本案纠纷，合营企业华翔公司未依照合资经营合同的约定提请中国国际经济贸易仲裁委员会仲裁，而是直接向合营企业所在地的青岛市中级人民法院提起诉讼并不违反相关法律规定。同样，由于华强达公司是受让华强公司在合营企业中的股份之后作为股东进入合营企业的，各方当事人在进行股权转让时未明确约定是否受合资经营合同中仲裁条款的约束，因此，合资经营合同中的仲裁条款对受让方华强达公司没有法律约束力。华强达公司以合资经营合同含有有效的仲裁条款，本案应提交仲裁的主张没有法律依据，其管辖权异议依法不能成立，应予驳回。

此复。

⊙《**最高人民法院关于“吕洪斌与浙江象山县荣宁船务公司水路货物运输合同纠纷一案有关适用法律问题的请示”的复函**》（2006年3月14日〔2005〕民四他字第48号）

湖北省高级人民法院：

你院〔2005〕鄂民四终字第41号关于吕洪斌与浙江象山县荣宁船务公司水路货物运输合同纠纷一案有关适用法律问题的请示收悉。经研究，答复如下：

本案是水路货物运输合同纠纷，应当适用《中华人民共和国合同法》（以下简称《合同法》）等有关法律以及合同的约定确定各方当事人的权利义务。

根据你院认定的事实，吕洪斌为本案的实际托运人，运单上记载的托运人南海市西樵祥安货运贸易部仅为接受吕洪斌委托与承运人中国扬子江轮船股份有限公司（以下简称扬子江公司）签订合同的人。根据合同约定适用的《国内水路货物运输规则》（以下简称《货规》）的规定，收货人有权就水路货物运单上所载货物损坏、灭失或者迟延交付所造成的损害向承运人索赔。虽然吕洪斌向武汉海事法院提供了黄永明出具的证明其代理吕洪斌收货的“证明”，法院并未予以认定，你院请示报告以及武汉海事法院民事判决中并未认定吕洪斌为涉案货物收货人的地位，亦未说明有证据证明吕洪斌因货损而产生损失，故尽管吕洪斌与承运人之间存在运输合同关系，但尚无证据证明吕洪斌对承运人具有货损请求权。你院应当在二审程序中对此事实予以查明。

在认定吕洪斌具有货损请求权的前提下，扬子江公司作为承运人签发了涉案运单，吕洪斌与扬子江公司之间存在以运单为证明的水路货物运输合同关系。作为实际完成运输任务的浙江象山县荣宁船务公司（以下简称荣宁公司）应当作为该航次水路货物运输的实际承运人。根据《合同法》以及《货规》的规定，承运人应当对运输货物发生的货损承担赔偿责任。承运人将货物运输或者部分运输委托给实际承运人履行的，承运人仍然应当对全程运输负责。故扬子江公司作为本次运输的承运人，应当对吕洪斌的货物损失承担赔偿责任。《货规》还规定：承运人与实际承运人都负有赔偿责任的，应当在该项责任范围内承担连带责任。但根据你院请示报告中认定的事实，本案货损的发生是“希望”轮全部责任所致，荣宁公司对货物发生损失无过错，不应承担赔偿责任，故要求实际承运人荣宁公司对吕洪斌的损失承担连带赔偿责任缺乏事实依据和法律依据。

此复。

指导案例

⊙徐某某诉招商银行股份有限公司上海延西支行银行卡纠纷案（指导案例169号，最高人民法院审判委员会讨论通过，2021年11月9日发布）

【关键词】

银行卡纠纷　网络盗刷　责任认定

【案例要旨】

持卡人提供证据证明他人盗用持卡人名义进行网络交易，请求发卡行承担被盗刷账户资金减少的损失赔偿责任，发卡行未提供证据证明持卡人违反信息妥善保管义务，仅以持卡人身份识别信息和交易验证信息相符为由主张不承担赔偿责任的，人民法院不予支持。

公报案例

⊙**黄某某诉美晟房产公司商品房预售合同纠纷案**（《最高人民法院公报》2006 年第 2 期）

【关键词】

违约责任 合同约定

【案例要旨】

对所购房屋显而易见的瑕疵，业主主张已经在开发商收执的《业主入住验收单》上明确提出书面异议。开发商拒不提交有业主签字的《业主入住验收单》，却以业主已经入住为由，主张业主对房屋现状认可。根据《最高人民法院关于民事诉讼证据的若干规定》，可以推定业主关于已提出异议的主张成立。

根据《合同法》第一百零七条（《民法典》第五百七十七条）规定，交付房屋不符合商品房预售合同中的约定，应由开发商向业主承担违约责任。交付房屋改变的建筑事项，无论是否经过行政机关审批或者是否符合建筑规范，均属另一法律关系，不能成为开发商不违约或者免除违约责任的理由。

第五百七十八条 【预期违约责任】当事人一方明确表示或者以自己的行为表明不履行合同义务的，对方可以在履行期限届满前请求其承担违约责任。

公 约

⊙**《联合国国际货物销售合同公约》**（1980 年 4 月 11 日订于维也纳）

第七十一条

（1）如果订立合同后，另一方当事人由于下列原因显然将不履行其大部分重要义务，一方当事人可以中止履行义务：

（a）他履行义务的能力或他的信用有严重缺陷；或

（b）他在准备履行合同或履行合同中的行为。

（2）如果卖方在上一款所述的理由明显化以前已将货物发运，他可以阻止将货物交给买方，即使买方持有其有权获得货物的单据。本款规定只与买方和卖方间对货物的权利有关。

（3）中止履行义务的一方当事人不论是在货物发运前还是发运后，都必须立即通知另一方当事人，如经另一方当事人对履行义务提供充分保证，则他必须继续履行义务。

第七十二条

（1）如果在履行合同日期之前，明显看出一方当事人将根本违反合同，另一方当事人可以宣告合同无效。

（2）如果时间许可，打算宣告合同无效的一方当事人必须向另一方当事人发出合理的通知，使他可以对履行义务提供充分保证。

（3）如果另一方当事人已声明他将不履行其义务，则上一款的规定不适用。

司法解释及文件

⊙**《最高人民法院关于执行和解若干问题的规定》**（2020年12月29日修正）

第十一条 申请执行人以被执行人一方不履行执行和解协议为由申请恢复执行，人民法院经审查，理由成立的，裁定恢复执行；有下列情形之一的，裁定不予恢复执行：

（一）执行和解协议履行完毕后申请恢复执行的；

（二）执行和解协议约定的履行期限尚未届至或者履行条件尚未成就的，但符合民法典第五百七十八条规定情形的除外；

（三）被执行人一方正在按照执行和解协议约定履行义务的；

（四）其他不符合恢复执行条件的情形。

第十九条 执行过程中，被执行人根据当事人自行达成但未提交人民法院的和解协议，或者一方当事人提交人民法院但其他当事人不予认可的和解协议，依照民事诉讼法第二百二十五条规定提出异议的，人民法院按照下列情形，分别处理：

（一）和解协议履行完毕的，裁定终结原生效法律文书的执行；

（二）和解协议约定的履行期限尚未届至或者履行条件尚未成就的，裁定中止执行，但符合民法典第五百七十八条规定情形的除外；

（三）被执行人一方正在按照和解协议约定履行义务的，裁定中止执行；

（四）被执行人不履行和解协议的，裁定驳回异议；

（五）和解协议不成立、未生效或者无效的，裁定驳回异议。

行业规定

⊙《**中国建设银行一般商业性助学贷款实施办法**》（2001年1月17日　建总发〔2001〕9号）

第三十二条　预期违约

借款人发生下列情形之一时，视为借款人以自己的行为表明不能履行借款合同的按期还款义务，建设银行有权要求借款人提供建设银行认可的新的担保，有权提前收回已发放贷款本息，有权解除借款合同：

（一）转移个人资产，以逃避债务；

（二）卷入或即将卷入重大的诉讼或仲裁程序及其他法律纠纷；

（三）借款人未履行其对建设银行的其他到期债务；

（四）在债务清偿前，借款人个人资料及家庭经济状况发生变化，未在10日内通知建设银行；

（五）足以影响借款人债务清偿能力的其他情形。

⊙《**中国建设银行个人消费额度贷款办法**》（2000年9月21日　建总发〔2000〕94号）

第三十八条　预期违约

借款人发生下列情形之一时，视为借款人以自己的行为表明不能履行借款合同的按期还款义务，建设银行有权要求借款人提供建设银行认可的新的担保，有权提前收回已发放贷款本息，有权解除借款合同：

一、转移个人资产，以逃避债务；

二、卷入或即将卷入重大的诉讼或仲裁程序及其他法律纠纷；

三、借款人未履行其对建设银行的其他到期债务；

四、在债务清偿前，借款人个人资料及家庭经济状况发生变化，未在10日内通知建设银行；

五、足以影响借款人债务清偿能力的其他情形。

第五百七十九条 【金钱债务的请求支付】当事人一方未支付价款、报酬、租金、利息，或者不履行其他金钱债务的，对方可以请求其支付。

司法解释及文件

⊙《**最高人民法院关于印发〈全国法院民商事审判工作会议纪要〉的通知**》（2019年11月8日 法〔2019〕254号）

44.【履行期届满后达成的以物抵债协议】当事人在债务履行期限届满后达成以物抵债协议，抵债物尚未交付债权人，债权人请求债务人交付的，人民法院要着重审查以物抵债协议是否存在恶意损害第三人合法权益等情形，避免虚假诉讼的发生。经审查，不存在以上情况，且无其他无效事由的，人民法院依法予以支持。

当事人在一审程序中因达成以物抵债协议申请撤回起诉的，人民法院可予准许。当事人在二审程序中申请撤回上诉的，人民法院应当告知其申请撤回起诉。当事人申请撤回起诉，经审查不损害国家利益、社会公共利益、他人合法权益的，人民法院可予准许。当事人不申请撤回起诉，请求人民法院出具调解书对以物抵债协议予以确认的，因债务人完全可以立即履行该协议，没有必要由人民法院出具调解书，故人民法院不应准许，同时应当继续对原债权债务关系进行审理。

第五百八十条　【非金钱债务实际履行责任及违约责任】当事人一方不履行非金钱债务或者履行非金钱债务不符合约定的，对方可以请求履行，但是有下列情形之一的除外：

（一）法律上或者事实上不能履行；

（二）债务的标的不适于强制履行或者履行费用过高；

（三）债权人在合理期限内未请求履行。

有前款规定的除外情形之一，致使不能实现合同目的的，人民法院或者仲裁机构可以根据当事人的请求终止合同权利义务关系，但是不影响违约责任的承担。

司法解释及文件

⊙**《最高人民法院关于适用〈中华人民共和国民法典〉合同编通则若干问题的解释》**（2023年12月4日　法释〔2023〕13号）

第五十九条　当事人一方依据民法典第五百八十条第二款的规定请求终止合同权利义务关系的，人民法院一般应当以起诉状副本送达对方的时间作为合同权利义务关系终止的时间。根据案件的具体情况，以其他时间作为合同权利义务关系终止的时间更加符合公平原则和诚信原则的，人民法院可以以该时间作为合同权利义务关系终止的时间，但是应当在裁判文书中充分说明理由。

⊙**《最高人民法院关于适用〈中华人民共和国民法典〉时间效力的若干规定》**（2020年12月29日　法释〔2020〕15号）

第十一条　民法典施行前成立的合同，当事人一方不履行非金钱债务或者履行非金钱债务不符合约定，对方可以请求履行，但是有民法典第五百八十条第一款第一项、第二项、第三项除外情形之一，致使不能实现合同目的，当事人请求终止合同权利义务关系的，适用民法典第五百八十条第二款的规定。

⊙**《最高人民法院关于印发〈全国法院民商事审判工作会议纪要〉的通知》**（2019年11月8日 法〔2019〕254号）

48.【违约方起诉解除】违约方不享有单方解除合同的权利。但是，在一些长期性合同如房屋租赁合同履行过程中，双方形成合同僵局，一概不允许违约方通过起诉的方式解除合同，有时对双方都不利。在此前提下，符合下列条件，违约方起诉请求解除合同的，人民法院依法予以支持：

（1）违约方不存在恶意违约的情形；

（2）违约方继续履行合同，对其显失公平；

（3）守约方拒绝解除合同，违反诚实信用原则。

人民法院判决解除合同的，违约方本应当承担的违约责任不能因解除合同而减少或者免除。

公报案例

⊙**新宇公司诉冯某梅商铺买卖合同纠纷案**（《最高人民法院公报》2006年第6期）

【关键词】

履行费用过高 违约 继续履行

【案例要旨】

《合同法》第一百一十条（《民法典》第五百八十条）规定，当事人一方不履行非金钱债务或者履行非金钱债务不符合约定的，对方可以要求履行，但有下列情形之一的除外：（一）法律上或者事实上不能履行；（二）债务的标的不适于强制履行或者履行费用过高；（三）债权人在合理期限内未要求履行。此条规定了不适用继续履行的几种情形，其中第二项规定的"履行费用过高"，可以根据履约成本是否超过各方所获利益来进行判断。当违约方继续履约所需的财力、物力超过合同双方基于合同履行所能获得的利益时，应该允许违约方解除合同，用赔偿损失来代替继续履行。在本案中，如果让新宇公司继续履行合同，则新宇公司必须以其6万余平方米的建筑面积来为冯玉梅的22.50平方米商铺提供服务，支付的履行费用过高；而在6

万余平方米已失去经商环境和氛围的建筑中经营22.50平方米的商铺，事实上也达不到冯玉梅要求继续履行合同的目的。一审衡平双方当事人利益，判决解除商铺买卖合同，符合法律规定，是正确的。冯玉梅关于继续履行合同的上诉理由，不能成立。

典型案例

⊙**某旅游管理公司与某村村民委员会等合同纠纷案**（最高人民法院2023年12月5日发布的民法典合同编通则司法解释相关典型案例）

【裁判要点】

当事人签订具有合作性质的长期性合同，因政策变化对当事人履行合同产生影响，但该变化不属于订立合同时无法预见的重大变化，按照变化后的政策要求予以调整亦不影响合同继续履行，且继续履行不会对当事人一方明显不公平，该当事人不能依据《民法典》第五百三十三条请求变更或者解除合同。该当事人请求终止合同权利义务关系，守约方不同意终止合同，但双方当事人丧失合作可能性导致合同目的不能实现的，属于《民法典》第五百八十条第一款第二项规定的“债务的标的不适于强制履行”，应根据违约方的请求判令终止合同权利义务关系并判决违约方承担相应的违约责任。

【简要案情】

2019年初，某村村委会、村股份经济合作社（甲方）与某旅游管理有限公司（乙方）就某村村域范围内旅游资源开发建设签订经营协议，约定经营期限50年。2019年年底，某村所在市辖区水务局将经营范围内河沟两侧划定为城市蓝线，对蓝线范围内的建设活动进行管理。2019年11月左右，某旅游管理有限公司得知河沟两侧被划定为城市蓝线。2020年5月11日，某旅游管理有限公司书面通知要求解除相关协议。经调查，经营协议确定的范围绝大部分不在蓝线范围内，且对河道治理验收合格就能对在蓝线范围内的部分地域进行开发建设。

【判决理由】

生效判决认为，双方约定就经营区域进行民宿与旅游开发建设，因流经某村村域的河道属于签订经营协议时既有的山区河道，不属于无法预见的重大变化，城市蓝线主要是根据江、河、湖、库、渠和湿地等城市地标水体来进行地域界限划定，主要是为了水体保护和控制，某旅游管理有限公司可在履行相应行政手续审批或符合政策文件的具体要求时继续进行开发活动，故城市蓝线划定不构成情势变更。某村村委会、村股份经济合作社并不存在违约行为，某旅游管理有限公司明确表示不再对经营范围进行民宿及旅游资源开发，属于违约一方。某旅游管理有限公司以某村村委会及村股份经济合作社根本违约为由要求解除合同，明确表示不再对经营范围进行民宿及旅游资源开发，某村村委会及村股份经济合作社不同意解除合同或终止合同权利义务，双方已构成合同僵局。考虑到双方合同持续履行长达 50 年，须以双方自愿且相互信赖为前提，如不允许双方权利义务终止，既不利于充分发挥土地等资源的价值利用，又不利于双方利益的平衡保护，案涉经营协议已丧失继续履行的现实可行性，合同权利义务关系应当终止。

适用要点

⊙ 履行费用过高与情势变更制度“履行基础障碍”的区别

《民法典》第 533 条规定：“合同成立后，合同的基础条件发生了当事人在订立合同时无法预见的、不属于商业风险的重大变化，继续履行合同对于当事人一方明显不公平的，受不利影响的当事人可以与对方重新协商；在合理期限内协商不成的，当事人可以请求人民法院或者仲裁机构变更或者解除合同。人民法院或者仲裁机构应当结合案件的实际情况，根据公平原则变更或者解除合同。”这里的“明显不公平”，指的是对合同“等价关系的破坏”，即使给付与对待给付关系受到影响，债务人的履行成本与通过合同获得的履行利益相较，存在严重失衡，造成合同履行困难。这里“履行基础障碍”与《民法典》第 580 条第 1 款第 2 项规定的“履行费用过高”系不同的概念，二者不可混同；且适用情势变更制度的前提条件“情势”的发生必须不可归责于当事人，如果可归责于当事人则应由其承担风险或违约责任。

第五百八十一条　【替代履行】当事人一方不履行债务或者履行债务不符合约定，根据债务的性质不得强制履行的，对方可以请求其负担由第三人替代履行的费用。

法　律

⊙**《民法典》（侵权责任编）**（2020年5月28日）

第一千二百三十四条　违反国家规定造成生态环境损害，生态环境能够修复的，国家规定的机关或者法律规定的组织有权请求侵权人在合理期限内承担修复责任。侵权人在期限内未修复的，国家规定的机关或者法律规定的组织可以自行或者委托他人进行修复，所需费用由侵权人负担。

⊙**《民事诉讼法》**（2023年9月1日修正）

第二百六十三条　对判决、裁定和其他法律文书指定的行为，被执行人未按执行通知履行的，人民法院可以强制执行或者委托有关单位或者其他人完成，费用由被执行人承担。

司法解释及文件

⊙**《最高人民法院关于适用〈中华人民共和国民事诉讼法〉的解释》**（2022年4月1日修正）

第五百零二条　代履行费用的数额由人民法院根据案件具体情况确定，并由被执行人在指定期限内预先支付。被执行人未预付的，人民法院可以对该费用强制执行。

代履行结束后，被执行人可以查阅、复制费用清单以及主要凭证。

⊙**《最高人民法院关于人民法院执行工作若干问题的规定（试行）》**（2020年12月29日修正）

44. 被执行人拒不履行生效法律文书中指定的行为的，人民法院可以强制其履行。

对于可以替代履行的行为，可以委托有关单位或他人完成，因完成上述行为发生的费用由被执行人承担。

对于只能由被执行人完成的行为，经教育，被执行人仍拒不履行的，人民法院应当按照妨害执行行为的有关规定处理。

第五百八十二条 【瑕疵履行违约责任】履行不符合约定的，应当按照当事人的约定承担违约责任。对违约责任没有约定或者约定不明确，依据本法第五百一十条的规定仍不能确定的，受损害方根据标的的性质以及损失的大小，可以合理选择请求对方承担修理、重作、更换、退货、减少价款或者报酬等违约责任。

法 律

⊙**《消费者权益保护法》**（2013 年 10 月 25 日修正）

第四十条 消费者在购买、使用商品时，其合法权益受到损害的，可以向销售者要求赔偿。销售者赔偿后，属于生产者的责任或者属于向销售者提供商品的其他销售者的责任的，销售者有权向生产者或者其他销售者追偿。

消费者或者其他受害人因商品缺陷造成人身、财产损害的，可以向销售者要求赔偿，也可以向生产者要求赔偿。属于生产者责任的，销售者赔偿后，有权向生产者追偿。属于销售者责任的，生产者赔偿后，有权向销售者追偿。

消费者在接受服务时，其合法权益受到损害的，可以向服务者要求赔偿。

第四十一条 消费者在购买、使用商品或者接受服务时，其合法权益受到损害，因原企业分立、合并的，可以向变更后承受其权利义务的企业要求赔偿。

第四十二条 使用他人营业执照的违法经营者提供商品或者服务，损害消费者合法权益的，消费者可以向其要求赔偿，也可以向营业执照的持有人要求赔偿。

第四十三条　消费者在展销会、租赁柜台购买商品或者接受服务，其合法权益受到损害的，可以向销售者或者服务者要求赔偿。展销会结束或者柜台租赁期满后，也可以向展销会的举办者、柜台的出租者要求赔偿。展销会的举办者、柜台的出租者赔偿后，有权向销售者或者服务者追偿。

第四十四条　消费者通过网络交易平台购买商品或者接受服务，其合法权益受到损害的，可以向销售者或者服务者要求赔偿。网络交易平台提供者不能提供销售者或者服务者的真实名称、地址和有效联系方式的，消费者也可以向网络交易平台提供者要求赔偿；网络交易平台提供者作出更有利于消费者的承诺的，应当履行承诺。网络交易平台提供者赔偿后，有权向销售者或者服务者追偿。

网络交易平台提供者明知或者应知销售者或者服务者利用其平台侵害消费者合法权益，未采取必要措施的，依法与该销售者或者服务者承担连带责任。

第四十五条　消费者因经营者利用虚假广告或者其他虚假宣传方式提供商品或者服务，其合法权益受到损害的，可以向经营者要求赔偿。广告经营者、发布者发布虚假广告的，消费者可以请求行政主管部门予以惩处。广告经营者、发布者不能提供经营者的真实名称、地址和有效联系方式的，应当承担赔偿责任。

广告经营者、发布者设计、制作、发布关系消费者生命健康商品或者服务的虚假广告，造成消费者损害的，应当与提供该商品或者服务的经营者承担连带责任。

社会团体或者其他组织、个人在关系消费者生命健康商品或者服务的虚假广告或者其他虚假宣传中向消费者推荐商品或者服务，造成消费者损害的，应当与提供该商品或者服务的经营者承担连带责任。

第四十八条　经营者提供商品或者服务有下列情形之一的，除本法另有规定外，应当依照其他有关法律、法规的规定，承担民事责任：

（一）商品或者服务存在缺陷的；

（二）不具备商品应当具备的使用性能而出售时未作说明的；

（三）不符合在商品或者其包装上注明采用的商品标准的；

（四）不符合商品说明、实物样品等方式表明的质量状况的；

（五）生产国家明令淘汰的商品或者销售失效、变质的商品的；

（六）销售的商品数量不足的；

（七）服务的内容和费用违反约定的；

（八）对消费者提出的修理、重作、更换、退货、补足商品数量、退还货款和服务费用或者赔偿损失的要求，故意拖延或者无理拒绝的；

（九）法律、法规规定的其他损害消费者权益的情形。

经营者对消费者未尽到安全保障义务，造成消费者损害的，应当承担侵权责任。

第五十二条 经营者提供商品或者服务，造成消费者财产损害的，应当依照法律规定或者当事人约定承担修理、重作、更换、退货、补足商品数量、退还货款和服务费用或者赔偿损失等民事责任。

第五十三条 经营者以预收款方式提供商品或者服务的，应当按照约定提供。未按照约定提供的，应当按照消费者的要求履行约定或者退回预付款；并应当承担预付款的利息、消费者必须支付的合理费用。

第五十四条 依法经有关行政部门认定为不合格的商品，消费者要求退货的，经营者应当负责退货。

司法解释及文件

⊙**《最高人民法院关于审理买卖合同纠纷案件适用法律问题的解释》**（2020年12月29日修正）

第十五条 买受人依约保留部分价款作为质量保证金，出卖人在质量保证期未及时解决质量问题而影响标的物的价值或者使用效果，出卖人主张支付该部分价款的，人民法院不予支持。

第十六条 买受人在检验期限、质量保证期、合理期限内提出质量异议，出卖人未按要求予以修理或者因情况紧急，买受人自行或者通过第三人修理标的物后，主张出卖人负担因此发生的合理费用的，人民法院应予支持。

第十七条 标的物质量不符合约定，买受人依照民法典第五百八十二条的规定要求减少价款的，人民法院应予支持。当事人主张以符合约定的标的物和实际交付的标的物按交付时的市场价值计算差价的，人民法院应予支持。

价款已经支付，买受人主张返还减价后多出部分价款的，人民法院应予支持。

⊙《**最高人民法院关于审理商品房买卖合同纠纷案件适用法律若干问题的解释**》（2020 年 12 月 29 日修正）

第十条　因房屋质量问题严重影响正常居住使用，买受人请求解除合同和赔偿损失的，应予支持。

交付使用的房屋存在质量问题，在保修期内，出卖人应当承担修复责任；出卖人拒绝修复或者在合理期限内拖延修复的，买受人可以自行或者委托他人修复。修复费用及修复期间造成的其他损失由出卖人承担。

部门规章及规范性文件

⊙《**部分商品修理更换退货责任规定**》（1995 年 8 月 25 日　国经贸〔1995〕458 号）

第三条　列入目录的产品实行谁经销谁负责三包的原则。销售者与生产者、销售者与供货者、销售者与修理者之间订立的合同，不得免除本规定的三包责任和义务。

第四条　目录中规定的指标是履行三包规定的最基本要求。国家鼓励销售者和生产者制定严于本规定的三包实施细则。

本规定不免除未列入目录产品的三包责任和销售者、生产者向消费者承诺的高于列入目录产品三包的责任。

第五条　销售者应当履行下列义务：

（一）不能保证实施三包规定的，不得销售目录所列产品；

（二）保持销售产品的质量；

（三）执行进货检查验收制度，不符合法定标识要求的，一律不准销售；

（四）产品出售时，应当开箱检验，正确调试，介绍使用维护事项、三包方式及修理单位，提供有效发票和三包凭证。

（五）妥善处理消费者的查询、投诉，并提供服务。

第六条 修理者应当履行下列义务：

（一）承担修理服务业务；

（二）维护销售者、生产者的信誉，不得使用与产品技术要求不符的元器件和零配件。认真记录故障及修理后产品质量状况，保证修理后的产品能够正常使用30日以上；

（三）保证修理费用和修理配件全部用于修理。接受销售者、生产者的监督和检查；

（四）承担因自身修理失误造的责任和损失；

（五）接受消费者有关产品修理质量的查询。

第七条 生产者应当履行下列义务：

（一）明确三包方式。生产者自行设置或者指定修理单位的，必须随产品向消费者提供三包凭证、修理单位的名单、地址、联系电话等；

（二）向负责修理的销售者、修理者提供修理技术资料、合格的修理配件，负责培训，提供修理费用。保证在产品停产后五年内继续提供符合技术要求的零配件；

（三）妥善处理消费者直接或者间接的查询，并提供服务。

第九条 产品自售出之日起7日内，发生性能故障，消费者可以选择退货、换货或修理。退货时，销售者应当按发票价格一次退清货款，然后依法向生产者、供货者追偿或者按购销合同办理。

第十条 产品自售出之日起15日内，发生性能故障，消费者可以选择换货或者修理。换货时，销售者应当免费为消费者调换同型号同规模的产品，然后依法向生产者、供货者追偿或者按购销合同办理。

第十一条 在三包有效期内，修理两次，仍不能正常使用的产品，凭修理者提供的修理记录和证明，由销售者负责为消费者免费调换同型号同规格的产品或者按本规定第十三条的规定退货，然后依法向生产者、供货者追偿或者按购销合同办理。

第十二条 在三包有效期内，因生产者未供应零配件，自送修之日起超过90日未修好的，修理者应当在修理状况中注明，销售者凭此据免费为消费者调换同型号同规格产品。然后依法向生产者、供货者追偿或者按购销合同办理。

因修理者自身原因使修理期超过 30 日的，由其免费为消费者调换同型号同规格产品。费用由修理者承担。

第十三条 在三包有效期内，符合换货条件的，销售者因无同型号同规格产品，消费者不愿调换其他型号、规格产品而要求退货的，销售者应予以退货；有同型号同规格产品，消费者不愿调换而要求退货的，销售者应当予以退货，对已使用过的商品按本规定收取折旧费。

折旧费计算自开具发票之日起至退货之日止，其中应当扣除修理占用和待修的时间。

第十四条 换货时，凡属残次产品、不合格产品或者修理过的产品均不得提供给消费者。

换货后的三包有效期自换货之日起重新计算。由销售者在发票背面加盖更换章并提供新的三包凭证或者在三包凭证背面加盖更换章。

第十五条 在三包有效期内，除因消费者使用保管不当致使产品不能正常使用外，由修理者免费修理（包括材料费和工时费）。

对应当进行三包的大件产品，修理者应当提供合理的运输费用，然后依法向生产者或者销售者追偿，或者按合同办理。

第十六条 在三包有效期内，提倡销售者、修理者、生产者上门提供三包服务。

第十七条 属下列情况之一者，不实行三包，但是可以实行收费修理：

（一）消费者因使用、维护、保管不当造成损坏的；

（二）非承担三包修理者拆动造成损坏的；

（三）无三包凭证及有效发票的；

（四）三包凭证型号与修理产品型号不符或者涂改的；

（五）因不可抗拒力造成损坏的。

第十八条 修理费用由生产者提供。修理费用指三包有效期内保证正常修理的待支费用。

第十九条 销售者负责修理的产品，生产者按照合同或者协议一次拨出费用，具体办法由产销双方商定。销售者委托或者指定修理者的，其修理费的支付形式由销售者和修理者双方合同约定。专款专用。生产者自行选择其他方式或者自行设置修理网点的，由生产者直接提供修理费用。

第二十条 生产者、销售者、修理者破产、倒闭、兼并、分立的，其三包责任按国家有关法规执行。

第二十一条 消费者因产品三包问题与销售者、修理者、生产者发生纠纷时，可以向消费者协会、质量管理协会用户委员会和其他有关组织申请调解，有关组织应当积极受理。

第二十二条 销售者、修理者、生产者未按本规定执行三包的，消费者可以向产品质量监督管理部门或者工商行政管理部门申诉，由上述部门责令其按三包规定办理。消费者也可以依法申请仲裁解决，还可以直接向人民法院起诉。

第五百八十三条 【履行义务或采取补救措施后的损失赔偿】 当事人一方不履行合同义务或者履行合同义务不符合约定的，在履行义务或者采取补救措施后，对方还有其他损失的，应当赔偿损失。

第五百八十四条 【损害赔偿的范围】 当事人一方不履行合同义务或者履行合同义务不符合约定，造成对方损失的，损失赔偿额应当相当于因违约所造成的损失，包括合同履行后可以获得的利益；但是，不得超过违约一方订立合同时预见到或者应当预见到的因违约可能造成的损失。

法　律

⊙**《食品安全法》**（2021 年 4 月 29 日修正）

第一百四十八条 消费者因不符合食品安全标准的食品受到损害的，可以向经营者要求赔偿损失，也可以向生产者要求赔偿损失。接到消费者赔偿要求的生产经营者，应当实行首负责任制，先行赔付，不得推诿；属于生产者责任的，经营者赔偿后有权向生产者追偿；属于经营者责任的，生产者赔偿后有权向经营者追偿。

生产不符合食品安全标准的食品或者经营明知是不符合食品安全标准的食品，消费者除要求赔偿损失外，还可以向生产者或者经营者要求支付价款十倍或者损失三倍的赔偿金；增加赔偿的金额不足一千元的，为一千元。但是，食品的标签、说明书存在不影响食品安全且不会对消费者造成误导的瑕疵的除外。

⊙《**消费者权益保护法**》（2013年10月25日修正）

第五十五条　经营者提供商品或者服务有欺诈行为的，应当按照消费者的要求增加赔偿其受到的损失，增加赔偿的金额为消费者购买商品的价款或者接受服务的费用的三倍；增加赔偿的金额不足五百元的，为五百元。法律另有规定的，依照其规定。

经营者明知商品或者服务存在缺陷，仍然向消费者提供，造成消费者或者其他受害人死亡或者健康严重损害的，受害人有权要求经营者依照本法第四十九条、第五十一条等法律规定赔偿损失，并有权要求所受损失二倍以下的惩罚性赔偿。

⊙《**产品质量法**》（2018年12月29日修正）

第四十条　售出的产品有下列情形之一的，销售者应当负责修理、更换、退货；给购买产品的消费者造成损失的，销售者应当赔偿损失：

（一）不具备产品应当具备的使用性能而事先未作说明的；

（二）不符合在产品或者其包装上注明采用的产品标准的；

（三）不符合以产品说明、实物样品等方式表明的质量状况的。

销售者依照前款规定负责修理、更换、退货、赔偿损失后，属于生产者的责任或者属于向销售者提供产品的其他销售者（以下简称供货者）的责任的，销售者有权向生产者、供货者追偿。

销售者未按照第一款规定给予修理、更换、退货或者赔偿损失的，由市场监督管理部门责令改正。

生产者之间，销售者之间，生产者与销售者之间订立的买卖合同、承揽合同有不同约定的，合同当事人按照合同约定执行。

第四十一条　因产品存在缺陷造成人身、缺陷产品以外的其他财产

（以下简称他人财产）损害的，生产者应当承担赔偿责任。

生产者能够证明有下列情形之一的，不承担赔偿责任：

（一）未将产品投入流通的；

（二）产品投入流通时，引起损害的缺陷尚不存在的；

（三）将产品投入流通时的科学技术水平尚不能发现缺陷的存在的。

第四十二条 由于销售者的过错使产品存在缺陷，造成人身、他人财产损害的，销售者应当承担赔偿责任。

销售者不能指明缺陷产品的生产者也不能指明缺陷产品的供货者的，销售者应当承担赔偿责任。

第四十三条 因产品存在缺陷造成人身、他人财产损害的，受害人可以向产品的生产者要求赔偿，也可以向产品的销售者要求赔偿。属于产品的生产者的责任，产品的销售者赔偿的，产品的销售者有权向产品的生产者追偿。属于产品的销售者的责任，产品的生产者赔偿的，产品的生产者有权向产品的销售者追偿。

第四十四条 因产品存在缺陷造成受害人人身伤害的，侵害人应当赔偿医疗费、治疗期间的护理费、因误工减少的收入等费用；造成残疾的，还应当支付残疾者生活自助具费、生活补助费、残疾赔偿金以及由其扶养的人所必需的生活费等费用；造成受害人死亡的，并应当支付丧葬费、死亡赔偿金以及由死者生前扶养的人所必需的生活费等费用。

因产品存在缺陷造成受害人财产损失的，侵害人应当恢复原状或者折价赔偿。受害人因此遭受其他重大损失的，侵害人应当赔偿损失。

第四十六条 本法所称缺陷，是指产品存在危及人身、他人财产安全的不合理的危险；产品有保障人体健康和人身、财产安全的国家标准、行业标准的，是指不符合该标准。

⊙《**旅游法**》（2018年10月26日修正）

第七十条 旅行社不履行包价旅游合同义务或者履行合同义务不符合约定的，应当依法承担继续履行、采取补救措施或者赔偿损失等违约责任；造成旅游者人身损害、财产损失的，应当依法承担赔偿责任。旅行社具备履行条件，经旅游者要求仍拒绝履行合同，造成旅游者人身损害、滞留等严重后果的，旅游者还可以要求旅行社支付旅游费用一倍以上三倍以下的赔偿金。

由于旅游者自身原因导致包价旅游合同不能履行或者不能按照约定履行，或者造成旅游者人身损害、财产损失的，旅行社不承担责任。

在旅游者自行安排活动期间，旅行社未尽到安全提示、救助义务的，应当对旅游者的人身损害、财产损失承担相应责任。

第七十一条　由于地接社、履行辅助人的原因导致违约的，由组团社承担责任；组团社承担责任后可以向地接社、履行辅助人追偿。

由于地接社、履行辅助人的原因造成旅游者人身损害、财产损失的，旅游者可以要求地接社、履行辅助人承担赔偿责任，也可以要求组团社承担赔偿责任；组团社承担责任后可以向地接社、履行辅助人追偿。但是，由于公共交通经营者的原因造成旅游者人身损害、财产损失的，由公共交通经营者依法承担赔偿责任，旅行社应当协助旅游者向公共交通经营者索赔。

第七十二条　旅游者在旅游活动中或者在解决纠纷时，损害旅行社、履行辅助人、旅游从业人员或者其他旅游者的合法权益的，依法承担赔偿责任。

公　约

⊙《**联合国国际货物销售合同公约**》（1980 年 4 月 11 日订于维也纳）

第七十四条　一方当事人违反合同应负的损害赔偿额，应与另一方当事人因他违反合同而遭受的包括利润在内的损失额相等。这种损害赔偿不得超过违反合同一方在订立合同时，依照他当时已知道或理应知道的事实和情况，对违反合同预料到或理应预料到的可能损失。

司法解释及文件

⊙《**最高人民法院关于适用〈中华人民共和国民法典〉合同编通则若干问题的解释**》（2023 年 12 月 4 日　法释〔2023〕13 号）

第六十条　人民法院依据民法典第五百八十四条的规定确定合同履行

后可以获得的利益时，可以在扣除非违约方为订立、履行合同支出的费用等合理成本后，按照非违约方能够获得的生产利润、经营利润或者转售利润等计算。

非违约方依法行使合同解除权并实施了替代交易，主张按照替代交易价格与合同价格的差额确定合同履行后可以获得的利益的，人民法院依法予以支持；替代交易价格明显偏离替代交易发生时当地的市场价格，违约方主张按照市场价格与合同价格的差额确定合同履行后可以获得的利益的，人民法院应予支持。

非违约方依法行使合同解除权但是未实施替代交易，主张按照违约行为发生后合理期间内合同履行地的市场价格与合同价格的差额确定合同履行后可以获得的利益的，人民法院应予支持。

第六十一条 在以持续履行的债务为内容的定期合同中，一方不履行支付价款、租金等金钱债务，对方请求解除合同，人民法院经审理认为合同应当依法解除的，可以根据当事人的主张，参考合同主体、交易类型、市场价格变化、剩余履行期限等因素确定非违约方寻找替代交易的合理期限，并按照该期限对应的价款、租金等扣除非违约方应当支付的相应履约成本确定合同履行后可以获得的利益。

非违约方主张按照合同解除后剩余履行期限相应的价款、租金等扣除履约成本确定合同履行后可以获得的利益的，人民法院不予支持。但是，剩余履行期限少于寻找替代交易的合理期限的除外。

第六十二条 非违约方在合同履行后可以获得的利益难以根据本解释第六十条、第六十一条的规定予以确定的，人民法院可以综合考虑违约方因违约获得的利益、违约方的过错程度、其他违约情节等因素，遵循公平原则和诚信原则确定。

第六十三条 在认定民法典第五百八十四条规定的“违约一方订立合同时预见到或者应当预见到的因违约可能造成的损失”时，人民法院应当根据当事人订立合同的目的，综合考虑合同主体、合同内容、交易类型、交易习惯、磋商过程等因素，按照与违约方处于相同或者类似情况的民事主体在订立合同时预见到或者应当预见到的损失予以确定。

除合同履行后可以获得的利益外，非违约方主张还有其向第三人承担违约责任应当支出的额外费用等其他因违约所造成的损失，并请求违约方赔偿，经审理认为该损失系违约一方订立合同时预见到或者应当预见到的，人民法院应予支持。

在确定违约损失赔偿额时，违约方主张扣除非违约方未采取适当措施导致的扩大损失、非违约方也有过错造成的相应损失、非违约方因违约获得的额外利益或者减少的必要支出的，人民法院依法予以支持。

⊙**《最高人民法院关于审理买卖合同纠纷案件适用法律问题的解释》**（2020 年 12 月 29 日修正）

第二十二条　买卖合同当事人一方违约造成对方损失，对方主张赔偿可得利益损失的，人民法院在确定违约责任范围时，应当根据当事人的主张，依据民法典第五百八十四条、第五百九十一条、第五百九十二条、本解释第二十三条等规定进行认定。

第二十三条　买卖合同当事人一方因对方违约而获有利益，违约方主张从损失赔偿额中扣除该部分利益的，人民法院应予支持。

⊙**《最高人民法院印发〈关于当前形势下审理民商事合同纠纷案件若干问题的指导意见〉的通知》**（2009 年 7 月 7 日　法发〔2009〕40 号）

9. 在当前市场主体违约情形比较突出的情况下，违约行为通常导致可得利益损失。根据交易的性质、合同的目的等因素，可得利益损失主要分为生产利润损失、经营利润损失和转售利润损失等类型。生产设备和原材料等买卖合同违约中，因出卖人违约而造成买受人的可得利益损失通常属于生产利润损失。承包经营、租赁经营合同以及提供服务或劳务的合同中，因一方违约造成的可得利益损失通常属于经营利润损失。先后系列买卖合同中，因原合同出卖方违约而造成其后的转售合同出售方的可得利益损失通常属于转售利润损失。

10. 人民法院在计算和认定可得利益损失时，应当综合运用可预见规则、减损规则、损益相抵规则以及过失相抵规则等，从非违约方主张的可得利益赔偿总额中扣除违约方不可预见的损失、非违约方不当扩大的损失、非违约方因违约获得的利益、非违约方亦有过失所造成的损失以及必要的交易成本。存在合同法第一百一十三条第二款规定的欺诈经营、合同法第一百一十四条第一款规定的当事人约定损害赔偿的计算方法以及因违约导致人身伤亡、精神损害等情形的，不宜适用可得利益损失赔偿规则。

11. 人民法院认定可得利益损失时应当合理分配举证责任。违约方一般应当承担非违约方没有采取合理减损措施而导致损失扩大、非违约方因违约而获得利益以及非违约方亦有过失的举证责任；非违约方应当承担其遭受的可得利益损失总额、必要的交易成本的举证责任。对于可以预见的损失，既可以由非违约方举证，也可以由人民法院根据具体情况予以裁量。

⊙**《最高人民法院关于印发〈全国法院贯彻实施民法典工作会议纪要〉的通知》**（2021年4月6日　法〔2021〕94号）

11. 民法典第五百八十五条第二款规定的损失范围应当按照民法典第五百八十四条规定确定，包括合同履行后可以获得的利益，但不得超过违约一方订立合同时预见到或者应当预见到的因违约可能造成的损失。

当事人请求人民法院增加违约金的，增加后的违约金数额以不超过民法典第五百八十四条规定的损失为限。增加违约金以后，当事人又请求对方赔偿损失的，人民法院不予支持。

当事人请求人民法院减少违约金的，人民法院应当以民法典第五百八十四条规定的损失为基础，兼顾合同的履行情况、当事人的过错程度等综合因素，根据公平原则和诚信原则予以衡量，并作出裁判。约定的违约金超过根据民法典第五百八十四条规定确定的损失的百分之三十的，一般可以认定为民法典第五百八十五条第二款规定的“过分高于造成的损失”。当事人主张约定的违约金过高请求予以适当减少的，应当承担举证责任；相对人主张违约金约定合理的，也应提供相应的证据。

公报案例

⊙喜宝集团控股有限公司诉中国农业银行股份有限公司青岛城阳支行银行结算合同纠纷案（《最高人民法院公报》2014 年第 12 期）

【关键词】

损害赔偿　数额　损失

【案例要旨】

关于损失赔偿问题，《合同法》第一百一十三条第一款（《民法典》第五百八十四条）规定，当事人一方不履行合同义务或者履行合同义务不符合约定，给对方造成损失的，损失赔偿额应当相当于因违约所造成的损失，包括合同履行后可以获得的利益，但不得超过违反合同一方订立合同时预见到或者应当预见到的因违反合同可能造成的损失。可见，原告喜宝集团可获支持的损失，应当是由于被告农行青岛城阳支行的违约行为所造成。从原告在本案中提出的索赔主张看，其索赔数额是基础交易判决执行后的余额，尽管原告提出其向基础交易债务人追偿是其采取的补救措施，与被告的行为所应承担的责任无关，但就同一款项已获生效判决支付清偿的情况下，又基于其他事由再寻求判决支付清偿，从内在逻辑上即存在其损失究竟是因何种行为所造成的问题。山东省青岛市中级人民法院认为，导致损失的直接原因在于基础交易债务人的行为，尽管本案跨境结算行为构成基础交易的条件，但结算行为本身并不必然导致损失，结算行为与损失之间缺乏客观、必然的联系。如果说，被告若作退汇处理，可能避免损失的最终发生，但根据原告在庭审质证时所作陈述，"我们是故意漏掉两个字电汇的，目的是让被告方提出查询，其中有 10–15 个工作日时间，以便给原告法定代表人到青岛考察荣星公司的真实情况"。那么，原告在申请汇款时更可以避免通过跨境结算而产生所谓的损失。原告出于规避基础交易风险的考虑，掩饰其真实意图，导致被告本着合理信赖履行结算合同，原告将最终基于基础交易产生的损失转由被告承担，有违诚实信用原则。原告的损失非被告的过错造成，被告不承担赔偿责任。

典型案例

⊙**某石材公司与某采石公司买卖合同纠纷案**（最高人民法院 2023 年 12 月 5 日发布的民法典合同编通则司法解释相关典型案例）

【裁判要点】

非违约方主张按照违约行为发生后合理期间内合同履行地的市场价格与合同价格的差额确定合同履行后可以获得的利益的，人民法院依法予以支持。

【简要案情】

某石材公司与某采石公司签订《大理石方料买卖合同》，约定自某采石公司在某石材公司具备生产能力后前两年每月保证供应石料 1200 立方米至 1500 立方米。合同约定的大理石方料收方价格根据体积大小，主要有两类售价：每立方米 350 元和每立方米 300 元。自 2011 年 7 月至 2011 年 9 月，某采石公司向某石材公司供应了部分石料，但此后某采石公司未向某石材公司供货，某石材公司遂起诉主张某采石公司承担未按照合同供货的违约损失。某采石公司提供的评估报告显示荒料单价为每立方米 715.64 元。

【判决理由】

生效裁判认为，某采石公司提供的评估报告显示的石材荒料单价每立方米 715.64 元，是某石材公司在某采石公司违约后如采取替代交易的方法再购得每立方米同等质量的石料所需要支出的费用。以该价格扣除合同约定的供货价每立方米 350 元，即某石材公司受到的单位损失。

第五百八十五条 【违约金】当事人可以约定一方违约时应当根据违约情况向对方支付一定数额的违约金，也可以约定因违约产生的损失赔偿额的计算方法。

约定的违约金低于造成的损失的，人民法院或者仲裁机构可以根据当事人的请求予以增加；约定的违约金过分高于造成的损失的，人民法院或者仲裁机构可以根据当事人的请求予以适当减少。

当事人就迟延履行约定违约金的，违约方支付违约金后，还应当履行债务。

司法解释及文件

⊙**《最高人民法院关于适用〈中华人民共和国民法典〉合同编通则若干问题的解释》**（2023年12月4日　法释〔2023〕13号）

第六十四条　当事人一方通过反诉或者抗辩的方式，请求调整违约金的，人民法院依法予以支持。

违约方主张约定的违约金过分高于违约造成的损失，请求予以适当减少的，应当承担举证责任。非违约方主张约定的违约金合理的，也应当提供相应的证据。

当事人仅以合同约定不得对违约金进行调整为由主张不予调整违约金的，人民法院不予支持。

第六十五条　当事人主张约定的违约金过分高于违约造成的损失，请求予以适当减少的，人民法院应当以民法典第五百八十四条规定的损失为基础，兼顾合同主体、交易类型、合同的履行情况、当事人的过错程度、履约背景等因素，遵循公平原则和诚信原则进行衡量，并作出裁判。

约定的违约金超过造成损失的百分之三十的，人民法院一般可以认定为过分高于造成的损失。

恶意违约的当事人一方请求减少违约金的，人民法院一般不予支持。

第六十六条　当事人一方请求对方支付违约金，对方以合同不成立、无效、被撤销、确定不发生效力、不构成违约或者非违约方不存在损失等为由抗辩，未主张调整过高的违约金的，人民法院应当就若不支持该抗辩，当事人是否请求调整违约金进行释明。第一审人民法院认为抗辩成立且未予释明，第二审人民法院认为应当判决支付违约金的，可以直接释明，并根据当事人的请求，在当事人就是否应当调整违约金充分举证、质证、辩论后，依法判决适当减少违约金。

被告因客观原因在第一审程序中未到庭参加诉讼，但是在第二审程序中到庭参加诉讼并请求减少违约金的，第二审人民法院可以在当事人就是否应当调整违约金充分举证、质证、辩论后，依法判决适当减少违约金。

⊙《**最高人民法院关于审理民间借贷案件适用法律若干问题的规定**》（2020 年 12 月 29 日修正）

第二十九条 出借人与借款人既约定了逾期利率，又约定了违约金或者其他费用，出借人可以选择主张逾期利息、违约金或者其他费用，也可以一并主张，但是总计超过合同成立时一年期贷款市场报价利率四倍的部分，人民法院不予支持。

⊙《**最高人民法院关于审理买卖合同纠纷案件适用法律问题的解释**》（2020 年 12 月 29 日修正）

第十八条 买卖合同对付款期限作出的变更，不影响当事人关于逾期付款违约金的约定，但该违约金的起算点应当随之变更。

买卖合同约定逾期付款违约金，买受人以出卖人接受价款时未主张逾期付款违约金为由拒绝支付该违约金的，人民法院不予支持。

买卖合同约定逾期付款违约金，但对账单、还款协议等未涉及逾期付款责任，出卖人根据对账单、还款协议等主张欠款时请求买受人依约支付逾期付款违约金的，人民法院应予支持，但对账单、还款协议等明确载有本金及逾期付款利息数额或者已经变更买卖合同中关于本金、利息等约定内容的除外。

买卖合同没有约定逾期付款违约金或者该违约金的计算方法，出卖人以买受人违约为由主张赔偿逾期付款损失，违约行为发生在 2019 年 8 月 19 日之前的，人民法院可以中国人民银行同期同类人民币贷款基准利率为基础，参照逾期罚息利率标准计算；违约行为发生在 2019 年 8 月 20 日之后的，人民法院可以违约行为发生时中国人民银行授权全国银行间同业拆借中心公布的一年期贷款市场报价利率（LPR）标准为基础，加计 30—50% 计算逾期付款损失。

第二十条 买卖合同因违约而解除后，守约方主张继续适用违约金条款的，人民法院应予支持；但约定的违约金过分高于造成的损失的，人民法院可以参照民法典第五百八十五条第二款的规定处理。

第二十一条 买卖合同当事人一方以对方违约为由主张支付违约金，对方以合同不成立、合同未生效、合同无效或者不构成违约等为由进行免责抗辩而未主张调整过高的违约金的，人民法院应当就法院若不支持免责抗辩，当事人是否需要主张调整违约金进行释明。

一审法院认为免责抗辩成立且未予释明，二审法院认为应当判决支付违约金的，可以直接释明并改判。

⊙**《最高人民法院关于审理商品房买卖合同纠纷案件适用法律若干问题的解释》**（2020年12月29日修正）

第十二条 当事人以约定的违约金过高为由请求减少的，应当以违约金超过造成的损失30%为标准适当减少；当事人以约定的违约金低于造成的损失为由请求增加的，应当以违约造成的损失确定违约金数额。

⊙**《最高人民法院关于印发〈全国法院民商事审判工作会议纪要〉的通知》**（2019年11月8日 法〔2019〕254号）

50.【违约金过高标准及举证责任】认定约定违约金是否过高，一般应当以《合同法》第113条规定的损失为基础进行判断，这里的损失包括合同履行后可以获得的利益。除借款合同外的双务合同，作为对价的价款或者报酬给付之债，并非借款合同项下的还款义务，不能以受法律保护的民间借贷利率上限作为判断违约金是否过高的标准，而应当兼顾合同履行情况、当事人过错程度以及预期利益等因素综合确定。主张违约金过高的违约方应当对违约金是否过高承担举证责任。

⊙**《最高人民法院印发〈关于当前形势下审理民商事合同纠纷案件若干问题的指导意见〉的通知》**（2009年7月7日 法发〔2009〕40号）

5.现阶段由于国内宏观经济环境的变化和影响，民商事合同履行过程中违约现象比较突出。对于双方当事人在合同中所约定的过分高于违约造成损失的违约金或者极具惩罚性的违约金条款，人民法院应根据合同法第一百一十四条第二款和最高人民法院《关于适用中华人民共和国合同法若干问题的解释（二）》[以下简称《合同法解释（二）》]第二十九条等关于调整过高违约金的规定内容和精神，合理调整违约金数额，公平解决违约责任问题。

6. 在当前企业经营状况普遍较为困难的情况下，对于违约金数额过分高于违约造成损失的，应当根据合同法规定的诚实信用原则、公平原则，坚持以补偿性为主、以惩罚性为辅的违约金性质，合理调整裁量幅度，切实防止以意思自治为由而完全放任当事人约定过高的违约金。

7. 人民法院根据合同法第一百一十四条第二款调整过高违约金时，应当根据案件的具体情形，以违约造成的损失为基准，综合衡量合同履行程度、当事人的过错、预期利益、当事人缔约地位强弱、是否适用格式合同或条款等多项因素，根据公平原则和诚实信用原则予以综合权衡，避免简单地采用固定比例等“一刀切”的做法，防止机械司法而可能造成的实质不公平。

8. 为减轻当事人诉累，妥当解决违约金纠纷，违约方以合同不成立、合同未生效、合同无效或者不构成违约进行免责抗辩而未提出违约金调整请求的，人民法院可以就当事人是否需要主张违约金过高问题进行释明。人民法院要正确确定举证责任，违约方对于违约金约定过高的主张承担举证责任，非违约方主张违约金约定合理的，亦应提供相应的证据。合同解除后，当事人主张违约金条款继续有效的，人民法院可以根据合同法第九十八条的规定进行处理。

⊙**《最高人民法院执行工作办公室关于广东省高级人民法院请示的交通银行汕头分行与汕头经济特区龙湖乐园发展有限公司申请不予执行仲裁裁决案的复函》**（2003年7月30日 〔2003〕执他字第10号）

广东省高级人民法院：

你院〔2003〕粤高法47号“关于交通银行汕头分行与汕头经济特区龙湖乐园发展有限公司申请不予执行仲裁裁决一案的请示”收悉。经研究，现答复如下：

我国《合同法》第114条第2款规定：“约定的违约金低于造成的损失的，当事人可以请求人民法院或者仲裁机构予以增加；约定的违约金过分高于造成的损失的，当事人可以请求人民法院或者仲裁机构予以适当减少。”违约金由双方当事人自由约定，只要不违反法律规定和不损害第三人合法权益，国家一般不予干涉。国家认为双方当事人约定的违约金过高或者过低的，可以予以调整，但必须是基于一方当事人的请求。在本案中，交通银行汕头分行作为仲裁案件的被申请人和向汕头市中级人民法院申请不予执行仲裁裁决的申请人，始终未就违约金提出异议。依据我国《民法通则》第 112 条规定，当事人可以在合同中约定赔偿额的计算方法，本仲裁庭对本案违约金的计算和确认的数额并无不当。因此，本仲裁案的裁决不存在《民事诉讼法》第 217 条第 2 款第（5）项规定的适用法律确有错误的情形，人民法院应予执行。

此复

⊙**《最高人民法院关于"商品房买卖适用法律解释的一点咨询"问题的答复》**（2015 年 1 月 26 日）

关于对《最高人民法院关于审理商品房买卖合同纠纷案件适用法律若干问题的解释》（以下简称《解释》）第十六条与第十七条关系及部分文字表述应当如何理解的问题，我们认为：

支付违约金和赔偿损失，是当事人不履行合同义务或者履行合同义务不符合约定情形下所应当承担的违约责任的具体形式。《合同法》第一百一十二条、第一百一十三条、第一百一十四条等对如何理解损失赔偿额及当事人请求调整约定的违约金数额如何处理问题，都有较为明确的规定。《解释》正是根据立法本意，对有关问题作出详细、可操作性强的规定。

具体而言，《解释》第十六条是关于违约金数额能否进行调整以及如何对违约金数额进行调整的规定，《解释》第十七条是关于合同当事人没有约定违约金数额或者损失赔偿额计算方法时应当根据什么标准确定违约金数额或者损失赔偿额的规定。可见，这两条所要调整和解决的问题、适用范围是有所不同的。前者当事人要求调整此前双方关于违约金的约定，其内容体现了合同法关于违约金以补偿性为基础，以惩罚性为补充的特点。关于违约金和损失赔偿额计算方法问题，依据不同标准，得出的结论也会有所差异。如果当事人对此有约定，只要不违反相关法律法规，人民法院应当予以认可，即并非第十六条规定的损失计算，一定要参照第十七条规定。只有在合同当事人对此无具体约定情形，为统一认识，《解释》

第十七条规定了人民法院在审理此类纠纷时应当以何种标准作为参照系来确定违约方的责任，以弥补守约方的损失。

综上，在司法实践中，如何认定违约造成的损失，还应结合合同约定并根据个案具体情况妥善作出认定。

指导案例

⊙北京隆昌伟业贸易有限公司诉北京城建重工有限公司合同纠纷案（指导案例 166 号，最高人民法院审判委员会讨论通过，2021 年 11 月 9 日发布）

【关键词】

合同纠纷　违约金调整　诚信原则

【案例要旨】

当事人双方就债务清偿达成和解协议，约定解除财产保全措施及违约责任。一方当事人依约申请人民法院解除了保全措施后，另一方当事人违反诚实信用原则不履行和解协议，并在和解协议违约金诉讼中请求减少违约金的，人民法院不予支持。

⊙上海熊猫互娱文化有限公司诉李某某、昆山播爱游信息技术有限公司合同纠纷案（指导案例 189 号，最高人民法院审判委员会讨论通过，2022 年 12 月 8 日发布）

【关键词】

合同纠纷　违约金调整　网络主播

【案例要旨】

网络主播违反约定的排他性合作条款，未经直播平台同意在其他平台从事类似业务的，应当依法承担违约责任。网络主播主张合同约定的违约金明显过高请求予以减少的，在实际损失难以确定的情形下，人民法院可以根据网络直播行业特点，以网络主播从平台中获取的实际收益为参考基础，结合平台前期投入、平台流量、主播个体商业价值等因素合理酌定。

公报案例

⊙**周某某诉余姚绿城房地产有限公司商品房预售合同纠纷案**（《最高人民法院公报》2019 年第 12 期）

【**关键词**】

合同违约　违约金　计算标准

【**案例要旨**】

当事人约定的违约金超过损失的百分之三十的，一般可以认定为《合同法》第一百一十四条第二款（《民法典》第五百八十五条第二款）规定的“过分高于造成的损失”的规定，当事人主张约定的违约金过高请求予以适当减少的，人民法院应当以实际损失为基础，兼顾合同的约定、履行情况、当事人的过错程度以及预期利益等综合因素，根据公平原则和诚实信用原则进行考量，作出认定。

第五百八十六条　【定金】当事人可以约定一方向对方给付定金作为债权的担保。定金合同自实际交付定金时成立。

定金的数额由当事人约定；但是，不得超过主合同标的额的百分之二十，超过部分不产生定金的效力。实际交付的定金数额多于或者少于约定数额的，视为变更约定的定金数额。

部门规章及规范性文件

⊙**《国家工商行政管理局经济合同仲裁委员会关于定金和预付款性质的复函》**（1984 年 12 月 28 日　〔84〕工商裁字第 3 号）

浙江省工商局仲裁委员会：

你省金华县工商局仲裁委员会来函提出关于定金和预付款性质的问题，现答复如下，请转告该会：

定金和预付款的性质是不同的。定金具有担保性质，依照定金法律关系的要求，如果合同如期履行，定金可充抵应给付货款的一部分；如果给付定金的一方不履行合同，即无权请求返还定金；接受定金的一方不履行合同，应当双倍返还定金。预付款则不具有这种性质。如果预付款的一方不履行合同，可将预付款一部分或者全部抵作违约金或者赔偿金，余款应退还给预付方，如果接受预付款一方不履行合同，应将预付款返还给预付方，并按照规定支付违约金或赔偿金。根据我国货币管理的规定，使用预付款有一定的范围，不得随意使用。

适用要点

⊙ 定金与押金的关系

定金和押金均属于金钱担保的范畴，都是当事人一方按约定给付相对人的金钱或其他代替物。但二者系不同的担保方式：第一，定金的交付，通常是在合同订立时或履行前，具有预先给付的特点；押金的交付，或与履行主合同同时，或与履行主合同相继进行，不是预付。第二，定金担保的对象是主合同的主给付；押金担保的对象往往是主合同中的从给付。第三，定金的数额低于主合同的标的额，且不得超过法定的比例；押金的数额往往高于或等于被担保的债权额。第四，定金具有在一方违约时丧失或双倍返还的效力；押金没有双倍返还的法律效果。

第五百八十七条 【定金罚则】债务人履行债务的，定金应当抵作价款或者收回。给付定金的一方不履行债务或者履行债务不符合约定，致使不能实现合同目的的，无权请求返还定金；收受定金的一方不履行债务或者履行债务不符合约定，致使不能实现合同目的的，应当双倍返还定金。

司法解释及文件

⊙**《最高人民法院关于适用〈中华人民共和国民法典〉合同编通则若干问题的解释》**（2023 年 12 月 4 日 法释〔2023〕13 号）

第六十七条 当事人交付留置金、担保金、保证金、订约金、押金或者订金等，但是没有约定定金性质，一方主张适用民法典第五百八十七条规定的定金罚则的，人民法院不予支持。当事人约定了定金性质，但是未约定定金类型或者约定不明，一方主张为违约定金的，人民法院应予支持。

当事人约定以交付定金作为订立合同的担保，一方拒绝订立合同或者在磋商订立合同时违背诚信原则导致未能订立合同，对方主张适用民法典第五百八十七条规定的定金罚则的，人民法院应予支持。

当事人约定以交付定金作为合同成立或者生效条件，应当交付定金的一方未交付定金，但是合同主要义务已经履行完毕并为对方所接受的，人民法院应当认定合同在对方接受履行时已经成立或者生效。

当事人约定定金性质为解约定金，交付定金的一方主张以丧失定金为代价解除合同的，或者收受定金的一方主张以双倍返还定金为代价解除合同的，人民法院应予支持。

第六十八条 双方当事人均具有致使不能实现合同目的的违约行为，其中一方请求适用定金罚则的，人民法院不予支持。当事人一方仅有轻微违约，对方具有致使不能实现合同目的的违约行为，轻微违约方主张适用定金罚则，对方以轻微违约方也构成违约为由抗辩的，人民法院对该抗辩不予支持。

当事人一方已经部分履行合同，对方接受并主张按照未履行部分所占比例适用定金罚则的，人民法院应予支持。对方主张按照合同整体适用定金罚则的，人民法院不予支持，但是部分未履行致使不能实现合同目的的除外。

因不可抗力致使合同不能履行，非违约方主张适用定金罚则的，人民法院不予支持。

⊙**《最高人民法院关于审理商品房买卖合同纠纷案件适用法律若干问题的解释》**（2020年12月29日修正）

第四条 出卖人通过认购、订购、预订等方式向买受人收受定金作为订立商品房买卖合同担保的，如果因当事人一方原因未能订立商品房买卖合同，应当按照法律关于定金的规定处理；因不可归责于当事人双方的事由，导致商品房买卖合同未能订立的，出卖人应当将定金返还买受人。

第十九条 商品房买卖合同约定，买受人以担保贷款方式付款、因当事人一方原因未能订立商品房担保贷款合同并导致商品房买卖合同不能继续履行的，对方当事人可以请求解除合同和赔偿损失。因不可归责于当事人双方的事由未能订立商品房担保贷款合同并导致商品房买卖合同不能继续履行的，当事人可以请求解除合同，出卖人应当将收受的购房款本金及其利息或者定金返还买受人。

⊙**《最高人民法院关于因第三人的过错导致合同不能履行应如何适用定金罚则问题的复函》**（1995年6月16日 法函〔1995〕76号）

江苏省高级人民法院：

你院关于因第三人的过错导致合同不能履行的，应如何适用定金罚则的请示收悉。经研究，答复如下：

凡当事人在合同中明确约定给付定金的，在实际交付定金后，如一方不履行合同除有法定免责的情况外，即应对其适用定金罚则。因该合同关系以外第三人的过错导致合同不能履行的，除该合同另有约定的外，仍应对违约方适用定金罚则。合同当事人一方在接受定金处罚后，可依法向第三人追偿。

⊙**《最高人民法院关于合同当事人仅给付了定金应当如何确定管辖问题的复函》**［1994年7月15日 法经（1994）171号］

天津市高级人民法院：

你院（1993）津高法字第69号《关于合同纠纷提起的诉讼当事人仅履行了定金约定，没履行合同约定的其他义务，应如何确定管辖的请示》收悉。经研究，答复如下：

在合同当事人仅履行了合同中定金条款的约定，而未履行合同的其他条款的情况下，不能依据《最高人民法院关于适用〈中华人民共和国民事诉讼法〉若干问题的意见》（下称《意见》）第 18 条、第 19 条的规定认定为“实际履行”。《意见》中的“实际履行”，对于购销合同，是指合同当事人实际履行了交货义务。因此，合同当事人因仅给付了定金而产生合同纠纷，应按照《意见》第 18 条的规定确定管辖的人民法院。

此复

第五百八十八条　【违约金与定金的选择】当事人既约定违约金，又约定定金的，一方违约时，对方可以选择适用违约金或者定金条款。

定金不足以弥补一方违约造成的损失的，对方可以请求赔偿超过定金数额的损失。

第五百八十九条　【拒绝和迟延受领】债务人按照约定履行债务，债权人无正当理由拒绝受领的，债务人可以请求债权人赔偿增加的费用。

在债权人受领迟延期间，债务人无须支付利息。

第五百九十条　【不可抗力】当事人一方因不可抗力不能履行合同的，根据不可抗力的影响，部分或者全部免除责任，但是法律另有规定的除外。因不可抗力不能履行合同的，应当及时通知对方，以减轻可能给对方造成的损失，并应当在合理期限内提供证明。

当事人迟延履行后发生不可抗力的，不免除其违约责任。

法　律

⊙**《民法典》（总则编）**（2020 年 5 月 28 日）

第一百八十条　因不可抗力不能履行民事义务的，不承担民事责任。

法律另有规定的，依照其规定。

不可抗力是不能预见、不能避免且不能克服的客观情况。

⊙《**邮政法**》（2015 年 4 月 24 日修正）

第四十八条 因下列原因之一造成的给据邮件损失，邮政企业不承担赔偿责任：

（一）不可抗力，但因不可抗力造成的保价的给据邮件的损失除外；

（二）所寄物品本身的自然性质或者合理损耗；

（三）寄件人、收件人的过错。

⊙《**铁路法**》（2015 年 4 月 24 日修正）

第十八条 由于下列原因造成的货物、包裹、行李损失的，铁路运输企业不承担赔偿责任：

（一）不可抗力。

（二）货物或者包裹、行李中的物品本身的自然属性，或者合理损耗。

（三）托运人、收货人或者旅客的过错。

公 约

⊙《**联合国国际货物销售合同公约**》（1980 年 4 月 11 日订于维也纳）

第七十九条

（1）当事人对不履行义务，不负责任，如果他能证明此种不履行义务，是由于某种非他所能控制的障碍，而且对于这种障碍，没有理由预期他在订立合同时能考虑到或能避免或克服它或它的后果。

（2）如果当事人不履行义务是由于他所雇用履行合同的全部或一部分规定的第三方不履行义务所致，该当事人只有在以下情况下才能免除责任：

（a）他按照上一款的规定应免除责任，和

（b）假如该项的规定也适用于他所雇用的人，这个人也同样会免除责任。

（3）本条所规定的免责对障碍存在的期间有效。

（4）不履行义务的一方必须将障碍及其对他履行义务能力的影响通知

另一方。如果该项通知在不履行义务的一方已知道或理应知道此一障碍后一段合理时间内仍未为另一方收到，则他对由于另一方未收到通知而造成的损害应负赔偿责任。

（5）本条规定不妨碍任何一方行使本公约规定的要求损害赔偿以外的任何权利。

司法解释及文件

⊙**《最高人民法院关于依法妥善审理涉新冠肺炎疫情民事案件若干问题的指导意见（一）》**（2020年4月16日　法发〔2020〕12号）

二、依法准确适用不可抗力规则。人民法院审理涉疫情民事案件，要准确适用不可抗力的具体规定，严格把握适用条件。对于受疫情或者疫情防控措施直接影响而产生的民事纠纷，符合不可抗力法定要件的，适用《中华人民共和国民法总则》第一百八十条、《中华人民共和国合同法》第一百一十七条和第一百一十八条等规定妥善处理；其他法律、行政法规另有规定的，依照其规定。当事人主张适用不可抗力部分或者全部免责的，应当就不可抗力直接导致民事义务部分或者全部不能履行的事实承担举证责任。

三、依法妥善审理合同纠纷案件。受疫情或者疫情防控措施直接影响而产生的合同纠纷案件，除当事人另有约定外，在适用法律时，应当综合考量疫情对不同地区、不同行业、不同案件的影响，准确把握疫情或者疫情防控措施与合同不能履行之间的因果关系和原因力大小，按照以下规则处理：

（一）疫情或者疫情防控措施直接导致合同不能履行的，依法适用不可抗力的规定，根据疫情或者疫情防控措施的影响程度部分或者全部免除责任。当事人对于合同不能履行或者损失扩大有可归责事由的，应当依法承担相应责任。因疫情或者疫情防控措施不能履行合同义务，当事人主张其尽到及时通知义务的，应当承担相应举证责任。

（二）疫情或者疫情防控措施仅导致合同履行困难的，当事人可以重新协商；能够继续履行的，人民法院应当切实加强调解工作，积极引导当事人继续履行。当事人以合同履行困难为由请求解除合同的，人民法院不予支持。继续履行合同对于一方当事人明显不公平，其请求变更合同履行期限、履行方式、价款数额等的，人民法院应当结合案件实际情况决定是否予以支持。合同依法变更后，当事人仍然主张部分或者全部免除责任的，人民法院不予支持。因疫情或者疫情防控措施导致合同目的不能实现，当事人请求解除合同的，人民法院应予支持。

（三）当事人存在因疫情或者疫情防控措施得到政府部门补贴资助、税费减免或者他人资助、债务减免等情形的，人民法院可以作为认定合同能否继续履行等案件事实的参考因素。

⊙**《最高人民法院关于依法妥善审理涉新冠肺炎疫情民事案件若干问题的指导意见（三）》**（2020年6月8日　法发〔2020〕20号）

6. 对于与疫情相关的涉外商事海事纠纷等案件的适用法律问题，人民法院应当依照《中华人民共和国涉外民事关系法律适用法》等法律以及相关司法解释的规定，确定应当适用的法律。

应当适用我国法律的，关于不可抗力规则的具体适用，按照《最高人民法院关于依法妥善审理涉新冠肺炎疫情民事案件若干问题的指导意见（一）》执行。

应当适用域外法律的，人民法院应当准确理解该域外法中与不可抗力规则类似的成文法规定或者判例法的内容，正确适用，不能以我国法律中关于不可抗力的规定当然理解域外法的类似规定。

8. 在审理信用证纠纷案件时，人民法院应当遵循信用证的独立抽象性原则与严格相符原则。准确区分恶意不交付货物与因疫情或者疫情防控措施导致不能交付货物的情形，严格依据《最高人民法院关于审理信用证纠纷案件若干问题的规定》第十一条的规定，审查当事人以存在信用证欺诈为由，提出中止支付信用证项下款项的申请应否得到支持。

适用国际商会《跟单信用证统一惯例》（UCP600）的，人民法院要正确适用该惯例第36条关于银行不再进行承付或者议付的具体规定。当事人主张因疫情或者疫情防控措施导致银行营业中断的，人民法院应当依法对是否构成该条规定的不可抗力作出认定。当事人关于不可抗力及其责任另有约定的除外。

9. 在审理独立保函纠纷案件时，人民法院应当遵循保函独立性原则与严格相符原则。依据《最高人民法院关于审理独立保函纠纷案件若干问题的规定》第十二条的规定，严格认定构成独立保函欺诈的情形，并依据该司法解释第十四条的规定，审查当事人以独立保函欺诈为由，提出中止支付独立保函项下款项的申请应否得到支持。

独立保函载明适用国际商会《见索即付保函统一规则》（URDG758）的，人民法院要正确适用该规则第26条因不可抗力导致独立保函或者反担保函项下的交单或者付款无法履行的规定以及相应的展期制度的规定。当事人主张因疫情或者疫情防控措施导致相关营业中断的，人民法院应当依法对是否构成该条规定的不可抗力作出认定。当事人关于不可抗力及其责任另有约定的除外。

第五百九十一条　【减损规则】当事人一方违约后，对方应当采取适当措施防止损失的扩大；没有采取适当措施致使损失扩大的，不得就扩大的损失请求赔偿。

当事人因防止损失扩大而支出的合理费用，由违约方负担。

法　律

⊙《**保险法**》（2015年4月24日）

第五十七条　保险事故发生时，被保险人应当尽力采取必要的措施，防止或者减少损失。

保险事故发生后，被保险人为防止或者减少保险标的的损失所支付的必要的、合理的费用，由保险人承担；保险人所承担的费用数额在保险标的损失赔偿金额以外另行计算，最高不超过保险金额的数额。

公 约

⊙**《联合国国际货物销售合同公约》**（1980 年 4 月 11 日订于维也纳）

第七十七条 声称另一方违反合同的一方，必须按情况采取合理措施，减轻由于该另一方违反合同而引起的损失，包括利润方面的损失。如果他不采取这种措施，违反合同一方可以要求从损害赔偿中扣除原可以减轻的损失数额。

司法解释及文件

⊙**《最高人民法院关于审理买卖合同纠纷案件适用法律问题的解释》**（2020 年 12 月 29 日修正）

第二十二条 买卖合同当事人一方违约造成对方损失，对方主张赔偿可得利益损失的，人民法院在确定违约责任范围时，应当根据当事人的主张，依据民法典第五百八十四条、第五百九十一条、第五百九十二条、本解释第二十三条等规定进行认定。

⊙**《最高人民法院印发〈关于当前形势下审理民商事合同纠纷案件若干问题的指导意见〉的通知》**（2009 年 7 月 7 日 法发〔2009〕40 号）

10. 人民法院在计算和认定可得利益损失时，应当综合运用可预见规则、减损规则、损益相抵规则以及过失相抵规则等，从非违约方主张的可得利益赔偿总额中扣除违约方不可预见的损失、非违约方不当扩大的损失、非违约方因违约获得的利益、非违约方亦有过失所造成的损失以及必要的交易成本。存在合同法第一百一十三条第二款规定的欺诈经营、合同法第一百一十四条第一款规定的当事人约定损害赔偿的计算方法以及因违约导致人身伤亡、精神损害等情形的，不宜适用可得利益损失赔偿规则。

公报案例

⊙**河南省偃师市鑫龙建安工程有限公司与洛阳理工学院、河南省第六建筑工程公司索赔及工程欠款纠纷再审案**（《最高人民法院公报》2013年第1期）

【关键词】

放任　适当措施　合理费用

【案例要旨】

因发包人提供错误的地质报告致使建设工程停工，当事人对停工时间未作约定或未达成协议的，承包人不应盲目等待而放任停工状态的持续以及停工损失的扩大。对于计算由此导致的停工损失所依据的停工时间的确定，也不能简单地以停工状态的自然持续时间为准，而是应根据案件事实综合确定一定的合理期间作为停工时间。

典型案例

⊙**柴某与某管理公司房屋租赁合同纠纷案**（最高人民法院2023年12月5日发布的民法典合同编通则司法解释相关典型案例）

【裁判要点】

当事人一方违约后，对方没有采取适当措施致使损失扩大的，不得就扩大的损失请求赔偿。承租人已经通过多种途径向出租人作出了解除合同的意思表示，而出租人一直拒绝接收房屋，造成涉案房屋的长期空置，不得向承租人主张全部空置期内的租金。

【简要案情】

2018年7月21日，柴某与某管理公司签订《资产管理服务合同》，约定：柴某委托某管理公司管理运营涉案房屋，用于居住；管理期限自2018年7月24日起至2021年10月16日止。合同签订后，柴某依约向某管理公司交付了房屋。某管理公司向柴某支付了服务质量保证金，以及至2020年10月16日的租金。后某管理公司与柴某协商合同解除事宜，但未能达成一致，某管理公司向柴某邮寄解约通知函及该公司单方签章的结算协议，通知柴某该公司决定于 2020 年 11 月 3 日解除《资产管理服务合同》。柴某对某管理公司的单方解除行为不予认可。2020 年 12 月 29 日，某管理公司向柴某签约时留存并认可的手机号码发送解约完成通知及房屋密码锁的密码。2021 年 10 月 8 日，法院判决终止双方之间的合同权利义务关系。柴某起诉请求某管理公司支付 2020 年 10 月 17 日至 2021 年 10 月 16 日房屋租金 114577.2 元及逾期利息、违约金 19096.2 元、未履行租期年度对应的空置期部分折算金额 7956.75 元等。

【判决理由】

生效裁判认为，当事人一方违约后，对方应当采取适当措施防止损失的扩大；没有采取适当措施致使损失扩大的，不得就扩大的损失请求赔偿。合同终止前，某管理公司应当依约向柴某支付租金。但鉴于某管理公司已经通过多种途径向柴某表达解除合同的意思表示，并向其发送房屋密码锁密码，而柴某一直拒绝接收房屋，造成涉案房屋的长期空置。因此，柴某应当对其扩大损失的行为承担相应责任。法院结合双方当事人陈述、合同实际履行情况、在案证据等因素，酌情支持柴某主张的房屋租金至某管理公司向其发送电子密码后一个月，即 2021 年 1 月 30 日，应付租金为 33418.35 元。

适用要点

⊙ 减损规则与过失相抵规则的区别

《民法典》第 591 条、第 592 条第 2 款将减损规则与过失相抵规则作为两个单独的规则分别立法。从法律构造内容看，二者明显存在差异。减损规则是一方当事人在对方违约行为发生后，未能采取适当的措施防止损失的扩大，致使损害扩大，违约方对扩大的损失不承担赔偿责任；而过失相抵规则是合同当事人的违约行为同时发生，或即使存在先后顺序，但其先后顺序不存在逻辑上的联系。而且，两种规则所导致的法律后果也不相同。减损规则系根据当事人是否采取合理的措施来判断责任承担，受损害方不一定承担损失扩大的责任；而过失相抵规则按照双方当事人的过错大小划分责任承担范围，双方均负担责任。

第五百九十二条 【双方违约的责任】当事人都违反合同的，应当各自承担相应的责任。

当事人一方违约造成对方损失，对方对损失的发生有过错的，可以减少相应的损失赔偿额。

法　律

⊙《**民法典**》(**侵权责任编**)(2020年5月28日)

第一千一百七十三条　被侵权人对同一损害的发生或者扩大有过错的，可以减轻侵权人的责任。

⊙《**民用航空法**》(2021年4月29日修正)

第一百二十七条　在旅客、行李运输中，经承运人证明，损失是由索赔人的过错造成或者促成的，应当根据造成或者促成此种损失的过错的程度，相应免除或者减轻承运人的责任。旅客以外的其他人就旅客死亡或者受伤提出赔偿请求时，经承运人证明，死亡或者受伤是旅客本人的过错造成或者促成的，同样应当根据造成或者促成此种损失的过错的程度，相应免除或者减轻承运人的责任。

在货物运输中，经承运人证明，损失是由索赔人或者代行权利人的过错造成或者促成的，应当根据造成或者促成此种损失的过错的程度，相应免除或者减轻承运人的责任。

司法解释及文件

⊙《**最高人民法院关于审理与企业改制相关的民事纠纷案件若干问题的规定**》(2020年12月29日修正)

第二十一条　企业出售合同约定的履行期限届满，一方当事人未完全履行合同义务，对方当事人要求继续履行合同并要求赔偿损失的，人民法院应当予以支持。双方当事人均未完全履行合同义务的，应当根据当事人的过错，确定各自应当承担的民事责任。

公报案例

⊙**兰州滩尖子永昶商贸有限责任公司等诉爱之泰房地产开发有限公司合作开发房地产合同纠纷案**（《最高人民法院公报》2015年第5期）

【关键词】

双方违约　损失　过错

【案例要旨】

在双务合同中，双方均存在违约的情况下，应根据合同义务分配情况、合同履行程度以及各方违约程度大小等综合因素，判断合同当事人是否享有解除权。

第五百九十三条　【第三人的原因造成的违约】当事人一方因第三人的原因造成违约的，应当依法向对方承担违约责任。当事人一方和第三人之间的纠纷，依照法律规定或者按照约定处理。

法　律

⊙**《民法典》（合同编）**（2020年5月28日）

第七百一十六条　承租人经出租人同意，可以将租赁物转租给第三人。承租人转租的，承租人与出租人之间的租赁合同继续有效；第三人造成租赁物损失的，承租人应当赔偿损失。

承租人未经出租人同意转租的，出租人可以解除合同。

⊙**《旅游法》**（2018年10月26日修正）

第七十一条　由于地接社、履行辅助人的原因导致违约的，由组团社承担责任；组团社承担责任后可以向地接社、履行辅助人追偿。

由于地接社、履行辅助人的原因造成旅游者人身损害、财产损失的，旅游者可以要求地接社、履行辅助人承担赔偿责任，也可以要求组团社承担赔偿责任；组团社承担责任后可以向地接社、履行辅助人追偿。但是，由于公共交通经营者的原因造成旅游者人身损害、财产损失的，由公共交通经营者依法承担赔偿责任，旅行社应当协助旅游者向公共交通经营者索赔。

司法解释及文件

⊙**《最高人民法院关于适用〈中华人民共和国民法典〉合同编通则若干问题的解释》**（2023年12月4日　法释〔2023〕13号）

第五条　第三人实施欺诈、胁迫行为，使当事人在违背真实意思的情况下订立合同，受到损失的当事人请求第三人承担赔偿责任的，人民法院依法予以支持；当事人亦有违背诚信原则的行为的，人民法院应当根据各自的过错确定相应的责任。但是，法律、司法解释对当事人与第三人的民事责任另有规定的，依照其规定。

⊙**《最高人民法院关于审理旅游纠纷案件适用法律若干问题的规定》**（2020年12月29日修正）

第七条　旅游经营者、旅游辅助服务者未尽到安全保障义务，造成旅游者人身损害、财产损失，旅游者请求旅游经营者、旅游辅助服务者承担责任的，人民法院应予支持。

因第三人的行为造成旅游者人身损害、财产损失，由第三人承担责任；旅游经营者、旅游辅助服务者未尽安全保障义务，旅游者请求其承担相应补充责任的，人民法院应予支持。

第十六条　因飞机、火车、班轮、城际客运班车等公共客运交通工具延误，导致合同不能按照约定履行，旅游者请求旅游经营者退还未实际发生的费用的，人民法院应予支持。合同另有约定的除外。

⊙**《最高人民法院关于就客运合同纠纷案件中，对无过错承运人如何适用法律有关问题的请示的答复》**（2007年10月12日　〔2006〕民监他字第1号）

云南省高级人民法院：

1. 请示报告显示，该交通事故系由第三人的过错造成，承运人和旅客均无过错。受到损害的旅客依据《中华人民共和国合同法》第一百二十一条的规定，仅选择承运人提起客运合同纠纷诉讼的，人民法院应当就该客运合同纠纷案件进行审理。

2. 承运人虽在交通事故中无过错，但在旅客提起的客运合同纠纷诉讼中，应按《中华人民共和国合同法》第三百零二条的规定，对旅客的伤亡承担损害赔偿责任。旅客关于精神损害的赔偿请求，应向造成交通事故的侵权人主张。在旅客仅选择提起客运合同纠纷诉讼的情况下，人民法院不应支持其向违约责任人主张精神损害赔偿的诉讼请求。

3. 承运人向旅客支付的损害赔偿金额构成承运人在该交通事故中损失的一部分，可以向造成交通事故的侵权人主张。

第五百九十四条 【特殊时效】因国际货物买卖合同和技术进出口合同争议提起诉讼或者申请仲裁的时效期间为四年。

法　律

⊙《**民法典**》(**总则编**)(2020 年 5 月 28 日)

第一百八十八条　向人民法院请求保护民事权利的诉讼时效期间为三年。法律另有规定的，依照其规定。

诉讼时效期间自权利人知道或者应当知道权利受到损害以及义务人之日起计算。法律另有规定的，依照其规定。但是，自权利受到损害之日起超过二十年的，人民法院不予保护，有特殊情况的，人民法院可以根据权利人的申请决定延长。

第一百八十九条　当事人约定同一债务分期履行的，诉讼时效期间自最后一期履行期限届满之日起计算。

第一百九十八条　法律对仲裁时效有规定的，依照其规定；没有规定的，适用诉讼时效的规定。

第二分编　典型合同

第九章　买卖合同

第五百九十五条　【定义】买卖合同是出卖人转移标的物的所有权于买受人，买受人支付价款的合同。

法　律

⊙**《城市房地产管理法》**（2019年8月26日修正）

第三十二条　房地产转让、抵押时，房屋的所有权和该房屋占用范围内的土地使用权同时转让、抵押。

第三十七条　房地产转让，是指房地产权利人通过买卖、赠与或者其他合法方式将其房地产转移给他人的行为。

第三十八条　下列房地产，不得转让：

（一）以出让方式取得土地使用权的，不符合本法第三十九条规定的条件的；

（二）司法机关和行政机关依法裁定、决定查封或者以其他形式限制房地产权利的；

（三）依法收回土地使用权的；

（四）共有房地产，未经其他共有人书面同意的；

（五）权属有争议的；

（六）未依法登记领取权属证书的；

（七）法律、行政法规规定禁止转让的其他情形。

第三十九条 以出让方式取得土地使用权的，转让房地产时，应当符合下列条件：

（一）按照出让合同约定已经支付全部土地使用权出让金，并取得土地使用权证书；

（二）按照出让合同约定进行投资开发，属于房屋建设工程的，完成开发投资总额的百分之二十五以上，属于成片开发土地的，形成工业用地或者其他建设用地条件。

转让房地产时房屋已经建成的，还应当持有房屋所有权证书。

第四十条 以划拨方式取得土地使用权的，转让房地产时，应当按照国务院规定，报有批准权的人民政府审批。有批准权的人民政府准予转让的，应当由受让方办理土地使用权出让手续，并依照国家有关规定缴纳土地使用权出让金。

以划拨方式取得土地使用权的，转让房地产报批时，有批准权的人民政府按照国务院规定决定可以不办理土地使用权出让手续的，转让方应当按照国务院规定将转让房地产所获收益中的土地收益上缴国家或者作其他处理。

第四十一条 房地产转让，应当签订书面转让合同，合同中应当载明土地使用权取得的方式。

第四十二条 房地产转让时，土地使用权出让合同载明的权利、义务随之转移。

第四十三条 以出让方式取得土地使用权的，转让房地产后，其土地使用权的使用年限为原土地使用权出让合同约定的使用年限减去原土地使用者已经使用年限后的剩余年限。

第四十四条 以出让方式取得土地使用权的，转让房地产后，受让人改变原土地使用权出让合同约定的土地用途的，必须取得原出让方和市、县人民政府城市规划行政主管部门的同意，签订土地使用权出让合同变更协议或者重新签订土地使用权出让合同，相应调整土地使用权出让金。

第四十五条 商品房预售，应当符合下列条件：

（一）已交付全部土地使用权出让金，取得土地使用权证书；

（二）持有建设工程规划许可证；

（三）按提供预售的商品房计算，投入开发建设的资金达到工程建设总投资的百分之二十五以上，并已经确定施工进度和竣工交付日期；

（四）向县级以上人民政府房产管理部门办理预售登记，取得商品房预售许可证明。

商品房预售人应当按照国家有关规定将预售合同报县级以上人民政府房产管理部门和土地管理部门登记备案。

商品房预售所得款项，必须用于有关的工程建设。

第四十六条　商品房预售的，商品房预购人将购买的未竣工的预售商品房再行转让的问题，由国务院规定。

行政法规

⊙**《城市房地产开发经营管理条例》**（2020年11月29日修订）

第十九条　转让房地产开发项目，应当符合《中华人民共和国城市房地产管理法》第三十九条、第四十条规定的条件。

第二十条　转让房地产开发项目，转让人和受让人应当自土地使用权变更登记手续办理完毕之日起30日内，持房地产开发项目转让合同到房地产开发主管部门备案。

第二十一条　房地产开发企业转让房地产开发项目时，尚未完成拆迁补偿安置的，原拆迁补偿安置合同中有关的权利、义务随之转移给受让人。项目转让人应当书面通知被拆迁人。

第二十二条　房地产开发企业预售商品房，应当符合下列条件：

（一）已交付全部土地使用权出让金，取得土地使用权证书；

（二）持有建设工程规划许可证和施工许可证；

（三）按提供的预售商品房计算，投入开发建设的资金达到工程建设总投资的25%以上，并已确定施工进度和竣工交付日期；

（四）已办理预售登记，取得商品房预售许可证明。

第二十三条　房地产开发企业申请办理商品房预售登记，应当提交下列文件：

（一）本条例第二十二条第（一）项至第（三）项规定的证明材料；

（二）营业执照和资质等级证书；

（三）工程施工合同；

（四）预售商品房分层平面图；

（五）商品房预售方案。

第二十四条 房地产开发主管部门应当自收到商品房预售申请之日起10日内，作出同意预售或者不同意预售的答复。同意预售的，应当核发商品房预售许可证明；不同意预售的，应当说明理由。

第二十六条 房地产开发企业预售商品房时，应当向预购人出示商品房预售许可证明。

房地产开发企业应当自商品房预售合同签订之日起30日内，到商品房所在地的县级以上人民政府房地产开发主管部门和负责土地管理工作的部门备案。

第二十七条 商品房销售，当事人双方应当签订书面合同。合同应当载明商品房的建筑面积和使用面积、价格、交付日期、质量要求、物业管理方式以及双方的违约责任。

第二十八条 房地产开发企业委托中介机构代理销售商品房的，应当向中介机构出具委托书。中介机构销售商品房时，应当向商品房购买人出示商品房的有关证明文件和商品房销售委托书。

第三十条 房地产开发企业应当在商品房交付使用时，向购买人提供住宅质量保证书和住宅使用说明书。

住宅质量保证书应当列明工程质量监督单位核验的质量等级、保修范围、保修期和保修单位等内容。房地产开发企业应当按照住宅质量保证书的约定，承担商品房保修责任。

保修期内，因房地产开发企业对商品房进行维修，致使房屋原使用功能受到影响，给购买人造成损失的，应当依法承担赔偿责任。

第三十一条 商品房交付使用后，购买人认为主体结构质量不合格的，可以向工程质量监督单位申请重新核验。经核验，确属主体结构质量不合格的，购买人有权退房；给购买人造成损失的，房地产开发企业应当依法承担赔偿责任。

第三十二条 预售商品房的购买人应当自商品房交付使用之日起90日内，办理土地使用权变更和房屋所有权登记手续；现售商品房的购买人应当自销售合同签订之日起90日内，办理土地使用权变更和房屋所有权登记手续。房地产开发企业应当协助商品房购买人办理土地使用权变更和房屋所有权登记手续，并提供必要的证明文件。

司法解释及文件

⊙**《最高人民法院关于审理买卖合同纠纷案件适用法律问题的解释》**（2020年12月29日修正）

第一条　当事人之间没有书面合同，一方以送货单、收货单、结算单、发票等主张存在买卖合同关系的，人民法院应当结合当事人之间的交易方式、交易习惯以及其他相关证据，对买卖合同是否成立作出认定。

对账确认函、债权确认书等函件、凭证没有记载债权人名称，买卖合同当事人一方以此证明存在买卖合同关系的，人民法院应予支持，但有相反证据足以推翻的除外。

⊙**《最高人民法院关于审理商品房买卖合同纠纷案件适用法律若干问题的解释》**（2020年12月29日修正）

第一条　本解释所称的商品房买卖合同，是指房地产开发企业（以下统称为出卖人）将尚未建成或者已竣工的房屋向社会销售并转移房屋所有权于买受人，买受人支付价款的合同。

第五条　商品房的认购、订购、预订等协议具备《商品房销售管理办法》第十六条规定的商品房买卖合同的主要内容，并且出卖人已经按照约定收受购房款的，该协议应当认定为商品房买卖合同。

部门规章及规范性文件

⊙**《商品房销售管理办法》**（2001年4月4日　建设部令第88号）

第二条　商品房销售及商品房销售管理应当遵守本办法。

第三条　商品房销售包括商品房现售和商品房预售。

本办法所称商品房现售，是指房地产开发企业将竣工验收合格的商品房出售给买受人，并由买受人支付房价款的行为。

本办法所称商品房预售，是指房地产开发企业将正在建设中的商品房预先出售给买受人，并由买受人支付定金或者房价款的行为。

第七条 商品房现售，应当符合以下条件：

（一）现售商品房的房地产开发企业应当具有企业法人营业执照和房地产开发企业资质证书；

（二）取得土地使用权证书或者使用土地的批准文件；

（三）持有建设工程规划许可证和施工许可证；

（四）已通过竣工验收；

（五）拆迁安置已经落实；

（六）供水、供电、供热、燃气、通讯等配套基础设施具备交付使用条件，其他配套基础设施和公共设施具备交付使用条件或者已确定施工进度和交付日期；

（七）物业管理方案已经落实。

⊙**《城市商品房预售管理办法》**（2004 年 7 月 20 日修正　建设部令第 131 号）

第二条 本办法所称商品房预售是指房地产开发企业（以下简称开发企业）将正在建设中的房屋预先出售给承购人，由承购人支付定金或房价款的行为。

第三条 本办法适用于城市商品房预售的管理。

第五条 商品房预售应当符合下列条件：

（一）已交付全部土地使用权出让金，取得土地使用权证书；

（二）持有建设工程规划许可证和施工许可证；

（三）按提供预售的商品房计算，投入开发建设的资金达到工程建设总投资的 25% 以上，并已经确定施工进度和竣工交付日期。

第六条 商品房预售实行许可制度。开发企业进行商品房预售，应当向房地产管理部门申请预售许可，取得《商品房预售许可证》。

未取得《商品房预售许可证》的，不得进行商品房预售。

第七条 开发企业申请预售许可，应当提交下列证件（复印件）及资料：

（一）商品房预售许可申请表；

（二）开发企业的《营业执照》和资质证书；

（三）土地使用权证、建设工程规划许可证、施工许可证；

（四）投入开发建设的资金占工程建设总投资的比例符合规定条件的证明；

（五）工程施工合同及关于施工进度的说明；

（六）商品房预售方案。预售方案应当说明预售商品房的位置、面积、竣工交付日期等内容，并应当附预售商品房分层平面图。

第八条　商品房预售许可依下列程序办理：

（一）受理。开发企业按本办法第七条的规定提交有关材料，材料齐全的，房地产管理部门应当当场出具受理通知书；材料不齐的，应当当场或者5日内一次性书面告知需要补充的材料。

（二）审核。房地产管理部门对开发企业提供的有关材料是否符合法定条件进行审核。

开发企业对所提交材料实质内容的真实性负责。

（三）许可。经审查，开发企业的申请符合法定条件的，房地产管理部门应当在受理之日起10日内，依法作出准予预售的行政许可书面决定，发送开发企业，并自作出决定之日起10日内向开发企业颁发、送达《商品房预售许可证》。

经审查，开发企业的申请不符合法定条件的，房地产管理部门应当在受理之日起10日内，依法作出不予许可的书面决定。书面决定应当说明理由，告知开发企业享有依法申请行政复议或者提起行政诉讼的权利，并送达开发企业。

商品房预售许可决定书、不予商品房预售许可决定书应当加盖房地产管理部门的行政许可专用印章，《商品房预售许可证》应当加盖房地产管理部门的印章。

（四）公示。房地产管理部门作出的准予商品房预售许可的决定，应当予以公开，公众有权查阅。

第九条　开发企业进行商品房预售，应当向承购人出示《商品房预售许可证》。售楼广告和说明书应当载明《商品房预售许可证》的批准文号。

第十条　商品房预售，开发企业应当与承购人签订商品房预售合同。

开发企业应当自签约之日起30日内，向房地产管理部门和市、县人民政府土地管理部门办理商品房预售合同登记备案手续。

房地产管理部门应当积极应用网络信息技术，逐步推行商品房预售合同网上登记备案。

商品房预售合同登记备案手续可以委托代理人办理。委托代理人办理的，应当有书面委托书。

公报案例

⊙东方电气集团东方汽轮机有限公司与大庆高新技术产业开发区大丰建筑安装有限公司、大庆大丰能源技术服务有限公司买卖合同纠纷案

（《最高人民法院公报》2020年第11期）

【关键词】

买卖合同　标的物　给付义务

【案例要旨】

买卖的货物交付后，买受人已经使用标的物且未在约定的质量保证期内提出质量异议，当出卖人要求买受人支付欠付货款、退还质保金时，买受人以货物存在质量问题为由主张行使先履行抗辩权拒绝付款的，不予支持。

交付技术材料是卖方负有的从给付义务，卖方违反该义务，买方可以主张相应的违约责任。卖方违反从给付义务但并未影响买方对所买货物正常使用，不影响合同目的实现的，买方不能基于卖方违反从给付义务而拒绝履行给付货款的主给付义务。

第五百九十六条　【买卖合同的内容】买卖合同的内容一般包括标的物的名称、数量、质量、价款、履行期限、履行地点和方式、包装方式、检验标准和方法、结算方式、合同使用的文字及其效力等条款。

法 律

⊙《**城市房地产管理法**》（2019 年 8 月 26 日修正）

第四十一条 房地产转让，应当签订书面转让合同，合同中应当载明土地使用权取得的方式。

第四十二条 房地产转让时，土地使用权出让合同载明的权利、义务随之转移。

⊙《**节约能源法**》（2018 年 10 月 26 日修正）

第三十六条 房地产开发企业在销售房屋时，应当向购买人明示所售房屋的节能措施、保温工程保修期等信息，在房屋买卖合同、质量保证书和使用说明书中载明，并对其真实性、准确性负责。

行政法规

⊙《**物业管理条例**》（2018 年 3 月 19 日修订）

第二十三条 建设单位应当在物业销售前将临时管理规约向物业买受人明示，并予以说明。

物业买受人在与建设单位签订物业买卖合同时，应当对遵守临时管理规约予以书面承诺。

第二十五条 建设单位与物业买受人签订的买卖合同应当包含前期物业服务合同约定的内容。

⊙《**民用建筑节能条例**》（2008 年 8 月 1 日）

第二十二条 房地产开发企业销售商品房，应当向购买人明示所售商品房的能源消耗指标、节能措施和保护要求、保温工程保修期等信息，并在商品房买卖合同和住宅质量保证书、住宅使用说明书中载明。

司法解释及文件

⊙**《最高人民法院经济审判庭关于购销羊绒合同中出现两个质量标准如何认定问题的复函》**（1992年5月14日　法经〔1992〕79号）

宁夏回族自治区高级人民法院：

你院宁高法〔1992〕16号《关于〈购销羊绒合同中出现两个质量标准应如何认定〉的请示》收悉。经研究，答复如下：

甘肃省农工商联合企业公司（以下简称企业公司）与宁夏海原县土畜产品议购议销公司（以下简称议购议销公司）签订的购销合同规定，议购议销公司供给企业公司白山羊原绒20吨，紫山羊绒10吨，质量标准为91路90分。在合同的“其他”一栏中又规定，需方要求过轮后白绒达到58分头，紫绒达到54分头，除去土沙等杂质后每市斤实收8两绒，实际按1斤计算，不做深加工，不抽尖毛，超出分头收入各分一半。你院报告称，过轮后的过轮绒质量完全取决于过轮加工的设备条件和加工精细的程度，过轮加工又是需方的行为。按合同规定，议购议销公司供给企业公司的是山羊原绒。因此，只要供方交付的山羊原绒达到91路90分，即应视为符合合同规定的质量标准。

此复

部门规章及规范性文件

⊙**《商品房销售管理办法》**（2001年4月4日　建设部令第88号）

第十五条　房地产开发企业、房地产中介服务机构发布的商品房销售广告和宣传资料所明示的事项，当事人应当在商品房买卖合同中约定。

第十六条　商品房销售时，房地产开发企业和买受人应当订立书面商品房买卖合同。

商品房买卖合同应当明确以下主要内容：

（一）当事人名称或者姓名和住所；

（二）商品房基本状况；

（三）商品房的销售方式；

（四）商品房价款的确定方式及总价款、付款方式、付款时间；

（五）交付使用条件及日期；

（六）装饰、设备标准承诺；

（七）供水、供电、供热、燃气、通讯、道路、绿化等配套基础设施和公共设施的交付承诺和有关权益、责任；

（八）公共配套建筑的产权归属；

（九）面积差异的处理方式；

（十）办理产权登记有关事宜；

（十一）解决争议的方法；

（十二）违约责任；

（十三）双方约定的其他事项。

第十七条　商品房销售价格由当事人协商议定，国家另有规定的除外。

第十八条　商品房销售可以按套（单元）计价，也可以按套内建筑面积或者建筑面积计价。

商品房建筑面积由套内建筑面积和分摊的共有建筑面积组成，套内建筑面积部分为独立产权，分摊的共有建筑面积部分为共有产权，买受人按照法律、法规的规定对其享有权利，承担责任。

按套（单元）计价或者按套内建筑面积计价的，商品房买卖合同中应当注明建筑面积和分摊的共有建筑面积。

第十九条　按套（单元）计价的现售房屋，当事人对现售房屋实地勘察后可以在合同中直接约定总价款。

按套（单元）计价的预售房屋，房地产开发企业应当在合同中附所售房屋的平面图。平面图应当标明详细尺寸，并约定误差范围。房屋交付时，套型与设计图纸一致，相关尺寸也在约定的误差范围内，维持总价款不变；套型与设计图纸不一致或者相关尺寸超出约定的误差范围，合同中未约定处理方式的，买受人可以退房或者与房地产开发企业重新约定总价款。买受人退房的，由房地产开发企业承担违约责任。

第二十条　按套内建筑面积或者建筑面积计价的，当事人应当在合同中载明合同约定面积与产权登记面积发生误差的处理方式。

合同未作约定的，按以下原则处理：

（一）面积误差比绝对值在 3% 以内（含 3%）的，据实结算房价款；

（二）面积误差比绝对值超出 3% 时，买受人有权退房。买受人退房的，房地产开发企业应当在买受人提出退房之日起 30 日内将买受人已付房价款退还给买受人，同时支付已付房价款利息。买受人不退房的，产权登记面积大于合同约定面积时，面积误差比在 3% 以内（含 3%）部分的房价款由买受人补足；超出 3% 部分的房价款由房地产开发企业承担，产权归买受人。产权登记面积小于合同约定面积时，面积误差比绝对值在 3% 以内（含 3%）部分的房价款由房地产开发企业返还买受人；绝对值超出 3% 部分的房价款由房地产开发企业双倍返还买受人。

$$\text{面积误差比} = \frac{\text{产权登记面积} - \text{合同约定面积}}{\text{合同约定面积}} \times 100\%$$

因本办法第二十四条规定的规划设计变更造成面积差异，当事人不解除合同的，应当签署补充协议。

第五百九十七条 【无权处分效力】因出卖人未取得处分权致使标的物所有权不能转移的，买受人可以解除合同并请求出卖人承担违约责任。

法律、行政法规禁止或者限制转让的标的物，依照其规定。

法 律

⊙**《宪法》**（2018 年 3 月 11 日修正）

第十条 城市的土地属于国家所有。

农村和城市郊区的土地，除由法律规定属于国家所有的以外，属于集体所有；宅基地和自留地、自留山，也属于集体所有。

国家为了公共利益的需要，可以依照法律规定对土地实行征收或者征用并给予补偿。

任何组织或者个人不得侵占、买卖或者以其他形式非法转让土地。土地的使用权可以依照法律的规定转让。

一切使用土地的组织和个人必须合理地利用土地。

⊙《**民法典**》(**总则编**)(2020年5月28日)

第一百一十一条　自然人的个人信息受法律保护。任何组织或者个人需要获取他人个人信息的，应当依法取得并确保信息安全，不得非法收集、使用、加工、传输他人个人信息，不得非法买卖、提供或者公开他人个人信息。

⊙《**民法典**》(**物权编**)(2020年5月28日)

第二百四十二条　法律规定专属于国家所有的不动产和动产，任何组织或者个人不能取得所有权。

第二百四十六条　法律规定属于国家所有的财产，属于国家所有即全民所有。

国有财产由国务院代表国家行使所有权。法律另有规定的，依照其规定。

第二百四十七条　矿藏、水流、海域属于国家所有。

第二百四十八条　无居民海岛属于国家所有，国务院代表国家行使无居民海岛所有权。

第二百四十九条　城市的土地，属于国家所有。法律规定属于国家所有的农村和城市郊区的土地，属于国家所有。

第二百五十条　森林、山岭、草原、荒地、滩涂等自然资源，属于国家所有，但是法律规定属于集体所有的除外。

第二百五十一条　法律规定属于国家所有的野生动植物资源，属于国家所有。

第二百五十二条　无线电频谱资源属于国家所有。

第二百五十三条　法律规定属于国家所有的文物，属于国家所有。

第二百五十四条　国防资产属于国家所有。

铁路、公路、电力设施、电信设施和油气管道等基础设施，依照法律规定为国家所有的，属于国家所有。

第二百六十条　集体所有的不动产和动产包括：

（一）法律规定属于集体所有的土地和森林、山岭、草原、荒地、滩涂；

（二）集体所有的建筑物、生产设施、农田水利设施；

（三）集体所有的教育、科学、文化、卫生、体育等设施；

（四）集体所有的其他不动产和动产。

⊙《**野生动物保护法**》（2022 年 12 月 30 日修正）

第二十八条 禁止出售、购买、利用国家重点保护野生动物及其制品。

因科学研究、人工繁育、公众展示展演、文物保护或者其他特殊情况，需要出售、购买、利用国家重点保护野生动物及其制品的，应当经省、自治区、直辖市人民政府野生动物保护主管部门批准，并按照规定取得和使用专用标识，保证可追溯，但国务院对批准机关另有规定的除外。

出售、利用有重要生态、科学、社会价值的陆生野生动物和地方重点保护野生动物及其制品的，应当提供狩猎、人工繁育、进出口等合法来源证明。

实行国家重点保护野生动物和有重要生态、科学、社会价值的陆生野生动物及其制品专用标识的范围和管理办法，由国务院野生动物保护主管部门规定。

出售本条第二款、第三款规定的野生动物的，还应当依法附有检疫证明。

利用野生动物进行公众展示展演应当采取安全管理措施，并保障野生动物健康状态，具体管理办法由国务院野生动物保护主管部门会同国务院有关部门制定。

⊙《**草原法**》（2021 年 4 月 29 日修正）

第九条 草原属于国家所有，由法律规定属于集体所有的除外。国家所有的草原，由国务院代表国家行使所有权。

任何单位或者个人不得侵占、买卖或者以其他形式非法转让草原。

⊙《**土地管理法**》（2019 年 8 月 26 日修正）

第二条 中华人民共和国实行土地的社会主义公有制，即全民所有制和劳动群众集体所有制。

全民所有，即国家所有土地的所有权由国务院代表国家行使。

任何单位和个人不得侵占、买卖或者以其他形式非法转让土地。土地使用权可以依法转让。

国家为了公共利益的需要，可以依法对土地实行征收或者征用并给予补偿。

国家依法实行国有土地有偿使用制度。但是，国家在法律规定的范围内划拨国有土地使用权的除外。

⊙**《城市房地产管理法》**（2019年8月26日修正）

第三十八条　下列房地产，不得转让：

（一）以出让方式取得土地使用权的，不符合本法第三十九条规定的条件的；

（二）司法机关和行政机关依法裁定、决定查封或者以其他形式限制房地产权利的；

（三）依法收回土地使用权的；

（四）共有房地产，未经其他共有人书面同意的；

（五）权属有争议的；

（六）未依法登记领取权属证书的；

（七）法律、行政法规规定禁止转让的其他情形。

⊙**《农村土地承包法》**（2018年12月29日修正）

第四条　农村土地承包后，土地的所有权性质不变。承包地不得买卖。

⊙**《文物保护法》**（2017年11月4日修正）

第二十四条　国有不可移动文物不得转让、抵押。建立博物馆、保管所或者辟为参观游览场所的国有文物保护单位，不得作为企业资产经营。

第二十五条　非国有不可移动文物不得转让、抵押给外国人。

第五十一条　公民、法人和其他组织不得买卖下列文物：

（一）国有文物，但是国家允许的除外；

（二）非国有馆藏珍贵文物；

（三）国有不可移动文物中的壁画、雕塑、建筑构件等，但是依法拆除的国有不可移动文物中的壁画、雕塑、建筑构件等不属于本法第二十条第四款规定的应由文物收藏单位收藏的除外；

（四）来源不符合本法第五十条规定的文物。

⊙《**枪支管理法**》（2015年4月24日修正）

第三条 国家严格管制枪支。禁止任何单位或者个人违反法律规定持有、制造（包括变造、装配）、买卖、运输、出租、出借枪支。

国家严厉惩处违反枪支管理的违法犯罪行为。任何单位和个人对违反枪支管理的行为有检举的义务。国家对检举人给予保护，对检举违反枪支管理犯罪活动有功的人员，给予奖励。

第十三条 国家对枪支的制造、配售实行特别许可制度。未经许可，任何单位或者个人不得制造、买卖枪支。

⊙《**矿产资源法**》（2009年8月27日修正）

第六条 除按下列规定可以转让外，探矿权、采矿权不得转让：

（一）探矿权人有权在划定的勘查作业区内进行规定的勘查作业，有权优先取得勘查作业区内矿产资源的采矿权。探矿权人在完成规定的最低勘查投入后，经依法批准，可以将探矿权转让他人。

（二）已取得采矿权的矿山企业，因企业合并、分立，与他人合资、合作经营，或者因企业资产出售以及有其他变更企业资产产权的情形而需要变更采矿权主体的，经依法批准可以将采矿权转让他人采矿。

前款规定的具体办法和实施步骤由国务院规定。

禁止将探矿权、采矿权倒卖牟利。

⊙《**禁毒法**》（2007年12月29日）

第十九条 国家对麻醉药品药用原植物种植实行管制。禁止非法种植罂粟、古柯植物、大麻植物以及国家规定管制的可以用于提炼加工毒品的其他原植物。禁止走私或者非法买卖、运输、携带、持有未经灭活的毒品原植物种子或者幼苗。

地方各级人民政府发现非法种植毒品原植物的，应当立即采取措施予以制止、铲除。村民委员会、居民委员会发现非法种植毒品原植物的，应当及时予以制止、铲除，并向当地公安机关报告。

第二十一条　国家对麻醉药品和精神药品实行管制，对麻醉药品和精神药品的实验研究、生产、经营、使用、储存、运输实行许可和查验制度。

国家对易制毒化学品的生产、经营、购买、运输实行许可制度。

禁止非法生产、买卖、运输、储存、提供、持有、使用麻醉药品、精神药品和易制毒化学品。

⊙**《中国人民银行法》**（2003年12月27日修正）

第十九条　禁止伪造、变造人民币。禁止出售、购买伪造、变造的人民币。禁止运输、持有、使用伪造、变造的人民币。禁止故意毁损人民币。禁止在宣传品、出版物或者其他商品上非法使用人民币图样。

行政法规

⊙**《人民币管理条例》**（2018年3月19日修订）

第二十五条　禁止非法买卖流通人民币。

纪念币的买卖，应当遵守中国人民银行的有关规定。

第二十七条　人民币样币禁止流通。

人民币样币的管理办法，由中国人民银行制定。

⊙**《宗教事务条例》**（2017年8月26日修订）

第五十四条　宗教活动场所用于宗教活动的房屋、构筑物及其附属的宗教教职人员生活用房不得转让、抵押或者作为实物投资。

⊙**《危险化学品安全管理条例》**（2013年12月7日修订）

第四十条　危险化学品生产企业、经营企业销售剧毒化学品、易制爆危险化学品，应当查验本条例第三十八条第一款、第二款规定的相关许可证件或者证明文件，不得向不具有相关许可证件或者证明文件的单位销售剧毒化学品、易制爆危险化学品。对持剧毒化学品购买许可证购买剧毒化学品的，应当按照许可证载明的品种、数量销售。

禁止向个人销售剧毒化学品（属于剧毒化学品的农药除外）和易制爆

危险化学品。

⊙《**古生物化石保护条例**》（2019 年 3 月 2 日修订）

第二十二条 国家鼓励单位和个人将其收藏的重点保护古生物化石捐赠给符合条件的收藏单位收藏。

除收藏单位之间转让、交换、赠与其收藏的重点保护古生物化石外，其他任何单位和个人不得买卖重点保护古生物化石。买卖一般保护古生物化石的，应当在县级以上地方人民政府指定的场所进行。具体办法由省、自治区、直辖市人民政府制定。

第二十三条 国有收藏单位不得将其收藏的重点保护古生物化石转让、交换、赠与给非国有收藏单位或者个人。

任何单位和个人不得将其收藏的重点保护古生物化石转让、交换、赠与、质押给外国人或者外国组织。

第二十四条 收藏单位之间转让、交换、赠与其收藏的重点保护古生物化石的，应当在事后向国务院自然资源主管部门备案。具体办法由国务院自然资源主管部门制定。

⊙《**金银管理条例**》（2011 年 1 月 8 日修订）

第七条 在中华人民共和国境内，一切单位和个人不得计价使用金银，禁止私相买卖和借贷抵押金银。

⊙《**医疗废物管理条例**》（2011 年 1 月 8 日修订）

第十四条 禁止任何单位和个人转让、买卖医疗废物。

禁止在运送过程中丢弃医疗废物；禁止在非贮存地点倾倒、堆放医疗废物或者将医疗废物混入其他废物和生活垃圾。

⊙《**人体器官移植条例**》（2007 年 3 月 31 日）

第三条 任何组织或者个人不得以任何形式买卖人体器官，不得从事与买卖人体器官有关的活动。

⊙《**陆生野生动物保护实施条例**》（2016 年 2 月 6 日修订）

第二十六条 禁止在集贸市场出售、收购国家重点保护野生动物或者其产品。

持有狩猎证的单位和个人需要出售依法获得的非国家重点保护野生动物或者其产品的，应当按照狩猎证规定的种类、数量向经核准登记的单位出售，或者在当地人民政府有关部门指定的集贸市场出售。

⊙**《水生野生动物保护实施条例》**（2013年12月7日修订）

第十八条　禁止出售、收购国家重点保护的水生野生动物或者其产品。因科学研究、驯养繁殖、展览等特殊情况，需要出售、收购、利用国家一级保护水生野生动物或者其产品的，必须向省、自治区、直辖市人民政府渔业行政主管部门提出申请，经其签署意见后，报国务院渔业行政主管部门批准；需要出售、收购、利用国家二级保护水生野生动物或者其产品的，必须向省、自治区、直辖市人民政府渔业行政主管部门提出申请，并经其批准。

⊙**《野生植物保护条例》**（2017年10月7日修订）

第十八条　禁止出售、收购国家一级保护野生植物。

出售、收购国家二级保护野生植物的，必须经省、自治区、直辖市人民政府野生植物行政主管部门或者其授权的机构批准。

第五百九十八条　【出卖人的基本义务】出卖人应当履行向买受人交付标的物或者交付提取标的物的单证，并转移标的物所有权的义务。

公　约

⊙**《联合国国际货物销售合同公约》**（1980年4月11日订于维也纳）

第三十条　卖方必须按照合同和本公约的规定，交付货物，移交一切与货物有关的单据并转移货物所有权。

司法解释及文件

⊙《**最高人民法院关于审理买卖合同纠纷案件适用法律问题的解释**》（2020年12月29日修正）

第二条 标的物为无需以有形载体交付的电子信息产品，当事人对交付方式约定不明确，且依照民法典第五百一十条的规定仍不能确定的，买受人收到约定的电子信息产品或者权利凭证即为交付。

第五条 出卖人仅以增值税专用发票及税款抵扣资料证明其已履行交付标的物义务，买受人不认可的，出卖人应当提供其他证据证明交付标的物的事实。

合同约定或者当事人之间习惯以普通发票作为付款凭证，买受人以普通发票证明已经履行付款义务的，人民法院应予支持，但有相反证据足以推翻的除外。

第六条 出卖人就同一普通动产订立多重买卖合同，在买卖合同均有效的情况下，买受人均要求实际履行合同的，应当按照以下情形分别处理：

（一）先行受领交付的买受人请求确认所有权已经转移的，人民法院应予支持；

（二）均未受领交付，先行支付价款的买受人请求出卖人履行交付标的物等合同义务的，人民法院应予支持；

（三）均未受领交付，也未支付价款，依法成立在先合同的买受人请求出卖人履行交付标的物等合同义务的，人民法院应予支持。

第七条 出卖人就同一船舶、航空器、机动车等特殊动产订立多重买卖合同，在买卖合同均有效的情况下，买受人均要求实际履行合同的，应当按照以下情形分别处理：

（一）先行受领交付的买受人请求出卖人履行办理所有权转移登记手续等合同义务的，人民法院应予支持；

（二）均未受领交付，先行办理所有权转移登记手续的买受人请求出卖人履行交付标的物等合同义务的，人民法院应予支持；

（三）均未受领交付，也未办理所有权转移登记手续，依法成立在先合同的买受人请求出卖人履行交付标的物和办理所有权转移登记手续等合同义务的，人民法院应予支持；

（四）出卖人将标的物交付给买受人之一，又为其他买受人办理所有权转移登记，已受领交付的买受人请求将标的物所有权登记在自己名下的，人民法院应予支持。

第五百九十九条　【有关单证和资料的交付】出卖人应当按照约定或者交易习惯向买受人交付提取标的物单证以外的有关单证和资料。

公　约

⊙**《联合国国际货物销售合同公约》**（1980 年 4 月 11 日订于维也纳）

第三十四条　如果卖方有义务移交与货物有关的单据，他必须按照合同所规定的时间、地点和方式移交这些单据。如果卖方在那个时间以前已移交这些单据，他可以在那个时间到达前纠正单据中任何不符合同规定的情形，但是，此一权利的行使不得使买方遭受不合理的不便或承担不合理的开支。但是，买方保留本公约所规定的要求损害赔偿的任何权利。

司法解释及文件

⊙**《最高人民法院关于适用〈中华人民共和国民法典〉合同编通则若干问题的解释》**（2023 年 12 月 4 日　法释〔2023〕13 号）

第二条　下列情形，不违反法律、行政法规的强制性规定且不违背公序良俗的，人民法院可以认定为民法典所称的"交易习惯"：

（一）当事人之间在交易活动中的惯常做法；

（二）在交易行为当地或者某一领域、某一行业通常采用并为交易对方订立合同时所知道或者应当知道的做法。

对于交易习惯，由提出主张的当事人一方承担举证责任。

⊙《**最高人民法院关于审理买卖合同纠纷案件适用法律问题的解释**》（2020年12月29日修正）

第四条 民法典第五百九十九条规定的“提取标的物单证以外的有关单证和资料”，主要应当包括保险单、保修单、普通发票、增值税专用发票、产品合格证、质量保证书、质量鉴定书、品质检验证书、产品进出口检疫书、原产地证明书、使用说明书、装箱单等。

第六百条 【知识产权归属】 出卖具有知识产权的标的物的，除法律另有规定或者当事人另有约定外，该标的物的知识产权不属于买受人。

法 律

⊙《**著作权法**》（2020年11月11日修正）

第二十条 作品原件所有权的转移，不改变作品著作权的归属，但美术、摄影作品原件的展览权由原件所有人享有。

作者将未发表的美术、摄影作品的原件所有权转让给他人，受让人展览该原件不构成对作者发表权的侵犯。

第六百零一条 【标的物交付期限】 出卖人应当按照约定的时间交付标的物。约定交付期限的，出卖人可以在该交付期限内的任何时间交付。

公 约

⊙《**联合国国际货物销售合同公约**》（1980年4月11日订于维也纳）

第三十三条 卖方必须按以下规定的日期交付货物：

（a）如果合同规定有日期，或从合同可以确定日期，应在该日期交货；

（b）如果合同规定有一段时间，或从合同可以确定一段时间，除非情况表明应

由买方选定一个日期外，应在该段时间内任何时候交货；或者

（c）在其他情况下，应在订立合同后一段合理时间内交货。

第六百零二条　【标的物交付期限不明时的处理】当事人没有约定标的物的交付期限或者约定不明确的，适用本法第五百一十条、第五百一十一条第四项的规定。

法　律

⊙**《民法典》（合同编）**（2020 年 5 月 28 日）

第五百一十条　合同生效后，当事人就质量、价款或者报酬、履行地点等内容没有约定或者约定不明确的，可以协议补充；不能达成补充协议的，按照合同相关条款或者交易习惯确定。

第五百一十一条　当事人就有关合同内容约定不明确，依据前条规定仍不能确定的，适用下列规定：

（一）质量要求不明确的，按照强制性国家标准履行；没有强制性国家标准的，按照推荐性国家标准履行；没有推荐性国家标准的，按照行业标准履行；没有国家标准、行业标准的，按照通常标准或者符合合同目的的特定标准履行。

（二）价款或者报酬不明确的，按照订立合同时履行地的市场价格履行；依法应当执行政府定价或者政府指导价的，依照规定履行。

（三）履行地点不明确，给付货币的，在接受货币一方所在地履行；交付不动产的，在不动产所在地履行；其他标的，在履行义务一方所在地履行。

（四）履行期限不明确的，债务人可以随时履行，债权人也可以随时请求履行，但是应当给对方必要的准备时间。

（五）履行方式不明确的，按照有利于实现合同目的的方式履行。

（六）履行费用的负担不明确的，由履行义务一方负担；因债权人原因增加的履行费用，由债权人负担。

第六百零三条 【标的物交付地点】出卖人应当按照约定的地点交付标的物。

当事人没有约定交付地点或者约定不明确，依据本法第五百一十条的规定仍不能确定的，适用下列规定：

（一）标的物需要运输的，出卖人应当将标的物交付给第一承运人以运交给买受人；

（二）标的物不需要运输，出卖人和买受人订立合同时知道标的物在某一地点的，出卖人应当在该地点交付标的物；不知道标的物在某一地点的，应当在出卖人订立合同时的营业地交付标的物。

公　约

⊙**《联合国国际货物销售合同公约》**（1980 年 4 月 11 日订于维也纳）

第三十一条　如果卖方没有义务要在任何其他特定地点交付货物，他的交货义务如下：

（a）如果销售合同涉及到货物的运输，卖方应把货物移交给第一承运人，以运交给买方；

（b）在不属于上款规定的情况下，如果合同指的是特定货物或从特定存货中提取的或尚待制造或生产的未经特定化的货物，而双方当事人在订立合同时已知道这些货物是在某一特定地点，或将在某一特定地点制造或生产，卖方应在该地点把货物交给买方处置；

（c）在其他情况下，卖方应在他于订立合同时的营业地把货物交给买方处置。

司法解释及文件

⊙《**最高人民法院关于审理买卖合同纠纷案件适用法律问题的解释**》（2020年12月29日修正）

第八条　民法典第六百零三条第二款第一项规定的“标的物需要运输的”，是指标的物由出卖人负责办理托运，承运人系独立于买卖合同当事人之外的运输业者的情形。标的物毁损、灭失的风险负担，按照民法典第六百零七条第二款的规定处理。

第六百零四条　【标的物毁损、灭失的风险负担】标的物毁损、灭失的风险，在标的物交付之前由出卖人承担，交付之后由买受人承担，但是法律另有规定或者当事人另有约定的除外。

公　约

⊙《**联合国国际货物销售合同公约**》（1980年4月11日订于维也纳）

第六十六条　货物在风险移转到买方承担后遗失或损坏，买方支付价款的义务并不因此解除，除非这种遗失或损坏是由于卖方的行为或不行为所造成。

司法解释及文件

⊙《**最高人民法院关于审理买卖合同纠纷案件适用法律问题的解释**》（2020年12月29日修正）

第九条　出卖人根据合同约定将标的物运送至买受人指定地点并交付给承运人后，标的物毁损、灭失的风险由买受人负担，但当事人另有约定的除外。

第十一条　当事人对风险负担没有约定，标的物为种类物，出卖人未以装运单据、加盖标记、通知买受人等可识别的方式清楚地将标的物特定于买卖合同，买受人主张不负担标的物毁损、灭失的风险的，人民法院应予支持。

⊙《**最高人民法院关于审理商品房买卖合同纠纷案件适用法律若干问题的解释**》（2020年12月29日修正）

第八条 对房屋的转移占有，视为房屋的交付使用，但当事人另有约定的除外。

房屋毁损、灭失的风险，在交付使用前由出卖人承担，交付使用后由买受人承担；买受人接到出卖人的书面交房通知，无正当理由拒绝接收的，房屋毁损、灭失的风险自书面交房通知确定的交付使用之日起由买受人承担，但法律另有规定或者当事人另有约定的除外。

第六百零五条 【迟延交付标的物的风险承担】因买受人的原因致使标的物未按照约定的期限交付的，买受人应当自违反约定时起承担标的物毁损、灭失的风险。

公　约

⊙《**联合国国际货物销售合同公约**》（1980年4月11日订于维也纳）

第六十九条

（1）在不属于第六十七条和第六十八条规定的情况下，从买方接收货物时起，或如果买方不在适当时间内这样做，则从货物交给他处置但他不收取货物从而违反合同时起，风险移转到买方承担。

（2）但是，如果买方有义务在卖方营业地以外的某一地点接收货物，当交货时间已到而买方知道货物已在该地点交给他处置时，风险方始移转。

（3）如果合同指的是当时未加识别的货物，则这些货物在未清楚注明有关合同以前，不得视为已交给买方处置。

司法解释及文件

⊙《**最高人民法院关于审理商品房买卖合同纠纷案件适用法律若干问题的解释**》（2020年12月29日修正）

第八条　对房屋的转移占有，视为房屋的交付使用，但当事人另有约定的除外。

房屋毁损、灭失的风险，在交付使用前由出卖人承担，交付使用后由买受人承担；买受人接到出卖人的书面交房通知，无正当理由拒绝接收的，房屋毁损、灭失的风险自书面交房通知确定的交付使用之日起由买受人承担，但法律另有规定或者当事人另有约定的除外。

第六百零六条　【在途标的物的风险承担】出卖人出卖交由承运人运输的在途标的物，除当事人另有约定外，毁损、灭失的风险自合同成立时起由买受人承担。

公　约

⊙《**联合国国际货物销售合同公约**》（1980年4月11日订于维也纳）

第六十八条　对于在运输途中销售的货物，从订立合同时起，风险就移转到买方承担。但是，如果情况表明有此需要，从货物交付给签发载有运输合同单据的承运人时起，风险就由买方承担。尽管如此，如果卖方在订立合同时已知道或理应知道货物已经遗失或损坏，而他又不将这一事实告之买方，则这种遗失或损坏应由卖方负责。

第七十条　如果卖方已根本违反合同，第六十七条、第六十八条和第六十九条的规定，不损害买方因此种违反合同而可以采取的各种补救办法。

司法解释及文件

⊙《**最高人民法院关于审理买卖合同纠纷案件适用法律问题的解释**》（2020 年 12 月 29 日修正）

第十条 出卖人出卖交由承运人运输的在途标的物，在合同成立时知道或者应当知道标的物已经毁损、灭失却未告知买受人，买受人主张出卖人负担标的物毁损、灭失的风险的，人民法院应予支持。

第六百零七条 【需要运输的标的物风险承担】出卖人按照约定将标的物运送至买受人指定地点并交付给承运人后，标的物毁损、灭失的风险由买受人承担。

当事人没有约定交付地点或者约定不明确，依据本法第六百零三条第二款第一项的规定标的物需要运输的，出卖人将标的物交付给第一承运人后，标的物毁损、灭失的风险由买受人承担。

公　约

⊙《**联合国国际货物销售合同公约**》（1980 年 4 月 11 日订于维也纳）

第六十七条

（1）如果销售合同涉及到货物的运输，但卖方没有义务在某一特定地点交付货物，自货物按照销售合同交付给第一承运人以转交给买方时起，风险就移转到买方承担。如果卖方有义务在某一特定地点把货物交付给承运人，在货物于该地点交付给承运人以前，风险不移转到买方承担。卖方受权保留控制货物处置权的单据，并不影响风险的移转。

（2）但是，在货物以货物上加标记、或以装运单据、或向买方发出通知或其他方式清楚地注明有关合同以前，风险不移转到买方承担。

司法解释及文件

⊙《**最高人民法院关于审理买卖合同纠纷案件适用法律问题的解释**》（2020年12月29日修正）

第九条　出卖人根据合同约定将标的物运送至买受人指定地点并交付给承运人后，标的物毁损、灭失的风险由买受人负担，但当事人另有约定的除外。

第六百零八条　【买受人不履行接收标的物义务的风险承担】出卖人按照约定或者依据本法第六百零三条第二款第二项的规定将标的物置于交付地点，买受人违反约定没有收取的，标的物毁损、灭失的风险自违反约定时起由买受人承担。

公　约

⊙《**联合国国际货物销售合同公约**》（1980年4月11日订于维也纳）

第六十九条

（1）在不属于第六十七条和第六十八条规定的情况下，从买方接收货物时起，或如果买方不在适当时间内这样做，则从货物交给他处置但他不收取货物从而违反合同时起，风险移转到买方承担。

（2）但是，如果买方有义务在卖方营业地以外的某一地点接收货物，当交货时间已到而买方知道货物已在该地点交给他处置时，风险方始移转。

（3）如果合同指的是当时未加识别的货物，则这些货物在未清楚注明有关合同以前，不得视为已交给买方处置。

第六百零九条　【未交付单证、资料不影响风险转移】出卖人按照约定未交付有关标的物的单证和资料的，不影响标的物毁损、灭失风险的转移。

公 约

⊙**《联合国国际货物销售合同公约》**（1980年4月11日订于维也纳）

第六十七条

（1）如果销售合同涉及到货物的运输，但卖方没有义务在某一特定地点交付货物，自货物按照销售合同交付给第一承运人以转交给买方时起，风险就移转到买方承担。如果卖方有义务在某一特定地点把货物交付给承运人，在货物于该地点交付给承运人以前，风险不移转到买方承担。卖方受权保留控制货物处置权的单据，并不影响风险的移转。

（2）但是，在货物以货物上加标记、或以装运单据、或向买方发出通知或其他方式清楚地注明有关合同以前，风险不移转到买方承担。

第六百一十条 【根本违约与风险承担】因标的物不符合质量要求，致使不能实现合同目的的，买受人可以拒绝接受标的物或者解除合同。买受人拒绝接受标的物或者解除合同的，标的物毁损、灭失的风险由出卖人承担。

司法解释及文件

⊙**《最高人民法院关于审理商品房买卖合同纠纷案件适用法律若干问题的解释》**（2020年12月29日修正）

第九条 因房屋主体结构质量不合格不能交付使用，或者房屋交付使用后，房屋主体结构质量经核验确属不合格，买受人请求解除合同和赔偿损失的，应予支持。

第十条 因房屋质量问题严重影响正常居住使用，买受人请求解除合同和赔偿损失的，应予支持。

交付使用的房屋存在质量问题，在保修期内，出卖人应当承担修复责任；出卖人拒绝修复或者在合理期限内拖延修复的，买受人可以自行或者委托他人修复。修复费用及修复期间造成的其他损失由出卖人承担。

第六百一十一条 【风险承担与违约责任】标的物毁损、灭失的风险由买受人承担的，不影响因出卖人履行义务不符合约定，买受人请求其承担违约责任的权利。

公 约

⊙**《联合国国际货物销售合同公约》**（1980年4月11日订于维也纳）

第三十六条

（1）卖方应按照合同和本公约的规定，对风险移转到买方时所存在的任何不符合同情形，负有责任，即使这种不符合同情形在该时间后方始明显。

（2）卖方对在上一款所述时间后发生的任何不符合同情形，也应负有责任，如果这种不符合同情形是由于卖方违反他的某项义务所致，包括违反关于在一段时间内货物将继续适用于其通常使用的目的或某种特定目的，或将保持某种特定质量或性质的任何保证。

第六十八条 对于在运输途中销售的货物，从订立合同时起，风险就移转到买方承担。但是，如果情况表明有此需要，从货物交付给签发载有运输合同单据的承运人时起，风险就由买方承担。尽管如此，如果卖方在订立合同时已知道或理应知道货物已经遗失或损坏，而他又不将这一事实告之买方，则这种遗失或损坏应由卖方负责。

第六百一十二条 【出卖人权利瑕疵担保义务】出卖人就交付的标的物，负有保证第三人对该标的物不享有任何权利的义务，但是法律另有规定的除外。

公 约

⊙**《联合国国际货物销售合同公约》**（1980年4月11日订于维也纳）

第四十一条 卖方所交付的货物，必须是第三方不能提出任何权利或要求的货物，除非买方同意在这种权利或要求的条件下，收取货物。但是，如果这种权利或要求是以工业产权或其他知识产权为基础的，卖方的义务应依照第四十二条的规定。

第四十二条

（1）卖方所交付的货物，必须是第三方不能根据工业产权或其他知识产权主张任何权利或要求的货物，但以卖方在订立合同时已知道或不可能不知道的权利或要求为限，而且这种权利或要求根据以下国家的法律规定是以工业产权或其他知识产权为基础的：

（a）如果双方当事人在订立合同时预期货物将在某一国境内转售或做其他使用，则根据货物将在其境内转售或做其他使用的国家的法律；或者

（b）在任何其他情况下，根据买方营业地所在国家的法律。

（2）卖方在上一款中的义务不适用于以下情况：

（a）买方在订立合同时已知道或不可能不知道此项权利或要求；或者

（b）此项权利或要求的发生，是由于卖方要遵照买方所提供的技术图样、图案、程式或其他规格。

第六百一十三条 【出卖人权利瑕疵担保义务免除】买受人订立合同时知道或者应当知道第三人对买卖的标的物享有权利的，出卖人不承担前条规定的义务。

公 约

⊙**《联合国国际货物销售合同公约》**（1980 年 4 月 11 日订于维也纳）

第四十三条

（1）买方如果不在已知道或理应知道第三方的权利或要求后一段合理时间内，将此一权利或要求的性质通知卖方，就丧失援引第四十一条或第四十二条规定的权利。

（2）卖方如果知道第三方的权利或要求以及此一权利或要求的性质，就无权援引上一款的规定。

第六百一十四条 【中止支付价款权】买受人有确切证据证明第三人对标的物享有权利的，可以中止支付相应的价款，但是出卖人提供适当担保的除外。

第六百一十五条 【标的物的质量要求】出卖人应当按照约定的质量要求交付标的物。出卖人提供有关标的物质量说明的，交付的标的物应当符合该说明的质量要求。

法 律

⊙《**消费者权益保护法**》(2013 年 10 月 25 日修正)

第二十三条 经营者应当保证在正常使用商品或者接受服务的情况下其提供的商品或者服务应当具有的质量、性能、用途和有效期限；但消费者在购买该商品或者接受该服务前已经知道其存在瑕疵，且存在该瑕疵不违反法律强制性规定的除外。

经营者以广告、产品说明、实物样品或者其他方式表明商品或者服务的质量状况的，应当保证其提供的商品或者服务的实际质量与表明的质量状况相符。

经营者提供的机动车、计算机、电视机、电冰箱、空调器、洗衣机等耐用商品或者装饰装修等服务，消费者自接受商品或者服务之日起六个月内发现瑕疵，发生争议的，由经营者承担有关瑕疵的举证责任。

公 约

⊙《**联合国国际货物销售合同公约**》(1980 年 4 月 11 日订于维也纳)

第三十五条

(1)卖方交付的货物必须与合同所规定的数量、质量和规格相符，并须按照合同所规定的方式装箱或包装。

(2)除双方当事人业已另有协议外，货物除非符合以下规定，否则即为与合同不符：

（a）货物适用于同一规格货物通常使用的目的；

（b）货物适用于订立合同时曾明示或默示地通知卖方的任何特定目的，除非情况表明买方并不依赖卖方的技能和判断力，或者这种依赖对他是不合理的；

（c）货物的质量与卖方向买方提供的货物样品或样式相同；

（d）货物按照同类货物通用的方式装箱或包装，如果没有此种通用方式，则按照足以保全和保护货物的方式装箱或包装。

（3）如果买方在订立合同时知道或者不可能不知道货物不符合同，卖方就无须按上一款（a）项至（d）项负有此种不符合同的责任。

司法解释及文件

⊙《最高人民法院关于审理买卖合同纠纷案件适用法律问题的解释》（2020年12月29日修正）

第二十四条 买受人在缔约时知道或者应当知道标的物质量存在瑕疵，主张出卖人承担瑕疵担保责任的，人民法院不予支持，但买受人在缔约时不知道该瑕疵会导致标的物的基本效用显著降低的除外。

⊙《最高人民法院关于审理商品房买卖合同纠纷案件适用法律若干问题的解释》（2020年12月29日修正）

第九条 因房屋主体结构质量不合格不能交付使用，或者房屋交付使用后，房屋主体结构质量经核验确属不合格，买受人请求解除合同和赔偿损失的，应予支持。

第十条 因房屋质量问题严重影响正常居住使用，买受人请求解除合同和赔偿损失的，应予支持。

交付使用的房屋存在质量问题，在保修期内，出卖人应当承担修复责任；出卖人拒绝修复或者在合理期限内拖延修复的，买受人可以自行或者委托他人修复。修复费用及修复期间造成的其他损失由出卖人承担。

公报案例

⊙捷跑电子科技有限公司诉青岛海信进出口有限公司国际货物买卖合同纠纷案（《最高人民法院公报》2013年第11期）

【关键词】

瑕疵　质量要求

【案例要旨】

标的物瑕疵担保责任中的"质量要求"，在国际货物买卖合同中，通常包括产品出口国与进口国规定的技术标准与质量要求。在买卖双方未就质量标准和要求事先作出明确、具体约定的情况下，由于产品交付前后两次检验在项目、技术规范方面的可比性，使得产品交付前后的检验变化更能有针对性地反映产品的质量状况。

⊙杨某某诉东台市东盛房地产开发有限公司商品房销售合同纠纷案（《最高人民法院公报》2010年第11期）

【关键词】

瑕疵担保　损失　赔偿

【案例要旨】

买卖合同中，出卖人对出卖物负有瑕疵担保责任，这种责任的承担，不以出卖人有无过错为前提，而只以出卖物存在瑕疵为条件。在商品房买卖合同中，虽然施工设计文件经过有关部门审核且房屋经竣工验收合格，但这仅属对工程施工的管理规范要求，其并不能在民事诉讼中作为当然有效的抗辩事由，更不能对抗质量不合格事项的客观事实，因而其对未设置屋顶保温层等引起的温度裂缝之类瑕疵，仍应承担相关民事责任。

第六百一十六条　【标的物质量要求不明时的处理】当事人对标的物的质量要求没有约定或者约定不明确，依据本法第五百一十条的规定仍不能确定的，适用本法第五百一十一条第一项的规定。

法　律

⊙**《民法典》（合同编）**（2020 年 5 月 28 日）

第五百一十条　合同生效后，当事人就质量、价款或者报酬、履行地点等内容没有约定或者约定不明确的，可以协议补充；不能达成补充协议的，按照合同相关条款或者交易习惯确定。

第五百一十一条　当事人就有关合同内容约定不明确，依据前条规定仍不能确定的，适用下列规定：

（一）质量要求不明确的，按照强制性国家标准履行；没有强制性国家标准的，按照推荐性国家标准履行；没有推荐性国家标准的，按照行业标准履行；没有国家标准、行业标准的，按照通常标准或者符合合同目的的特定标准履行。

（二）价款或者报酬不明确的，按照订立合同时履行地的市场价格履行；依法应当执行政府定价或者政府指导价的，依照规定履行。

（三）履行地点不明确，给付货币的，在接受货币一方所在地履行；交付不动产的，在不动产所在地履行；其他标的，在履行义务一方所在地履行。

（四）履行期限不明确的，债务人可以随时履行，债权人也可以随时请求履行，但是应当给对方必要的准备时间。

（五）履行方式不明确的，按照有利于实现合同目的的方式履行。

（六）履行费用的负担不明确的，由履行义务一方负担；因债权人原因增加的履行费用，由债权人负担。

部门规章及规范性文件

⊙**《部分商品修理更换退货责任规定》**（1995 年 8 月 25 日　国经贸〔1995〕458 号）

第二条　本规定所称部分商品，系指《实施三包的部分商品目录》（以下简称目录）中所列产品。

目录由国务院产品质量监督管理部门会同商业主管部门、工业主管部门共同制定和调整，由国务院产品质量监督管理部门发布。

第三条　列入目录的产品实行谁经销谁负责三包的原则。销售者与生产者、销售者与供货者、销售者与修理者之间订立的合同，不得免除本规定的三包责任和义务。

第四条　目录中规定的指标是履行三包规定的最基本要求。国家鼓励销售者和生产者制定严于本规定的三包实施细则。

本规定不免除未列入目录产品的三包责任和销售者、生产者向消费者承诺的高于列入目录产品三包的责任。

第五条　销售者应当履行下列义务：

（一）不能保证实施三包规定的，不得销售目录所列产品；

（二）保持销售产品的质量；

（三）执行进货检查验收制度，不符合法定标识要求的，一律不准销售；

（四）产品出售时，应当开箱检验，正确调试，介绍使用维护事项、三包方式及修理单位，提供有效发票和三包凭证。

（五）妥善处理消费者的查询、投诉，并提供服务。

第六条　修理者应当履行下列义务：

（一）承担修理服务业务；

（二）维护销售者、生产者的信誉，不得使用与产品技术要求不符的元器件和零配件。认真记录故障及修理后产品质量状况，保证修理后的产品能够正常使用 30 日以上；

（三）保证修理费用和修理配件全部用于修理。接受销售者、生产者的监督和检查；

（四）承担因自身修理失误造的责任和损失；

（五）接受消费者有关产品修理质量的查询。

第七条　生产者应当履行下列义务：

（一）明确三包方式。生产者自行设置或者指定修理单位的，必须随产品向消费者提供三包凭证、修理单位的名单、地址、联系电话等；

（二）向负责修理的销售者、修理者提供修理技术资料、合格的修理配件，负责培训，提供修理费用。保证在产品停产后五年内继续提供符合技术要求的零配件；

（三）妥善处理消费者直接或者间接的查询，并提供服务。

第八条 三包有效期自开具发票之日起计算，扣除因修理占用和无零配件待修的时间。

三包有效期内消费者凭发票及三包凭证办理修理、换货、退货。

第九条 产品自售出之日起 7 日内，发生性能故障，消费者可以选择退货、换货或修理。退货时，销售者应当按发票价格一次退清货款，然后依法向生产者、供货者追偿或者按购销合同办理。

第十条 产品自售出之日起 15 日内，发生性能故障，消费者可以选择换货或者修理。换货时，销售者应当免费为消费者调换同型号同规模的产品，然后依法向生产者、供货者追偿或者按购销合同办理。

第十一条 在三包有效期内，修理两次，仍不能正常使用的产品，凭修理者提供的修理记录和证明，由销售者负责为消费者免费调换同型号同规格的产品或者按本规定第十三条的规定退货，然后依法向生产者、供货者追偿或者按购销合同办理。

第十二条 在三包有效期内，因生产者未供应零配件，自送修之日起超过 90 日未修好的，修理者应当在修理状况中注明，销售者凭此据免费为消费者调换同型号同规格产品。然后依法向生产者、供货者追偿或者按购销合同办理。

因修理者自身原因使修理期超过 30 日的，由其免费为消费者调换同型号同规格产品。费用由修理者承担。

第十三条 在三包有效期内，符合换货条件的，销售者因无同型号同规格产品，消费者不愿调换其他型号、规格产品而要求退货的，销售者应予以退货；有同型号同规格产品，消费者不愿调换而要求退货的，销售者应当予以退货，对已使用过的商品按本规定收取折旧费。

折旧费计算自开具发票之日起至退货之日止，其中应当扣除修理占用和待修的时间。

第十四条 换货时，凡属残次产品、不合格产品或者修理过的产品均不得提供给消费者。

换货后的三包有效期自换货之日起重新计算。由销售者在发票背面加盖更换章并提供新的三包凭证或者在三包凭证背面加盖更换章。

第十五条　在三包有效期内，除因消费者使用保管不当致使产品不能正常使用外，由修理者免费修理（包括材料费和工时费）。

对应当进行三包的大件产品，修理者应当提供合理的运输费用，然后依法向生产者或者销售者追偿，或者按合同办理。

第十六条　在三包有效期内，提倡销售者、修理者、生产者上门提供三包服务。

第十七条　属下列情况之一者，不实行三包，但是可以实行收费修理：

（一）消费者因使用、维护、保管不当造成损坏的；

（二）非承担三包修理者拆动造成损坏的；

（三）无三包凭证及有效发票的；

（四）三包凭证型号与修理产品型号不符或者涂改的；

（五）因不可抗拒力造成损坏的。

第十八条　修理费用由生产者提供。修理费用指三包有效期内保证正常修理的待支费用。

第十九条　销售者负责修理的产品，生产者按照合同或者协议一次拨出费用，具体办法由产销双方商定。销售者委托或者指定修理者的，其修理费的支付形式由销售者和修理者双方合同约定。专款专用。生产者自行选择其他方式或者自行设置修理网点的，由生产者直接提供修理费用。

第二十条　生产者、销售者、修理者破产、倒闭、兼并、分立的，其三包责任按国家有关法规执行。

第二十一条　消费者因产品三包问题与销售者、修理者、生产者发生纠纷时，可以向消费者协会、质量管理协会用户委员会和其他有关组织申请调解，有关组织应当积极受理。

第二十二条　销售者、修理者、生产者未按本规定执行三包的，消费者可以向产品质量监督管理部门或者工商行政管理部门申诉，由上述部门责令其按三包规定办理。消费者也可以依法申请仲裁解决，还可以直接向人民法院起诉。

第六百一十七条 【标的物质量不符合要求时买受人的权利】 出卖人交付的标的物不符合质量要求的，买受人可以依据本法第五百八十二条至第五百八十四条的规定请求承担违约责任。

司法解释及文件

⊙**《最高人民法院关于审理买卖合同纠纷案件适用法律问题的解释》**（2020 年 12 月 29 日修正）

第十六条 买受人在检验期限、质量保证期、合理期限内提出质量异议，出卖人未按要求予以修理或者因情况紧急，买受人自行或者通过第三人修理标的物后，主张出卖人负担因此发生的合理费用的，人民法院应予支持。

第六百一十八条 【瑕疵担保责任减免的特殊约定效力】 当事人约定减轻或者免除出卖人对标的物瑕疵承担的责任，因出卖人故意或者重大过失不告知买受人标的物瑕疵的，出卖人无权主张减轻或者免除责任。

司法解释及文件

⊙**《最高人民法院关于审理买卖合同纠纷案件适用法律问题的解释》**（2020 年 12 月 29 日修正）

第二十四条 买受人在缔约时知道或者应当知道标的物质量存在瑕疵，主张出卖人承担瑕疵担保责任的，人民法院不予支持，但买受人在缔约时不知道该瑕疵会导致标的物的基本效用显著降低的除外。

第六百一十九条　【标的物包装方式】出卖人应当按照约定的包装方式交付标的物。对包装方式没有约定或者约定不明确，依据本法第五百一十条的规定仍不能确定的，应当按照通用的方式包装；没有通用方式的，应当采取足以保护标的物且有利于节约资源、保护生态环境的包装方式。

公　约

⊙**《联合国国际货物销售合同公约》**（1980年4月11日订于维也纳）

第三十五条

（1）卖方交付的货物必须与合同所规定的数量、质量和规格相符，并须按照合同所规定的方式装箱或包装。

（2）除双方当事人业已另有协议外，货物除非符合以下规定，否则即为与合同不符：

（a）货物适用于同一规格货物通常使用的目的；

（b）货物适用于订立合同时曾明示或默示地通知卖方的任何特定目的，除非情况表明买方并不依赖卖方的技能和判断力，或者这种依赖对他是不合理的；

（c）货物的质量与卖方向买方提供的货物样品或样式相同；

（d）货物按照同类货物通用的方式装箱或包装，如果没有此种通用方式，则按照足以保全和保护货物的方式装箱或包装。

（3）如果买方在订立合同时知道或者不可能不知道货物不符合同，卖方就无须按上一款（a）项至（d）项负有此种不符合同的责任。

第六百二十条　【买受人的检验义务】买受人收到标的物时应当在约定的检验期限内检验。没有约定检验期限的，应当及时检验。

公 约

⊙《**联合国国际货物销售合同公约**》（1980 年 4 月 11 日订于维也纳）

第三十八条

（1）买方必须在按情况实际可行的最短时间内检验货物或由他人检验货物。

（2）如果合同涉及到货物的运输，检验可推迟到货物到达目的地后进行。

（3）如果货物在运输途中改运或买方须再发运货物，没有合理机会加以检验，而卖方在订立合同时已知道或理应知道这种改运或再发运的可能性，检验可推迟到货物到达新目的地后进行。

第六百二十一条　【买受人的通知义务】当事人约定检验期限的，买受人应当在检验期限内将标的物的数量或者质量不符合约定的情形通知出卖人。买受人怠于通知的，视为标的物的数量或者质量符合约定。

当事人没有约定检验期限的，买受人应当在发现或者应当发现标的物的数量或者质量不符合约定的合理期限内通知出卖人。买受人在合理期限内未通知或者自收到标的物之日起二年内未通知出卖人的，视为标的物的数量或者质量符合约定；但是，对标的物有质量保证期的，适用质量保证期，不适用该二年的规定。

出卖人知道或者应当知道提供的标的物不符合约定的，买受人不受前两款规定的通知时间的限制。

公 约

⊙《**联合国国际货物销售合同公约**》（1980 年 4 月 11 日订于维也纳）

第三十九条

（1）买方对货物不符合同，必须在发现或理应发现不符情形后一段合理时间内通知卖方，说明不符合同情形的性质，否则就丧失声称货物不符合同的权利。

（2）无论如何，如果买方不在实际收到货物之日起两年内将货物不符合同情形通知卖方，他就丧失声称货物不符合同的权利，除非这一时限与合同规定的保证期限不符。

第四十条　如果货物不符合同规定指的是卖方已知道或不可能不知道而又没有告知买方的一些事实，则卖方无权援引第三十八条和第三十九条的规定。

司法解释及文件

⊙**《最高人民法院关于审理买卖合同纠纷案件适用法律问题的解释》**（2020 年 12 月 29 日修正）

第十二条　人民法院具体认定民法典第六百二十一条第二款规定的“合理期限”时，应当综合当事人之间的交易性质、交易目的、交易方式、交易习惯、标的物的种类、数量、性质、安装和使用情况、瑕疵的性质、买受人应尽的合理注意义务、检验方法和难易程度、买受人或者检验人所处的具体环境、自身技能以及其他合理因素，依据诚实信用原则进行判断。

民法典第六百二十一条第二款规定的“二年”是最长的合理期限。该期限为不变期间，不适用诉讼时效中止、中断或者延长的规定。

第十三条　买受人在合理期限内提出异议，出卖人以买受人已经支付价款、确认欠款数额、使用标的物等为由，主张买受人放弃异议的，人民法院不予支持，但当事人另有约定的除外。

第十四条　民法典第六百二十一条规定的检验期限、合理期限、二年期限经过后，买受人主张标的物的数量或者质量不符合约定的，人民法院不予支持。

出卖人自愿承担违约责任后，又以上述期限经过为由翻悔的，人民法院不予支持。

适用要点

⊙ **如何合理确定买受人通知的合理期限**

合理期限是一个原则性的规定，在司法实践中，属于法官行使自由裁量权的范畴。判断买受人通知是否超过合理期限应当充分考虑到合同的目的、标的物的性质、标的物检验的难度、买受人检验能力等综合因素，以合理推定检验所需要的时间。在此基础上，还要考虑买受人将检验结果通知出卖人所需要的时间，以及买受人从事检验和通知事宜所必要的其他时间。除了上述重要因素之外，还应根据案件具体情况衡量是否存在其他合理因素。而这些因素的考量，必须根据诚信原则来检验是否合理。另外，还应明确适用合理期限的两个起算点：一个是买受人发现标的物数量或质量瑕疵的次日，另一个是买受人应当发现标的物数量或质量瑕疵的次日。应当发现，是指买受人对标的物进行正常的检验，并基于其合理的判断即能发现标的物的瑕疵，而不必凭借特殊的工具、仪器等设备或者有赖于有关专家的专业分析和判断。这个时间点是根据合同的目的、标的物的性质等具体情况作出的法律推定。在无法查明买受人是否发现标的物瑕疵的情形下，应使用合理推定的方法确定检验期限的起算点。

第六百二十二条 【检验期限或质量保证期过短的处理】当事人约定的检验期限过短，根据标的物的性质和交易习惯，买受人在检验期限内难以完成全面检验的，该期限仅视为买受人对标的物的外观瑕疵提出异议的期限。

约定的检验期限或者质量保证期短于法律、行政法规规定期限的，应当以法律、行政法规规定的期限为准。

法　律

⊙《**建筑法**》(2019年4月23日修正)

第六十二条　建筑工程实行质量保修制度。

建筑工程的保修范围应当包括地基基础工程、主体结构工程、屋面防水工程和其他土建工程，以及电气管线、上下水管线的安装工程，供热、供冷系统工程等项目；保修的期限应当按照保证建筑物合理寿命年限内正常使用，维护使用者合法权益的原则确定。具体的保修范围和最低保修期限由国务院规定。

行政法规

⊙《**道路运输条例**》（2023 年 7 月 20 日修订）

第四十四条　机动车维修经营者对机动车进行二级维护、总成修理或者整车修理的，应当进行维修质量检验。检验合格的，维修质量检验人员应当签发机动车维修合格证。

机动车维修实行质量保证期制度。质量保证期内因维修质量原因造成机动车无法正常使用的，机动车维修经营者应当无偿返修。

机动车维修质量保证期制度的具体办法，由国务院交通运输主管部门制定。

⊙《**建设工程质量管理条例**》（2019 年 4 月 23 日修订）

第三十九条　建设工程实行质量保修制度。

建设工程承包单位在向建设单位提交工程竣工验收报告时，应当向建设单位出具质量保修书。质量保修书中应当明确建设工程的保修范围、保修期限和保修责任等。

第四十条　在正常使用条件下，建设工程的最低保修期限为：

（一）基础设施工程、房屋建筑的地基基础工程和主体结构工程，为设计文件规定的该工程的合理使用年限；

（二）屋面防水工程、有防水要求的卫生间、房间和外墙面的防渗漏，为 5 年；

（三）供热与供冷系统，为 2 个采暖期、供冷期；

（四）电气管线、给排水管道、设备安装和装修工程，为 2 年。

其他项目的保修期限由发包方与承包方约定。

建设工程的保修期，自竣工验收合格之日起计算。

第四十一条 建设工程在保修范围和保修期限内发生质量问题的，施工单位应当履行保修义务，并对造成的损失承担赔偿责任。

⊙《**城市房地产开发经营管理条例**》（2020 年 11 月 29 日修订）

第三十条 房地产开发企业应当在商品房交付使用时，向购买人提供住宅质量保证书和住宅使用说明书。

住宅质量保证书应当列明工程质量监督单位核验的质量等级、保修范围、保修期和保修单位等内容。房地产开发企业应当按照住宅质量保证书的约定，承担商品房保修责任。

保修期内，因房地产开发企业对商品房进行维修，致使房屋原使用功能受到影响，给购买人造成损失的，应当依法承担赔偿责任。

⊙《**民用建筑节能条例**》（2008 年 8 月 1 日）

第二十三条 在正常使用条件下，保温工程的最低保修期限为 5 年。保温工程的保修期，自竣工验收合格之日起计算。

保温工程在保修范围和保修期内发生质量问题的，施工单位应当履行保修义务，并对造成的损失依法承担赔偿责任。

⊙《**城市道路管理条例**》（2019 年 3 月 24 日修订）

第十八条 城市道路实行工程质量保修制度。城市道路的保修期为 1 年，自交付使用之日起计算。保修期内出现工程质量问题，由有关责任单位负责保修。

⊙《**农业机械安全监督管理条例**》（2019 年 3 月 2 日修订）

第十九条 农业机械维修经营者应当遵守国家有关维修质量安全技术规范和维修质量保证期的规定，确保维修质量。

从事农业机械维修不得有下列行为：

（一）使用不符合农业机械安全技术标准的零配件；

（二）拼装、改装农业机械整机；

（三）承揽维修已经达到报废条件的农业机械；

（四）法律、法规和国务院农业机械化主管部门规定的其他禁止性行为。

司法解释及文件

⊙**《最高人民法院关于适用〈中华人民共和国民法典〉合同编通则若干问题的解释》**（2023 年 12 月 4 日　法释〔2023〕13 号）

第二条　下列情形，不违反法律、行政法规的强制性规定且不违背公序良俗的，人民法院可以认定为民法典所称的“交易习惯”：

（一）当事人之间在交易活动中的惯常做法；

（二）在交易行为当地或者某一领域、某一行业通常采用并为交易对方订立合同时所知道或者应当知道的做法。

对于交易习惯，由提出主张的当事人一方承担举证责任。

第六百二十三条　【未约定检验期限的处理】当事人对检验期限未作约定，买受人签收的送货单、确认单等载明标的物数量、型号、规格的，推定买受人已经对数量和外观瑕疵进行检验，但是有相关证据足以推翻的除外。

第六百二十四条　【向第三人履行情形之检验标准】出卖人依照买受人的指示向第三人交付标的物，出卖人和买受人约定的检验标准与买受人和第三人约定的检验标准不一致的，以出卖人和买受人约定的检验标准为准。

第六百二十五条　【出卖人的回收义务】依照法律、行政法规的规定或者按照当事人的约定，标的物在有效使用年限届满后应予回收的，出卖人负有自行或者委托第三人对标的物予以回收的义务。

法　律

⊙**《民法典》（合同编）**（2020 年 5 月 28 日）

第五百五十八条　债权债务终止后，当事人应当遵循诚信等原则，根据交易习惯履行通知、协助、保密、旧物回收等义务。

⊙《**固体废物污染环境防治法**》（2020 年 4 月 29 日修订）

第六十六条 国家建立电器电子、铅蓄电池、车用动力电池等产品的生产者责任延伸制度。

电器电子、铅蓄电池、车用动力电池等产品的生产者应当按照规定以自建或者委托等方式建立与产品销售量相匹配的废旧产品回收体系，并向社会公开，实现有效回收和利用。

国家鼓励产品的生产者开展生态设计，促进资源回收利用。

⊙《**循环经济促进法**》（2018 年 10 月 26 日修正）

第十五条 生产列入强制回收名录的产品或者包装物的企业，必须对废弃的产品或者包装物负责回收；对其中可以利用的，由各该生产企业负责利用；对因不具备技术经济条件而不适合利用的，由各该生产企业负责无害化处置。

对前款规定的废弃产品或者包装物，生产者委托销售者或者其他组织进行回收的，或者委托废物利用或者处置企业进行利用或者处置的，受托方应当依照有关法律、行政法规的规定和合同的约定负责回收或者利用、处置。

对列入强制回收名录的产品和包装物，消费者应当将废弃的产品或者包装物交给生产者或者其委托回收的销售者或者其他组织。

强制回收的产品和包装物的名录及管理办法，由国务院循环经济发展综合管理部门规定。

第六百二十六条 【买受人支付价款的数额和方式】买受人应当按照约定的数额和支付方式支付价款。对价款的数额和支付方式没有约定或者约定不明确的，适用本法第五百一十条、第五百一十一条第二项和第五项的规定。

公　约

⊙《**联合国国际货物销售合同公约**》（1980 年 4 月 11 日订于维也纳）

第五十三条　买方必须按照合同和本公约规定支付货物价款和收取货物。

第五十四条　买方支付价款的义务包括根据合同或任何有关法律和规章规定的步骤和手续，以便支付价款。

第五十五条　如果合同已有效的订立，但没有明示或暗示地规定价格或规定如何确定价格，在没有任何相反表示的情况下，双方当事人应视为已默示地引用订立合同时此种货物在有关贸易的类似情况下销售的通常价格。

第六百二十七条　【买受人支付价款的地点】买受人应当按照约定的地点支付价款。对支付地点没有约定或者约定不明确，依据本法第五百一十条的规定仍不能确定的，买受人应当在出卖人的营业地支付；但是，约定支付价款以交付标的物或者交付提取标的物单证为条件的，在交付标的物或者交付提取标的物单证的所在地支付。

公　约

⊙《**联合国国际货物销售合同公约**》（1980 年 4 月 11 日订于维也纳）

第五十七条

（1）如果买方没有义务在任何其他特定地点支付价款，他必须在以下地点向卖方支付价款：

（a）卖方的营业地；或者

（b）如凭移交货物或单据支付价款，则为移交货物或单据的地点。

（2）卖方必须承担因其营业地在订立合同后发生变动而增加的支付方面的有关费用。

第六百二十八条 【买受人支付价款的时间】买受人应当按照约定的时间支付价款。对支付时间没有约定或者约定不明确，依据本法第五百一十条的规定仍不能确定的，买受人应当在收到标的物或者提取标的物单证的同时支付。

公 约

⊙**《联合国国际货物销售合同公约》**（1980 年 4 月 11 日订于维也纳）

第五十八条

（1）如果买方没有义务在任何其他特定时间内支付价款，他必须于卖方按照合同和本公约规定将货物或控制货物处置权的单据交给买方处置时支付价款。卖方可以支付价款作为移交货物或单据的条件。

（2）如果合同涉及到货物的运输，卖方可以在支付价款后方可把货物或控制货物处置权的单据移交给买方作为发运货物的条件。

（3）买方在未有机会检验货物前，无义务支付价款，除非这种机会与双方当事人议定的交货或支付程序相抵触。

第五十九条 买方必须按合同和本公约规定的日期或从合同和本公约可以确定的日期支付价款，而无需卖方提出任何要求或办理任何手续。

第六百二十九条 【出卖人多交标的物的处理】出卖人多交标的物的，买受人可以接收或者拒绝接收多交的部分。买受人接收多交部分的，按照约定的价格支付价款；买受人拒绝接收多交部分的，应当及时通知出卖人。

公　约

⊙《**联合国国际货物销售合同公约**》（1980 年 4 月 11 日订于维也纳）

第五十二条

（1）如果卖方在规定的日期前交付货物，买方可以收取货物，也可以拒绝收取货物。

（2）如果卖方交付的货物数量大于合同规定的数量，买方可以收取也可以拒绝收取多交部分的货物。如果买方收取多交部分货物的全部或一部分，他必须按合同价格付款。

司法解释及文件

⊙《**最高人民法院关于审理买卖合同纠纷案件适用法律问题的解释**》（2020 年 12 月 29 日修正）

第三条　根据民法典第六百二十九条的规定，买受人拒绝接收多交部分标的物的，可以代为保管多交部分标的物。买受人主张出卖人负担代为保管期间的合理费用的，人民法院应予支持。

买受人主张出卖人承担代为保管期间非因买受人故意或者重大过失造成的损失的，人民法院应予支持。

第六百三十条　【标的物孳息的归属】标的物在交付之前产生的孳息，归出卖人所有；交付之后产生的孳息，归买受人所有。但是，当事人另有约定的除外。

法　律

⊙《**民法典**》（**物权编**）（2020 年 5 月 28 日）

第三百二十一条　天然孳息，由所有权人取得；既有所有权人又有用益物权人的，由用益物权人取得。当事人另有约定的，按照其约定。

法定孳息，当事人有约定的，按照约定取得；没有约定或者约定不明确的，按照交易习惯取得。

第六百三十一条 【解除合同与主从物的关系】因标的物的主物不符合约定而解除合同的，解除合同的效力及于从物。因标的物的从物不符合约定被解除的，解除的效力不及于主物。

法 律

⊙《**民法典**》(**物权编**)(2020年5月28日)

第三百二十条 主物转让的，从物随主物转让，但是当事人另有约定的除外。

第六百三十二条 【数物并存的合同解除】标的物为数物，其中一物不符合约定的，买受人可以就该物解除。但是，该物与他物分离使标的物的价值显受损害的，买受人可以就数物解除合同。

第六百三十三条 【分批交付标的物的合同解除】出卖人分批交付标的物的，出卖人对其中一批标的物不交付或者交付不符合约定，致使该批标的物不能实现合同目的的，买受人可以就该批标的物解除。

出卖人不交付其中一批标的物或者交付不符合约定，致使之后其他各批标的物的交付不能实现合同目的的，买受人可以就该批以及之后其他各批标的物解除。

买受人如果就其中一批标的物解除，该批标的物与其他各批标的物相互依存的，可以就已经交付和未交付的各批标的物解除。

公 约

⊙《**联合国国际货物销售合同公约**》(1980年4月11日订于维也纳)

第七十三条

(1)对于分批交付货物的合同,如果一方当事人不履行对任何一批货物的义务,便对该批货物构成根本违反合同,则另一方当事人可以宣告合同对该批货物无效。

(2)如果一方当事人不履行对任何一批货物的义务,使另一方当事人有充分理由断定对今后各批货物将会发生根本违反合同,该另一方当事人可以在一段合理时间内宣告合同今后无效。

(3)买方宣告合同对任何一批货物的交付为无效时,可以同时宣告合同对已交付的或今后交付的各批货物均为无效,如果各批货物是互相依存的,不能单独用于双方当事人在订立合同时所设想的目的。

第六百三十四条 【分期付款买卖中的合同解除】分期付款的买受人未支付到期价款的数额达到全部价款的五分之一,经催告后在合理期限内仍未支付到期价款的,出卖人可以请求买受人支付全部价款或者解除合同。

出卖人解除合同的,可以向买受人请求支付该标的物的使用费。

司法解释及文件

⊙《**最高人民法院关于审理买卖合同纠纷案件适用法律问题的解释**》(2020年12月29日修正)

第二十七条 民法典第六百三十四条第一款规定的"分期付款",系指买受人将应付的总价款在一定期限内至少分三次向出卖人支付。

分期付款买卖合同的约定违反民法典第六百三十四条第一款的规定,损害买受人利益,买受人主张该约定无效的,人民法院应予支持。

第二十八条 分期付款买卖合同约定出卖人在解除合同时可以扣留已受领价金，出卖人扣留的金额超过标的物使用费以及标的物受损赔偿额，买受人请求返还超过部分的，人民法院应予支持。

当事人对标的物的使用费没有约定的，人民法院可以参照当地同类标的物的租金标准确定。

指导案例

⊙**汤某某诉周某某股权转让纠纷案**（指导案例67号，最高人民法院审判委员会讨论通过，2016年9月19日发布）

【关键词】

分期付款　违约　解除合同

【案例要旨】

有限责任公司的股权分期支付转让款中发生股权受让人延迟或者拒付等违约情形，股权转让人要求解除双方签订的股权转让合同的，不适用《合同法》第一百六十七条（《民法典》第六百三十四条）关于分期付款买卖中出卖人在买受人未支付到期价款的金额达到合同全部价款的五分之一时即可解除合同的规定。

> **第六百三十五条　【凭样品买卖合同】**凭样品买卖的当事人应当封存样品，并可以对样品质量予以说明。出卖人交付的标的物应当与样品及其说明的质量相同。

公　约

⊙**《联合国国际货物销售合同公约》**（1980年4月11日订于维也纳）

第三十五条

（1）卖方交付的货物必须与合同所规定的数量、质量和规格相符，并须按照合同所规定的方式装箱或包装。

典型合同·买卖合同

（2）除双方当事人业已另有协议外，货物除非符合以下规定，否则即为与合同不符：

（a）货物适用于同一规格货物通常使用的目的；

（b）货物适用于订立合同时曾明示或默示地通知卖方的任何特定目的，除非情况表明买方并不依赖卖方的技能和判断力，或者这种依赖对他是不合理的；

（c）货物的质量与卖方向买方提供的货物样品或样式相同；

（d）货物按照同类货物通用的方式装箱或包装，如果没有此种通用方式，则按照足以保全和保护货物的方式装箱或包装。

（3）如果买方在订立合同时知道或者不可能不知道货物不符合同，卖方就无须按上一款（a）项至（d）项负有此种不符合同的责任。

第六百三十六条 【凭样品买卖合同样品存在隐蔽瑕疵的处理】 凭样品买卖的买受人不知道样品有隐蔽瑕疵的，即使交付的标的物与样品相同，出卖人交付的标的物的质量仍然应当符合同种物的通常标准。

司法解释及文件

⊙**《最高人民法院关于审理买卖合同纠纷案件适用法律问题的解释》**（2020年12月29日修正）

第二十九条　合同约定的样品质量与文字说明不一致且发生纠纷时当事人不能达成合意，样品封存后外观和内在品质没有发生变化的，人民法院应当以样品为准；外观和内在品质发生变化，或者当事人对是否发生变化有争议而又无法查明的，人民法院应当以文字说明为准。

第六百三十七条 【试用买卖的试用期限】 试用买卖的当事人可以约定标的物的试用期限。对试用期限没有约定或者约定不明确，依据本法第五百一十条的规定仍不能确定的，由出卖人确定。

司法解释及文件

⊙《**最高人民法院关于审理买卖合同纠纷案件适用法律问题的解释**》（2020年12月29日修正）

第三十条 买卖合同存在下列约定内容之一的，不属于试用买卖。买受人主张属于试用买卖的，人民法院不予支持：

（一）约定标的物经过试用或者检验符合一定要求时，买受人应当购买标的物；

（二）约定第三人经试验对标的物认可时，买受人应当购买标的物；

（三）约定买受人在一定期限内可以调换标的物；

（四）约定买受人在一定期限内可以退还标的物。

第六百三十八条 【试用买卖的效力】试用买卖的买受人在试用期内可以购买标的物，也可以拒绝购买。试用期限届满，买受人对是否购买标的物未作表示的，视为购买。

试用买卖的买受人在试用期内已经支付部分价款或者对标的物实施出卖、出租、设立担保物权等行为的，视为同意购买。

第六百三十九条 【试用买卖标的物的使用费】试用买卖的当事人对标的物使用费没有约定或者约定不明确的，出卖人无权请求买受人支付。

第六百四十条 【试用期内标的物毁损、灭失的风险】标的物在试用期内毁损、灭失的风险由出卖人承担。

第六百四十一条 【标的物所有权保留】当事人可以在买卖合同中约定买受人未履行支付价款或者其他义务的，标的物的所有权属于出卖人。

出卖人对标的物保留的所有权，未经登记，不得对抗善意第三人。

司法解释及文件

⊙《**最高人民法院关于审理买卖合同纠纷案件适用法律问题的解释**》（2020 年 12 月 29 日修正）

第二十五条 买卖合同当事人主张民法典第六百四十一条关于标的物所有权保留的规定适用于不动产的，人民法院不予支持。

⊙《**最高人民法院关于适用〈中华人民共和国民法典〉有关担保制度的解释**》（2020 年 12 月 31 日 法释〔2020〕28 号）

第一条 因抵押、质押、留置、保证等担保发生的纠纷，适用本解释。所有权保留买卖、融资租赁、保理等涉及担保功能发生的纠纷，适用本解释的有关规定。

第五十四条 动产抵押合同订立后未办理抵押登记，动产抵押权的效力按照下列情形分别处理：

（一）抵押人转让抵押财产，受让人占有抵押财产后，抵押权人向受让人请求行使抵押权的，人民法院不予支持，但是抵押权人能够举证证明受让人知道或者应当知道已经订立抵押合同的除外；

（二）抵押人将抵押财产出租给他人并移转占有，抵押权人行使抵押权的，租赁关系不受影响，但是抵押权人能够举证证明承租人知道或者应当知道已经订立抵押合同的除外；

（三）抵押人的其他债权人向人民法院申请保全或者执行抵押财产，人民法院已经作出财产保全裁定或者采取执行措施，抵押权人主张对抵押财产优先受偿的，人民法院不予支持；

（四）抵押人破产，抵押权人主张对抵押财产优先受偿的，人民法院不予支持。

第六十七条 在所有权保留买卖、融资租赁等合同中，出卖人、出租人的所有权未经登记不得对抗的“善意第三人”的范围及其效力，参照本解释第五十四条的规定处理。

⊙《**最高人民法院关于适用〈中华人民共和国企业破产法〉若干问题的规定（二）**》（2020 年 12 月 29 日修正）

第三十七条 买受人破产，其管理人决定继续履行所有权保留买卖合同的，原买卖合同中约定的买受人支付价款或者履行其他义务的期限在破产申请受理时视为到期，买受人管理人应当及时向出卖人支付价款或者履行其他义务。

买受人管理人无正当理由未及时支付价款或者履行完毕其他义务，或者将标的物出卖、出质或者作出其他不当处分，给出卖人造成损害，出卖人依据民法典第六百四十一条等规定主张取回标的物的，人民法院应予支持。但是，买受人已支付标的物总价款百分之七十五以上或者第三人善意取得标的物所有权或者其他物权的除外。

因本条第二款规定未能取回标的物，出卖人依法主张买受人继续支付价款、履行完毕其他义务，以及承担相应赔偿责任的，人民法院应予支持。对因买受人未支付价款或者未履行完毕其他义务，以及买受人管理人将标的物出卖、出质或者作出其他不当处分导致出卖人损害产生的债务，出卖人主张作为共益债务清偿的，人民法院应予支持。

第六百四十二条 【出卖人取回权】当事人约定出卖人保留合同标的物的所有权，在标的物所有权转移前，买受人有下列情形之一，造成出卖人损害的，除当事人另有约定外，出卖人有权取回标的物：

（一）未按照约定支付价款，经催告后在合理期限内仍未支付；

（二）未按照约定完成特定条件；

（三）将标的物出卖、出质或者作出其他不当处分。

出卖人可以与买受人协商取回标的物；协商不成的，可以参照适用担保物权的实现程序。

司法解释及文件

⊙**《最高人民法院关于审理买卖合同纠纷案件适用法律问题的解释》**（2020 年 12 月 29 日修正）

第二十六条　买受人已经支付标的物总价款的百分之七十五以上，出卖人主张取回标的物的，人民法院不予支持。

在民法典第六百四十二条第一款第三项情形下，第三人依据民法典第三百一十一条的规定已经善意取得标的物所有权或者其他物权，出卖人主张取回标的物的，人民法院不予支持。

⊙**《最高人民法院关于适用〈中华人民共和国民法典〉有关担保制度的解释》**（2020 年 12 月 31 日　法释〔2020〕28 号）

第六十四条　在所有权保留买卖中，出卖人依法有权取回标的物，但是与买受人协商不成，当事人请求参照民事诉讼法“实现担保物权案件”的有关规定，拍卖、变卖标的物的，人民法院应予准许。

出卖人请求取回标的物，符合民法典第六百四十二条规定的，人民法院应予支持；买受人以抗辩或者反诉的方式主张拍卖、变卖标的物，并在扣除买受人未支付的价款以及必要费用后返还剩余款项的，人民法院应当一并处理。

⊙**《最高人民法院关于适用〈中华人民共和国企业破产法〉若干问题的规定（二）》**（2020 年 12 月 29 日修正）

第二条　下列财产不应认定为债务人财产：

（一）债务人基于仓储、保管、承揽、代销、借用、寄存、租赁等合同或者其他法律关系占有、使用的他人财产；

（二）债务人在所有权保留买卖中尚未取得所有权的财产；

（三）所有权专属于国家且不得转让的财产；

（四）其他依照法律、行政法规不属于债务人的财产。

第三十五条　出卖人破产，其管理人决定继续履行所有权保留买卖合同的，买受人应当按照原买卖合同的约定支付价款或者履行其他义务。

买受人未依约支付价款或者履行完毕其他义务，或者将标的物出卖、出质或者作出其他不当处分，给出卖人造成损害，出卖人管理人依法主张取回标的物的，人民法院应予支持。但是，买受人已经支付标的物总价款百分之七十五以上或者第三人善意取得标的物所有权或者其他物权的除外。

因本条第二款规定未能取回标的物，出卖人管理人依法主张买受人继续支付价款、履行完毕其他义务，以及承担相应赔偿责任的，人民法院应予支持。

第三十八条　买受人破产，其管理人决定解除所有权保留买卖合同，出卖人依据企业破产法第三十八条的规定主张取回买卖标的物的，人民法院应予支持。

出卖人取回买卖标的物，买受人管理人主张出卖人返还已支付价款的，人民法院应予支持。取回的标的物价值明显减少给出卖人造成损失的，出卖人可从买受人已支付价款中优先予以抵扣后，将剩余部分返还给买受人；对买受人已支付价款不足以弥补出卖人标的物价值减损损失形成的债权，出卖人主张作为共益债务清偿的，人民法院应予支持。

第六百四十三条　【买受人回赎权与出卖人再出卖权】出卖人依据前条第一款的规定取回标的物后，买受人在双方约定或者出卖人指定的合理回赎期限内，消除出卖人取回标的物的事由的，可以请求回赎标的物。

买受人在回赎期限内没有回赎标的物，出卖人可以以合理价格将标的物出卖给第三人，出卖所得价款扣除买受人未支付的价款以及必要费用后仍有剩余的，应当返还买受人；不足部分由买受人清偿。

第六百四十四条　【招标投标买卖】招标投标买卖的当事人的权利和义务以及招标投标程序等，依照有关法律、行政法规的规定。

法　律

⊙《**招标投标法**》（2017年12月27日修正）

第一章　总　则

第一条　为了规范招标投标活动，保护国家利益、社会公共利益和招标投标活动当事人的合法权益，提高经济效益，保证项目质量，制定本法。

第二条　在中华人民共和国境内进行招标投标活动，适用本法。

第三条　在中华人民共和国境内进行下列工程建设项目包括项目的勘察、设计、施工、监理以及与工程建设有关的重要设备、材料等的采购，必须进行招标：

（一）大型基础设施、公用事业等关系社会公共利益、公众安全的项目；

（二）全部或者部分使用国有资金投资或者国家融资的项目；

（三）使用国际组织或者外国政府贷款、援助资金的项目。

前款所列项目的具体范围和规模标准，由国务院发展计划部门会同国务院有关部门制订，报国务院批准。

法律或者国务院对必须进行招标的其他项目的范围有规定的，依照其规定。

第四条　任何单位和个人不得将依法必须进行招标的项目化整为零或者以其他任何方式规避招标。

第五条　招标投标活动应当遵循公开、公平、公正和诚实信用的原则。

第六条　依法必须进行招标的项目，其招标投标活动不受地区或者部门的限制。任何单位和个人不得违法限制或者排斥本地区、本系统以外的法人或者其他组织参加投标，不得以任何方式非法干涉招标投标活动。

第七条　招标投标活动及其当事人应当接受依法实施的监督。

有关行政监督部门依法对招标投标活动实施监督，依法查处招标投标活动中的违法行为。

对招标投标活动的行政监督及有关部门的具体职权划分，由国务院规定。

第二章 招 标

第八条 招标人是依照本法规定提出招标项目、进行招标的法人或者其他组织。

第九条 招标项目按照国家有关规定需要履行项目审批手续的，应当先履行审批手续，取得批准。

招标人应当有进行招标项目的相应资金或者资金来源已经落实，并应当在招标文件中如实载明。

第十条 招标分为公开招标和邀请招标。

公开招标，是指招标人以招标公告的方式邀请不特定的法人或者其他组织投标。

邀请招标，是指招标人以投标邀请书的方式邀请特定的法人或者其他组织投标。

第十一条 国务院发展计划部门确定的国家重点项目和省、自治区、直辖市人民政府确定的地方重点项目不适宜公开招标的，经国务院发展计划部门或者省、自治区、直辖市人民政府批准，可以进行邀请招标。

第十二条 招标人有权自行选择招标代理机构，委托其办理招标事宜。任何单位和个人不得以任何方式为招标人指定招标代理机构。

招标人具有编制招标文件和组织评标能力的，可以自行办理招标事宜。任何单位和个人不得强制其委托招标代理机构办理招标事宜。

依法必须进行招标的项目，招标人自行办理招标事宜的，应当向有关行政监督部门备案。

第十三条 招标代理机构是依法设立、从事招标代理业务并提供相关服务的社会中介组织。

招标代理机构应当具备下列条件：

（一）有从事招标代理业务的营业场所和相应资金；

（二）有能够编制招标文件和组织评标的相应专业力量。

第十四条 招标代理机构与行政机关和其他国家机关不得存在隶属关系或者其他利益关系。

第十五条 招标代理机构应当在招标人委托的范围内办理招标事宜，并遵守本法关于招标人的规定。

第十六条　招标人采用公开招标方式的，应当发布招标公告。依法必须进行招标的项目的招标公告，应当通过国家指定的报刊、信息网络或者其他媒介发布。

招标公告应当载明招标人的名称和地址、招标项目的性质、数量、实施地点和时间以及获取招标文件的办法等事项。

第十七条　招标人采用邀请招标方式的，应当向三个以上具备承担招标项目的能力、资信良好的特定的法人或者其他组织发出投标邀请书。

投标邀请书应当载明本法第十六条第二款规定的事项。

第十八条　招标人可以根据招标项目本身的要求，在招标公告或者投标邀请书中，要求潜在投标人提供有关资质证明文件和业绩情况，并对潜在投标人进行资格审查；国家对投标人的资格条件有规定的，依照其规定。

招标人不得以不合理的条件限制或者排斥潜在投标人，不得对潜在投标人实行歧视待遇。

第十九条　招标人应当根据招标项目的特点和需要编制招标文件。招标文件应当包括招标项目的技术要求、对投标人资格审查的标准、投标报价要求和评标标准等所有实质性要求和条件以及拟签订合同的主要条款。

国家对招标项目的技术、标准有规定的，招标人应当按照其规定在招标文件中提出相应要求。

招标项目需要划分标段、确定工期的，招标人应当合理划分标段、确定工期，并在招标文件中载明。

第二十条　招标文件不得要求或者标明特定的生产供应者以及含有倾向或者排斥潜在投标人的其他内容。

第二十一条　招标人根据招标项目的具体情况，可以组织潜在投标人踏勘项目现场。

第二十二条　招标人不得向他人透露已获取招标文件的潜在投标人的名称、数量以及可能影响公平竞争的有关招标投标的其他情况。

招标人设有标底的，标底必须保密。

第二十三条　招标人对已发出的招标文件进行必要的澄清或者修改的，应当在招标文件要求提交投标文件截止时间至少十五日前，以书面形式通知所有招标文件收受人。该澄清或者修改的内容为招标文件的组成部分。

第二十四条 招标人应当确定投标人编制投标文件所需要的合理时间；但是，依法必须进行招标的项目，自招标文件开始发出之日起至投标人提交投标文件截止之日止，最短不得少于二十日。

第三章 投 标

第二十五条 投标人是响应招标、参加投标竞争的法人或者其他组织。

依法招标的科研项目允许个人参加投标的，投标的个人适用本法有关投标人的规定。

第二十六条 投标人应当具备承担招标项目的能力；国家有关规定对投标人资格条件或者招标文件对投标人资格条件有规定的，投标人应当具备规定的资格条件。

第二十七条 投标人应当按照招标文件的要求编制投标文件。投标文件应当对招标文件提出的实质性要求和条件作出响应。

招标项目属于建设施工的，投标文件的内容应当包括拟派出的项目负责人与主要技术人员的简历、业绩和拟用于完成招标项目的机械设备等。

第二十八条 投标人应当在招标文件要求提交投标文件的截止时间前，将投标文件送达投标地点。招标人收到投标文件后，应当签收保存，不得开启。投标人少于三个的，招标人应当依照本法重新招标。

在招标文件要求提交投标文件的截止时间后送达的投标文件，招标人应当拒收。

第二十九条 投标人在招标文件要求提交投标文件的截止时间前，可以补充、修改或者撤回已提交的投标文件，并书面通知招标人。补充、修改的内容为投标文件的组成部分。

第三十条 投标人根据招标文件载明的项目实际情况，拟在中标后将中标项目的部分非主体、非关键性工作进行分包的，应当在投标文件中载明。

第三十一条 两个以上法人或者其他组织可以组成一个联合体，以一个投标人的身份共同投标。

联合体各方均应当具备承担招标项目的相应能力；国家有关规定或者招标文件对投标人资格条件有规定的，联合体各方均应当具备规定的相应资格条件。由同一专业的单位组成的联合体，按照资质等级较低的单位确定资质等级。

联合体各方应当签订共同投标协议，明确约定各方拟承担的工作和责任，并将共同投标协议连同投标文件一并提交招标人。联合体中标的，联合体各方应当共同与招标人签订合同，就中标项目向招标人承担连带责任。

招标人不得强制投标人组成联合体共同投标，不得限制投标人之间的竞争。

第三十二条　投标人不得相互串通投标报价，不得排挤其他投标人的公平竞争，损害招标人或者其他投标人的合法权益。

投标人不得与招标人串通投标，损害国家利益、社会公共利益或者他人的合法权益。

禁止投标人以向招标人或者评标委员会成员行贿的手段谋取中标。

第三十三条　投标人不得以低于成本的报价竞标，也不得以他人名义投标或者以其他方式弄虚作假，骗取中标。

第四章　开标、评标和中标

第三十四条　开标应当在招标文件确定的提交投标文件截止时间的同一时间公开进行；开标地点应当为招标文件中预先确定的地点。

第三十五条　开标由招标人主持，邀请所有投标人参加。

第三十六条　开标时，由投标人或者其推选的代表检查投标文件的密封情况，也可以由招标人委托的公证机构检查并公证；经确认无误后，由工作人员当众拆封，宣读投标人名称、投标价格和投标文件的其他主要内容。

招标人在招标文件要求提交投标文件的截止时间前收到的所有投标文件，开标时都应当当众予以拆封、宣读。

开标过程应当记录，并存档备查。

第三十七条　评标由招标人依法组建的评标委员会负责。

依法必须进行招标的项目，其评标委员会由招标人的代表和有关技术、经济等方面的专家组成，成员人数为五人以上单数，其中技术、经济等方面的专家不得少于成员总数的三分之二。

前款专家应当从事相关领域工作满八年并具有高级职称或者具有同等专业水平，由招标人从国务院有关部门或者省、自治区、直辖市人民政府有关部门提供的专家名册或者招标代理机构的专家库内的相关专业的专家名单中确定；一般招标项目可以采取随机抽取方式，特殊招标项目可以由招标人直接确定。

与投标人有利害关系的人不得进入相关项目的评标委员会；已经进入的应当更换。

评标委员会成员的名单在中标结果确定前应当保密。

第三十八条 招标人应当采取必要的措施，保证评标在严格保密的情况下进行。

任何单位和个人不得非法干预、影响评标的过程和结果。

第三十九条 评标委员会可以要求投标人对投标文件中含义不明确的内容作必要的澄清或者说明，但是澄清或者说明不得超出投标文件的范围或者改变投标文件的实质性内容。

第四十条 评标委员会应当按照招标文件确定的评标标准和方法，对投标文件进行评审和比较；设有标底的，应当参考标底。评标委员会完成评标后，应当向招标人提出书面评标报告，并推荐合格的中标候选人。

招标人根据评标委员会提出的书面评标报告和推荐的中标候选人确定中标人。招标人也可以授权评标委员会直接确定中标人。

国务院对特定招标项目的评标有特别规定的，从其规定。

第四十一条 中标人的投标应当符合下列条件之一：

（一）能够最大限度地满足招标文件中规定的各项综合评价标准；

（二）能够满足招标文件的实质性要求，并且经评审的投标价格最低；但是投标价格低于成本的除外。

第四十二条 评标委员会经评审，认为所有投标都不符合招标文件要求的，可以否决所有投标。

依法必须进行招标的项目的所有投标被否决的，招标人应当依照本法重新招标。

第四十三条　在确定中标人前，招标人不得与投标人就投标价格、投标方案等实质性内容进行谈判。

第四十四条　评标委员会成员应当客观、公正地履行职务，遵守职业道德，对所提出的评审意见承担个人责任。

评标委员会成员不得私下接触投标人，不得收受投标人的财物或者其他好处。

评标委员会成员和参与评标的有关工作人员不得透露对投标文件的评审和比较、中标候选人的推荐情况以及与评标有关的其他情况。

第四十五条　中标人确定后，招标人应当向中标人发出中标通知书，并同时将中标结果通知所有未中标的投标人。

中标通知书对招标人和中标人具有法律效力。中标通知书发出后，招标人改变中标结果的，或者中标人放弃中标项目的，应当依法承担法律责任。

第四十六条　招标人和中标人应当自中标通知书发出之日起三十日内，按照招标文件和中标人的投标文件订立书面合同。招标人和中标人不得再行订立背离合同实质性内容的其他协议。

招标文件要求中标人提交履约保证金的，中标人应当提交。

第四十七条　依法必须进行招标的项目，招标人应当自确定中标人之日起十五日内，向有关行政监督部门提交招标投标情况的书面报告。

第四十八条　中标人应当按照合同约定履行义务，完成中标项目。中标人不得向他人转让中标项目，也不得将中标项目肢解后分别向他人转让。

中标人按照合同约定或者经招标人同意，可以将中标项目的部分非主体、非关键性工作分包给他人完成。接受分包的人应当具备相应的资格条件，并不得再次分包。

中标人应当就分包项目向招标人负责，接受分包的人就分包项目承担连带责任。

第五章　法律责任

第四十九条　违反本法规定，必须进行招标的项目而不招标的，将必须进行招标的项目化整为零或者以其他任何方式规避招标的，责令限期改正，可以处项目合同金额千分之五以上千分之十以下的罚款；对全部或者部分使用国有资金的项目，可以暂停项目执行或者暂停资金拨付；对单位直接负责的主管人员和其他直接责任人员依法给予处分。

第五十条 招标代理机构违反本法规定，泄露应当保密的与招标投标活动有关的情况和资料的，或者与招标人、投标人串通损害国家利益、社会公共利益或者他人合法权益的，处五万元以上二十五万元以下的罚款，对单位直接负责的主管人员和其他直接责任人员处单位罚款数额百分之五以上百分之十以下的罚款；有违法所得的，并处没收违法所得；情节严重的，禁止其一年至二年内代理依法必须进行招标的项目并予以公告，直至由工商行政管理机关吊销营业执照；构成犯罪的，依法追究刑事责任。给他人造成损失的，依法承担赔偿责任。

前款所列行为影响中标结果的，中标无效。

第五十一条 招标人以不合理的条件限制或者排斥潜在投标人的，对潜在投标人实行歧视待遇的，强制要求投标人组成联合体共同投标的，或者限制投标人之间竞争的，责令改正，可以处一万元以上五万元以下的罚款。

第五十二条 依法必须进行招标的项目的招标人向他人透露已获取招标文件的潜在投标人的名称、数量或者可能影响公平竞争的有关招标投标的其他情况的，或者泄露标底的，给予警告，可以并处一万元以上十万元以下的罚款；对单位直接负责的主管人员和其他直接责任人员依法给予处分；构成犯罪的，依法追究刑事责任。

前款所列行为影响中标结果的，中标无效。

第五十三条 投标人相互串通投标或者与招标人串通投标的，投标人以向招标人或者评标委员会成员行贿的手段谋取中标的，中标无效，处中标项目金额千分之五以上千分之十以下的罚款，对单位直接负责的主管人员和其他直接责任人员处单位罚款数额百分之五以上百分之十以下的罚款；有违法所得的，并处没收违法所得；情节严重的，取消其一年至二年内参加依法必须进行招标的项目的投标资格并予以公告，直至由工商行政管理机关吊销营业执照；构成犯罪的，依法追究刑事责任。给他人造成损失的，依法承担赔偿责任。

第五十四条　投标人以他人名义投标或者以其他方式弄虚作假，骗取中标的，中标无效，给招标人造成损失的，依法承担赔偿责任；构成犯罪的，依法追究刑事责任。

依法必须进行招标的项目的投标人有前款所列行为尚未构成犯罪的，处中标项目金额千分之五以上千分之十以下的罚款，对单位直接负责的主管人员和其他直接责任人员处单位罚款数额百分之五以上百分之十以下的罚款；有违法所得的，并处没收违法所得；情节严重的，取消其一年至三年内参加依法必须进行招标的项目的投标资格并予以公告，直至由工商行政管理机关吊销营业执照。

第五十五条　依法必须进行招标的项目，招标人违反本法规定，与投标人就投标价格、投标方案等实质性内容进行谈判的，给予警告，对单位直接负责的主管人员和其他直接责任人员依法给予处分。

前款所列行为影响中标结果的，中标无效。

第五十六条　评标委员会成员收受投标人的财物或者其他好处的，评标委员会成员或者参加评标的有关工作人员向他人透露对投标文件的评审和比较、中标候选人的推荐以及与评标有关的其他情况的，给予警告，没收收受的财物，可以并处三千元以上五万元以下的罚款，对有所列违法行为的评标委员会成员取消担任评标委员会成员的资格，不得再参加任何依法必须进行招标的项目的评标；构成犯罪的，依法追究刑事责任。

第五十七条　招标人在评标委员会依法推荐的中标候选人以外确定中标人的，依法必须进行招标的项目在所有投标被评标委员会否决后自行确定中标人的，中标无效。责令改正，可以处中标项目金额千分之五以上千分之十以下的罚款；对单位直接负责的主管人员和其他直接责任人员依法给予处分。

第五十八条　中标人将中标项目转让给他人的，将中标项目肢解后分别转让给他人的，违反本法规定将中标项目的部分主体、关键性工作分包给他人的，或者分包人再次分包的，转让、分包无效，处转让、分包项目金额千分之五以上千分之十以下的罚款；有违法所得的，并处没收违法所得；可以责令停业整顿；情节严重的，由工商行政管理机关吊销营业执照。

第五十九条 招标人与中标人不按照招标文件和中标人的投标文件订立合同的，或者招标人、中标人订立背离合同实质性内容的协议的，责令改正；可以处中标项目金额千分之五以上千分之十以下的罚款。

第六十条 中标人不履行与招标人订立的合同的，履约保证金不予退还，给招标人造成的损失超过履约保证金数额的，还应当对超过部分予以赔偿；没有提交履约保证金的，应当对招标人的损失承担赔偿责任。

中标人不按照与招标人订立的合同履行义务，情节严重的，取消其二年至五年内参加依法必须进行招标的项目的投标资格并予以公告，直至由工商行政管理机关吊销营业执照。

因不可抗力不能履行合同的，不适用前两款规定。

第六十一条 本章规定的行政处罚，由国务院规定的有关行政监督部门决定。本法已对实施行政处罚的机关作出规定的除外。

第六十二条 任何单位违反本法规定，限制或者排斥本地区、本系统以外的法人或者其他组织参加投标的，为招标人指定招标代理机构的，强制招标人委托招标代理机构办理招标事宜的，或者以其他方式干涉招标投标活动的，责令改正；对单位直接负责的主管人员和其他直接责任人员依法给予警告、记过、记大过的处分，情节较重的，依法给予降级、撤职、开除的处分。

个人利用职权进行前款违法行为的，依照前款规定追究责任。

第六十三条 对招标投标活动依法负有行政监督职责的国家机关工作人员徇私舞弊、滥用职权或者玩忽职守，构成犯罪的，依法追究刑事责任；不构成犯罪的，依法给予行政处分。

第六十四条 依法必须进行招标的项目违反本法规定，中标无效的，应当依照本法规定的中标条件从其余投标人中重新确定中标人或者依照本法重新进行招标。

第六章 附 则

第六十五条 投标人和其他利害关系人认为招标投标活动不符合本法有关规定的，有权向招标人提出异议或者依法向有关行政监督部门投诉。

第六十六条 涉及国家安全、国家秘密、抢险救灾或者属于利用扶贫资金实行以工代赈、需要使用农民工等特殊情况，不适宜进行招标的项目，按照国家有关规定可以不进行招标。

第六十七条　使用国际组织或者外国政府贷款、援助资金的项目进行招标，贷款方、资金提供方对招标投标的具体条件和程序有不同规定的，可以适用其规定，但违背中华人民共和国的社会公共利益的除外。

第六十八条　本法自2000年1月1日起施行。

行政法规

⊙**《招标投标法实施条例》**（2019年3月2日修订）

第一章　总　则

第一条　为了规范招标投标活动，根据《中华人民共和国招标投标法》（以下简称招标投标法），制定本条例。

第二条　招标投标法第三条所称工程建设项目，是指工程以及与工程建设有关的货物、服务。

前款所称工程，是指建设工程，包括建筑物和构筑物的新建、改建、扩建及其相关的装修、拆除、修缮等；所称与工程建设有关的货物，是指构成工程不可分割的组成部分，且为实现工程基本功能所必需的设备、材料等；所称与工程建设有关的服务，是指为完成工程所需的勘察、设计、监理等服务。

第三条　依法必须进行招标的工程建设项目的具体范围和规模标准，由国务院发展改革部门会同国务院有关部门制订，报国务院批准后公布施行。

第四条　国务院发展改革部门指导和协调全国招标投标工作，对国家重大建设项目的工程招标投标活动实施监督检查。国务院工业和信息化、住房城乡建设、交通运输、铁道、水利、商务等部门，按照规定的职责分工对有关招标投标活动实施监督。

县级以上地方人民政府发展改革部门指导和协调本行政区域的招标投标工作。县级以上地方人民政府有关部门按照规定的职责分工，对招标投标活动实施监督，依法查处招标投标活动中的违法行为。县级以上地方人民政府对其所属部门有关招标投标活动的监督职责分工另有规定的，从其规定。

财政部门依法对实行招标投标的政府采购工程建设项目的政府采购政策执行情况实施监督。

监察机关依法对与招标投标活动有关的监察对象实施监察。

第五条 设区的市级以上地方人民政府可以根据实际需要，建立统一规范的招标投标交易场所，为招标投标活动提供服务。招标投标交易场所不得与行政监督部门存在隶属关系，不得以营利为目的。

国家鼓励利用信息网络进行电子招标投标。

第六条 禁止国家工作人员以任何方式非法干涉招标投标活动。

第二章 招 标

第七条 按照国家有关规定需要履行项目审批、核准手续的依法必须进行招标的项目，其招标范围、招标方式、招标组织形式应当报项目审批、核准部门审批、核准。项目审批、核准部门应当及时将审批、核准确定的招标范围、招标方式、招标组织形式通报有关行政监督部门。

第八条 国有资金占控股或者主导地位的依法必须进行招标的项目，应当公开招标；但有下列情形之一的，可以邀请招标：

（一）技术复杂、有特殊要求或者受自然环境限制，只有少量潜在投标人可供选择；

（二）采用公开招标方式的费用占项目合同金额的比例过大。

有前款第二项所列情形，属于本条例第七条规定的项目，由项目审批、核准部门在审批、核准项目时作出认定；其他项目由招标人申请有关行政监督部门作出认定。

第九条 除招标投标法第六十六条规定的可以不进行招标的特殊情况外，有下列情形之一的，可以不进行招标：

（一）需要采用不可替代的专利或者专有技术；

（二）采购人依法能够自行建设、生产或者提供；

（三）已通过招标方式选定的特许经营项目投资人依法能够自行建设、生产或者提供；

（四）需要向原中标人采购工程、货物或者服务，否则将影响施工或者功能配套要求；

（五）国家规定的其他特殊情形。

招标人为适用前款规定弄虚作假的，属于招标投标法第四条规定的规避招标。

第十条 招标投标法第十二条第二款规定的招标人具有编制招标文件和组织评标能力，是指招标人具有与招标项目规模和复杂程度相适应的技术、经济等方面的专业人员。

第十一条 国务院住房城乡建设、商务、发展改革、工业和信息化等部门，按照规定的职责分工对招标代理机构依法实施监督管理。

第十二条 招标代理机构应当拥有一定数量的具备编制招标文件、组织评标等相应能力的专业人员。

第十三条 招标代理机构在招标人委托的范围内开展招标代理业务，任何单位和个人不得非法干涉。

招标代理机构代理招标业务，应当遵守招标投标法和本条例关于招标人的规定。招标代理机构不得在所代理的招标项目中投标或者代理投标，也不得为所代理的招标项目的投标人提供咨询。

第十四条 招标人应当与被委托的招标代理机构签订书面委托合同，合同约定的收费标准应当符合国家有关规定。

第十五条 公开招标的项目，应当依照招标投标法和本条例的规定发布招标公告、编制招标文件。

招标人采用资格预审办法对潜在投标人进行资格审查的，应当发布资格预审公告、编制资格预审文件。

依法必须进行招标的项目的资格预审公告和招标公告，应当在国务院发展改革部门依法指定的媒介发布。在不同媒介发布的同一招标项目的资格预审公告或者招标公告的内容应当一致。指定媒介发布依法必须进行招标的项目的境内资格预审公告、招标公告，不得收取费用。

编制依法必须进行招标的项目的资格预审文件和招标文件，应当使用国务院发展改革部门会同有关行政监督部门制定的标准文本。

第十六条 招标人应当按照资格预审公告、招标公告或者投标邀请书规定的时间、地点发售资格预审文件或者招标文件。资格预审文件或者招标文件的发售期不得少于5日。

招标人发售资格预审文件、招标文件收取的费用应当限于补偿印刷、邮寄的成本支出，不得以营利为目的。

第十七条 招标人应当合理确定提交资格预审申请文件的时间。依法必须进行招标的项目提交资格预审申请文件的时间，自资格预审文件停止发售之日起不得少于5日。

第十八条 资格预审应当按照资格预审文件载明的标准和方法进行。

国有资金占控股或者主导地位的依法必须进行招标的项目，招标人应当组建资格审查委员会审查资格预审申请文件。资格审查委员会及其成员应当遵守招标投标法和本条例有关评标委员会及其成员的规定。

第十九条 资格预审结束后，招标人应当及时向资格预审申请人发出资格预审结果通知书。未通过资格预审的申请人不具有投标资格。

通过资格预审的申请人少于3个的，应当重新招标。

第二十条 招标人采用资格后审办法对投标人进行资格审查的，应当在开标后由评标委员会按照招标文件规定的标准和方法对投标人的资格进行审查。

第二十一条 招标人可以对已发出的资格预审文件或者招标文件进行必要的澄清或者修改。澄清或者修改的内容可能影响资格预审申请文件或者投标文件编制的，招标人应当在提交资格预审申请文件截止时间至少3日前，或者投标截止时间至少15日前，以书面形式通知所有获取资格预审文件或者招标文件的潜在投标人；不足3日或者15日的，招标人应当顺延提交资格预审申请文件或者投标文件的截止时间。

第二十二条 潜在投标人或者其他利害关系人对资格预审文件有异议的，应当在提交资格预审申请文件截止时间2日前提出；对招标文件有异议的，应当在投标截止时间10日前提出。招标人应当自收到异议之日起3日内作出答复；作出答复前，应当暂停招标投标活动。

第二十三条 招标人编制的资格预审文件、招标文件的内容违反法律、行政法规的强制性规定，违反公开、公平、公正和诚实信用原则，影响资格预审结果或者潜在投标人投标的，依法必须进行招标的项目的招标人应当在修改资格预审文件或者招标文件后重新招标。

第二十四条 招标人对招标项目划分标段的，应当遵守招标投标法的有关规定，不得利用划分标段限制或者排斥潜在投标人。依法必须进行招标的项目的招标人不得利用划分标段规避招标。

第二十五条 招标人应当在招标文件中载明投标有效期。投标有效期从提交投标文件的截止之日起算。

第二十六条 招标人在招标文件中要求投标人提交投标保证金的，投标保证金不得超过招标项目估算价的2%。投标保证金有效期应当与投标有效期一致。

依法必须进行招标的项目的境内投标单位，以现金或者支票形式提交的投标保证金应当从其基本账户转出。

招标人不得挪用投标保证金。

第二十七条 招标人可以自行决定是否编制标底。一个招标项目只能有一个标底。标底必须保密。

接受委托编制标底的中介机构不得参加受托编制标底项目的投标，也不得为该项目的投标人编制投标文件或者提供咨询。

招标人设有最高投标限价的，应当在招标文件中明确最高投标限价或者最高投标限价的计算方法。招标人不得规定最低投标限价。

第二十八条 招标人不得组织单个或者部分潜在投标人踏勘项目现场。

第二十九条 招标人可以依法对工程以及与工程建设有关的货物、服务全部或者部分实行总承包招标。以暂估价形式包括在总承包范围内的工程、货物、服务属于依法必须进行招标的项目范围且达到国家规定规模标准的，应当依法进行招标。

前款所称暂估价，是指总承包招标时不能确定价格而由招标人在招标文件中暂时估定的工程、货物、服务的金额。

第三十条 对技术复杂或者无法精确拟定技术规格的项目，招标人可以分两阶段进行招标。

第一阶段，投标人按照招标公告或者投标邀请书的要求提交不带报价的技术建议，招标人根据投标人提交的技术建议确定技术标准和要求，编制招标文件。

第二阶段，招标人向在第一阶段提交技术建议的投标人提供招标文件，投标人按照招标文件的要求提交包括最终技术方案和投标报价的投标文件。

招标人要求投标人提交投标保证金的，应当在第二阶段提出。

第三十一条 招标人终止招标的，应当及时发布公告，或者以书面形式通知被邀请的或者已经获取资格预审文件、招标文件的潜在投标人。已经发售资格预审文件、招标文件或者已经收取投标保证金的，招标人应当及时退还所收取的资格预审文件、招标文件的费用，以及所收取的投标保证金及银行同期存款利息。

第三十二条 招标人不得以不合理的条件限制、排斥潜在投标人或者投标人。

招标人有下列行为之一的，属于以不合理条件限制、排斥潜在投标人或者投标人：

（一）就同一招标项目向潜在投标人或者投标人提供有差别的项目信息；

（二）设定的资格、技术、商务条件与招标项目的具体特点和实际需要不相适应或者与合同履行无关；

（三）依法必须进行招标的项目以特定行政区域或者特定行业的业绩、奖项作为加分条件或者中标条件；

（四）对潜在投标人或者投标人采取不同的资格审查或者评标标准；

（五）限定或者指定特定的专利、商标、品牌、原产地或者供应商；

（六）依法必须进行招标的项目非法限定潜在投标人或者投标人的所有制形式或者组织形式；

（七）以其他不合理条件限制、排斥潜在投标人或者投标人。

第三章 投 标

第三十三条 投标人参加依法必须进行招标的项目的投标，不受地区或者部门的限制，任何单位和个人不得非法干涉。

第三十四条 与招标人存在利害关系可能影响招标公正性的法人、其他组织或者个人，不得参加投标。

单位负责人为同一人或者存在控股、管理关系的不同单位，不得参加同一标段投标或者未划分标段的同一招标项目投标。

违反前两款规定的，相关投标均无效。

第三十五条 投标人撤回已提交的投标文件，应当在投标截止时间前书面通知招标人。招标人已收取投标保证金的，应当自收到投标人书面撤回通知之日起5日内退还。

投标截止后投标人撤销投标文件的，招标人可以不退还投标保证金。

第三十六条 未通过资格预审的申请人提交的投标文件，以及逾期送达或者不按照招标文件要求密封的投标文件，招标人应当拒收。

招标人应当如实记载投标文件的送达时间和密封情况，并存档备查。

第三十七条 招标人应当在资格预审公告、招标公告或者投标邀请书中载明是否接受联合体投标。

招标人接受联合体投标并进行资格预审的，联合体应当在提交资格预审申请文件前组成。资格预审后联合体增减、更换成员的，其投标无效。

联合体各方在同一招标项目中以自己名义单独投标或者参加其他联合体投标的，相关投标均无效。

第三十八条 投标人发生合并、分立、破产等重大变化的，应当及时书面告知招标人。投标人不再具备资格预审文件、招标文件规定的资格条件或者其投标影响招标公正性的，其投标无效。

第三十九条 禁止投标人相互串通投标。

有下列情形之一的，属于投标人相互串通投标：

（一）投标人之间协商投标报价等投标文件的实质性内容；

（二）投标人之间约定中标人；

（三）投标人之间约定部分投标人放弃投标或者中标；

（四）属于同一集团、协会、商会等组织成员的投标人按照该组织要求协同投标；

（五）投标人之间为谋取中标或者排斥特定投标人而采取的其他联合行动。

第四十条 有下列情形之一的，视为投标人相互串通投标：

（一）不同投标人的投标文件由同一单位或者个人编制；

（二）不同投标人委托同一单位或者个人办理投标事宜；

（三）不同投标人的投标文件载明的项目管理成员为同一人；

（四）不同投标人的投标文件异常一致或者投标报价呈规律性差异；
（五）不同投标人的投标文件相互混装；
（六）不同投标人的投标保证金从同一单位或者个人的账户转出。

第四十一条 禁止招标人与投标人串通投标。

有下列情形之一的，属于招标人与投标人串通投标：

（一）招标人在开标前开启投标文件并将有关信息泄露给其他投标人；
（二）招标人直接或者间接向投标人泄露标底、评标委员会成员等信息；
（三）招标人明示或者暗示投标人压低或者抬高投标报价；
（四）招标人授意投标人撤换、修改投标文件；
（五）招标人明示或者暗示投标人为特定投标人中标提供方便；
（六）招标人与投标人为谋求特定投标人中标而采取的其他串通行为。

第四十二条 使用通过受让或者租借等方式获取的资格、资质证书投标的，属于招标投标法第三十三条规定的以他人名义投标。

投标人有下列情形之一的，属于招标投标法第三十三条规定的以其他方式弄虚作假的行为：

（一）使用伪造、变造的许可证件；
（二）提供虚假的财务状况或者业绩；
（三）提供虚假的项目负责人或者主要技术人员简历、劳动关系证明；
（四）提供虚假的信用状况；
（五）其他弄虚作假的行为。

第四十三条 提交资格预审申请文件的申请人应当遵守招标投标法和本条例有关投标人的规定。

第四章 开标、评标和中标

第四十四条 招标人应当按照招标文件规定的时间、地点开标。

投标人少于 3 个的，不得开标；招标人应当重新招标。

投标人对开标有异议的，应当在开标现场提出，招标人应当当场作出答复，并制作记录。

第四十五条 国家实行统一的评标专家专业分类标准和管理办法。具体标准和办法由国务院发展改革部门会同国务院有关部门制定。

省级人民政府和国务院有关部门应当组建综合评标专家库。

第四十六条 除招标投标法第三十七条第三款规定的特殊招标项目外，依法必须进行招标的项目，其评标委员会的专家成员应当从评标专家库内相关专业的专家名单中以随机抽取方式确定。任何单位和个人不得以明示、暗示等任何方式指定或者变相指定参加评标委员会的专家成员。

依法必须进行招标的项目的招标人非因招标投标法和本条例规定的事由，不得更换依法确定的评标委员会成员。更换评标委员会的专家成员应当依照前款规定进行。

评标委员会成员与投标人有利害关系的，应当主动回避。

有关行政监督部门应当按照规定的职责分工，对评标委员会成员的确定方式、评标专家的抽取和评标活动进行监督。行政监督部门的工作人员不得担任本部门负责监督项目的评标委员会成员。

第四十七条 招标投标法第三十七条第三款所称特殊招标项目，是指技术复杂、专业性强或者国家有特殊要求，采取随机抽取方式确定的专家难以保证胜任评标工作的项目。

第四十八条 招标人应当向评标委员会提供评标所必需的信息，但不得明示或者暗示其倾向或者排斥特定投标人。

招标人应当根据项目规模和技术复杂程度等因素合理确定评标时间。超过三分之一的评标委员会成员认为评标时间不够的，招标人应当适当延长。

评标过程中，评标委员会成员有回避事由、擅离职守或者因健康等原因不能继续评标的，应当及时更换。被更换的评标委员会成员作出的评审结论无效，由更换后的评标委员会成员重新进行评审。

第四十九条 评标委员会成员应当依照招标投标法和本条例的规定，按照招标文件规定的评标标准和方法，客观、公正地对投标文件提出评审意见。招标文件没有规定的评标标准和方法不得作为评标的依据。

评标委员会成员不得私下接触投标人，不得收受投标人给予的财物或者其他好处，不得向招标人征询确定中标人的意向，不得接受任何单位或者个人明示或者暗示提出的倾向或者排斥特定投标人的要求，不得有其他不客观、不公正履行职务的行为。

第五十条 招标项目设有标底的，招标人应当在开标时公布。标底只能作为评标的参考，不得以投标报价是否接近标底作为中标条件，也不得以投标报价超过标底上下浮动范围作为否决投标的条件。

第五十一条 有下列情形之一的，评标委员会应当否决其投标：

（一）投标文件未经投标单位盖章和单位负责人签字；

（二）投标联合体没有提交共同投标协议；

（三）投标人不符合国家或者招标文件规定的资格条件；

（四）同一投标人提交两个以上不同的投标文件或者投标报价，但招标文件要求提交备选投标的除外；

（五）投标报价低于成本或者高于招标文件设定的最高投标限价；

（六）投标文件没有对招标文件的实质性要求和条件作出响应；

（七）投标人有串通投标、弄虚作假、行贿等违法行为。

第五十二条 投标文件中有含义不明确的内容、明显文字或者计算错误，评标委员会认为需要投标人作出必要澄清、说明的，应当书面通知该投标人。投标人的澄清、说明应当采用书面形式，并不得超出投标文件的范围或者改变投标文件的实质性内容。

评标委员会不得暗示或者诱导投标人作出澄清、说明，不得接受投标人主动提出的澄清、说明。

第五十三条 评标完成后，评标委员会应当向招标人提交书面评标报告和中标候选人名单。中标候选人应当不超过 3 个，并标明排序。

评标报告应当由评标委员会全体成员签字。对评标结果有不同意见的评标委员会成员应当以书面形式说明其不同意见和理由，评标报告应当注明该不同意见。评标委员会成员拒绝在评标报告上签字又不书面说明其不同意见和理由的，视为同意评标结果。

第五十四条 依法必须进行招标的项目，招标人应当自收到评标报告之日起 3 日内公示中标候选人，公示期不得少于 3 日。

投标人或者其他利害关系人对依法必须进行招标的项目的评标结果有异议的，应当在中标候选人公示期间提出。招标人应当自收到异议之日起 3 日内作出答复；作出答复前，应当暂停招标投标活动。

第五十五条 国有资金占控股或者主导地位的依法必须进行招标的项

目，招标人应当确定排名第一的中标候选人为中标人。排名第一的中标候选人放弃中标、因不可抗力不能履行合同、不按照招标文件要求提交履约保证金，或者被查实存在影响中标结果的违法行为等情形，不符合中标条件的，招标人可以按照评标委员会提出的中标候选人名单排序依次确定其他中标候选人为中标人，也可以重新招标。

第五十六条　中标候选人的经营、财务状况发生较大变化或者存在违法行为，招标人认为可能影响其履约能力的，应当在发出中标通知书前由原评标委员会按照招标文件规定的标准和方法审查确认。

第五十七条　招标人和中标人应当依照招标投标法和本条例的规定签订书面合同，合同的标的、价款、质量、履行期限等主要条款应当与招标文件和中标人的投标文件的内容一致。招标人和中标人不得再行订立背离合同实质性内容的其他协议。

招标人最迟应当在书面合同签订后 5 日内向中标人和未中标的投标人退还投标保证金及银行同期存款利息。

第五十八条　招标文件要求中标人提交履约保证金的，中标人应当按照招标文件的要求提交。履约保证金不得超过中标合同金额的 10%。

第五十九条　中标人应当按照合同约定履行义务，完成中标项目。中标人不得向他人转让中标项目，也不得将中标项目肢解后分别向他人转让。

中标人按照合同约定或者经招标人同意，可以将中标项目的部分非主体、非关键性工作分包给他人完成。接受分包的人应当具备相应的资格条件，并不得再次分包。

中标人应当就分包项目向招标人负责，接受分包的人就分包项目承担连带责任。

第五章　投诉与处理

第六十条　投标人或者其他利害关系人认为招标投标活动不符合法律、行政法规规定的，可以自知道或者应当知道之日起 10 日内向有关行政监督部门投诉。投诉应当有明确的请求和必要的证明材料。

就本条例第二十二条、第四十四条、第五十四条规定事项投诉的，应当先向招标人提出异议，异议答复期间不计算在前款规定的期限内。

第六十一条 投诉人就同一事项向两个以上有权受理的行政监督部门投诉的，由最先收到投诉的行政监督部门负责处理。

行政监督部门应当自收到投诉之日起3个工作日内决定是否受理投诉，并自受理投诉之日起30个工作日内作出书面处理决定；需要检验、检测、鉴定、专家评审的，所需时间不计算在内。

投诉人捏造事实、伪造材料或者以非法手段取得证明材料进行投诉的，行政监督部门应当予以驳回。

第六十二条 行政监督部门处理投诉，有权查阅、复制有关文件、资料，调查有关情况，相关单位和人员应当予以配合。必要时，行政监督部门可以责令暂停招标投标活动。

行政监督部门的工作人员对监督检查过程中知悉的国家秘密、商业秘密，应当依法予以保密。

第六章 法律责任

第六十三条 招标人有下列限制或者排斥潜在投标人行为之一的，由有关行政监督部门依照招标投标法第五十一条的规定处罚：

（一）依法应当公开招标的项目不按照规定在指定媒介发布资格预审公告或者招标公告；

（二）在不同媒介发布的同一招标项目的资格预审公告或者招标公告的内容不一致，影响潜在投标人申请资格预审或者投标。

依法必须进行招标的项目的招标人不按照规定发布资格预审公告或者招标公告，构成规避招标的，依照招标投标法第四十九条的规定处罚。

第六十四条 招标人有下列情形之一的，由有关行政监督部门责令改正，可以处10万元以下的罚款：

（一）依法应当公开招标而采用邀请招标；

（二）招标文件、资格预审文件的发售、澄清、修改的时限，或者确定的提交资格预审申请文件、投标文件的时限不符合招标投标法和本条例规定；

（三）接受未通过资格预审的单位或者个人参加投标；

（四）接受应当拒收的投标文件。

招标人有前款第一项、第三项、第四项所列行为之一的，对单位直接负责的主管人员和其他直接责任人员依法给予处分。

第六十五条　招标代理机构在所代理的招标项目中投标、代理投标或者向该项目投标人提供咨询的，接受委托编制标底的中介机构参加受托编制标底项目的投标或者为该项目的投标人编制投标文件、提供咨询的，依照招标投标法第五十条的规定追究法律责任。

第六十六条　招标人超过本条例规定的比例收取投标保证金、履约保证金或者不按照规定退还投标保证金及银行同期存款利息的，由有关行政监督部门责令改正，可以处 5 万元以下的罚款；给他人造成损失的，依法承担赔偿责任。

第六十七条　投标人相互串通投标或者与招标人串通投标的，投标人向招标人或者评标委员会成员行贿谋取中标的，中标无效；构成犯罪的，依法追究刑事责任；尚不构成犯罪的，依照招标投标法第五十三条的规定处罚。投标人未中标的，对单位的罚款金额按照招标项目合同金额依照招标投标法规定的比例计算。

投标人有下列行为之一的，属于招标投标法第五十三条规定的情节严重行为，由有关行政监督部门取消其 1 年至 2 年内参加依法必须进行招标的项目的投标资格：

（一）以行贿谋取中标；

（二）3 年内 2 次以上串通投标；

（三）串通投标行为损害招标人、其他投标人或者国家、集体、公民的合法利益，造成直接经济损失 30 万元以上；

（四）其他串通投标情节严重的行为。

投标人自本条第二款规定的处罚执行期限届满之日起 3 年内又有该款所列违法行为之一的，或者串通投标、以行贿谋取中标情节特别严重的，由工商行政管理机关吊销营业执照。

法律、行政法规对串通投标报价行为的处罚另有规定的，从其规定。

第六十八条　投标人以他人名义投标或者以其他方式弄虚作假骗取中标的，中标无效；构成犯罪的，依法追究刑事责任；尚不构成犯罪的，依照招标投标法第五十四条的规定处罚。依法必须进行招标的项目的投标人未中标的，对单位的罚款金额按照招标项目合同金额依照招标投标法规定的比例计算。

投标人有下列行为之一的，属于招标投标法第五十四条规定的情节严重行为，由有关行政监督部门取消其 1 年至 3 年内参加依法必须进行招标的项目的投标资格：

（一）伪造、变造资格、资质证书或者其他许可证件骗取中标；

（二）3 年内 2 次以上使用他人名义投标；

（三）弄虚作假骗取中标给招标人造成直接经济损失 30 万元以上；

（四）其他弄虚作假骗取中标情节严重的行为。

投标人自本条第二款规定的处罚执行期限届满之日起 3 年内又有该款所列违法行为之一的，或者弄虚作假骗取中标情节特别严重的，由工商行政管理机关吊销营业执照。

第六十九条 出让或者出租资格、资质证书供他人投标的，依照法律、行政法规的规定给予行政处罚；构成犯罪的，依法追究刑事责任。

第七十条 依法必须进行招标的项目的招标人不按照规定组建评标委员会，或者确定、更换评标委员会成员违反招标投标法和本条例规定的，由有关行政监督部门责令改正，可以处 10 万元以下的罚款，对单位直接负责的主管人员和其他直接责任人员依法给予处分；违法确定或者更换的评标委员会成员作出的评审结论无效，依法重新进行评审。

国家工作人员以任何方式非法干涉选取评标委员会成员的，依照本条例第八十条的规定追究法律责任。

第七十一条 评标委员会成员有下列行为之一的，由有关行政监督部门责令改正；情节严重的，禁止其在一定期限内参加依法必须进行招标的项目的评标；情节特别严重的，取消其担任评标委员会成员的资格：

（一）应当回避而不回避；

（二）擅离职守；

（三）不按照招标文件规定的评标标准和方法评标；

（四）私下接触投标人；

（五）向招标人征询确定中标人的意向或者接受任何单位或者个人明示或者暗示提出的倾向或者排斥特定投标人的要求；

（六）对依法应当否决的投标不提出否决意见；

（七）暗示或者诱导投标人作出澄清、说明或者接受投标人主动提出的澄清、说明；

（八）其他不客观、不公正履行职务的行为。

第七十二条　评标委员会成员收受投标人的财物或者其他好处的，没收收受的财物，处 3000 元以上 5 万元以下的罚款，取消担任评标委员会成员的资格，不得再参加依法必须进行招标的项目的评标；构成犯罪的，依法追究刑事责任。

第七十三条　依法必须进行招标的项目的招标人有下列情形之一的，由有关行政监督部门责令改正，可以处中标项目金额 10‰以下的罚款；给他人造成损失的，依法承担赔偿责任；对单位直接负责的主管人员和其他直接责任人员依法给予处分：

（一）无正当理由不发出中标通知书；

（二）不按照规定确定中标人；

（三）中标通知书发出后无正当理由改变中标结果；

（四）无正当理由不与中标人订立合同；

（五）在订立合同时向中标人提出附加条件。

第七十四条　中标人无正当理由不与招标人订立合同，在签订合同时向招标人提出附加条件，或者不按照招标文件要求提交履约保证金的，取消其中标资格，投标保证金不予退还。对依法必须进行招标的项目的中标人，由有关行政监督部门责令改正，可以处中标项目金额 10‰以下的罚款。

第七十五条　招标人和中标人不按照招标文件和中标人的投标文件订立合同，合同的主要条款与招标文件、中标人的投标文件的内容不一致，或者招标人、中标人订立背离合同实质性内容的协议的，由有关行政监督部门责令改正，可以处中标项目金额 5‰以上 10‰以下的罚款。

第七十六条　中标人将中标项目转让给他人的，将中标项目肢解后分别转让给他人的，违反招标投标法和本条例规定将中标项目的部分主体、关键性工作分包给他人的，或者分包人再次分包的，转让、分包无效，处转让、分包项目金额 5‰以上 10‰以下的罚款；有违法所得的，并处没收违法所得；可以责令停业整顿；情节严重的，由工商行政管理机关吊销营业执照。

第七十七条 投标人或者其他利害关系人捏造事实、伪造材料或者以非法手段取得证明材料进行投诉，给他人造成损失的，依法承担赔偿责任。

招标人不按照规定对异议作出答复，继续进行招标投标活动的，由有关行政监督部门责令改正，拒不改正或者不能改正并影响中标结果的，依照本条例第八十一条的规定处理。

第七十八条 国家建立招标投标信用制度。有关行政监督部门应当依法公告对招标人、招标代理机构、投标人、评标委员会成员等当事人违法行为的行政处理决定。

第七十九条 项目审批、核准部门不依法审批、核准项目招标范围、招标方式、招标组织形式的，对单位直接负责的主管人员和其他直接责任人员依法给予处分。

有关行政监督部门不依法履行职责，对违反招标投标法和本条例规定的行为不依法查处，或者不按照规定处理投诉、不依法公告对招标投标当事人违法行为的行政处理决定的，对直接负责的主管人员和其他直接责任人员依法给予处分。

项目审批、核准部门和有关行政监督部门的工作人员徇私舞弊、滥用职权、玩忽职守，构成犯罪的，依法追究刑事责任。

第八十条 国家工作人员利用职务便利，以直接或者间接、明示或者暗示等任何方式非法干涉招标投标活动，有下列情形之一的，依法给予记过或者记大过处分；情节严重的，依法给予降级或者撤职处分；情节特别严重的，依法给予开除处分；构成犯罪的，依法追究刑事责任：

（一）要求对依法必须进行招标的项目不招标，或者要求对依法应当公开招标的项目不公开招标；

（二）要求评标委员会成员或者招标人以其指定的投标人作为中标候选人或者中标人，或者以其他方式非法干涉评标活动，影响中标结果；

（三）以其他方式非法干涉招标投标活动。

第八十一条 依法必须进行招标的项目的招标投标活动违反招标投标法和本条例的规定，对中标结果造成实质性影响，且不能采取补救措施予以纠正的，招标、投标、中标无效，应当依法重新招标或者评标。

第七章　附　则

第八十二条　招标投标协会按照依法制定的章程开展活动，加强行业自律和服务。

第八十三条　政府采购的法律、行政法规对政府采购货物、服务的招标投标另有规定的，从其规定。

第八十四条　本条例自 2012 年 2 月 1 日起施行。

第六百四十五条　【拍卖】拍卖的当事人的权利和义务以及拍卖程序等，依照有关法律、行政法规的规定。

法　律

⊙《**拍卖法**》（2015 年 4 月 24 日修正）

第二章　拍卖标的

第六条　拍卖标的应当是委托人所有或者依法可以处分的物品或者财产权利。

第七条　法律、行政法规禁止买卖的物品或者财产权利，不得作为拍卖标的。

第八条　依照法律或者按照国务院规定需经审批才能转让的物品或者财产权利，在拍卖前，应当依法办理审批手续。

委托拍卖的文物，在拍卖前，应当经拍卖人住所地的文物行政管理部门依法鉴定、许可。

第九条　国家行政机关依法没收的物品，充抵税款、罚款的物品和其他物品，按照国务院规定应当委托拍卖的，由财产所在地的省、自治区、直辖市的人民政府和设区的市的人民政府指定的拍卖人进行拍卖。

拍卖由人民法院依法没收的物品，充抵罚金、罚款的物品以及无法返还的追回物品，适用前款规定。

第三章 拍卖当事人

第一节 拍卖人

第十条 拍卖人是指依照本法和《中华人民共和国公司法》设立的从事拍卖活动的企业法人。

第十一条 企业取得从事拍卖业务的许可必须经所在地的省、自治区、直辖市人民政府负责管理拍卖业的部门审核批准。拍卖企业可以在设区的市设立。

第十二条 企业申请取得从事拍卖业务的许可，应当具备下列条件：

（一）有一百万元人民币以上的注册资本；

（二）有自己的名称、组织机构、住所和章程；

（三）有与从事拍卖业务相适应的拍卖师和其他工作人员；

（四）有符合本法和其他有关法律规定的拍卖业务规则；

（五）符合国务院有关拍卖业发展的规定；

（六）法律、行政法规规定的其他条件。

第十三条 拍卖企业经营文物拍卖的，应当有一千万元人民币以上的注册资本，有具有文物拍卖专业知识的人员。

第十四条 拍卖活动应当由拍卖师主持。

第十五条 拍卖师应当具备下列条件：

（一）具有高等院校专科以上学历和拍卖专业知识；

（二）在拍卖企业工作两年以上；

（三）品行良好。

被开除公职或者吊销拍卖师资格证书未满五年的，或者因故意犯罪受过刑事处罚的，不得担任拍卖师。

第十六条 拍卖师资格考核，由拍卖行业协会统一组织。经考核合格的，由拍卖行业协会发给拍卖师资格证书。

第十七条 拍卖行业协会是依法成立的社会团体法人，是拍卖业的自律性组织。拍卖行业协会依照本法并根据章程，对拍卖企业和拍卖师进行监督。

第十八条 拍卖人有权要求委托人说明拍卖标的的来源和瑕疵。

拍卖人应当向竞买人说明拍卖标的的瑕疵。

第十九条　拍卖人对委托人交付拍卖的物品负有保管义务。

第二十条　拍卖人接受委托后，未经委托人同意，不得委托其他拍卖人拍卖。

第二十一条　委托人、买受人要求对其身份保密的，拍卖人应当为其保密。

第二十二条　拍卖人及其工作人员不得以竞买人的身份参与自己组织的拍卖活动，并不得委托他人代为竞买。

第二十三条　拍卖人不得在自己组织的拍卖活动中拍卖自己的物品或者财产权利。

第二十四条　拍卖成交后，拍卖人应当按照约定向委托人交付拍卖标的的价款，并按照约定将拍卖标的移交给买受人。

第二节　委托人

第二十五条　委托人是指委托拍卖人拍卖物品或者财产权利的公民、法人或者其他组织。

第二十六条　委托人可以自行办理委托拍卖手续，也可以由其代理人代为办理委托拍卖手续。

第二十七条　委托人应当向拍卖人说明拍卖标的的来源和瑕疵。

第二十八条　委托人有权确定拍卖标的的保留价并要求拍卖人保密。

拍卖国有资产，依照法律或者按照国务院规定需要评估的，应当经依法设立的评估机构评估，并根据评估结果确定拍卖标的的保留价。

第二十九条　委托人在拍卖开始前可以撤回拍卖标的。委托人撤回拍卖标的的，应当向拍卖人支付约定的费用；未作约定的，应当向拍卖人支付为拍卖支出的合理费用。

第三十条　委托人不得参与竞买，也不得委托他人代为竞买。

第三十一条　按照约定由委托人移交拍卖标的的，拍卖成交后，委托人应当将拍卖标的移交给买受人。

第三节　竞买人

第三十二条　竞买人是指参加竞购拍卖标的的公民、法人或者其他组织。

第三十三条　法律、行政法规对拍卖标的的买卖条件有规定的，竞买人应当具备规定的条件。

第三十四条 竞买人可以自行参加竞买，也可以委托其代理人参加竞买。

第三十五条 竞买人有权了解拍卖标的的瑕疵，有权查验拍卖标的和查阅有关拍卖资料。

第三十六条 竞买人一经应价，不得撤回，当其他竞买人有更高应价时，其应价即丧失约束力。

第三十七条 竞买人之间、竞买人与拍卖人之间不得恶意串通，损害他人利益。

第四节 买受人

第三十八条 买受人是指以最高应价购得拍卖标的的竞买人。

第三十九条 买受人应当按照约定支付拍卖标的的价款，未按照约定支付价款的，应当承担违约责任，或者由拍卖人征得委托人的同意，将拍卖标的再行拍卖。

拍卖标的再行拍卖的，原买受人应当支付第一次拍卖中本人及委托人应当支付的佣金。再行拍卖的价款低于原拍卖价款的，原买受人应当补足差额。

第四十条 买受人未能按照约定取得拍卖标的的，有权要求拍卖人或者委托人承担违约责任。

买受人未按照约定受领拍卖标的的，应当支付由此产生的保管费用。

第四章 拍卖程序

第一节 拍卖委托

第四十一条 委托人委托拍卖物品或者财产权利，应当提供身份证明和拍卖人要求提供的拍卖标的的所有权证明或者依法可以处分拍卖标的的证明及其他资料。

第四十二条 拍卖人应当对委托人提供的有关文件、资料进行核实。拍卖人接受委托的，应当与委托人签订书面委托拍卖合同。

第四十三条 拍卖人认为需要对拍卖标的进行鉴定的，可以进行鉴定。

鉴定结论与委托拍卖合同载明的拍卖标的状况不相符的，拍卖人有权要求变更或者解除合同。

第四十四条　委托拍卖合同应当载明以下事项：

（一）委托人、拍卖人的姓名或者名称、住所；

（二）拍卖标的的名称、规格、数量、质量；

（三）委托人提出的保留价；

（四）拍卖的时间、地点；

（五）拍卖标的交付或者转移的时间、方式；

（六）佣金及其支付的方式、期限；

（七）价款的支付方式、期限；

（八）违约责任；

（九）双方约定的其他事项。

第二节　拍卖公告与展示

第四十五条　拍卖人应当于拍卖日七日前发布拍卖公告。

第四十六条　拍卖公告应当载明下列事项：

（一）拍卖的时间、地点；

（二）拍卖标的；

（三）拍卖标的展示时间、地点；

（四）参与竞买应当办理的手续；

（五）需要公告的其他事项。

第四十七条　拍卖公告应当通过报纸或者其他新闻媒介发布。

第四十八条　拍卖人应当在拍卖前展示拍卖标的，并提供查看拍卖标的的条件及有关资料。拍卖标的的展示时间不得少于两日。

第三节　拍卖的实施

第四十九条　拍卖师应当于拍卖前宣布拍卖规则和注意事项。

第五十条　拍卖标的无保留价的，拍卖师应当在拍卖前予以说明。

拍卖标的有保留价的，竞买人的最高应价未达到保留价时，该应价不发生效力，拍卖师应当停止拍卖标的的拍卖。

第五十一条　竞买人的最高应价经拍卖师落槌或者以其他公开表示买定的方式确认后，拍卖成交。

第五十二条　拍卖成交后，买受人和拍卖人应当签署成交确认书。

第五十三条 拍卖人进行拍卖时，应当制作拍卖笔录。拍卖笔录应当由拍卖师、记录人签名；拍卖成交的，还应当由买受人签名。

第五十四条 拍卖人应当妥善保管有关业务经营活动的完整账簿、拍卖笔录和其他有关资料。

前款规定的账簿、拍卖笔录和其他有关资料的保管期限，自委托拍卖合同终止之日起计算，不得少于五年。

第五十五条 拍卖标的需要依法办理证照变更、产权过户手续的，委托人、买受人应当持拍卖人出具的成交证明和有关材料，向有关行政管理机关办理手续。

第四节 佣金

第五十六条 委托人、买受人可以与拍卖人约定佣金的比例。

委托人、买受人与拍卖人对佣金比例未作约定，拍卖成交的，拍卖人可以向委托人、买受人各收取不超过拍卖成交价百分之五的佣金。收取佣金的比例按照同拍卖成交价成反比的原则确定。

拍卖未成交的，拍卖人可以向委托人收取约定的费用；未作约定的，可以向委托人收取为拍卖支出的合理费用。

第五十七条 拍卖本法第九条规定的物品成交的，拍卖人可以向买受人收取不超过拍卖成交价百分之五的佣金。收取佣金的比例按照同拍卖成交价成反比的原则确定。

拍卖未成交的，适用本法第五十六条第三款的规定。

第五章 法律责任

第五十八条 委托人违反本法第六条的规定，委托拍卖其没有所有权或者依法不得处分的物品或者财产权利的，应当依法承担责任。拍卖人明知委托人对拍卖的物品或者财产权利没有所有权或者依法不得处分的，应当承担连带责任。

第五十九条 国家机关违反本法第九条的规定，将应当委托财产所在地的省、自治区、直辖市的人民政府或者设区的市的人民政府指定的拍卖人拍卖的物品擅自处理的，对负有直接责任的主管人员和其他直接责任人员依法给予行政处分，给国家造成损失的，还应当承担赔偿责任。

第六十条 违反本法第十一条的规定，未经许可从事拍卖业务的，由工商行政管理部门予以取缔，没收违法所得，并可以处违法所得一倍以上五倍以下的罚款。

第六十一条　拍卖人、委托人违反本法第十八条第二款、第二十七条的规定，未说明拍卖标的的瑕疵，给买受人造成损害的，买受人有权向拍卖人要求赔偿；属于委托人责任的，拍卖人有权向委托人追偿。

拍卖人、委托人在拍卖前声明不能保证拍卖标的的真伪或者品质的，不承担瑕疵担保责任。

因拍卖标的存在瑕疵未声明的，请求赔偿的诉讼时效期间为一年，自当事人知道或者应当知道权利受到损害之日起计算。

因拍卖标的存在缺陷造成人身、财产损害请求赔偿的诉讼时效期间，适用《中华人民共和国产品质量法》和其他法律的有关规定。

第六十二条　拍卖人及其工作人员违反本法第二十二条的规定，参与竞买或者委托他人代为竞买的，由工商行政管理部门对拍卖人给予警告，可以处拍卖佣金一倍以上五倍以下的罚款；情节严重的，吊销营业执照。

第六十三条　违反本法第二十三条的规定，拍卖人在自己组织的拍卖活动中拍卖自己的物品或者财产权利的，由工商行政管理部门没收拍卖所得。

第六十四条　违反本法第三十条的规定，委托人参与竞买或者委托他人代为竞买的，工商行政管理部门可以对委托人处拍卖成交价百分之三十以下的罚款。

第六十五条　违反本法第三十七条的规定，竞买人之间、竞买人与拍卖人之间恶意串通，给他人造成损害的，拍卖无效，应当依法承担赔偿责任。由工商行政管理部门对参与恶意串通的竞买人处最高应价百分之十以上百分之三十以下的罚款；对参与恶意串通的拍卖人处最高应价百分之十以上百分之五十以下的罚款。

第六十六条　违反本法第四章第四节关于佣金比例的规定收取佣金的，拍卖人应当将超收部分返还委托人、买受人。物价管理部门可以对拍卖人处拍卖佣金一倍以上五倍以下的罚款。

公报案例

⊙**青海红鼎房地产有限公司与青海省国有资产投资管理有限公司、青海省产权交易市场确认合同有效纠纷案**（《最高人民法院公报》2017年第3期）

【关键词】

拍卖　网络竞拍　承诺

【案例要旨】

1. 网络竞价交易具有即时性和公开性的特点，产权人、竞买人、竞买组织方均应严格遵守相关交易规则。

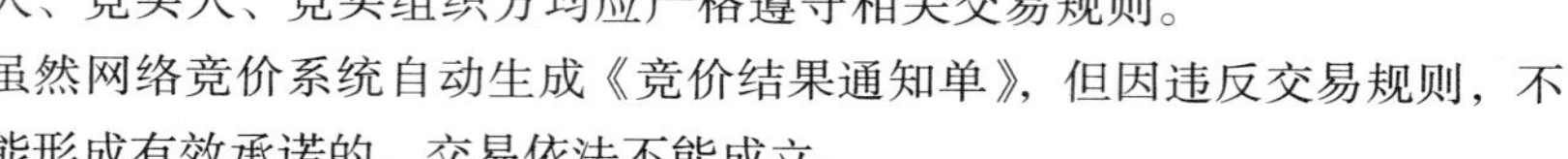

虽然网络竞价系统自动生成《竞价结果通知单》，但因违反交易规则，不能形成有效承诺的，交易依法不能成立。

2. 网络竞拍是拍卖的一种特殊形式，在其有特别规定时依其规定，在无特别规定时，可以适用《拍卖法》的一般规定。

第六百四十六条　【买卖合同准用于有偿合同】法律对其他有偿合同有规定的，依照其规定；没有规定的，参照适用买卖合同的有关规定。

司法解释及文件

⊙**《最高人民法院关于审理买卖合同纠纷案件适用法律问题的解释》**（2020年12月29日修正）

第三十二条　法律或者行政法规对债权转让、股权转让等权利转让合同有规定的，依照其规定；没有规定的，人民法院可以根据民法典第四百六十七条和第六百四十六条的规定，参照适用买卖合同的有关规定。

权利转让或者其他有偿合同参照适用买卖合同的有关规定的，人民法院应当首先引用民法典第六百四十六条的规定，再引用买卖合同的有关规定。

第六百四十七条　【互易合同】当事人约定易货交易，转移标的物的所有权的，参照适用买卖合同的有关规定。

第十章　供用电、水、气、热力合同

第六百四十八条　【定义及强制缔约义务】供用电合同是供电人向用电人供电，用电人支付电费的合同。

向社会公众供电的供电人，不得拒绝用电人合理的订立合同要求。

法　律

⊙**《电力法》**（2018年12月29日修正）

第二十六条　供电营业区内的供电营业机构，对本营业区内的用户有按照国家规定供电的义务；不得违反国家规定对其营业区内申请用电的单位和个人拒绝供电。

申请新装用电、临时用电、增加用电容量、变更用电和终止用电，应当依照规定的程序办理手续。

供电企业应当在其营业场所公告用电的程序、制度和收费标准，并提供用户须知资料。

第二十七条　电力供应与使用双方应当根据平等自愿、协商一致的原则，按照国务院制定的电力供应与使用办法签订供用电合同，确定双方的权利和义务。

行政法规

⊙《**电力供应与使用条例**》（2019年3月2日修订）

第三十二条　供电企业和用户应当在供电前根据用户需要和供电企业的供电能力签订供用电合同。

第三十五条　供用电合同的变更或者解除，应当依照有关法律、行政法规和本条例的规定办理。

> **第六百四十九条　【合同内容】**供用电合同的内容一般包括供电的方式、质量、时间，用电容量、地址、性质，计量方式，电价、电费的结算方式，供用电设施的维护责任等条款。

法　律

⊙《**电力法**》（2018年12月29日修正）

第三十五条　本法所称电价，是指电力生产企业的上网电价、电网间的互供电价、电网销售电价。

电价实行统一政策，统一定价原则，分级管理。

第三十七条　上网电价实行同网同质同价。具体办法和实施步骤由国务院规定。

电力生产企业有特殊情况需另行制定上网电价的，具体办法由国务院规定。

第三十八条　跨省、自治区、直辖市电网和省级电网内的上网电价，由电力生产企业和电网经营企业协商提出方案，报国务院物价行政主管部门核准。

独立电网内的上网电价，由电力生产企业和电网经营企业协商提出方案，报有管理权的物价行政主管部门核准。

地方投资的电力生产企业所生产的电力，属于在省内各地区形成独立电网的或者自发自用的，其电价可以由省、自治区、直辖市人民政府管理。

第四十条 跨省、自治区、直辖市电网和省级电网的销售电价，由电网经营企业提出方案，报国务院物价行政主管部门或者其授权的部门核准。

独立电网的销售电价，由电网经营企业提出方案，报有管理权的物价行政主管部门核准。

第四十一条 国家实行分类电价和分时电价。分类标准和分时办法由国务院确定。

对同一电网内的同一电压等级、同一用电类别的用户，执行相同的电价标准。

行政法规

⊙《**电力供应与使用条例**》（2019年3月2日修订）

第三十三条 供用电合同应当具备以下条款：

（一）供电方式、供电质量和供电时间；

（二）用电容量和用电地址、用电性质；

（三）计量方式和电价、电费结算方式；

（四）供用电设施维护责任的划分；

（五）合同的有效期限；

（六）违约责任；

（七）双方共同认为应当约定的其他条款。

部门规章及规范性文件

⊙《**供电营业规则**》（1996年10月8日 电力工业部令第8号）

第九十二条 供电企业和用户应当在正式供电前，根据用户用电需求和供电企业的供电能力以及办理用电申请时双方已认可或协商一致的下列文件，签订供用电合同：

1. 用户的用电申请报告或用电申请书；

2. 新建项目立项前双方签订的供电意向性协议；

3. 供电企业批复的供电方案；

4. 用户受电装置施工竣工检验报告；

5. 用电计量装置安装完工报告；

6. 供电设施运行维护管理协议；

7. 其他双方事先约定的有关文件。

对用电量大的用户或供电有特殊要求的用户，在签订供用电合同时，可单独签订电费结算协议和电力调度协议等。

第九十三条　供用电合同应采用书面形式。经双方协商同意的有关修改合同的文书、电报、电传和图表也是合同的组成部分。

供用电合同书面形式可分为标准格式和非标准格式两类。标准格式合同适用于供电方式简单、一般性用电需求的用户；非标准格式合同适用于供用电方式特殊的用户。

省电网经营企业可根据用电类别、用电容量、电压等级的不同，分类制定出适应不同类型用户需要的标准格式的供用电合同。

第九十四条　供用电合同的变更或者解除，必须依法进行。有下列情形之一的，允许变更或解除供用电合同：

1. 当事人双方经过协商同意，并且不因此损害国家利益和扰乱供用电秩序；

2. 由于供电能力的变化或国家对电力供应与使用管理的政策调整，使订立供用电合同时的依据被修改或取消；

3. 当事人一方依照法律程序确定确实无法履行合同；

4. 由于不可抗力或一方当事人虽无过失，但无法防止的外因，致使合同无法履行。

第九十五条　供用双方在合同中订有电力运行事故责任条款的，按下列规定办理：

1. 由于供电企业电力运行事故造成用户停电的，供电企业应按用户在停电时间内可能用电量的电度电费的五倍（单一制电价为四倍）给予赔偿。用户在停电时间内可能用电量，按照停电前用户正常用电月份或正常用电一定天数内的每小时平均用电量乘以停电小时求得。

2. 由于用户的责任造成供电企业对外停电，用户应按供电企业对外停电时间少供电量，乘以上月份供电企业平均售电单价给予赔偿。

因用户过错造成其他用户损害的，受害用户要求赔偿时，该用户应当依法承担赔偿责任。

虽因用户过错，但由于供电企业责任而使事故扩大造成其他用户损害的，该用户不承担事故扩大部分的赔偿责任。

3. 对停电责任的分析和停电时间及少供电量的计算，均按供电企业的事故记录及《电业生产事故调查规程》办理。停电时间不足 1 小时按 1 小时计算，超过 1 小时按实际时间计算。

4. 本条所指的电度电费按国家规定的目录电价计算。

第九十六条 供用电双方在合同中订有电压质量责任条款的，按下列规定办理：

1. 用户用电功率因数达到规定标准，而供电电压超出本规则规定的变动幅度，给用户造成损失的，供电企业应按用户每月在电压不合格的累计时间内所用的电量，乘以用户当月用电的平均电价的百分之二十给予赔偿。

2. 用户用电的功率因数未达到规定标准或其他用户原因引起的电压质量不合格的，供电企业不负赔偿责任。

3. 电压变动超出允许变动幅度的时间，以用户自备并经供电企业认可的电压自动记录仪表的记录为准，如用户未装此项仪表，则以供电企业的电压记录为准。

第九十七条 供用电双方在合同中订有频率质量责任条款的，按下列规定办理：

1. 供电频率超出允许偏差，给用户造成损失的，供电企业应按用户每月在频率不合格的累计时间内所用的电量，乘以当月用电的平均电价的百分之二十给予赔偿。

2. 频率变动超出允许偏差的时间，以用户自备并经供电企业认可的频率自动记录仪表的记录为准，如用户未装此项仪表，则以供电企业的频率记录为准。

第九十八条 电费违约金收取总额按日累加计收，总额不足 1 元者按 1 元收取。

第六百五十条　【供电合同履行地点】供用电合同的履行地点，按照当事人约定；当事人没有约定或者约定不明确的，供电设施的产权分界处为履行地点。

部门规章及规范性文件

⊙《**供电营业规则**》（1996 年 10 月 8 日　电力工业部令第 8 号）

第四十七条　供电设施的运行维护管理范围，按产权归属确定。责任分界点按下列各项确定：

1. 公用低压线路供电的，以供电接户线用户端最后支持物为分界点，支持物属供电企业。

2. 10 千伏及以下公用高压线路供电的，以用户厂界外或配电室前的第一断路器或第一支持物为分界点，第一断路器或第一支持物属供电企业。

3. 35 千伏及以上公用高压线路供电的，以用户厂界外或用户变电站外第一基电杆为分界点。第一基电杆属供电企业。

4. 采用电缆供电的，本着便于维护管理的原则，分界点由供电企业与用户协商确定。

5. 产权属于用户且由用户运行维护的线路，以公用线路分支杆或专用线路接引的公用变电站外第一基电杆为分界点，专用线路第一基电杆属用户。

在电气上的具体分界点，由供用双方协商确定。

第六百五十一条　【供电人安全供电义务及责任】供电人应当按照国家规定的供电质量标准和约定安全供电。供电人未按照国家规定的供电质量标准和约定安全供电，造成用电人损失的，应当承担赔偿责任。

法　律

⊙《**电力法**》(2018年12月29日修正)

第二十八条　供电企业应当保证供给用户的供电质量符合国家标准。对公用供电设施引起的供电质量问题，应当及时处理。

用户对供电质量有特殊要求的，供电企业应当根据其必要性和电网的可能，提供相应的电力。

第三十条　因抢险救灾需要紧急供电时，供电企业必须尽速安排供电，所需供电工程费用和应付电费依照国家有关规定执行。

第三十三条　供电企业应当按照国家核准的电价和用电计量装置的记录，向用户计收电费。

供电企业查电人员和抄表收费人员进入用户，进行用电安全检查或者抄表收费时，应当出示有关证件。

用户应当按照国家核准的电价和用电计量装置的记录，按时交纳电费；对供电企业查电人员和抄表收费人员依法履行职责，应当提供方便。

第五十九条　电力企业或者用户违反供用电合同，给对方造成损失的，应当依法承担赔偿责任。

电力企业违反本法第二十八条、第二十九条第一款的规定，未保证供电质量或者未事先通知用户中断供电，给用户造成损失的，应当依法承担赔偿责任。

第六十条　因电力运行事故给用户或者第三人造成损害的，电力企业应当依法承担赔偿责任。

行政法规

⊙《**电力供应与使用条例**》(2019年3月2日修订)

第十九条　用户受电端的供电质量应当符合国家标准或者电力行业标准。

第二十条　供电方式应当按照安全、可靠、经济、合理和便于管理的原则，由电力供应与使用双方根据国家有关规定以及电网规划、用电需求和当地供电条件等因素协商确定。

在公用供电设施未到达的地区，供电企业可以委托有供电能力的单位就近供电。非经供电企业委托，任何单位不得擅自向外供电。

第二十一条　因抢险救灾需要紧急供电时，供电企业必须尽速安排供电。所需工程费用和应付电费由有关地方人民政府有关部门从抢险救灾经费中支出，但是抗旱用电应当由用户交付电费。

第二十二条　用户对供电质量有特殊要求的，供电企业应当根据其必要性和电网的可能，提供相应的电力。

第三十四条　供电企业应当按照合同约定的数量、质量、时间、方式，合理调度和安全供电。

用户应当按照合同约定的数量、条件用电，交付电费和国家规定的其他费用。

部门规章及规范性文件

⊙《**供电营业规则**》（1996 年 10 月 8 日　电力工业部令第 8 号）

第五条　供电企业供电的额定频率为交流 50 赫兹。

第六条　供电企业供电的额定电压：

1. 低压供电：单相为 220 伏，三相为 380 伏；

2. 高压供电：为 10、35（63）、110、220 千伏。

除发电厂直配电压可采用 3 千伏或 6 千伏外，其他等级的电压应逐步过渡到上列额定电压。

用户需要的电压等级不在上列范围时，应自行采取变压措施解决。

用户需要的电压等级在 110 千伏及以上时，其受电装置应作为终端变电站设计，方案需经省电网经营企业审批。

第七条　供电企业对申请用电的用户提供的供电方式，应从供用电的安全、经济、合理和便于管理出发，依据国家的有关政策和规定、电网的规划、用电需求以及当地供电条件等因素，进行技术经济比较，与用户协商确定。

第八条　用户单相用电设备总容量不足 10 千瓦的可采用低压 220 伏

供电。但有单台设备容量超过 1 千瓦的单相电焊机、换流设备时，用户必须采取有效的技术措施以消除对电能质量的影响，否则应改为其他方式供电。

第九条 用户用电设备容量在 100 千瓦及以下或需用变压器容量在 50 千伏安及以下者，可采用低压三相四线制供电，特殊情况也可采用高压供电。

用电负荷密度较高的地区，经过技术经济比较，采用低压供电的技术经济性明显优于高压供电时，低压供电的容量界限可适当提高。具体容量界限由省电网经营企业作出规定。

第十条 供电企业可以对距离发电厂较近的用户，采用发电厂直配供电方式，但不得以发电厂的厂用电源或变电站（所）的站用电源对用户供电。

第十一条 用户需要备用、保安电源时，供电企业应按其负荷重要性、用电容量和供电的可能性，与用户协商确定。

用户重要负荷的保安电源，可由供电企业提供，也可由用户自备。遇有下列情况之一者，保安电源应由用户自备：

1. 在电力系统瓦解或不可抗力造成供电中断时，仍需保证供电的；

2. 用户自备电源比从电力系统供给更为经济合理的。

供电企业向有重要负荷的用户提供的保安电源，应符合独立电源的条件。有重要负荷的用户在取得供电企业供给的保安电源的同时，还应有非电性质的应急措施，以满足安全的需要。

第十二条 对基建工地、农田水利、市政建设等非永久性用电，可供给临时电源。临时用电期限除经供电企业准许外，一般不得超过六个月，逾期不办理延期或永久性正式用电手续的，供电企业应终止供电。

使用临时电源的用户不得向外转供电，也不得转让给其他用户，供电企业也不受理其变更用电事宜。如需改为正式用电，应按新装用电办理。

因抢险救灾需要紧急供电时，供电企业应迅速组织力量，架设临时电源供电。架设临时电源所需的工程费用和应付的电费，由地方人民政府有关部门负责从救灾经费中拨付。

第十三条 供电企业一般不采用趸售方式供电，以减少中间环节。特殊情况需开放趸售供电时，应由省级电网经营企业报国务院电力管理部门批准。

趸购转售电单位应服从电网的统一调度，按国家规定的电价向用户售电，不得再向乡、村层层趸售。

电网经营企业与趸购转售电单位应就趸购转售事宜签订供用电合同，明确双方的权利和义务。

趸购转售电单位需新装或增加趸购容量时，应按本规则的规定办理新装增容手续。

第十四条　用户不得自行转供电。在公用供电设施尚未到达的地区，供电企业征得该地区有供电能力的直供用户同意，可采用委托方式向其附近的用户转供电力，但不得委托重要的国防军工用户转供电。

委托转供电应遵守下列规定：

1. 供电企业与委托转供户（以下简称转供户）应就转供范围、转供容量、转供期限、转供费用、转供用电指标、计量方式、电费计算、转供电设施建设、产权划分、运行维护、调度通信、违约责任等事项签订协议。

2. 转供区域内的用户（以下简称被转供户），视同供电企业的直供户，与直供户享有同样的用电权利，其一切用电事宜按直供户的规定办理。

3. 向被转供户供电的公用线路与变压器的损耗电量应由供电企业负担，不得摊入被转供户用电量中。

4. 在计算转供户用电量、最大需量及功率因数调整电费时，应扣除被转供户、公用线路与变压器消耗的有功、无功电量。

最大需量按下列规定折算：

（1）照明及一班制：每月用电量 180 千瓦时，折合为 1 千瓦；

（2）二班制：每月用电量 360 千瓦时，折合为 1 千瓦；

（3）三班制：每月用电量 540 千瓦时，折合为 1 千瓦；

（4）农业用电：每月用电量 270 千瓦时，折合为 1 千瓦。

5. 委托的费用，按委托的业务项目的多少，由双方协商确定。

第十五条　为保障用电安全，便于管理，用户应将重要负荷与非重要负荷、生产用电与生活区用电分开配电。

新装或增加用电的用户应按上述规定确定内部的配电方式，对目前尚未达到上述要求的用户应逐步进行改造。

第六百五十二条 【供电人中断供电的通知义务】供电人因供电设施计划检修、临时检修、依法限电或者用电人违法用电等原因，需要中断供电时，应当按照国家有关规定事先通知用电人；未事先通知用电人中断供电，造成用电人损失的，应当承担赔偿责任。

法 律

⊙《**电力法**》（2018 年 12 月 29 日修正）

第二十九条 供电企业在发电、供电系统正常的情况下，应当连续向用户供电，不得中断。因供电设施检修、依法限电或者用户违法用电等原因，需要中断供电时，供电企业应当按照国家有关规定事先通知用户。

用户对供电企业中断供电有异议的，可以向电力管理部门投诉；受理投诉的电力管理部门应当依法处理。

行政法规

⊙《**电力供应与使用条例**》（2019 年 3 月 2 日修订）

第二十八条 除本条例另有规定外，在发电、供电系统正常运行的情况下，供电企业应当连续向用户供电；因故需要停止供电时，应当按照下列要求事先通知用户或者进行公告：

（一）因供电设施计划检修需要停电时，供电企业应当提前 7 天通知用户或者进行公告；

（二）因供电设施临时检修需要停止供电时，供电企业应当提前 24 小时通知重要用户；

（三）因发电、供电系统发生故障需要停电、限电时，供电企业应当按照事先确定的限电序位进行停电或者限电。引起停电或者限电的原因消除后，供电企业应当尽快恢复供电。

部门规章及规范性文件

⊙《**供电营业规则**》(1996年10月8日 电力工业部令第8号)

第六十六条 在发供电系统正常情况下，供电企业应连续向用户供应电力。但是，有下列情形之一的，须经批准方可中止供电：

1. 对危害供用电安全，扰乱供用电秩序，拒绝检查者；

2. 拖欠电费经通知催交仍不交者；

3. 受电装置经检验不合格，在指定期间未改善者；

4. 用户注入电网的谐波电流超过标准，以及冲击负荷、非对称负荷等对电能质量产生干扰与妨碍，在规定限期内不采取措施者；

5. 拒不在限期内拆除私增用电容量者；

6. 拒不在限期内交付违约用电引起的费用者；

7. 违反安全用电、计划用电有关规定，拒不改正者；

8. 私自向外转供电力者。

有下列情形之一的，不经批准即可中止供电，但事后应报告本单位负责人：

1. 不可抗力和紧急避险；

2. 确有窃电行为。

第六十七条 除因故中止供电外，供电企业需对用户停止供电时，应按下列程序办理停电手续；

1. 应将停电的用户、原因、时间报本单位负责人批准。批准权限和程序由省电网经营企业制定；

2. 在停电前三至七天内，将停电通知书送达用户，对重要用户的停电，应将停电通知书报送同级电力管理部门；

3. 在停电前30分钟，将停电时间再通知用户一次，方可在通知规定时间实施停电。

第六十八条 因故需要中止供电时，供电企业应按下列要求事先通知用户或进行公告：

1. 因供电设施计划检修需要停电时，应提前七天通知用户或进行公告；

2. 因供电设施临时检修需要停止供电时，应当提前24小时通知重要用户或进行公告；

3. 发供电系统发生故障需要停电、限电或者计划限、停电时，供电企业应按确定的限电序位进行停电或限电。但限电序位应事前公告用户。

第六十九条 引起停电或限电的原因消除后，供电企业应在三日内恢复供电。不能在三日内恢复供电的，供电企业应向用户说明原因。

第六百五十三条 【供电人的抢修义务】 因自然灾害等原因断电，供电人应当按照国家有关规定及时抢修；未及时抢修，造成用电人损失的，应当承担赔偿责任。

部门规章及规范性文件

⊙《**供电监管办法**》（2009年11月26日 国家电力监管委员会令第27号）

第十四条 电力监管机构对供电企业处理供电故障的情况实施监管。

供电企业应当建立完善的报修服务制度，公开报修电话，保持电话畅通，24小时受理供电故障报修。

供电企业应当迅速组织人员处理供电故障，尽快恢复正常供电。供电企业工作人员到达现场抢修的时限，自接到报修之时起，城区范围不超过60分钟，农村地区不超过120分钟，边远、交通不便地区不超过240分钟。因天气、交通等特殊原因无法在规定时限内到达现场的，应当向用户做出解释。

第六百五十四条 【用电人交付电费义务】 用电人应当按照国家有关规定和当事人的约定及时支付电费。用电人逾期不支付电费的，应当按照约定支付违约金。经催告用电人在合理期限内仍不支付电费和违约金的，供电人可以按照国家规定的程序中止供电。

供电人依据前款规定中止供电的，应当事先通知用电人。

法　律

⊙《**电力法**》（2018 年 12 月 29 日修正）

第三十一条　用户应当安装用电计量装置。用户使用的电力电量，以计量检定机构依法认可的用电计量装置的记录为准。

用户受电装置的设计、施工安装和运行管理，应当符合国家标准或者电力行业标准。

第三十三条　供电企业应当按照国家核准的电价和用电计量装置的记录，向用户计收电费。

供电企业查电人员和抄表收费人员进入用户，进行用电安全检查或者抄表收费时，应当出示有关证件。

用户应当按照国家核准的电价和用电计量装置的记录，按时交纳电费；对供电企业查电人员和抄表收费人员依法履行职责，应当提供方便。

行政法规

⊙《**电力供应与使用条例**》（2019 年 3 月 2 日修订）

第二十三条　申请新装用电、临时用电、增加用电容量、变更用电和终止用电，均应当到当地供电企业办理手续，并按照国家有关规定交付费用；供电企业没有不予供电的合理理由的，应当供电。供电企业应当在其营业场所公告用电的程序、制度和收费标准。

第二十五条　供电企业应当按照国家有关规定实行分类电价、分时电价。

第二十六条　用户应当安装用电计量装置。用户使用的电力、电量，以计量检定机构依法认可的用电计量装置的记录为准。用电计量装置，应当安装在供电设施与受电设施的产权分界处。

安装在用户处的用电计量装置，由用户负责保护。

部门规章及规范性文件

⊙《**供电营业规则**》（1996年10月8日　电力工业部令第8号）

第九十八条　用户在供电企业规定的期限内未交清电费时，应承担电费滞纳的违约责任。电费违约金从逾期之日起计算至交纳日止。每日电费违约金按下列规定计算：

1. 居民用户每日按欠费总额的千分之一计算；

2. 其他用户：

（1）当年欠费部分，每日按欠费总额的千分之二计算；

（2）跨年度欠费部分，每日按欠费总额的千分之三计算。

适用要点

⊙ **供用电合同的中止及法律效果**

根据《民法典》第563条规定，当事人一方迟延履行主要债务，经催告后在合理期限内仍未履行，另一方当事人可以解除合同。供用电合同中，供电人负有强制性缔约义务，即使用电人存在经催告在合理期限内仍不支付电费和违约金的违约行为，供电人也只能中止合同，而不能解除合同。

关于合同中止的法律效果：如果用电人一直无法支付电费和违约金，供用电合同一直处于中止状态。《供电营业规则》第33条规定："用户连续六个月不用电，也不申请办理暂停用电手续者，供电企业须以销户终止其用电。用户需再用电时，按新装用电办理。"为了维护当事人之间法律关系的稳定，合同事实上不具备恢复履行可能的或者双方均同意终止合同的，可以根据实际情况终止供用电合同。供用电合同中止后，用电人支付电费和违约金的，供应人应当及时恢复供电。

第六百五十五条　【用电人安全用电义务】用电人应当按照国家有关规定和当事人的约定安全、节约和计划用电。用电人未按照国家有关规定和当事人的约定用电，造成供电人损失的，应当承担赔偿责任。

法　律

⊙《**电力法**》（2018年12月29日修正）

第三十二条　用户用电不得危害供电、用电安全和扰乱供电、用电秩序。

对危害供电、用电安全和扰乱供电、用电秩序的，供电企业有权制止。

第五十九条　电力企业或者用户违反供用电合同，给对方造成损失的，应当依法承担赔偿责任。

电力企业违反本法第二十八条、第二十九条第一款的规定，未保证供电质量或者未事先通知用户中断供电，给用户造成损失的，应当依法承担赔偿责任。

第六十条　因电力运行事故给用户或者第三人造成损害的，电力企业应当依法承担赔偿责任。

电力运行事故由下列原因之一造成的，电力企业不承担赔偿责任：

（一）不可抗力；

（二）用户自身的过错。

因用户或者第三人的过错给电力企业或者其他用户造成损害的，该用户或者第三人应当依法承担赔偿责任。

行政法规

⊙《**电力供应与使用条例**》（2019年3月2日修订）

第二十九条　县级以上人民政府电力管理部门应当遵照国家产业政策，按照统筹兼顾、保证重点、择优供应的原则，做好计划用电工作。

供电企业和用户应当制订节约用电计划，推广和采用节约用电的新技术、新材料、新工艺、新设备，降低电能消耗。

供电企业和用户应当采用先进技术、采取科学管理措施，安全供电、用电，避免发生事故，维护公共安全。

第三十条　用户不得有下列危害供电、用电安全，扰乱正常供电、用电秩序的行为：

（一）擅自改变用电类别；

（二）擅自超过合同约定的容量用电；

（三）擅自超过计划分配的用电指标的；

（四）擅自使用已经在供电企业办理暂停使用手续的电力设备，或者擅自启用已经被供电企业查封的电力设备；

（五）擅自迁移、更动或者擅自操作供电企业的用电计量装置、电力负荷控制装置、供电设施以及约定由供电企业调度的用户受电设备；

（六）未经供电企业许可，擅自引入、供出电源或者将自备电源擅自并网。

第三十一条 禁止窃电行为。窃电行为包括：

（一）在供电企业的供电设施上，擅自接线用电；

（二）绕越供电企业的用电计量装置用电；

（三）伪造或者开启法定的或者授权的计量检定机构加封的用电计量装置封印用电；

（四）故意损坏供电企业用电计量装置；

（五）故意使供电企业的用电计量装置计量不准或者失效；

（六）采用其他方法窃电。

第六百五十六条 【供用水、气、热力合同参照适用供用电合同】 供用水、供用气、供用热力合同，参照适用供用电合同的有关规定。

公报案例

⊙高尔夫（南京）房地产有限公司诉吴某某供用热力合同纠纷案

（《最高人民法院公报》2012 年第 12 期）

【关键词】

供用热力合同 费用

【案例要旨】

原告高尔夫（南京）房地产有限公司与被告吴某某

签订的《预售合同》，是双方的真实意思表示，合法有效，受法律保护，双方均应按约履行。买卖契约中双方不仅对商品房买卖的具体条款进行了约定，还对供暖、供热水的时间和使用费用进行了约定，明确约定了由高尔夫公司履行供暖、供热水的义务，吴某某按照标准履行支付使用费的义务，故高尔夫公司与吴某某之间形成了供用热力的合同关系。法院对高尔夫（南京）房地产有限公司主张的供热费用部分予以支持。

第十一章 赠与合同

第六百五十七条 【定义】赠与合同是赠与人将自己的财产无偿给予受赠人，受赠人表示接受赠与的合同。

法 律

⊙《**慈善法**》（2016年3月16日）

第三十四条 本法所称慈善捐赠，是指自然人、法人和其他组织基于慈善目的，自愿、无偿赠与财产的活动。

第三十六条 捐赠人捐赠的财产应当是其有权处分的合法财产。捐赠财产包括货币、实物、房屋、有价证券、股权、知识产权等有形和无形财产。

捐赠人捐赠的实物应当具有使用价值，符合安全、卫生、环保等标准。

捐赠人捐赠本企业产品的，应当依法承担产品质量责任和义务。

第三十七条 自然人、法人和其他组织开展演出、比赛、销售、拍卖等经营性活动，承诺将全部或者部分所得用于慈善目的的，应当在举办活动前与慈善组织或者其他接受捐赠的人签订捐赠协议，活动结束后按照捐赠协议履行捐赠义务，并将捐赠情况向社会公开。

第三十九条 慈善组织接受捐赠，捐赠人要求签订书面捐赠协议的，慈善组织应当与捐赠人签订书面捐赠协议。

书面捐赠协议包括捐赠人和慈善组织名称，捐赠财产的种类、数量、质量、用途、交付时间等内容。

第四十条　捐赠人与慈善组织约定捐赠财产的用途和受益人时，不得指定捐赠人的利害关系人作为受益人。

任何组织和个人不得利用慈善捐赠违反法律规定宣传烟草制品，不得利用慈善捐赠以任何方式宣传法律禁止宣传的产品和事项。

⊙《**公益事业捐赠法**》（1999年6月28日）

第四条　捐赠应当是自愿和无偿的，禁止强行摊派或者变相摊派，不得以捐赠为名从事营利活动。

第五条　捐赠财产的使用应当尊重捐赠人的意愿，符合公益目的，不得将捐赠财产挪作他用。

第九条　自然人、法人或者其他组织可以选择符合其捐赠意愿的公益性社会团体和公益性非营利的事业单位进行捐赠。捐赠的财产应当是其有权处分的合法财产。

第十二条　捐赠人可以与受赠人就捐赠财产的种类、质量、数量和用途等内容订立捐赠协议。捐赠人有权决定捐赠的数量、用途和方式。

捐赠人应当依法履行捐赠协议，按照捐赠协议约定的期限和方式将捐赠财产转移给受赠人。

第十三条　捐赠人捐赠财产兴建公益事业工程项目，应当与受赠人订立捐赠协议，对工程项目的资金、建设、管理和使用作出约定。

捐赠的公益事业工程项目由受赠单位按照国家有关规定办理项目审批手续，并组织施工或者由受赠人和捐赠人共同组织施工。工程质量应当符合国家质量标准。

捐赠的公益事业工程项目竣工后，受赠单位应当将工程建设、建设资金的使用和工程质量验收情况向捐赠人通报。

第十八条　受赠人与捐赠人订立了捐赠协议的，应当按照协议约定的用途使用捐赠财产，不得擅自改变捐赠财产的用途。如果确需改变用途的，应当征得捐赠人的同意。

司法解释及文件

⊙**《最高人民法院关于夫妻一方未经对方同意将共有房屋赠与他人属于夫妻另一方的部分应属无效的批复》**（1987年8月5日 〔1987〕民他字第14号）

浙江省高级人民法院：

你院1987年3月7日关于王棣华等人与王庆贞、朱亚英房屋继承一案的请示报告已悉。

据你院调查，王棣华等人与王庆贞、朱亚英诉争的房屋，原系王镛、王庆贞、王守瑜母亲的奁产，后被王镛舅母出典，1937年由王镛出资回赎，1947年办理了过户手续。1950年8月，杭州市人民政府给王镛颁发了房产证，但该房一直由王镛之妹王守瑜使用、管理。1956年3月，王镛在其妻孙跃文未表示同意的情况下，个人书写"赠与书"和"房地产让渡证明书"，连同房契和个人印章一并交给王守瑜（未办理过户手续）。1960年、1963年，王镛夫妇相续去世。1981年11月，王守瑜在联系出售该房时病故。当月，王庆贞之女朱亚英以1250元价款将房屋出售。王镛之子女王棣华等人得知，诉至法院，要求将该房确认为其父的遗产，予以继承。

经研究，我们认为，该案争执之房屋原系王镛、王守瑜、王庆贞之母的财产。出典后，由王镛于1937年出资赎回，解放后，该房屋确权为王镛所有。在王镛与孙跃文婚姻关系存续期间，夫妻任何一方所得之财产，包括上述房屋，应属夫妻共同财产，夫妻一方在处理共同财产时，应取得另一方的同意。王镛在征求孙跃文意见时，孙明确表示不同意将房屋赠与王守瑜以后在赠与书上又未签字，因此赠与应属无效。但鉴于王守瑜已长期掌管使用，王镛生前曾有过赠与的明确表示，其子女当时也表示同意的历史状况，从实际情况出发，以认定一部分为王镛和孙跃文的遗产，一部分属于王守瑜的遗产为宜。按照继承法的规定，双方的遗产分别由他们各自的法定继承人继承。

人民法院案例选案例

⊙**杨某某诉李某某赠与合同纠纷案**［《人民法院案例选》2003 年第 1 辑（总第 43 辑）］

【关键词】

赠与合同　真实意思

【案例要旨】

原被告在堆放河沙问题上发生纠纷，被告在纠纷中出言不逊，恶语伤人，有悖社会的公序良俗，是不道德的。但被告在情急之下叫原告磕头、送红旗车，原告的真实意思是羞辱原告，并非想送红旗车给原告。而原告听了被告的话后，也并非不知道被告是在骂自己。况且被告并未将自己的红旗车交付给原告，也未办理车辆过户登记手续，因此，原被告之间的赠与合同不成立。

适用要点

⊙ **受赠人可否拒绝接受赠与**

赠与合同不是单方法律行为，而需要双方意思表示一致，即需要赠与人有赠与的意思表示、受赠人有接受赠与的意思表示。虽然一般来说，赠与是纯获益的，是对受赠人有利的行为，但是赠与合同的达成需要双方的合意，赠与人不能强迫受赠人接受赠与，受赠与人仍有权拒绝接受赠与，而且在一些情形下，受赠人拒绝接受赠与可能是出于名声考虑等合理的理由。

受赠人同意接受赠与的，赠与合同成立并生效。若当赠与人给予财产时，受赠人拒绝收受的，因不能强求受赠人接受赠与，故应认定为受赠人放弃权利，无需承担违约责任。

第六百五十八条 【赠与合同的撤销与限制】赠与人在赠与财产的权利转移之前可以撤销赠与。

经过公证的赠与合同或者依法不得撤销的具有救灾、扶贫、助残等公益、道德义务性质的赠与合同，不适用前款规定。

法 律

⊙《**公益事业捐赠法**》(1999年6月28日)

第二条 自然人、法人或者其他组织自愿无偿向依法成立的公益性社会团体和公益性非营利的事业单位捐赠财产，用于公益事业的，适用本法。

第三条 本法所称公益事业是指非营利的下列事项：

(一)救助灾害、救济贫困、扶助残疾人等困难的社会群体和个人的活动；

(二)教育、科学、文化、卫生、体育事业；

(三)环境保护、社会公共设施建设；

(四)促进社会发展和进步的其他社会公共和福利事业。

司法解释及文件

⊙《**最高人民法院关于适用〈中华人民共和国民法典〉婚姻家庭编的解释(一)**》(2020年12月29日 法释〔2020〕22号)

第三十二条 婚前或者婚姻关系存续期间，当事人约定将一方所有的房产赠与另一方或者共有，赠与方在赠与房产变更登记之前撤销赠与，另一方请求判令继续履行的，人民法院可以按照民法典第六百五十八条的规定处理。

⊙《**最高人民法院关于日本人纪平孝诉湖南省人民医院赠与一案的答复**》(1989年5月22日 〔1989〕民他字第22号)

湖南省高级人民法院：

你院请示的日本人纪平孝诉湖南省人民医院赠与一案，经研究认为，请示报告所谈基本案情清楚，意见明确。我们认为：

日本人纪平孝有向湖南省人民医院赠送汽车的意思表示，湖南省人民医院得知后，经请示批准，也作出了接受赠送的意思表示，随后，双方就赠送汽车一事，各自为赠送和受赠进行了必要的准备工作，车到我国境内后，海关根据海关行政管理法规予以放行和准予免税，是对当事人的出入境的物品，依法实行的海关监管行为，不涉及当事人的出入境的物品的所有权问题。经当事人双方的商定，入境汽车由受赠方派司机帮助开至长沙，这期间，纪平孝多次有返悔的意思表示，车到长沙后，纪平孝没有马上将车交付受赠方，并在拟定的赠送仪式以前，明确反悔，不再赠送，受赠方在纪平孝拿回钥匙情况下，私配钥匙开车办理了上照手续，至纪平孝向湖南省长沙市中级人民法院提起诉讼，要求返还汽车，《民法通则》第七十二条规定："按照合同或者其他合法方式取得财产的，财产所有权从财产交付时起转移，法律另有规定或者当事人另有约定的除外"。本案赠予关系的双方当事人事先没有约定赠予物所有权的转移方式，赠予物所有权只能从交付时起转移。对于这种单方的法律行为，赠予人有权在交付赠予物之前撤销自己的赠予意思表示。根据以上事实和理由，我们意见，纪平孝在未交付赠予物之前撤销赠予的意思表示，依我国法律是允许的，因而产生赠予关系不成立的法律效果，纪平孝关于赠与关系不成立，被告应当返还汽车的请求应予支持，如果纪平孝的反悔行为给受赠人造成了直接经济损失，纪平孝应负赔偿损失的责任。关于附条件的问题，我们认为可以不涉及，因为没发生赠与物交付的问题，就谈不上附条件的问题。

另外，如赠与成立，汽车、电脑、天体望远镜等予补税。

部门规章及规范性文件

⊙**《司法部关于印发〈赠与公证细则〉的通知》**（1992年1月24日 司发通〔1992〕008号）

第三条 赠与公证是公证处依法证明赠与人赠与财产、受赠人收受赠与财产或赠与人与受赠人签订赠与合同真实、合法的行为。

第四条 办理赠与公证，可采取证明赠与人的赠与书，受赠人的受赠书或赠与合同的形式。赠与书是赠与人单方以书面形式将财产无偿赠与他人；受赠书是受赠人单方以书面形式表示接受赠与；赠与合同是赠与人与受赠人双方以书面形式，就财产无偿赠与而达成的一种协议。

第五条 赠与人赠与的财产必须是赠与人所有的合法财产。赠与人是公民的，必须具有完全民事行为能力。

第六条 赠与书公证应由赠与人的住所地或不动产所在地公证处受理。受赠书、赠与合同公证由不动产所在地公证处受理。

第七条 办理不动产赠与公证的，经公证后，应及时到有关部门办理所有权转移登记手续，否则赠与行为无效。

第八条 办理赠与书、受赠书、赠与合同公证，当事人应亲自到公证处提出申请，亲自到公证处确有困难的，公证人员可到其居住地办理。

第九条 申办赠与书、受赠书、赠与合同公证，当事人应向公证处提交的证件和材料：

（一）当事人办理赠与书、受赠书、赠与合同公证申请表；

（二）当事人的居民身份证或其他身份证明；

（三）被赠与财产清单和财产所有权证明；

（四）受赠人为法人或其他组织的，应提交资格证明、法定代表人身份证明，如需经有关部门批准才能受赠的事项，还需提交有关部门批准接受赠与的文件，代理人应提交授权委托书；受赠人为无民事行为能力或限制民事行为能力的，其代理人应提交有监护权的证明；

（五）赠与书、受赠书或赠与合同；

（六）赠与标的为共有财产的，共有人一致同意赠与的书面证明；

（七）公证人员认为应当提交的其他材料。

第十条 符合下列条件的申请，公证处应予受理：

（一）当事人身份明确，赠与人具有完全民事行为能力和赠与财产的所有权证明；

（二）赠与财产产权明确，当事人意思表示真实，赠与合同已达成协议；

（三）赠与财产为不动产的，不得违背有关房地产的政策、规定；

（四）当事人提交了本细则第九条规定的证件和材料；

（五）该公证事项属本公证处管辖。

对不符合前款规定条件的申请，公证处应作出不予受理的决定，并通知当事人。

第六百五十九条　【赠与财产的登记等手续】赠与的财产依法需要办理登记或者其他手续的，应当办理有关手续。

法　律

⊙《**慈善法**》（2016年3月16日）

第四十三条　国有企业实施慈善捐赠应当遵守有关国有资产管理的规定，履行批准和备案程序。

⊙《**公益事业捐赠法**》（1999年6月28日）

第十五条　境外捐赠人捐赠的财产，由受赠人按照国家有关规定办理入境手续；捐赠实行许可证管理的物品，由受赠人按照国家有关规定办理许可证申领手续，海关凭许可证验放、监管。

华侨向境内捐赠的，县级以上人民政府侨务部门可以协助办理有关入境手续，为捐赠人实施捐赠项目提供帮助。

第六百六十条　【受赠人的交付请求权及赠与人的赔偿责任】经过公证的赠与合同或者依法不得撤销的具有救灾、扶贫、助残等公益、道德义务性质的赠与合同，赠与人不交付赠与财产的，受赠人可以请求交付。

依据前款规定应当交付的赠与财产因赠与人故意或者重大过失致使毁损、灭失的，赠与人应当承担赔偿责任。

法 律

⊙《**慈善法**》（2016 年 3 月 16 日）

第四十一条 捐赠人应当按照捐赠协议履行捐赠义务。捐赠人违反捐赠协议逾期未交付捐赠财产，有下列情形之一的，慈善组织或者其他接受捐赠的人可以要求交付；捐赠人拒不交付的，慈善组织和其他接受捐赠的人可以依法向人民法院申请支付令或者提起诉讼：

（一）捐赠人通过广播、电视、报刊、互联网等媒体公开承诺捐赠的；

（二）捐赠财产用于本法第三条第一项至第三项规定的慈善活动，并签订书面捐赠协议的。

捐赠人公开承诺捐赠或者签订书面捐赠协议后经济状况显著恶化，严重影响其生产经营或者家庭生活的，经向公开承诺捐赠地或者书面捐赠协议签订地的民政部门报告并向社会公开说明情况后，可以不再履行捐赠义务。

适用要点

⊙ 本条中两处“财产”的理解

本条第 1 款和第 2 款均有“财产”一词，但是二者的范围不是一样的，在实践中需要注意区分。

本条第 1 款中的“财产”包括全部能够成为赠与合同标的的财产，包括有形财产、无形财产等，在经过公证的赠与合同或者依法不得撤销的具有救灾、扶贫、助残等公益、道德义务性质的赠与合同中，赠与人拒不交付赠与财产的，受赠人可以请求交付。

本条第 2 款中的“财产”主要指特定化的有形财产，原因如下：一方面，一般只有有形财产才存在“损毁、灭失”的问题，本条款规范的主要为有形财产；另一方面，须为特定化的有形财产，即当赠与财产为种类物时，毁损、灭失的赠与财产须系已经特定化的赠与财产。

第六百六十一条　【附义务赠与】赠与可以附义务。

赠与附义务的，受赠人应当按照约定履行义务。

公报案例

⊙**蒋某某诉陈某某、《家庭教育导报》社返还公益捐赠纠纷案**（《最高人民法院公报》2003 年第 4 期）

【关键词】

赠与　附条件　捐赠

【案例要旨】

捐款人在行使赠与权利时，有权决定捐款的使用方法，包括签订捐赠协议，对捐助对象附加条件或者义务。受赠人在接受捐款，享有捐款收益权的同时，不得违反捐款人为捐款所设定的合理条件或义务。

第六百六十二条　【赠与的瑕疵担保责任】赠与的财产有瑕疵的，赠与人不承担责任。附义务的赠与，赠与的财产有瑕疵的，赠与人在附义务的限度内承担与出卖人相同的责任。

赠与人故意不告知瑕疵或者保证无瑕疵，造成受赠人损失的，应当承担赔偿责任。

第六百六十三条　【赠与的法定撤销】受赠人有下列情形之一的，赠与人可以撤销赠与：

（一）严重侵害赠与人或者赠与人近亲属的合法权益；

（二）对赠与人有扶养义务而不履行；

（三）不履行赠与合同约定的义务。

赠与人的撤销权，自知道或者应当知道撤销事由之日起一年内行使。

司法解释及文件

⊙《**最高人民法院关于适用〈中华人民共和国民法典〉继承编的解释（一）**》（2020年12月29日　法释〔2020〕23号）

第二十九条　附义务的遗嘱继承或者遗赠，如义务能够履行，而继承人、受遗赠人无正当理由不履行，经受益人或者其他继承人请求，人民法院可以取消其接受附义务部分遗产的权利，由提出请求的继承人或者受益人负责按遗嘱人的意愿履行义务，接受遗产。

人民法院案例选案例

⊙**王某泽诉王某英赠与合同纠纷案**［《人民法院案例选》2015年第1辑（总第91辑）］

【关键词】

不动产赠与　精神侵害　撤销赠与

【案例要旨】

子女乃父母的精神寄托与依靠，王某英作为王某泽的长子，在其母亲去世后，理应对年迈的父亲怀有尊重、爱护之心。但是王某英虽然在法律上接受了父亲王某泽的巨额财产赠与，但事实上并未实际交付，且基于经济利益纠纷方面的原因对本应安享晚年的父亲王某泽进行刑事控告，企图让年迈的父亲王某泽受到刑事制裁，致使本案所涉赠与依据的父子亲情的基础丧失。无论刑事控告结果如何，必然是对王某泽精神层面的严重伤害，王某泽的诉讼请求符合《合同法》第一百九十二条（《民法典》第六百六十三条）规定的可以撤销赠与的情形。

第六百六十四条　【赠与人的继承人或法定代理人的撤销权】因受赠人的违法行为致使赠与人死亡或者丧失民事行为能力的，赠与人的继承人或者法定代理人可以撤销赠与。

赠与人的继承人或者法定代理人的撤销权，自知道或者应当知道撤销事由之日起六个月内行使。

第六百六十五条　【撤销赠与的法律后果】撤销权人撤销赠与的，可以向受赠人请求返还赠与的财产。

第六百六十六条　【赠与义务的免除】赠与人的经济状况显著恶化，严重影响其生产经营或者家庭生活的，可以不再履行赠与义务。

法　律

⊙《**慈善法**》（2016 年 3 月 16 日）

第四十一条　捐赠人应当按照捐赠协议履行捐赠义务。捐赠人违反捐赠协议逾期未交付捐赠财产，有下列情形之一的，慈善组织或者其他接受捐赠的人可以要求交付；捐赠人拒不交付的，慈善组织和其他接受捐赠的人可以依法向人民法院申请支付令或者提起诉讼：

（一）捐赠人通过广播、电视、报刊、互联网等媒体公开承诺捐赠的；

（二）捐赠财产用于本法第三条第一项至第三项规定的慈善活动，并签订书面捐赠协议的。

捐赠人公开承诺捐赠或者签订书面捐赠协议后经济状况显著恶化，严重影响其生产经营或者家庭生活的，经向公开承诺捐赠地或者书面捐赠协议签订地的民政部门报告并向社会公开说明情况后，可以不再履行捐赠义务。

第十二章　借款合同

第六百六十七条　【定义】借款合同是借款人向贷款人借款，到期返还借款并支付利息的合同。

司法解释及文件

⊙**《最高人民法院关于审理民间借贷案件适用法律若干问题的规定》**（2020年12月29日修正）

第一条　本规定所称的民间借贷，是指自然人、法人和非法人组织之间进行资金融通的行为。

经金融监管部门批准设立的从事贷款业务的金融机构及其分支机构，因发放贷款等相关金融业务引发的纠纷，不适用本规定。

第二条　出借人向人民法院提起民间借贷诉讼时，应当提供借据、收据、欠条等债权凭证以及其他能够证明借贷法律关系存在的证据。

当事人持有的借据、收据、欠条等债权凭证没有载明债权人，持有债权凭证的当事人提起民间借贷诉讼的，人民法院应予受理。被告对原告的债权人资格提出有事实依据的抗辩，人民法院经审查认为原告不具有债权人资格的，裁定驳回起诉。

⊙**《最高人民法院关于审理存单纠纷案件的若干规定》**（2020年12月29日修正）

第六条　对以存单为表现形式的借贷纠纷案件的认定和处理

（一）认定

在出资人直接将款项交与用资人使用，或通过金融机构将款项交与用资人使用，金融机构向出资人出具存单或进账单、对账单或与出资人签订存款合同，出资人从用资人或从金融机构取得或约定取得高额利差的行为中发生的存单纠纷案件，为以存单为表现形式的借贷纠纷案件。但符合本规定第七条所列委托贷款和信托贷款的除外。

（二）处理

以存单为表现形式的借贷，属于违法借贷，出资人收取的高额利差应充抵本金，出资人，金融机构与用资人因参与违法借贷均应当承担相应的民事责任。可分以下几种情况处理：

1. 出资人将款项或票据（以下统称资金）交付给金融机构，金融机构给出资人出具存单或进账单、对账单或与出资人签订存款合同，并将资金自行转给用资人的，金融机构与用资人对偿还出资人本金及利息承担连带责任；利息按人民银行同期存款利率计算至给付之日。

2. 出资人未将资金交付给金融机构，而是依照金融机构的指定将资金直接转给用资人，金融机构给出资人出具存单或进账单、对账单或与出资人签订存款合同的，首先由用资人偿还出资人本金及利息，金融机构对用资人不能偿还出资人本金及利息部分承担补充赔偿责任；利息按人民银行同期存款利率计算至给付之日。

3. 出资人将资金交付给金融机构，金融机构给出资人出具存单或进账单、对账单或与出资人签订存款合同，出资人再指定金融机构将资金转给用资人的，首先由用资人返还出资人本金和利息。利息按人民银行同期存款利率计算至给付之日。金融机构因其帮助违法借贷的过错，应当对用资人不能偿还出资人本金部分承担赔偿责任，但不超过不能偿还本金部分的百分之四十。

4. 出资人未将资金交付给金融机构，而是自行将资金直接转给用资人，金融机构给出资人出具存单或进账单、对账单或与出资人签订存款合同的，首先由用资人返还出资人本金和利息。利息按人民银行同期存款利率计算至给付之日。金融机构因其帮助违法借贷的过错，应当对用资人不能偿还出资人本金部分承担赔偿责任，但不超过不能偿还本金部分的百分之二十。

本条中所称交付，指出资人向金融机构转移现金的占有或出资人向金融机构交付注明出资人或金融机构（包括金融机构的下属部门）为收款人的票据。出资人向金融机构交付有资金数额但未注明收款人的票据的，亦属于本条中所称交付。

如以存单为表现形式的借贷行为确已发生，即使金融机构向出资人出具的存单、进账单、对账单或与出资人签订的存款合同存在虚假、瑕疵，或金融机构工作人员超越权限出具上述凭证等情形，亦不影响人民法院按以上规定对案件进行处理。

（三）当事人的确定

出资人起诉金融机构的，人民法院应通知用资人作为第三人参加诉讼；出资人起诉用资人的，人民法院应通知金融机构作为第三人参加诉讼；公款私存的，人民法院在查明款项的真实所有人基础上，应通知款项的真实所有人为权利人参加诉讼，与存单记载的个人为共同诉讼人。该个人申请退出诉讼的，人民法院可予准许。

第七条 对存单纠纷案件中存在的委托贷款关系和信托贷款关系的认定和纠纷的处理

（一）认定

存单纠纷案件中，出资人与金融机构、用资人之间按有关委托贷款的要求签订有委托贷款协议的，人民法院应认定出资人与金融机构间成立委托贷款关系。金融机构向出资人出具的存单或进账单、对账单或与出资人签订的存款合同，均不影响金融机构与出资人间委托贷款关系的成立。出资人与金融机构间签订委托贷款协议后，由金融机构自行确定用资人的，人民法院应认定出资人与金融机构间成立信托贷款关系。

委托贷款协议和信托贷款协议应当用书面形式。口头委托贷款或信托贷款，当事人无异议的，人民法院可予以认定；有其他证据能够证明金融机构与出资人之间确系委托贷款或信托贷款关系的，人民法院亦予以认定。

（二）处理

构成委托贷款的，金融机构出具的存单或进账单、对账单或与出资人签订的存款合同不作为存款关系的证明，借款方不能偿还贷款的风险应当由委托人承担。如有证据证明金融机构出具上述凭证是对委托贷款进行担保的，金融机构对偿还贷款承担连带担保责任。委托贷款中约定的利率超过人民银行规定的部分无效。构成信托贷款的，按人民银行有关信托贷款的规定处理。

⊙《**最高人民法院印发〈关于进一步加强金融审判工作的若干意见〉的通知**》（2017 年 8 月 4 日　法发〔2017〕22 号）

4. 规范和促进直接服务实体经济的融资方式，拓宽金融对接实体经济的渠道。依法保护融资租赁、保理等金融资本与实体经济相结合的融资模式，支持和保障金融资本服务实体经济。对名为融资租赁合同、保理合同，实为借款合同的，应当按照实际构成的借款合同关系确定各方的权利义务，防范当事人以预扣租金、保证金等方式变相抬高实体经济融资成本。

⊙《**最高人民法院关于信用社违反商业银行法有关规定所签借款合同是否有效的答复**》（2000 年 1 月 29 日　法经〔2000〕27 号函）

河北省高级人民法院：

你院〔1999〕冀经请字第 3 号《关于信用社违反商业银行法有关规定所签借款合同是否有效的请示》收悉。经研究，答复如下：

《中华人民共和国商业银行法》第三十九条是关于商业银行资产负债比例管理方面的规定。它体现中国人民银行更有效地强化对商业银行（包括信用社）的审慎监管，商业银行（包括信用社）应当依据该条规定对自身的资产负债比例进行内部控制，以实现盈利性、安全性和流动性的经营原则。商业银行（包括信用社）所进行的民事活动如违反该条规定的，人民银行应按照商业银行法的规定进行处罚，但不影响其从事民事活动的主体资格，也不影响其所签订的借款合同的效力。

此复

部门规章及规范性文件

⊙《**贷款通则**》（1996 年 6 月 28 日　中国人民银行令 1996 年 2 号）

第二条　本通则所称贷款人，系指在中国境内依法设立的经营贷款业务的中资金融机构。

本通则所称借款人，系指从经营贷款业务的中资金融机构取得贷款的法人、其他经济组织、个体工商户和自然人。

本通则中所称贷款系指贷款人对借款人提供的并按约定的利率和期限还本付息的货币资金。

本通则中的贷款币种包括人民币和外币。

第十七条 借款人应当是经工商行政管理机关（或主管机关）核准登记的企（事）业法人、其他经济组织、个体工商户或具有中华人民共和国国籍的具有完全民事行为能力的自然人。

借款人申请贷款，应当具备产品有市场、生产经营有效益、不挤占挪用贷款资金、恪守信用等基本条件，并且应当符合以下要求：

一、有按期还本付息的能力，原应付贷款利息和到期贷款已清偿；没有清偿的，已经做了贷款人认可的偿还计划。

二、除自然人和不需要经工商部门核准登记的事业法人外，应当经过工商部门办理年检手续。

三、已开立基本账户或一般存款账户。

四、除国务院规定外，有限责任公司和股份有限公司对外股本权益性投资累计额未超过其净资产总额的50%。

五、借款人的资产负债率符合贷款人的要求。

六、申请中期、长期贷款的，新建项目的企业法人所有者权益与项目所需总投资的比例不低于国家规定的投资项目的资本金比例。

第十八条 借款人的权利：

一、可以自主向主办银行或者其他银行的经办机构申请贷款并依条件取得贷款；

二、有权按合同约定提取和使用全部贷款；

三、有权拒绝借款合同以外的附加条件；

四、有权向贷款人的上级和中国人民银行反映、举报有关情况；

五、在征得贷款人同意后，有权向第三人转让债务。

第十九条 借款人的义务：

一、应当如实提供贷款人要求的资料（法律规定不能提供者除外），应当向贷款人如实提供所有开户行、账号及存贷款余额情况，配合贷款人的调查、审查和检查；

二、应当接受贷款人对其使用信贷资金情况和有关生产经营、财务活动的监督；

三、应当按借款合同约定用途使用贷款；

四、应当按借款合同约定及时清偿贷款本息；

五、将债务全部或部分转让给第三人的，应当取得贷款人的同意；

六、有危及贷款人债权安全情况时，应当及时通知贷款人，同时采取保全措施。

第二十一条 贷款人必须经中国人民银行批准经营贷款业务，持有中国人民银行颁发的《金融机构法人许可证》或《金融机构营业许可证》，并经工商行政管理部门核准登记。

第二十二条 贷款人的权利：

根据贷款条件和贷款程序自主审查和决定贷款，除国务院批准的特定贷款外，有权拒绝任何单位和个人强令其发放贷款或者提供担保。

一、要求借款人提供与借款有关的资料；

二、根据借款人的条件，决定贷与不贷、贷款金额、期限和利率等；

三、了解借款人的生产经营活动和财务活动；

四、依合同约定从借款人账户上划收贷款本金和利息；

五、借款人未能履行借款合同规定义务的，贷款人有权依合同约定要求借款人提前归还贷款或停止支付借款人尚未使用的贷款；

六、在贷款将受或已受损失的，可依据合同规定，采取使贷款免受损失的措施。

第二十三条 贷款人的义务：

一、应当公布所经营的贷款的种类、期限和利率，并向借款人提供咨询。

二、应当公开贷款审查的资信内容和发放贷款的条件。

三、贷款人应当审议借款人的借款申请，并及时答复贷与不贷。短期贷款答复时间不得超过 1 个月，中期、长期贷款答复时间不得超过六个月；国家另有规定者除外。

四、应当对借款人债务、财务、生产、经营情况保密，但对依法查询者除外。

⊙《**个人贷款管理暂行办法**》(2010年2月12日　中国银行业监督管理委员会令2010年第2号)

第三条　本办法所称个人贷款，是指贷款人向符合条件的自然人发放的用于个人消费、生产经营等用途的本外币贷款。

⊙《**固定资产贷款管理暂行办法**》(2009年7月23日　中国银行业监督管理委员会令2009年第2号)

第三条　本办法所称固定资产贷款，是指贷款人向企（事）业法人或国家规定可以作为借款人的其他组织发放的，用于借款人固定资产投资的本外币贷款。

⊙《**流动资金贷款管理暂行办法**》(2010年2月12日　中国银行业监督管理委员会令2010年第1号)

第三条　本办法所称流动资金贷款，是指贷款人向企（事）业法人或国家规定可以作为借款人的其他组织发放的用于借款人日常生产经营周转的本外币贷款。

公报案例

⊙**赵某某诉项某某、何某某民间借贷纠纷案**（《最高人民法院公报》2014年第12期）

【关键词】

借条　利息　交付

【案例要旨】

出借人仅提供借据佐证借贷关系的，应深入调查辅助性事实以判断借贷合意的真实性，如举债的必要性、款项用途的合理性等。出借人无法提供证据证明借款交付事实的，应综合考虑出借人的经济状况、资金来源、交付方式、在场见证人等因素判断当事人陈述的可信度。对于大额借款仅有借据而无任何交付凭证、当事人陈述有重大疑点或矛盾之处的，应依据证据规则认定“出借人”未完成举证义务，判决驳回其诉讼请求。

第六百六十八条 【合同形式及主要条款】借款合同应当采用书面形式，但是自然人之间借款另有约定的除外。

借款合同的内容一般包括借款种类、币种、用途、数额、利率、期限和还款方式等条款。

法　律

⊙《**商业银行法**》（2015年8月29日修正）

第三十七条　商业银行贷款，应当与借款人订立书面合同。合同应当约定贷款种类、借款用途、金额、利率、还款期限、还款方式、违约责任和双方认为需要约定的其他事项。

司法解释及文件

⊙《**最高人民法院关于依法妥善审理民间借贷纠纷案件促进经济发展维护社会稳定的通知**》（2011年12月2日　法〔2011〕336号）

七、注意防范、制裁虚假诉讼。人民法院在审理民间借贷纠纷案件过程中，要依法全面、客观地审核双方当事人提交的全部证据，从各证据与案件事实的关联程度、各证据之间的联系等方面进行综合审查判断。对形式有瑕疵的“欠条”或者“收条”，要结合其他证据认定是否存在借贷关系；对现金交付的借贷，可根据交付凭证、支付能力、交易习惯、借贷金额的大小、当事人间关系以及当事人陈述的交易细节经过等因素综合判断。发现有虚假诉讼嫌疑的，要及时依职权或者提请有关部门调查取证，查清事实真相。经查证确属虚假诉讼的，驳回其诉讼请求，并对其妨害民事诉讼的行为依法予以制裁；对于以骗取财物、逃废债务为目的实施虚假诉讼，构成犯罪的，依法追究刑事责任。

部门规章及规范性文件

⊙《**贷款通则**》（1996 年 6 月 28 日　中国人民银行令 1996 年 2 号）

第十三条　贷款利率的确定：

贷款人应当按照中国人民银行规定的贷款利率上下限，确定每笔贷款利率，并在借款合同中载明。

第十四条　贷款利息的计收：

贷款人和借款人应当按借款合同和中国人民银行有关计息规定按期计收或交付利息。

贷款的展期期限加上原期限达到新的利率期限档次时，从展期之日起，贷款利息按新的期限档次利率计收。

逾期贷款按规定计收罚息。

第十五条　贷款的贴息：

根据国家政策，为了促进某些产业和地区经济的发展，有关部门可以对贷款补贴利息。

对有关部门贴息的贷款，承办银行应当自主审查发放，并根据本通则有关规定严格管理。

第二十九条　签订借款合同：

所有贷款应当由贷款人与借款人签订借款合同。借款合同应当约定借款种类，借款用途、金额、利率，借款期限，还款方式，借、贷双方的权利、义务，违约责任和双方认为需要约定的其他事项。

保证贷款应当由保证人与贷款人签订保证合同，或保证人在借款合同上载明与贷款人协商一致的保证条款，加盖保证人的法人公章，并由保证人的法定代表人或其授权代理人签署姓名。抵押贷款、质押贷款应当由抵押人、出质人与贷款人签订抵押合同、质押合同，需要办理登记的，应依法办理登记。

⊙《**个人贷款管理暂行办法**》（2010 年 2 月 12 日　中国银行业监督管理委员会令 2010 年第 2 号）

第二十三条　贷款人应与借款人签订书面借款合同，需担保的应同时签订担保合同。贷款人应要求借款人当面签订借款合同及其他相关文件，但电子银行渠道办理的贷款除外。

⊙《**固定资产贷款管理暂行办法**》（2009 年 7 月 23 日　中国银行业监督管理委员会令 2009 年第 2 号）

第十五条　贷款人应与借款人及其他相关当事人签订书面借款合同、担保合同等相关合同。合同中应详细规定各方当事人的权利、义务及违约责任，避免对重要事项未约定、约定不明或约定无效。

第十六条　贷款人应在合同中与借款人约定具体的贷款金额、期限、利率、用途、支付、还贷保障及风险处置等要素和有关细节。

第十七条　贷款人应在合同中与借款人约定提款条件以及贷款资金支付接受贷款人管理和控制等与贷款使用相关的条款，提款条件应包括与贷款同比例的资本金已足额到位、项目实际进度与已投资额相匹配等要求。

第十八条　贷款人应在合同中与借款人约定对借款人相关账户实施监控，必要时可约定专门的贷款发放账户和还款准备金账户。

第十九条　贷款人应要求借款人在合同中对与贷款相关的重要内容作出承诺，承诺内容应包括：贷款项目及其借款事项符合法律法规的要求；及时向贷款人提供完整、真实、有效的材料；配合贷款人对贷款的相关检查；发生影响其偿债能力的重大不利事项及时通知贷款人；进行合并、分立、股权转让、对外投资、实质性增加债务融资等重大事项前征得贷款人同意等。

第二十条　贷款人应在合同中与借款人约定，借款人出现未按约定用途使用贷款、未按约定方式支用贷款资金、未遵守承诺事项、申贷文件信息失真、突破约定的财务指标约束等情形时借款人应承担的违约责任和贷款人可采取的措施。

⊙《**流动资金贷款管理暂行办法**》（2010 年 2 月 12 日　中国银行业监督管理委员会令 2010 年第 1 号）

第十八条　贷款人应和借款人及其他相关当事人签订书面借款合同及其他相关协议，需担保的应同时签订担保合同。

第十九条　贷款人应在借款合同中与借款人明确约定流动资金贷款的金额、期限、利率、用途、支付、还款方式等条款。

第二十条 前条所指支付条款，包括但不限于以下内容：

（一）贷款资金的支付方式和贷款人受托支付的金额标准；

（二）支付方式变更及触发变更条件；

（三）贷款资金支付的限制、禁止行为；

（四）借款人应及时提供的贷款资金使用记录和资料。

第二十一条 贷款人应在借款合同中约定由借款人承诺以下事项：

（一）向贷款人提供真实、完整、有效的材料；

（二）配合贷款人进行贷款支付管理、贷后管理及相关检查；

（三）进行对外投资、实质性增加债务融资，以及进行合并、分立、股权转让等重大事项前征得贷款人同意；

（四）贷款人有权根据借款人资金回笼情况提前收回贷款；

（五）发生影响偿债能力的重大不利事项时及时通知贷款人。

第二十二条 贷款人应与借款人在借款合同中约定，出现以下情形之一时，借款人应承担的违约责任和贷款人可采取的措施：

（一）未按约定用途使用贷款的；

（二）未按约定方式进行贷款资金支付的；

（三）未遵守承诺事项的；

（四）突破约定财务指标的；

（五）发生重大交叉违约事件的；

（六）违反借款合同约定的其他情形的。

第六百六十九条 【借款人提供其真实情况的义务】订立借款合同，借款人应当按照贷款人的要求提供与借款有关的业务活动和财务状况的真实情况。

法 律

⊙**《商业银行法》**（2015年8月29日修正）

第三十五条 商业银行贷款，应当对借款人的借款用途、偿还能力、还款方式等情况进行严格审查。

商业银行贷款，应当实行审贷分离、分级审批的制度。

部门规章及规范性文件

⊙《**贷款通则**》（1996 年 6 月 28 日 中国人民银行令 1996 年 2 号）

第十九条 借款人的义务：

一、应当如实提供贷款人要求的资料（法律规定不能提供者除外），应当向贷款人如实提供所有开户行、账号及存贷款余额情况，配合贷款人的调查、审查和检查；

二、应当接受贷款人对其使用信贷资金情况和有关生产经营、财务活动的监督；

三、应当按借款合同约定用途使用贷款；

四、应当按借款合同约定及时清偿贷款本息；

五、将债务全部或部分转让给第三人的，应当取得贷款人的同意；

六、有危及贷款人债权安全情况时，应当及时通知贷款人，同时采取保全措施。

第六百七十条 【借款利息不得预先扣除】 借款的利息不得预先在本金中扣除。利息预先在本金中扣除的，应当按照实际借款数额返还借款并计算利息。

司法解释及文件

⊙《**最高人民法院关于审理民间借贷案件适用法律若干问题的规定**》（2020 年 12 月 29 日修正）

第二十六条 借据、收据、欠条等债权凭证载明的借款金额，一般认定为本金。预先在本金中扣除利息的，人民法院应当将实际出借的金额认定为本金。

⊙《**最高人民法院关于依法妥善审理民间借贷纠纷案件促进经济发展维护社会稳定的通知**》（2011年12月2日 法〔2011〕336号）

六、依法保护合法的借贷利息。人民法院在审理民间借贷纠纷案件时，要依法保护合法的借贷利息，依法遏制高利贷化倾向。出借人依照合同约定请求支付借款利息的，人民法院应当依据合同法和《最高人民法院关于人民法院审理借贷案件的若干意见》第6条、第7条的规定处理。出借人将利息预先在本金中扣除的，应当按照实际借款数额返还借款并计算利息。当事人仅约定借期内利率，未约定逾期利率，出借人以借期内的利率主张逾期还款利息的，依法予以支持。当事人既未约定借期内利率，也未约定逾期利率的，出借人参照中国人民银行同期同类贷款基准利率，主张自逾期还款之日起的利息损失的，依法予以支持。

人民法院案例选案例

⊙**深圳市领达小额贷款有限公司诉宋某某借款合同纠纷案**［《人民法院案例选》2016年第12辑（总第106辑）］

【关键词】

利息 实际借款金额 扣除

【案例要旨】

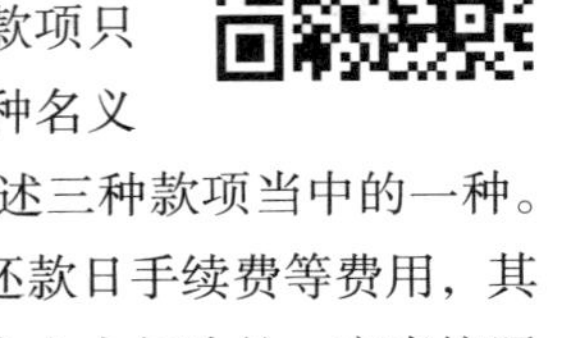

按照我国法律规定，借款人向贷款人所支付款项只有本金、利息和逾期利息，当事人在合同中以各种名义约定的由借款人向贷款人支付的款项均应视为上述三种款项当中的一种。双方当事人在合同中所约定的贷款手续费、调整还款日手续费等费用，其性质与利息相同，均应当视为利息。利息预先在本金中扣除的，应当按照实际借款数额返还借款并计算利息。

第六百七十一条　【贷款人未按照约定提供借款以及借款人未按照约定收取借款的后果】贷款人未按照约定的日期、数额提供借款，造成借款人损失的，应当赔偿损失。

借款人未按照约定的日期、数额收取借款的，应当按照约定的日期、数额支付利息。

第六百七十二条　【贷款人的检查、监督权】贷款人按照约定可以检查、监督借款的使用情况。借款人应当按照约定向贷款人定期提供有关财务会计报表或者其他资料。

部门规章及规范性文件

⊙《**个人贷款管理暂行办法**》（2010年2月12日　中国银行业监督管理委员会令2010年第2号）

第三十五条　个人贷款支付后，贷款人应采取有效方式对贷款资金使用、借款人的信用及担保情况变化等进行跟踪检查和监控分析，确保贷款资产安全。

第三十七条　贷款人应定期跟踪分析评估借款人履行借款合同约定内容的情况，并作为与借款人后续合作的信用评价基础。

⊙《**流动资金贷款管理暂行办法**》（2010年2月12日　中国银行业监督管理委员会令2010年第1号）

第九条　贷款人应与借款人约定明确、合法的贷款用途。

流动资金贷款不得用于固定资产、股权等投资，不得用于国家禁止生产、经营的领域和用途。

流动资金贷款不得挪用，贷款人应按照合同约定检查、监督流动资金贷款的使用情况。

⊙《**固定资产贷款管理暂行办法**》(2009年7月23日 中国银行业监督管理委员会令2009年第2号)

第七条 贷款人应与借款人约定明确、合法的贷款用途，并按照约定检查、监督贷款的使用情况，防止贷款被挪用。

第六百七十三条 【借款人未按照约定借款用途使用借款的责任】借款人未按照约定的借款用途使用借款的，贷款人可以停止发放借款、提前收回借款或者解除合同。

部门规章及规范性文件

⊙《**贷款通则**》(1996年6月28日 中国人民银行令1996年2号)

第七十一条 借款人有下列情形之一，由贷款人对其部分或全部贷款加收利息；情节特别严重的，由贷款人停止支付借款人尚未使用的贷款，并提前收回部分或全部贷款：

一、不按借款合同规定用途使用贷款的。

二、用贷款进行股本权益性投资的。

三、用贷款在有价证券、期货等方面从事投机经营的。

四、未依法取得经营房地产资格的借款人用贷款经营房地产业务的；依法取得经营房地产资格的借款人，用贷款从事房地产投机的。

五、不按借款合同规定清偿贷款本息的。

六、套取贷款相互借贷牟取非法收入的。

⊙《**个人贷款管理暂行办法**》(2010年2月12日 中国银行业监督管理委员会令2010年第2号)

第三十八条 贷款人应当按照法律法规规定和借款合同的约定，对借款人未按合同承诺提供真实、完整信息和未按合同约定用途使用、支付贷款等行为追究违约责任。

⊙《**流动资金贷款管理暂行办法**》(2010 年 2 月 12 日　中国银行业监督管理委员会令 2010 年第 1 号)

第二十九条　贷款支付过程中，借款人信用状况下降、主营业务盈利能力不强、贷款资金使用出现异常的，贷款人应与借款人协商补充贷款发放和支付条件，或根据合同约定变更贷款支付方式、停止贷款资金的发放和支付。

⊙《**固定资产贷款管理暂行办法**》(2009 年 7 月 23 日　中国银行业监督管理委员会令 2009 年第 2 号)

第二十九条　在贷款发放和支付过程中，借款人出现以下情形的，贷款人应与借款人协商补充贷款发放和支付条件，或根据合同约定停止贷款资金的发放和支付：

(一)信用状况下降；

(二)不按合同约定支付贷款资金；

(三)项目进度落后于资金使用进度；

(四)违反合同约定，以化整为零方式规避贷款人受托支付。

第六百七十四条　【借款人利息支付期限】借款人应当按照约定的期限支付利息。对支付利息的期限没有约定或者约定不明确，依据本法第五百一十条的规定仍不能确定，借款期间不满一年的，应当在返还借款时一并支付；借款期间一年以上的，应当在每届满一年时支付，剩余期间不满一年的，应当在返还借款时一并支付。

法　律

⊙《**民法典**》(**合同编**)(2020 年 5 月 28 日)

第五百一十条　合同生效后，当事人就质量、价款或者报酬、履行地点等内容没有约定或者约定不明确的，可以协议补充；不能达成补充协议的，按照合同相关条款或者交易习惯确定。

⊙《**商业银行法**》（2015 年 8 月 29 日修正）

第四十二条 借款人应当按期归还贷款的本金和利息。

借款人到期不归还担保贷款的，商业银行依法享有要求保证人归还贷款本金和利息或者就该担保物优先受偿的权利。商业银行因行使抵押权、质权而取得的不动产或者股权，应当自取得之日起二年内予以处分。

借款人到期不归还信用贷款的，应当按照合同约定承担责任。

第六百七十五条 【借款人借款返还期限】 借款人应当按照约定的期限返还借款。对借款期限没有约定或者约定不明确，依据本法第五百一十条的规定仍不能确定的，借款人可以随时返还；贷款人可以催告借款人在合理期限内返还。

法 律

⊙《**民法典**》（**合同编**）（2020 年 5 月 28 日）

第五百一十条 合同生效后，当事人就质量、价款或者报酬、履行地点等内容没有约定或者约定不明确的，可以协议补充；不能达成补充协议的，按照合同相关条款或者交易习惯确定。

部门规章及规范性文件

⊙《**贷款通则**》（1996 年 6 月 28 日　中国人民银行令 1996 年 2 号）

第十一条 贷款期限：

贷款限期根据借款人的生产经营周期、还款能力和贷款人的资金供给能力由借贷双方共同商议后确定，并在借款合同中载明。

自营贷款期限最长一般不得超过 10 年，超过 10 年应当报中国人民银行备案。

票据贴现的贴现期限最长不得超过 6 个月，贴现期限为从贴现之日起到票据到期日止。

第三十二条　贷款归还：

借款人应当按照借款合同规定按时足额归还贷款本息。

贷款人在短期贷款到期1个星期之前、中长期贷款到期1个月之前，应当向借款人发送还本付息通知单；借款人应当及时筹备资金，按时还本付息。

贷款人对逾期的贷款要及时发出催收通知单，做好逾期贷款本息的催收工作。

贷款人对不能按借款合同约定期限归还的贷款，应当按规定加罚利息；对不能归还或者不能落实还本付息事宜的，应当督促归还或者依法起诉。

借款人提前归还贷款，应当与贷款人协商。

第六百七十六条　【借款人逾期返还借款的责任】借款人未按照约定的期限返还借款的，应当按照约定或者国家有关规定支付逾期利息。

司法解释及文件

⊙**《最高人民法院关于审理民间借贷案件适用法律若干问题的规定》**（2020年12月29日修正）

第二十八条　借贷双方对逾期利率有约定的，从其约定，但是以不超过合同成立时一年期贷款市场报价利率四倍为限。

未约定逾期利率或者约定不明的，人民法院可以区分不同情况处理：

（一）既未约定借期内利率，也未约定逾期利率，出借人主张借款人自逾期还款之日起参照当时一年期贷款市场报价利率标准计算的利息承担逾期还款违约责任的，人民法院应予支持；

（二）约定了借期内利率但是未约定逾期利率，出借人主张借款人自逾期还款之日起按照借期内利率支付资金占用期间利息的，人民法院应予支持。

第二十九条　出借人与借款人既约定了逾期利率，又约定了违约金或者其他费用，出借人可以选择主张逾期利息、违约金或者其他费用，也可以一并主张，但是总计超过合同成立时一年期贷款市场报价利率四倍的部分，人民法院不予支持。

⊙《**最高人民法院关于依法妥善审理民间借贷纠纷案件促进经济发展维护社会稳定的通知**》（2011年12月2日　法〔2011〕336号）

六、依法保护合法的借贷利息。人民法院在审理民间借贷纠纷案件时，要依法保护合法的借贷利息，依法遏制高利贷化倾向。出借人依照合同约定请求支付借款利息的，人民法院应当依据合同法和《最高人民法院关于人民法院审理借贷案件的若干意见》第6条、第7条的规定处理。出借人将利息预先在本金中扣除的，应当按照实际借款数额返还借款并计算利息。当事人仅约定借期内利率，未约定逾期利率，出借人以借期内的利率主张逾期还款利息的，依法予以支持。当事人既未约定借期内利率，也未约定逾期利率的，出借人参照中国人民银行同期同类贷款基准利率，主张自逾期还款之日起的利息损失的，依法予以支持。

⊙《**最高人民法院关于对企业借贷合同借款方逾期不归还借款的应如何处理的批复**》（1996年9月23日　法复〔1996〕15号）

四川省高级人民法院：

你院《关于企业拆借合同期限届满后借款方不归还本金是否计算逾期利息及如何判决的请示》（川高法〔1995〕223号）收悉。经研究，答复如下：

企业借贷合同违反有关金融法规，属无效合同。对于合同期限届满后，借款方逾期不归还本金，当事人起诉到人民法院的，人民法院除应按照最高人民法院法（经）发〔1990〕27号《关于审理联营合同纠纷案件若干问题的解答》第四条第二项的有关规定判决外，对自双方当事人约定的还款期满之日起，至法院判决确定借款人返还本金期满期间内的利息，应当收缴，该利息按借贷双方原约定的利率计算，如果双方当事人对借款利息未约定，按同期银行贷款利率计算。借款人未按判决确定的期限归还本金的，应当依照《中华人民共和国民事诉讼法》第二百二十九条的规定加倍支付迟延履行期间的利息。

第六百七十七条　【借款人提前偿还借款的利息计算】借款人提前返还借款的，除当事人另有约定外，应当按照实际借款的期间计算利息。

司法解释及文件

⊙《**最高人民法院关于审理民间借贷案件适用法律若干问题的规定**》（2020年12月29日修正）

第三十条　借款人可以提前偿还借款，但是当事人另有约定的除外。

借款人提前偿还借款并主张按照实际借款期限计算利息的，人民法院应予支持。

部门规章及规范性文件

⊙《**贷款通则**》（1996年6月28日　中国人民银行令1996年2号）

第三十二条　贷款归还：

借款人应当按照借款合同规定按时足额归还贷款本息。

贷款人在短期贷款到期1个星期之前、中长期贷款到期1个月之前，应当向借款人发送还本付息通知单；借款人应当及时筹备资金，按时还本付息。

贷款人对逾期的贷款要及时发出催收通知单，做好逾期贷款本息的催收工作。

贷款人对不能按借款合同约定期限归还的贷款，应当按规定加罚利息；对不能归还或者不能落实还本付息事宜的，应当督促归还或者依法起诉。

借款人提前归还贷款，应当与贷款人协商。

第六百七十八条　【借款展期】借款人可以在还款期限届满前向贷款人申请展期；贷款人同意的，可以展期。

司法解释及文件

⊙**《最高人民法院关于展期贷款超过原贷款期限的效力问题的答复》**（2000年2月13日　法函〔2000〕12号）

上海市高级人民法院：

你院（1998）沪高经他字第36号“关于展期贷款超过原贷款期限的效力问题的请示”收悉。经研究，答复如下：

展期贷款性质上是对原贷款合同期限的变更。对于展期贷款的期限不符合中国人民银行颁布的“贷款通则”的规定，应否以此认定该展期无效问题，根据我国法律规定，确认合同是否有效，应当依据我国的法律和行政法规，只要展期贷款合同是双方当事人在平等、自愿基础上真实的意思表示，并不违背法律和行政法规的禁止性规定，就应当认定有效。你院请示涉及案件中的担保人的责任，应当依据《中华人民共和国担保法》以及法发〔1994〕8号《最高人民法院关于审理经济合同纠纷案件有关保证的若干问题的规定》予以确认。

部门规章及规范性文件

⊙**《贷款通则》**（1996年6月28日　中国人民银行令1996年2号）

第十二条　贷款展期：

不能按期归还贷款的，借款人应当在贷款到期日之前，向贷款人申请贷款展期。是否展期由贷款人决定。申请保证贷款、抵押贷款、质押贷款展期的，还应当由保证人、抵押人、出质人出具同意的书面证明。已有约定的，按照约定执行。

短期贷款展期期限累计不得超过原贷款期限；中期贷款展期期限累计不得超过原贷款期限的一半；长期贷款展期期限累计不得超过3年。国家另有规定者除外。借款人未申请展期或申请展期未得到批准，其贷款从到期日次日起，转入逾期贷款账户。

公报案例

⊙**中国工商银行股份有限公司三门峡车站支行与三门峡天元铝业股份有限公司、三门峡天元铝业集团有限公司借款担保合同纠纷案**（《最高人民法院公报》2008 年第 11 期）

【关键词】

借贷　新贷　旧贷

【案例要旨】

借新贷还旧贷，系在贷款到期不能按时收回的情况下，作为债权人的金融机构又与债务人订立协议，向债务人发放新的贷款用于归还旧贷款的行为。该行为与债务人用自有资金偿还贷款，从而消灭原债权债务关系的行为具有本质的区别。虽然新贷代替了旧贷，但原有的债权债务关系并未消除，客观上只是以新贷形式延长了旧贷的还款期限。

第六百七十九条　【自然人间借款合同的成立时间】自然人之间的借款合同，自贷款人提供借款时成立。

司法解释及文件

⊙**《最高人民法院关于审理民间借贷案件适用法律若干问题的规定》**（2020 年 12 月 29 日修正）

第九条　自然人之间的借款合同具有下列情形之一的，可以视为合同成立：

（一）以现金支付的，自借款人收到借款时；

（二）以银行转账、网上电子汇款等形式支付的，自资金到达借款人账户时；

（三）以票据交付的，自借款人依法取得票据权利时；

（四）出借人将特定资金账户支配权授权给借款人的，自借款人取得对该账户实际支配权时；

（五）出借人以与借款人约定的其他方式提供借款并实际履行完成时。

第六百八十条 【禁止高利放贷以及对借款利息的确定】禁止高利放贷，借款的利率不得违反国家有关规定。

借款合同对支付利息没有约定的，视为没有利息。

借款合同对支付利息约定不明确，当事人不能达成补充协议的，按照当地或者当事人的交易方式、交易习惯、市场利率等因素确定利息；自然人之间借款的，视为没有利息。

法 律

⊙**《商业银行法》**（2015 年 8 月 29 日修正）

第三十八条 商业银行应当按照中国人民银行规定的贷款利率的上下限，确定贷款利率。

司法解释及文件

⊙**《最高人民法院关于适用〈中华人民共和国民法典〉合同编通则若干问题的解释》**（2023 年 12 月 4 日 法释〔2023〕13 号）

第二条 下列情形，不违反法律、行政法规的强制性规定且不违背公序良俗的，人民法院可以认定为民法典所称的"交易习惯"：

（一）当事人之间在交易活动中的惯常做法；

（二）在交易行为当地或者某一领域、某一行业通常采用并为交易对方订立合同时所知道或者应当知道的做法。

对于交易习惯，由提出主张的当事人一方承担举证责任。

⊙**《最高人民法院关于审理民间借贷案件适用法律若干问题的规定》**（2020 年 12 月 29 日修正）

第二十四条 借贷双方没有约定利息，出借人主张支付利息的，人民法院不予支持。

自然人之间借贷对利息约定不明，出借人主张支付利息的，人民法院不予支持。除自然人之间借贷的外，借贷双方对借贷利息约定不明，出借人主张利息的，人民法院应当结合民间借贷合同的内容，并根据当地或者当事人的交易方式、交易习惯、市场报价利率等因素确定利息。

第二十五条　出借人请求借款人按照合同约定利率支付利息的，人民法院应予支持，但是双方约定的利率超过合同成立时一年期贷款市场报价利率四倍的除外。

前款所称“一年期贷款市场报价利率”，是指中国人民银行授权全国银行间同业拆借中心自2019年8月20日起每月发布的一年期贷款市场报价利率。

第二十七条　借贷双方对前期借款本息结算后将利息计入后期借款本金并重新出具债权凭证，如果前期利率没有超过合同成立时一年期贷款市场报价利率四倍，重新出具的债权凭证载明的金额可认定为后期借款本金。超过部分的利息，不应认定为后期借款本金。

按前款计算，借款人在借款期间届满后应当支付的本息之和，超过以最初借款本金与以最初借款本金为基数、以合同成立时一年期贷款市场报价利率四倍计算的整个借款期间的利息之和的，人民法院不予支持。

第二十八条　借贷双方对逾期利率有约定的，从其约定，但是以不超过合同成立时一年期贷款市场报价利率四倍为限。

未约定逾期利率或者约定不明的，人民法院可以区分不同情况处理：

（一）既未约定借期内利率，也未约定逾期利率，出借人主张借款人自逾期还款之日起参照当时一年期贷款市场报价利率标准计算的利息承担逾期还款违约责任的，人民法院应予支持；

（二）约定了借期内利率但是未约定逾期利率，出借人主张借款人自逾期还款之日起按照借期内利率支付资金占用期间利息的，人民法院应予支持。

⊙**《最高人民法院关于印发〈全国法院民商事审判工作会议纪要〉的通知》**（2019年11月8日　法〔2019〕254号）

（三）关于借款合同

人民法院在审理借款合同纠纷案件过程中，要根据防范化解重大金融风险、金融服务实体经济、降低融资成本的精神，区别对待金融借贷与民间借贷，并适用不同规则与利率标准。要依法否定高利转贷行为、职业放贷行为的效力，充分发挥司法的示范、引导作用，促进金融服务实体经济。要注意到，为深化利率市场化改革，推动降低实体利率水平，自2019年8月20日起，中国人民银行已经授权全国银行间同业拆借中心于每月20日（遇节假日顺延）9时30分公布贷款市场报价利率（LPR），中国人民银行贷款基准利率这一标准已经取消。因此，自此之后人民法院裁判贷款利息的基本标准应改为全国银行间同业拆借中心公布的贷款市场报价利率。应予注意的是，贷款利率标准尽管发生了变化，但存款基准利率并未发生相应变化，相关标准仍可适用。

51.【变相利息的认定】金融借款合同纠纷中，借款人认为金融机构以服务费、咨询费、顾问费、管理费等为名变相收取利息，金融机构或者由其指定的人收取的相关费用不合理的，人民法院可以根据提供服务的实际情况确定借款人应否支付或者酌减相关费用。

52.【高利转贷】民间借贷中，出借人的资金必须是自有资金。出借人套取金融机构信贷资金又高利转贷给借款人的民间借贷行为，既增加了融资成本，又扰乱了信贷秩序，根据民间借贷司法解释第14条第1项的规定，应当认定此类民间借贷行为无效。人民法院在适用该条规定时，应当注意把握以下几点：一是要审查出借人的资金来源。借款人能够举证证明在签订借款合同时出借人尚欠银行贷款未还的，一般可以推定为出借人套取信贷资金，但出借人能够举反证予以推翻的除外；二是从宽认定“高利”转贷行为的标准，只要出借人通过转贷行为牟利的，就可以认定为是“高利”转贷行为；三是对该条规定的“借款人事先知道或者应当知道的”要件，不宜把握过苛。实践中，只要出借人在签订借款合同时存在尚欠银行贷款未还事实的，一般可以认为满足了该条规定的“借款人事先知道或者应当知道”这一要件。

第十三章　保证合同

第一节　一般规定

第六百八十一条　【定义】保证合同是为保障债权的实现，保证人和债权人约定，当债务人不履行到期债务或者发生当事人约定的情形时，保证人履行债务或者承担责任的合同。

司法解释及文件

⊙《**最高人民法院关于适用〈中华人民共和国民法典〉有关担保制度的解释**》（2020年12月31日　法释〔2020〕28号）

第一条　因抵押、质押、留置、保证等担保发生的纠纷，适用本解释。所有权保留买卖、融资租赁、保理等涉及担保功能发生的纠纷，适用本解释的有关规定。

⊙《**最高人民法院关于审理票据纠纷案件若干问题的规定**》（2020年12月29日修正）

第六十一条　保证人未在票据或者粘单上记载"保证"字样而另行签订保证合同或者保证条款的，不属于票据保证，人民法院应当适用《中华人民共和国民法典》的有关规定。

⊙**《最高人民法院关于正确确认企业借款合同纠纷案件中有关保证合同效力问题的通知》**（1998年9月14日 法〔1998〕85号）

各省、自治区、直辖市高级人民法院，新疆维吾尔自治区高级人民法院生产建设兵团分院：

近来发现一些地方人民法院在审理企业破产案件或者与破产企业相关的银行贷款合同纠纷案件中，对所涉及的债权保证问题，未能准确地理解和适用有关法律规定，致使在确认保证合同的效力问题上出现偏差，为此特作如下通知：

各级人民法院在处理上述有关保证问题时，应当准确理解法律，严格依法确认保证合同（包括主合同中的保证条款）的效力。除确系因违反担保法及有关司法解释的规定等应当依法确认为无效的情况外，不应仅以保证人的保证系因地方政府指令而违背了保证人的意志，或该保证人已无财产承担保证责任等原因，而确认保证合同无效，并以此免除保证责任。

特此通知。

⊙**《最高人民法院关于交通银行香港分行与港云基业有限公司、云浮市人民政府等借款担保合同纠纷上诉一案〈承诺函〉是否构成担保问题的请示的复函》**（2006年10月11日 〔2006〕民四他字第27号）

广东省高级人民法院：

你院〔2004〕粤高法民四终字第153号《关于交通银行香港分行与港云基业有限公司、云浮市人民政府等借款担保合同纠纷上诉一案〈承诺函〉是否构成担保问题的请示》收悉。经研究，答复如下：

对于云浮市人民政府出具的《承诺函》是否构成我国《担保法》意义上的保证，应由你院根据云浮市人民政府出具《承诺函》的背景情况、《承诺函》的内容以及查明的其他事实情况作出认定；

在对外担保的案件中，我国境内公民个人向境外债权人提供的担保，若存在最高人民法院《关于适用〈中华人民共和国担保法〉若干问题的解释》第六条规定之情况，应依法认定为无效。本案中我国境内公民赖斌、陈兢向交通银行香港分行提供的担保是否存在上述情况，应由你院依法审查。

此复。

第六百八十二条　【保证合同的从属性及保证合同无效的法律后果】保证合同是主债权债务合同的从合同。主债权债务合同无效的，保证合同无效，但是法律另有规定的除外。

保证合同被确认无效后，债务人、保证人、债权人有过错的，应当根据其过错各自承担相应的民事责任。

司法解释及文件

⊙**《最高人民法院关于适用〈中华人民共和国民法典〉有关担保制度的解释》**（2020年12月31日　法释〔2020〕28号）

第二条　当事人在担保合同中约定担保合同的效力独立于主合同，或者约定担保人对主合同无效的法律后果承担担保责任，该有关担保独立性的约定无效。主合同有效的，有关担保独立性的约定无效不影响担保合同的效力；主合同无效的，人民法院应当认定担保合同无效，但是法律另有规定的除外。

因金融机构开立的独立保函发生的纠纷，适用《最高人民法院关于审理独立保函纠纷案件若干问题的规定》。

第十七条　主合同有效而第三人提供的担保合同无效，人民法院应当区分不同情形确定担保人的赔偿责任：

（一）债权人与担保人均有过错的，担保人承担的赔偿责任不应超过债务人不能清偿部分的二分之一；

（二）担保人有过错而债权人无过错的，担保人对债务人不能清偿的部分承担赔偿责任；

（三）债权人有过错而担保人无过错的，担保人不承担赔偿责任。

主合同无效导致第三人提供的担保合同无效，担保人无过错的，不承担赔偿责任；担保人有过错的，其承担的赔偿责任不应超过债务人不能清偿部分的三分之一。

第十九条　担保合同无效，承担了赔偿责任的担保人按照反担保合同的约定，在其承担赔偿责任的范围内请求反担保人承担担保责任的，人民法院应予支持。

反担保合同无效的，依照本解释第十七条的有关规定处理。当事人仅以担保合同无效为由主张反担保合同无效的，人民法院不予支持。

⊙**《最高人民法院关于印发〈全国法院民商事审判工作会议纪要〉的通知》**（2019 年 11 月 8 日　法〔2019〕254 号）

54.【独立担保】从属性是担保的基本属性，但由银行或者非银行金融机构开立的独立保函除外。独立保函纠纷案件依据《最高人民法院关于审理独立保函纠纷案件若干问题的规定》处理。需要进一步明确的是：凡是由银行或者非银行金融机构开立的符合该司法解释第 1 条、第 3 条规定情形的保函，无论是用于国际商事交易还是用于国内商事交易，均不影响保函的效力。银行或者非银行金融机构之外的当事人开立的独立保函，以及当事人有关排除担保从属性的约定，应当认定无效。但是，根据“无效法律行为的转换”原理，在否定其独立担保效力的同时，应当将其认定为从属性担保。此时，如果主合同有效，则担保合同有效，担保人与主债务人承担连带保证责任。主合同无效，则该所谓的独立担保也随之无效，担保人无过错的，不承担责任；担保人有过错的，其承担民事责任的部分，不应超过债务人不能清偿部分的三分之一。

公报案例

⊙**中银香港公司诉宏业公司等担保合同纠纷案**（《最高人民法院公报》2005 年第 7 期）

【关键词】

无效　担保　民事责任

【案例要旨】

涉外合同的当事人选择解决合同争议所适用的法律，规避了我国的强制性或者禁止性法律规范的，其约定不发生法律效力。对外担保合同未按规定在行政管理机关办理批准登记手续的，依法应认定无效。对于造成合同无效，主债权人及担保人均有过错，应各自承担相应的责任。

第六百八十三条 【不得担任保证人的主体范围】机关法人不得为保证人，但是经国务院批准为使用外国政府或者国际经济组织贷款进行转贷的除外。

以公益为目的的非营利法人、非法人组织不得为保证人。

法 律

⊙《**民法典**》(**总则编**)(2020年5月28日)

第八十七条 为公益目的或者其他非营利目的成立，不向出资人、设立人或者会员分配所取得利润的法人，为非营利法人。

非营利法人包括事业单位、社会团体、基金会、社会服务机构等。

第八十八条 具备法人条件，为适应经济社会发展需要，提供公益服务设立的事业单位，经依法登记成立，取得事业单位法人资格；依法不需要办理法人登记的，从成立之日起，具有事业单位法人资格。

第一百零二条 非法人组织是不具有法人资格，但是能够依法以自己的名义从事民事活动的组织。

非法人组织包括个人独资企业、合伙企业、不具有法人资格的专业服务机构等。

司法解释及文件

⊙《**最高人民法院关于适用〈中华人民共和国民法典〉有关担保制度的解释**》(2020年12月31日 法释〔2020〕28号)

第五条 机关法人提供担保的，人民法院应当认定担保合同无效，但是经国务院批准为使用外国政府或者国际经济组织贷款进行转贷的除外。

居民委员会、村民委员会提供担保的，人民法院应当认定担保合同无效，但是依法代行村集体经济组织职能的村民委员会，依照村民委员会组织法规定的讨论决定程序对外提供担保的除外。

第六条 以公益为目的的非营利性学校、幼儿园、医疗机构、养老机构等提供担保的，人民法院应当认定担保合同无效，但是有下列情形之一的除外：

（一）在购入或者以融资租赁方式承租教育设施、医疗卫生设施、养老服务设施和其他公益设施时，出卖人、出租人为担保价款或者租金实现而在该公益设施上保留所有权；

（二）以教育设施、医疗卫生设施、养老服务设施和其他公益设施以外的不动产、动产或者财产权利设立担保物权。

登记为营利法人的学校、幼儿园、医疗机构、养老机构等提供担保，当事人以其不具有担保资格为由主张担保合同无效的，人民法院不予支持。

⊙**《最高人民法院研究室关于县级以上供销合作社联合社能否作为保证人问题的复函》**（1999年6月30日　法研〔1999〕10号）

河南省高级人民法院：

你院豫高法〔1998〕152号《关于县级以上供销合作社联合社能否作为保证人的请示》收悉。经研究，答复如下：

1999年1月28日国务院国发〔1999〕5号《国务院关于解决当前供销合作社几个突出问题的通知》的规定，全国供销合作总社和省、市（地）级联社“所需经费列入同级财政预算，不再向所办企业提取管理费”；县级供销合作社的主要任务是对基层社进行指导、监督和协调，在性质、组织、经费等方面不同于一般的企业，还承担国家委托的政策性业务。因此，1999年1月28日国发〔1999〕5号文件发布后，县级以上供销合作社不符合《担保法》第七条的规定，不能作为保证人。但1995年2月28日印发的《中共中央、国务院关于深化供销合作社改革的决定》规定：“各级供销合作社是自主经营、自负盈亏、独立核算、照章纳税、由社员民主管理的群众性经济组织，具有独立法人地位，依法享有独立进行经济、社会活动自主权。”所以，在1999年1月28日国发〔1999〕5号文件发布前，供销合作社联合社符合《担保法》第七条规定的，可以作担保人。

部门规章及规范性文件

⊙**《中国人民银行关于对内蒙古自治区呼伦贝尔盟对外提供外汇保函一事的复函》**（1996年9月9日　银函〔1996〕329号）

中华人民共和国驻卢森堡大公国大使馆：

你馆1996年9月5日来电收悉。现就来电询问的问题答复如下：

经查，中华人民共和国内蒙古自治区呼伦贝尔盟行政公署、财政局（以下简称呼盟行政公署、财政局）分别于1994年8月8日和1995年5月4日出具了21份保函（编号为HL08、HL801至HL820），每份担保金额为2000万美元，受益人为米切尔·G.汉吉和塞巴乔·吉多阿地。

呼盟行政公署和财政局是国家机关，根据《中华人民共和国民法通则》和最高人民法院《关于贯彻执行〈中华人民共和国民法通则〉若干问题的意见（试行）》第106条"国家机关不能担任保证人"、《中华人民共和国担保法》第8条"国家机关不得为保证人，但经国务院批准为使用外国政府或者国际经济组织贷款进行转贷的除外"和经中国人民银行批准，国家外汇管理局发布的《境内机构对外提供外汇担保管理办法》第4条"政府部门和事业单位不得对外提供外汇担保"的规定，其对外提供外汇保函的行为无效。

上述意见，请及时转告卢森堡警方，并请你馆采取必要措施收回保函。

⊙**《财政部关于坚决制止财政违规担保向社会公众集资行为的通知》**（2009年11月6日　财预〔2009〕388号）

二、严格遵守相关法律制度规定。《担保法》第八条规定："国家机关不得为保证人，但经国务院批准为使用外国政府或者国际经济组织贷款进行转贷的除外。"《非法金融机构和非法金融业务活动取缔办法》第五条规定："未经中国人民银行依法批准，任何单位和个人不得擅自设立金融机构或者擅自从事金融业务活动。"《国务院办公厅关于依法惩处非法集资有关问题的通知》（国办发明电〔2007〕34号）规定："地方人民政府要切实担负起依法惩处非法集资的责任，确保社会稳定。"这些法律法规和文件明确规定了政府不得担保、非法集资的社会危害性、非法集资的主要形式和特征、地方人民政府的责任等问题。各级财政部门务必牢固树立依法理财的意识，严格遵守法律制度规定，确保有法必依，违法必究。

⊙**《财政部关于规范地方财政担保行为的通知》**（2005年1月26日 财金〔2005〕7号）

各省、自治区、直辖市、计划单列市财政厅（局），新疆生产建设兵团财政局：

根据国务院领导对我部《关于国家开发银行城市建设（打捆）项目贷款有关财政担保问题的意见》（财预函〔2004〕15号）的批示精神，为了规范地方财政担保行为，现就有关地方财政担保问题通知如下：

一、地方财政应严格遵守有关法律规定、禁止违规担保。根据《预算法》和《担保法》的有关规定及司法解释，地方财政不得打赤字预算，地方各级政府预算安排应由同级人民代表大会审议并通过。地方政府以将来的部分财政收入作为担保，实际上是在人代会通过之前即将部分收入和支出项目固定下来，与《预算法》的规定相抵触。我国《担保法》第八条明确规定："国家机关不得为保证人，但经国务院批准为使用外国政府或者国际经济组织贷款进行转贷的除外"。因此，地方财政应严格遵守有关法律规定，停止对《担保法》规定之外的贷款或其他债务承担担保责任。

二、对于已构成担保行为的，地方政府要增强信用意识，合理安排还款来源，采取切实措施，督促企业认真履行合同，保证偿还。

三、地方财政应加强地方政府债务管理，包括由地方财政的担保行为而产生的或有债务，将地方政府债务规模控制在合理的、可承受的范围内。

公报案例

⊙**长乐自来水公司与工行五四支行借款担保纠纷案**（《最高人民法院公报》2005年第9期）

【关键词】

保证合同　民事行为能力

【案例要旨】

保证人领取企业法人执照，属于以营利为目的的企业法人，即使其经营活动具有一定的公共服务性质，亦不属于以公益为目的的事业单位；保证人作为具有完全民事行为能力的法人，应依法对其所从事民事法律行为独立承担民事责任，其所作保证是否受合同以外第三人影响的问题不涉及合同当事人之间的权利义务关系，亦不影响保证合同的效力。

第六百八十四条　【合同内容】保证合同的内容一般包括被保证的主债权的种类、数额，债务人履行债务的期限，保证的方式、范围和期间等条款。

第六百八十五条　【合同形式】保证合同可以是单独订立的书面合同，也可以是主债权债务合同中的保证条款。

第三人单方以书面形式向债权人作出保证，债权人接收且未提出异议的，保证合同成立。

司法解释及文件

⊙**《最高人民法院关于审理民间借贷案件适用法律若干问题的规定》**（2020年12月29日修正）

第二十条　他人在借据、收据、欠条等债权凭证或者借款合同上签名或者盖章，但是未表明其保证人身份或者承担保证责任，或者通过其他事实不能推定其为保证人，出借人请求其承担保证责任的，人民法院不予支持。

⊙**《最高人民法院关于印发〈全国法院民商事审判工作会议纪要〉的通知》**（2019年11月8日　法〔2019〕254号）

91.【增信文件的性质】信托合同之外的当事人提供第三方差额补足、代为履行到期回购义务、流动性支持等类似承诺文件作为增信措施，其内容符合法律关于保证的规定的，人民法院应当认定当事人之间成立保证合同关系。其内容不符合法律关于保证的规定的，依据承诺文件的具体内容确定相应的权利义务关系，并根据案件事实情况确定相应的民事责任。

公报案例

⊙**佛山市人民政府与交通银行香港分行担保纠纷案**（《最高人民法院公报》2005 年第 11 期）

【关键词】

担保　承诺函

【案例要旨】

担保活动应当遵循平等、自愿、公平、诚实信用的原则。与借贷合同无关的第三人向合同债权人出具承诺函，但未明确表示承担保证责任或代为还款的，不能推定其出具承诺函的行为构成担保法意义上的保证。

人民法院案例选案例

⊙**李某某诉罗某某、余某某民间借贷纠纷案**［《人民法院案例选》2018 年第 6 辑（总第 124 辑）］

【关键词】

担保书　担保责任

【案例要旨】

第三人单方以书面形式向债权人出具担保书，并非以自己的财产提供担保，而是意图以案外人的财产清偿债务，应当认定该担保不具有真实性。

第六百八十六条　【保证方式】保证的方式包括一般保证和连带责任保证。

当事人在保证合同中对保证方式没有约定或者约定不明确的，按照一般保证承担保证责任。

司法解释及文件

⊙《**最高人民法院关于适用〈中华人民共和国民事诉讼法〉的解释**》（2022 年 4 月 1 日修正）

第六十六条　因保证合同纠纷提起的诉讼，债权人向保证人和被保证人一并主张权利的，人民法院应当将保证人和被保证人列为共同被告。保证合同约定为一般保证，债权人仅起诉保证人的，人民法院应当通知被保证人作为共同被告参加诉讼；债权人仅起诉被保证人的，可以只列被保证人为被告。

⊙《**最高人民法院关于适用〈中华人民共和国民法典〉有关担保制度的解释**》（2020 年 12 月 31 日　法释〔2020〕28 号）

第二十五条　当事人在保证合同中约定了保证人在债务人不能履行债务或者无力偿还债务时才承担保证责任等类似内容，具有债务人应当先承担责任的意思表示的，人民法院应当将其认定为一般保证。

当事人在保证合同中约定了保证人在债务人不履行债务或者未偿还债务时即承担保证责任、无条件承担保证责任等类似内容，不具有债务人应当先承担责任的意思表示的，人民法院应当将其认定为连带责任保证。

⊙《**最高人民法院关于审理民间借贷案件适用法律若干问题的规定**》（2020 年 12 月 29 日修正）

第四条　保证人为借款人提供连带责任保证，出借人仅起诉借款人的，人民法院可以不追加保证人为共同被告；出借人仅起诉保证人的，人民法院可以追加借款人为共同被告。

保证人为借款人提供一般保证，出借人仅起诉保证人的，人民法院应当追加借款人为共同被告；出借人仅起诉借款人的，人民法院可以不追加保证人为共同被告。

第六百八十七条 【一般保证与先诉抗辩权】当事人在保证合同中约定，债务人不能履行债务时，由保证人承担保证责任的，为一般保证。

一般保证的保证人在主合同纠纷未经审判或者仲裁，并就债务人财产依法强制执行仍不能履行债务前，有权拒绝向债权人承担保证责任，但是有下列情形之一的除外：

（一）债务人下落不明，且无财产可供执行；

（二）人民法院已经受理债务人破产案件；

（三）债权人有证据证明债务人的财产不足以履行全部债务或者丧失履行债务能力；

（四）保证人书面表示放弃本款规定的权利。

司法解释及文件

⊙**《最高人民法院关于适用〈中华人民共和国企业破产法〉若干问题的规定（三）》**（2020 年 12 月 29 日修正）

第四条 保证人被裁定进入破产程序的，债权人有权申报其对保证人的保证债权。

主债务未到期的，保证债权在保证人破产申请受理时视为到期。一般保证的保证人主张行使先诉抗辩权的，人民法院不予支持，但债权人在一般保证人破产程序中的分配额应予提存，待一般保证人应承担的保证责任确定后再按照破产清偿比例予以分配。

保证人被确定应当承担保证责任的，保证人的管理人可以就保证人实际承担的清偿额向主债务人或其他债务人行使求偿权。

⊙**《最高人民法院关于适用〈中华人民共和国民事诉讼法〉的解释》**（2022 年 4 月 1 日修正）

第六十六条 因保证合同纠纷提起的诉讼，债权人向保证人和被保证人一并主张权利的，人民法院应当将保证人和被保证人列为共同被告。保证合同约定为一般保证，债权人仅起诉保证人的，人民法院应当通知被保证人作为共同被告参加诉讼；债权人仅起诉被保证人的，可以只列被保证人为被告。

⊙**《最高人民法院关于适用〈中华人民共和国民法典〉有关担保制度的解释》**（2020年12月31日 法释〔2020〕28号）

第二十五条 当事人在保证合同中约定了保证人在债务人不能履行债务或者无力偿还债务时才承担保证责任等类似内容，具有债务人应当先承担责任的意思表示的，人民法院应当将其认定为一般保证。

当事人在保证合同中约定了保证人在债务人不履行债务或者未偿还债务时即承担保证责任、无条件承担保证责任等类似内容，不具有债务人应当先承担责任的意思表示的，人民法院应当将其认定为连带责任保证。

第二十六条 一般保证中，债权人以债务人为被告提起诉讼的，人民法院应予受理。债权人未就主合同纠纷提起诉讼或者申请仲裁，仅起诉一般保证人的，人民法院应当驳回起诉。

一般保证中，债权人一并起诉债务人和保证人的，人民法院可以受理，但是在作出判决时，除有民法典第六百八十七条第二款但书规定的情形外，应当在判决书主文中明确，保证人仅对债务人财产依法强制执行后仍不能履行的部分承担保证责任。

债权人未对债务人的财产申请保全，或者保全的债务人的财产足以清偿债务，债权人申请对一般保证人的财产进行保全的，人民法院不予准许。

第二十八条 一般保证中，债权人依据生效法律文书对债务人的财产依法申请强制执行，保证债务诉讼时效的起算时间按照下列规则确定：

（一）人民法院作出终结本次执行程序裁定，或者依照民事诉讼法第二百五十七条第三项、第五项的规定作出终结执行裁定的，自裁定送达债权人之日起开始计算；

（二）人民法院自收到申请执行书之日起一年内未作出前项裁定的，自人民法院收到申请执行书满一年之日起开始计算，但是保证人有证据证明债务人仍有财产可供执行的除外。

一般保证的债权人在保证期间届满前对债务人提起诉讼或者申请仲裁，债权人举证证明存在民法典第六百八十七条第二款但书规定情形的，保证债务的诉讼时效自债权人知道或者应当知道该情形之日起开始计算。

公报案例

⊙中信实业银行诉北京市京工房地产开发总公司保证合同纠纷案

（《最高人民法院公报》2002年第6期）

【关键词】

一般保证　先诉抗辩权

【案例要旨】

保证人在本案中承担的是一般保证责任，依法享有先诉抗辩权。只要主合同纠纷未经审判或仲裁，并就债务人财产依法强制执行仍不能履行债务，一般保证的保证人都可以对债权人拒绝承担保证责任。但是，先诉抗辩权在遇到法律规定的情形时，不得行使。本案中，被保证人的住所不明、营业执照被吊销，其中方投资者的营业执照也被吊销，外方投资者的情况不明。这种情况，使债权人向被保证人请求清偿债务发生很大困难，保证人不得行使先诉抗辩权。

第六百八十八条 【连带责任保证】当事人在保证合同中约定保证人和债务人对债务承担连带责任的，为连带责任保证。

连带责任保证的债务人不履行到期债务或者发生当事人约定的情形时，债权人可以请求债务人履行债务，也可以请求保证人在其保证范围内承担保证责任。

法　律

⊙**《民法典》（总则编）**（2020年5月28日）

第一百七十八条　二人以上依法承担连带责任的，权利人有权请求部分或者全部连带责任人承担责任。

连带责任人的责任份额根据各自责任大小确定；难以确定责任大小的，平均承担责任。实际承担责任超过自己责任份额的连带责任人，有权向其他连带责任人追偿。

连带责任，由法律规定或者当事人约定。

司法解释及文件

⊙《**最高人民法院关于适用〈中华人民共和国民法典〉有关担保制度的解释**》（2020 年 12 月 31 日　法释〔2020〕28 号）

第二十五条　当事人在保证合同中约定了保证人在债务人不能履行债务或者无力偿还债务时才承担保证责任等类似内容，具有债务人应当先承担责任的意思表示的，人民法院应当将其认定为一般保证。

当事人在保证合同中约定了保证人在债务人不履行债务或者未偿还债务时即承担保证责任、无条件承担保证责任等类似内容，不具有债务人应当先承担责任的意思表示的，人民法院应当将其认定为连带责任保证。

第六百八十九条　【反担保】保证人可以要求债务人提供反担保。

法　律

⊙《**民法典**》（**物权编**）（2020 年 5 月 28 日）

第三百八十七条　债权人在借贷、买卖等民事活动中，为保障实现其债权，需要担保的，可以依照本法和其他法律的规定设立担保物权。

第三人为债务人向债权人提供担保的，可以要求债务人提供反担保。反担保适用本法和其他法律的规定。

司法解释及文件

⊙《**最高人民法院关于适用〈中华人民共和国民法典〉有关担保制度的解释**》（2020 年 12 月 31 日　法释〔2020〕28 号）

第十九条　担保合同无效，承担了赔偿责任的担保人按照反担保合同的约定，在其承担赔偿责任的范围内请求反担保人承担担保责任的，人民法院应予支持。

反担保合同无效的，依照本解释第十七条的有关规定处理。当事人仅以担保合同无效为由主张反担保合同无效的，人民法院不予支持。

适用要点

⊙ **反担保责任何时产生**

首先要看反担保合同的约定，只要约定不违反法律、行政法规的效力性强制性规定，就是有效的，就得依照约定。但无论反担保合同如何约定，反担保责任产生的前提有一点是可以肯定的，就是担保人一定已经依约代替主债务人履行了合同或者承担了责任，其才能请求反担保人承担反担保责任。

第六百九十条　【最高额保证合同】保证人与债权人可以协商订立最高额保证的合同，约定在最高债权额限度内就一定期间连续发生的债权提供保证。

最高额保证除适用本章规定外，参照适用本法第二编最高额抵押权的有关规定。

法　律

⊙**《民法典》（物权编）**（2020 年 5 月 28 日）

第四百二十条　为担保债务的履行，债务人或者第三人对一定期间内将要连续发生的债权提供担保财产的，债务人不履行到期债务或者发生当事人约定的实现抵押权的情形，抵押权人有权在最高债权额限度内就该担保财产优先受偿。

最高额抵押权设立前已经存在的债权，经当事人同意，可以转入最高额抵押担保的债权范围。

第四百二十一条　最高额抵押担保的债权确定前，部分债权转让的，最高额抵押权不得转让，但是当事人另有约定的除外。

第四百二十二条　最高额抵押担保的债权确定前，抵押权人与抵押人可以通过协议变更债权确定的期间、债权范围以及最高债权额。但是，变更的内容不得对其他抵押权人产生不利影响。

司法解释及文件

⊙**《最高人民法院关于适用〈中华人民共和国民法典〉有关担保制度的解释》**（2020年12月31日　法释〔2020〕28号）

第十五条　最高额担保中的最高债权额，是指包括主债权及其利息、违约金、损害赔偿金、保管担保财产的费用、实现债权或者实现担保物权的费用等在内的全部债权，但是当事人另有约定的除外。

登记的最高债权额与当事人约定的最高债权额不一致的，人民法院应当依据登记的最高债权额确定债权人优先受偿的范围。

第三十条　最高额保证合同对保证期间的计算方式、起算时间等有约定的，按照其约定。

最高额保证合同对保证期间的计算方式、起算时间等没有约定或者约定不明，被担保债权的履行期限均已届满的，保证期间自债权确定之日起开始计算；被担保债权的履行期限尚未届满的，保证期间自最后到期债权的履行期限届满之日起开始计算。

前款所称债权确定之日，依照民法典第四百二十三条的规定认定。

指导案例

⊙**温州银行股份有限公司宁波分行诉浙江创菱电器有限公司等金融借款合同纠纷案**（指导案例57号，最高人民法院审判委员会讨论通过，2016年5月20日发布）

【关键词】

担保　限额

【案例要旨】

在有数份最高额担保合同的情形下，具体贷款合同

中选择性列明部分最高额担保合同，如债务发生在最高额担保合同约定的决算期内，且债权人未明示放弃担保权利，未列明的最高额担保合同的担保人也应当在最高债权限额内承担担保责任。

公报案例

⊙**中国长城资产管理股份有限公司山西省分公司与山西朔州平鲁区华美奥崇升煤业有限公司等借款合同纠纷案**（《最高人民法院公报》2020年第5期）

【关键词】

最高额保证　利息

【案例要旨】

在最高额保证合同关系中，如果合同明确约定所担保的最高债权额包括主债权的数额和相应的利息、违约金、损害赔偿金以及实现债权的费用，保证人即应当依照约定对利息、违约金、损害赔偿金以及实现债权的费用承担保证责任，而不受主债权数额的限制。

第二节　保证责任

第六百九十一条　【保证范围】保证的范围包括主债权及其利息、违约金、损害赔偿金和实现债权的费用。当事人另有约定的，按照其约定。

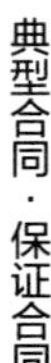

司法解释及文件

⊙《**最高人民法院关于适用〈中华人民共和国民法典〉有关担保制度的解释**》(2020 年 12 月 31 日　法释〔2020〕28 号)

第三条　当事人对担保责任的承担约定专门的违约责任，或者约定的担保责任范围超出债务人应当承担的责任范围，担保人主张仅在债务人应当承担的责任范围内承担责任的，人民法院应予支持。

担保人承担的责任超出债务人应当承担的责任范围，担保人向债务人追偿，债务人主张仅在其应当承担的责任范围内承担责任的，人民法院应予支持；担保人请求债权人返还超出部分的，人民法院依法予以支持。

⊙《**最高人民法院关于印发〈全国法院民商事审判工作会议纪要〉的通知**》(2019 年 11 月 8 日　法〔2019〕254 号)

55.【担保责任的范围】担保人承担的担保责任范围不应当大于主债务，是担保从属性的必然要求。当事人约定的担保责任的范围大于主债务的，如针对担保责任约定专门的违约责任、担保责任的数额高于主债务、担保责任约定的利息高于主债务利息、担保责任的履行期先于主债务履行期届满，等等，均应当认定大于主债务部分的约定无效，从而使担保责任缩减至主债务的范围。

第六百九十二条　【保证期间】保证期间是确定保证人承担保证责任的期间，不发生中止、中断和延长。

债权人与保证人可以约定保证期间，但是约定的保证期间早于主债务履行期限或者与主债务履行期限同时届满的，视为没有约定；没有约定或者约定不明确的，保证期间为主债务履行期限届满之日起六个月。

债权人与债务人对主债务履行期限没有约定或者约定不明确的，保证期间自债权人请求债务人履行债务的宽限期届满之日起计算。

司法解释及文件

⊙**《最高人民法院关于适用〈中华人民共和国民法典〉有关担保制度的解释》**（2020年12月31日 法释〔2020〕28号）

第三十二条 保证合同约定保证人承担保证责任直至主债务本息还清时为止等类似内容的，视为约定不明，保证期间为主债务履行期限届满之日起六个月。

第三十三条 保证合同无效，债权人未在约定或者法定的保证期间内依法行使权利，保证人主张不承担赔偿责任的，人民法院应予支持。

⊙**《最高人民法院关于适用〈中华人民共和国民法典〉时间效力的若干规定》**（2020年12月29日 法释〔2020〕15号）

第二十七条 民法典施行前成立的保证合同，当事人对保证期间约定不明确，主债务履行期限届满至民法典施行之日不满二年，当事人主张保证期间为主债务履行期限届满之日起二年的，人民法院依法予以支持；当事人对保证期间没有约定，主债务履行期限届满至民法典施行之日不满六个月，当事人主张保证期间为主债务履行期限届满之日起六个月的，人民法院依法予以支持。

适用要点

⊙ 法院应当对保证期间是否届满主动进行审查

保证期间届满后，将导致保证责任消灭。在此情形下，尽管主债务依然存在，但债权人只能向主债务人请求清偿债务，而不能请求保证人承担保证责任。由此可见，保证期间和时效的区别在于，保证期间的届满会导致保证责任本身的消灭，而不像时效那样仅仅导致保证人抗辩权的产生。无论是一般保证，还是连带责任保证，保证期间的经过都发生保证责任消灭的法律后果。对于诉讼时效期间，由于义务人的实体义务仍然存在，其只是享有履行抗辩权，因此，人民法院不能主动审查。但对于保证期间，由于法律明确规定其届满的后果是保证责任消灭，所以，人民法院应当主动审查。

第六百九十三条 【保证责任的免除】一般保证的债权人未在保证期间对债务人提起诉讼或者申请仲裁的，保证人不再承担保证责任。

连带责任保证的债权人未在保证期间请求保证人承担保证责任的，保证人不再承担保证责任。

司法解释及文件

⊙**《最高人民法院关于适用〈中华人民共和国民法典〉有关担保制度的解释》**（2020年12月31日 法释〔2020〕28号）

第三十一条 一般保证的债权人在保证期间内对债务人提起诉讼或者申请仲裁后，又撤回起诉或者仲裁申请，债权人在保证期间届满前未再行提起诉讼或者申请仲裁，保证人主张不再承担保证责任的，人民法院应予支持。

连带责任保证的债权人在保证期间内对保证人提起诉讼或者申请仲裁后，又撤回起诉或者仲裁申请，起诉状副本或者仲裁申请书副本已经送达保证人的，人民法院应当认定债权人已经在保证期间内向保证人行使了权利。

第三十三条 保证合同无效，债权人未在约定或者法定的保证期间内依法行使权利，保证人主张不承担赔偿责任的，人民法院应予支持。

第三十四条 人民法院在审理保证合同纠纷案件时，应当将保证期间是否届满、债权人是否在保证期间内依法行使权利等事实作为案件基本事实予以查明。

债权人在保证期间内未依法行使权利的，保证责任消灭。保证责任消灭后，债权人书面通知保证人要求承担保证责任，保证人在通知书上签字、盖章或者按指印，债权人请求保证人继续承担保证责任的，人民法院不予支持，但是债权人有证据证明成立了新的保证合同的除外。

第六百九十四条 【保证债务的诉讼时效】一般保证的债权人在保证期间届满前对债务人提起诉讼或者申请仲裁的，从保证人拒绝承担保证责任的权利消灭之日起，开始计算保证债务的诉讼时效。

连带责任保证的债权人在保证期间届满前请求保证人承担保证责任的，从债权人请求保证人承担保证责任之日起，开始计算保证债务的诉讼时效。

司法解释及文件

⊙**《最高人民法院关于适用〈中华人民共和国民法典〉有关担保制度的解释》**（2020年12月31日 法释〔2020〕28号）

第二十八条 一般保证中，债权人依据生效法律文书对债务人的财产依法申请强制执行，保证债务诉讼时效的起算时间按照下列规则确定：

（一）人民法院作出终结本次执行程序裁定，或者依照民事诉讼法第二百五十七条第三项、第五项的规定作出终结执行裁定的，自裁定送达债权人之日起开始计算；

（二）人民法院自收到申请执行书之日起一年内未作出前项裁定的，自人民法院收到申请执行书满一年之日起开始计算，但是保证人有证据证明债务人仍有财产可供执行的除外。

一般保证的债权人在保证期间届满前对债务人提起诉讼或者申请仲裁，债权人举证证明存在民法典第六百八十七条第二款但书规定情形的，保证债务的诉讼时效自债权人知道或者应当知道该情形之日起开始计算。

⊙**《最高人民法院关于在保证期间内保证人在债权转让协议上签字并承诺履行原保证义务能否视为债权人向担保人主张过债权及认定保证合同的诉讼时效如何起算等问题请示的答复》**（2003年9月8日〔2003〕民二他字第25号）

云南省高级人民法院：

你院云高法报〔2003〕5号《关于在保证期间内，保证人在债权转让协议上签字并承诺履行原保证义务，能否视为债权人向担保人主张过债权，从而认定保证合同的诉讼时效从签字时起算的请示报告》收悉。经研究，答复如下：

《中华人民共和国担保法》(以下简称《担保法》)第二十六条第一款规定的债权人要求保证人承担保证责任应包括债权人在保证期间内向保证人主动催收或提示债权，以及保证人在保证期间内向债权人作出承担保证责任的承诺两种情形。请示所涉案件的保证人—个旧市配件公司于保证期间内，在所担保的债权转让协议上签字并承诺"继续履行原保证合同项下的保证义务"即属《担保法》第二十六条第一款所规定的债权人要求保证人承担保证责任的规定精神。依照本院《关于适用〈中华人民共和国担保法〉若干问题的解释》第三十四条第二款的规定，自保证人个旧市配件公司承诺之日起，保证合同的诉讼时效开始计算。故同意你院第一种意见。

此复

⊙**《最高人民法院关于甘肃省高级人民法院就在诉讼时效期间债权人依法将主债权转让给第三人保证人是否继续承担保证责任等问题请示的答复》**(2003年10月20日　〔2003〕民二他字第39号)

甘肃省高级人民法院：

你院甘高法〔2003〕176号请示收悉。经研究，答复如下：

一、在诉讼时效期间，凡符合《中华人民共和国合同法》第八十一条和《中华人民共和国担保法》第二十二条规定的，债权人将主债权转让给第三人，保证债权作为从权利一并转移，保证人在原保证担保的范围内继续承担保证责任。

二、按照《关于适用〈中华人民共和国担保法〉若干问题的解释》第三十六条第一款的规定，主债务诉讼时效中断，连带保证债务诉讼时效不因主债务诉讼时效中断而中断。按照上述解释第三十四条第二款的规定，连带责任保证的债权人在保证期间内要求保证人承担保证责任的，自该要求之日起开始计算连带保证债务的诉讼时效。《最高人民法院对〈关于贯彻执行最高人民法院"十二条"司法解释有关问题的函〉的答复》是答复四家资产管理公司的，其目的是为了最大限度地保全国有资产。因此，债权人对保证人有公告催收行为的，人民法院应比照适用《最高人民法院关于审理涉及金融资产公司收购、管理、处置国有银行不良贷款形成的资产的案件适用法律若干问题的规定》第十条的规定，认定债权人对保证债务的诉讼时效中断。

此复

第六百九十五条 【主债权债务合同内容变更对保证责任的影响】债权人和债务人未经保证人书面同意，协商变更主债权债务合同内容，减轻债务的，保证人仍对变更后的债务承担保证责任；加重债务的，保证人对加重的部分不承担保证责任。

债权人和债务人变更主债权债务合同的履行期限，未经保证人书面同意的，保证期间不受影响。

司法解释及文件

⊙**《最高人民法院关于适用〈中华人民共和国民法典〉有关担保制度的解释》**（2020年12月31日　法释〔2020〕28号）

第十六条　主合同当事人协议以新贷偿还旧贷，债权人请求旧贷的担保人承担担保责任的，人民法院不予支持；债权人请求新贷的担保人承担担保责任的，按照下列情形处理：

（一）新贷与旧贷的担保人相同的，人民法院应予支持；

（二）新贷与旧贷的担保人不同，或者旧贷无担保新贷有担保的，人民法院不予支持，但是债权人有证据证明新贷的担保人提供担保时对以新贷偿还旧贷的事实知道或者应当知道的除外。

主合同当事人协议以新贷偿还旧贷，旧贷的物的担保人在登记尚未注销的情形下同意继续为新贷提供担保，在订立新的贷款合同前又以该担保财产为其他债权人设立担保物权，其他债权人主张其担保物权顺位优先于新贷债权人的，人民法院不予支持。

第二十条　人民法院在审理第三人提供的物的担保纠纷案件时，可以适用民法典第六百九十五条第一款、第六百九十六条第一款、第六百九十七条第二款、第六百九十九条、第七百条、第七百零一条、第七百零二条等关于保证合同的规定。

⊙**《最高人民法院关于审理信用证纠纷案件若干问题的规定》**(2020年12月29日修正)

第十七条 开证申请人与开证行对信用证进行修改未征得保证人同意的，保证人只在原保证合同约定的或者法律规定的期间和范围内承担保证责任。保证合同另有约定的除外。

公报案例

⊙**卞某某与许某某、徐州利峰木业有限公司等民间借贷纠纷案**(《最高人民法院公报》2021年第1期)

【关键词】

担保责任 风险增加 保证

【案例要旨】

担保责任不同于主债务责任，其以债务人到期未偿还主债务为前提，性质上属于或有责任，担保的属性意味着保证人对债务人偿债能力的高度敏感性，担保责任的大小并非仅通过借款数额反映。当债务人不能按期偿还债务的风险增加时，担保责任也相应增加，以新还旧即属于未加重债务人的责任但加重了保证人责任的情形。保证人同意继续承担保证责任的前提是未加重自身的保证责任。在以新还旧的情形下，保证人事实上在订立合同时即承担了债务不能清偿的风险，明显加重了保证人的责任，该借新还旧的情形超出《借款合同》第十三条约定的保证人可以预见并概括同意保证的范围，直接导致了保证人在对债务人偿债能力作出错误评估的基础上予以保证。故被申请人卞某某以《借款合同》第十三条的约定主张再审申请人谢某富、海天公司应当继续承担保证责任不能成立，不予支持。

第六百九十六条 【债权转让对保证责任的影响】债权人转让全部或者部分债权，未通知保证人的，该转让对保证人不发生效力。

保证人与债权人约定禁止债权转让，债权人未经保证人书面同意转让债权的，保证人对受让人不再承担保证责任。

司法解释及文件

⊙《**最高人民法院关于适用〈中华人民共和国民法典〉有关担保制度的解释**》（2020 年 12 月 31 日　法释〔2020〕28 号）

第二十条　人民法院在审理第三人提供的物的担保纠纷案件时，可以适用民法典第六百九十五条第一款、第六百九十六条第一款、第六百九十七条第二款、第六百九十九条、第七百条、第七百零一条、第七百零二条等关于保证合同的规定。

第六百九十七条 【债务承担对保证责任的影响】债权人未经保证人书面同意，允许债务人转移全部或者部分债务，保证人对未经其同意转移的债务不再承担保证责任，但是债权人和保证人另有约定的除外。

第三人加入债务的，保证人的保证责任不受影响。

法　律

⊙《**民法典**》（**合同编**）（2020 年 5 月 28 日）

第五百五十一条　债务人将债务的全部或者部分转移给第三人的，应当经债权人同意。

债务人或者第三人可以催告债权人在合理期限内予以同意，债权人未作表示的，视为不同意。

第五百五十二条　第三人与债务人约定加入债务并通知债权人，或者第三人向债权人表示愿意加入债务，债权人未在合理期限内明确拒绝的，债权人可以请求第三人在其愿意承担的债务范围内和债务人承担连带债务。

第五百五十三条　债务人转移债务的，新债务人可以主张原债务人对债权人的抗辩；原债务人对债权人享有债权的，新债务人不得向债权人主张抵销。

第五百五十四条　债务人转移债务的，新债务人应当承担与主债务有关的从债务，但是该从债务专属于原债务人自身的除外。

司法解释及文件

⊙**《最高人民法院关于适用〈中华人民共和国民法典〉有关担保制度的解释》**（2020 年 12 月 31 日　法释〔2020〕28 号）

第二十条　人民法院在审理第三人提供的物的担保纠纷案件时，可以适用民法典第六百九十五条第一款、第六百九十六条第一款、第六百九十七条第二款、第六百九十九条、第七百条、第七百零一条、第七百零二条等关于保证合同的规定。

第三十六条　第三人向债权人提供差额补足、流动性支持等类似承诺文件作为增信措施，具有提供担保的意思表示，债权人请求第三人承担保证责任的，人民法院应当依照保证的有关规定处理。

第三人向债权人提供的承诺文件，具有加入债务或者与债务人共同承担债务等意思表示的，人民法院应当认定为民法典第五百五十二条规定的债务加入。

前两款中第三人提供的承诺文件难以确定是保证还是债务加入的，人民法院应当将其认定为保证。

第三人向债权人提供的承诺文件不符合前三款规定的情形，债权人请求第三人承担保证责任或者连带责任的，人民法院不予支持，但是不影响其依据承诺文件请求第三人履行约定的义务或者承担相应的民事责任。

第六百九十八条 【保证责任的免除】一般保证的保证人在主债务履行期限届满后，向债权人提供债务人可供执行财产的真实情况，债权人放弃或者怠于行使权利致使该财产不能被执行的，保证人在其提供可供执行财产的价值范围内不再承担保证责任。

第六百九十九条 【共同保证】同一债务有两个以上保证人的，保证人应当按照保证合同约定的保证份额，承担保证责任；没有约定保证份额的，债权人可以请求任何一个保证人在其保证范围内承担保证责任。

司法解释及文件

⊙**《最高人民法院关于适用〈中华人民共和国民法典〉有关担保制度的解释》**（2020年12月31日 法释〔2020〕28号）

第十三条 同一债务有两个以上第三人提供担保，担保人之间约定相互追偿及分担份额，承担了担保责任的担保人请求其他担保人按照约定分担份额的，人民法院应予支持；担保人之间约定承担连带共同担保，或者约定相互追偿但是未约定分担份额的，各担保人按照比例分担向债务人不能追偿的部分。

同一债务有两个以上第三人提供担保，担保人之间未对相互追偿作出约定且未约定承担连带共同担保，但是各担保人在同一份合同书上签字、盖章或者按指印，承担了担保责任的担保人请求其他担保人按照比例分担向债务人不能追偿部分的，人民法院应予支持。

除前两款规定的情形外，承担了担保责任的担保人请求其他担保人分担向债务人不能追偿部分的，人民法院不予支持。

第十四条 同一债务有两个以上第三人提供担保，担保人受让债权的，人民法院应当认定该行为系承担担保责任。受让债权的担保人作为债权人请求其他担保人承担担保责任的，人民法院不予支持；该担保人请求其他担保人分担相应份额的，依照本解释第十三条的规定处理。

第二十条　人民法院在审理第三人提供的物的担保纠纷案件时，可以适用民法典第六百九十五条第一款、第六百九十六条第一款、第六百九十七条第二款、第六百九十九条、第七百条、第七百零一条、第七百零二条等关于保证合同的规定。

第二十九条　同一债务有两个以上保证人，债权人以其已经在保证期间内依法向部分保证人行使权利为由，主张已经在保证期间内向其他保证人行使权利的，人民法院不予支持。

同一债务有两个以上保证人，保证人之间相互有追偿权，债权人未在保证期间内依法向部分保证人行使权利，导致其他保证人在承担保证责任后丧失追偿权，其他保证人主张在其不能追偿的范围内免除保证责任的，人民法院应予支持。

> **第七百条　【保证人的追偿权】**保证人承担保证责任后，除当事人另有约定外，有权在其承担保证责任的范围内向债务人追偿，享有债权人对债务人的权利，但是不得损害债权人的利益。

司法解释及文件

⊙**《最高人民法院关于适用〈中华人民共和国民法典〉有关担保制度的解释》**（2020 年 12 月 31 日　法释〔2020〕28 号）

第十八条　承担了担保责任或者赔偿责任的担保人，在其承担责任的范围内向债务人追偿的，人民法院应予支持。

同一债权既有债务人自己提供的物的担保，又有第三人提供的担保，承担了担保责任或者赔偿责任的第三人，主张行使债权人对债务人享有的担保物权的，人民法院应予支持。

第二十条　人民法院在审理第三人提供的物的担保纠纷案件时，可以适用民法典第六百九十五条第一款、第六百九十六条第一款、第六百九十七条第二款、第六百九十九条、第七百条、第七百零一条、第七百零二条等关于保证合同的规定。

第二十三条 人民法院受理债务人破产案件，债权人在破产程序中申报债权后又向人民法院提起诉讼，请求担保人承担担保责任的，人民法院依法予以支持。

担保人清偿债权人的全部债权后，可以代替债权人在破产程序中受偿；在债权人的债权未获全部清偿前，担保人不得代替债权人在破产程序中受偿，但是有权就债权人通过破产分配和实现担保债权等方式获得清偿总额中超出债权的部分，在其承担担保责任的范围内请求债权人返还。

债权人在债务人破产程序中未获全部清偿，请求担保人继续承担担保责任的，人民法院应予支持；担保人承担担保责任后，向和解协议或者重整计划执行完毕后的债务人追偿的，人民法院不予支持。

第二十四条 债权人知道或者应当知道债务人破产，既未申报债权也未通知担保人，致使担保人不能预先行使追偿权的，担保人就该债权在破产程序中可能受偿的范围内免除担保责任，但是担保人因自身过错未行使追偿权的除外。

第三十五条 保证人知道或者应当知道主债权诉讼时效期间届满仍然提供保证或者承担保证责任，又以诉讼时效期间届满为由拒绝承担保证责任或者请求返还财产的，人民法院不予支持；保证人承担保证责任后向债务人追偿的，人民法院不予支持，但是债务人放弃诉讼时效抗辩的除外。

⊙**《最高人民法院关于印发〈全国法院民商事审判工作会议纪要〉的通知》**（2019 年 11 月 8 日　法〔2019〕254 号）

56.【混合担保中担保人之间的追偿问题】被担保的债权既有保证又有第三人提供的物的担保的，担保法司法解释第 38 条明确规定，承担了担保责任的担保人可以要求其他担保人清偿其应当分担的份额。但《物权法》第 176 条并未作出类似规定，根据《物权法》第 178 条关于“担保法与本法的规定不一致的，适用本法”的规定，承担了担保责任的担保人向其他担保人追偿的，人民法院不予支持，但担保人在担保合同中约定可以相互追偿的除外。

⊙**《最高人民法院关于适用〈中华人民共和国企业破产法〉若干问题的规定（三）》**（2020年12月29日修正）

第四条　保证人被裁定进入破产程序的，债权人有权申报其对保证人的保证债权。

主债务未到期的，保证债权在保证人破产申请受理时视为到期。一般保证的保证人主张行使先诉抗辩权的，人民法院不予支持，但债权人在一般保证人破产程序中的分配额应予提存，待一般保证人应承担的保证责任确定后再按照破产清偿比例予以分配。

保证人被确定应当承担保证责任的，保证人的管理人可以就保证人实际承担的清偿额向主债务人或其他债务人行使求偿权。

第五条　债务人、保证人均被裁定进入破产程序的，债权人有权向债务人、保证人分别申报债权。

债权人向债务人、保证人均申报全部债权的，从一方破产程序中获得清偿后，其对另一方的债权额不作调整，但债权人的受偿额不得超出其债权总额。保证人履行保证责任后不再享有求偿权。

第七百零一条　【保证人的抗辩权】保证人可以主张债务人对债权人的抗辩。债务人放弃抗辩的，保证人仍有权向债权人主张抗辩。

司法解释及文件

⊙**《最高人民法院关于适用〈中华人民共和国民法典〉有关担保制度的解释》**（2020年12月31日　法释〔2020〕28号）

第二十条　人民法院在审理第三人提供的物的担保纠纷案件时，可以适用民法典第六百九十五条第一款、第六百九十六条第一款、第六百九十七条第二款、第六百九十九条、第七百条、第七百零一条、第七百零二条等关于保证合同的规定。

第七百零二条 【保证人拒绝承担保证责任的权利】债务人对债权人享有抵销权或者撤销权的，保证人可以在相应范围内拒绝承担保证责任。

司法解释及文件

⊙《**最高人民法院关于适用〈中华人民共和国民法典〉有关担保制度的解释**》（2020年12月31日 法释〔2020〕28号）

第二十条 人民法院在审理第三人提供的物的担保纠纷案件时，可以适用民法典第六百九十五条第一款、第六百九十六条第一款、第六百九十七条第二款、第六百九十九条、第七百条、第七百零一条、第七百零二条等关于保证合同的规定。

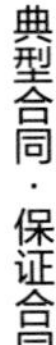

第十四章　租赁合同

第七百零三条　【定义】租赁合同是出租人将租赁物交付承租人使用、收益，承租人支付租金的合同。

法　律

⊙《**城市房地产管理法**》（2019年8月26日修正）

第五十三条　房屋租赁，是指房屋所有权人作为出租人将其房屋出租给承租人使用，由承租人向出租人支付租金的行为。

行政法规

⊙《**城镇国有土地使用权出让和转让暂行条例**》（2020年11月29日修订）

第二十八条　土地使用权出租是指土地使用者作为出租人将土地使用权随同地上建筑物、其他附着物租赁给承租人使用，由承租人向出租人支付租金的行为。

未按土地使用权出让合同规定的期限和条件投资开发、利用土地的，土地使用权不得出租。

司法解释及文件

⊙**《最高人民法院关于审理城镇房屋租赁合同纠纷案件具体应用法律若干问题的解释》**（2020年12月29日修正）

第一条 本解释所称城镇房屋，是指城市、镇规划区内的房屋。

乡、村庄规划区内的房屋租赁合同纠纷案件，可以参照本解释处理。但法律另有规定的，适用其规定。

当事人依照国家福利政策租赁公有住房、廉租住房、经济适用住房产生的纠纷案件，不适用本解释。

第二条 出租人就未取得建设工程规划许可证或者未按照建设工程规划许可证的规定建设的房屋，与承租人订立的租赁合同无效。但在一审法庭辩论终结前取得建设工程规划许可证或者经主管部门批准建设的，人民法院应当认定有效。

第三条 出租人就未经批准或者未按照批准内容建设的临时建筑，与承租人订立的租赁合同无效。但在一审法庭辩论终结前经主管部门批准建设的，人民法院应当认定有效。

租赁期限超过临时建筑的使用期限，超过部分无效。但在一审法庭辩论终结前经主管部门批准延长使用期限的，人民法院应当认定延长使用期限内的租赁期间有效。

第四条 房屋租赁合同无效，当事人请求参照合同约定的租金标准支付房屋占有使用费的，人民法院一般应予支持。

当事人请求赔偿因合同无效受到的损失，人民法院依照民法典第一百五十七条和本解释第七条、第十一条、第十二条的规定处理。

第五条 出租人就同一房屋订立数份租赁合同，在合同均有效的情况下，承租人均主张履行合同的，人民法院按照下列顺序确定履行合同的承租人：

（一）已经合法占有租赁房屋的；

（二）已经办理登记备案手续的；

（三）合同成立在先的。

不能取得租赁房屋的承租人请求解除合同、赔偿损失的，依照民法典的有关规定处理。

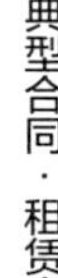

部门规章及规范性文件

⊙《**商品房屋租赁管理办法**》（2010 年 12 月 1 日　住房和城乡建设部令第 6 号）

第六条　有下列情形之一的房屋不得出租：

（一）属于违法建筑的；

（二）不符合安全、防灾等工程建设强制性标准的；

（三）违反规定改变房屋使用性质的；

（四）法律、法规规定禁止出租的其他情形。

第八条　出租住房的，应当以原设计的房间为最小出租单位，人均租住建筑面积不得低于当地人民政府规定的最低标准。

厨房、卫生间、阳台和地下储藏室不得出租供人员居住。

⊙《**公共租赁住房管理办法**》（2012 年 5 月 28 日　住房和城乡建设部令第 11 号）

第三条　本办法所称公共租赁住房，是指限定建设标准和租金水平，面向符合规定条件的城镇中等偏下收入住房困难家庭、新就业无房职工和在城镇稳定就业的外来务工人员出租的保障性住房。

公共租赁住房通过新建、改建、收购、长期租赁等多种方式筹集，可以由政府投资，也可以由政府提供政策支持、社会力量投资。

公共租赁住房可以是成套住房，也可以是宿舍型住房。

指导案例

⊙**饶某某诉某物资供应站等房屋租赁合同纠纷案**（指导案例 170 号，最高人民法院审判委员会讨论通过，2021 年 11 月 9 日发布）

【关键词】

房屋租赁合同　合同效力　行政规章　公序良俗　危房

【案例要旨】

违反行政规章一般不影响合同效力，但违反行政规章签订租赁合同，约定将经鉴定机构鉴定存在严重结构隐患，或将造成重大安全事故的应当尽快拆除的危房出租用于经营酒店，危及不特定公众人身及财产安全，属于损害社会公共利益、违背公序良俗的行为，应当依法认定租赁合同无效，按照合同双方的过错大小确定各自应当承担的法律责任。

公报案例

⊙**仪征市兴成塑业包装有限公司诉仪征市新城镇新华村村民委员会、郭某某财产损害赔偿纠纷案**（《最高人民法院公报》2016 年第 3 期）

【关键词】

过错　出租人　赔偿责任

【案例要旨】

房屋出租人明知承租人生产易燃产品而将不符合消防安全要求或未经消防验收合格的房屋出租给承租人用于生产，租赁期间因房屋不符合消防安全要求导致火灾发生或扩大的，出租人存在过错，应依法承担相应的赔偿责任。

第七百零四条　【合同内容】租赁合同的内容一般包括租赁物的名称、数量、用途、租赁期限、租金及其支付期限和方式、租赁物维修等条款。

法　律

⊙《**城市房地产管理法**》（2019 年 8 月 26 日修正）

第五十四条　房屋租赁，出租人和承租人应当签订书面租赁合同，约定租赁期限、租赁用途、租赁价格、修缮责任等条款，以及双方的其他权利和义务，并向房产管理部门登记备案。

第五十五条　住宅用房的租赁，应当执行国家和房屋所在城市人民政府规定的租赁政策。租用房屋从事生产、经营活动的，由租赁双方协商议定租金和其他租赁条款。

⊙《**海商法**》（1992 年 11 月 7 日）

第一百三十条　定期租船合同的内容，主要包括出租人和承租人的名称、船名、船籍、船级、吨位、容积、船速、燃料消耗、航区、用途、租船期间、交船和还船的时间和地点以及条件、租金及其支付，以及其他有关事项。

第一百四十五条　光船租赁合同的内容，主要包括出租人和承租人的名称、船名、船籍、船级、吨位、容积、航区、用途、租船期间、交船和还船的时间和地点以及条件、船舶检验、船舶的保养维修、租金及其支付、船舶保险、合同解除的时间和条件，以及其他有关事项。

第一百五十四条　订有租购条款的光船租赁合同，承租人按照合同约定向出租人付清租购费时，船舶所有权即归于承租人。

部门规章及规范性文件

⊙《**商品房屋租赁管理办法**》（2010 年 12 月 1 日　住房和城乡建设部令第 6 号）

第七条　房屋租赁当事人应当依法订立租赁合同。房屋租赁合同的内容由当事人双方约定，一般应当包括以下内容：

（一）房屋租赁当事人的姓名（名称）和住所；

（二）房屋的坐落、面积、结构、附属设施，家具和家电等室内设施状况；

（三）租金和押金数额、支付方式；

（四）租赁用途和房屋使用要求；

（五）房屋和室内设施的安全性能；

（六）租赁期限；

（七）房屋维修责任；

（八）物业服务、水、电、燃气等相关费用的缴纳；

（九）争议解决办法和违约责任；

（十）其他约定。

房屋租赁当事人应当在房屋租赁合同中约定房屋被征收或者拆迁时的处理办法。

建设（房地产）管理部门可以会同工商行政管理部门制定房屋租赁合同示范文本，供当事人选用。

⊙《**公共租赁住房管理办法**》（2012年5月28日 住房和城乡建设部令第11号）

第十七条 公共租赁住房租赁合同一般应当包括以下内容：

（一）合同当事人的名称或姓名；

（二）房屋的位置、用途、面积、结构、室内设施和设备，以及使用要求；

（三）租赁期限、租金数额和支付方式；

（四）房屋维修责任；

（五）物业服务、水、电、燃气、供热等相关费用的缴纳责任；

（六）退回公共租赁住房的情形；

（七）违约责任及争议解决办法；

（八）其他应当约定的事项。

省、自治区、直辖市人民政府住房城乡建设（住房保障）主管部门应当制定公共租赁住房租赁合同示范文本。

合同签订后，公共租赁住房所有权人或者其委托的运营单位应当在30日内将合同报市、县级人民政府住房保障主管部门备案。

第七百零五条 【租赁期限】租赁期限不得超过二十年。超过二十年的，超过部分无效。

租赁期限届满，当事人可以续订租赁合同；但是，约定的租赁期限自续订之日起不得超过二十年。

部门规章及规范性文件

⊙《**公共租赁住房管理办法**》(2012 年 5 月 28 日　住房和城乡建设部令第 11 号)

第十八条　公共租赁住房租赁期限一般不超过 5 年。

适用要点

⊙ 对“超过二十年的，超过部分无效”的理解

“超过二十年的，超过部分无效”，这是对租赁合同部分无效的规定。一份租赁合同中，如果只是租赁期限超过 20 年，不存在其他导致合同无效的事由，则只是租赁合同中有关租赁期限超过 20 年的部分不对双方当事人产生法律约束力，而且是自合同生效之日起超过 20 年的部分不对双方当事人产生效力。也就是说，20 年的租赁期限届满时，出租人有权要求承租人返还租赁物，如果承租人继续使用租赁物，出租人有权提出异议；承租人有权不再交纳租金并退还租赁物。当然，依据诚信原则，出租人不再与承租人维持租赁关系时，应当在合理的时间通知承租人。值得注意的是，超过 20 年租赁期限的合同，当事人继续保持租赁关系的，为不定期租赁，而不是定期租赁。

第七百零六条　【租赁合同的登记备案手续对合同效力的影响】当事人未依照法律、行政法规规定办理租赁合同登记备案手续的，不影响合同的效力。

法　律

⊙《**城市房地产管理法**》(2019 年 8 月 26 日修正)

第五十四条　房屋租赁，出租人和承租人应当签订书面租赁合同，约定租赁期限、租赁用途、租赁价格、修缮责任等条款，以及双方的其他权

利和义务，并向房产管理部门登记备案。

部门规章及规范性文件

⊙**《商品房屋租赁管理办法》**（2010年12月1日　住房和城乡建设部令第6号）

第十四条　房屋租赁合同订立后三十日内，房屋租赁当事人应当到租赁房屋所在地直辖市、市、县人民政府建设（房地产）主管部门办理房屋租赁登记备案。

房屋租赁当事人可以书面委托他人办理租赁登记备案。

第十五条　办理房屋租赁登记备案，房屋租赁当事人应当提交下列材料：

（一）房屋租赁合同；

（二）房屋租赁当事人身份证明；

（三）房屋所有权证书或者其他合法权属证明；

（四）直辖市、市、县人民政府建设（房地产）主管部门规定的其他材料。

房屋租赁当事人提交的材料应当真实、合法、有效，不得隐瞒真实情况或者提供虚假材料。

第十六条　对符合下列要求的，直辖市、市、县人民政府建设（房地产）主管部门应当在三个工作日内办理房屋租赁登记备案，向租赁当事人开具房屋租赁登记备案证明：

（一）申请人提交的申请材料齐全并且符合法定形式；

（二）出租人与房屋所有权证书或者其他合法权属证明记载的主体一致；

（三）不属于本办法第六条规定不得出租的房屋。

申请人提交的申请材料不齐全或者不符合法定形式的，直辖市、市、县人民政府建设（房地产）主管部门应当告知房屋租赁当事人需要补正的内容。

第十七条　房屋租赁登记备案证明应当载明出租人的姓名或者名称，承租人的姓名或者名称、有效身份证件种类和号码，出租房屋的坐落、租赁用途、租金数额、租赁期限等。

第十八条 房屋租赁登记备案证明遗失的，应当向原登记备案的部门补领。

第十九条 房屋租赁登记备案内容发生变化、续租或者租赁终止的，当事人应当在三十日内，到原租赁登记备案的部门办理房屋租赁登记备案的变更、延续或者注销手续。

第二十条 直辖市、市、县建设（房地产）主管部门应当建立房屋租赁登记备案信息系统，逐步实行房屋租赁合同网上登记备案，并纳入房地产市场信息系统。

房屋租赁登记备案记载的信息应当包含以下内容：

（一）出租人的姓名（名称）、住所；

（二）承租人的姓名（名称）、身份证件种类和号码；

（三）出租房屋的坐落、租赁用途、租金数额、租赁期限；

（四）其他需要记载的内容。

第七百零七条 【租赁合同的形式】 租赁期限六个月以上的，应当采用书面形式。当事人未采用书面形式，无法确定租赁期限的，视为不定期租赁。

法 律

⊙**《城市房地产管理法》**（2019 年 8 月 26 日修正）

第五十四条 房屋租赁，出租人和承租人应当签订书面租赁合同，约定租赁期限、租赁用途、租赁价格、修缮责任等条款，以及双方的其他权利和义务，并向房产管理部门登记备案。

第七百零八条 【出租人的义务】 出租人应当按照约定将租赁物交付承租人，并在租赁期限内保持租赁物符合约定的用途。

法 律

⊙《**海商法**》(1992年11月7日)

第一百三十一条 出租人应当按照合同约定的时间交付船舶。

出租人违反前款规定的，承租人有权解除合同，出租人将船舶延误情况和船舶预期抵达交船港的日期通知承租人的，承租人应当自接到通知时起四十八小时内，将解除合同或者继续租用船舶的决定通知出租人。

因出租人过失延误提供船舶致使承租人遭受损失的，出租人应当负赔偿责任。

第一百三十二条 出租人交付船舶时，应当做到谨慎处理，使船舶适航。交付的船舶应当适于约定的用途。

出租人违反前款规定的，承租人有权解除合同，并有权要求赔偿因此遭受的损失。

第一百三十三条 船舶在租期内不符合约定的适航状态或者其他状态，出租人应当采取可能采取的合理措施，使之尽快恢复。

船舶不符合约定的适航状态或者其他状态而不能正常营运连续满二十四小时的，对因此而损失的营运时间，承租人不付租金，但是上述状态是由承租人造成的除外。

第一百四十六条 出租人应当在合同约定的港口或者地点，按照合同约定的时间，向承租人交付船舶以及船舶证书。交船时，出租人应当做到谨慎处理，使船舶适航。交付的船舶应当适于合同约定的用途。

出租人违反前款规定的，承租人有权解除合同，并有权要求赔偿因此遭受的损失。

第七百零九条 【承租人的义务】承租人应当按照约定的方法使用租赁物。对租赁物的使用方法没有约定或者约定不明确，依据本法第五百一十条的规定仍不能确定的，应当根据租赁物的性质使用。

法　律

⊙《**民法典**》（**合同编**）（2020 年 5 月 28 日）

第五百一十条　合同生效后，当事人就质量、价款或者报酬、履行地点等内容没有约定或者约定不明确的，可以协议补充；不能达成补充协议的，按照合同相关条款或者交易习惯确定。

⊙《**海商法**》（1992 年 11 月 7 日）

第一百三十四条　承租人应当保证船舶在约定航区内的安全港口或者地点之间从事约定的海上运输。

承租人违反前款规定的，出租人有权解除合同，并有权要求赔偿因此遭受的损失。

第一百三十五条　承租人应当保证船舶用于运输约定的合法的货物。

承租人将船舶用于运输活动物或者危险货物的，应当事先征得出租人的同意。

承租人违反本条第一款或者第二款的规定致使出租人遭受损失的，应当负赔偿责任。

部门规章及规范性文件

⊙《**商品房屋租赁管理办法**》（2010 年 12 月 1 日　住房和城乡建设部令第 6 号）

第十条　承租人应当按照合同约定的租赁用途和使用要求合理使用房屋，不得擅自改动房屋承重结构和拆改室内设施，不得损害其他业主和使用人的合法权益。

承租人因使用不当等原因造成承租房屋和设施损坏的，承租人应当负责修复或者承担赔偿责任。

第七百一十条 【承租人按约定使用租赁物免责规定】承租人按照约定的方法或者根据租赁物的性质使用租赁物，致使租赁物受到损耗的，不承担赔偿责任。

适用要点

⊙ 本条中“使用”概念的含义

本条中的“使用”，既包括承租人以积极的行为发挥租赁物的效用，使租赁物为承租人某种目的服务，也包括承租人以消极的行为占有租赁物的状态。实际上，承租人对租赁物的“使用”是指包括对租赁物的合法占有、直接控制并依据租赁物的性能或者用途，在不毁损租赁物本体或者变更其性质的情况下，对租赁物加以利用，从而满足承租人生产或者生活需求的行为或者状态。按照经济学理论，“使用”在于实现租赁物（市场经济条件下表现为商品）使用价值的手段。譬如，承租人驾驶汽车，让汽车行驶一定的里程或者时间，当然是使用；出租人交付汽车且承租人开走之后，即使承租人将汽车停放在停车场，仅仅对汽车处于占有的状态，亦属于本条中的“使用”。又如，房屋等不动产作为租赁物时，只要处于承租人的实际管领之下，即可认定为承租人在“使用”，即使承租人在特定的时间内使房屋处于空闲状态。

第七百一十一条 【承租人未按约定使用租赁物的责任】承租人未按照约定的方法或者未根据租赁物的性质使用租赁物，致使租赁物受到损失的，出租人可以解除合同并请求赔偿损失。

司法解释及文件

⊙《**最高人民法院关于审理城镇房屋租赁合同纠纷案件具体应用法律若干问题的解释**》（2020 年 12 月 29 日修正）

第六条　承租人擅自变动房屋建筑主体和承重结构或者扩建，在出租人要求的合理期限内仍不予恢复原状，出租人请求解除合同并要求赔偿损失的，人民法院依照民法典第七百一十一条的规定处理。

部门规章及规范性文件

⊙《**商品房屋租赁管理办法**》（2010 年 12 月 1 日　住房和城乡建设部令第 6 号）

第十条　承租人应当按照合同约定的租赁用途和使用要求合理使用房屋，不得擅自改动房屋承重结构和拆改室内设施，不得损害其他业主和使用人的合法权益。

承租人因使用不当等原因造成承租房屋和设施损坏的，承租人应当负责修复或者承担赔偿责任。

第七百一十二条　【出租人的维修义务】出租人应当履行租赁物的维修义务，但是当事人另有约定的除外。

部门规章及规范性文件

⊙《**商品房屋租赁管理办法**》（2010 年 12 月 1 日　住房和城乡建设部令第 6 号）

第九条　出租人应当按照合同约定履行房屋的维修义务并确保房屋和室内设施安全。未及时修复损坏的房屋，影响承租人正常使用的，应当按照约定承担赔偿责任或者减少租金。

房屋租赁合同期内，出租人不得单方面随意提高租金水平。

第七百一十三条 【出租人不履行维修义务的法律后果】承租人在租赁物需要维修时可以请求出租人在合理期限内维修。出租人未履行维修义务的，承租人可以自行维修，维修费用由出租人负担。因维修租赁物影响承租人使用的，应当相应减少租金或者延长租期。

因承租人的过错致使租赁物需要维修的，出租人不承担前款规定的维修义务。

法 律

⊙《**海商法**》(1992年11月7日)

第一百四十七条 在光船租赁期间，承租人负责船舶的保养、维修。

第七百一十四条 【承租人妥善保管租赁物的义务】承租人应当妥善保管租赁物，因保管不善造成租赁物毁损、灭失的，应当承担赔偿责任。

法 律

⊙《**海商法**》(1992年11月7日)

第一百四十九条 在光船租赁期间，因承租人对船舶占有、使用和营运的原因使出租人的利益受到影响或者遭受损失的，承租人应当负责消除影响或者赔偿损失。

因船舶所有权争议或者出租人所负的债务致使船舶被扣押的，出租人应当保证承租人的利益不受影响；致使承租人遭受损失的，出租人应当负赔偿责任。

第七百一十五条　【租赁物的改善或增设他物】 承租人经出租人同意，可以对租赁物进行改善或者增设他物。

承租人未经出租人同意，对租赁物进行改善或者增设他物的，出租人可以请求承租人恢复原状或者赔偿损失。

司法解释及文件

⊙**《最高人民法院关于审理城镇房屋租赁合同纠纷案件具体应用法律若干问题的解释》**（2020年12月29日修正）

第七条　承租人经出租人同意装饰装修，租赁合同无效时，未形成附合的装饰装修物，出租人同意利用的，可折价归出租人所有；不同意利用的，可由承租人拆除。因拆除造成房屋毁损的，承租人应当恢复原状。

已形成附合的装饰装修物，出租人同意利用的，可折价归出租人所有；不同意利用的，由双方各自按照导致合同无效的过错分担现值损失。

第八条　承租人经出租人同意装饰装修，租赁期间届满或者合同解除时，除当事人另有约定外，未形成附合的装饰装修物，可由承租人拆除。因拆除造成房屋毁损的，承租人应当恢复原状。

第九条　承租人经出租人同意装饰装修，合同解除时，双方对已形成附合的装饰装修物的处理没有约定的，人民法院按照下列情形分别处理：

（一）因出租人违约导致合同解除，承租人请求出租人赔偿剩余租赁期内装饰装修残值损失的，应予支持；

（二）因承租人违约导致合同解除，承租人请求出租人赔偿剩余租赁期内装饰装修残值损失的，不予支持。但出租人同意利用的，应在利用价值范围内予以适当补偿；

（三）因双方违约导致合同解除，剩余租赁期内的装饰装修残值损失，由双方根据各自的过错承担相应的责任；

（四）因不可归责于双方的事由导致合同解除的，剩余租赁期内的装饰装修残值损失，由双方按照公平原则分担。法律另有规定的，适用其规定。

第十条 承租人经出租人同意装饰装修，租赁期间届满时，承租人请求出租人补偿附合装饰装修费用的，不予支持。但当事人另有约定的除外。

第十一条 承租人未经出租人同意装饰装修或者扩建发生的费用，由承租人负担。出租人请求承租人恢复原状或者赔偿损失的，人民法院应予支持。

第十二条 承租人经出租人同意扩建，但双方对扩建费用的处理没有约定的，人民法院按照下列情形分别处理：

（一）办理合法建设手续的，扩建造价费用由出租人负担；

（二）未办理合法建设手续的，扩建造价费用由双方按照过错分担。

第七百一十六条 【转租】 承租人经出租人同意，可以将租赁物转租给第三人。承租人转租的，承租人与出租人之间的租赁合同继续有效；第三人造成租赁物损失的，承租人应当赔偿损失。

承租人未经出租人同意转租的，出租人可以解除合同。

法 律

⊙《**海商法**》（1992 年 11 月 7 日）

第一百三十七条 承租人可以将租用的船舶转租，但是应当将转租的情况及时通知出租人。租用的船舶转租后，原租船合同约定的权利和义务不受影响。

第一百五十条 在光船租赁期间，未经出租人书面同意，承租人不得转让合同的权利和义务或者以光船租赁的方式将船舶进行转租。

部门规章及规范性文件

⊙《**商品房屋租赁管理办法**》（2010 年 12 月 1 日 住房和城乡建设部令第 6 号）

第十一条 承租人转租房屋的，应当经出租人书面同意。

承租人未经出租人书面同意转租的，出租人可以解除租赁合同，收回房屋并要求承租人赔偿损失。

第七百一十七条　【转租期限】承租人经出租人同意将租赁物转租给第三人，转租期限超过承租人剩余租赁期限的，超过部分的约定对出租人不具有法律约束力，但是出租人与承租人另有约定的除外。

第七百一十八条　【视为同意转租】出租人知道或者应当知道承租人转租，但是在六个月内未提出异议的，视为出租人同意转租。

第七百一十九条　【次承租人代为支付租金和违约金】承租人拖欠租金的，次承租人可以代承租人支付其欠付的租金和违约金，但是转租合同对出租人不具有法律约束力的除外。

次承租人代为支付的租金和违约金，可以充抵次承租人应当向承租人支付的租金；超出其应付的租金数额的，可以向承租人追偿。

第七百二十条　【租赁物的收益归属】在租赁期限内因占有、使用租赁物获得的收益，归承租人所有，但是当事人另有约定的除外。

第七百二十一条　【支付租金的期限】承租人应当按照约定的期限支付租金。对支付租金的期限没有约定或者约定不明确，依据本法第五百一十条的规定仍不能确定，租赁期限不满一年的，应当在租赁期限届满时支付；租赁期限一年以上的，应当在每届满一年时支付，剩余期限不满一年的，应当在租赁期限届满时支付。

法　律

⊙《**民法典**》(**合同编**)(2020 年 5 月 28 日)

第五百一十一条　当事人就有关合同内容约定不明确，依据前条规定仍不能确定的，适用下列规定：

(一)质量要求不明确的，按照强制性国家标准履行；没有强制性国家标准的，按照推荐性国家标准履行；没有推荐性国家标准的，按照行业标准履行；没有国家标准、行业标准的，按照通常标准或者符合合同目的的特定标准履行。

(二)价款或者报酬不明确的，按照订立合同时履行地的市场价格履行；依法应当执行政府定价或者政府指导价的，依照规定履行。

(三)履行地点不明确，给付货币的，在接受货币一方所在地履行；交付不动产的，在不动产所在地履行；其他标的，在履行义务一方所在地履行。

(四)履行期限不明确的，债务人可以随时履行，债权人也可以随时请求履行，但是应当给对方必要的准备时间。

(五)履行方式不明确的，按照有利于实现合同目的的方式履行。

(六)履行费用的负担不明确的，由履行义务一方负担；因债权人原因增加的履行费用，由债权人负担。

⊙《**海商法**》(1992 年 11 月 7 日)

第一百五十二条　承租人应当按照合同约定支付租金。承租人未按照合同约定的时间支付租金连续超过七日的，出租人有权解除合同，并有权要求赔偿因此遭受的损失。

船舶发生灭失或者失踪的，租金应当自船舶灭失或者得知其最后消息之日起停止支付，预付租金应当按照比例退还。

第七百二十二条　【承租人违反租金支付义务的法律后果】承租人无正当理由未支付或者迟延支付租金的，出租人可以请求承租人在合理期限内支付；承租人逾期不支付的，出租人可以解除合同。

法　律

⊙**《海商法》**（1992 年 11 月 7 日）

第一百四十条　承租人应当按照合同约定支付租金。承租人未按照合同约定支付租金的，出租人有权解除合同，并有权要求赔偿因此遭受的损失。

第一百四十一条　承租人未向出租人支付租金或者合同约定的其他款项的，出租人对船上属于承租人的货物和财产以及转租船舶的收入有留置权。

第七百二十三条　【出租人的权利瑕疵担保责任】因第三人主张权利，致使承租人不能对租赁物使用、收益的，承租人可以请求减少租金或者不支付租金。

第三人主张权利的，承租人应当及时通知出租人。

第七百二十四条　【非承租人原因致使租赁物无法使用时承租人的解除权】有下列情形之一，非因承租人原因致使租赁物无法使用的，承租人可以解除合同：

（一）租赁物被司法机关或者行政机关依法查封、扣押；

（二）租赁物权属有争议；

（三）租赁物具有违反法律、行政法规关于使用条件的强制性规定情形。

第七百二十五条　【所有权变动不破租赁】租赁物在承租人按照租赁合同占有期限内发生所有权变动的，不影响租赁合同的效力。

司法解释及文件

⊙**《最高人民法院关于人民法院办理执行异议和复议案件若干问题的规定》**（2020 年 12 月 29 日修正）

第三十一条　承租人请求在租赁期内阻止向受让人移交占有被执行的

不动产，在人民法院查封之前已签订合法有效的书面租赁合同并占有使用该不动产的，人民法院应予支持。

承租人与被执行人恶意串通，以明显不合理的低价承租被执行的不动产或者伪造交付租金证据的，对其提出的阻止移交占有的请求，人民法院不予支持。

⊙**《最高人民法院关于审理城镇房屋租赁合同纠纷案件具体应用法律若干问题的解释》**（2020年12月29日修正）

第十四条 租赁房屋在承租人按照租赁合同占有期限内发生所有权变动，承租人请求房屋受让人继续履行原租赁合同的，人民法院应予支持。但租赁房屋具有下列情形或者当事人另有约定的除外：

（一）房屋在出租前已设立抵押权，因抵押权人实现抵押权发生所有权变动的；

（二）房屋在出租前已被人民法院依法查封的。

⊙**《最高人民法院关于人民法院民事执行中拍卖、变卖财产的规定》**（2020年12月29日修正）

第二十八条 拍卖财产上原有的担保物权及其他优先受偿权，因拍卖而消灭，拍卖所得价款，应当优先清偿担保物权人及其他优先受偿权人的债权，但当事人另有约定的除外。

拍卖财产上原有的租赁权及其他用益物权，不因拍卖而消灭，但该权利继续存在于拍卖财产上，对在先的担保物权或者其他优先受偿权的实现有影响的，人民法院应当依法将其除去后进行拍卖。

部门规章及规范性文件

⊙**《商品房屋租赁管理办法》**（2010年12月1日 住房和城乡建设部令第6号）

第十二条 房屋租赁期间内，因赠与、析产、继承或者买卖转让房屋的，原房屋租赁合同继续有效。

承租人在房屋租赁期间死亡的，与其生前共同居住的人可以按照原租赁合同租赁该房屋。

公报案例

⊙**唐某某、庞某某与合肥建鑫房地产开发有限公司给付瑕疵责任担保纠纷案**（《最高人民法院公报》2020 年第 2 期）

【关键词】

买卖　租赁　租金

【案例要旨】

买卖尚处于租赁期间的房屋，出卖人应当告知买受人房屋租赁合同的内容，但承租人的履约能力属于商业风险范畴，不属于出卖人先合同义务，买受人应自行审查与承担。租赁期间房屋产权发生变更，除当事人有特别约定外，租金自产权变更之日归买受人所有。买受人在产权变更后，因租金难以收取，以出卖人有缔约过失、交付房屋存在瑕疵为由，要求出卖承担租金损失的，人民法院不予以支持。

第七百二十六条　【房屋承租人的优先购买权】出租人出卖租赁房屋的，应当在出卖之前的合理期限内通知承租人，承租人享有以同等条件优先购买的权利；但是，房屋按份共有人行使优先购买权或者出租人将房屋出卖给近亲属的除外。

出租人履行通知义务后，承租人在十五日内未明确表示购买的，视为承租人放弃优先购买权。

司法解释及文件

⊙**《最高人民法院关于审理城镇房屋租赁合同纠纷案件具体应用法律若干问题的解释》**（2020 年 12 月 29 日修正）

第十五条　出租人与抵押权人协议折价、变卖租赁房屋偿还债务，应当在合理期限内通知承租人。承租人请求以同等条件优先购买房屋的，人民法院应予支持。

⊙**《最高人民法院关于人民法院民事执行中拍卖、变卖财产的规定》**（2020年12月29日修正）

第十一条 人民法院应当在拍卖五日前以书面或者其他能够确认收悉的适当方式，通知当事人和已知的担保物权人、优先购买权人或者其他优先权人于拍卖日到场。

优先购买权人经通知未到场的，视为放弃优先购买权。

第十三条 拍卖过程中，有最高应价时，优先购买权人可以表示以该最高价买受，如无更高应价，则拍归优先购买权人；如有更高应价，而优先购买权人不作表示的，则拍归该应价最高的竞买人。

顺序相同的多个优先购买权人同时表示买受的，以抽签方式决定买受人。

第二十八条 拍卖财产上原有的担保物权及其他优先受偿权，因拍卖而消灭，拍卖所得价款，应当优先清偿担保物权人及其他优先受偿权人的债权，但当事人另有约定的除外。

拍卖财产上原有的租赁权及其他用益物权，不因拍卖而消灭，但该权利继续存在于拍卖财产上，对在先的担保物权或者其他优先受偿权的实现有影响的，人民法院应当依法将其除去后进行拍卖。

⊙**《最高人民法院关于人民法院办理执行异议和复议案件若干问题的规定》**（2020年12月29日修正）

第五条 有下列情形之一的，当事人以外的自然人、法人和非法人组织，可以作为利害关系人提出执行行为异议：

（一）认为人民法院的执行行为违法，妨碍其轮候查封、扣押、冻结的债权受偿的；

（二）认为人民法院的拍卖措施违法，妨碍其参与公平竞价的；

（三）认为人民法院的拍卖、变卖或者以物抵债措施违法，侵害其对执行标的的优先购买权的；

（四）认为人民法院要求协助执行的事项超出其协助范围或者违反法律规定的；

（五）认为其他合法权益受到人民法院违法执行行为侵害的。

⊙**《最高人民法院关于承租部分房屋的承租人在出租人整体出卖房屋时是否享有优先购买权的复函》**（2005年7月26日　〔2004〕民一他字第29号）

江苏省高级人民法院：

你院请示的关于承租部分房屋的承租人在出租人整体出卖房屋时是否享有优先购买权的问题，目前，法律和司法解释对此均无明确规定。经研究认为：目前处理此类案件，可以从以下两个方面综合考虑：

第一，从房屋使用功能上看，如果承租人承租的部分房屋与房屋的其他部分是可分的、使用功能可相对独立的，则承租人的优先购买权应仅及于其承租的部分房屋；如果承租人的部分房屋与房屋的其他部分是不可分的、使用功能整体性较明显的，则其对出租人所卖全部房屋享有优先购买权。

第二，从承租人承租的部分房屋占全部房屋的比例看，承租人承租的部分房屋占出租人出卖的全部房屋一半以上的，则其对出租人出卖的全部房屋享有优先购买权；反之则不宜认定其对全部房屋享有优先购买权。

请你院结合以上因素，根据案件具体情况，妥善处理。

部门规章及规范性文件

⊙**《商品房屋租赁管理办法》**（2010年12月1日　住房和城乡建设部令第6号）

第十三条　房屋租赁期间出租人出售租赁房屋的，应当在出售前合理期限内通知承租人，承租人在同等条件下有优先购买权。

公报案例

⊙**杨某某诉中州泵业公司优先购买权侵权纠纷案**（《最高人民法院公报》2004 年第 5 期）

【关键词】

租赁　承租人　优先购买权

【案例要旨】

根据《合同法》第二百三十条（《民法典》第七百二十六条）的规定，房屋出租人出卖租赁房屋时，承租人在同等条件下享有的优先购买权，应为购买自己承租的房屋，而不是出租人出卖的其他房屋。

第七百二十七条 【租赁房屋拍卖时承租人的优先购买权】出租人委托拍卖人拍卖租赁房屋的，应当在拍卖五日前通知承租人。承租人未参加拍卖的，视为放弃优先购买权。

法　律

⊙《**拍卖法**》（2015 年 4 月 24 日修正）

第四十五条　拍卖人应当于拍卖日七日前发布拍卖公告。

第四十六条　拍卖公告应当载明下列事项：

（一）拍卖的时间、地点；

（二）拍卖标的；

（三）拍卖标的展示时间、地点；

（四）参与竞买应当办理的手续；

（五）需要公告的其他事项。

第四十七条　拍卖公告应当通过报纸或者其他新闻媒介发布。

司法解释及文件

⊙**《最高人民法院关于人民法院民事执行中拍卖、变卖财产的规定》**（2020 年 12 月 29 日修正）

第十一条　人民法院应当在拍卖五日前以书面或者其他能够确认收悉的适当方式，通知当事人和已知的担保物权人、优先购买权人或者其他优先权人于拍卖日到场。

优先购买权人经通知未到场的，视为放弃优先购买权。

第七百二十八条　【房屋承租人优先购买权受到侵害的后果】出租人未通知承租人或者有其他妨害承租人行使优先购买权情形的，承租人可以请求出租人承担赔偿责任。但是，出租人与第三人订立的房屋买卖合同的效力不受影响。

第七百二十九条　【租赁物毁损、灭失时承租人的权利】因不可归责于承租人的事由，致使租赁物部分或者全部毁损、灭失的，承租人可以请求减少租金或者不支付租金；因租赁物部分或者全部毁损、灭失，致使不能实现合同目的的，承租人可以解除合同。

人民法院案例选案例

⊙**安徽省宁国通宁耐磨材料有限公司诉宁国市恒泰耐磨材料有限公司租赁合同纠纷案**［《人民法院案例选案例》2009 年第 4 辑（总第 70 辑）］

【关键词】

合同目的　灭失　租赁物

【案例要旨】

租赁合同中关于承租人维修保养租赁物义务的约定，只能是合同履行期间使用租赁物所需的正常合理义务，出租人并不能免除保证租赁物实现合同目的的义

务，当租赁物部分或全部毁损、灭失，致使不能实现合同目的的，承租人可以解除合同。

第七百三十条 【租期不明的处理】当事人对租赁期限没有约定或者约定不明确，依据本法第五百一十条的规定仍不能确定的，视为不定期租赁；当事人可以随时解除合同，但是应当在合理期限之前通知对方。

法 律

⊙《**民法典**》（**合同编**）（2020年5月28日）

第五百一十条 合同生效后，当事人就质量、价款或者报酬、履行地点等内容没有约定或者约定不明确的，可以协议补充；不能达成补充协议的，按照合同相关条款或者交易习惯确定。

司法解释及文件

⊙《**最高人民法院关于审理涉及农村土地承包纠纷案件适用法律问题的解释**》（2020年12月29日修正）

第十六条 当事人对出租地流转期限没有约定或者约定不明的，参照民法典第七百三十条规定处理。除当事人另有约定或者属于林地承包经营外，承包地交回的时间应当在农作物收获期结束后或者下一耕种期开始前。

对提高土地生产能力的投入，对方当事人请求承包方给予相应补偿的，应予支持。

第七百三十一条 【租赁物质量不合格时承租人的解除权】租赁物危及承租人的安全或者健康的，即使承租人订立合同时明知该租赁物质量不合格，承租人仍然可以随时解除合同。

第七百三十二条 【共同居住人或共同经营人的租赁权】承租人在房屋租赁期限内死亡的，与其生前共同居住的人或者共同经营人可以按照原租赁合同租赁该房屋。

第七百三十三条 【租赁期限届满租赁物的返还】租赁期限届满，承租人应当返还租赁物。返还的租赁物应当符合按照约定或者根据租赁物的性质使用后的状态。

法 律

⊙《**海商法**》(1992年11月7日)

第一百四十二条 承租人向出租人交还船舶时，该船舶当具有与出租人交船时相同的良好状态，但是船舶本身的自然磨损除外。

船舶未能保持与交船时相同的良好状态的，承租人应当负责修复或者给予赔偿。

第一百四十三条 经合理计算，完成最后航次的日期约为合同约定的还船日期，但可能超过合同约定的还船日期的，承租人有权超期用船以完成该航次。超期期间，承租人应当按照合同约定的租金率支付租金；市场的租金率高于合同约定的租金率的，承租人应当按照市场租金率支付租金。

第七百三十四条 【租赁期限届满继续使用租赁物及房屋承租人的优先承租权】租赁期限届满，承租人继续使用租赁物，出租人没有提出异议的，原租赁合同继续有效，但是租赁期限为不定期。

租赁期限届满，房屋承租人享有以同等条件优先承租的权利。

司法解释及文件

⊙**《最高人民法院关于适用〈中华人民共和国民法典〉时间效力的若干规定》**（2020年12月29日　法释〔2020〕15号）

第二十一条　民法典施行前租赁期限届满，当事人主张适用民法典第七百三十四条第二款规定的，人民法院不予支持；租赁期限在民法典施行后届满，当事人主张适用民法典第七百三十四条第二款规定的，人民法院依法予以支持。

第十五章　融资租赁合同

第七百三十五条 【定义】融资租赁合同是出租人根据承租人对出卖人、租赁物的选择，向出卖人购买租赁物，提供给承租人使用，承租人支付租金的合同。

法　律

⊙**《民用航空法》**（2021年4月29日修正）

第二十七条　民用航空器的融资租赁，是指出租人按照承租人对供货方和民用航空器的选择，购得民用航空器，出租给承租人使用，由承租人定期交纳租金。

第二十八条　融资租赁期间，出租人依法享有民用航空器所有权，承租人依法享有民用航空器的占有、使用、收益权。

第二十九条　融资租赁期间，出租人不得干扰承租人依法占有、使用民用航空器；承租人应当适当地保管民用航空器，使之处于原交付时的状态，但是合理损耗和经出租人同意的对民用航空器的改变除外。

第三十条　融资租赁期满，承租人应当将符合本法第二十九条规定状态的民用航空器退还出租人；但是，承租人依照合同行使购买民用航空器的权利或者为继续租赁而占有民用航空器的除外。

第三十一条　民用航空器融资租赁中的供货方，不就同一损害同时对出租人和承租人承担责任。

第三十二条 融资租赁期间，经出租人同意，在不损害第三人利益的情况下，承租人可以转让其对民用航空器的占有权或者租赁合同约定的其他权利。

第三十三条 民用航空器的融资租赁和租赁期限为六个月以上的其他租赁，承租人应当就其对民用航空器的占有权向国务院民用航空主管部门办理登记；未经登记的，不得对抗第三人。

司法解释及文件

⊙**《最高人民法院关于适用〈中华人民共和国民法典〉有关担保制度的解释》**（2020年12月31日　法释〔2020〕28号）

第一条 因抵押、质押、留置、保证等担保发生的纠纷，适用本解释。所有权保留买卖、融资租赁、保理等涉及担保功能发生的纠纷，适用本解释的有关规定。

第五十七条 担保人在设立动产浮动抵押并办理抵押登记后又购入或者以融资租赁方式承租新的动产，下列权利人为担保价款债权或者租金的实现而订立担保合同，并在该动产交付后十日内办理登记，主张其权利优先于在先设立的浮动抵押权的，人民法院应予支持：

（一）在该动产上设立抵押权或者保留所有权的出卖人；

（二）为价款支付提供融资而在该动产上设立抵押权的债权人；

（三）以融资租赁方式出租该动产的出租人。

买受人取得动产但未付清价款或者承租人以融资租赁方式占有租赁物但是未付清全部租金，又以标的物为他人设立担保物权，前款所列权利人为担保价款债权或者租金的实现而订立担保合同，并在该动产交付后十日内办理登记，主张其权利优先于买受人为他人设立的担保物权的，人民法院应予支持。

同一动产上存在多个价款优先权的，人民法院应当按照登记的时间先后确定清偿顺序。

⊙《**最高人民法院关于审理融资租赁合同纠纷案件适用法律问题的解释**》（2020年12月29日修正）

第一条　人民法院应当根据民法典第七百三十五条的规定，结合标的物的性质、价值、租金的构成以及当事人的合同权利和义务，对是否构成融资租赁法律关系作出认定。

对名为融资租赁合同，但实际不构成融资租赁法律关系的，人民法院应按照其实际构成的法律关系处理。

第二条　承租人将其自有物出卖给出租人，再通过融资租赁合同将租赁物从出租人处租回的，人民法院不应仅以承租人和出卖人系同一人为由认定不构成融资租赁法律关系。

第十二条　诉讼期间承租人与出租人对租赁物的价值有争议的，人民法院可以按照融资租赁合同的约定确定租赁物价值；融资租赁合同未约定或者约定不明的，可以参照融资租赁合同约定的租赁物折旧以及合同到期后租赁物的残值确定租赁物价值。

承租人或者出租人认为依前款确定的价值严重偏离租赁物实际价值的，可以请求人民法院委托有资质的机构评估或者拍卖确定。

第十三条　出卖人与买受人因买卖合同发生纠纷，或者出租人与承租人因融资租赁合同发生纠纷，当事人仅对其中一个合同关系提起诉讼，人民法院经审查后认为另一合同关系的当事人与案件处理结果有法律上的利害关系的，可以通知其作为第三人参加诉讼。

承租人与租赁物的实际使用人不一致，融资租赁合同当事人未对租赁物的实际使用人提起诉讼，人民法院经审查后认为租赁物的实际使用人与案件处理结果有法律上的利害关系的，可以通知其作为第三人参加诉讼。

承租人基于买卖合同和融资租赁合同直接向出卖人主张受领租赁物、索赔等买卖合同权利的，人民法院应通知出租人作为第三人参加诉讼。

⊙《**最高人民法院关于适用〈中华人民共和国民事诉讼法〉的解释**》（2022年4月1日修正）

第十九条　财产租赁合同、融资租赁合同以租赁物使用地为合同履行地。合同对履行地有约定的，从其约定。

⊙**《最高人民法院关于中国东方租赁有限公司诉河南登封少林出租旅游公司等融资租赁合同纠纷一案的复函》**（1990年7月20日 〔1990〕法经函字第61号）

北京市高级人民法院：

你院京高法字（1990）第66号请示收悉。经研究答复如下：

国际融资租赁由国际货物买卖合同和国内租赁合同两部分组成，其标的物主要是各种设备、交通工具。在租赁期间，所有权属于出租方，承租方对租赁物具有使用权，但不得对租赁物进行处分，并按合同规定的期限和币种支付租金。

中国东方租赁有限公司诉河南登封少林出租旅游汽车公司、河南省对外经济贸易委员会融资租赁合同纠纷一案，属于国际融资租赁合同纠纷，有关支付租金的条款，不受《中华人民共和国经济合同法》第十三条第一款的规定的限制，可按租赁合同约定的币种进行支付。

中信实业银行，诉海南省海吉电子工业联合公司、海南省经济计划厅的租赁合同纠纷一案，由于租赁物是彩色电视机的关键散件，并允许承租方将散件组装成整机出售，因此不具备国际融资租赁合同的特征，应认定为买卖合同纠纷，有关支付租金条款，适用《中华人民共和国经济合同法》的有关规定。

部门规章及规范性文件

⊙**《金融租赁公司管理办法》**（2014年3月13日 中国银行业监督管理委员会令2014年第3号）

第三条 本办法所称融资租赁，是指出租人根据承租人对租赁物和供货人的选择或认可，将其从供货人处取得的租赁物按合同约定出租给承租人占有、使用，向承租人收取租金的交易活动。

第五条 本办法所称售后回租业务，是指承租人将自有物件出卖给出租人，同时与出租人签订融资租赁合同，再将该物件从出租人处租回的融资租赁形式。售后回租业务是承租人和供货人为同一人的融资租赁方式。

第七百三十六条 【合同内容和形式】融资租赁合同的内容一般包括租赁物的名称、数量、规格、技术性能、检验方法，租赁期限，租金构成及其支付期限和方式、币种，租赁期限届满租赁物的归属等条款。

融资租赁合同应当采用书面形式。

法　律

⊙**《民用航空法》**（2021年4月29日修正）

第二十六条　民用航空器租赁合同，包括融资租赁合同和其他租赁合同，应当以书面形式订立。

第七百三十七条 【合同无效情形】当事人以虚构租赁物方式订立的融资租赁合同无效。

第七百三十八条 【未取得行政许可对合同效力影响】依照法律、行政法规的规定，对于租赁物的经营使用应当取得行政许可的，出租人未取得行政许可不影响融资租赁合同的效力。

第七百三十九条 【标的物交付】出租人根据承租人对出卖人、租赁物的选择订立的买卖合同，出卖人应当按照约定向承租人交付标的物，承租人享有与受领标的物有关的买受人的权利。

第七百四十条 【拒绝受领标的物的情形】出卖人违反向承租人交付标的物的义务，有下列情形之一的，承租人可以拒绝受领出卖人向其交付的标的物：

（一）标的物严重不符合约定；

（二）未按照约定交付标的物，经承租人或者出租人催告后在合理期限内仍未交付。

承租人拒绝受领标的物的，应当及时通知出租人。

司法解释及文件

⊙**《最高人民法院关于审理融资租赁合同纠纷案件适用法律问题的解释》**（2020 年 12 月 29 日修正）

第三条 承租人拒绝受领租赁物，未及时通知出租人，或者无正当理由拒绝受领租赁物，造成出租人损失，出租人向承租人主张损害赔偿的，人民法院应予支持。

第七百四十一条 【索赔权】出租人、出卖人、承租人可以约定，出卖人不履行买卖合同义务的，由承租人行使索赔的权利。承租人行使索赔权利的，出租人应当协助。

第七百四十二条 【承租人行使索赔权不影响支付租金义务】承租人对出卖人行使索赔权利，不影响其履行支付租金的义务。但是，承租人依赖出租人的技能确定租赁物或者出租人干预选择租赁物的，承租人可以请求减免相应租金。

人民法院案例选案例

⊙哈尔滨山川商砼有限公司诉北汽福田汽车股份有限公司、哈尔滨昌和汽车销售有限公司追偿权纠纷案［《人民法院案例选》2018年第6辑（总第124辑）］

【关键词】

民事融资租赁　回购型融资租赁　担保追偿权

【案例要旨】

在融资租赁交易中，出租人为了确保其租金债权的实现，要求出卖人或者生产商承担回购义务，当承租人未按约定履行租金支付义务时，由回购人承担回购义务并取得对承租人的追偿权，此种新的交易模式即回购型融资租赁。在回购型融资租赁中，出卖人或生产商履行回购义务与其承担产品质量责任并非处于同一法律关系中，其履行回购义务后行使追偿权不以产品质量合格为前提。若融资租赁合同的租赁标的存在问题，承租人可向出卖人进行索赔，或者要求出租人向出卖人或生产商行使索赔权。承租人也可以产品质量存在问题致使融资租赁合同目的无法实现为由，要求解除融资租赁合同。

第七百四十三条　【索赔失败的责任承担】出租人有下列情形之一，致使承租人对出卖人行使索赔权利失败的，承租人有权请求出租人承担相应的责任：

（一）明知租赁物有质量瑕疵而不告知承租人；

（二）承租人行使索赔权利时，未及时提供必要协助。

出租人怠于行使只能由其对出卖人行使的索赔权利，造成承租人损失的，承租人有权请求出租人承担赔偿责任。

第七百四十四条 【出租人不得擅自变更买卖合同的内容】出租人根据承租人对出卖人、租赁物的选择订立的买卖合同，未经承租人同意，出租人不得变更与承租人有关的合同内容。

司法解释及文件

⊙**《最高人民法院关于审理融资租赁合同纠纷案件适用法律问题的解释》**（2020年12月29日修正）

第八条 租赁物不符合融资租赁合同的约定且出租人实施了下列行为之一，承租人依照民法典第七百四十四条、第七百四十七条的规定，要求出租人承担相应责任的，人民法院应予支持：

（一）出租人在承租人选择出卖人、租赁物时，对租赁物的选定起决定作用的；

（二）出租人干预或者要求承租人按照出租人意愿选择出卖人或者租赁物的；

（三）出租人擅自变更承租人已经选定的出卖人或者租赁物的。

承租人主张其系依赖出租人的技能确定租赁物或者出租人干预选择租赁物的，对上述事实承担举证责任。

第七百四十五条 【租赁物的登记对抗效力】出租人对租赁物享有的所有权，未经登记，不得对抗善意第三人。

法　律

⊙**《民法典》（物权编）**（2020年5月28日）

第二百二十五条 船舶、航空器和机动车等的物权的设立、变更、转让和消灭，未经登记，不得对抗善意第三人。

司法解释及文件

⊙**《最高人民法院关于适用〈中华人民共和国民法典〉有关担保制度的解释》**（2020 年 12 月 31 日　法释〔2020〕28 号）

第五十四条　动产抵押合同订立后未办理抵押登记，动产抵押权的效力按照下列情形分别处理：

（一）抵押人转让抵押财产，受让人占有抵押财产后，抵押权人向受让人请求行使抵押权的，人民法院不予支持，但是抵押权人能够举证证明受让人知道或者应当知道已经订立抵押合同的除外；

（二）抵押人将抵押财产出租给他人并移转占有，抵押权人行使抵押权的，租赁关系不受影响，但是抵押权人能够举证证明承租人知道或者应当知道已经订立抵押合同的除外；

（三）抵押人的其他债权人向人民法院申请保全或者执行抵押财产，人民法院已经作出财产保全裁定或者采取执行措施，抵押权人主张对抵押财产优先受偿的，人民法院不予支持；

（四）抵押人破产，抵押权人主张对抵押财产优先受偿的，人民法院不予支持。

第六十七条　在所有权保留买卖、融资租赁等合同中，出卖人、出租人的所有权未经登记不得对抗的“善意第三人”的范围及其效力，参照本解释第五十四条的规定处理。

第七百四十六条　【租金的确定】融资租赁合同的租金，除当事人另有约定外，应当根据购买租赁物的大部分或者全部成本以及出租人的合理利润确定。

第七百四十七条　【租赁物的瑕疵担保责任】租赁物不符合约定或者不符合使用目的的，出租人不承担责任。但是，承租人依赖出租人的技能确定租赁物或者出租人干预选择租赁物的除外。

司法解释及文件

⊙《**最高人民法院关于审理融资租赁合同纠纷案件适用法律问题的解释**》(2020年12月29日修正)

第八条 租赁物不符合融资租赁合同的约定且出租人实施了下列行为之一，承租人依照民法典第七百四十四条、第七百四十七条的规定，要求出租人承担相应责任的，人民法院应予支持：

(一)出租人在承租人选择出卖人、租赁物时，对租赁物的选定起决定作用的；

(二)出租人干预或者要求承租人按照出租人意愿选择出卖人或者租赁物的；

(三)出租人擅自变更承租人已经选定的出卖人或者租赁物的。

承租人主张其系依赖出租人的技能确定租赁物或者出租人干预选择租赁物的，对上述事实承担举证责任。

第七百四十八条 【租赁物的占有和使用】出租人应当保证承租人对租赁物的占有和使用。

出租人有下列情形之一的，承租人有权请求其赔偿损失：

(一)无正当理由收回租赁物；

(二)无正当理由妨碍、干扰承租人对租赁物的占有和使用；

(三)因出租人的原因致使第三人对租赁物主张权利；

(四)不当影响承租人对租赁物占有和使用的其他情形。

法　律

⊙《**民用航空法**》(2021年4月29日修正)

第二十八条 融资租赁期间，出租人依法享有民用航空器所有权，承租人依法享有民用航空器的占有、使用、收益权。

第二十九条 融资租赁期间，出租人不得干扰承租人依法占有、使用民用航空器；承租人应当适当地保管民用航空器，使之处于原交付时的状态，但是合理损耗和经出租人同意的对民用航空器的改变除外。

司法解释及文件

⊙**《最高人民法院关于审理融资租赁合同纠纷案件适用法律问题的解释》**（2020 年 12 月 29 日修正）

第六条　因出租人的原因致使承租人无法占有、使用租赁物，承租人请求解除融资租赁合同的，人民法院应予支持。

第七百四十九条　【租赁物致人损害的责任承担】承租人占有租赁物期间，租赁物造成第三人人身损害或者财产损失的，出租人不承担责任。

第七百五十条　【租赁物的保管、使用、维修】承租人应当妥善保管、使用租赁物。

承租人应当履行占有租赁物期间的维修义务。

第七百五十一条　【租赁物毁损、灭失对租金支付的影响】承租人占有租赁物期间，租赁物毁损、灭失的，出租人有权请求承租人继续支付租金，但是法律另有规定或者当事人另有约定的除外。

第七百五十二条　【承租人支付租金义务】承租人应当按照约定支付租金。承租人经催告后在合理期限内仍不支付租金的，出租人可以请求支付全部租金；也可以解除合同，收回租赁物。

司法解释及文件

⊙**《最高人民法院关于审理融资租赁合同纠纷案件适用法律问题的解释》**（2020年12月29日修正）

第五条 有下列情形之一，出租人请求解除融资租赁合同的，人民法院应予支持：

（一）承租人未按照合同约定的期限和数额支付租金，符合合同约定的解除条件，经出租人催告后在合理期限内仍不支付的；

（二）合同对于欠付租金解除合同的情形没有明确约定，但承租人欠付租金达到两期以上，或者数额达到全部租金百分之十五以上，经出租人催告后在合理期限内仍不支付的；

（三）承租人违反合同约定，致使合同目的不能实现的其他情形。

第九条 承租人逾期履行支付租金义务或者迟延履行其他付款义务，出租人按照融资租赁合同的约定要求承租人支付逾期利息、相应违约金的，人民法院应予支持。

第十条 出租人既请求承租人支付合同约定的全部未付租金又请求解除融资租赁合同的，人民法院应告知其依照民法典第七百五十二条的规定作出选择。

出租人请求承租人支付合同约定的全部未付租金，人民法院判决后承租人未予履行，出租人再行起诉请求解除融资租赁合同、收回租赁物的，人民法院应予受理。

第十一条 出租人依照本解释第五条的规定请求解除融资租赁合同，同时请求收回租赁物并赔偿损失的，人民法院应予支持。

前款规定的损失赔偿范围为承租人全部未付租金及其他费用与收回租赁物价值的差额。合同约定租赁期间届满后租赁物归出租人所有的，损失赔偿范围还应包括融资租赁合同到期后租赁物的残值。

第七百五十三条 【出租人解除融资租赁合同】 承租人未经出租人同意，将租赁物转让、抵押、质押、投资入股或者以其他方式处分的，出租人可以解除融资租赁合同。

第七百五十四条 【解除融资租赁合同的法定情形】有下列情形之一的，出租人或者承租人可以解除融资租赁合同：

（一）出租人与出卖人订立的买卖合同解除、被确认无效或者被撤销，且未能重新订立买卖合同；

（二）租赁物因不可归责于当事人的原因毁损、灭失，且不能修复或者确定替代物；

（三）因出卖人的原因致使融资租赁合同的目的不能实现。

司法解释及文件

⊙**《最高人民法院关于审理融资租赁合同纠纷案件适用法律问题的解释》**（2020年12月29日修正）

第五条 有下列情形之一，出租人请求解除融资租赁合同的，人民法院应予支持：

（一）承租人未按照合同约定的期限和数额支付租金，符合合同约定的解除条件，经出租人催告后在合理期限内仍不支付的；

（二）合同对于欠付租金解除合同的情形没有明确约定，但承租人欠付租金达到两期以上，或者数额达到全部租金百分之十五以上，经出租人催告后在合理期限内仍不支付的；

（三）承租人违反合同约定，致使合同目的不能实现的其他情形。

第七百五十五条 【赔偿责任】融资租赁合同因买卖合同解除、被确认无效或者被撤销而解除，出卖人、租赁物系由承租人选择的，出租人有权请求承租人赔偿相应损失；但是，因出租人原因致使买卖合同解除、被确认无效或者被撤销的除外。

出租人的损失已经在买卖合同解除、被确认无效或者被撤销时获得赔偿的，承租人不再承担相应的赔偿责任。

第七百五十六条 【补偿责任】融资租赁合同因租赁物交付承租人后意外毁损、灭失等不可归责于当事人的原因解除的，出租人可以请求承租人按照租赁物折旧情况给予补偿。

第七百五十七条 【租赁期满租赁物归属】出租人和承租人可以约定租赁期限届满租赁物的归属；对租赁物的归属没有约定或者约定不明确，依据本法第五百一十条的规定仍不能确定的，租赁物的所有权归出租人。

法 律

⊙**《民法典》(合同编)**(2020年5月28日)

第五百一十条 合同生效后，当事人就质量、价款或者报酬、履行地点等内容没有约定或者约定不明确的，可以协议补充；不能达成补充协议的，按照合同相关条款或者交易习惯确定。

第七百五十八条 【租赁物价值返还及租赁物无法返还】当事人约定租赁期限届满租赁物归承租人所有，承租人已经支付大部分租金，但是无力支付剩余租金，出租人因此解除合同收回租赁物，收回的租赁物的价值超过承租人欠付的租金以及其他费用的，承租人可以请求相应返还。

当事人约定租赁期限届满租赁物归出租人所有，因租赁物毁损、灭失或者附合、混合于他物致使承租人不能返还的，出租人有权请求承租人给予合理补偿。

司法解释及文件

⊙**《最高人民法院关于审理融资租赁合同纠纷案件适用法律问题的解释》**（2020年12月29日修正）

第十二条　诉讼期间承租人与出租人对租赁物的价值有争议的，人民法院可以按照融资租赁合同的约定确定租赁物价值；融资租赁合同未约定或者约定不明的，可以参照融资租赁合同约定的租赁物折旧以及合同到期后租赁物的残值确定租赁物价值。

承租人或者出租人认为依前款确定的价值严重偏离租赁物实际价值的，可以请求人民法院委托有资质的机构评估或者拍卖确定。

第七百五十九条　【支付象征性价款后租赁物所有权】当事人约定租赁期限届满，承租人仅需向出租人支付象征性价款的，视为约定的租金义务履行完毕后租赁物的所有权归承租人。

第七百六十条　【融资租赁合同无效时租赁物的归属】融资租赁合同无效，当事人就该情形下租赁物的归属有约定的，按照其约定；没有约定或者约定不明确的，租赁物应当返还出租人。但是，因承租人原因致使合同无效，出租人不请求返还或者返还后会显著降低租赁物效用的，租赁物的所有权归承租人，由承租人给予出租人合理补偿。

第十六章　保理合同

第七百六十一条　【定义】保理合同是应收账款债权人将现有的或者将有的应收账款转让给保理人，保理人提供资金融通、应收账款管理或者催收、应收账款债务人付款担保等服务的合同。

公　约

⊙**《国际保理公约》**（1988 年 5 月 28 日订于渥太华）

第一条

1. 本公约适用于本章所规定的保理合同及应收账款的转让。

2. 为了本公约的目的，“保理合同”系指在一方当事人（供应商）与另一方当事人（保理商）之间所订立的合同，根据该合同：

（1）供应商可以或将要向保理商转让由供应商与其客户（债务人）订立的货物销售合同所产生的应收账款，但主要供债务人个人、家人或家庭使用的货物销售所产生的应收账款除外；

（2）供应商应至少履行两项下述职能：

a. 为供应商融通资金，包括贷款和预付款；

b. 管理与应收账款有关的账户（销售分户账）；

c. 代收应收账款；

d. 对债务人的拖欠提供坏账担保。

（3）应收账款的转让通知必须送交债务人。

司法解释及文件

⊙《**最高人民法院关于适用〈中华人民共和国民法典〉有关担保制度的解释**》（2020 年 12 月 31 日　法释〔2020〕28 号）

第一条　因抵押、质押、留置、保证等担保发生的纠纷，适用本解释。所有权保留买卖、融资租赁、保理等涉及担保功能发生的纠纷，适用本解释的有关规定。

⊙《**最高人民法院关于适用〈中华人民共和国民法典〉时间效力的若干规定**》（2020 年 12 月 29 日　法释〔2020〕15 号）

第十二条　民法典施行前订立的保理合同发生争议的，适用民法典第三编第十六章的规定。

⊙《**最高人民法院印发〈关于进一步加强金融审判工作的若干意见〉的通知**》（2017 年 8 月 4 日　法发〔2017〕22 号）

4. 规范和促进直接服务实体经济的融资方式，拓宽金融对接实体经济的渠道。依法保护融资租赁、保理等金融资本与实体经济相结合的融资模式，支持和保障金融资本服务实体经济。对名为融资租赁合同、保理合同，实为借款合同的，应当按照实际构成的借款合同关系确定各方的权利义务，防范当事人以预扣租金、保证金等方式变相抬高实体经济融资成本。

⊙《**最高人民法院关于当前商事审判工作中的若干具体问题**》（2015 年 12 月 24 日）

七、关于保理合同纠纷案件的审理问题

保理业务是以债权人转让其应收账款债权为前提，集应收账款催收、管理、坏账担保及融资于一体的综合性金融服务，在国际贸易中运用广泛。近年来，保理业务在国内贸易领域的运用显著增多。从保理商的分类来看，主要包括银监会审批监管的银行类保理机构和商务部、地方商务主管机关审批监管的商业保理公司。二者虽然在设立主体、行业准入和监管要求上有差异，但在交易结构上并无不同。从各地法院受理的案件数量来看，各地并不均衡。北京、天津以及东南沿海地区法院受理的保理合同案件较多。由于现行法律尚未就保理合同作出专门规定，因此，对相关法律问题仍存有争议。对此，我们高度关注，并已着手进行调研。就几个主要问题，我先提一些意见。

第一，关于保理合同的案由问题。相对于传统合同类案件而言，保理合同案件属于新的案件类型。由于《合同法》未就保理合同作出专门规定，其属于无名合同，加之现行的案由规定中尚无“保理合同”的专门案由，所以有的法院直接将保理合同的案由确定为借款合同。需要指出的是，保理法律关系的实质是应收账款债权转让，涉及到三方主体和两个合同，这与单纯的借款合同有显著区别，故不应将保理合同简单视为借款合同。在保理合同纠纷对应的案由方面，最高人民法院已将此纳入到新修订的案由规定中予以考虑，在新的案由规定尚未出台之前，可将其归入“其他合同纠纷”中。应注意的是，实务中确实有部分保理商与交易相对人虚构基础合同，以保理之名行借贷之实。对此，应查明事实，从是否存在基础合同、保理商是否明知虚构基础合同、双方当事人之间实际的权利义务关系等方面审查和确定合同性质。如果确实是名为保理、实为借贷的，仍应当按照借款合同确定案由并据此确定当事人之间的权利义务。

第二，要正确认识保理的交易结构和当事人之间的权利义务关系。保理合同涉及保理商与债权人、保理商与债务人之间不同的法律关系。债权人与债务人之间的基础合同是成立保理的前提，而债权人与保理商之间的应收账款债权转让则是保理关系的核心。在合同效力上，只要不具有《合同法》第五十二条规定的合同无效情形，均应当认定有效。对于未来债权能否作为保理合同的基础债权的问题，在保理合同订立时，只要存在基础合同所对应的应收账款债权，则即使保理合同所转让的债权尚未到期，也不应当据此否定保理合同的性质及效力。在确定当事人的权利义务方面，法院应当以当事人约定及《合同法》中有关债权转让的规定作为法律依据。债务人收到债权转让通知后，应当按照通知支付应收账款。当然，债务人依据基础合同享有的抵销权及抗辩权，可以对抗保理商，但保理商与债务人另有约定的除外。

第三，要正确认识保理合同与基础合同的关系。基础合同的存在是保理合同缔约的前提。但是，二者并非主从合同关系，而是相对独立的两个合同。应当看到，二者有关权利义务关系的约定存有牵连。实践中，如果保理商明知基础合同约定应收账款债权不得转让，但仍然受让债权的，应当注意：一方面，前述约定并不当然影响保理合同的效力；另一方面，保理商以保理合同为依据向基础合同债务人主张债权的，并不能以此约束债务人，债务人仍可以此抗辩。债权人、债务人及保理商就基础合同的变更作出约定的，依其约定处理。如果无三方约定，保理商受让债权后，债务人又与原债权人变更基础合同，导致保理商不能实现保理合同目的，保理商请求原债权人承担违约责任或者解除保理合同并赔偿损失的，应当支持。

部门规章及规范性文件

⊙**《商业银行保理业务管理暂行办法》**（2014 年 4 月 3 日　中国银行业监督管理委员会令 2014 年第 5 号）

第六条　本办法所称保理业务是以债权人转让其应收账款为前提，集应收账款催收、管理、坏账担保及融资于一体的综合性金融服务。债权人将其应收账款转让给商业银行，由商业银行向其提供下列服务中至少一项的，即为保理业务：

（一）应收账款催收：商业银行根据应收账款账期，主动或应债权人要求，采取电话、函件、上门等方式或运用法律手段等对债务人进行催收。

（二）应收账款管理：商业银行根据债权人的要求，定期或不定期向其提供关于应收账款的回收情况、逾期账款情况、对账单等财务和统计报表，协助其进行应收账款管理。

（三）坏账担保：商业银行与债权人签订保理协议后，为债务人核定信用额度，并在核准额度内，对债权人无商业纠纷的应收账款，提供约定的付款担保。

（四）保理融资：以应收账款合法、有效转让为前提的银行融资服务。

以应收账款为质押的贷款，不属于保理业务范围。

第八条　本办法所称应收账款，是指企业因提供商品、服务或者出租资产而形成的金钱债权及其产生的收益，但不包括因票据或其他有价证券而产生的付款请求权。

第九条 本办法所指应收账款的转让，是指与应收账款相关的全部权利及权益的让渡。

第十条 保理业务分类：

（一）国内保理和国际保理

按照基础交易的性质和债权人、债务人所在地，分为国际保理和国内保理。

国内保理是债权人和债务人均在境内的保理业务。

国际保理是债权人和债务人中至少有一方在境外（包括保税区、自贸区、境内关外等）的保理业务。

（二）有追索权保理和无追索权保理

按照商业银行在债务人破产、无理拖欠或无法偿付应收账款时，是否可以向债权人反转让应收账款、要求债权人回购应收账款或归还融资，分为有追索权保理和无追索权保理。

有追索权保理是指在应收账款到期无法从债务人处收回时，商业银行可以向债权人反转让应收账款、要求债权人回购应收账款或归还融资。有追索权保理又称回购型保理。

无追索权保理是指应收账款在无商业纠纷等情况下无法得到清偿的，由商业银行承担应收账款的坏账风险。无追索权保理又称买断型保理。

（三）单保理和双保理

按照参与保理服务的保理机构个数，分为单保理和双保理。

单保理是由一家保理机构单独为买卖双方提供保理服务。

双保理是由两家保理机构分别向买卖双方提供保理服务。

买卖双方保理机构为同一银行不同分支机构的，原则上可视作双保理。商业银行应当在相关业务管理办法中同时明确作为买方保理机构和卖方保理机构的职责。

有保险公司承保买方信用风险的银保合作，视同双保理。

第十三条 商业银行应当根据自身内部控制水平和风险管理能力，制定适合叙做保理融资业务的应收账款标准，规范应收账款范围。商业银行不得基于不合法基础交易合同、寄售合同、未来应收账款、权属不清的应收账款、因票据或其他有价证券而产生的付款请求权等开展保理融资业务。

未来应收账款是指合同项下卖方义务未履行完毕的预期应收账款。

权属不清的应收账款是指权属具有不确定性的应收账款，包括但不限于已在其他银行或商业保理公司等第三方办理出质或转让的应收账款。获得质权人书面同意解押并放弃抵质押权利和获得受让人书面同意转让应收账款权属的除外。

因票据或其他有价证券而产生的付款请求权是指票据或其他有价证券的持票人无需持有票据或有价证券产生的基础交易应收账款单据，仅依据票据或有价证券本身即可向票据或有价证券主债务人请求按票据或有价证券上记载的金额付款的权利。

第十七条　商业银行办理单保理业务时，应当在保理合同中原则上要求卖方开立用于应收账款回笼的保理专户等相关账户。商业银行应当指定专人对保理专户资金进出情况进行监控，确保资金首先用于归还银行融资。

⊙**《动产和权利担保统一登记办法》**（2021 年 12 月 28 日　中国人民银行令〔2021〕第 7 号）

第三条　本办法所称应收账款是指应收账款债权人因提供一定的货物、服务或设施而获得的要求应收账款债务人付款的权利以及依法享有的其他付款请求权，包括现有的以及将有的金钱债权，但不包括因票据或其他有价证券而产生的付款请求权，以及法律、行政法规禁止转让的付款请求权。

本办法所称的应收账款包括下列权利：

（一）销售、出租产生的债权，包括销售货物，供应水、电、气、暖，知识产权的许可使用，出租动产或不动产等；

（二）提供医疗、教育、旅游等服务或劳务产生的债权；

（三）能源、交通运输、水利、环境保护、市政工程等基础设施和公用事业项目收益权；

（四）提供贷款或其他信用活动产生的债权；

（五）其他以合同为基础的具有金钱给付内容的债权。

第七百六十二条 【合同内容和形式】保理合同的内容一般包括业务类型、服务范围、服务期限、基础交易合同情况、应收账款信息、保理融资款或者服务报酬及其支付方式等条款。

保理合同应当采用书面形式。

法 律

⊙《**民法典**》（**合同编**）（2020 年 5 月 28 日）

第四百六十九条 当事人订立合同，可以采用书面形式、口头形式或者其他形式。

书面形式是合同书、信件、电报、电传、传真等可以有形地表现所载内容的形式。

以电子数据交换、电子邮件等方式能够有形地表现所载内容，并可以随时调取查用的数据电文，视为书面形式。

第四百七十条 合同的内容由当事人约定，一般包括下列条款：

（一）当事人的姓名或者名称和住所；

（二）标的；

（三）数量；

（四）质量；

（五）价款或者报酬；

（六）履行期限、地点和方式；

（七）违约责任；

（八）解决争议的方法。

当事人可以参照各类合同的示范文本订立合同。

第七百六十三条　【虚构应收账款的法律后果】应收账款债权人与债务人虚构应收账款作为转让标的，与保理人订立保理合同的，应收账款债务人不得以应收账款不存在为由对抗保理人，但是保理人明知虚构的除外。

第七百六十四条　【保理人发出转让通知的表明身份义务】保理人向应收账款债务人发出应收账款转让通知的，应当表明保理人身份并附有必要凭证。

第七百六十五条　【无正当理由变更、终止基础交易合同行为对保理人的效力】应收账款债务人接到应收账款转让通知后，应收账款债权人与债务人无正当理由协商变更或者终止基础交易合同，对保理人产生不利影响的，对保理人不发生效力。

公　约

⊙**《联合国国际贸易中应收款转让公约》**（2001 年 12 月 12 日）

第二十条　原始合同的修改

1. 在发出转让通知前，转让人与债务人之间订立的涉及受让人权利的协议对受让人具有效力，而受让人也取得相应的权利。

2. 在发出转让通知后，转让人与债务人之间订立的涉及受让人权利的协议对受让人不具效力，除非：

（a）受让人同意该协议；或

（b）履约不足未挣得全部应收款以及原始合同中写明可作修改，或根据原始合同，通情达理的受让人会同意此种修改。

3. 本条第 1 款和第 2 款不影响转让人或受让人因对方违反双方之间的协议而产生的任何权利。

第七百六十六条 【有追索权保理】当事人约定有追索权保理的，保理人可以向应收账款债权人主张返还保理融资款本息或者回购应收账款债权，也可以向应收账款债务人主张应收账款债权。保理人向应收账款债务人主张应收账款债权，在扣除保理融资款本息和相关费用后有剩余的，剩余部分应当返还给应收账款债权人。

部门规章及规范性文件

⊙**《商业银行保理业务管理暂行办法》**（2014年4月3日 中国银行业监督管理委员会令2014年第5号）

第十条 保理业务分类：

（一）国内保理和国际保理

按照基础交易的性质和债权人、债务人所在地，分为国际保理和国内保理。

国内保理是债权人和债务人均在境内的保理业务。

国际保理是债权人和债务人中至少有一方在境外（包括保税区、自贸区、境内关外等）的保理业务。

（二）有追索权保理和无追索权保理

按照商业银行在债务人破产、无理拖欠或无法偿付应收账款时，是否可以向债权人反转让应收账款、要求债权人回购应收账款或归还融资，分为有追索权保理和无追索权保理。

有追索权保理是指在应收账款到期无法从债务人处收回时，商业银行可以向债权人反转让应收账款、要求债权人回购应收账款或归还融资。有追索权保理又称回购型保理。

无追索权保理是指应收账款在无商业纠纷等情况下无法得到清偿的，由商业银行承担应收账款的坏账风险。无追索权保理又称买断型保理。

（三）单保理和双保理

按照参与保理服务的保理机构个数，分为单保理和双保理。

单保理是由一家保理机构单独为买卖双方提供保理服务。

双保理是由两家保理机构分别向买卖双方提供保理服务。

买卖双方保理机构为同一银行不同分支机构的，原则上可视作双保理。商业银行应当在相关业务管理办法中同时明确作为买方保理机构和卖方保理机构的职责。

有保险公司承保买方信用风险的银保合作，视同双保理。

第七百六十七条　【无追索权保理】当事人约定无追索权保理的，保理人应当向应收账款债务人主张应收账款债权，保理人取得超过保理融资款本息和相关费用的部分，无需向应收账款债权人返还。

第七百六十八条　【应收账款多重让与情形下保理人权利顺位】应收账款债权人就同一应收账款订立多个保理合同，致使多个保理人主张权利的，已经登记的先于未登记的取得应收账款；均已经登记的，按照登记时间的先后顺序取得应收账款；均未登记的，由最先到达应收账款债务人的转让通知中载明的保理人取得应收账款；既未登记也未通知的，按照保理融资款或者服务报酬的比例取得应收账款。

司法解释及文件

⊙**《最高人民法院关于适用〈中华人民共和国民法典〉有关担保制度的解释》**（2020年12月31日　法释〔2020〕28号）

第六十六条　同一应收账款同时存在保理、应收账款质押和债权转让，当事人主张参照民法典第七百六十八条的规定确定优先顺序的，人民法院应予支持。

在有追索权的保理中，保理人以应收账款债权人或者应收账款债务人为被告提起诉讼，人民法院应予受理；保理人一并起诉应收账款债权人和应收账款债务人的，人民法院可以受理。

应收账款债权人向保理人返还保理融资款本息或者回购应收账款债权后，请求应收账款债务人向其履行应收账款债务的，人民法院应予支持。

第七百六十九条 【适用债权转让规定】本章没有规定的，适用本编第六章债权转让的有关规定。

法 律

⊙《**民法典**》（**合同编**）（2020年5月28日）

第五百四十五条 债权人可以将债权的全部或者部分转让给第三人，但是有下列情形之一的除外：

（一）根据债权性质不得转让；

（二）按照当事人约定不得转让；

（三）依照法律规定不得转让。

当事人约定非金钱债权不得转让的，不得对抗善意第三人。当事人约定金钱债权不得转让的，不得对抗第三人。

第五百四十六条 债权人转让债权，未通知债务人的，该转让对债务人不发生效力。

债权转让的通知不得撤销，但是经受让人同意的除外。

第五百四十七条 债权人转让债权的，受让人取得与债权有关的从权利，但是该从权利专属于债权人自身的除外。

受让人取得从权利不因该从权利未办理转移登记手续或者未转移占有而受到影响。

第五百四十八条 债务人接到债权转让通知后，债务人对让与人的抗辩，可以向受让人主张。

第十七章　承揽合同

第七百七十条　【定义和主要类型】承揽合同是承揽人按照定作人的要求完成工作，交付工作成果，定作人支付报酬的合同。

承揽包括加工、定作、修理、复制、测试、检验等工作。

司法解释及文件

⊙**《最高人民法院经济审判庭关于如何确定加工承揽合同履行地问题的电话答复》**（1989年11月23日）

天津市高级人民法院：

你院津高法经（1989）7号“关于如何确定加工承揽合同履行地问题的请示”收悉。经研究答复如下：

合同履行地应为合同规定义务履行的地点。加工承揽合同主要是以承揽方按照定作方的特定要求完成加工生产任务为履约内容的，承揽方履约又是以使用自己的设备、技术、人力为前提条件的。因此，加工承揽方所在地通常应为合同规定义务履行的地点，即合同履行地。

此复

⊙**《最高人民法院关于如何确定加工承揽合同履行地问题的函》**

［1989年8月8日　（1989）法经（函）字第22号］

上海市高级人民法院：

你院（89）沪高经核字第3号请示报告收悉。关于如何确定加工承揽合同履行地问题，经研究答复如下：

合同履行地应为合同规定义务履行的地点。加工承揽合同主要是以承揽方按照定作方的特定要求完成加工生产任务为履约内容的，承揽方履约又是以使用自己的设备、技术、人力为前提条件的。因此，加工承揽方所在地应为合同规定义务履行的地点，即合同履行地。但是，本案合同签订地在你市虹口区，合同承揽方所在地在你市松江县，松江县应为合同履行地。故，虹口区法院和松江县法院对本案均有管辖权。现两院在管辖上发生争议，根据民事诉讼法（试行）第三十三条规定，应由上海市中级法院指定管辖。

第七百七十一条 【合同主要条款】 承揽合同的内容一般包括承揽的标的、数量、质量、报酬，承揽方式，材料的提供，履行期限，验收标准和方法等条款。

适用要点

⊙ 报酬条款约定不明的处理原则

如果在合同生效后，当事人就报酬没有约定或者约定不明确的，当事人可以协议补充；不能达成补充协议的，按照合同有关条款或者交易习惯确定；仍不能确定的，按照订立合同时履行地的市场价格履行，有政府定价的，按政府定价履行。

第七百七十二条 【承揽工作的完成】 承揽人应当以自己的设备、技术和劳力，完成主要工作，但是当事人另有约定的除外。

承揽人将其承揽的主要工作交由第三人完成的，应当就该第三人完成的工作成果向定作人负责；未经定作人同意的，定作人也可以解除合同。

第七百七十三条　【承揽人对辅助性工作的责任】承揽人可以将其承揽的辅助工作交由第三人完成。承揽人将其承揽的辅助工作交由第三人完成的，应当就该第三人完成的工作成果向定作人负责。

第七百七十四条　【承揽人提供材料的义务】承揽人提供材料的，应当按照约定选用材料，并接受定作人检验。

第七百七十五条　【定作人提供材料及双方义务】定作人提供材料的，应当按照约定提供材料。承揽人对定作人提供的材料应当及时检验，发现不符合约定时，应当及时通知定作人更换、补齐或者采取其他补救措施。

承揽人不得擅自更换定作人提供的材料，不得更换不需要修理的零部件。

第七百七十六条　【定作人要求不合理时双方的义务】承揽人发现定作人提供的图纸或者技术要求不合理的，应当及时通知定作人。因定作人怠于答复等原因造成承揽人损失的，应当赔偿损失。

法　律

⊙**《民法典》（合同编）**（2020年5月28日）

第五百零九条　当事人应当按照约定全面履行自己的义务。

当事人应当遵循诚信原则，根据合同的性质、目的和交易习惯履行通知、协助、保密等义务。

当事人在履行合同过程中，应当避免浪费资源、污染环境和破坏生态。

第七百七十七条 【定作人中途变更工作要求的赔偿责任】定作人中途变更承揽工作的要求，造成承揽人损失的，应当赔偿损失。

第七百七十八条 【定作人的协助义务】承揽工作需要定作人协助的，定作人有协助的义务。定作人不履行协助义务致使承揽工作不能完成的，承揽人可以催告定作人在合理期限内履行义务，并可以顺延履行期限；定作人逾期不履行的，承揽人可以解除合同。

司法解释及文件

⊙**《最高人民法院关于印发〈第八次全国法院民事商事审判工作会议（民事部分）纪要〉的通知》**（2016年11月21日 法〔2016〕399号）

33. 发包人不履行告知变更后的施工方案、施工技术交底、完善施工条件等协作义务，致使承包人停（窝）工，以至难以完成工程项目建设的，承包人催告在合理期限内履行，发包人逾期仍不履行的，人民法院视违约情节，可以依据合同法第二百五十九条、第二百八十三条规定裁判顺延工期，并有权要求赔偿停（窝）工损失。

第七百七十九条 【承揽人接受监督检查的义务】承揽人在工作期间，应当接受定作人必要的监督检验。定作人不得因监督检验妨碍承揽人的正常工作。

第七百八十条 【承揽人工作成果交付】承揽人完成工作的，应当向定作人交付工作成果，并提交必要的技术资料和有关质量证明。定作人应当验收该工作成果。

人民法院案例选案例

⊙**北京耀华玻璃装饰工程有限公司诉深圳市洪涛装饰工程公司定作合同纠纷案**［《人民法院案例选》2005年第4辑（总第54辑）］

【关键词】

定作　交付　工作成果

【案例要旨】

在加工承揽合同中，如果承揽工程的完成是在定作方的场所内进行，则定作物无须特别交付，承揽方完成工作之日即为交付之时。加工承揽合同双方对验收方式无特别约定，定作方领受完成的工作成果并使用，且在保修期内未提出质量异议，应视为领受方对该工作成果验收合格。

第七百八十一条　【质量不合约定的责任】承揽人交付的工作成果不符合质量要求的，定作人可以合理选择请求承揽人承担修理、重作、减少报酬、赔偿损失等违约责任。

第七百八十二条　【定作人支付报酬期限】定作人应当按照约定的期限支付报酬。对支付报酬的期限没有约定或者约定不明确，依据本法第五百一十条的规定仍不能确定的，定作人应当在承揽人交付工作成果时支付；工作成果部分交付的，定作人应当相应支付。

第七百八十三条　【定作人未履行付款义务时承揽人权利】定作人未向承揽人支付报酬或者材料费等价款的，承揽人对完成的工作成果享有留置权或者有权拒绝交付，但是当事人另有约定的除外。

法　律

⊙《**民法典**》(**物权编**)(2020年5月28日)

第四百四十六条　权利质权除适用本节规定外，适用本章第一节的有关规定。

第四百四十七条　债务人不履行到期债务，债权人可以留置已经合法占有的债务人的动产，并有权就该动产优先受偿。

前款规定的债权人为留置权人，占有的动产为留置财产。

第四百四十八条　债权人留置的动产，应当与债权属于同一法律关系，但是企业之间留置的除外。

第四百四十九条　法律规定或者当事人约定不得留置的动产，不得留置。

第七百八十四条　【材料及工作成果的保管】承揽人应当妥善保管定作人提供的材料以及完成的工作成果，因保管不善造成毁损、灭失的，应当承担赔偿责任。

第七百八十五条　【承揽人的保密义务】承揽人应当按照定作人的要求保守秘密，未经定作人许可，不得留存复制品或者技术资料。

第七百八十六条　【共同承揽人的连带责任】共同承揽人对定作人承担连带责任，但是当事人另有约定的除外。

第七百八十七条　【定作人的解除权】定作人在承揽人完成工作前可以随时解除合同，造成承揽人损失的，应当赔偿损失。

第十八章　建设工程合同

第七百八十八条　【定义和种类】建设工程合同是承包人进行工程建设，发包人支付价款的合同。

建设工程合同包括工程勘察、设计、施工合同。

法　律

⊙《**建筑法**》（2019年4月23日修正）

第二条　在中华人民共和国境内从事建筑活动，实施对建筑活动的监督管理，应当遵守本法。

本法所称建筑活动，是指各类房屋建筑及其附属设施的建造和与其配套的线路、管道、设备的安装活动。

⊙《**政府采购法**》（2014年8月31日修正）

第二条第六款　本法所称工程，是指建设工程，包括建筑物和构筑物的新建、改建、扩建、装修、拆除、修缮等。

行政法规

⊙《**建设工程勘察设计管理条例**》（2017年10月7日修订）

第二条　从事建设工程勘察、设计活动，必须遵守本条例。

本条例所称建设工程勘察，是指根据建设工程的要求，查明、分析、评价建设场地的地质地理环境特征和岩土工程条件，编制建设工程勘察文件的活动。

本条例所称建设工程设计，是指根据建设工程的要求，对建设工程所需的技术、经济、资源、环境等条件进行综合分析、论证，编制建设工程设计文件的活动。

第三条 建设工程勘察、设计应当与社会、经济发展水平相适应，做到经济效益、社会效益和环境效益相统一。

第四条 从事建设工程勘察、设计活动，应当坚持先勘察、后设计、再施工的原则。

⊙《**建设工程质量管理条例**》（2019年4月23日修订）

第二条 凡在中华人民共和国境内从事建设工程的新建、扩建、改建等有关活动及实施对建设工程质量监督管理的，必须遵守本条例。

本条例所称建设工程，是指土木工程、建筑工程、线路管道和设备安装工程及装修工程。

⊙《**招标投标法实施条例**》（2019年3月2日修订）

第二条 招标投标法第三条所称工程建设项目，是指工程以及与工程建设有关的货物、服务。

前款所称工程，是指建设工程，包括建筑物和构筑物的新建、改建、扩建及其相关的装修、拆除、修缮等；所称与工程建设有关的货物，是指构成工程不可分割的组成部分，且为实现工程基本功能所必需的设备、材料等；所称与工程建设有关的服务，是指为完成工程所需的勘察、设计、监理等服务。

司法解释及文件

⊙《**最高人民法院关于适用〈中华人民共和国民事诉讼法〉的解释**》（2022年4月1日修正）

第二十八条 民事诉讼法第三十四条第一项规定的不动产纠纷是指因不动产的权利确认、分割、相邻关系等引起的物权纠纷。

农村土地承包经营合同纠纷、房屋租赁合同纠纷、建设工程施工合同纠纷、政策性房屋买卖合同纠纷，按照不动产纠纷确定管辖。

不动产已登记的，以不动产登记簿记载的所在地为不动产所在地；不动产未登记的，以不动产实际所在地为不动产所在地。

民事审判指导与参考案例

⊙**黑龙江省环亚建筑工程有限公司与哈尔滨医科大学附属第四医院、刘某某建设工程施工合同纠纷上诉案**［《民事审判指导与参考》2010年第3集（总第43集）］

【关键词】

建设工程　价款　施工人

【案例要旨】

建设工程合同是承包人进行工程建设，发包人支付价款的合同。本案作为承包人环亚公司在完成医技楼项

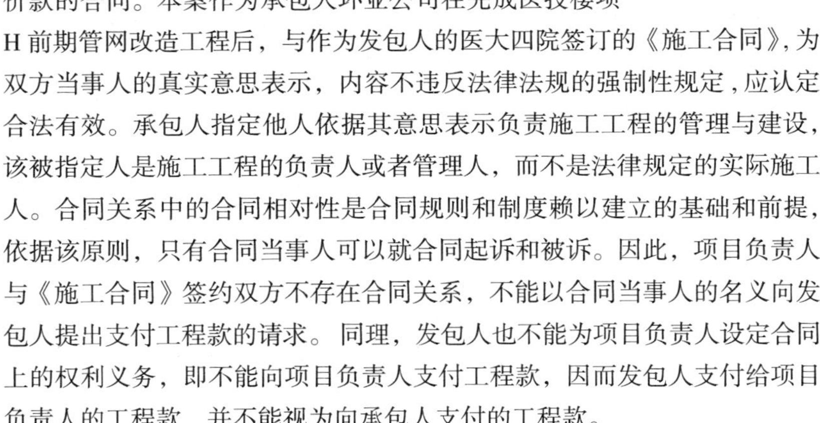

H前期管网改造工程后，与作为发包人的医大四院签订的《施工合同》，为双方当事人的真实意思表示，内容不违反法律法规的强制性规定，应认定合法有效。承包人指定他人依据其意思表示负责施工工程的管理与建设，该被指定人是施工工程的负责人或者管理人，而不是法律规定的实际施工人。合同关系中的合同相对性是合同规则和制度赖以建立的基础和前提，依据该原则，只有合同当事人可以就合同起诉和被诉。因此，项目负责人与《施工合同》签约双方不存在合同关系，不能以合同当事人的名义向发包人提出支付工程款的请求。同理，发包人也不能为项目负责人设定合同上的权利义务，即不能向项目负责人支付工程款，因而发包人支付给项目负责人的工程款，并不能视为向承包人支付的工程款。

第七百八十九条　【合同形式】建设工程合同应当采用书面形式。

法 律

⊙《**建筑法**》(2019 年 4 月 23 日修正)

第十五条 建筑工程的发包单位与承包单位应当依法订立书面合同，明确双方的权利和义务。

发包单位和承包单位应当全面履行合同约定的义务。不按照合同约定履行义务的，依法承担违约责任。

第七百九十条 【建设工程的招标投标】建设工程的招标投标活动，应当依照有关法律的规定公开、公平、公正进行。

法 律

⊙《**建筑法**》(2019 年 4 月 23 日修正)

第十六条 建筑工程发包与承包的招标投标活动，应当遵循公开、公正、平等竞争的原则，择优选择承包单位。

建筑工程的招标投标，本法没有规定的，适用有关招标投标法律的规定。

第十八条 建筑工程造价应当按照国家有关规定，由发包单位与承包单位在合同中约定。公开招标发包的，其造价的约定，须遵守招标投标法律的规定。

发包单位应当按照合同的约定，及时拨付工程款项。

第十九条 建筑工程依法实行招标发包，对不适于招标发包的可以直接发包。

第二十条 建筑工程实行公开招标的，发包单位应当依照法定程序和方式，发布招标公告，提供载有招标工程的主要技术要求、主要的合同条款、评标的标准和方法以及开标、评标、定标的程序等内容的招标文件。

开标应当在招标文件规定的时间、地点公开进行。开标后应当按照招标文件规定的评标标准和程序对标书进行评价、比较，在具备相应资质条件的投标者中，择优选定中标者。

第二十一条　建筑工程招标的开标、评标、定标由建设单位依法组织实施，并接受有关行政主管部门的监督。

第二十二条　建筑工程实行招标发包的，发包单位应当将建筑工程发包给依法中标的承包单位。建筑工程实行直接发包的，发包单位应当将建筑工程发包给具有相应资质条件的承包单位。

⊙《**招标投标法**》（2017年12月27日修正）

第三条　在中华人民共和国境内进行下列工程建设项目包括项目的勘察、设计、施工、监理以及与工程建设有关的重要设备、材料等的采购，必须进行招标：

（一）大型基础设施、公用事业等关系社会公共利益、公众安全的项目；

（二）全部或者部分使用国有资金投资或者国家融资的项目；

（三）使用国际组织或者外国政府贷款、援助资金的项目。

前款所列项目的具体范围和规模标准，由国务院发展计划部门会同国务院有关部门制订，报国务院批准。

法律或者国务院对必须进行招标的其他项目的范围有规定的，依照其规定。

第五十条　招标代理机构违反本法规定，泄露应当保密的与招标投标活动有关的情况和资料的，或者与招标人、投标人串通损害国家利益、社会公共利益或者他人合法权益的，处五万元以上二十五万元以下的罚款，对单位直接负责的主管人员和其他直接责任人员处单位罚款数额百分之五以上百分之十以下的罚款；有违法所得的，并处没收违法所得；情节严重的，禁止其一年至二年内代理依法必须进行招标的项目并予以公告，直至由工商行政管理机关吊销营业执照；构成犯罪的，依法追究刑事责任。给他人造成损失的，依法承担赔偿责任。

前款所列行为影响中标结果的，中标无效。

第五十一条　招标人以不合理的条件限制或者排斥潜在投标人的，对潜在投标人实行歧视待遇的，强制要求投标人组成联合体共同投标的，或者限制投标人之间竞争的，责令改正，可以处一万元以上五万元以下的罚款。

第五十二条 依法必须进行招标的项目的招标人向他人透露已获取招标文件的潜在投标人的名称、数量或者可能影响公平竞争的有关招标投标的其他情况的，或者泄露标底的，给予警告，可以并处一万元以上十万元以下的罚款；对单位直接负责的主管人员和其他直接责任人员依法给予处分；构成犯罪的，依法追究刑事责任。

前款所列行为影响中标结果的，中标无效。

第五十三条 投标人相互串通投标或者与招标人串通投标的，投标人以向招标人或者评标委员会成员行贿的手段谋取中标的，中标无效，处中标项目金额千分之五以上千分之十以下的罚款，对单位直接负责的主管人员和其他直接责任人员处单位罚款数额百分之五以上百分之十以下的罚款；有违法所得的，并处没收违法所得；情节严重的，取消其一年至二年内参加依法必须进行招标的项目的投标资格并予以公告，直至由工商行政管理机关吊销营业执照；构成犯罪的，依法追究刑事责任。给他人造成损失的，依法承担赔偿责任。

第五十四条 投标人以他人名义投标或者以其他方式弄虚作假，骗取中标的，中标无效，给招标人造成损失的，依法承担赔偿责任；构成犯罪的，依法追究刑事责任。

依法必须进行招标的项目的投标人有前款所列行为尚未构成犯罪的，处中标项目金额千分之五以上千分之十以下的罚款，对单位直接负责的主管人员和其他直接责任人员处单位罚款数额百分之五以上百分之十以下的罚款；有违法所得的，并处没收违法所得；情节严重的，取消其一年至三年内参加依法必须进行招标的项目的投标资格并予以公告，直至由工商行政管理机关吊销营业执照。

第五十五条 依法必须进行招标的项目，招标人违反本法规定，与投标人就投标价格、投标方案等实质性内容进行谈判的，给予警告，对单位直接负责的主管人员和其他直接责任人员依法给予处分。

前款所列行为影响中标结果的，中标无效。

司法解释及文件

⊙**《最高人民法院关于审理建设工程施工合同纠纷案件适用法律问题的解释（一）》**（2020年12月29日　法释〔2020〕25号）

第一条　建设工程施工合同具有下列情形之一的，应当依据民法典第一百五十三条第一款的规定，认定无效：

（一）承包人未取得建筑业企业资质或者超越资质等级的；

（二）没有资质的实际施工人借用有资质的建筑施工企业名义的；

（三）建设工程必须进行招标而未招标或者中标无效的。

承包人因转包、违法分包建设工程与他人签订的建设工程施工合同，应当依据民法典第一百五十三条第一款及第七百九十一条第二款、第三款的规定，认定无效。

第二条　招标人和中标人另行签订的建设工程施工合同约定的工程范围、建设工期、工程质量、工程价款等实质性内容，与中标合同不一致，一方当事人请求按照中标合同确定权利义务的，人民法院应予支持。

招标人和中标人在中标合同之外就明显高于市场价格购买承建房产、无偿建设住房配套设施、让利、向建设单位捐赠财物等另行签订合同，变相降低工程价款，一方当事人以该合同背离中标合同实质性内容为由请求确认无效的，人民法院应予支持。

第二十二条　当事人签订的建设工程施工合同与招标文件、投标文件、中标通知书载明的工程范围、建设工期、工程质量、工程价款不一致，一方当事人请求将招标文件、投标文件、中标通知书作为结算工程价款的依据的，人民法院应予支持。

第二十三条　发包人将依法不属于必须招标的建设工程进行招标后，与承包人另行订立的建设工程施工合同背离中标合同的实质性内容，当事人请求以中标合同作为结算建设工程价款依据的，人民法院应予支持，但发包人与承包人因客观情况发生了在招标投标时难以预见的变化而另行订立建设工程施工合同的除外。

部门规章及规范性文件

⊙《**必须招标的工程项目规定**》（2018年3月27日　国家发展和改革委员会令第16号）

第一条　为了确定必须招标的工程项目，规范招标投标活动，提高工作效率、降低企业成本、预防腐败，根据《中华人民共和国招标投标法》第三条的规定，制定本规定。

第二条　全部或者部分使用国有资金投资或者国家融资的项目包括：

（一）使用预算资金200万元人民币以上，并且该资金占投资额10%以上的项目；

（二）使用国有企业事业单位资金，并且该资金占控股或者主导地位的项目。

第三条　使用国际组织或者外国政府贷款、援助资金的项目包括：

（一）使用世界银行、亚洲开发银行等国际组织贷款、援助资金的项目；

（二）使用外国政府及其机构贷款、援助资金的项目。

第四条　不属于本规定第二条、第三条规定情形的大型基础设施、公用事业等关系社会公共利益、公众安全的项目，必须招标的具体范围由国务院发展改革部门会同国务院有关部门按照确有必要、严格限定的原则制订，报国务院批准。

第五条　本规定第二条至第四条规定范围内的项目，其勘察、设计、施工、监理以及与工程建设有关的重要设备、材料等的采购达到下列标准之一的，必须招标：

（一）施工单项合同估算价在400万元人民币以上；

（二）重要设备、材料等货物的采购，单项合同估算价在200万元人民币以上；

（三）勘察、设计、监理等服务的采购，单项合同估算价在100万元人民币以上。

同一项目中可以合并进行的勘察、设计、施工、监理以及与工程建设有关的重要设备、材料等的采购，合同估算价合计达到前款规定标准的，必须招标。

第六条　本规定自2018年6月1日起施行。

第七百九十一条　【建设工程的发包、承包、分包】发包人可以与总承包人订立建设工程合同，也可以分别与勘察人、设计人、施工人订立勘察、设计、施工承包合同。发包人不得将应当由一个承包人完成的建设工程支解成若干部分发包给数个承包人。

总承包人或者勘察、设计、施工承包人经发包人同意，可以将自己承包的部分工作交由第三人完成。第三人就其完成的工作成果与总承包人或者勘察、设计、施工承包人向发包人承担连带责任。承包人不得将其承包的全部建设工程转包给第三人或者将其承包的全部建设工程支解以后以分包的名义分别转包给第三人。

禁止承包人将工程分包给不具备相应资质条件的单位。禁止分包单位将其承包的工程再分包。建设工程主体结构的施工必须由承包人自行完成。

法　律

⊙《**建筑法**》（2019年4月23日修正）

第二十三条　政府及其所属部门不得滥用行政权力，限定发包单位将招标发包的建筑工程发包给指定的承包单位。

第二十四条　提倡对建筑工程实行总承包，禁止将建筑工程肢解发包。

建筑工程的发包单位可以将建筑工程的勘察、设计、施工、设备采购一并发包给一个工程总承包单位，也可以将建筑工程勘察、设计、施工、设备采购的一项或者多项发包给一个工程总承包单位；但是，不得将应当由一个承包单位完成的建筑工程肢解成若干部分发包给几个承包单位。

第二十五条　按照合同约定，建筑材料、建筑构配件和设备由工程承包单位采购的，发包单位不得指定承包单位购入用于工程的建筑材料、建筑构配件和设备或者指定生产厂、供应商。

第二十六条 承包建筑工程的单位应当持有依法取得的资质证书，并在其资质等级许可的业务范围内承揽工程。

禁止建筑施工企业超越本企业资质等级许可的业务范围或者以任何形式用其他建筑施工企业的名义承揽工程。禁止建筑施工企业以任何形式允许其他单位或者个人使用本企业的资质证书、营业执照，以本企业的名义承揽工程。

第二十七条 大型建筑工程或者结构复杂的建筑工程，可以由两个以上的承包单位联合共同承包。共同承包的各方对承包合同的履行承担连带责任。

两个以上不同资质等级的单位实行联合共同承包的，应当按照资质等级低的单位的业务许可范围承揽工程。

第二十八条 禁止承包单位将其承包的全部建筑工程转包给他人，禁止承包单位将其承包的全部建筑工程肢解以后以分包的名义分别转包给他人。

第二十九条 建筑工程总承包单位可以将承包工程中的部分工程发包给具有相应资质条件的分包单位；但是，除总承包合同中约定的分包外，必须经建设单位认可。施工总承包的，建筑工程主体结构的施工必须由总承包单位自行完成。

建筑工程总承包单位按照总承包合同的约定对建设单位负责；分包单位按照分包合同的约定对总承包单位负责。总承包单位和分包单位就分包工程对建设单位承担连带责任。

禁止总承包单位将工程分包给不具备相应资质条件的单位。禁止分包单位将其承包的工程再分包。

第六十七条 承包单位将承包的工程转包的，或者违反本法规定进行分包的，责令改正，没收违法所得，并处罚款，可以责令停业整顿，降低资质等级；情节严重的，吊销资质证书。

承包单位有前款规定的违法行为的，对因转包工程或者违法分包的工程不符合规定的质量标准造成的损失，与接受转包或者分包的单位承担连带赔偿责任。

行政法规

⊙《**建设工程质量管理条例**》（2019 年 4 月 23 日修订）

第十八条　从事建设工程勘察、设计的单位应当依法取得相应等级的资质证书，并在其资质等级许可的范围内承揽工程。

禁止勘察、设计单位超越其资质等级许可的范围或者以其他勘察、设计单位的名义承揽工程。禁止勘察、设计单位允许其他单位或者个人以本单位的名义承揽工程。

勘察、设计单位不得转包或者违法分包所承揽的工程。

第二十五条　施工单位应当依法取得相应等级的资质证书，并在其资质等级许可的范围内承揽工程。

禁止施工单位超越本单位资质等级许可的业务范围或者以其他施工单位的名义承揽工程。禁止施工单位允许其他单位或者个人以本单位的名义承揽工程。

施工单位不得转包或者违法分包工程。

第二十六条　施工单位对建设工程的施工质量负责。

施工单位应当建立质量责任制，确定工程项目的项目经理、技术负责人和施工管理负责人。

建设工程实行总承包的，总承包单位应当对全部建设工程质量负责；建设工程勘察、设计、施工、设备采购的一项或者多项实行总承包的，总承包单位应当对其承包的建设工程或者采购的设备的质量负责。

第二十七条　总承包单位依法将建设工程分包给其他单位的，分包单位应当按照分包合同的约定对其分包工程的质量向总承包单位负责，总承包单位与分包单位对分包工程的质量承担连带责任。

第七十八条　本条例所称肢解发包，是指建设单位将应当由一个承包单位完成的建设工程分解成若干部分发包给不同的承包单位的行为。

本条例所称违法分包，是指下列行为：

（一）总承包单位将建设工程分包给不具备相应资质条件的单位的；

（二）建设工程总承包合同中未有约定，又未经建设单位认可，承包单位将其承包的部分建设工程交由其他单位完成的；

（三）施工总承包单位将建设工程主体结构的施工分包给其他单位的；

（四）分包单位将其承包的建设工程再分包的。

本条例所称转包，是指承包单位承包建设工程后，不履行合同约定的责任和义务，将其承包的全部建设工程转给他人或者将其承包的全部建设工程肢解以后以分包的名义分别转给其他单位承包的行为。

司法解释及文件

⊙**《最高人民法院关于审理建设工程施工合同纠纷案件适用法律问题的解释（一）》**（2020年12月29日　法释〔2020〕25号）

第一条　建设工程施工合同具有下列情形之一的，应当依据民法典第一百五十三条第一款的规定，认定无效：

（一）承包人未取得建筑业企业资质或者超越资质等级的；

（二）没有资质的实际施工人借用有资质的建筑施工企业名义的；

（三）建设工程必须进行招标而未招标或者中标无效的。

承包人因转包、违法分包建设工程与他人签订的建设工程施工合同，应当依据民法典第一百五十三条第一款及第七百九十一条第二款、第三款的规定，认定无效。

第四条　承包人超越资质等级许可的业务范围签订建设工程施工合同，在建设工程竣工前取得相应资质等级，当事人请求按照无效合同处理的，人民法院不予支持。

第五条　具有劳务作业法定资质的承包人与总承包人、分包人签订的劳务分包合同，当事人请求确认无效的，人民法院依法不予支持。

第七条　缺乏资质的单位或者个人借用有资质的建筑施工企业名义签订建设工程施工合同，发包人请求出借方与借用方对建设工程质量不合格等因出借资质造成的损失承担连带赔偿责任的，人民法院应予支持。

第十三条　发包人具有下列情形之一，造成建设工程质量缺陷，应当承担过错责任：

（一）提供的设计有缺陷；

（二）提供或者指定购买的建筑材料、建筑构配件、设备不符合强制性标准；

（三）直接指定分包人分包专业工程。

承包人有过错的，也应当承担相应的过错责任。

第十五条 因建设工程质量发生争议的，发包人可以以总承包人、分包人和实际施工人为共同被告提起诉讼。

第四十三条 实际施工人以转包人、违法分包人为被告起诉的，人民法院应当依法受理。

实际施工人以发包人为被告主张权利的，人民法院应当追加转包人或者违法分包人为本案第三人，在查明发包人欠付转包人或者违法分包人建设工程价款的数额后，判决发包人在欠付建设工程价款范围内对实际施工人承担责任。

第七百九十二条 【重大建设工程合同的订立】国家重大建设工程合同，应当按照国家规定的程序和国家批准的投资计划、可行性研究报告等文件订立。

法 律

⊙《**建筑法**》（2019年4月23日修正）

第七条 建筑工程开工前，建设单位应当按照国家有关规定向工程所在地县级以上人民政府建设行政主管部门申请领取施工许可证；但是，国务院建设行政主管部门确定的限额以下的小型工程除外。

按照国务院规定的权限和程序批准开工报告的建筑工程，不再领取施工许可证。

司法解释及文件

⊙《**最高人民法院关于审理建设工程施工合同纠纷案件适用法律问题的解释（一）**》（2020年12月29日　法释〔2020〕25号）

第三条　当事人以发包人未取得建设工程规划许可证等规划审批手续为由，请求确认建设工程施工合同无效的，人民法院应予支持，但发包人在起诉前取得建设工程规划许可证等规划审批手续的除外。

发包人能够办理审批手续而未办理，并以未办理审批手续为由请求确认建设工程施工合同无效的，人民法院不予支持。

第七百九十三条　【建设施工合同无效与验收】建设工程施工合同无效，但是建设工程经验收合格的，可以参照合同关于工程价款的约定折价补偿承包人。

建设工程施工合同无效，且建设工程经验收不合格的，按照以下情形处理：

（一）修复后的建设工程经验收合格的，发包人可以请求承包人承担修复费用；

（二）修复后的建设工程经验收不合格的，承包人无权请求参照合同关于工程价款的约定折价补偿。

发包人对因建设工程不合格造成的损失有过错的，应当承担相应的责任。

法　律

⊙《**建筑法**》（2019年4月23日修正）

第六十一条　交付竣工验收的建筑工程，必须符合规定的建筑工程质量标准，有完整的工程技术经济资料和经签署的工程保修书，并具备国家规定的其他竣工条件。

建筑工程竣工经验收合格后，方可交付使用；未经验收或者验收不合格的，不得交付使用。

行政法规

⊙《**建设工程质量管理条例**》（2019 年 4 月 23 日修订）

第三十二条　施工单位对施工中出现质量问题的建设工程或者竣工验收不合格的建设工程，应当负责返修。

司法解释及文件

⊙《**最高人民法院关于审理建设工程施工合同纠纷案件适用法律问题的解释（一）**》（2020 年 12 月 29 日　法释〔2020〕25 号）

第六条　建设工程施工合同无效，一方当事人请求对方赔偿损失的，应当就对方过错、损失大小、过错与损失之间的因果关系承担举证责任。

损失大小无法确定，一方当事人请求参照合同约定的质量标准、建设工期、工程价款支付时间等内容确定损失大小的，人民法院可以结合双方过错程度、过错与损失之间的因果关系等因素作出裁判。

第十三条　发包人具有下列情形之一，造成建设工程质量缺陷，应当承担过错责任：

（一）提供的设计有缺陷；

（二）提供或者指定购买的建筑材料、建筑构配件、设备不符合强制性标准；

（三）直接指定分包人分包专业工程。

承包人有过错的，也应当承担相应的过错责任。

第二十四条　当事人就同一建设工程订立的数份建设工程施工合同均无效，但建设工程质量合格，一方当事人请求参照实际履行的合同关于工程价款的约定折价补偿承包人的，人民法院应予支持。

实际履行的合同难以确定，当事人请求参照最后签订的合同关于工程价款的约定折价补偿承包人的，人民法院应予支持。

第三十八条　建设工程质量合格，承包人请求其承建工程的价款就工程折价或者拍卖的价款优先受偿的，人民法院应予支持。

⊙**《最高人民法院关于印发〈第八次全国法院民事商事审判工作会议（民事部分）纪要〉的通知》**（2016年11月21日　法〔2016〕399号）

30. 要依法维护通过招投标所签订的中标合同的法律效力。当事人违反工程建设强制性标准，任意压缩合理工期、降低工程质量标准的约定，应认定无效。对于约定无效后的工程价款结算，应依据建设工程施工合同司法解释的相关规定处理。

公报案例

⊙**江苏省第一建筑安装集团股份有限公司诉唐山市昌隆房地产开发有限公司建设工程施工合同纠纷案**（《最高人民法院公报》2018年第6期）

【关键词】

无效　工程价款　结算

【案例要旨】

当事人就同一建设工程另行订立的建设工程施工合同与经过备案的中标合同实质性内容不一致的，应当以备案的中标合同作为结算工程价款的依据，其适用前提应为备案的中标合同合法有效，无效的备案合同并非当然具有比其他无效合同更优先参照适用的效力。

在当事人存在多份施工合同且均无效的情况下，一般应参照符合当事人真实意思表示并实际履行的合同作为工程价款结算依据；在无法确定实际履行合同时，可以根据两份争议合同之间的差价，结合工程质量、当事人过错、诚实信用原则等予以合理分配。

⊙江苏南通二建集团有限公司与吴江恒森房地产开发有限公司建设工程施工合同纠纷案（《最高人民法院公报》2014 年第 8 期）

【关键词】

竣工　验收　工程质量

【案例要旨】

承包人交付的建设工程应符合合同约定的交付条件及相关工程验收标准。工程实际存在明显的质量问题，承包人以工程竣工验收合格证明等主张工程质量合格的，人民法院不予支持。

在双方当事人已失去合作信任的情况下，为解决双方矛盾，人民法院可以判决由发包人自行委托第三方参照修复设计方案对工程质量予以整改，所需费用由承包人承担。

⊙莫某某、深圳市东深工程有限公司与东莞市长富广场房地产开发有限公司建设工程合同纠纷案（《最高人民法院公报》2013 年第 11 期）

【关键词】

验收　合格　工程款

【案例要旨】

鉴于建设工程的特殊性，虽然合同无效，但施工人的劳动和建筑材料已经物化在建筑工程中，依据法律规定，建设工程合同无效，但建设工程经竣工验收合格，承包人请求参照有效合同处理的，应当参照合同约定来计算涉案工程价款，承包人不应获得比合同有效时更多的利益。

民事审判指导与参考案例

⊙**晟元集团有限公司诉潍坊雅居园投资置业有限公司建设工程施工合同纠纷案**［《民事审判指导与参考》（2018年卷）］

【关键词】

无效　验收合格　工程款

【案例要旨】

建设工程施工合同认定无效后，发包人应向承包人承担折价补偿责任。如果工程验收合格，折价补偿款的计算可以参照施工合同约定的工程款计价方式计算，因施工合同约定的计价方式符合建筑市场行情，接近建设工程的实际价值。

第七百九十四条　【勘察、设计合同的内容】勘察、设计合同的内容一般包括提交有关基础资料和概预算等文件的期限、质量要求、费用以及其他协作条件等条款。

第七百九十五条　【施工合同的内容】施工合同的内容一般包括工程范围、建设工期、中间交工工程的开工和竣工时间、工程质量、工程造价、技术资料交付时间、材料和设备供应责任、拨款和结算、竣工验收、质量保修范围和质量保证期、相互协作等条款。

法　律

⊙《**建筑法**》（2019年4月23日修正）

第五十二条　建筑工程勘察、设计、施工的质量必须符合国家有关建筑工程安全标准的要求，具体管理办法由国务院规定。

有关建筑工程安全的国家标准不能适应确保建筑安全的要求时，应当及时修订。

第五十三条　国家对从事建筑活动的单位推行质量体系认证制度。从事建筑活动的单位根据自愿原则可以向国务院产品质量监督管理部门或者国务院产品质量监督管理部门授权的部门认可的认证机构申请质量体系认证。经认证合格的，由认证机构颁发质量体系认证证书。

司法解释及文件

⊙**《最高人民法院关于审理建设工程施工合同纠纷案件适用法律问题的解释（一）》**（2020 年 12 月 29 日 法释〔2020〕25 号）

第八条 当事人对建设工程开工日期有争议的，人民法院应当分别按照以下情形予以认定：

（一）开工日期为发包人或者监理人发出的开工通知载明的开工日期；开工通知发出后，尚不具备开工条件的，以开工条件具备的时间为开工日期；因承包人原因导致开工时间推迟的，以开工通知载明的时间为开工日期。

（二）承包人经发包人同意已经实际进场施工的，以实际进场施工时间为开工日期。

（三）发包人或者监理人未发出开工通知，亦无相关证据证明实际开工日期的，应当综合考虑开工报告、合同、施工许可证、竣工验收报告或者竣工验收备案表等载明的时间，并结合是否具备开工条件的事实，认定开工日期。

第九条 当事人对建设工程实际竣工日期有争议的，人民法院应当分别按照以下情形予以认定：

（一）建设工程经竣工验收合格的，以竣工验收合格之日为竣工日期；

（二）承包人已经提交竣工验收报告，发包人拖延验收的，以承包人提交验收报告之日为竣工日期；

（三）建设工程未经竣工验收，发包人擅自使用的，以转移占有建设工程之日为竣工日期。

第十条 当事人约定顺延工期应当经发包人或者监理人签证等方式确认，承包人虽未取得工期顺延的确认，但能够证明在合同约定的期限内向发包人或者监理人申请过工期顺延且顺延事由符合合同约定，承包人以此为由主张工期顺延的，人民法院应予支持。

当事人约定承包人未在约定期限内提出工期顺延申请视为工期不顺延的，按照约定处理，但发包人在约定期限后同意工期顺延或者承包人提出合理抗辩的除外。

第十九条 当事人对建设工程的计价标准或者计价方法有约定的，按照约定结算工程价款。

因设计变更导致建设工程的工程量或者质量标准发生变化，当事人对该部分工程价款不能协商一致的，可以参照签订建设工程施工合同时当地建设行政主管部门发布的计价方法或者计价标准结算工程价款。

建设工程施工合同有效，但建设工程经竣工验收不合格的，依照民法典第五百七十七条规定处理。

第二十八条 当事人约定按照固定价结算工程价款，一方当事人请求对建设工程造价进行鉴定的，人民法院不予支持。

⊙**《最高人民法院经济审判庭关于建筑工程承包合同纠纷中工期问题的电话答复》**（1988 年 9 月 17 日）

贵州省高级人民法院：

你院（88）黔法经请字第 3 号请示报告收悉。关于四川省重庆市铜梁县第二建筑公司诉贵州省息烽县酒厂建筑工程承包合同纠纷一案工期问题，根据来文所提供的情况，经研究答复如下：

贵州省息烽县酒厂与四川省重庆市铜梁县第二建筑公司签订息烽县酒厂粮库、半成品库建筑工程承包合同约定的工期，是在《建筑安装工程工期定额》规定的工期之内。合同是经招标投标之后签订的，故不应以违反《建筑安装工程工期定额》规定为理由，确认合同约定的工期无效。如招标投标有违反主管部门主观规定之情形，则另当别论。息烽县酒厂窖酒车间建筑工程工期，《建筑安装工程工期定额》无明确规定。对双方当事人在承包合同中约定的工期，应认定为有效。

此复

第七百九十六条　【建设工程监理】建设工程实行监理的，发包人应当与监理人采用书面形式订立委托监理合同。发包人与监理人的权利和义务以及法律责任，应当依照本编委托合同以及其他有关法律、行政法规的规定。

法　律

⊙《**建筑法**》（2019年4月23日修正）

第三十条　国家推行建筑工程监理制度。

国务院可以规定实行强制监理的建筑工程的范围。

第三十一条　实行监理的建筑工程，由建设单位委托具有相应资质条件的工程监理单位监理。建设单位与其委托的工程监理单位应当订立书面委托监理合同。

第三十二条　建筑工程监理应当依照法律、行政法规及有关的技术标准、设计文件和建筑工程承包合同，对承包单位在施工质量、建设工期和建设资金使用等方面，代表建设单位实施监督。

工程监理人员认为工程施工不符合工程设计要求、施工技术标准和合同约定的，有权要求建筑施工企业改正。

工程监理人员发现工程设计不符合建筑工程质量标准或者合同约定的质量要求的，应当报告建设单位要求设计单位改正。

第三十三条　实施建筑工程监理前，建设单位应当将委托的工程监理单位、监理的内容及监理权限，书面通知被监理的建筑施工企业。

第三十四条　工程监理单位应当在其资质等级许可的监理范围内，承担工程监理业务。

工程监理单位应当根据建设单位的委托，客观、公正地执行监理任务。

工程监理单位与被监理工程的承包单位以及建筑材料、建筑构配件和设备供应单位不得有隶属关系或者其他利害关系。

工程监理单位不得转让工程监理业务。

第三十五条 工程监理单位不按照委托监理合同的约定履行监理义务，对应当监督检查的项目不检查或者不按照规定检查，给建设单位造成损失的，应当承担相应的赔偿责任。

工程监理单位与承包单位串通，为承包单位谋取非法利益，给建设单位造成损失的，应当与承包单位承担连带赔偿责任。

行政法规

⊙《**建设工程质量管理条例**》（2019年4月23日修订）

第十二条 实行监理的建设工程，建设单位应当委托具有相应资质等级的工程监理单位进行监理，也可以委托具有工程监理相应资质等级并与被监理工程的施工承包单位没有隶属关系或者其他利害关系的该工程的设计单位进行监理。

下列建设工程必须实行监理：

（一）国家重点建设工程；

（二）大中型公用事业工程；

（三）成片开发建设的住宅小区工程；

（四）利用外国政府或者国际组织贷款、援助资金的工程；

（五）国家规定必须实行监理的其他工程。

第三十四条 工程监理单位应当依法取得相应等级的资质证书，并在其资质等级许可的范围内承担工程监理业务。

禁止工程监理单位超越本单位资质等级许可的范围或者以其他工程监理单位的名义承担工程监理业务。禁止工程监理单位允许其他单位或者个人以本单位的名义承担工程监理业务。

工程监理单位不得转让工程监理业务。

第三十五条 工程监理单位与被监理工程的施工承包单位以及建筑材料、建筑构配件和设备供应单位有隶属关系或者其他利害关系的，不得承担该项建设工程的监理业务。

第三十六条 工程监理单位应当依照法律、法规以及有关技术标准、设计文件和建设工程承包合同，代表建设单位对施工质量实施监理，并对施工质量承担监理责任。

第三十七条　工程监理单位应当选派具备相应资格的总监理工程师和监理工程师进驻施工现场。

未经监理工程师签字，建筑材料、建筑构配件和设备不得在工程上使用或者安装，施工单位不得进行下一道工序的施工。未经总监理工程师签字，建设单位不拨付工程款，不进行竣工验收。

第三十八条　监理工程师应当按照工程监理规范的要求，采取旁站、巡视和平行检验等形式，对建设工程实施监理。

第七百九十七条【发包人检查权】发包人在不妨碍承包人正常作业的情况下，可以随时对作业进度、质量进行检查。

第七百九十八条【隐蔽工程的检查】隐蔽工程在隐蔽以前，承包人应当通知发包人检查。发包人没有及时检查的，承包人可以顺延工程日期，并有权请求赔偿停工、窝工等损失。

行政法规

⊙**《建设工程质量管理条例》**（2019年4月23日修订）

第三十条　施工单位必须建立、健全施工质量的检验制度，严格工序管理，作好隐蔽工程的质量检查和记录。隐蔽工程在隐蔽前，施工单位应当通知建设单位和建设工程质量监督机构。

适用要点

⊙ 准确把握发包人对隐蔽工程进行检查的合理时间

本条规定，发包人在接到承包人通知后，没有及时检查的，应当承担工程日期顺延和赔偿承包人停工、窝工等损失的法律后果。如何确定发包人是否及时对隐蔽工程进行了检查，是认定工期是否能够顺延以及发包人是否应当赔偿损失的关键。对于发包人对隐蔽工程进行检查的合理时间，当事人有约定的，从其约定。没有约定的，应当结合行业习惯作出判断。目前，实践中发包人和承包人签订建设工程施工合同，多采用住建部和国家工商总局共同制定的《建设工程施工合同（示范文本）》(GF-2017-0201)。该示范文本第5.3.2项第3段规定："除专用合同条款另有约定外，监理人不能按时进行检查的，应在检查前24小时向承包人提交书面延期要求，但延期不能超过48小时，由此导致工期延误的，工期应予以顺延。……"如果当事人之间采用该示范文本，则可依据合同约定确定发包人对隐蔽工程进行检查的合理时间。如果当事人未采用该示范文本，鉴于该示范文本是监管部门依据实践情况制定，在实践中广泛使用，也可以将上述规定视为行业习惯，作为认定发包人对隐蔽工程进行检查的合理时间的参照。

第七百九十九条 【建设工程的竣工验收】建设工程竣工后，发包人应当根据施工图纸及说明书、国家颁发的施工验收规范和质量检验标准及时进行验收。验收合格的，发包人应当按照约定支付价款，并接收该建设工程。

建设工程竣工经验收合格后，方可交付使用；未经验收或者验收不合格的，不得交付使用。

法 律

⊙《**建筑法**》(2019年4月23日修正)

第六十一条 交付竣工验收的建筑工程，必须符合规定的建筑工程质量标准，有完整的工程技术经济资料和经签署的工程保修书，并具备国家规定的其他竣工条件。

建筑工程竣工经验收合格后，方可交付使用；未经验收或者验收不合格的，不得交付使用。

⊙《**城乡规划法**》（2019年4月23日修正）

第四十五条　县级以上地方人民政府城乡规划主管部门按照国务院规定对建设工程是否符合规划条件予以核实。未经核实或者经核实不符合规划条件的，建设单位不得组织竣工验收。

建设单位应当在竣工验收后六个月内向城乡规划主管部门报送有关竣工验收资料。

行政法规

⊙《**城市房地产开发经营管理条例**》（2020年11月29日修订）

第十七条　房地产开发项目竣工，依照《建设工程质量管理条例》的规定验收合格后，方可交付使用。

⊙《**建设工程质量管理条例**》（2019年4月23日修订）

第十六条　建设单位收到建设工程竣工报告后，应当组织设计、施工、工程监理等有关单位进行竣工验收。

建设工程竣工验收应当具备下列条件：

（一）完成建设工程设计和合同约定的各项内容；

（二）有完整的技术档案和施工管理资料；

（三）有工程使用的主要建筑材料、建筑构配件和设备的进场试验报告；

（四）有勘察、设计、施工、工程监理等单位分别签署的质量合格文件；

（五）有施工单位签署的工程保修书。

建设工程经验收合格的，方可交付使用。

第十七条　建设单位应当严格按照国家有关档案管理的规定，及时收集、整理建设项目各环节的文件资料，建立、健全建设项目档案，并在建设工程竣工验收后，及时向建设行政主管部门或者其他有关部门移交建设项目档案。

第四十九条　建设单位应当自建设工程竣工验收合格之日起15日内，

将建设工程竣工验收报告和规划、公安消防、环保等部门出具的认可文件或者准许使用文件报建设行政主管部门或者其他有关部门备案。

建设行政主管部门或者其他有关部门发现建设单位在竣工验收过程中有违反国家有关建设工程质量管理规定行为的，责令停止使用，重新组织竣工验收。

⊙《**城镇燃气管理条例**》（2016年2月6日修订）

第十一条 进行新区建设、旧区改造，应当按照城乡规划和燃气发展规划配套建设燃气设施或者预留燃气设施建设用地。

对燃气发展规划范围内的燃气设施建设工程，城乡规划主管部门在依法核发选址意见书时，应当就燃气设施建设是否符合燃气发展规划征求燃气管理部门的意见；不需要核发选址意见书的，城乡规划主管部门在依法核发建设用地规划许可证或者乡村建设规划许可证时，应当就燃气设施建设是否符合燃气发展规划征求燃气管理部门的意见。

燃气设施建设工程竣工后，建设单位应当依法组织竣工验收，并自竣工验收合格之日起15日内，将竣工验收情况报燃气管理部门备案。

⊙《**城镇排水与污水处理条例**》（2013年10月2日）

第十五条 城镇排水与污水处理设施建设工程竣工后，建设单位应当依法组织竣工验收。竣工验收合格的，方可交付使用，并自竣工验收合格之日起15日内，将竣工验收报告及相关资料报城镇排水主管部门备案。

司法解释及文件

⊙《**最高人民法院关于审理建设工程施工合同纠纷案件适用法律问题的解释（一）**》（2020年12月29日 法释〔2020〕25号）

第十四条 建设工程未经竣工验收，发包人擅自使用后，又以使用部分质量不符合约定为由主张权利的，人民法院不予支持；但是承包人应当在建设工程的合理使用寿命内对地基基础工程和主体结构质量承担民事责任。

第二十一条 当事人约定，发包人收到竣工结算文件后，在约定期限内不予答复，视为认可竣工结算文件的，按照约定处理。承包人请求按照竣工结算文件结算工程价款的，人民法院应予支持。

⊙**《最高人民法院民事审判庭关于发包人收到承包人竣工结算文件后，在约定期限内不予答复，是否视为认可竣工结算文件的复函》**（2006年4月25日 〔2005〕民一他字第23号）

你院渝高法〔2005〕154号《关于如何理解和适用最高人民法院〈关于审理建设工程施工合同纠纷案件适用法律问题的解释〉第二十条的请示》收悉。经研究，答复如下：

同意你院审委会的第二种意见，即：适用该司法解释第二十条的前提条件是当事人之间约定了发包人收到竣工结算文件后，在约定期限内不予答复，则视为认可竣工结算文件。承包人提交的竣工结算文件可以作为工程款结算的依据。建设部制定的建设工程施工合同格式文本中的通用条款第33条第3款的规定，不能简单地推论出，双方当事人具有发包人收到竣工结算文件一定期限内不予答复，则视为认可承包人提交的竣工结算文件的一致意思表示，承包人提交的竣工结算文件不能作为工程款结算的依据。

公报案例

⊙**威海市鲸园建筑有限公司与威海市福利企业服务公司、威海市盛发贸易有限公司拖欠建筑工程款纠纷案**（《最高人民法院公报》2013年第8期）

【关键词】

竣工验收 违约金 合同履行

【案例要旨】

依照《合同法》第二百七十九条（《民法典》第七百九十九条）、《建设工程质量管理条例》第十六条的规定，建设工程竣工后，发包人应当按照相关施工验收规定对工程及时组织验收，该验收既是发包人的义务，亦是发包人的权利。承包人未经发包人同意对工程组织验收，单方向质量监

督部门办理竣工验收手续的，侵害了发包人工程验收权利。在此情况下，质检部门对该工程出具的验收报告及工程优良证书因不符合法定验收程序，不能产生相应的法律效力。

第八百条 【勘察、设计人的责任】勘察、设计的质量不符合要求或者未按照期限提交勘察、设计文件拖延工期，造成发包人损失的，勘察人、设计人应当继续完善勘察、设计，减收或者免收勘察、设计费并赔偿损失。

法 律

⊙**《建筑法》**（2019年4月23日修正）

第五十六条 建筑工程的勘察、设计单位必须对其勘察、设计的质量负责。勘察、设计文件应当符合有关法律、行政法规的规定和建筑工程质量、安全标准、建筑工程勘察、设计技术规范以及合同的约定。设计文件选用的建筑材料、建筑构配件和设备，应当注明其规格、型号、性能等技术指标，其质量要求必须符合国家规定的标准。

行政法规

⊙**《建设工程质量管理条例》**（2019年4月23日修订）

第十九条 勘察、设计单位必须按照工程建设强制性标准进行勘察、设计，并对其勘察、设计的质量负责。

注册建筑师、注册结构工程师等注册执业人员应当在设计文件上签字，对设计文件负责。

第二十条 勘察单位提供的地质、测量、水文等勘察成果必须真实、准确。

第二十一条 设计单位应当根据勘察成果文件进行建设工程设计。

设计文件应当符合国家规定的设计深度要求，注明工程合理使用年限。

第二十二条　设计单位在设计文件中选用的建筑材料、建筑构配件和设备，应当注明规格、型号、性能等技术指标，其质量要求必须符合国家规定的标准。

除有特殊要求的建筑材料、专用设备、工艺生产线等外，设计单位不得指定生产厂、供应商。

第二十三条　设计单位应当就审查合格的施工图设计文件向施工单位作出详细说明。

第二十四条　设计单位应当参与建设工程质量事故分析，并对因设计造成的质量事故，提出相应的技术处理方案。

⊙《**建设工程勘察设计管理条例**》（2017 年 10 月 7 日修订）

第二十条　建设工程勘察、设计单位不得将所承揽的建设工程勘察、设计转包。

第二十二条　建设工程勘察、设计的发包方与承包方，应当执行国家规定的建设工程勘察、设计程序。

第二十四条　建设工程勘察、设计发包方与承包方应当执行国家有关建设工程勘察费、设计费的管理规定。

第八百零一条　【施工人的责任】因施工人的原因致使建设工程质量不符合约定的，发包人有权请求施工人在合理期限内无偿修理或者返工、改建。经过修理或者返工、改建后，造成逾期交付的，施工人应当承担违约责任。

法　律

⊙《**建筑法**》（2019 年 4 月 23 日修正）

第五十八条　建筑施工企业对工程的施工质量负责。

建筑施工企业必须按照工程设计图纸和施工技术标准施工，不得偷工减料。工程设计的修改由原设计单位负责，建筑施工企业不得擅自修改工程设计。

第五十九条 建筑施工企业必须按照工程设计要求、施工技术标准和合同的约定，对建筑材料、建筑构配件和设备进行检验，不合格的不得使用。

行政法规

⊙《**建设工程质量管理条例**》（2019 年 4 月 23 日修订）

第二十五条 施工单位应当依法取得相应等级的资质证书，并在其资质等级许可的范围内承揽工程。

禁止施工单位超越本单位资质等级许可的业务范围或者以其他施工单位的名义承揽工程。禁止施工单位允许其他单位或者个人以本单位的名义承揽工程。

施工单位不得转包或者违法分包工程。

第二十六条 施工单位对建设工程的施工质量负责。

施工单位应当建立质量责任制，确定工程项目的项目经理、技术负责人和施工管理负责人。

建设工程实行总承包的，总承包单位应当对全部建设工程质量负责；建设工程勘察、设计、施工、设备采购的一项或者多项实行总承包的，总承包单位应当对其承包的建设工程或者采购的设备的质量负责。

第二十七条 总承包单位依法将建设工程分包给其他单位的，分包单位应当按照分包合同的约定对其分包工程的质量向总承包单位负责，总承包单位与分包单位对分包工程的质量承担连带责任。

第二十八条 施工单位必须按照工程设计图纸和施工技术标准施工，不得擅自修改工程设计，不得偷工减料。

施工单位在施工过程中发现设计文件和图纸有差错的，应当及时提出意见和建议。

第二十九条 施工单位必须按照工程设计要求、施工技术标准和合同约定，对建筑材料、建筑构配件、设备和商品混凝土进行检验，检验应当有书面记录和专人签字；未经检验或者检验不合格的，不得使用。

第三十条　施工单位必须建立、健全施工质量的检验制度，严格工序管理，作好隐蔽工程的质量检查和记录。隐蔽工程在隐蔽前，施工单位应当通知建设单位和建设工程质量监督机构。

第三十一条　施工人员对涉及结构安全的试块、试件以及有关材料，应当在建设单位或者工程监理单位监督下现场取样，并送具有相应资质等级的质量检测单位进行检测。

第三十二条　施工单位对施工中出现质量问题的建设工程或者竣工验收不合格的建设工程，应当负责返修。

第三十三条　施工单位应当建立、健全教育培训制度，加强对职工的教育培训；未经教育培训或者考核不合格的人员，不得上岗作业。

司法解释及文件

⊙**《最高人民法院关于审理建设工程施工合同纠纷案件适用法律问题的解释（一）》**（2020年12月29日　法释〔2020〕25号）

第十二条　因承包人的原因造成建设工程质量不符合约定，承包人拒绝修理、返工或者改建，发包人请求减少支付工程价款的，人民法院应予支持。

第十六条　发包人在承包人提起的建设工程施工合同纠纷案件中，以建设工程质量不符合合同约定或者法律规定为由，就承包人支付违约金或者赔偿修理、返工、改建的合理费用等损失提出反诉的，人民法院可以合并审理。

第八百零二条　【承包人的赔偿责任】因承包人的原因致使建设工程在合理使用期限内造成人身损害和财产损失的，承包人应当承担赔偿责任。

法　律

⊙《**民法典**》(**侵权责任编**)(2020 年 5 月 28 日)

第一千二百五十二条　建筑物、构筑物或者其他设施倒塌、塌陷造成他人损害的，由建设单位与施工单位承担连带责任，但是建设单位与施工单位能够证明不存在质量缺陷的除外。建设单位、施工单位赔偿后，有其他责任人的，有权向其他责任人追偿。

因所有人、管理人、使用人或者第三人的原因，建筑物、构筑物或者其他设施倒塌、塌陷造成他人损害的，由所有人、管理人、使用人或者第三人承担侵权责任。

第一千二百五十三条　建筑物、构筑物或者其他设施及其搁置物、悬挂物发生脱落、坠落造成他人损害，所有人、管理人或者使用人不能证明自己没有过错的，应当承担侵权责任。所有人、管理人或者使用人赔偿后，有其他责任人的，有权向其他责任人追偿。

⊙《**建筑法**》(2019 年 4 月 23 日修正)

第六十条　建筑物在合理使用寿命内，必须确保地基基础工程和主体结构的质量。

建筑工程竣工时，屋顶、墙面不得留有渗漏、开裂等质量缺陷；对已发现的质量缺陷，建筑施工企业应当修复。

第六十一条　交付竣工验收的建筑工程，必须符合规定的建筑工程质量标准，有完整的工程技术经济资料和经签署的工程保修书，并具备国家规定的其他竣工条件。

建筑工程竣工经验收合格后，方可交付使用；未经验收或者验收不合格的，不得交付使用。

第六十二条　建筑工程实行质量保修制度。

建筑工程的保修范围应当包括地基基础工程、主体结构工程、屋面防水工程和其他土建工程，以及电气管线、上下水管线的安装工程，供热、供冷系统工程等项目；保修的期限应当按照保证建筑物合理寿命年限内正常使用，维护使用者合法权益的原则确定。具体的保修范围和最低保修期限由国务院规定。

第八十条　在建筑物的合理使用寿命内，因建筑工程质量不合格受到损害的，有权向责任者要求赔偿。

行政法规

⊙《**建设工程质量管理条例**》（2019年4月23日修订）

第三十九条　建设工程实行质量保修制度。

建设工程承包单位在向建设单位提交工程竣工验收报告时，应当向建设单位出具质量保修书。质量保修书中应当明确建设工程的保修范围、保修期限和保修责任等。

第四十条　在正常使用条件下，建设工程的最低保修期限为：

（一）基础设施工程、房屋建筑的地基基础工程和主体结构工程，为设计文件规定的该工程的合理使用年限；

（二）屋面防水工程、有防水要求的卫生间、房间和外墙面的防渗漏，为5年；

（三）供热与供冷系统，为2个采暖期、供冷期；

（四）电气管线、给排水管道、设备安装和装修工程，为2年。

其他项目的保修期限由发包方与承包方约定。

建设工程的保修期，自竣工验收合格之日起计算。

第四十一条　建设工程在保修范围和保修期限内发生质量问题的，施工单位应当履行保修义务，并对造成的损失承担赔偿责任。

第四十二条　建设工程在超过合理使用年限后需要继续使用的，产权所有人应当委托具有相应资质等级的勘察、设计单位鉴定，并根据鉴定结果采取加固、维修等措施，重新界定使用期。

司法解释及文件

⊙《**最高人民法院关于审理建设工程施工合同纠纷案件适用法律问题的解释（一）**》（2020年12月29日　法释〔2020〕25号）

第十四条　建设工程未经竣工验收，发包人擅自使用后，又以使用部分质量不符合约定为由主张权利的，人民法院不予支持；但是承包人应当在建设工程的合理使用寿命内对地基基础工程和主体结构质量承担民事责任。

第八百零三条　【发包人的违约责任】发包人未按照约定的时间和要求提供原材料、设备、场地、资金、技术资料的，承包人可以顺延工程日期，并有权请求赔偿停工、窝工等损失。

司法解释及文件

⊙《**最高人民法院关于印发〈第八次全国法院民事商事审判工作会议**（民事部分）纪要〉的通知》（2016年11月21日　法〔2016〕399号）

33. 发包人不履行告知变更后的施工方案、施工技术交底、完善施工条件等协作义务，致使承包人停（窝）工，以至难以完成工程项目建设的，承包人催告在合理期限内履行，发包人逾期仍不履行的，人民法院视违约情节，可以依据合同法第二百五十九条、第二百八十三条规定裁判顺延工期，并有权要求赔偿停（窝）工损失。

⊙《**最高人民法院关于审理建设工程施工合同纠纷案件适用法律问题的解释（一）**》（2020年12月29日　法释〔2020〕25号）

第十条　当事人约定顺延工期应当经发包人或者监理人签证等方式确认，承包人虽未取得工期顺延的确认，但能够证明在合同约定的期限内向发包人或者监理人申请过工期顺延且顺延事由符合合同约定，承包人以此为由主张工期顺延的，人民法院应予支持。

当事人约定承包人未在约定期限内提出工期顺延申请视为工期不顺延

的，按照约定处理，但发包人在约定期限后同意工期顺延或者承包人提出合理抗辩的除外。

第八百零四条　【发包人原因致工程停建、缓建的责任】因发包人的原因致使工程中途停建、缓建的，发包人应当采取措施弥补或者减少损失，赔偿承包人因此造成的停工、窝工、倒运、机械设备调迁、材料和构件积压等损失和实际费用。

司法解释及文件

⊙**《最高人民法院关于审理建设工程施工合同纠纷案件适用法律问题的解释（一）》**（2020 年 12 月 29 日　法释〔2020〕25 号）

第十三条　发包人具有下列情形之一，造成建设工程质量缺陷，应当承担过错责任：

（一）提供的设计有缺陷；

（二）提供或者指定购买的建筑材料、建筑构配件、设备不符合强制性标准；

（三）直接指定分包人分包专业工程。

承包人有过错的，也应当承担相应的过错责任。

第八百零五条　【发包人的原因致勘察、设计的返工、停工或修改设计的责任】因发包人变更计划，提供的资料不准确，或者未按照期限提供必需的勘察、设计工作条件而造成勘察、设计的返工、停工或者修改设计，发包人应当按照勘察人、设计人实际消耗的工作量增付费用。

第八百零六条 【合同解除及后果处理】承包人将建设工程转包、违法分包的，发包人可以解除合同。

发包人提供的主要建筑材料、建筑构配件和设备不符合强制性标准或者不履行协助义务，致使承包人无法施工，经催告后在合理期限内仍未履行相应义务的，承包人可以解除合同。

合同解除后，已经完成的建设工程质量合格的，发包人应当按照约定支付相应的工程价款；已经完成的建设工程质量不合格的，参照本法第七百九十三条的规定处理。

法　律

⊙《**民法典**》(**合同编**)(2020 年 5 月 28 日)

第七百九十三条　建设工程施工合同无效，但是建设工程经验收合格的，可以参照合同关于工程价款的约定折价补偿承包人。

建设工程施工合同无效，且建设工程经验收不合格的，按照以下情形处理：

（一）修复后的建设工程经验收合格的，发包人可以请求承包人承担修复费用；

（二）修复后的建设工程经验收不合格的，承包人无权请求参照合同关于工程价款的约定折价补偿。

发包人对因建设工程不合格造成的损失有过错的，应当承担相应的责任。

第八百零七条 【建设工程价款优先受偿权】发包人未按照约定支付价款的，承包人可以催告发包人在合理期限内支付价款。发包人逾期不支付的，除根据建设工程的性质不宜折价、拍卖外，承包人可以与发包人协议将该工程折价，也可以请求人民法院将该工程依法拍卖。建设工程的价款就该工程折价或者拍卖的价款优先受偿。

司法解释及文件

⊙**《最高人民法院关于审理建设工程施工合同纠纷案件适用法律问题的解释（一）》**（2020年12月29日　法释〔2020〕25号）

第二十五条　当事人对垫资和垫资利息有约定，承包人请求按照约定返还垫资及其利息的，人民法院应予支持，但是约定的利息计算标准高于垫资时的同类贷款利率或者同期贷款市场报价利率的部分除外。

当事人对垫资没有约定的，按照工程欠款处理。

当事人对垫资利息没有约定，承包人请求支付利息的，人民法院不予支持。

第二十六条　当事人对欠付工程价款利息计付标准有约定的，按照约定处理。没有约定的，按照同期同类贷款利率或者同期贷款市场报价利率计息。

第二十七条　利息从应付工程价款之日开始计付。当事人对付款时间没有约定或者约定不明的，下列时间视为应付款时间：

（一）建设工程已实际交付的，为交付之日；

（二）建设工程没有交付的，为提交竣工结算文件之日；

（三）建设工程未交付，工程价款也未结算的，为当事人起诉之日。

第三十五条　与发包人订立建设工程施工合同的承包人，依据民法典第八百零七条的规定请求其承建工程的价款就工程折价或者拍卖的价款优先受偿的，人民法院应予支持。

第三十六条　承包人根据民法典第八百零七条规定享有的建设工程价款优先受偿权优于抵押权和其他债权。

第三十七条　装饰装修工程具备折价或者拍卖条件，装饰装修工程的承包人请求工程价款就该装饰装修工程折价或者拍卖的价款优先受偿的，人民法院应予支持。

第三十八条　建设工程质量合格，承包人请求其承建工程的价款就工程折价或者拍卖的价款优先受偿的，人民法院应予支持。

第三十九条　未竣工的建设工程质量合格，承包人请求其承建工程的价款就其承建工程部分折价或者拍卖的价款优先受偿的，人民法院应予支持。

第四十条 承包人建设工程价款优先受偿的范围依照国务院有关行政主管部门关于建设工程价款范围的规定确定。

承包人就逾期支付建设工程价款的利息、违约金、损害赔偿金等主张优先受偿的，人民法院不予支持。

第四十一条 承包人应当在合理期限内行使建设工程价款优先受偿权，但最长不得超过十八个月，自发包人应当给付建设工程价款之日起算。

第四十二条 发包人与承包人约定放弃或者限制建设工程价款优先受偿权，损害建筑工人利益，发包人根据该约定主张承包人不享有建设工程价款优先受偿权的，人民法院不予支持。

⊙**《最高人民法院关于商品房消费者权利保护问题的批复》**（2023 年 4 月 20 日 法释〔2023〕1 号）

河南省高级人民法院：

你院《关于明确房企风险化解中权利顺位问题的请示》（豫高法〔2023〕36 号）收悉。就人民法院在审理房地产开发企业因商品房已售逾期难交付引发的相关纠纷案件中涉及的商品房消费者权利保护问题，经研究，批复如下：

一、建设工程价款优先受偿权、抵押权以及其他债权之间的权利顺位关系，按照《最高人民法院关于审理建设工程施工合同纠纷案件适用法律问题的解释（一）》第三十六条的规定处理。

二、商品房消费者以居住为目的购买房屋并已支付全部价款，主张其房屋交付请求权优先于建设工程价款优先受偿权、抵押权以及其他债权的，人民法院应当予以支持。

只支付了部分价款的商品房消费者，在一审法庭辩论终结前已实际支付剩余价款的，可以适用前款规定。

三、在房屋不能交付且无实际交付可能的情况下，商品房消费者主张价款返还请求权优先于建设工程价款优先受偿权、抵押权以及其他债权的，人民法院应当予以支持。

⊙**《最高人民法院关于装修装饰工程款是否享有合同法第二百八十六条规定的优先受偿权的函复》**（2004年12月8日　〔2004〕民一他字第14号）

福建省高级人民法院：

你院闽高法〔2004〕143号《关于福州市康辉装修工程有限公司与福州天胜房地产开发有限公司、福州绿叶房产代理有限公司装修工程承包合同纠纷一案的请示》收悉。经研究，答复如下：

装修装饰工程属于建设工程，可以适用《中华人民共和国合同法》第二百八十六条关于优先受偿权的规定，但装修装饰工程的发包人不是该建筑的所有权人或者承包人与该建筑物的所有权人之间没有合同关系的除外。享有优先权的承包人只能在建筑物因装修装饰而增加价值的范围内优先受偿。

此复。

⊙**《最高人民法院关于建设工程承包合同案件中双方当事人已确认的工程决算价款与审计部门审计的工程决算价款不一致时如何适用法律问题的电话答复意见》**（2001年4月2日　〔2001〕民一他字第2号）

河南省高级人民法院：

你院"关于建设工程承包合同案件中双方当事人已确认的工程决算价款与审计部门审计的工程决算价款不一致时如何适用法律问题的请示"收悉。经研究认为，审计是国家对建设单位的一种行政监督，不影响建设单位与承建单位的合同效力。建设工程承包合同案件应以当事人的约定作为法院判决的依据。只有在合同明确约定以审计结论作为结算依据或者合同约定不明确、合同约定无效的情况下，才能将审计结论作为判决的依据。

⊙**《最高人民法院对福建高院〈关于执行中国建设银行厦门市分行诉远华集团有限公司、厦门东盛建设发展公司借款合同纠纷一案中涉及几个相关法律、政策问题的请示〉的答复函》（节录）**（2003年8月28日　〔2002〕执他字第21号）

福建省高级人民法院：

你院闽高法〔2002〕265号《关于执行中国建设银行厦门市分行诉远华集团有限公司、厦门东盛建设发展公司借款合同纠纷一案中涉及几个相关法律、政策问题的请示》收悉。经研究，答复如下：

关于该案执行中所涉及的工程款优先权问题，根据法律不溯及既往的原则和物权法定原则，如果作为执行标的的建设工程竣工或者停工于《中华人民共和国合同法》实施之前，则工程承包人从该建设工程价款中受偿的权利不得对抗已经在该工程上设定的抵押权。

指导案例

⊙**中天建设集团有限公司诉河南恒和置业有限公司建设工程施工合同纠纷案**（指导案例171号，最高人民法院审判委员会讨论通过，2021年11月9日发布）

【关键词】

建设工程施工合同　优先受偿权　除斥期间

【案例要旨】

执行法院依其他债权人的申请，对发包人的建设工程强制执行，承包人向执行法院主张其享有建设工程价款优先受偿权且未超过除斥期间的，视为承包人依法行使了建设工程价款优先受偿权。发包人以承包人起诉时行使建设工程价款优先受偿权超过除斥期间为由进行抗辩的，人民法院不予支持。

公报案例

⊙**中铁二十二局集团第四工程有限公司与安徽瑞讯交通开发有限公司、安徽省高速公路控股集团有限公司建设工程施工合同纠纷案**（《最高人民法院公报》2016年第4期）

【关键词】

建筑工程价款　赔偿损失额　连带责任

【案例要旨】

建筑工程价款包括承包人为建设工程应当支付的工作人员报酬、材料款等实际支出的费用，不包括承包人因发包人违约所造成的损失，承包人请求对因发包人违

约所造成的建设工程价款行使优先受偿权的，人民法院不予支持。

第八百零八条 【适用承揽合同的规定】本章没有规定的，适用承揽合同的有关规定。

第十九章　运输合同

第一节　一般规定

第八百零九条　【定义】运输合同是承运人将旅客或者货物从起运地点运输到约定地点，旅客、托运人或者收货人支付票款或者运输费用的合同。

法　律

⊙**《民用航空法》**（2021年4月29日修正）

第一百零七条　本法所称国内航空运输，是指根据当事人订立的航空运输合同，运输的出发地点、约定的经停地点和目的地点均在中华人民共和国境内的运输。

本法所称国际航空运输，是指根据当事人订立的航空运输合同，无论运输有无间断或者有无转运，运输的出发地点、目的地点或者约定的经停地点之一不在中华人民共和国境内的运输。

第一百零八条　航空运输合同各方认为几个连续的航空运输承运人办理的运输是一项单一业务活动的，无论其形式是以一个合同订立或者数个合同订立，应当视为一项不可分割的运输。

⊙《**铁路法**》(2015 年 4 月 24 日修正)

第十一条　铁路运输合同是明确铁路运输企业与旅客、托运人之间权利义务关系的协议。

旅客车票、行李票、包裹票和货物运单是合同或者合同的组成部分。

⊙《**海商法**》(1992 年 11 月 7 日)

第二条　本法所称海上运输，是指海上货物运输和海上旅客运输，包括海江之间、江海之间的直达运输。

本法第四章海上货物运输合同的规定，不适用于中华人民共和国港口之间的海上货物运输。

第四十一条　海上货物运输合同，是指承运人收取运费，负责将托运人托运的货物经海路由一港运至另一港的合同。

第四十二条　本章下列用语的含义：

(一)“承运人”是指本人或者委托他人以本人名义与托运人订立海上货物运输合同的人。

(二)“实际承运人”，是指接受承运人委托，从事货物运输或者部分运输的人，包括接受转委托从事此项运输的其他人。

(三)“托运人”是指：

1.本人或者委托他人以本人名义或者委托他人为本人与承运人订立海上货物运输合同的人；

2.本人或者委托他人以本人名义或者委托他人为本人将货物交给与海上货物运输合同有关的承运人的人。

(四)“收货人”，是指有权提取货物的人。

(五)“货物”，包括活动物和由托运人提供的用于集装货物的集装箱、货盘或者类似的装运器具。

第一百零七条　海上旅客运输合同，是指承运人以适合运送旅客的船舶经海路将旅客及其行李从一港运送至另一港，由旅客支付票款的合同。

第一百一十条　旅客客票是海上旅客运输合同成立的凭证。

行政法规

⊙《**道路运输条例**》（2023 年 7 月 20 日修订）

第二条 从事道路运输经营以及道路运输相关业务的，应当遵守本条例。

前款所称道路运输经营包括道路旅客运输经营（以下简称客运经营）和道路货物运输经营（以下简称货运经营）；道路运输相关业务包括站（场）经营、机动车维修经营、机动车驾驶员培训。

司法解释及文件

⊙《**最高人民法院关于审理海上货运代理纠纷案件若干问题的规定**》（2020 年 12 月 29 日修正）

第二条 人民法院审理海上货运代理纠纷案件，认定货运代理企业因处理海上货运代理事务与委托人之间形成代理、运输、仓储等不同法律关系的，应分别适用相关的法律规定。

部门规章及规范性文件

⊙《**中国民用航空货物国际运输规则**》（2000 年 8 月 1 日　民航总局令第 91 号）

第二条 本规则适用于依照中华人民共和国法律设立的公共航空运输企业（以下称承运人）使用民用航空器运送货物而收取报酬的国际航空运输，也适用于承运人使用民用航空器办理免费的货物国际航空运输。

第三条 本规则下列用语，除具体条款中另有规定外，含义如下：

（一）“公约”，是根据合同规定适用于该项运输的 1929 年 10 月 12 日在华沙签订的《统一国际航空运输某些规则的公约》和《修改一九二九年十月十二日在华沙签订的统一国际航空运输某些规则的公约的议定书》。

（二）“承运人”，是指包括发行航空货运单的承运人和运输货物、约定运输货物或者约定提供与此航空运输有关的任何其他服务的所有承运人。

（三）“代理人”，是指经承运人授权，代理承运人从事与货物运输有关活动的任何人，但本规则中另有规定的除外。

（四）“托运人”，是指与承运人订立货物运输合同，其名称出现在航空货运单托运人栏内的人。

（五）“收货人”，是指承运人将货物交给航空货运单收货人栏内所载明的人。

（六）“航空货运单”，是航空货物运输合同订立和运输条件以及承运人接受货物的初步证据。

（七）“货物”，是指除邮件或者凭“客票及行李票”运输的行李外，已由或者将由民用航空运输的物品，包括凭航空货运单运输的行李。

⊙**《中国民用航空货物国内运输规则》**（1996年2月29日修订　民航总局令第50号）

第一条　为了加强航空货物运输的管理，维护正常的航空运输秩序，根据中华人民共和国民用航空法的规定，制定本规则。

本规则适用于出发地、约定的经停地和目的地均在中华人民共和国境内的民用航空货物运输。

第三条　本规则中下列用语，除具体条件中另有规定者外，含义如下：

（一）“承运人”是指包括接受托运人填开的航空货运单或者保存货物记录的航空承运人和运送或者从事承运货物或者提供该运输的任何其他服务的所有航空承运人。

（二）“代理人”是指在航空货物运输中，经授权代表承运人的任何人。

（三）“托运人”是指为货物运输与承运人订立合同，并在航空货运单或者货物记录上署名的人。

（四）“收货人”是指承运人按照航空货运单或者货物运输记录上所列名称而交付货物的人。

（五）“托运书”是指托运人办理货物托运时填写的书面文件，是据以填开航空货运单的凭证。

（六）“航空货运单”是指托运人或者托运人委托承运人填制的，是托运人和承运人之间为在承运人的航线上承运货物所订立合同的证据。

第八百一十条 【承运人强制缔约义务】从事公共运输的承运人不得拒绝旅客、托运人通常、合理的运输要求。

行政法规

⊙《**道路运输条例**》(2023年7月20日修订)

第十八条 班线客运经营者取得道路运输经营许可证后，应当向公众连续提供运输服务，不得擅自暂停、终止或者转让班线运输。

部门规章及规范性文件

⊙《**道路旅客运输及客运站管理规定**》(2023年11月10日修正 交通运输部令2023年第18号)

第三十五条 道路客运班线属于国家所有的公共资源。班车客运经营者取得经营许可后，应当向公众提供连续运输服务，不得擅自暂停、终止或者转让班线运输。

⊙《**城市公共汽车和电车客运管理规定**》(2017年3月7日 交通运输部令2017年第5号)

第十九条 获得城市公共汽电车线路运营权的运营企业，应当按照线路特许经营协议要求提供连续服务，不得擅自停止运营。

运营企业需要暂停城市公共汽电车线路运营的，应当提前3个月向城市公共交通主管部门提出报告。运营企业应当按照城市公共交通主管部门的要求，自拟暂停之日7日前向社会公告；城市公共交通主管部门应当根据需要，采取临时指定运营企业、调配车辆等应对措施，保障社会公众出行需求。

适用要点

⊙ **准确理解“公共运输”的含义**

“公共运输”首要特征是其公益性即公用事业性。本条中从事公共运输的承运人，与“公共承运人”在用语源流和制度演变上均不相干，在司法实践不能混用或者套用，应当注意前者突出服务职能的公用事业性，后者强调运输条件的共同性。在国际上视为“公共承运人”的国际集装箱班轮运输，因不具有公益性和垄断性，而具有完全商业性和高度市场竞争性，并不属于本条规定的“从事公共运输的承运人”。

第八百一十一条 【按约定期限运输义务】承运人应当在约定期限或者合理期限内将旅客、货物安全运输到约定地点。

法　律

⊙《**民用航空法**》(2021 年 4 月 29 日修正)

第一百二十六条　旅客、行李或者货物在航空运输中因延误造成的损失，承运人应当承担责任；但是，承运人证明本人或者其受雇人、代理人为了避免损失的发生，已经采取一切必要措施或者不可能采取此种措施的，不承担责任。

⊙《**铁路法**》(2015 年 4 月 24 日修正)

第十条　铁路运输企业应当保证旅客和货物运输的安全，做到列车正点到达。

第十二条　铁路运输企业应当保证旅客按车票载明的日期、车次乘车，并到达目的站。因铁路运输企业的责任造成旅客不能按车票载明的日期、车次乘车的，铁路运输企业应当按照旅客的要求，退还全部票款或者安排改乘到达相同目的站的其他列车。

第十六条　铁路运输企业应当按照合同约定的期限或者国务院铁路主

管部门规定的期限，将货物、包裹、行李运到目的站；逾期运到的，铁路运输企业应当支付违约金。

铁路运输企业逾期三十日仍未将货物、包裹、行李交付收货人或者旅客的，托运人、收货人或者旅客有权按货物、包裹、行李灭失向铁路运输企业要求赔偿。

⊙《**海商法**》（1992 年 11 月 7 日）

第五十条 货物未能在明确约定的时间内，在约定的卸货港交付的，为迟延交付。

除依照本章规定承运人不负赔偿责任的情形外，由于承运人的过失，致使货物因迟延交付而灭失或者损坏的，承运人应当负赔偿责任。

除依照本章规定承运人不负赔偿责任的情形外，由于承运人的过失，致使货物因迟延交付而遭受经济损失的，即使货物没有灭失或者损坏，承运人仍然应当负赔偿责任。

承运人未能在本条第一款规定的时间届满六十日内交付货物，有权对货物灭失提出赔偿请求的人可以认为货物已经灭失。

行政法规

⊙《**国际海运条例**》（2023 年 7 月 20 日修订）

第十三条 新开、停开国际班轮运输航线，或者变更国际班轮运输船舶、班期的，应当提前 15 日予以公告，并应当自行为发生之日起 15 日内向国务院交通主管部门备案。

⊙《**国内水路运输管理条例**》（2023 年 7 月 20 日修订）

第十九条 水路运输经营者应当依照法律、行政法规和国务院交通运输主管部门关于水路旅客、货物运输的规定、质量标准以及合同的约定，为旅客、货主提供安全、便捷、优质的服务，保证旅客、货物运输安全。

水路旅客运输业务经营者应当为其客运船舶投保承运人责任保险或者取得相应的财务担保。

第二十条 水路运输经营者运输危险货物，应当遵守法律、行政法规以及国务院交通运输主管部门关于危险货物运输的规定，使用依法取得危险货物适装证书的船舶，按照规定的安全技术规范进行配载和运输，保证运输安全。

第二十一条　旅客班轮运输业务经营者应当自取得班轮航线经营许可之日起60日内开航，并在开航15日前公布所使用的船舶、班期、班次、运价等信息。

旅客班轮运输应当按照公布的班期、班次运行；变更班期、班次、运价的，应当在15日前向社会公布；停止经营部分或者全部班轮航线的，应当在30日前向社会公布并报原许可机关备案。

第二十二条　货物班轮运输业务经营者应当在班轮航线开航的7日前，公布所使用的船舶以及班期、班次和运价。

货物班轮运输应当按照公布的班期、班次运行；变更班期、班次、运价或者停止经营部分或者全部班轮航线的，应当在7日前向社会公布。

司法解释及文件

⊙《最高人民法院关于审理铁路运输损害赔偿案件若干问题的解释》（2020年12月29日修正）

七、逾期交付的责任

货物、包裹、行李逾期交付，如果是因铁路逾期运到造成的，由铁路运输企业支付逾期违约金；如果是因收货人或旅客逾期领取造成的，由收货人或旅客支付保管费；既因逾期运到又因收货人或旅客逾期领取造成的，由双方各自承担相应的责任。

铁路逾期运到并且发生损失时，铁路运输企业除支付逾期违约金外，还应当赔偿损失。对收货人或者旅客逾期领取，铁路运输企业在代保管期间因保管不当造成损失的，由铁路运输企业赔偿。

八、误交付的责任

货物、包裹、行李误交付（包括被第三者冒领造成的误交付），铁路运输企业查找超过运到期限的，由铁路运输企业支付逾期违约金。不能交付的，或者交付时有损失的，由铁路运输企业赔偿。铁路运输企业赔付后，再向有责任的第三者追偿。

第八百一十二条 【按约定路线运输义务】 承运人应当按照约定的或者通常的运输路线将旅客、货物运输到约定地点。

法 律

⊙**《海商法》**（1992 年 11 月 7 日）

第四十九条 承运人应当按照约定的或者习惯的或者地理上的航线将货物运往卸货港。

船舶在海上为救助或者企图救助人命或者财产而发生的绕航或者其他合理绕航，不属于违反前款的规定的行为。

行政法规

⊙**《道路运输条例》**（2023 年 7 月 20 日修订）

第十九条 从事包车客运的，应当按照约定的起始地、目的地和线路运输。

从事旅游客运的，应当在旅游区域按照旅游线路运输。

部门规章及规范性文件

⊙**《道路旅客运输及客运站管理规定》**（2023 年 11 月 10 日修正 交通运输部令 2023 年第 18 号）

第五十七条 客运包车应当凭车籍所在地交通运输主管部门配发的包车客运标志牌，按照约定的时间、起始地、目的地和线路运行，并持有包车合同，不得招揽包车合同外的旅客乘车。

客运包车除执行交通运输主管部门下达的紧急包车任务外，其线路一端应当在车籍所在的设区的市，单个运次不超过 15 日。

第六十八条　网络平台发现车辆存在超速、驾驶员疲劳驾驶、未按照规定的线路行驶等违法违规行为的，应当及时通报班车客运经营者。班车客运经营者应当及时纠正。

网络平台使用不符合规定的经营者、车辆或者驾驶员开展定制客运，造成旅客合法权益受到侵害的，应当依法承担相应的责任。

第八百一十三条　【旅客、托运人或收货人基本义务】旅客、托运人或者收货人应当支付票款或者运输费用。承运人未按照约定路线或者通常路线运输增加票款或者运输费用的，旅客、托运人或者收货人可以拒绝支付增加部分的票款或者运输费用。

法　律

⊙《**铁路法**》（2015年4月24日修正）

第二十一条　货物、包裹、行李到站后，收货人或者旅客应当按照国务院铁路主管部门规定的期限及时领取，并支付托运人未付或者少付的运费和其他费用；逾期领取的，收货人或者旅客应当按照规定交付保管费。

第二十二条　自铁路运输企业发出领取货物通知之日起满三十日仍无人领取的货物，或者收货人书面通知铁路运输企业拒绝领取的货物，铁路运输企业应当通知托运人，托运人自接到通知之日起满三十日未作答复的，由铁路运输企业变卖；所得价款在扣除保管等费用后尚有余款的，应当退还托运人，无法退还、自变卖之日起一百八十日内托运人又未领回的，上缴国库。

自铁路运输企业发出领取通知之日起满九十日仍无人领取的包裹或者到站后满九十日仍无人领取的行李，铁路运输企业应当公告，公告满九十日仍无人领取的，可以变卖；所得价款在扣除保管等费用后尚有余款的，托运人、收货人或者旅客可以自变卖之日起一百八十日内领回，逾期不领回的，上缴国库。

对危险物品和规定限制运输的物品，应当移交公安机关或者有关部门处理，不得自行变卖。

对不宜长期保存的物品，可以按照国务院铁路主管部门的规定缩短处理期限。

⊙《**海商法**》（1992年11月7日）

第六十九条 托运人应当按照约定向承运人支付运费。

托运人与承运人可以约定运费由收货人支付；但是，此项约定应当在运输单证中载明。

第二节 客运合同

第八百一十四条 【合同的成立】客运合同自承运人向旅客出具客票时成立，但是当事人另有约定或者另有交易习惯的除外。

法 律

⊙《**民用航空法**》（2021年4月29日修正）

第一百零九条 承运人运送旅客，应当出具客票。旅客乘坐民用航空器，应当交验有效客票。

第一百一十条 客票应当包括的内容由国务院民用航空主管部门规定，至少应当包括以下内容：

（一）出发地点和目的地点；

（二）出发地点和目的地点均在中华人民共和国境内，而在境外有一个或者数个约定的经停地点的，至少注明一个经停地点；

（三）旅客航程的最终目的地点、出发地点或者约定的经停地点之一不在中华人民共和国境内，依照所适用的国际航空运输公约的规定，应当在客票上声明此项运输适用该公约的，客票上应当载有该项声明。

第一百一十一条 客票是航空旅客运输合同订立和运输合同条件的初

步证据。

旅客未能出示客票、客票不符合规定或者客票遗失，不影响运输合同的存在或者有效。

在国内航空运输中，承运人同意旅客不经其出票而乘坐民用航空器的，承运人无权援用本法第一百二十八条有关赔偿责任限制的规定。

在国际航空运输中，承运人同意旅客不经其出票而乘坐民用航空器的，或者客票上未依照本法第一百一十条第（三）项的规定声明的，承运人无权援用本法第一百二十九条有关赔偿责任限制的规定。

⊙**《海商法》**（1992 年 11 月 7 日）

第一百一十条　旅客客票是海上旅客运输合同成立的凭证。

司法解释及文件

⊙**《最高人民法院关于适用〈中华人民共和国民法典〉合同编通则若干问题的解释》**（2023 年 12 月 4 日　法释〔2023〕13 号）

第二条　下列情形，不违反法律、行政法规的强制性规定且不违背公序良俗的，人民法院可以认定为民法典所称的“交易习惯”：

（一）当事人之间在交易活动中的惯常做法；

（二）在交易行为当地或者某一领域、某一行业通常采用并为交易对方订立合同时所知道或者应当知道的做法。

对于交易习惯，由提出主张的当事人一方承担举证责任。

⊙**《最高人民法院关于审理铁路运输损害赔偿案件若干问题的解释》**（2020 年 12 月 29 日修正）

十一、铁路旅客运送责任期间

铁路运输企业对旅客运送的责任期间自旅客持有效车票进站时起到旅客出站或者应当出站时止。不包括旅客在候车室内的期间。

第八百一十五条 【旅客乘运义务】旅客应当按照有效客票记载的时间、班次和座位号乘坐。旅客无票乘坐、超程乘坐、越级乘坐或者持不符合减价条件的优惠客票乘坐的，应当补交票款，承运人可以按照规定加收票款；旅客不支付票款的，承运人可以拒绝运输。

实名制客运合同的旅客丢失客票的，可以请求承运人挂失补办，承运人不得再次收取票款和其他不合理费用。

法　律

⊙《**民用航空法**》（2021年4月29日修正）

第一百零九条　承运人运送旅客，应当出具客票。旅客乘坐民用航空器，应当交验有效客票。

第一百一十条　客票应当包括的内容由国务院民用航空主管部门规定，至少应当包括以下内容：

（一）出发地点和目的地点；

（二）出发地点和目的地点均在中华人民共和国境内，而在境外有一个或者数个约定的经停地点的，至少注明一个经停地点；

（三）旅客航程的最终目的地点、出发地点或者约定的经停地点之一不在中华人民共和国境内，依照所适用的国际航空运输公约的规定，应当在客票上声明此项运输适用该公约的，客票上应当载有该项声明。

⊙《**铁路法**》（2015年4月24日修正）

第十四条　旅客乘车应当持有效车票。对无票乘车或者持失效车票乘车的，应当补收票款，并按照规定加收票款；拒不交付的，铁路运输企业可以责令下车。

⊙《**海商法**》（1992年11月7日）

第一百一十二条　旅客无票乘船、越级乘船或者超程乘船，应当按照规定补足票款，承运人可以按照规定加收票款；拒不交付的，船长有权在适当地点令其离船，承运人有权向其追偿。

行政法规

⊙《**道路运输条例**》(2023 年 7 月 20 日修订)

第十七条　旅客应当持有效客票乘车，遵守乘车秩序，讲究文明卫生，不得携带国家规定的危险物品及其他禁止携带的物品乘车。

部门规章及规范性文件

⊙《**道路旅客运输及客运站管理规定**》(2023 年 11 月 10 日修正　交通运输部令 2023 年第 18 号)

第三十八条　一类、二类客运班线的经营者或者其委托的售票单位、配客站点，应当实行实名售票和实名查验（以下统称实名制管理），免票儿童除外。其他客运班线及客运站实行实名制管理的范围，由省级人民政府交通运输主管部门确定。

实行实名制管理的，购票人购票时应当提供有效身份证件原件（有效身份证件类别见附件 9），并由售票人在客票上记载旅客的身份信息。通过网络、电话等方式实名购票的，购票人应当提供有效的身份证件信息，并在取票时提供有效身份证件原件。

旅客遗失客票的，经核实其身份信息后，售票人应当免费为其补办客票。

⊙《**城市公共汽车和电车客运管理规定**》(2017 年 3 月 7 日　交通运输部令 2017 年第 5 号)

第三十九条　乘客应当按照规定票价支付车费，未按规定票价支付的，运营企业从业人员有权要求乘客补交车费，并按照有关规定加收票款。

符合当地优惠乘车条件的乘客，应当按规定出示有效乘车凭证，不能出示的，运营企业从业人员有权要求其按照普通乘客支付车费。

⊙《**水路旅客运输实名制管理规定**》(2016 年 10 月 9 日　交通运输部令 2016 年第 77 号)

第五条　实施实名售票的，购票人购票时应当提供乘船人的有效身份证件原件。通过互联网、电话等方式购票的，购票人应当提供真实准确的乘船人有效身份证件信息。

取票时，取票人应当提供乘船人的有效身份证件原件。

乘船人遗失船票的，经核实其身份信息后，水路旅客运输经营者或者其委托的船票销售单位应当免费为其补办船票。

按规定可以免费乘船的儿童及其他人员，应当凭有效身份证件原件，向水路旅客运输经营者或者其委托的船票销售单位申领免费实名制船票。水路旅客运输经营者或者其委托的船票销售单位应当为其开具免费实名制船票，并如实记载乘船人身份信息。

⊙《**水路旅客运输规则**》（2014 年 1 月 2 日　交通运输部令 2014 年第 1 号）

第四十条　乘船人无票在船上主动要求补票，承运人应向其补收自乘船港（不能证实时，自客船始发港）至到达港的全部票价款，并核收补票手续费。

在途中，承运人查出无票或持用失效船票或伪造、涂改船票者，除向乘船人补收自乘船港（不能证实时，自客船始发港）至到达港的全部票价款外，应另加收相同区段最低等级票价的 100%的票款，并核收补票手续费。

第四十一条　在到达港，承运人查出无票或持用失效船票或伪造、涂改船票者，应向乘船人补收自客船始发港至到达港最低等级票价的 400%的票款，并核收补票手续费。

人民法院案例选案例

⊙**孙某某与北京铁路局铁路旅客运输合同纠纷上诉案**［《人民法院案例选》2008 年第 3 辑（总第 65 辑）］

【关键词】

车票　客运合同凭证　合同义务

【案例要旨】

火车票是铁路旅客运输合同的基本凭证，受票面的限制，火车票上载明的内容即发站到站、票价、车次、乘车日期、有效期等并非是铁路旅客运输合同的全部内容而是主要内容，合同双方的其他权利义务由国家有关铁路旅客运输的法律、法规、规章，尤其由《铁路旅客运输规程》明确加以规定，并以公开出版发行等方式向社会公众公示告知，上述相关规定视为合同的内容，双方当事人应当共同遵守。

第八百一十六条　【退票与变更】旅客因自己的原因不能按照客票记载的时间乘坐的，应当在约定的期限内办理退票或者变更手续；逾期办理的，承运人可以不退票款，并不再承担运输义务。

第八百一十七条　【按约定限量携带行李义务】旅客随身携带行李应当符合约定的限量和品类要求；超过限量或者违反品类要求携带行李的，应当办理托运手续。

第八百一十八条　【违禁品或危险物品的禁止携带】旅客不得随身携带或者在行李中夹带易燃、易爆、有毒、有腐蚀性、有放射性以及可能危及运输工具上人身和财产安全的危险物品或者违禁物品。

旅客违反前款规定的，承运人可以将危险物品或者违禁物品卸下、销毁或者送交有关部门。旅客坚持携带或者夹带危险物品或者违禁物品的，承运人应当拒绝运输。

法　律

⊙**《民用航空法》**（2021年4月29日修正）

第一百条　公共航空运输企业不得运输法律、行政法规规定的禁运物品。

公共航空运输企业未经国务院民用航空主管部门批准，不得运输作战军火、作战物资。

禁止旅客随身携带法律、行政法规规定的禁运物品乘坐民用航空器。

第一百零一条 公共航空运输企业运输危险品，应当遵守国家有关规定。

禁止以非危险品品名托运危险品。

禁止旅客随身携带危险品乘坐民用航空器。除因执行公务并按照国家规定经过批准外，禁止旅客携带枪支、管制刀具乘坐民用航空器。禁止违反国务院民用航空主管部门的规定将危险品作为行李托运。

危险品品名由国务院民用航空主管部门规定并公布。

⊙《**铁路法**》(2015年4月24日修正)

第二十八条 托运、承运货物、包裹、行李，必须遵守国家关于禁止或者限制运输物品的规定。

⊙《**海商法**》(1992年11月7日)

第一百一十三条 旅客不得随身携带或者在行李中夹带违禁品或者易燃、易爆、有毒、有腐蚀性、有放射性以及有可能危及船上人身和财产安全的其他危险品。

承运人可以在任何时间、任何地点将旅客违反前款规定随身携带或者在行李中夹带的违禁品、危险品卸下、销毁或者使之不能为害，或者送交有关部门，而不负赔偿责任。

旅客违反本条第一款规定，造成损害的，应当负赔偿责任。

行政法规

⊙《**道路运输条例**》(2023年7月20日修订)

第十七条 旅客应当持有效客票乘车，遵守乘车秩序，讲究文明卫生，不得携带国家规定的危险物品及其他禁止携带的物品乘车。

⊙《**民用航空安全保卫条例**》(2011年1月8日修订)

第二十六条 乘坐民用航空器的旅客和其他人员及其携带的行李物品，必须接受安全检查；但是，国务院规定免检的除外。

拒绝接受安全检查的，不准登机，损失自行承担。

第二十七条　安全检查人员应当查验旅客客票、身份证件和登机牌，使用仪器或者手工对旅客及其行李物品进行安全检查，必要时可以从严检查。

已经安全检查的旅客应当在候机隔离区等待登机。

第三十二条　除国务院另有规定的外，乘坐民用航空器的，禁止随身携带或者交运下列物品：

（一）枪支、弹药、军械、警械；

（二）管制刀具；

（三）易燃、易爆、有毒、腐蚀性、放射性物品；

（四）国家规定的其他禁运物品。

第三十三条　除本条例第三十二条规定的物品外，其他可以用于危害航空安全的物品，旅客不得随身携带，但是可以作为行李交运或者按照国务院民用航空主管部门的有关规定由机组人员带到目的地后交还。

对含有易燃物质的生活用品实行限量携带。限量携带的物品及其数量，由国务院民用航空主管部门规定。

部门规章及规范性文件

⊙《**城市公共汽车和电车客运管理规定**》（2017年3月7日　交通运输部令第5号）

第四十九条　禁止携带违禁物品乘车。运营企业应当在城市公共汽电车主要站点的醒目位置公布禁止携带的违禁物品目录。有条件的，应当在城市公共汽电车车辆上张贴禁止携带违禁物品乘车的提示。

第八百一十九条【承运人安全运输义务和旅客的协助义务】承运人应当严格履行安全运输义务，及时告知旅客安全运输应当注意的事项。旅客对承运人为安全运输所作的合理安排应当积极协助和配合。

行政法规

⊙《**道路运输条例**》（2023 年 7 月 20 日修订）

第八条 申请从事客运经营的，应当具备下列条件：

（一）有与其经营业务相适应并经检测合格的车辆；

（二）有符合本条例第九条规定条件的驾驶人员；

（三）有健全的安全生产管理制度。

申请从事班线客运经营的，还应当有明确的线路和站点方案。

第九条 从事客运经营的驾驶人员，应当符合下列条件：

（一）取得相应的机动车驾驶证；

（二）年龄不超过 60 周岁；

（三）3 年内无重大以上交通责任事故记录；

（四）经设区的市级人民政府交通运输主管部门对有关客运法律法规、机动车维修和旅客急救基本知识考试合格。

第十条 申请从事客运经营的，应当依法向市场监督管理部门办理有关登记手续后，按照下列规定提出申请并提交符合本条例第八条规定条件的相关材料：

（一）从事县级行政区域内和毗邻县行政区域间客运经营的，向所在地县级人民政府交通运输主管部门提出申请；

（二）从事省际、市际、县际（除毗邻县行政区域间外）客运经营的，向所在地设区的市级人民政府交通运输主管部门提出申请；

（三）在直辖市申请从事客运经营的，向所在地直辖市人民政府确定的交通运输主管部门提出申请。

依照前款规定收到申请的交通运输主管部门，应当自受理申请之日起 20 日内审查完毕，作出许可或者不予许可的决定。予以许可的，向申请人颁发道路运输经营许可证，并向申请人投入运输的车辆配发车辆营运证；不予许可的，应当书面通知申请人并说明理由。

对从事省际和市际客运经营的申请，收到申请的交通运输主管部门依照本条第二款规定颁发道路运输经营许可证前，应当与运输线路目的地的相应交通运输主管部门协商，协商不成的，应当按程序报省、自治区、直辖市人民政府交通运输主管部门协商决定。对从事设区的市内毗邻县客运经营的申请，有关交通运输主管部门应当进行协商，协商不成的，报所在地市级人民政府交通运输主管部门决定。

第十六条　客运经营者应当为旅客提供良好的乘车环境，保持车辆清洁、卫生，并采取必要的措施防止在运输过程中发生侵害旅客人身、财产安全的违法行为。

部门规章及规范性文件

⊙《**城市公共汽车和电车客运管理规定**》（2017年3月7日　交通运输部令第5号）

第五十条　运营企业应当依照规定配备安保人员和相应设备设施，加强安全检查和保卫工作。乘客应当自觉接受、配合安全检查。对于拒绝接受安全检查或者携带违禁物品的乘客，运营企业从业人员应当制止其乘车；制止无效的，及时报告公安部门处理。

⊙《**道路旅客运输及客运站管理规定**》（2023年11月10日修正　交通运输部令2023年第18号）

第四十条　严禁营运客车超载运行，在载客人数已满的情况下，允许再搭乘不超过核定载客人数10%的免票儿童。

第四十一条　客车不得违反规定载货。客运站经营者受理客运班车行李舱载货运输业务的，应当对托运人有效身份信息进行登记，并对托运物品进行安全检查或者开封验视，不得受理有关法律法规禁止运送、可能危及运输安全和托运人拒绝安全检查的托运物品。

客运班车行李舱装载托运物品时，应当不超过行李舱内径尺寸、不大于客车允许最大总质量与整备质量和核定载客质量之差，并合理均衡配重；对于容易在舱内滚动、滑动的物品应当采取有效的固定措施。

第四十四条　客运经营者应当为旅客提供良好的乘车环境，确保车辆设备、设施齐全有效，保持车辆清洁、卫生，并采取必要的措施防止在运输过程中发生侵害旅客人身、财产安全的违法行为。

客运经营者应当按照有关规定在发车前进行旅客系固安全带等安全事项告知，运输过程中发生侵害旅客人身、财产安全的治安违法行为时，应当及时向公安机关报告并配合公安机关处理治安违法行为。

客运经营者不得在客运车辆上从事播放淫秽录像等不健康的活动，不得传播、使用破坏社会安定、危害国家安全、煽动民族分裂等非法出版物。

第四十七条 客运经营者应当加强车辆技术管理，建立客运车辆技术状况检查制度，加强对从业人员的安全、职业道德教育和业务知识、操作规程培训，并采取有效措施，防止驾驶员连续驾驶时间超过4个小时。

客运车辆驾驶员应当遵守道路运输法规和道路运输驾驶员操作规程，安全驾驶，文明服务。

第八百二十条 【承运人按照约定运输的义务】承运人应当按照有效客票记载的时间、班次和座位号运输旅客。承运人迟延运输或者有其他不能正常运输情形的，应当及时告知和提醒旅客，采取必要的安置措施，并根据旅客的要求安排改乘其他班次或者退票；由此造成旅客损失的，承运人应当承担赔偿责任，但是不可归责于承运人的除外。

法 律

⊙《**民用航空法**》（2021年4月29日修正）

第一百二十六条 旅客、行李或者货物在航空运输中因延误造成的损失，承运人应当承担责任；但是，承运人证明本人或者其受雇人、代理人为了避免损失的发生，已经采取一切必要措施或者不可能采取此种措施的，不承担责任。

⊙《**铁路法**》(2015 年 4 月 24 日修正)

第十二条 铁路运输企业应当保证旅客按车票载明的日期、车次乘车，并到达目的站。因铁路运输企业的责任造成旅客不能按车票载明的日期、车次乘车的，铁路运输企业应当按照旅客的要求，退还全部票款或者安排改乘到达相同目的站的其他列车。

公报案例

⊙阿卜杜勒·瓦某某诉东方航空公司国际航空旅客运输合同纠纷案(《最高人民法院公报》2006 年第 10 期)

【关键词】

航班延误 承运人告知义务

【案例要旨】

航班延误后，航空公司应尽到告知和提醒义务，需及时播报航班延误信息，并有义务根据每一位滞留旅客的不同需要，向其提供航空公司掌握的其他旅途信息，以便该旅客作出正确抉择；被滞留的旅客无论购买打折还是全额机票的，都有权在第一时间获取尽可能详细的信息，并及时了解后续进展情况，以便根据延误情形对旅途作出最合理选择。

⊙杨某某诉南方航空公司、民惠公司客运合同纠纷案(《最高人民法院公报》2003 年第 5 期)

【关键词】

客运合同 附随义务

【案例要旨】

合同义务有给付义务和附随义务之分。给付义务是债务人根据合同应当履行的基本义务，附随义务是在给付义务以外，为保证债权人利益的实现而需债务人履行的其他义务。承运人未履行客运合同附随义务导致旅客发生迟延运输的，依据《合同法》(《民法典》) 规定应当承担违约责任。

人民法院案例选案例

⊙**江阴市友好旅行社有限公司诉韩某某、无锡市锦江旅游客运有限公司客运合同纠纷案**［《人民法院案例选》2007年第4辑（总第62辑）］

【关键词】

不可抗力　违约责任　堵车

【案例要旨】

承运人对公路客运途中发生的堵车在一定程度上可以预见，但不能准确预见其发生的确切时间、地点、延续期间、影响范围，因此，堵车属不可抗力事件。承运人虽可免除违约责任，但不可免除不可抗力的风险责任。对堵车造成的损失，承运人和托运人应依公平责任原则按一定比例共同负担。

第八百二十一条　【承运人服务标准】承运人擅自降低服务标准的，应当根据旅客的请求退票或者减收票款；提高服务标准的，不得加收票款。

第八百二十二条　【承运人的救助义务】承运人在运输过程中，应当尽力救助患有急病、分娩、遇险的旅客。

第八百二十三条　【旅客伤亡的赔偿责任】承运人应当对运输过程中旅客的伤亡承担赔偿责任；但是，伤亡是旅客自身健康原因造成的或者承运人证明伤亡是旅客故意、重大过失造成的除外。

前款规定适用于按照规定免票、持优待票或者经承运人许可搭乘的无票旅客。

法　律

⊙**《海商法》**（1992年11月7日）

第一百一十四条　在本法第一百一十一条规定的旅客及其行李的运送

期间，因承运人或者承运人的受雇人、代理人在受雇或者受委托的范围内的过失引起事故，造成旅客人身伤亡或者行李灭失、损坏的，承运人应当负赔偿责任。

请求人对承运人或者承运人的受雇人、代理人的过失，应当负举证责任；但是，本条第三款和第四款规定的情形除外。

旅客的人身伤亡或者自带行李的灭失、损坏，是由于船舶的沉没、碰撞、搁浅、爆炸、火灾所引起或者是由于船舶的缺陷所引起的，承运人或者承运人的受雇人、代理人除非提出反证，应当视为其有过失。

旅客自带行李以外的其他行李的灭失或者损坏，不论由于何种事故所引起，承运人或者承运人的受雇人、代理人除非提出反证，应当视为其有过失。

第一百一十五条 经承运人证明，旅客的人身伤亡或者行李的灭失、损坏，是由于旅客本人的过失或者旅客和承运人的共同过失造成的，可以免除或者相应减轻承运人的赔偿责任。

经承运人证明，旅客的人身伤亡或者行李的灭失、损坏，是由于旅客本人的故意造成的，或者旅客的人身伤亡是由于旅客本人健康状况造成的，承运人不负赔偿责任。

第一百一十七条 除本条第四款规定的情形外，承运人在每次海上旅客运输中的赔偿责任限额，依照下列规定执行：

（一）旅客人身伤亡的，每名旅客不超过 46666 计算单位；

（二）旅客自带行李灭失或者损坏的，每名旅客不超过 833 计算单位；

（三）旅客车辆包括该车辆所载行李灭失或者损坏的，每一车辆不超过 3333 计算单位；

（四）本款第（二）、（三）项以外的旅客其他行李灭失或者损坏的，每名旅客不超过 1200 计算单位。

承运人和旅客可以约定，承运人对旅客车辆和旅客车辆以外的其他行李损失的免赔额。但是，对每一车辆损失的免赔额不得超过 117 计算单位，对每名旅客的车辆以外的其他行李损失的免赔额不得超过 13 计算单位。在计算每一车辆或者每名旅客的车辆以外的其他行李的损失赔偿数额时，应当扣除约定的承运人免赔额。

承运人和旅客可以书面约定高于本条第一款规定的赔偿责任限额。

中华人民共和国港口之间的海上旅客运输，承运人的赔偿责任限额，由国务院交通主管部门制定，报国务院批准后施行。

第一百一十八条 经证明，旅客的人身伤亡或者行李的灭失、损坏，是由于承运人的故意或者明知可能造成损害而轻率地作为或者不作为造成的，承运人不得援用本法第一百一十六条和第一百一十七条限制赔偿责任的规定。

经证明，旅客的人身伤亡或者行李的灭失、损坏，是由于承运人的受雇人、代理人的故意或者明知可能造成损害而轻率地作为或者不作为造成的，承运人的受雇人、代理人不得援用本法第一百一十六条和第一百一十七条限制赔偿责任的规定。

⊙《**铁路法**》(2015 年 4 月 24 日修正)

第五十八条 因铁路行车事故及其他铁路运营事故造成人身伤亡的，铁路运输企业应当承担赔偿责任；如果人身伤亡是因不可抗力或者由于受害人自身的原因造成的，铁路运输企业不承担赔偿责任。

违章通过平交道口或者人行过道，或者在铁路线路上行走、坐卧造成的人身伤亡，属于受害人自身的原因造成的人身伤亡。

⊙《**民用航空法**》(2021 年 4 月 29 日修正)

第一百二十四条 因发生在民用航空器上或者在旅客上、下民用航空器过程中的事件，造成旅客人身伤亡的，承运人应当承担责任；但是，旅客的人身伤亡完全是由于旅客本人的健康状况造成的，承运人不承担责任。

第一百二十七条 在旅客、行李运输中，经承运人证明，损失是由索赔人的过错造成或者促成的，应当根据造成或者促成此种损失的过错的程度，相应免除或者减轻承运人的责任。旅客以外的其他人就旅客死亡或者受伤提出赔偿请求时，经承运人证明，死亡或者受伤是旅客本人的过错造成或者促成的，同样应当根据造成或者促成此种损失的过错的程度，相应免除或者减轻承运人的责任。

在货物运输中，经承运人证明，损失是由索赔人或者代行权利人的过错造成或者促成的，应当根据造成或者促成此种损失的过错的程度，相应免除或者减轻承运人的责任。

行政法规

⊙《**铁路交通事故应急救援和调查处理条例**》（2012 年 11 月 9 日修订）

第三十二条　事故造成人身伤亡的，铁路运输企业应当承担赔偿责任；但是人身伤亡是不可抗力或者受害人自身原因造成的，铁路运输企业不承担赔偿责任。

违章通过平交道口或者人行过道，或者在铁路线路上行走、坐卧造成的人身伤亡，属于受害人自身的原因造成的人身伤亡。

第三十五条　除本条例第三十三条、第三十四条的规定外，事故造成其他人身伤亡或者财产损失的，依照国家有关法律、行政法规的规定赔偿。

第三十六条　事故当事人对事故损害赔偿有争议的，可以通过协商解决，或者请求组织事故调查组的机关或者铁路管理机构组织调解，也可以直接向人民法院提起民事诉讼。

司法解释及文件

⊙《**最高人民法院关于审理铁路运输人身损害赔偿纠纷案件适用法律若干问题的解释**》（2021 年 12 月 8 日修正）

第一条　人民法院审理铁路行车事故及其他铁路运营事故造成的铁路运输人身损害赔偿纠纷案件，适用本解释。

铁路运输企业在客运合同履行过程中造成旅客人身损害的赔偿纠纷案件，不适用本解释；与铁路运输企业建立劳动合同关系或者形成劳动关系的铁路职工在执行职务中发生的人身损害，依照有关调整劳动关系的法律规定及其他相关法律规定处理。

第二条　铁路运输人身损害的受害人以及死亡受害人的近亲属为赔偿权利人，有权请求赔偿。

第三条　赔偿权利人要求对方当事人承担侵权责任的，由事故发生地、列车最先到达地或者被告住所地铁路运输法院管辖。

前款规定的地区没有铁路运输法院的，由高级人民法院指定的其他人民法院管辖。

第四条 铁路运输造成人身损害的，铁路运输企业应当承担赔偿责任；法律另有规定的，依照其规定。

第五条 铁路行车事故及其他铁路运营事故造成人身损害，有下列情形之一的，铁路运输企业不承担赔偿责任：

（一）不可抗力造成的；

（二）受害人故意以卧轨、碰撞等方式造成的；

（三）法律规定铁路运输企业不承担赔偿责任的其他情形造成的。

⊙**《最高人民法院关于审理铁路运输损害赔偿案件若干问题的解释》**（2020年12月29日修正）

十一、铁路旅客运送责任期间

铁路运输企业对旅客运送的责任期间自旅客持有效车票进站时起到旅客出站或者应当出站时止。不包括旅客在候车室内的期间。

十二、第三者责任造成旅客伤亡的赔偿

在铁路旅客运送期间因第三者责任造成旅客伤亡，旅客或者其继承人要求铁路运输企业先予赔偿的，应予支持。铁路运输企业赔付后，有权向有责任的第三者追偿。

⊙**《最高人民法院关于就客运合同纠纷案件中，对无过错承运人如何适用法律有关问题的请示的答复》**（2007年10月12日 〔2006〕民监他字第1号）

1. 请示报告显示，该交通事故系由第三人的过错造成，承运人和旅客均无过错。受到损害的旅客依据《中华人民共和国合同法》第一百二十一条的规定，仅选择承运人提起客运合同纠纷诉讼的，人民法院应当就该客运合同纠纷案件进行审理。

2. 承运人虽在交通事故中无过错，但在旅客提起的客运合同纠纷诉讼中，应按《中华人民共和国合同法》第三百零二条的规定，对旅客的伤亡承担损害赔偿责任。旅客关于精神损害的赔偿请求，应向造成交通事故的侵权人主张。在旅客仅选择提起客运合同纠纷诉讼的情况下，人民法院不应支持其向违约责任人主张精神损害赔偿的诉讼请求。

3. 承运人向旅客支付的损害赔偿金额构成承运人在该交通事故中损失的一部分，可以向造成交通事故的侵权人主张。

部门规章及规范性文件

⊙**《港口间海上旅客运输赔偿责任限额规定》**（1993年12月17日 交通部令第6号）

第三条 承运人在每次海上旅客运输中的赔偿责任限额，按照下列规定执行：

（一）旅客人身伤亡的，每名旅客不超过4万元人民币；

（二）旅客自带行李灭失或者损坏的，每名旅客不超过800元人民币；

（三）旅客车辆包括该车辆所载行李灭失或者损坏的，每一车辆不超过3200元人民币；

（四）本款第（二）项、第（三）项以外的旅客其他行李灭失或者损坏的，每千克不超过20元人民币。

承运人和旅客可以书面约定高于本条第一款规定的赔偿责任限额。

第四条 海上旅客运输的旅客人身伤亡赔偿责任限制，按照4万元人民币乘以船舶证书规定的载客定额计算赔偿限额，但是最高不超过2100万元人民币。

第五条 向外籍旅客、华侨和港、澳、台胞旅客给付的赔偿金，可以兑换成该外国或者地区的货币。其汇率按照赔偿金给付之日中华人民共和国外汇管理部门公布的外汇牌价确定。

⊙**《国内航空运输承运人赔偿责任限额规定》**（2006年2月28日 中国民用航空总局令第164号）

第三条 国内航空运输承运人（以下简称承运人）应当在下列规定的赔偿责任限额内按照实际损害承担赔偿责任，但是《民用航空法》另有规定的除外：

（一）对每名旅客的赔偿责任限额为人民币40万元；

（二）对每名旅客随身携带物品的赔偿责任限额为人民币 3000 元；

（三）对旅客托运的行李和对运输的货物的赔偿责任限额，为每公斤人民币 100 元。

第四条 本规定第三条所确定的赔偿责任限额的调整，由国务院民用航空主管部门制定，报国务院批准后公布执行。

第五条 旅客自行向保险公司投保航空旅客人身意外保险的，此项保险金额的给付，不免除或者减少承运人应当承担的赔偿责任。

第八百二十四条 【随身携带物品、托运的行李毁损、灭失的责任承担】在运输过程中旅客随身携带物品毁损、灭失，承运人有过错的，应当承担赔偿责任。

旅客托运的行李毁损、灭失的，适用货物运输的有关规定。

法 律

⊙**《民用航空法》**（2021 年 4 月 29 日修正）

第一百二十五条 因发生在民用航空器上或者在旅客上、下民用航空器过程中的事件，造成旅客随身携带物品毁灭、遗失或者损坏的，承运人应当承担责任。因发生在航空运输期间的事件，造成旅客的托运行李毁灭、遗失或者损坏的，承运人应当承担责任。

旅客随身携带物品或者托运行李的毁灭、遗失或者损坏完全是由于行李本身的自然属性、质量或者缺陷造成的，承运人不承担责任。

本章所称行李，包括托运行李和旅客随身携带的物品。

因发生在航空运输期间的事件，造成货物毁灭、遗失或者损坏的，承运人应当承担责任；但是，承运人证明货物的毁灭、遗失或者损坏完全是由于下列原因之一造成的，不承担责任：

（一）货物本身的自然属性、质量或者缺陷；

（二）承运人或者其受雇人、代理人以外的人包装货物的，货物包装不良；

（三）战争或者武装冲突；

（四）政府有关部门实施的与货物入境、出境或者过境有关的行为。

本条所称航空运输期间，是指在机场内、民用航空器上或者机场外降落的任何地点，托运行李、货物处于承运人掌管之下的全部期间。

航空运输期间，不包括机场外的任何陆路运输、海上运输、内河运输过程；但是，此种陆路运输、海上运输、内河运输是为了履行航空运输合同而装载、交付或者转运，在没有相反证据的情况下，所发生的损失视为在航空运输期间发生的损失。

第一百二十六条　旅客、行李或者货物在航空运输中因延误造成的损失，承运人应当承担责任；但是，承运人证明本人或者其受雇人、代理人为了避免损失的发生，已经采取一切必要措施或者不可能采取此种措施的，不承担责任。

第一百二十七条　在旅客、行李运输中，经承运人证明，损失是由索赔人的过错造成或者促成的，应当根据造成或者促成此种损失的过错的程度，相应免除或者减轻承运人的责任。旅客以外的其他人就旅客死亡或者受伤提出赔偿请求时，经承运人证明，死亡或者受伤是旅客本人的过错造成或者促成的，同样应当根据造成或者促成此种损失的过错的程度，相应免除或者减轻承运人的责任。

在货物运输中，经承运人证明，损失是由索赔人或者代行权利人的过错造成或者促成的，应当根据造成或者促成此种损失的过错的程度，相应免除或者减轻承运人的责任。

第一百二十八条　国内航空运输承运人的赔偿责任限额由国务院民用航空主管部门制定，报国务院批准后公布执行。

旅客或者托运人在交运托运行李或者货物时，特别声明在目的地点交付时的利益，并在必要时支付附加费的，除承运人证明旅客或者托运人声明的金额高于托运行李或者货物在目的地点交付时的实际利益外，承运人应当在声明金额范围内承担责任；本法第一百二十九条的其他规定，除赔偿责任限额外，适用于国内航空运输。

第一百二十九条　国际航空运输承运人的赔偿责任限额按照下列规定执行：

（一）对每名旅客的赔偿责任限额为16600计算单位；但是，旅客可以同承运人书面约定高于本项规定的赔偿责任限额。

（二）对托运行李或者货物的赔偿责任限额，每公斤为17计算单位。旅客或者托运人在交运托运行李或者货物时，特别声明在目的地点交付时的利益，并在必要时支付附加费的，除承运人证明旅客或者托运人声明的金额高于托运行李或者货物在目的地点交付时的实际利益外，承运人应当在声明金额范围内承担责任。

托运行李或者货物的一部分或者托运行李、货物中的任何物件毁灭、遗失、损坏或者延误的，用以确定承运人赔偿责任限额的重量，仅为该一包件或者数包件的总重量；但是，因托运行李或者货物的一部分或者托运行李、货物中的任何物件的毁灭、遗失、损坏或者延误，影响同一份行李票或者同一份航空货运单所列其他包件的价值的，确定承运人的赔偿责任限额时，此种包件的总重量也应当考虑在内。

（三）对每名旅客随身携带的物品的赔偿责任限额为332计算单位。

第一百三十条 任何旨在免除本法规定的承运人责任或者降低本法规定的赔偿责任限额的条款，均属无效；但是，此种条款的无效，不影响整个航空运输合同的效力。

第一百三十一条 有关航空运输中发生的损失的诉讼，不论其根据如何，只能依照本法规定的条件和赔偿责任限额提出，但是不妨碍谁有权提起诉讼以及他们各自的权利。

第一百三十二条 经证明，航空运输中的损失是由于承运人或者其受雇人、代理人的故意或者明知可能造成损失而轻率地作为或者不作为造成的，承运人无权援用本法第一百二十八条、第一百二十九条有关赔偿责任限制的规定；证明承运人的受雇人、代理人有此种作为或者不作为的，还应当证明该受雇人、代理人是在受雇、代理范围内行事。

第一百三十三条 就航空运输中的损失向承运人的受雇人、代理人提起诉讼时，该受雇人、代理人证明他是在受雇、代理范围内行事的，有权援用本法第一百二十八条、第一百二十九条有关赔偿责任限制的规定。

在前款规定情形下，承运人及其受雇人、代理人的赔偿总额不得超过法定的赔偿责任限额。

经证明，航空运输中的损失是由于承运人的受雇人、代理人的故意或者明知可能造成损失而轻率地作为或者不作为造成的，不适用本条第一款和第二款的规定。

第一百三十四条　旅客或者收货人收受托运行李或者货物而未提出异议，为托运行李或者货物已经完好交付并与运输凭证相符的初步证据。

托运行李或者货物发生损失的，旅客或者收货人应当在发现损失后向承运人提出异议。托运行李发生损失的，至迟应当自收到托运行李之日起七日内提出；货物发生损失的，至迟应当自收到货物之日起十四日内提出。托运行李或者货物发生延误的，至迟应当自托运行李或者货物交付旅客或者收货人处置之日起二十一日内提出。

任何异议均应当在前款规定的期间内写在运输凭证上或者另以书面提出。

除承运人有欺诈行为外，旅客或者收货人未在本条第二款规定的期间内提出异议的，不能向承运人提出索赔诉讼。

第一百三十五条　航空运输的诉讼时效期间为二年，自民用航空器到达目的地点、应当到达目的地点或者运输终止之日起计算。

第一百三十六条　由几个航空承运人办理的连续运输，接受旅客、行李或者货物的每一个承运人应当受本法规定的约束，并就其根据合同办理的运输区段作为运输合同的订约一方。

对前款规定的连续运输，除合同明文约定第一承运人应当对全程运输承担责任外，旅客或者其继承人只能对发生事故或者延误的运输区段的承运人提起诉讼。

托运行李或者货物的毁灭、遗失、损坏或者延误，旅客或者托运人有权对第一承运人提起诉讼，旅客或者收货人有权对最后承运人提起诉讼，旅客、托运人和收货人均可以对发生毁灭、遗失、损坏或者延误的运输区段的承运人提起诉讼。上述承运人应当对旅客、托运人或者收货人承担连带责任。

⊙《**铁路法**》（2005年4月24日修正）

第十六条　铁路运输企业应当按照合同约定的期限或者国务院铁路主

管部门规定的期限，将货物、包裹、行李运到目的站；逾期运到的，铁路运输企业应当支付违约金。

铁路运输企业逾期三十日仍未将货物、包裹、行李交付收货人或者旅客的，托运人、收货人或者旅客有权按货物、包裹、行李灭失向铁路运输企业要求赔偿。

第十七条 铁路运输企业应当对承运的货物、包裹、行李自接受承运时起到交付时止发生的灭失、短少、变质、污染或者损坏，承担赔偿责任：

（一）托运人或者旅客根据自愿申请办理保价运输的，按照实际损失赔偿，但最高不超过保价额。

（二）未按保价运输承运的，按照实际损失赔偿，但最高不超过国务院铁路主管部门规定的赔偿限额；如果损失是由于铁路运输企业的故意或者重大过失造成的，不适用赔偿限额的规定，按照实际损失赔偿。

托运人或者旅客根据自愿可以向保险公司办理货物运输保险，保险公司按照保险合同的约定承担赔偿责任。

托运人或者旅客根据自愿，可以办理保价运输，也可以办理货物运输保险；还可以既不办理保价运输，也不办理货物运输保险。不得以任何方式强迫办理保价运输或者货物运输保险。

第十八条 由于下列原因造成的货物、包裹、行李损失的，铁路运输企业不承担赔偿责任：

（一）不可抗力。

（二）货物或者包裹、行李中的物品本身的自然属性，或者合理损耗。

（三）托运人、收货人或者旅客的过错。

⊙《**海商法**》（1992 年 11 月 7 日）

第一百一十四条 在本法第一百一十一条规定的旅客及其行李的运送期间，因承运人或者承运人的受雇人、代理人在受雇或者受委托的范围内过失引起事故，造成旅客人身伤亡或者行李灭失、损坏的，承运人应当负赔偿责任。

请求人对承运人或者承运人的受雇人、代理人的过失，应当负举证责任；但是，本条第三款和第四款规定的情形除外。

旅客的人身伤亡或者自带行李的灭失、损坏，是由于船舶的沉没、碰撞、搁浅、爆炸、火灾所引起或者是由于船舶的缺陷所引起的，承运人或者承运人的受雇人、代理人除非提出反证，应当视为其有过失。

旅客自带行李以外的其他行李的灭失或者损坏，不论由于何种事故所引起，承运人或者承运人的受雇人、代理人除非提出反证，应当视为其有过失。

第一百一十五条 经承运人证明，旅客的人身伤亡或者行李的灭失、损坏，是由于旅客本人的过失或者旅客和承运人的共同过失造成的，可以免除或者相应减轻承运人的赔偿责任。

经承运人证明，旅客的人身伤亡或者行李的灭失、损坏，是由于旅客本人的故意造成的，或者旅客的人身伤亡是由于旅客本人健康状况造成的，承运人不负赔偿责任。

第一百一十六条 承运人对旅客的货币、金银、珠宝、有价证券或者其他贵重物品所发生的灭失、损坏，不负赔偿责任。

旅客与承运人约定将前款规定的物品交由承运人保管的，承运人应当依照本法第一百一十七条的规定负赔偿责任；双方以书面约定的赔偿限额高于本法第一百一十七条的规定的，承运人应当按照约定的数额负赔偿责任。

第一百一十七条 除本条第四款规定的情形外，承运人在每次海上旅客运输中的赔偿责任限额，依照下列规定执行：

（一）旅客人身伤亡的，每名旅客不超过46666计算单位；

（二）旅客自带行李灭失或者损坏的，每名旅客不超过833计算单位；

（三）旅客车辆包括该车辆所载行李灭失或者损坏的，每一车辆不超过3333计算单位；

（四）本款第（二）、（三）项以外的旅客其他行李灭失或者损坏的，每名旅客不超过1200计算单位。

承运人和旅客可以约定，承运人对旅客车辆和旅客车辆以外的其他行李损失的免赔额。但是，对每一车辆损失的免赔额不得超过117计算单位，对每名旅客的车辆以外的其他行李损失的免赔额不得超过13计算单位。在计算每一车辆或者每名旅客的车辆以外的其他行李的损失赔偿数额时，应当扣除约定的承运人免赔额。

承运人和旅客可以书面约定高于本条第一款规定的赔偿责任限额。

中华人民共和国港口之间的海上旅客运输，承运人的赔偿责任限额，由国务院交通主管部门制订，报国务院批准后施行。

第一百一十八条 经证明，旅客的人身伤亡或者行李的灭失、损坏，是由于承运人的故意或者明知可能造成损害而轻率地作为或者不作为造成的，承运人不得援用本法第一百一十六条和第一百一十七条限制赔偿责任的规定。

经证明，旅客的人身伤亡或者行李的灭失、损坏，是由于承运人的受雇人、代理人的故意或者明知可能造成损害而轻率地作为或者不作为造成的，承运人的受雇人、代理人不得援用本法第一百一十六条和第一百一十七条限制赔偿责任的规定。

第一百一十九条 行李发生明显损坏的，旅客应当依照下列规定向承运人或者承运人的受雇人、代理人提交书面通知：

（一）自带行李，应当在旅客离船前或者离船时提交；

（二）其他行李，应当在行李交还前或者交还时提交。

行李的损坏不明显，旅客在离船时或者行李交还时难以发现的，以及行李发生灭失的，旅客应当在离船或者行李交还或者应当交还之日起十五日内，向承运人或者承运人的受雇人、代理人提交书面通知。

旅客未依照本条第一、二款规定及时提交书面通知的，除非提出反证，视为已经完整无损地收到行李。

行李交还时，旅客已经会同承运人对行李进行联合检查或者检验的，无需提交书面通知。

第一百二十条 向承运人的受雇人、代理人提出的赔偿请求，受雇人或者代理人证明其行为是在受雇或者受委托的范围内的，有权援用本法第一百一十五条、第一百一十六条和第一百一十七条的抗辩理由和赔偿责任限制的规定。

第一百二十一条 承运人将旅客运送或者部分运送委托给实际承运人履行的，仍然应当依照本章规定，对全程运送负责。实际承运人履行运送的，承运人应当对实际承运人的行为或者实际承运人的受雇人、代理人在受雇或者受委托的范围内的行为负责。

第一百二十二条　承运人承担本章未规定的义务或者放弃本章赋予的权利的任何特别协议，经实际承运人书面明确同意的，对实际承运人发生效力；实际承运人是否同意，不影响此项特别协议对承运人的效力。

第一百二十三条　承运人与实际承运人均负有赔偿责任的，应当在此项责任限度内负连带责任。

第一百二十四条　就旅客的人身伤亡或者行李的灭失、损坏，分别向承运人、实际承运人以及他们的受雇人、代理人提出赔偿请求，赔偿总额不得超过本法第一百一十七条规定的限额。

第一百二十五条　本法第一百二十一条至第一百二十四条的规定，不影响承运人和实际承运人之间相互追偿。

行政法规

⊙**《铁路交通事故应急救援和调查处理条例》**（2012 年 11 月 9 日修订）

第三十四条　事故造成铁路运输企业承运的货物、包裹、行李损失的，铁路运输企业应当依照《中华人民共和国铁路法》的规定承担赔偿责任。

第三节　货运合同

第八百二十五条　【托运人告知义务】托运人办理货物运输，应当向承运人准确表明收货人的姓名、名称或者凭指示的收货人，货物的名称、性质、重量、数量，收货地点等有关货物运输的必要情况。

因托运人申报不实或者遗漏重要情况，造成承运人损失的，托运人应当承担赔偿责任。

法 律

⊙《**民法典**》(**合同编**)(2020 年 5 月 28 日)

第五百零九条 当事人应当按照约定全面履行自己的义务。

当事人应当遵循诚信原则，根据合同的性质、目的和交易习惯履行通知、协助、保密等义务。

当事人在履行合同过程中，应当避免浪费资源、污染环境和破坏生态。

⊙《**民用航空法**》(2021 年 4 月 29 日修正)

第一百一十七条 托运人应当对航空货运单上所填关于货物的说明和声明的正确性负责。

因航空货运单上所填的说明和声明不符合规定、不正确或者不完全，给承运人或者承运人对之负责的其他人造成损失的，托运人应当承担赔偿责任。

⊙《**铁路法**》(2015 年 4 月 24 日修正)

第十九条 托运人应当如实填报托运单，铁路运输企业有权对填报的货物和包裹的品名、重量、数量进行检查。经检查，申报与实际不符的，检查费用由托运人承担；申报与实际相符的，检查费用由铁路运输企业承担，因检查对货物和包裹中的物品造成的损坏由铁路运输企业赔偿。

托运人因申报不实而少交的运费和其他费用应当补交，铁路运输企业按照国务院铁路主管部门的规定加收运费和其他费用。

⊙《**海商法**》(1992 年 11 月 7 日)

第六十六条 托运人托运货物，应当妥善包装，并向承运人保证，货物装船时所提供的货物的品名、标志、包数或者件数、重量或者体积的正确性；由于包装不良或者上述资料不正确，对承运人造成损失的，托运人应当负赔偿责任。承运人依照前款规定享有的受偿权利，不影响其根据货物运输合同对托运人以外的人所承担的责任。

部门规章及规范性文件

⊙《**中国民用航空货物国内运输规则**》（1996年2月29日修订　民航总局令第50号）

第四条　托运货物凭本人居民身份证或者其他有效身份证件，填写货物托运书，向承运人或其代理人办理托运手续。如承运人或其代理人要求出具单位介绍信或其他有效证明时，托运人也应予提供。托运政府规定限制运输的货物以及需向公安、检疫等有关政府部门办理手续的货物，应当随附有效证明。

货物托运书的填写及基本内容：

（一）托运人应当认真填写，对托运书内容的真实性、准确性负责，并在托运书上签字或者盖章。

（二）货物托运书的基本内容：

1.货物托运人和收货人的具体单位或者个人的全称及详细地址、电话、邮政编码；

2.货物品名；

3.货物件数、包装方式及标志；

4.货物实际价值；

5.货物声明价值；

6.普货运输或者急件运输；

7.货物特性、储运及其他说明。

（三）运输条件不同或者因货物性质不能在一起运输的货物，应当分别填写托运书。

⊙《**中国民用航空货物国际运输规则**》（2000年8月1日　中国民用航空总局令第91号）

第九条　货运单上应当包括下列内容：

（一）填写的地点和日期；

（二）出发地点和目的地点；

（三）出发地点和目的地点均在中华人民共和国境内，而在境外有一个或者数个约定的经停地点的，至少注明一个经停地点；

（四）托运人的名称和地址；

（五）第一承运人的名称和地址；

（六）收货人的名称和地址；

（七）货物的性质；

（八）包装件数、包装方式、特殊标志或者号数；

（九）货物的重量、数量、体积或者尺寸；

（十）货物和包装的外表情况；

（十一）运费，如经议定，付费日期和地点及付费人；

（十二）提取货物时支付货款的，应当注明货物的价格和必要时应付的费用金额；

（十三）需要声明货物在目的地点交付时的利益的，应当注明声明价值金额；

（十四）货运单的份数；

（十五）随货运单交给承运人的文件；

（十六）如经议定，应当注明完成货物运输的时间和概要说明经过的路线；

（十七）货物运输的最终目的地点、出发地点或者约定的经停地点之一不在中华人民共和国境内，依照所适用的国际航空运输公约的规定，应当在货运单上声明此项运输适用该公约的，货运单上应当载有该项声明。

第十条 托运人应当对货运单上所填关于货物的说明和声明的正确性负责。因货运单上所填的说明和声明不符合规定、不正确或者不完全，给承运人或者承运人对之负责的其他人造成损失的，托运人应当承担赔偿责任。

第十一条 货运单上所填的内容被涂改或者删除的，承运人可以不接收该货运单。

人民法院案例选案例

⊙湖南高纯化学试剂厂诉湖南长沙黄花国际机场航空运输服务有限公司、深圳航空有限责任公司、深圳市机场股份有限公司航空货物运输合同纠纷案［《人民法院案例选》2009 年第 2 辑（总第 68 辑）］

【关键词】

托运人如实申报义务　过错相抵

【案例要旨】

在航空货物运输合同纠纷中，可以将实际承运人列为被告并判决其按过错承担责任，这一点突破了合同相对性原则的限制，也突破了第三人履行合同中第三人不对债权直接承担民事责任的限制。该类纠纷的审理，不仅要判断有无违约行为和违约后果，还应当判断当事人有无过错，在必要的情况下需同时适用过错责任原则和过错推定进行归责。托运人未按规定申报货物的实际价值，损害了承运人利益的，在不能适用限制赔偿的规则时，仍然可以根据诚实信用和公平原则酌情减轻承运人的责任。

⊙西青化工公司诉湛江东站应托运人请求违章取消托运致其持领货凭证领货不能赔偿案［《人民法院案例选》1999 年第 2 辑（总第 28 辑）］

【关键词】

收货人　合同主体　损害赔偿

【案例要旨】

铁路货物运输合同是明确托运人与铁路运输企业之间权利义务关系的协议，收货人不是该种合同的主体。因此，托运人取消托运，就意味着托运人依与收货人之间存在的购销合同等法律关系所产生的交付义务的停止履行，收货人只能依与托运人之间的法律关系，向托运人主张该法律关系上的违约和损害赔偿的权利，而不能依运输合同向承运人主张任何权利。

第八百二十六条 【托运人提交文件义务】货物运输需要办理审批、检验等手续的，托运人应当将办理完有关手续的文件提交承运人。

法 律

⊙《**进出口商品检验法**》（2021 年 4 月 29 日修正）

第十五条 本法规定必须经商检机构检验的出口商品的发货人或者其代理人，应当在商检机构规定的地点和期限内，向商检机构报检。商检机构应当在国家商检部门统一规定的期限内检验完毕，并出具检验证单。

⊙《**民用航空法**》（2021 年 4 月 29 日修正）

第一百二十三条 托运人应当提供必需的资料和文件，以便在货物交付收货人前完成法律、行政法规规定的有关手续；因没有此种资料、文件，或者此种资料、文件不充足或者不符合规定造成的损失，除由于承运人或者其受雇人、代理人的过错造成的外，托运人应当对承运人承担责任。

除法律、行政法规另有规定外，承运人没有对前款规定的资料或者文件进行检查的义务。

⊙《**动物防疫法**》（2021 年 1 月 22 日修订）

第五十二条 经航空、铁路、道路、水路运输动物和动物产品的，托运人托运时应当提供检疫证明；没有检疫证明的，承运人不得承运。

进出口动物和动物产品，承运人凭进口报关单证或者海关签发的检疫单证运递。

从事动物运输的单位、个人以及车辆，应当向所在地县级人民政府农业农村主管部门备案，妥善保存行程路线和托运人提供的动物名称、检疫证明编号、数量等信息。具体办法由国务院农业农村主管部门制定。

运载工具在装载前和卸载后应当及时清洗、消毒。

⊙《**海商法**》（1992 年 11 月 7 日）

第六十七条　托运人应当及时向港口、海关、检疫、检验和其他主管机关办理货物运输所需要的各项手续，并将已办理各项手续的单证送交承运人；因办理各项手续的有关单证送交不及时、不完备或者不正确，使承运人的利益受到损害的，托运人应当负赔偿责任。

行政法规

⊙《**道路运输条例**》（2023 年 7 月 20 日修订）

第二十四条　申请从事货运经营的，应当依法向市场监督管理部门办理有关登记手续后，按照下列规定提出申请并分别提交符合本条例第二十一条、第二十三条规定条件的相关材料：

（一）从事危险货物运输经营以外的货运经营的，向县级人民政府交通运输主管部门提出申请；

（二）从事危险货物运输经营的，向设区的市级人民政府交通运输主管部门提出申请。

依照前款规定收到申请的交通运输主管部门，应当自受理申请之日起 20 日内审查完毕，作出许可或者不予许可的决定。予以许可的，向申请人颁发道路运输经营许可证，并向申请人投入运输的车辆配发车辆营运证；不予许可的，应当书面通知申请人并说明理由。

使用总质量 4500 千克及以下普通货运车辆从事普通货运经营的，无需按照本条规定申请取得道路运输经营许可证及车辆营运证。

第二十五条　货运经营者不得运输法律、行政法规禁止运输的货物。

法律、行政法规规定必须办理有关手续后方可运输的货物，货运经营者应当查验有关手续。

部门规章及规范性文件

⊙《**中国民用航空货物国际运输规则**》(2000 年 8 月 1 日　中国民用航空总局令第 91 号)

第二十六条　托运人应当提供必需的资料和文件，以便在货物交付收货人前完成法律、行政法规规定的有关手续；因没有此种资料、文件，或者此种资料、文件不充足或者不符合规定造成的损失，除由于承运人或者其受雇人、代理人的过错造成的外，托运人应当对承运人承担责任。

除法律、行政法规另有规定外，承运人没有对前款规定的资料或者文件进行检查的义务。

第八百二十七条　【托运人的包装义务】托运人应当按照约定的方式包装货物。对包装方式没有约定或者约定不明确的，适用本法第六百一十九条的规定。

托运人违反前款规定的，承运人可以拒绝运输。

法　律

⊙《**民法典**》(**合同编**)(2020 年 5 月 28 日)

第五百一十一条　当事人就有关合同内容约定不明确，依据前条规定仍不能确定的，适用下列规定：

(一)质量要求不明确的，按照强制性国家标准履行；没有强制性国家标准的，按照推荐性国家标准履行；没有推荐性国家标准的，按照行业标准履行；没有国家标准、行业标准的，按照通常标准或者符合合同目的的特定标准履行。

(二)价款或者报酬不明确的，按照订立合同时履行地的市场价格履行；依法应当执行政府定价或者政府指导价的，依照规定履行。

(三)履行地点不明确，给付货币的，在接受货币一方所在地履行；交付不动产的，在不动产所在地履行；其他标的，在履行义务一方所在地履行。

（四）履行期限不明确的，债务人可以随时履行，债权人也可以随时请求履行，但是应当给对方必要的准备时间。

（五）履行方式不明确的，按照有利于实现合同目的的方式履行。

（六）履行费用的负担不明确的，由履行义务一方负担；因债权人原因增加的履行费用，由债权人负担。

第六百一十九条　出卖人应当按照约定的包装方式交付标的物。对包装方式没有约定或者约定不明确，依据本法第五百一十条的规定仍不能确定的，应当按照通用的方式包装；没有通用方式的，应当采取足以保护标的物且有利于节约资源、保护生态环境的包装方式。

⊙《**铁路法**》（2015 年 4 月 24 日修正）

第二十条　托运货物需要包装的，托运人应当按照国家包装标准或者行业包装标准包装；没有国家包装标准或者行业包装标准的，应当妥善包装，使货物在运输途中不因包装原因而受损坏。

铁路运输企业对承运的容易腐烂变质的货物和活动物，应当按照国务院铁路主管部门的规定和合同的约定，采取有效的保护措施。

⊙《**海商法**》（1992 年 11 月 7 日）

第六十六条　托运人托运货物，应当妥善包装，并向承运人保证，货物装船时所提供的货物的品名、标志、包数或者件数、重量或者体积的正确性；由于包装不良或者上述资料不正确，对承运人造成损失的，托运人应当负赔偿责任。

承运人依照前款规定享有的受偿权利，不影响其根据货物运输合同对托运人以外的人所承担的责任。

部门规章及规范性文件

⊙《**中国民用航空货物国际运输规则**》（2000 年 8 月 1 日　民航总局令第 91 号）

第十三条　托运人应当以适当的方式对货物进行包装，确保货物在正常掌管情况下的安全运输。

托运人应当在每一包装上清晰和耐久地标明托运人、收货人的名称及详细地址。

第八百二十八条 【托运人运送危险货物的义务】托运人托运易燃、易爆、有毒、有腐蚀性、有放射性等危险物品的，应当按照国家有关危险物品运输的规定对危险物品妥善包装，做出危险物品标志和标签，并将有关危险物品的名称、性质和防范措施的书面材料提交承运人。

托运人违反前款规定的，承运人可以拒绝运输，也可以采取相应措施以避免损失的发生，因此产生的费用由托运人负担。

法　律

⊙《**民用航空法**》（2021 年 4 月 29 日修正）

第一百零一条　公共航空运输企业运输危险品，应当遵守国家有关规定。

禁止以非危险品品名托运危险品。

禁止旅客随身携带危险品乘坐民用航空器。除因执行公务并按照国家规定经过批准外，禁止旅客携带枪支、管制刀具乘坐民用航空器。禁止违反国务院民用航空主管部门的规定将危险品作为行李托运。

危险品品名由国务院民用航空主管部门规定并公布。

⊙《**铁路法**》（2015 年 4 月 24 日修正）

第二十八条　托运、承运货物、包裹、行李，必须遵守国家关于禁止或者限制运输物品的规定。

第四十八条　运输危险品必须按照国务院铁路主管部门的规定办理，禁止以非危险品品名托运危险品。

禁止旅客携带危险品进站上车。铁路公安人员和国务院铁路主管部门规定的铁路职工，有权对旅客携带的物品进行运输安全检查。实施运输安全检查的铁路职工应当佩戴执勤标志。

危险品的品名由国务院铁路主管部门规定并公布。

⊙《**海商法**》（1992 年 11 月 7 日）

第六十八条　托运人托运危险货物，应当依照有关海上危险货物运输的规定，妥善包装，作出危险品标志和标签，并将其正式名称和性质以及应当采取的预防危害措施书面通知承运人；托运人未通知或者通知有误的，承运人可以在任何时间、任何地点根据情况需要将货物卸下、销毁或者使之不能为害，而不负赔偿责任。托运人对承运人因运输此类货物所受到的损害，应当负赔偿责任。承运人知道危险货物的性质并已同意装运的，仍然可以在该项货物对于船舶、人员或者其他货物构成实际危险时，将货物卸下、销毁或者使之不能为害，而不负赔偿责任。但是，本款规定不影响共同海损的分摊。

行政法规

⊙《**道路运输条例**》（2023 年 7 月 20 日修订）

第二十七条　运输危险货物应当配备必要的押运人员，保证危险货物处于押运人员的监管之下，并悬挂明显的危险货物运输标志。

托运危险货物的，应当向货运经营者说明危险货物的品名、性质、应急处置方法等情况，并严格按照国家有关规定包装，设置明显标志。

⊙《**国内水路运输管理条例**》（2023 年 7 月 20 日修订）

第二十条　水路运输经营者运输危险货物，应当遵守法律、行政法规以及国务院交通运输主管部门关于危险货物运输的规定，使用依法取得危险货物适装证书的船舶，按照规定的安全技术规范进行配载和运输，保证运输安全。

⊙《**民用航空安全保卫条例**》（2011 年 1 月 8 日修订）

第三十条　空运的货物必须经过安全检查或者对其采取的其他安全

措施。

货物托运人不得伪报品名托运或者在货物中夹带危险物品。

第三十一条 航空邮件必须经过安全检查。发现可疑邮件时，安全检查部门应当会同邮政部门开包查验处理。

第三十二条 除国务院另有规定的外，乘坐民用航空器的，禁止随身携带或者交运下列物品：

（一）枪支、弹药、军械、警械；

（二）管制刀具；

（三）易燃、易爆、有毒、腐蚀性、放射性物品；

（四）国家规定的其他禁运物品。

第三十三条 除本条例第三十二条规定的物品外，其他可以用于危害航空安全的物品，旅客不得随身携带，但是可以作为行李交运或者按照国务院民用航空主管部门的有关规定由机组人员带到目的地后交还。

对含有易燃物质的生活用品实行限量携带。限量携带的物品及其数量，由国务院民用航空主管部门规定。

部门规章及规范性文件

⊙《**道路危险货物运输管理规定**》（2023 年 11 月 10 日修正 交通运输部令 2023 年第 13 号）

第三条 本规定所称危险货物，是指具有爆炸、易燃、毒害、感染、腐蚀等危险特性，在生产、经营、运输、储存、使用和处置中，容易造成人身伤亡、财产损毁或者环境污染而需要特别防护的物质和物品。危险货物以列入《危险货物道路运输规则》（JT/T 617）的为准，未列入《危险货物道路运输规则》（JT/T 617）的，以有关法律、行政法规的规定或者国务院有关部门公布的结果为准。

本规定所称道路危险货物运输，是指使用载货汽车通过道路运输危险货物的作业全过程。

本规定所称道路危险货物运输车辆，是指满足特定技术条件和要求，从事道路危险货物运输的载货汽车（以下简称专用车辆）。

第二十八条　危险货物托运人应当严格按照国家有关规定妥善包装并在外包装设置标志，并向承运人说明危险货物的品名、数量、危害、应急措施等情况。需要添加抑制剂或者稳定剂的，托运人应当按照规定添加，并告知承运人相关注意事项。

危险货物托运人托运危险化学品的，还应当提交与托运的危险化学品完全一致的安全技术说明书和安全标签。

⊙《**铁路危险货物运输安全监督管理规定**》（2022 年 9 月 26 日　交通运输部令 2022 年第 24 号）

第十二条　运输危险货物包装应当符合下列要求：

（一）包装物、容器、衬垫物的材质以及包装型式、规格、方法和单件质量（重量），应当与所包装的危险货物的性质和用途相适应；

（二）包装能够抗御运输、储存和装卸过程中正常的冲击、振动、堆码和挤压，并便于装卸和搬运；

（三）所使用的包装物、容器，须按《中华人民共和国安全生产法》《中华人民共和国工业产品生产许可证管理条例》等国家有关规定，由专业生产单位生产，并经具有专业资质的检测、检验机构检测、检验合格；

（四）包装外表面应当牢固、清晰地标明危险货物包装标志和包装储运图示标志；

（五）法律、行政法规、有关标准和安全技术规范规定的其他要求。

⊙《**中国民用航空危险品运输管理规定**》（2013 年 9 月 22 日　中国民用航空局令第 216 号）

第四十三条　托运人应当根据《技术细则》的规定对航空运输的危险品进行分类、识别、包装、标签和标记，提交正确填制的危险品运输文件。

第四十九条　托运人将危险品的包装件或者集合包装件提交航空运输前，应当按照本规定和《技术细则》的规定，保证该危险品不是航空运输禁运的危险品，并正确地进行分类、包装、加标记、贴标签、提供真实准确的危险品运输相关文件。

托运国家法律、法规限制运输的危险品，应当符合相关法律、法规的要求。

⊙《**中国民用航空货物国内运输规则**》（1996 年 2 月 29 日修订　民航总局令第 50 号）

第二十条　托运人托运的货物与货运单上所列品名不符或在货物中夹带政府禁止运输或限制运输的物品和危险物品时，承运人应当按下列规定处理：

（一）在出发站停止发运，通知托运人提取，运费不退。

（二）在中转站停止运送，通知托运人，运费不退，并对品名不符的货件，按照实际运送航段另核收运费。

（三）在到达站，对品名不符的货件，另核收全程运费。

⊙《**铁路危险货物运输管理规则**》（1995 年 8 月 14 日　铁运〔1995〕104 号）

第十七条　每件货物的包装应牢固、清晰地标明规定的危险货物包装标志和包装储运图示标志，并有与货物运单相同的危险货物品名。

第八百二十九条　【托运人请求变更的权利】在承运人将货物交付收货人之前，托运人可以要求承运人中止运输、返还货物、变更到达地或者将货物交给其他收货人，但是应当赔偿承运人因此受到的损失。

法　律

⊙《**民法典**》（**合同编**）（2020 年 5 月 28 日）

第五百六十三条　有下列情形之一的，当事人可以解除合同：

（一）因不可抗力致使不能实现合同目的；

（二）在履行期限届满前，当事人一方明确表示或者以自己的行为表明不履行主要债务；

（三）当事人一方迟延履行主要债务，经催告后在合理期限内仍未履行；

（四）当事人一方迟延履行债务或者有其他违约行为致使不能实现合同目的；

（五）法律规定的其他情形。

以持续履行的债务为内容的不定期合同，当事人可以随时解除合同，但是应当在合理期限之前通知对方。

⊙《**民用航空法**》（2021 年 4 月 29 日修正）

第一百一十九条　托运人在履行航空货物运输合同规定的义务的条件下，有权在出发地机场或者目的地机场将货物提回，或者在途中经停时中止运输，或者在目的地点或者途中要求将货物交给非航空货运单上指定的收货人，或者要求将货物运回出发地机场；但是，托运人不得因行使此种权利而使承运人或者其他托运人遭受损失，并应当偿付由此产生的费用。

托运人的指示不能执行的，承运人应当立即通知托运人。

承运人按照托运人的指示处理货物，没有要求托运人出示其所收执的航空货运单，给该航空货运单的合法持有人造成损失的，承运人应当承担责任，但是不妨碍承运人向托运人追偿。

收货人的权利依照本法第一百二十条规定开始时，托运人的权利即告终止；但是，收货人拒绝接受航空货运单或者货物，或者承运人无法同收货人联系的，托运人恢复其对货物的处置权。

⊙《**海商法**》（1992 年 11 月 7 日）

第八十九条　船舶在装货港开航前，托运人可以要求解除合同。但是，除合同另有约定外，托运人应当向承运人支付约定运费的一半；货物已经装船的，并应当负担装货、卸货和其他与此有关的费用。

指导案例

⊙**浙江隆达不锈钢有限公司诉 A.P. 穆勒-马士基有限公司海上货物运输合同纠纷案**（指导案例 108 号，最高人民法院审判委员会讨论通过，2019 年 2 月 25 日发布）

【关键词】

海上货物运输合同　变更合同　抗辩权

【案例要旨】

在海上货物运输合同中，依据《合同法》第三百零八条（《民法典》第八百二十九条）的规定，承运人将货物交付收货人之前，托运人享有要求变更运输合同的权利，但双方当事人仍要遵循《合同法》第五条（《民法典》第六条）规定的公平原则确定各方的权利和义务。托运人行使此项权利时，承运人也可相应行使一定的抗辩权。如果变更海上货物运输合同难以实现或者将严重影响承运人正常营运，承运人可以拒绝托运人改港或者退运的请求，但应当及时通知托运人不能变更的原因。

第八百三十条 【承运人通知义务及收货人及时提货义务】货物运输到达后，承运人知道收货人的，应当及时通知收货人，收货人应当及时提货。收货人逾期提货的，应当向承运人支付保管费等费用。

法　律

⊙**《民用航空法》**（2021 年 4 月 29 日修正）

第一百二十条　除本法第一百一十九条所列情形外，收货人于货物到达目的地点，并在缴付应付款项和履行航空货运单上所列运输条件后，有权要求承运人移交航空货运单并交付货物。

除另有约定外，承运人应当在货物到达后立即通知收货人。

承运人承认货物已经遗失，或者货物在应当到达之日起七日后仍未到达的，收货人有权向承运人行使航空货物运输合同所赋予的权利。

⊙《**铁路法**》（2015年4月24日修正）

第二十一条　货物、包裹、行李到站后，收货人或者旅客应当按照国务院铁路主管部门规定的期限及时领取，并支付托运人未付或者少付的运费和其他费用；逾期领取的，收货人或者旅客应当按照规定交付保管费。

第二十二条　自铁路运输企业发出领取货物通知之日起满三十日仍无人领取的货物，或者收货人书面通知铁路运输企业拒绝领取的货物，铁路运输企业应当通知托运人，托运人自接到通知之日起满三十日未作答复的，由铁路运输企业变卖；所得价款在扣除保管等费用后尚有余款的，应当退还托运人，无法退还、自变卖之日起一百八十日内托运人又未领回的，上缴国库。

自铁路运输企业发出领取通知之日起满九十日仍无人领取的包裹或者到站后满九十日仍无人领取的行李，铁路运输企业应当公告，公告满九十日仍无人领取的，可以变卖；所得价款在扣除保管等费用后尚有余款的，托运人、收货人或者旅客可以自变卖之日起一百八十日内领回，逾期不领回的，上缴国库。

对危险物品和规定限制运输的物品，应当移交公安机关或者有关部门处理，不得自行变卖。

对不宜长期保存的物品，可以按照国务院铁路主管部门的规定缩短处理期限。

⊙《**海商法**》（1992年11月7日）

第八十六条　在卸货港无人提取货物或者收货人迟延、拒绝提取货物的，船长可以将货物卸在仓库或者其他适当场所，由此产生的费用和风险由收货人承担。

司法解释及文件

⊙**《最高人民法院关于国内水路货物运输纠纷案件法律问题的指导意见》**（2012 年 12 月 24 日　法发〔2012〕28 号）

7. 国内水路货物运输合同履行完毕，托运人或者收货人没有按照约定支付运费、保管费或者其他运输费用，依照合同法第三百一十五条的规定，承运人对相应的运输货物享有留置权。人民法院在审查承运人的留置权时，应当重点审查承运人留置货物的数量是否是在合理的限度之内，以及承运人留置的货物是否是其合法占有的货物。债务人对留置货物是否具有所有权并不必然影响承运人留置权的行使，除非运输合同当事人对承运人的留置权另有特殊约定。

⊙**《最高人民法院关于新疆梧桐塑料厂与乌鲁木齐铁路分局铁路货物运输合同赔偿纠纷一案的请示的答复》**（2001 年 12 月 15 日　〔2001〕民监他字第 19 号）

新疆维吾尔自治区高级人民法院：

你院新高法〔2001〕175 号《关于新疆梧桐塑料厂与乌鲁木齐铁路分局铁路货物运输合同赔偿纠纷一案适用法律问题的请示报告》收悉。经研究，答复如下：

根据《铁路法》第十一条、二十一条、二十二条，并参照《合同法》第三百零八条、三百零九条、三百一十条等相关规定，铁路货物运输合同是托运人与铁路承运人签订的明确相互之间权利义务关系的协议。货物运抵到站后，承运人因交付货物与收货人发生权利义务关系，对发生的货物损失，收货人有权依据运输合同向承运人提出赔偿请求。在货物交付前，承运人与收货人之间不存在权利义务关系。

本案发站感德车站虽然向托运人交付了货票和领货凭证，但货票和领货凭证不是物权凭证，不构成承运人据以交付货物的保证。因意利高公司未提供货物，可以认为是意利高公司取消了托运。根据《铁路法》第十七条规定，承运人只对承运的货物自接收承运时起到交付时止发生的损失承担赔偿责任。塑料厂向到站乌铁分局提出运输合同赔偿之诉没有依据，被告主体不适格。

本案发站感德站在没有收到货物的情况下，违规操作办理承运手续，为意利高公司诈骗塑料厂货款提供了条件，应承担一定的过错责任。但造成塑料厂货款被骗有诸多原因，塑料厂可根据《民事诉讼法》第二十九条的规定，对感德车站和意利高公司提出侵权赔偿之诉。

以上意见供参考。

部门规章及规范性文件

⊙《**中国民用航空货物国内运输规则**》（1996 年 2 月 29 日修订　民航总局令第 50 号）

第十八条　货物运至到达站后，除另有约定外，承运人或其代理人应当及时向收货人发出到货通知。通知包括电话和书面两种形式。急件货物的到货通知应当在货物到达后两小时内发出，普通货物应当在 2 4 小时内发出。

自发出到货通知的次日起，货物免费保管 3 日。逾期提取，承运人或其代理人按规定核收保管费。

货物被检查机关扣留或因违章等待处理存放在承运人仓库内，由收货人或托运人承担保管费和其他有关费用。

动物、鲜活易腐物品及其他指定日期和航班运输的货物，托运人应当负责通知收货人在到达站机场等候提取。

第十九条　收货人凭到货通知单和本人居民身份证或其他有效身份证件提货；委托他人提货时，凭到货通知单和货运单指定的收货人及提货人的居民身份证或其他有效身份证件提货。如承运人或其代理人要求出具单位介绍信或其他有效证明时，收货人应予提供。

承运人应当按货运单列明的货物件数清点后交付收货人。发现货物短缺、损坏时，应当会同收货人当场查验，必要时填写货物运输事故记录，并由双方签字或盖章。

收货人提货时，对货物外包装状态或重量如有异议，应当场提出查验或者重新过秤核对。

收货人提取货物后并在货运单上签收而未提出异议，则视为货物已经完好交付。

第二十一条 货物自发出到货通知的次日起14日无人提取，到达站应当通知始发站，征求托运人对货物的处理意见；满60日无人提取又未收到托运人的处理意见时，按无法交付货物处理。

对无法交付货物，应当做好清点、登记和保管工作。

凡属国家禁止和限制运输物品、贵重物品及珍贵文史资料等货物应当无价移交国家主管部门处理；凡属一般的生产、生活资料应当作价移交有关物资部门或商业部门；凡属鲜活、易腐或保管有困难的物品可由承运人酌情处理。如作毁弃处理，所产生的费用由托运人承担。

经作价处理的货款，应当及时交承运人财务部门保管。从处理之日起90日内，如有托运人或收货人认领，扣除该货的保管费和处理费后的余款退给认领人；如90日后仍无人认领，应当将货款上交国库。

对于无法交付货物的处理结果，应当通过始发站通知托运人。

⊙**《中国民用航空货物国际运输规则》**（2000年8月1日 中国民用航空总局令第91号）

第三十七条 货物运达目的地后，承运人在未收到其他指示的情况下，应当及时向收货人或者货运单上载明的、经承运人同意的其他人发出货物到达通知。此通知以通常方式发出，对未收到或者未按时收到此通知的，承运人不承担责任。

第三十八条 收货人收到或者要求提取货物、货运单的，托运人对货物的处置权即告终止。收货人拒绝接收货运单或者货物，或者承运人无法同收货人取得联系的，托运人继续行使对货物的处置权。

第三十九条 除货运单上另有特别载明外，货物只能交付给货运单上所载明的收货人或者其代理人。按下列情况之一交付货物的，应当视为有效交付：

（一）承运人已将准许提取货物的凭证交付给收货人或者其代理人的；

（二）按适用的法律，已将货物交付给海关或者其他政府当局的。

第四十条 货物运达目的地后，收货人拒绝或者未在规定的时间内提取货物的，承运人应当执行货运单上载明的托运人的指示。货运单上未载明指示或者指示不能执行的，承运人应当将收货人未提取货物的情况通知托运人，并要求托运人予以指示。

第四十一条 货物运达目的地机场后三个月内未收到托运人指示的，承运人按其无法交付货物的规定处理。

货物运达目的地后，收货人在三个月内未办妥货物提取手续的，承运人在处置货物前，应当通知收货人。

适用要点

⊙ 如何理解承运人应当及时通知收货人

在货物运输中，收货人一般不能准确知道到货时间，承运人有义务及时通知收货人。有关运输单行法中也规定了承运人的通知义务，如《民用航空法》第120条第2款规定："除另有约定外，承运人应当在货物到达后立即通知收货人。"当然，承运人只有在知道或应当知道收货人的通讯地址或联系方式的情况下，方负有通知义务，如果因为托运人或收货人的原因，如托运人在运单上填写的收货人名称、地址不准确，或收货人更换了地址或联系方式而未告知承运人的，承运人应当联系托运人要求作出指示，托运人没有作指示的，承运人免除上述通知义务。

第八百三十一条 【收货人对货物的检验】收货人提货时应当按照约定的期限检验货物。对检验货物的期限没有约定或者约定不明确，依据本法第五百一十条的规定仍不能确定的，应当在合理期限内检验货物。收货人在约定的期限或者合理期限内对货物的数量、毁损等未提出异议的，视为承运人已经按照运输单证的记载交付的初步证据。

法　律

⊙《**民用航空法**》（2021年4月29日修正）

第一百三十四条　旅客或者收货人收受托运行李或者货物而未提出异议，为托运行李或者货物已经完好交付并与运输凭证相符的初步证据。

托运行李或者货物发生损失的，旅客或者收货人应当在发现损失后向承运人提出异议。托运行李发生损失的，至迟应当自收到托运行李之日起七日内提出；货物发生损失的，至迟应当自收到货物之日起十四日内提出。托运行李或者货物发生延误的，至迟应当自托运行李或者货物交付旅客或者收货人处置之日起二十一日内提出。

任何异议均应当在前款规定的期间内写在运输凭证上或者另以书面提出。

除承运人有欺诈行为外，旅客或者收货人未在本条第二款规定的期间内提出异议的，不能向承运人提出索赔诉讼。

⊙《**海商法**》（1992年11月7日）

第八十一条　承运人向收货人交付货物时，收货人未将货物灭失或者损坏的情况书面通知承运人的，此项交付视为承运人已经按照运输单证的记载交付以及货物状况良好的初步证据。货物灭失或者损坏的情况非显而易见的，在货物交付的次日起连续七日内，集装箱货物交付的次日起连续十五日内，收货人未提交书面通知的，适用前款规定。货物交付时，收货人已经会同承运人对货物进行联合检查或者检验的，无需就所查明的灭失或者损坏的情况提交书面通知。

第八十三条　收货人在目的港提取货物前或者承运人在目的港交付货物前，可以要求检验机构对货物状况进行检验；要求检验的一方应当支付检验费用，但是有权向造成货物损失的责任方追偿。

部门规章及规范性文件

⊙《**中国民用航空货物国内运输规则**》（1996年2月29日修订　民航总局令第50号）

第十九条　收货人凭到货通知单和本人居民身份证或其他有效身份证

件提货；委托他人提货时，凭到货通知单和货运单指定的收货人及提货人的居民身份证或其他有效身份证件提货。如承运人或其代理人要求出具单位介绍信或其他有效证明时，收货人应予提供。

承运人应当按货运单列明的货物件数清点后交付收货人。发现货物短缺、损坏时，应当会同收货人当场查验，必要时填写货物运输事故记录，并由双方签字或盖章。

收货人提货时，对货物外包装状态或重量如有异议，应当场提出查验或者重新过秤核对。

收货人提取货物后并在货运单上签收而未提出异议，则视为货物已经完好交付。

第八百三十二条 【承运人的赔偿责任】承运人对运输过程中货物的毁损、灭失承担赔偿责任。但是，承运人证明货物的毁损、灭失是因不可抗力、货物本身的自然性质或者合理损耗以及托运人、收货人的过错造成的，不承担赔偿责任。

法　律

⊙《**民法典**》(**总则编**)(2020年5月28日)

第一百八十条　因不可抗力不能履行民事义务的，不承担民事责任。法律另有规定的，依照其规定。

不可抗力是不能预见、不能避免且不能克服的客观情况。

⊙《**民用航空法**》(2021年4月29日修正)

第一百二十五条　因发生在民用航空器上或者在旅客上、下民用航空器过程中的事件，造成旅客随身携带物品毁灭、遗失或者损坏的，承运人应当承担责任。因发生在航空运输期间的事件，造成旅客的托运行李毁灭、遗失或者损坏的，承运人应当承担责任。

旅客随身携带物品或者托运行李的毁灭、遗失或者损坏完全是由于行李本身的自然属性、质量或者缺陷造成的，承运人不承担责任。

本章所称行李，包括托运行李和旅客随身携带的物品。

因发生在航空运输期间的事件，造成货物毁灭、遗失或者损坏的，承运人应当承担责任；但是，承运人证明货物的毁灭、遗失或者损坏完全是由于下列原因之一造成的，不承担责任：

（一）货物本身的自然属性、质量或者缺陷；

（二）承运人或者其受雇人、代理人以外的人包装货物的，货物包装不良；

（三）战争或者武装冲突；

（四）政府有关部门实施的与货物入境、出境或者过境有关的行为。

本条所称航空运输期间，是指在机场内、民用航空器上或者机场外降落的任何地点，托运行李、货物处于承运人掌管之下的全部期间。

航空运输期间，不包括机场外的任何陆路运输、海上运输、内河运输过程；但是，此种陆路运输、海上运输、内河运输是为了履行航空运输合同而装载、交付或者转运，在没有相反证据的情况下，所发生的损失视为在航空运输期间发生的损失。

第一百二十六条　旅客、行李或者货物在航空运输中因延误造成的损失，承运人应当承担责任；但是，承运人证明本人或者其受雇人、代理人为了避免损失的发生，已经采取一切必要措施或者不可能采取此种措施的，不承担责任。

第一百二十七条　在旅客、行李运输中，经承运人证明，损失是由索赔人的过错造成或者促成的，应当根据造成或者促成此种损失的过错的程度，相应免除或者减轻承运人的责任。旅客以外的其他人就旅客死亡或者受伤提出赔偿请求时，经承运人证明，死亡或者受伤是旅客本人的过错造成或者促成的，同样应当根据造成或者促成此种损失的过错的程度，相应免除或者减轻承运人的责任。

在货物运输中，经承运人证明，损失是由索赔人或者代行权利人的过错造成或者促成的，应当根据造成或者促成此种损失的过错的程度，相应免除或者减轻承运人的责任。

第一百二十八条　国内航空运输承运人的赔偿责任限额由国务院民用

航空主管部门制定，报国务院批准后公布执行。

旅客或者托运人在交运托运行李或者货物时，特别声明在目的地点交付时的利益，并在必要时支付附加费的，除承运人证明旅客或者托运人声明的金额高于托运行李或者货物在目的地点交付时的实际利益外，承运人应当在声明金额范围内承担责任；本法第一百二十九条的其他规定，除赔偿责任限额外，适用于国内航空运输。

第一百二十九条　国际航空运输承运人的赔偿责任限额按照下列规定执行：

（一）对每名旅客的赔偿责任限额为 16600 计算单位；但是，旅客可以同承运人书面约定高于本项规定的赔偿责任限额。

（二）对托运行李或者货物的赔偿责任限额，每公斤为 17 计算单位。旅客或者托运人在交运托运行李或者货物时，特别声明在目的地点交付时的利益，并在必要时支付附加费的，除承运人证明旅客或者托运人声明的金额高于托运行李或者货物在目的地点交付时的实际利益外，承运人应当在声明金额范围内承担责任。

托运行李或者货物的一部分或者托运行李、货物中的任何物件毁灭、遗失、损坏或者延误的，用以确定承运人赔偿责任限额的重量，仅为该一包件或者数包件的总重量；但是，因托运行李或者货物的一部分或者托运行李、货物中的任何物件的毁灭、遗失、损坏或者延误，影响同一份行李票或者同一份航空货运单所列其他包件的价值的，确定承运人的赔偿责任限额时，此种包件的总重量也应当考虑在内。

（三）对每名旅客随身携带的物品的赔偿责任限额为 332 计算单位。

第一百三十条　任何旨在免除本法规定的承运人责任或者降低本法规定的赔偿责任限额的条款，均属无效；但是，此种条款的无效，不影响整个航空运输合同的效力。

第一百三十一条　有关航空运输中发生的损失的诉讼，不论其根据如何，只能依照本法规定的条件和赔偿责任限额提出，但是不妨碍谁有权提起诉讼以及他们各自的权利。

第一百三十二条　经证明，航空运输中的损失是由于承运人或者其受雇人、代理人的故意或者明知可能造成损失而轻率地作为或者不作为造成的，承运人无权援用本法第一百二十八条、第一百二十九条有关赔偿责任限制的规定；证明承运人的受雇人、代理人有此种作为或者不作为的，还应当证明该受雇人、代理人是在受雇、代理范围内行事。

第一百三十三条 就航空运输中的损失向承运人的受雇人、代理人提起诉讼时，该受雇人、代理人证明他是在受雇、代理范围内行事的，有权援用本法第一百二十八条、第一百二十九条有关赔偿责任限制的规定。

在前款规定情形下，承运人及其受雇人、代理人的赔偿总额不得超过法定的赔偿责任限额。

经证明，航空运输中的损失是由于承运人的受雇人、代理人的故意或者明知可能造成损失而轻率地作为或者不作为造成的，不适用本条第一款和第二款的规定。

第一百三十四条 旅客或者收货人收受托运行李或者货物而未提出异议，为托运行李或者货物已经完好交付并与运输凭证相符的初步证据。

托运行李或者货物发生损失的，旅客或者收货人应当在发现损失后向承运人提出异议。托运行李发生损失的，至迟应当自收到托运行李之日起七日内提出；货物发生损失的，至迟应当自收到货物之日起十四日内提出。托运行李或者货物发生延误的，至迟应当自托运行李或者货物交付旅客或者收货人处置之日起二十一日内提出。

任何异议均应当在前款规定的期间内写在运输凭证上或者另以书面提出。

除承运人有欺诈行为外，旅客或者收货人未在本条第二款规定的期间内提出异议的，不能向承运人提出索赔诉讼。

第一百三十五条 航空运输的诉讼时效期间为二年，自民用航空器到达目的地点、应当到达目的地点或者运输终止之日起计算。

第一百三十六条 由几个航空承运人办理的连续运输，接受旅客、行李或者货物的每一个承运人应当受本法规定的约束，并就其根据合同办理的运输区段作为运输合同的订约一方。

对前款规定的连续运输，除合同明文约定第一承运人应当对全程运输承担责任外，旅客或者其继承人只能对发生事故或者延误的运输区段的承运人提起诉讼。

托运行李或者货物的毁灭、遗失、损坏或者延误，旅客或者托运人有权对第一承运人提起诉讼，旅客或者收货人有权对最后承运人提起诉讼，旅客、托运人和收货人均可以对发生毁灭、遗失、损坏或者延误的运输区段的承运人提起诉讼。上述承运人应当对旅客、托运人或者收货人承担连带责任。

⊙《**铁路法**》(2015 年 4 月 24 日修正)

第十六条 铁路运输企业应当按照合同约定的期限或者国务院铁路主管部门规定的期限，将货物、包裹、行李运到目的站；逾期运到的，铁路运输企业应当支付违约金。

铁路运输企业逾期三十日仍未将货物、包裹、行李交付收货人或者旅客的，托运人、收货人或者旅客有权按货物、包裹、行李灭失向铁路运输企业要求赔偿。

第十七条 铁路运输企业应当对承运的货物、包裹、行李自接受承运时起到交付时止发生的灭失、短少、变质、污染或者损坏，承担赔偿责任：

（一）托运人或者旅客根据自愿申请办理保价运输的，按照实际损失赔偿，但最高不超过保价额。

（二）未按保价运输承运的，按照实际损失赔偿，但最高不超过国务院铁路主管部门规定的赔偿限额；如果损失是由于铁路运输企业的故意或者重大过失造成的，不适用赔偿限额的规定，按照实际损失赔偿。

托运人或者旅客根据自愿可以向保险公司办理货物运输保险，保险公司按照保险合同的约定承担赔偿责任。

托运人或者旅客根据自愿，可以办理保价运输，也可以办理货物运输保险；还可以既不办理保价运输，也不办理货物运输保险。不得以任何方式强迫办理保价运输或者货物运输保险。

第十八条 由于下列原因造成的货物、包裹、行李损失的，铁路运输企业不承担赔偿责任：

（一）不可抗力。

（二）货物或者包裹、行李中的物品本身的自然属性，或者合理损耗。

（三）托运人、收货人或者旅客的过错。

⊙《**海商法**》(1992 年 11 月 7 日)

第五十一条 在责任期间货物发生的灭失或者损坏是由于下列原因之一造成的,承运人不负赔偿责任:

(一)船长、船员、引航员或者承运人的其他受雇人在驾驶船舶或者管理船舶中的过失;

(二)火灾,但是由于承运人本人的过失所造成的除外;

(三)天灾,海上或者其他可航水域的危险或者意外事故;

(四)战争或者武装冲突;

(五)政府或者主管部门的行为、检疫限制或者司法扣押;

(六)罢工、停工或者劳动受到限制;

(七)在海上救助或者企图救助人命或者财产;

(八)托运人、货物所有人或者他们的代理人的行为;

(九)货物的自然特性或者固有缺陷;

(十)货物包装不良或者标志欠缺、不清;

(十一)经谨慎处理仍未发现的船舶潜在缺陷;

(十二)非由于承运人或者承运人的受雇人、代理人的过失造成的其他原因。

承运人依照前款规定免除赔偿责任的,除第(二)项规定的原因外,应当负举证责任。

第五十二条 因运输活动物的固有的特殊风险造成活动物灭失或者损害的,承运人不负赔偿责任。但是,承运人应当证明业已履行托运人关于运输活动物的特别要求,并证明根据实际情况,灭失或者损害是由于此种固有的特殊风险造成的。

第五十四条 货物的灭失、损坏或者迟延交付是由于承运人或者承运人的受雇人、代理人的不能免除赔偿责任的原因和其他原因共同造成的,承运人仅在其不能免除赔偿责任的范围内负赔偿责任;但是,承运人对其他原因造成的灭失、损坏或者迟延交付应当负举证责任。

第五十五条 货物灭失的赔偿额,按照货物的实际价值计算;货物损坏的赔偿额,按照货物受损前后实际价值的差额或者货物的修复费用计算。货物的实际价值,按照货物装船时的价值加保险费加运费计算。前款规定的货物实际价值，赔偿时应当减去因货物灭失或者损坏而少付或者免付的有关费用。

第五十六条　承运人对货物的灭失或者损坏的赔偿限额，按照货物件数或者其他货运单位数计算，每件或者每个其他货运单位为 666.67 计算单位，或者按照货物毛重计算，每公斤为 2 计算单位，以二者中赔偿限额较高的为准。但是，托运人在货物装运前已经申报其性质和价值，并在提单中载明的，或者承运人与托运人已经另行约定高于本条规定的赔偿限额的除外。货物用集装箱、货盘或者类似装运器具集装的，提单中载明装在此类装运器具中的货物件数或者其他货运单位数，视为前款所指的货物件数或者其他货运单位数；未载明的，每一装运器具视为一件或者一个单位。装运器具不属于承运人所有或者非由承运人提供的，装运器具本身应当视为一件或者一个单位。

第六十条　承运人将货物运输或者部分运输委托给实际承运人履行的，承运人仍然应当依照本章规定对全部运输负责。对实际承运人承担的运输，承运人应当对实际承运人的行为或者实际承运人的受雇人、代理人在受雇或者受委托的范围内的行为负责。虽有前款规定，在海上运输合同中明确约定合同所包括的特定的部分运输由承运人以外的指定的实际承运人履行的，合同可以同时约定，货物在指定的实际承运人掌管期间发生的灭失、损坏或者迟延交付，承运人不负赔偿责任。

第六十一条　本章对承运人责任的规定，适用于实际承运人。对实际承运人的受雇人、代理人提起诉讼的，适用本法第五十八条第二款和第五十九条第二款的规定。

第六十二条　承运人承担本章未规定的义务或者放弃本章赋予的权利的任何特别协议，经实际承运人书面明确同意的，对实际承运人发生效力；实际承运人是否同意，不影响此项特别协议对承运人的效力。

第六十三条　承运人与实际承运人都负有赔偿责任的，应当在此项责任范围内负连带责任。

第六十四条　就货物的灭失或者损坏分别向承运人、实际承运人以及他们的受雇人、代理人提出赔偿请求的，赔偿总额不超过本法第五十六条规定的限额。

第六十五条 本法第六十条至第六十四条的规定，不影响承运人和实际承运人之间相互追偿。

司法解释及文件

⊙**《最高人民法院关于审理铁路运输损害赔偿案件若干问题的解释》**（2020年12月29日修正）

四、保险货物损失的赔偿

投保货物运输险的货物在运输中发生损失，对不属于铁路运输企业免责范围的，适用铁路法第十七条第一款（二）项的规定，由铁路运输企业承担赔偿责任。

保险公司按照保险合同的约定向托运人或收货人先行赔付后，对于铁路运输企业应按货物实际损失承担赔偿责任的，保险公司按照支付的保险金额向铁路运输企业追偿，因不足额保险产生的实际损失与保险金的差额部分，由铁路运输企业赔偿；对于铁路运输企业应按限额承担赔偿责任的，在足额保险的情况下，保险公司向铁路运输企业的追偿额为铁路运输企业的赔偿限额，在不足额保险的情况下，保险公司向铁路运输企业的追偿额在铁路运输企业的赔偿限额内按照投保金额与货物实际价值的比例计算，因不足额保险产生的铁路运输企业的赔偿限额与保险公司在限额内追偿额的差额部分，由铁路运输企业赔偿。

五、保险保价货物损失的赔偿

既保险又保价的货物在运输中发生损失，对不属于铁路运输企业免责范围的，适用铁路法第十七条第一款（一）项的规定由铁路运输企业承担赔偿责任。对于保险公司先行赔付的，比照本解释第四条对保险货物损失的赔偿处理。

十、代办运输货物损失的赔偿

代办运输的货物在铁路运输中发生损失，对代办运输企业接受托运人的委托以自己的名义与铁路运输企业签订运输合同托运或领取货物的，如委托人依据委托合同要求代办运输企业向铁路运输企业索赔的，应予支持。对代办运输企业未及时索赔而超过运输合同索赔时效的，代办运输企业应当赔偿。

⊙**《最高人民法院关于如何确定沿海、内河货物运输赔偿请求权时效期间问题的批复》**（2001年5月24日　法释〔2001〕18号）

浙江省高级人民法院：

你院浙高法〔2000〕267号《关于沿海、内河货物运输赔偿请求权诉讼时效期间如何计算的请示》收悉。经研究，答复如下：

根据《中华人民共和国海商法》第二百五十七条第一款规定的精神，结合审判实践，托运人、收货人就沿海、内河货物运输合同向承运人要求赔偿的请求权，或者承运人就沿海、内河货物运输向托运人、收货人要求赔偿的请求权，时效期间为一年，自承运人交付或者应当交付货物之日起计算。

此复

⊙**《最高人民法院关于国内水路货物运输纠纷案件法律问题的指导意见》**（2012年12月24日　法发〔2012〕28号）

6. 国内水路货物运输的合同承运人将全部或者部分运输委托给实际承运人履行，托运人或者收货人就全部或部分运输向合同承运人、实际承运人主张权利的，人民法院应当准确认定合同承运人和实际承运人的法律地位和法律责任。人民法院可以参照《国内水路货物运输规则》第四十六条的规定判定合同承运人和实际承运人的赔偿责任，充分保护国内水路货物运输合同托运人或者收货人的合法权益，减少当事人的讼累。

公报案例

⊙**东京海上日动火灾保险（中国）有限公司上海分公司与新杰物流集团股份有限公司保险人代位求偿权纠纷案**（《最高人民法院公报》2019年第12期）

【关键词】

承运人赔偿责任　托运财产损失　责任竞合

【案例要旨】

货物运输合同履行过程中托运人财产遭受损失，在承运人存在侵权与合同责任竞合的情形下，允许托运人或其保险人依据《合同法》第一百二十二条（《民法典》第一百八十六条）选择侵权诉讼或合同诉讼。但是，托运人要求承运人承担侵权责任的，承运人仍然可以依据货物运输合同的有关约定进行抗辩。法院应依据诚实信用原则，综合考虑合同条款效力、合同目的等因素确定赔偿范围。

⊙**茂名市粮食局粮油物资公司与茂名市供销合作联社铁路专线经营部运输合同纠纷再审案**（《最高人民法院公报》1999年第3期）

【关键词】

铁路货物运输合同　冒领货物　过失交付

【案例要旨】

托运人将货物交给承运人办理托运手续后，承运人的责任是将货物按照合同约定运抵到站并交给运单载明的收货人。货物运抵到站至交给收货人之前的暂存保管，是运输合同承运人义务的组成部分。本案收货人是在承运人处办结领货手续，随后持货运单到承运人委托的人处提货，受托人也以运单为交货依据，表明交提货是基于同一个运输合同的行为。受托人对交付前的货物的暂存保管，是代理承运人履行运输合同环节中的一个行为。承运人与其受托人对货物的交换属承运人与代理人的交接。承运人或其代理人没有正确交付货物，表明运输合同没有完全履行，由此产生的纠纷应是铁路货物运输合同误交付纠纷。收货人既未委托他人代理其领取货物，也未与他人形成事实上的仓储保管法律关系。冒领人以伪造的货物运单领取货物，供销专线无法辨别运单真伪，且无重大过失的，其交付属一般过失，可享受承运人赔偿责任限制。

第八百三十三条　【确定货损额的方法】货物的毁损、灭失的赔偿额，当事人有约定的，按照其约定；没有约定或者约定不明确，依据本法第五百一十条的规定仍不能确定的，按照交付或者应当交付时货物到达地的市场价格计算。法律、行政法规对赔偿额的计算方法和赔偿限额另有规定的，依照其规定。

法　律

⊙《**民法典**》(**合同编**)(2020 年 5 月 28 日)

第五百一十条　合同生效后，当事人就质量、价款或者报酬、履行地点等内容没有约定或者约定不明确的，可以协议补充；不能达成补充协议的，按照合同相关条款或者交易习惯确定。

⊙《**民用航空法**》(2021 年 4 月 29 日修正)

第一百二十八条　国内航空运输承运人的赔偿责任限额由国务院民用航空主管部门制定，报国务院批准后公布执行。

旅客或者托运人在交运托运行李或者货物时，特别声明在目的地点交付时的利益，并在必要时支付附加费的，除承运人证明旅客或者托运人声明的金额高于托运行李或者货物在目的地点交付时的实际利益外，承运人应当在声明金额范围内承担责任；本法第一百二十九条的其他规定，除赔偿责任限额外，适用于国内航空运输。

⊙《**铁路法**》(2015 年 4 月 24 日修正)

第十七条　铁路运输企业应当对承运的货物、包裹、行李自接受承运时起到交付时止发生的灭失、短少、变质、污染或者损坏，承担赔偿责任：

(一)托运人或者旅客根据自愿申请办理保价运输的，按照实际损失赔偿，但最高不超过保价额。

(二)未按保价运输承运的，按照实际损失赔偿，但最高不超过国务院铁路主管部门规定的赔偿限额；如果损失是由于铁路运输企业的故意或者重大过失造成的，不适用赔偿限额的规定，按照实际损失赔偿。

托运人或者旅客根据自愿可以向保险公司办理货物运输保险，保险公司按照保险合同的约定承担赔偿责任。

托运人或者旅客根据自愿，可以办理保价运输，也可以办理货物运输保险；还可以既不办理保价运输，也不办理货物运输保险。不得以任何方式强迫办理保价运输或者货物运输保险。

⊙《**海商法**》(1992 年 11 月 7 日)

第五十五条　货物灭失的赔偿额，按照货物的实际价值计算；货物损坏的赔偿额，按照货物受损前后实际价值的差额或者货物的修复费用计算。

货物的实际价值，按照货物装船时的价值加保险费加运费计算。

前款规定的货物实际价值，赔偿时应当减去因货物灭失或者损坏而少付或者免付的有关费用。

第五十六条 承运人对货物的灭失或者损坏的赔偿限额，按照货物件数或者其他货运单位数计算，每件或者每个其他货运单位为666.67计算单位，或者按照货物毛重计算，每公斤为2计算单位，以二者中赔偿限额较高的为准。但是，托运人在货物装运前已经申报其性质和价值，并在提单中载明的，或者承运人与托运人已经另行约定高于本条规定的赔偿限额的除外。

货物用集装箱、货盘或者类似装运器具集装的，提单中载明装在此类装运器具中的货物件数或者其他货运单位数，视为前款所指的货物件数或者其他货运单位数；未载明的，每一装运器具视为一件或者一个单位。

装运器具不属于承运人所有或者非由承运人提供的，装运器具本身应当视为一件或者一个单位。

⊙《**邮政法**》（2015年4月24日修正）

第四十七条 邮政企业对给据邮件的损失依照下列规定赔偿：

（一）保价的给据邮件丢失或者全部损毁的，按照保价额赔偿；部分损毁或者内件短少的，按照保价额与邮件全部价值的比例对邮件的实际损失予以赔偿。

（二）未保价的给据邮件丢失、损毁或者内件短少的，按照实际损失赔偿，但最高赔偿额不超过所收取资费的三倍；挂号信件丢失、损毁的，按照所收取资费的三倍予以赔偿。

邮政企业应当在营业场所的告示中和提供给用户的给据邮件单据上，以足以引起用户注意的方式载明前款规定。

邮政企业因故意或者重大过失造成给据邮件损失，或者未履行前款规定义务的，无权援用本条第一款的规定限制赔偿责任。

行政法规

⊙**《快递暂行条例》**（2019年3月2日）

第二十七条　快件延误、丢失、损毁或者内件短少的，对保价的快件，应当按照经营快递业务的企业与寄件人约定的保价规则确定赔偿责任；对未保价的快件，依照民事法律的有关规定确定赔偿责任。

国家鼓励保险公司开发快件损失赔偿责任险种，鼓励经营快递业务的企业投保。

司法解释及文件

⊙**《最高人民法院关于审理铁路运输损害赔偿案件若干问题的解释》**（2020年12月29日修正）

一、实际损失的赔偿范围

铁路法第十七条中的"实际损失"，是指因灭失、短少、变质、污染、损坏导致货物、包裹、行李实际价值的损失。

铁路运输企业按照实际损失赔偿时，对灭失、短少的货物、包裹、行李，按照其实际价值赔偿；对变质、污染、损坏降低原有价值的货物、包裹、行李，可按照其受损前后实际价值的差额或者加工、修复费用赔偿。

货物、包裹、行李的赔偿价值按照托运时的实际价值计算。实际价值中未包含已支付的铁路运杂费、包装费、保险费、短途搬运费等费用的，按照损失部分的比例加算。

三、保价货物损失的赔偿

铁路法第十七条第一款（一）项中规定的"按照实际损失赔偿，但最高不超过保价额"。是指保价运输的货物、包裹、行李在运输中发生损失，无论托运人在办理保价运输时，保价额是否与货物、包裹、行李的实际价值相符，均应在保价额内按照损失部分的实际价值赔偿，实际损失超过保价额的部分不予赔偿。

如果损失是因铁路运输企业的故意或者重大过失造成的，比照铁路法第十七条第一款（二）项的规定，不受保价额的限制，按照实际损失赔偿。

部门规章及规范性文件

⊙《**中国民用航空货物国内运输规则**》（1996 年 2 月 29 日修订　民航总局令第 50 号）

第四十五条　由于承运人的原因造成货物丢失、短缺、变质、污染、损坏，应按照下列规定赔偿：

（一）货物没有办理声明价值的，承运人按照实际损失的价值进行赔偿，但赔偿最高限额为毛重每公斤人民币 20 元。

（二）已向承运人办理货物声明价值的货物，按声明的价值赔偿；如承运人证明托运人的声明价值高于货物的实际价值时，按实际损失赔偿。

⊙《**铁路货物运输规程**》（1987 年 4 月 2 日）

第五十六条　货物损失的赔偿价格：灭失时，按灭失货物的价格；损坏时，按损坏货物所降低的价格。

货物赔偿价格的标准为：

1. 执行国家定价的货物，应按照各级物价管理部门规定的价格计算；

2. 执行国家指导价格或市场调节价格的货物，比照前项国家定价货物中相同规格或类似商品价格计算；

3. 个人托运的搬家货物、行李按货物交付当日（全部灭失时，为运到期限满了的当日）当地国营企业或供销部门的零售价格计算。

但声明价格的货物，最多不能超过该批货物的声明价格；不声明价格的，个人托运的搬家货物、行李每 10 公斤最多赔偿 30 元；其他货物不超过本条二款 1、2 两项的价格标准。实际损失低于这个标准的，按货物实际损失的价格。

投保运输险的货物由承运人与保险公司按规定赔偿。

本条第二款 1、2 两项赔偿价格中如未包括货物运输费用、税款和包装费用时，应按全批货物或灭失部分的比例加算各该费用。

对损坏的货物或运输设备，也可用支付加工或修理费用的方式赔偿，但支付加工或修理的费用，不得超过货物或设备损坏降低造成的损失。铁路运输设备发生损失的赔偿价格，按铁路有关规定办理。

公报案例

⊙哈池曼海运公司与上海申福化工有限公司、日本德宝海运株式会社海上货物运输合同货损纠纷案（《最高人民法院公报》2016 年第 2 期）

【关键词】

货物赔偿额　没有约定或约定不明确　赔偿额计算

【案例要旨】

海上货物运输合同的承运人对其责任期间发生的货损依照《海商法》第五十五条的规定承担赔偿责任。《海商法》第五十五条规定的货物实际价值不包括市价损失。

⊙中国太平洋财产保险股份有限公司与中远航运股份有限公司、第三人海南分公司海南一汽海马汽车销售有限公司水路货物运输合同货损赔偿纠纷案（《最高人民法院公报》2012 年第 8 期）

【关键词】

特别法　海上货物运输合同

【案例要旨】

《海商法》作为特别法，优先适用于海上货物运输合同纠纷的审理。依照我国《海商法》第二条第二款的规定，中华人民共和国港口之间的海上货物运输，包括内河货物运输和沿海货物运输，不能适用我国《海商法》第四章的规定，应当适用我国《合同法》(《民法典》) 的有关规定。

第八百三十四条　【相继运输的责任承担】两个以上承运人以同一运输方式联运的，与托运人订立合同的承运人应当对全程运输承担责任；损失发生在某一运输区段的，与托运人订立合同的承运人和该区段的承运人承担连带责任。

法 律

⊙《**民用航空法**》（2021年4月29日修正）

第一百三十六条 由几个航空承运人办理的连续运输，接受旅客、行李或者货物的每一个承运人应当受本法规定的约束，并就其根据合同办理的运输区段作为运输合同的订约一方。

对前款规定的连续运输，除合同明文约定第一承运人应当对全程运输承担责任外，旅客或者其继承人只能对发生事故或者延误的运输区段的承运人提起诉讼。

托运行李或者货物的毁灭、遗失、损坏或者延误，旅客或者托运人有权对第一承运人提起诉讼，旅客或者收货人有权对最后承运人提起诉讼，旅客、托运人和收货人均可以对发生毁灭、遗失、损坏或者延误的运输区段的承运人提起诉讼。上述承运人应当对旅客、托运人或者收货人承担连带责任。

司法解释及文件

⊙《**最高人民法院关于国内水路货物运输纠纷案件法律问题的指导意见**》（2012年12月24日 法发〔2012〕28号）

6. 国内水路货物运输的合同承运人将全部或者部分运输委托给实际承运人履行，托运人或者收货人就全部或部分运输向合同承运人、实际承运人主张权利的，人民法院应当准确认定合同承运人和实际承运人的法律地位和法律责任。人民法院可以参照《国内水路货物运输规则》第四十六条的规定判定合同承运人和实际承运人的赔偿责任，充分保护国内水路货物运输合同托运人或者收货人的合法权益，减少当事人的讼累。

⊙《**最高人民法院关于"吕洪斌与浙江象山县荣宁船务公司水路货物运输合同纠纷一案有关适用法律问题的请示"的复函**》（2006年3月14日 〔2005〕民四他字第48号）

湖北省高级人民法院：

你院〔2005〕鄂民四终字第41号关于吕洪斌与浙江象山县荣宁船务

公司水路货物运输合同纠纷一案有关适用法律问题的请示收悉。经研究，答复如下：

本案是水路货物运输合同纠纷，应当适用《中华人民共和国合同法》（以下简称《合同法》）等有关法律以及合同的约定确定各方当事人的权利义务。

根据你院认定的事实，吕洪斌为本案的实际托运人，运单上记载的托运人南海市西樵祥安货运贸易部仅为接受吕洪斌委托与承运人中国扬子江轮船股份有限公司（以下简称扬子江公司）签订合同的人。根据合同约定适用的《国内水路货物运输规则》（以下简称《货规》）的规定，收货人有权就水路货物运单上所载货物损坏、灭失或者迟延交付所造成的损害向承运人索赔。虽然吕洪斌向武汉海事法院提供了黄永明出具的证明其代理吕洪斌收货的“证明”，法院并未予以认定，你院请示报告以及武汉海事法院民事判决中并未认定吕洪斌为涉案货物收货人的地位，亦未说明有证据证明吕洪斌因货损而产生损失，故尽管吕洪斌与承运人之间存在运输合同关系，但尚无证据证明吕洪斌对承运人具有货损请求权。你院应当在二审程序中对此事实予以查明。

在认定吕洪斌具有货损请求权的前提下，扬子江公司作为承运人签发了涉案运单，吕洪斌与扬子江公司之间存在以运单为证明的水路货物运输合同关系。作为实际完成运输任务的浙江象山县荣宁船务公司（以下简称荣宁公司）应当作为该航次水路货物运输的实际承运人。根据《合同法》以及《货规》的规定，承运人应当对运输货物发生的货损承担赔偿责任。承运人将货物运输或者部分运输委托给实际承运人履行的，承运人仍然应当对全程运输负责。故扬子江公司作为本次运输的承运人，应当对吕洪斌的货物损失承担赔偿责任。《货规》还规定：承运人与实际承运人都负有赔偿责任的，应当在该项责任范围内承担连带责任。但根据你院请示报告中认定的事实，本案货损的发生是“希望”轮全部责任所致，荣宁公司对货物发生损失无过错，不应承担赔偿责任，故要求实际承运人荣宁公司对吕洪斌的损失承担连带赔偿责任缺乏事实依据和法律依据。

此复。

第八百三十五条 【货物的灭失与运费的处理】货物在运输过程中因不可抗力灭失，未收取运费的，承运人不得请求支付运费；已经收取运费的，托运人可以请求返还。法律另有规定的，依照其规定。

法 律

⊙《**海商法**》(1992 年 11 月 7 日)

第九十条 船舶在装货港开航前，因不可抗力或者其他不能归责于承运人和托运人的原因致使合同不能履行的，双方均可以解除合同，并互相不负赔偿责任。除合同另有约定外，运费已经支付的，承运人应当将运费退还给托运人；货物已经装船的，托运人应当承担装卸费用；已经签发提单的，托运人应当将提单退还承运人。

第八百三十六条 【承运人的留置权】托运人或者收货人不支付运费、保管费或者其他费用的，承运人对相应的运输货物享有留置权，但是当事人另有约定的除外。

法 律

⊙《**民法典**》(**物权编**)(2020 年 5 月 28 日)

第四百四十七条 债务人不履行到期债务，债权人可以留置已经合法占有的债务人的动产，并有权就该动产优先受偿。

前款规定的债权人为留置权人，占有的动产为留置财产。

第四百四十八条 债权人留置的动产，应当与债权属于同一法律关系，但是企业之间留置的除外。

第四百四十九条 法律规定或者当事人约定不得留置的动产，不得留置。

第四百五十条　留置财产为可分物的，留置财产的价值应当相当于债务的金额。

⊙《**海关法**》（2021年4月29日修正）

第三十七条　海关监管货物，未经海关许可，不得开拆、提取、交付、发运、调换、改装、抵押、质押、留置、转让、更换标记、移作他用或者进行其他处置。

海关加施的封志，任何人不得擅自开启或者损毁。

人民法院判决、裁定或者有关行政执法部门决定处理海关监管货物的，应当责令当事人办结海关手续。

⊙《**海商法**》（1992年11月7日）

第八十七条　应当向承运人支付的运费、共同海损分摊、滞期费和承运人为货物垫付的必要费用以及应当向承运人支付的其他费用没有付清，又没有提供适当担保的，承运人可以在合理的限度内留置其货物。

第八十八条　承运人根据本法第八十七条规定留置的货物，自船舶抵达卸货港的次日起满六十日无人提取的，承运人可以申请法院裁定拍卖；货物易腐烂变质或者货物的保管费用可能超过其价值的，可以申请提前拍卖。拍卖所得价款，用于清偿保管、拍卖货物的费用和运费以及应当向承运人支付的其他有关费用；不足的金额，承运人有权向托运人追偿；剩余的金额，退还托运人；无法退还、自拍卖之日起满一年又无人领取的，上缴国库。

司法解释及文件

⊙《**最高人民法院关于国内水路货物运输纠纷案件法律问题的指导意见**》（2012年12月24日　法发〔2012〕28号）

7. 国内水路货物运输合同履行完毕，托运人或者收货人没有按照约定支付运费、保管费或者其他运输费用，依照合同法第三百一十五条的规定，承运人对相应的运输货物享有留置权。人民法院在审查承运人的留置权时，应当重点审查承运人留置货物的数量是否是在合理的限度之内，以及承运人留置的货物是否是其合法占有的货物。债务人对留置货物是否具有所有权并不必然影响承运人留置权的行使，除非运输合同当事人对承运人的留置权另有特殊约定。

第八百三十七条 【货物的提存】收货人不明或者收货人无正当理由拒绝受领货物的，承运人依法可以提存货物。

法　律

⊙**《民法典》(合同编)**(2020年5月28日)

第五百七十条　有下列情形之一，难以履行债务的，债务人可以将标的物提存：

（一）债权人无正当理由拒绝受领；

（二）债权人下落不明；

（三）债权人死亡未确定继承人、遗产管理人，或者丧失民事行为能力未确定监护人；

（四）法律规定的其他情形。

标的物不适于提存或者提存费用过高的，债务人依法可以拍卖或者变卖标的物，提存所得的价款。

第五百七十一条　债务人将标的物或者将标的物依法拍卖、变卖所得价款交付提存部门时，提存成立。

提存成立的，视为债务人在其提存范围内已经交付标的物。

第五百七十二条　标的物提存后，债务人应当及时通知债权人或者债权人的继承人、遗产管理人、监护人、财产代管人。

第五百七十三条　标的物提存后，毁损、灭失的风险由债权人承担。提存期间，标的物的孳息归债权人所有。提存费用由债权人负担。

第五百七十四条　债权人可以随时领取提存物。但是，债权人对债务人负有到期债务的，在债权人未履行债务或者提供担保之前，提存部门根据债务人的要求应当拒绝其领取提存物。

债权人领取提存物的权利，自提存之日起五年内不行使而消灭，提存物扣除提存费用后归国家所有。但是，债权人未履行对债务人的到期债务，或者债权人向提存部门书面表示放弃领取提存物权利的，债务人负担提存费用后有权取回提存物。

⊙《**铁路法**》(2015 年 4 月 24 日修正)

第二十二条　自铁路运输企业发出领取货物通知之日起满三十日仍无人领取的货物，或者收货人书面通知铁路运输企业拒绝领取的货物，铁路运输企业应当通知托运人，托运人自接到通知之日起满三十日未作答复的，由铁路运输企业变卖；所得价款在扣除保管等费用后尚有余款的，应当退还托运人，无法退还、自变卖之日起一百八十日内托运人又未领回的，上缴国库。

自铁路运输企业发出领取通知之日起满九十日仍无人领取的包裹或者到站后满九十日仍无人领取的行李，铁路运输企业应当公告，公告满九十日仍无人领取的，可以变卖；所得价款在扣除保管等费用后尚有余款的，托运人、收货人或者旅客可以自变卖之日起一百八十日内领回，逾期不领回的，上缴国库。

对危险物品和规定限制运输的物品，应当移交公安机关或者有关部门处理，不得自行变卖。

对不宜长期保存的物品，可以按照国务院铁路主管部门的规定缩短处理期限。

⊙《**海商法**》(1992 年 11 月 7 日)

第八十六条　在卸货港无人提取货物或者收货人迟延、拒绝提取货物的，船长可以将货物卸在仓库或者其他适当场所，由此产生的费用和风险由收货人承担。

部门规章及规范性文件

⊙《**提存公证规则**》(1995 年 6 月 2 日　司法部令第 38 号)

第七条　下列标的物可以提存：

(一) 货币；

(二) 有价证券、票据、提单、权利证书；

（三）贵重物品；

（四）担保物（金）或其替代物；

（五）其他适宜提存的标的物。

第九条 提存申请人应当填写公证申请表，并提交下列材料：

（一）申请人的身份证明；法人应提交法人资格证明和法定代表人身份证明，法定代理人应提交与被代理人关系的证明，委托代理人应提交授权委托书；

（二）合同（协议）、担保书、赠与书、司法文书、行政决定等据以履行义务的依据；

（三）存在本规则第五条或第六条规定情况的有关证明材料；

（四）提存受领人姓名（名称）、地址、邮编、联系电话等；

（五）提存标的物种类、质量、数量、价值的明细表；

（六）公证员认为应当提交的其他材料。

第十四条 公证处应当验收提存标的物并登记存档。对不能提交公证处的提存物，公证处应当派公证员到现场实地验收。验收时，提存申请人（或其代理人）应当在场，公证员应制作验收笔录。

验收笔录应当记录验收的时间、地点、方式、参加人员、物品的数量、种类、规格、价值以及存放地点、保管环境等内容。验收笔录应交提存人核对。公证员、提存人及其他参与人员应当在验收笔录上签名。

对难以验收的提存标的物，公证处可予以证据保全，并在公证笔录和公证书中注明。

经验收的提存标的物，公证处应当采用封存、委托代管等必要的保管措施。

对易腐易烂易燃易爆等物品，公证处应当在保全证据后，由债务人拍卖或变卖，提存其价款。

第十八条 提存人应将提存事实及时通知提存受领人。

以清偿为目的的提存或提存人通知有困难的，公证处应自提存之日起七日内，以书面形式通知提存受领人，告知其领取提存物的时间、期限、地点、方法。

提存受领人不清或下落不明、地址不详无法送达通知的，公证处应自提存之日起六十日内，以公告方式通知。公告应刊登在国家或债权人在国内住所地的法制报刊上，公告应在一个月内在同一报刊刊登三次。

第二十五条　除当事人另有约定外，提存费用由提存受领人承担。

提存费用包括：提存公证费、公告费、邮电费、保管费、评估鉴定费、代管费、拍卖变卖费、保险费，以及为保管、处理、运输提存标的物所支出的其他费用。

提存受领人未支付提存费用前，公证处有权留置价值相当的提存标的物。

第四节　多式联运合同

第八百三十八条　【多式联运经营人的权利义务】多式联运经营人负责履行或者组织履行多式联运合同，对全程运输享有承运人的权利，承担承运人的义务。

法　律

⊙《**铁路法**》（2015 年 4 月 24 日修正）

第二十九条　铁路运输企业与公路、航空或者水上运输企业相互间实行国内旅客、货物联运，依照国家有关规定办理；国家没有规定的，依照有关各方的协议办理。

⊙《**海商法**》（1992 年 11 月 7 日）

第一百零二条　本法所称多式联运合同，是指多式联运经营人以两种以上的不同运输方式，其中一种是海上运输方式，负责将货物从接收地运至目的地交付收货人，并收取全程运费的合同。前款所称多式联运经营人，是指本人或者委托他人以本人名义与托运人订立多式联运合同的人。

行政法规

⊙**《国际货物运输代理业管理规定实施细则》**（2004年1月1日修订）

第三十八条 国际货运代理企业作为独立经营人，负责履行或组织履行国际多式联运合同时，其责任期间自接收货物时起至交付货物时止。其承担责任的基础、责任限额、免责条件以及丧失责任限制的前提依照有关法律规定确定。

人民法院案例选案例

⊙**福州中海物流有限公司与莆田金匙玻璃有限公司名为货运代理合同纠纷实为多式联运合同运费纠纷案**［《人民法院案例选》2005年第2辑（总第52辑）］

【关键词】

多式联运合同　两种以上不同运输方式

【案例要旨】

双方当事人签订了《沿海内贸货物运输委托书》，约定双方为货运代理关系，但事实上纠纷反映的是沿海货物运输合同关系。在合同名称与实际内容不一致的情况下，应根据法发〔2000〕26号《关于印发〈民事案件案由规定（试行）〉的通知》要求，以法院审查认定的实际法律关系对案件进行处理。多式联运经营人的经营特征是其在起运地接收货物，经过两种以上不同的运输方式将货物运至目的地交付收货人，同时收取全程运费。约定符合多式联运经营特征，应认定为多式联运合同关系。

适用要点

⊙ **多式联运合同与单式联运合同的区别**

《民法典》第834条规定了同一运输方式联运合同，简称为单式联运合同或连续运输合同，如铁路联运、航空联运、水水联运。多式联运合同则由两种以上运输方式组成，如水铁联运。关于运输方式，不能仅凭运输工具进行界定，还要考虑区分调整具体运输工具的不同法律制度。两段分别由相同类型运输工具完成的运输不一定属于同一运输方式，需要考虑所适用的法律规则是否相同。例如，在我国现行法律框架中，国际海上货物运输与国内水路货物运输均系广义的水上货物运输，运输工具均为船舶，但二者适用不同的法律制度，属于不同的运输方式，应纳入多式联运的范畴。国内沿海货物运输与内河货物运输组成的联运，则属于同一运输方式组成的单式联运。

第八百三十九条 【多式联运的责任制度】多式联运经营人可以与参加多式联运的各区段承运人就多式联运合同的各区段运输约定相互之间的责任；但是，该约定不影响多式联运经营人对全程运输承担的义务。

法　律

⊙**《海商法》**（1992 年 11 月 7 日）

第一百零三条　多式联运经营人对多式联运货物的责任期间，自接收货物时起至交付货物时止。

第一百零四条　多式联运经营人负责履行或者组织履行多式联运合同，并对全程运输负责。

多式联运经营人与参加多式联运的各区段承运人，可以就多式联运合同的各区段运输，另以合同约定相互之间的责任。但是，此项合同不得影响多式联运经营人对全程运输所承担的责任。

第八百四十条 【多式联运单据】多式联运经营人收到托运人交付的货物时，应当签发多式联运单据。按照托运人的要求，多式联运单据可以是可转让单据，也可以是不可转让单据。

第八百四十一条 【托运人的损害赔偿责任】 因托运人托运货物时的过错造成多式联运经营人损失的，即使托运人已经转让多式联运单据，托运人仍然应当承担赔偿责任。

第八百四十二条 【赔偿责任的法律适用】 货物的毁损、灭失发生于多式联运的某一运输区段的，多式联运经营人的赔偿责任和责任限额，适用调整该区段运输方式的有关法律规定；货物毁损、灭失发生的运输区段不能确定的，依照本章规定承担赔偿责任。

法 律

⊙《**海商法**》（1992 年 11 月 7 日）

第一百零五条 货物的灭失或者损坏发生于多式联运的某一运输区段的，多式联运经营人的赔偿责任和责任限额，适用调整该区段运输方式的有关法律规定。

第一百零六条 货物的灭失或者损坏发生的运输区段不能确定的，多式联运经营人应当依照本章关于承运人赔偿责任和责任限额的规定负赔偿责任。

司法解释及文件

⊙《**最高人民法院涉外商事海事审判实务问题解答**》（2008 年 12 月）

127. 国际多式联运合同纠纷应如何适用法律？

答：依照《海商法》的规定，国际多式联运的货物发生灭失或者损害的，多式联运经营人的赔偿责任和责任限额，适用调整该区段运输方式的有关国家或者地区的法律。该有关法律无法查明或者没有规定的，适用我国参加的国际公约和我国的相关法律。

人民法院案例选案例

⊙匈牙利雁荡山国际贸易有限责任公司诉香港富天船务有限公司等国际多式联运货物灭失赔偿案［《人民法院案例选》1997 年第 3 辑（总第 21 辑）］

【关键词】

多式联运　赔偿责任　分区段

【案例要旨】

多式联运合同，是指多式联运经营人以两种以上的不同运输方式，其中一种是海上运输方式，负责将货物从接收地运至目的地交付收货人，并收取全程运费的合同。国际货物多式联运的单据多表现为多式联运提单。多式联运提单是国际货物多式联运的证明，也是承运人在货物接收地接管货物和在目的地交付货物的凭证。多式联运经营人对全程负责，而各区段承运人仅对自己完成的运输区段负责。各区段适用的责任原则适用于该区段的法律予以确定。

第二十章　技术合同

第一节　一般规定

第八百四十三条　【定义】技术合同是当事人就技术开发、转让、许可、咨询或者服务订立的确立相互之间权利和义务的合同。

司法解释及文件

⊙**《最高人民法院关于审理技术合同纠纷案件适用法律若干问题的解释》**（2020年12月29日修正）

第七条　不具有民事主体资格的科研组织订立的技术合同，经法人或者非法人组织授权或者认可的，视为法人或者非法人组织订立的合同，由法人或者非法人组织承担责任；未经法人或者非法人组织授权或者认可的，由该科研组织成员共同承担责任，但法人或者非法人组织因该合同受益的，应当在其受益范围内承担相应责任。

前款所称不具有民事主体资格的科研组织，包括法人或者非法人组织设立的从事技术研究开发、转让等活动的课题组、工作室等。

第四十二条　当事人将技术合同和其他合同内容或者将不同类型的技术合同内容订立在一个合同中的，应当根据当事人争议的权利义务内容，确定案件的性质和案由。

技术合同名称与约定的权利义务关系不一致的，应当按照约定的权利义务内容，确定合同的类型和案由。

技术转让合同或者技术许可合同中约定让与人或者许可人负责包销或者回购受让人、被许可人实施合同标的技术制造的产品，仅因让与人或者许可人不履行或者不能全部履行包销或者回购义务引起纠纷，不涉及技术问题的，应当按照包销或者回购条款约定的权利义务内容确定案由。

第四十三条　技术合同纠纷案件一般由中级以上人民法院管辖。

各高级人民法院根据本辖区的实际情况并报经最高人民法院批准，可以指定若干基层人民法院管辖第一审技术合同纠纷案件。

其他司法解释对技术合同纠纷案件管辖另有规定的，从其规定。

合同中既有技术合同内容，又有其他合同内容，当事人就技术合同内容和其他合同内容均发生争议的，由具有技术合同纠纷案件管辖权的人民法院受理。

第四十五条　第三人向受理技术合同纠纷案件的人民法院就合同标的技术提出权属或者侵权请求时，受诉人民法院对此也有管辖权的，可以将权属或者侵权纠纷与合同纠纷合并审理；受诉人民法院对此没有管辖权的，应当告知其向有管辖权的人民法院另行起诉或者将已经受理的权属或者侵权纠纷案件移送有管辖权的人民法院。权属或者侵权纠纷另案受理后，合同纠纷应当中止诉讼。

专利实施许可合同诉讼中，被许可人或者第三人向国家知识产权局请求宣告专利权无效的，人民法院可以不中止诉讼。在案件审理过程中专利权被宣告无效的，按照专利法第四十七条第二款和第三款的规定处理。

⊙**《最高人民法院关于印发全国法院知识产权审判工作会议关于审理技术合同纠纷案件若干问题的纪要的通知》**（2001 年 6 月 19 日　法〔2001〕84 号）

9. 法人或者其他组织设立的从事技术研究开发、转让等活动的不具有民事主体资格的科研组织（包括课题组、工作室等）订立的技术合同，经法人或者其他组织授权或者认可的，视为法人或者其他组织订立的合同，由法人或者其他组织承担责任；未经法人或者其他组织授权或者认可的，由该科研组织成员共同承担责任，但法人或者其他组织因该合同受益的，应当在其受益范围内承担相应的责任。

32. 当事人将技术合同和其他合同内容合订为一个合同，或者将不同类型的技术合同内容合订在一个合同中的，应当根据当事人争议的权利义务内容，确定案件的性质和案由，适用相应的法律、法规。

33. 技术合同名称与合同约定的权利义务关系不一致的，应当按照合同约定的权利义务内容，确定合同的类型和案由，适用相应的法律、法规。

34. 当事人以技术开发、转让、咨询或者服务为承包内容订立的合同，属于技术合同。

35. 转让阶段性技术成果并约定后续开发义务的合同，就该阶段性技术成果的重复试验效果方面发生争议的，按照技术转让合同处理；就后续开发方面发生争议的，按照技术开发合同处理。

36. 技术转让合同中约定让与人向受让人提供实施技术的专用设备、原材料或者提供有关的技术咨询、技术服务的，这类约定属于技术转让合同的组成部分。因这类约定发生纠纷的，按照技术转让合同处理。

37. 当事人以技术入股方式订立联营合同，但技术入股人不参与联营体的经营管理，并且以保底条款形式约定联营体或者联营对方支付其技术价款或者使用费的，属于技术转让合同。

38. 技术转让合同中约定含让与人负责包销（回购）受让人实施合同标的技术制造的产品。仅因让与人不履行或者不能全部履行包销（回购）义务引起纠纷，不涉及技术问题的，按照包销（回购）条款所约定的权利义务内容确定案由，并适用相应的法律规定处理。

39. 技术开发合同当事人一方仅提供资金、设备、材料等物质条件，承担辅助协作事项，另一方进行研究开发工作的合同. 属于委托开发合同。

40. 当事人一方以技术转让的名义提供已进入公有领域的技术，并进行技术指导，传授技术知识等，为另一方解决特定技术问题所订立的合同，可以视为技术服务合同履行，但属于合同法第五十二条和第五十四条规定情形的除外。

41. 新药技术成果转让和植物新品种申请权转让、植物新品种权转让和使用许可等合同争议，适用合同法总则的规定，并可以参照合同法第十八章和本纪要关于技术转让合同的规定，但法律另有规定的，依照其规定。

42. 计算机软件开发、许可、转让等合同争议，著作权法以及其他法律另有规定的，依照其规定；没有规定的，适用合同法总则的规定，并可以参照合同法第十八章和本纪要的有关规定。

91. 合同中既有技术合同内容，又有其他合同内容，当事人就技术合同内容和其他合同内容均发生争议的，由具有技术合同纠纷案件管辖权的人民法院受理。

92. 一方当事人以诉讼争议的技术合同侵害他人技术成果为由主张合同无效或者人民法院在审理技术合同纠纷中发现可能存在该无效事由时，应当依法通知有关利害关系人作为有独立请求权的第三人参加诉讼。

93. 他人向受理技术合同纠纷的人民法院就该合同标的技术提出权属或者侵权主张时，受诉人民法院对此亦有管辖权的，可以将该权属或者侵权纠纷与合同纠纷合并审理；受诉人民法院对此没有管辖权的，应当告知其向有管辖权的人民法院另行起诉。权属或者侵权纠纷另案受理后，合同纠纷应当中止诉讼。

94. 专利实施许可合同诉讼中，受让人（被许可人）或者第三人向专利复审委员会请求宣告该专利权无效的，人民法院可以不中止诉讼。在审理过程中该专利权被宣告无效的，按照专利法的有关规定处理。

95. 因技术中介合同中介人违反约定的保密义务发生的纠纷，可以与技术合同纠纷合并审理。

96. 中介人一般不作为委托人与第三人之间的技术合同诉讼的当事人，但下列情况除外：

（1）中介人与技术合同一方当事人恶意串通损害另一方利益的，恶意串通的双方应列为共同被告，承担连带责任；

（2）中介人隐瞒技术合同一方当事人的真实情况给另一方造成损失的，中介人应列为被告，并依其过错承担相应的责任；

（3）因中介人不履行技术中介合同或者中介条款约定的其他义务，导致技术合同不能依约履行的，可以根据具体情况将中介人列为诉讼当事人。

第八百四十四条 【订立技术合同的原则】订立技术合同，应当有利于知识产权的保护和科学技术的进步，促进科学技术成果的研发、转化、应用和推广。

法　律

⊙《**专利法**》（2020年10月17日修正）

第一条　为了保护专利权人的合法权益，鼓励发明创造，推动发明创造的应用，提高创新能力，促进科学技术进步和经济社会发展，制定本法。

⊙《**促进科技成果转化法**》（2015年8月29日修正）

第一条　为了促进科技成果转化为现实生产力，规范科技成果转化活动，加速科学技术进步，推动经济建设和社会发展，制定本法。

公报案例

⊙汾州裕源土特产品有限公司与陕西天宝大豆食品技术研究所技术合同纠纷案（《最高人民法院公报》2018年第2期）

【关键词】

技术合同　视频技术

【案例要旨】

能否产出符合合同约定的产品，与该产品能否上市销售、是否适销对路、有否利润空间等并非同一层面的问题。技术合同领域，尤其是涉及技术工业化的合同中，如果当事人之间没有明确约定，不应将产品商业化认定为技术合同的目的。

第八百四十五条　【主要条款】技术合同的内容一般包括项目的名称，标的的内容、范围和要求，履行的计划、地点和方式，技术信息和资料的保密，技术成果的归属和收益的分配办法，验收标准和方法，名词和术语的解释等条款。

与履行合同有关的技术背景资料、可行性论证和技术评价报告、项目任务书和计划书、技术标准、技术规范、原始设计和工艺文件，以及其他技术文档，按照当事人的约定可以作为合同的组成部分。

技术合同涉及专利的，应当注明发明创造的名称、专利申请人和专利权人、申请日期、申请号、专利号以及专利权的有效期限。

司法解释及文件

⊙**《最高人民法院关于审理技术合同纠纷案件适用法律若干问题的解释》**（2020 年 12 月 29 日修正）

第一条　技术成果，是指利用科学技术知识、信息和经验作出的涉及产品、工艺、材料及其改进等的技术方案，包括专利、专利申请、技术秘密、计算机软件、集成电路布图设计、植物新品种等。

技术秘密，是指不为公众所知悉、具有商业价值并经权利人采取相应保密措施的技术信息。

⊙**《最高人民法院关于印发全国法院知识产权审判工作会议关于审理技术合同纠纷案件若干问题的纪要的通知》**（2001 年 6 月 19 日　法〔2001〕84 号）

1. 合同法第十八章所称技术成果，是指利用科学技术知识、信息和经验作出的产品、工艺、材料及其改进等技术方案，包括专利、专利申请、技术秘密和其他能够取得知识产权的技术成果（如植物新品种、计算机软件、集成电路布图设计和新药成果等）。

2. 合同法第十八章所称的技术秘密，是指不为公众所知悉、能为权利人带来经济利益、具有实用性并经权利人采取保密措施的技术信息。

前款所称不为公众所知悉，是指该技术信息的整体或者精确的排列组合或者要素，并非为通常涉及该信息有关范围的人所普遍知道或者容易获得；能为权利人带来经济利益、具有实用性，是指该技术信息因属于秘密而具有商业价值，能够使拥有者获得经济利益或者获得竞争优势；权利人采取保密措施，是指该技术信息的合法拥有者根据有关情况采取的合理措施，在正常情况下可以使该技术信息得以保密。

合同法所称技术秘密与技术秘密成果是同义语。

23. 当事人对技术合同的价款、报酬和使用费没有约定或者约定不明确，依照合同法第六十一条的规定不能达成补充协议的，人民法院可以按照以下原则处理：

（1）对于技术开发合同和技术转让合同，根据有关技术成果的研究开发成本、先进性、实施转化和应用的程度，当事人享有的权益和承担的责任，以及技术成果的经济效益和社会效益等合理认定；

（2）对于技术咨询合同和技术服务合同，根据有关咨询服务工作的数量、质量和技术含量，以及预期产生的经济效益和社会效益等合理认定。

技术合同价款、报酬、使用费中包含非技术性款项的，应当分项计算。

24. 当事人对技术合同的履行地点没有约定或者约定不明确，依照合同法第六十一条的规定不能达成补充协议的，技术开发合同以研究开发人所在地为履行地. 但依据合同法第三百三十条第四款订立的合同以技术成果实施地为履行地；技术转让合同以受让人所在地为履行地；技术咨询合同以受托人所在地为履行地；技术服务合同以委托人所在地为履行地。但给付合同价款、报酬、使用费的，以接受给付的一方所在地为履行地。

25. 技术合同当事人对技术成果的验收标准没有约定或者约定不明确，在适用合同法第六十二条的规定时，没有国家标准、行业标准或者专业技术标准的，按照本行业合乎实用的一般技术要求履行。

当事人订立技术合同时所作的可行性分析报告中有关经济效益或者成本指标的预测和分析，不应当视为合同约定的验收标准，但当事人另有约定的除外。

第八百四十六条　【技术合同价款、报酬或使用费】技术合同价款、报酬或者使用费的支付方式由当事人约定，可以采取一次总算、一次总付或者一次总算、分期支付，也可以采取提成支付或者提成支付附加预付入门费的方式。

约定提成支付的，可以按照产品价格、实施专利和使用技术秘密后新增的产值、利润或者产品销售额的一定比例提成，也可以按照约定的其他方式计算。提成支付的比例可以采取固定比例、逐年递增比例或者逐年递减比例。

约定提成支付的，当事人可以约定查阅有关会计账目的办法。

法　律

⊙**《促进科技成果转化法》**（2015 年 8 月 29 日修正）

第四十三条　国家设立的研究开发机构、高等院校转化科技成果所获得的收入全部留归本单位，在对完成、转化职务科技成果做出重要贡献的人员给予奖励和报酬后，主要用于科学技术研究开发与成果转化等相关工作。

第四十四条　职务科技成果转化后，由科技成果完成单位对完成、转化该项科技成果做出重要贡献的人员给予奖励和报酬。科技成果完成单位可以规定或者与科技人员约定奖励和报酬的方式、数额和时限。单位制定相关规定，应当充分听取本单位科技人员的意见，并在本单位公开相关规定。

第四十五条　科技成果完成单位未规定、也未与科技人员约定奖励和报酬的方式和数额的，按照下列标准对完成、转化职务科技成果做出重要贡献的人员给予奖励和报酬：

（一）将该项职务科技成果转让、许可给他人实施的，从该项科技成果转让净收入或者许可净收入中提取不低于百分之五十的比例；

（二）利用该项职务科技成果作价投资的，从该项科技成果形成的股份或者出资比例中提取不低于百分之五十的比例；

（三）将该项职务科技成果自行实施或者与他人合作实施的，应当在实施转化成功投产后连续三至五年，每年从实施该项科技成果的营业利润中提取不低于百分之五的比例。国家设立的研究开发机构、高等院校规定或者与科技人员约定奖励和报酬的方式和数额应当符合前款第一项至第三项规定的标准。国有企业、事业单位依照本法规定对完成、转化职务科技成果做出重要贡献的人员给予奖励和报酬的支出计入当年本单位工资总额，但不受当年本单位工资总额限制、不纳入本单位工资总额基数。

行政法规

⊙《**专利法实施细则**》（2010 年 1 月 9 日修订）

第七十七条 被授予专利权的单位未与发明人、设计人约定也未在其依法制定的规章制度中规定专利法第十六条规定的奖励的方式和数额的，应当自专利权公告之日起 3 个月内发给发明人或者设计人奖金。一项发明专利的奖金最低不少于 3000 元；一项实用新型专利或者外观设计专利的奖金最低不少于 1000 元。

由于发明人或者设计人的建议被其所属单位采纳而完成的发明创造，被授予专利权的单位应当从优发给奖金。

第七十八条 被授予专利权的单位未与发明人、设计人约定也未在其依法制定的规章制度中规定专利法第十六条规定的报酬的方式和数额的，在专利权有效期限内，实施发明创造专利后，每年应当从实施该项发明或者实用新型专利的营业利润中提取不低于 2% 或者从实施该项外观设计专利的营业利润中提取不低于 0.2%，作为报酬给予发明人或者设计人，或者参照上述比例，给予发明人或者设计人一次性报酬；被授予专利权的单位许可其他单位或者个人实施其专利的，应当从收取的使用费中提取不低于 10%，作为报酬给予发明人或者设计人。

司法解释及文件

⊙**《最高人民法院关于审理技术合同纠纷案件适用法律若干问题的解释》**（2020年12月29日修正）

第十三条　依照前条第一款规定可以继续使用技术秘密的人与权利人就使用费支付发生纠纷的，当事人任何一方都可以请求人民法院予以处理。继续使用技术秘密但又拒不支付使用费的，人民法院可以根据权利人的请求判令使用人停止使用。

人民法院在确定使用费时，可以根据权利人通常对外许可该技术秘密的使用费或者使用人取得该技术秘密所支付的使用费，并考虑该技术秘密的研究开发成本、成果转化和应用程度以及使用人的使用规模、经济效益等因素合理确定。

不论使用人是否继续使用技术秘密，人民法院均应当判令其向权利人支付已使用期间的使用费。使用人已向无效合同的让与人或者许可人支付的使用费应当由让与人或者许可人负责返还。

第十四条　对技术合同的价款、报酬和使用费，当事人没有约定或者约定不明确的，人民法院可以按照以下原则处理：

（一）对于技术开发合同和技术转让合同、技术许可合同，根据有关技术成果的研究开发成本、先进性、实施转化和应用的程度，当事人享有的权益和承担的责任，以及技术成果的经济效益等合理确定；

（二）对于技术咨询合同和技术服务合同，根据有关咨询服务工作的技术含量、质量和数量，以及已经产生和预期产生的经济效益等合理确定。

技术合同价款、报酬、使用费中包含非技术性款项的，应当分项计算。

⊙**《最高人民法院关于印发全国法院知识产权审判工作会议关于审理技术合同纠纷案件若干问题的纪要的通知》**（2001年6月19日　法〔2001〕84号）

20. 侵害他人技术秘密成果使用权、转让权的技术合同无效后，除法律、行政法规另有规定的以外，善意、有偿取得该技术秘密的一方可以继续使用该技术秘密. 但应当向权利人支付合理的使用费并承担保密义务。除与权利人达成协议以外，善意取得的一方（使用人）继续使用该技术秘密不得超过其取得时确定的使用范围。当事人双方恶意串通或者一方明知或者应知另一方侵权仍然与其订立或者履行合同的，属于共同侵权，应当承担连带赔偿责任和保密义务，因该无效合同而取得技术秘密的当事人不得继续使用该技术秘密。

前款规定的使用费由使用人与权利人协议确定，不能达成协议的，任何一方可以请求人民法院予以裁决。使用人拒不履行双方达成的使用费协议的，权利人除可以请求人民法院判令使用人支付已使用期间的使用费以外，还可以请求判令使用人停止使用该技术秘密；使用人拒不执行人民法院关于使用费的裁决的，权利人除可以申请强制执行已使用期间的使用费外. 还可以请求人民法院判令使用人停止使用该技术秘密。在双方就使用费达成协议或者人民法院作出生效裁决以前，使用人可以不停止使用该技术秘密。

21. 人民法院在裁决前条规定的使用费时，可以根据权利人善意对外转让该技术秘密的费用并考虑使用人的使用规模和经济效益等因素来确定；也可以依据使用人取得该技术秘密所支付的费用并考虑该技术秘密的研究开发成本、成果转化和应用程度和使用人的使用规模和经济效益等因素来确定。

人民法院应当对已使用期间的使用费和以后使用的付费标准一并作出裁决。

合同被确认无效后，使用人不论是否继续使用该技术秘密，均应当向权利人支付其已使用期间的使用费，其已向无效合同的让与人支付的费用应当由让与人负责返还，该费用中已由让与人作为侵权损害的赔偿直接给付权利人的部分，在计算使用人向权利人支付的使用费时相应扣除。

23. 当事人对技术合同的价款、报酬和使用费没有约定或者约定不明确，依照合同法第六十一条的规定不能达成补充协议的，人民法院可以按照以下原则处理：

（1）对于技术开发合同和技术转让合同，根据有关技术成果的研究开发成本、先进性、实施转化和应用的程度，当事人享有的权益和承担的责任，以及技术成果的经济效益和社会效益等合理认定；

（2）对于技术咨询合同和技术服务合同，根据有关咨询服务工作的数量、质量和技术含量，以及预期产生的经济效益和社会效益等合理认定。

技术合同价款、报酬、使用费中包含非技术性款项的，应当分项计算。

24. 当事人对技术合同的履行地点没有约定或者约定不明确，依照合同法第六十一条的规定不能达成补充协议的，技术开发合同以研究开发人所在地为履行地，但依据合同法第三百三十条第四款订立的合同以技术成果实施地为履行地；技术转让合同以受让人所在地为履行地；技术咨询合同以受托人所在地为履行地；技术服务合同以委托人所在地为履行地。但给付合同价款、报酬、使用费的，以接受给付的一方所在地为履行地。

第八百四十七条　【职务技术成果的经济权属】职务技术成果的使用权、转让权属于法人或者非法人组织的，法人或者非法人组织可以就该项职务技术成果订立技术合同。法人或者非法人组织订立技术合同转让职务技术成果时，职务技术成果的完成人享有以同等条件优先受让的权利。

职务技术成果是执行法人或者非法人组织的工作任务，或者主要是利用法人或者非法人组织的物质技术条件所完成的技术成果。

法　律

⊙《**专利法**》（2020 年 10 月 17 日修正）

第六条　执行本单位的任务或者主要是利用本单位的物质技术条件所完成的发明创造为职务发明创造。职务发明创造申请专利的权利属于该单位，申请被批准后，该单位为专利权人。该单位可以依法处置其职务发明创造申请专利的权利和专利权，促进相关发明创造的实施和运用。

非职务发明创造，申请专利的权利属于发明人或者设计人；申请被批准后，该发明人或者设计人为专利权人。

利用本单位的物质技术条件所完成的发明创造，单位与发明人或者设计人订有合同，对申请专利的权利和专利权的归属作出约定的，从其约定。

第十五条 被授予专利权的单位应当对职务发明创造的发明人或者设计人给予奖励；发明创造专利实施后，根据其推广应用的范围和取得的经济效益，对发明人或者设计人给予合理的报酬。

国家鼓励被授予专利权的单位实行产权激励，采取股权、期权、分红等方式，使发明人或者设计人合理分享创新收益。

行政法规

⊙**《专利法实施细则》**（2010年1月9日修订）

第十二条 专利法第六条所称执行本单位的任务所完成的职务发明创造，是指：

（一）在本职工作中作出的发明创造；

（二）履行本单位交付的本职工作之外的任务所作出的发明创造；

（三）退休、调离原单位后或者劳动、人事关系终止后1年内作出的，与其在原单位承担的本职工作或者原单位分配的任务有关的发明创造。

专利法第六条所称本单位，包括临时工作单位；专利法第六条所称本单位的物质技术条件，是指本单位的资金、设备、零部件、原材料或者不对外公开的技术资料等。

第七十六条 被授予专利权的单位可以与发明人、设计人约定或者在其依法制定的规章制度中规定专利法第十六条规定的奖励、报酬的方式和数额。

企业、事业单位给予发明人或者设计人的奖励、报酬，按照国家有关财务、会计制度的规定进行处理。

司法解释及文件

⊙**《最高人民法院关于审理技术合同纠纷案件适用法律若干问题的解释》**（2020年12月29日修正）

第二条 民法典第八百四十七条第二款所称“执行法人或者非法人组

织的工作任务”，包括：

（一）履行法人或者非法人组织的岗位职责或者承担其交付的其他技术开发任务；

（二）离职后一年内继续从事与其原所在法人或者非法人组织的岗位职责或者交付的任务有关的技术开发工作，但法律、行政法规另有规定的除外。

法人或者非法人组织与其职工就职工在职期间或者离职以后所完成的技术成果的权益有约定的，人民法院应当依约定确认。

第三条 民法典第八百四十七条第二款所称“物质技术条件”，包括资金、设备、器材、原材料、未公开的技术信息和资料等。

第四条 民法典第八百四十七条第二款所称“主要是利用法人或者非法人组织的物质技术条件”，包括职工在技术成果的研究开发过程中，全部或者大部分利用了法人或者非法人组织的资金、设备、器材或者原材料等物质条件，并且这些物质条件对形成该技术成果具有实质性的影响；还包括该技术成果实质性内容是在法人或者非法人组织尚未公开的技术成果、阶段性技术成果基础上完成的情形。但下列情况除外：

（一）对利用法人或者非法人组织提供的物质技术条件，约定返还资金或者交纳使用费的；

（二）在技术成果完成后利用法人或者非法人组织的物质技术条件对技术方案进行验证、测试的。

第五条 个人完成的技术成果，属于执行原所在法人或者非法人组织的工作任务，又主要利用了现所在法人或者非法人组织的物质技术条件的，应当按照该自然人原所在和现所在法人或者非法人组织达成的协议确认权益。不能达成协议的，根据对完成该项技术成果的贡献大小由双方合理分享。

第六条 民法典第八百四十七条所称“职务技术成果的完成人”、第八百四十八条所称“完成技术成果的个人”，包括对技术成果单独或者共同作出创造性贡献的人，也即技术成果的发明人或者设计人。人民法院在对创造性贡献进行认定时，应当分解所涉及技术成果的实质性技术构成。提出实质性技术构成并由此实现技术方案的人，是作出创造性贡献的人。

提供资金、设备、材料、试验条件，进行组织管理，协助绘制图纸、整理资料、翻译文献等人员，不属于职务技术成果的完成人、完成技术成果的个人。

第七条 不具有民事主体资格的科研组织订立的技术合同，经法人或者非法人组织授权或者认可的，视为法人或者非法人组织订立的合同，由法人或者非法人组织承担责任；未经法人或者非法人组织授权或者认可的，由该科研组织成员共同承担责任，但法人或者非法人组织因该合同受益的，应当在其受益范围内承担相应责任。

前款所称不具有民事主体资格的科研组织，包括法人或者非法人组织设立的从事技术研究开发、转让等活动的课题组、工作室等。

⊙**《最高人民法院关于印发全国法院知识产权审判工作会议关于审理技术合同纠纷案件若干问题的纪要的通知》**（2001 年 6 月 19 日 法〔2001〕84 号）

3. 法人或者其他组织与其职工在劳动合同或者其他协议中就职工在职期间或者离职以后所完成的技术成果的权益有约定的，依其约定确认。但该约定依法应当认定为无效或者依法被撤销、解除的除外。

4. 合同法第三百二十六条第二款所称执行法人或者其他组织的工作任务，是指：

（1）职工履行本岗位职责或者承担法人或者其他组织交付的其他科学研究和技术开发任务。

（2）离职、退职、退休后一年内继续从事与其原所在法人或者其他组织的岗位职责或者交付的任务有关的科学研究和技术开发，但法律、行政法规另有规定或者当事人另有约定的除外。

前款所称岗位职责，是指根据法人或者其他组织的规定，职工所在岗位的工作任务和责任范围。

5. 合同法第三百二十六条第二款所称物质技术条件，是指资金、设备、器材、原材料、未公开的技术信息和资料。

合同法第三百二十六条第二款所称主要利用法人或者其他组织的物质

技术条件，是指职工在完成技术成果的研究开发过程中，全部或者大部分利用了法人或者其他组织的资金、设备、器材或者原材料，或者该技术成果的实质性内容是在该法人或者其他组织尚未公开的技术成果、阶段性技术成果或者关键技术的基础上完成的。但对利用法人或者其他组织提供的物质技术条件，约定返还资金或者交纳使用费的除外。

在研究开发过程中利用法人或者其他组织已对外公开或者已为本领域普通技术人员公知的技术信息，或者在技术成果完成后利用法人或者其他组织的物质条件对技术方案进行验证、测试的，不属于主要利用法人或者其他组织的物质技术条件。

9. 法人或者其他组织设立的从事技术研究开发、转让等活动的不具有民事主体资格的科研组织（包括课题组、工作室等）订立的技术合同，经法人或者其他组织授权或者认可的，视为法人或者其他组织订立的合同，由法人或者其他组织承担责任；未经法人或者其他组织授权或者认可的，由该科研组织成员共同承担责任，但法人或者其他组织因该合同受益的，应当在其受益范围内承担相应的责任。

人民法院案例选案例

⊙**建科公司诉舒某某技术合同纠纷案**［《人民法院案例选》2018年第10辑（总第128辑）］

【关键词】

植物技术成果　侵权技术　合同效力

【案例要旨】

1. 职务技术成果的认定，需全面考量“员工”与“单位”之间的关系，准确把握“执行本单位工作任务”与“主要利用单位物质技术条件”的构成与选择，并考虑该员工的技术能力等因素，合理平衡单位与员工之间的利益关系。

2. 侵害他人技术成果的技术合同为效力待定合同，如权利人对该合同予以追认的，合同应为有效，权利人不予认可的，则合同无效。

⊙**彭某某、田某某诉湖北工业大学职务技术成果完成人奖励、报酬纠纷案**［《人民法院案例选》2017 年第 2 辑（总第 108 辑）］

【关键词】

职务技术成果　财产权分配　股权收益

【案例要旨】

单位内部文件将股权作为职务技术成果奖励报酬但单位没有按照规定分配股权的，应当认定职务技术成果完成人享有股权的增值收益。

第八百四十八条　【非职务技术成果的经济权属】非职务技术成果的使用权、转让权属于完成技术成果的个人，完成技术成果的个人可以就该项非职务技术成果订立技术合同。

司法解释及文件

⊙**《最高人民法院关于审理技术合同纠纷案件适用法律若干问题的解释》**（2020 年 12 月 29 日修正）

第五条　个人完成的技术成果，属于执行原所在法人或者非法人组织的工作任务，又主要利用了现所在法人或者非法人组织的物质技术条件的，应当按照该自然人原所在和现所在法人或者非法人组织达成的协议确认权益。不能达成协议的，根据对完成该项技术成果的贡献大小由双方合理分享。

第六条　民法典第八百四十七条所称“职务技术成果的完成人”、第八百四十八条所称“完成技术成果的个人”，包括对技术成果单独或者共同作出创造性贡献的人，也即技术成果的发明人或者设计人。人民法院在对创造性贡献进行认定时，应当分解所涉及技术成果的实质性技术构成。提出实质性技术构成并由此实现技术方案的人，是作出创造性贡献的人。

提供资金、设备、材料、试验条件，进行组织管理，协助绘制图纸、整理资料、翻译文献等人员，不属于职务技术成果的完成人、完成技术成果的个人。

第十六条　当事人以技术成果向企业出资但未明确约定权属，接受出资的企业主张该技术成果归其享有的，人民法院一般应当予以支持，但是该技术成果价值与该技术成果所占出资额比例明显不合理损害出资人利益的除外。

当事人对技术成果的权属约定有比例的，视为共同所有，其权利使用和利益分配，按共有技术成果的有关规定处理，但当事人另有约定的，从其约定。

当事人对技术成果的使用权约定有比例的，人民法院可以视为当事人对实施该项技术成果所获收益的分配比例，但当事人另有约定的，从其约定。

⊙**《最高人民法院关于印发全国法院知识产权审判工作会议关于审理技术合同纠纷案件若干问题的纪要的通知》**（2001 年 6 月 19 日　法〔2001〕84 号）

7. 职工于本岗位职责或者其所在法人或者其他组织交付的任务之外从事业余兼职活动或者与他人合作完成的技术成果的权益，按照其与聘用人（兼职单位）或者合作人的约定确认。没有约定或者约定不明确，依照合同法第六十一条的规定不能达成补充协议的，按照合同法第三百二十六条和第三百二十七条的规定确认。

依照前款规定处理时不得损害职工所在的法人或者其他组织的技术权益。

8. 合同法第三百二十六条和第三百二十七条所称完成技术成果的个人，是指对技术成果单独或者共同作出创造性贡献的人，不包括仅提供资金、设备、材料、试验条件的人员，进行组织管理的人员，协助绘制图纸、整理资料、翻译文献等辅助服务人员。

判断创造性贡献时，应当分解技术成果的实质性技术构成，提出实质性技术构成和由此实现技术方案的人是作出创造性贡献的人。对技术成果做出创造性贡献的人为发明人或者设计人。

第八百四十九条 【技术成果的精神权属】完成技术成果的个人享有在有关技术成果文件上写明自己是技术成果完成者的权利和取得荣誉证书、奖励的权利。

法 律

⊙《**专利法**》(2020年10月17日修正)

第十六条 发明人或者设计人有权在专利文件中写明自己是发明人或者设计人。

专利权人有权在其专利产品或者该产品的包装上标明专利标识。

第八百五十条 【技术合同的无效】非法垄断技术或者侵害他人技术成果的技术合同无效。

司法解释及文件

⊙《**最高人民法院关于审理技术合同纠纷案件适用法律若干问题的解释**》(2020年12月29日修正)

第十条 下列情形，属于民法典第八百五十条所称的“非法垄断技术”：

（一）限制当事人一方在合同标的技术基础上进行新的研究开发或者限制其使用所改进的技术，或者双方交换改进技术的条件不对等，包括要求一方将其自行改进的技术无偿提供给对方、非互惠性转让给对方、无偿独占或者共享该改进技术的知识产权；

（二）限制当事人一方从其他来源获得与技术提供方类似技术或者与其竞争的技术；

（三）阻碍当事人一方根据市场需求，按照合理方式充分实施合同标的技术，包括明显不合理地限制技术接受方实施合同标的技术生产产品或者提供服务的数量、品种、价格、销售渠道和出口市场；

（四）要求技术接受方接受并非实施技术必不可少的附带条件，包括购买非必需的技术、原材料、产品、设备、服务以及接收非必需的人员等；

（五）不合理地限制技术接受方购买原材料、零部件、产品或者设备等的渠道或者来源；

（六）禁止技术接受方对合同标的技术知识产权的有效性提出异议或者对提出异议附加条件。

第十一条　技术合同无效或者被撤销后，技术开发合同研究开发人、技术转让合同让与人、技术许可合同许可人、技术咨询合同和技术服务合同的受托人已经履行或者部分履行了约定的义务，并且造成合同无效或者被撤销的过错在对方的，对其已履行部分应当收取的研究开发经费、技术使用费、提供咨询服务的报酬，人民法院可以认定为因对方原因导致合同无效或者被撤销给其造成的损失。

技术合同无效或者被撤销后，因履行合同所完成新的技术成果或者在他人技术成果基础上完成后续改进技术成果的权利归属和利益分享，当事人不能重新协议确定的，人民法院可以判决由完成技术成果的一方享有。

第十二条　根据民法典第八百五十条的规定，侵害他人技术秘密的技术合同被确认无效后，除法律、行政法规另有规定的以外，善意取得该技术秘密的一方当事人可以在其取得时的范围内继续使用该技术秘密，但应当向权利人支付合理的使用费并承担保密义务。

当事人双方恶意串通或者一方知道或者应当知道另一方侵权仍与其订立或者履行合同的，属于共同侵权，人民法院应当判令侵权人承担连带赔偿责任和保密义务，因此取得技术秘密的当事人不得继续使用该技术秘密。

第十三条　依照前条第一款规定可以继续使用技术秘密的人与权利人就使用费支付发生纠纷的，当事人任何一方都可以请求人民法院予以处理。继续使用技术秘密但又拒不支付使用费的，人民法院可以根据权利人的请求判令使用人停止使用。

人民法院在确定使用费时，可以根据权利人通常对外许可该技术秘密的使用费或者使用人取得该技术秘密所支付的使用费，并考虑该技术秘密的研究开发成本、成果转化和应用程度以及使用人的使用规模、经济效益等因素合理确定。

不论使用人是否继续使用技术秘密，人民法院均应当判令其向权利人支付已使用期间的使用费。使用人已向无效合同的让与人或者许可人支付的使用费应当由让与人或者许可人负责返还。

第四十四条 一方当事人以诉讼争议的技术合同侵害他人技术成果为由请求确认合同无效，或者人民法院在审理技术合同纠纷中发现可能存在该无效事由的，人民法院应当依法通知有关利害关系人，其可以作为有独立请求权的第三人参加诉讼或者依法向有管辖权的人民法院另行起诉。

利害关系人在接到通知后15日内不提起诉讼的，不影响人民法院对案件的审理。

⊙《**最高人民法院关于印发全国法院知识产权审判工作会议关于审理技术合同纠纷案件若干问题的纪要的通知**》（2001年6月19日 法〔2001〕84号）

10. 技术合同不因下列事由无效：

（1）合同标的技术未经技术鉴定；

（2）技术合同未经登记或者未向有关部门备案；

（3）以已经申请专利尚未授予专利权的技术订立专利实施许可合同。

11. 技术合同内容有下列情形的，属于合同法第三百二十九条所称“非法垄断技术，妨碍技术进步”：

（1）限制另一方在合同标的技术的基础上进行新的研究开发，或者双方交换改进技术的条件不对等，包括要求一方将其自行改进的技术无偿地提供给对方、非互惠性的转让给对方、无偿地独占或者共享该改进技术的知识产权；

（2）限制另一方从其他来源吸收技术；

（3）阻碍另一方根据市场的需求，按照合理的方式充分实施合同标的技术，包括不合理地限制技术接受方实施合同标的技术生产产品或者提供服务的数量、品种、价格、销售渠道和出口市场；

（4）要求技术接受方接受并非实施技术必不可少的附带条件，包括购买技术接受方并不需要的技术、服务、原材料、设备或者产品等和接收技术接受方并不需要的人才等；

（5）不合理地限制技术接受方自由选择从不同来源购买原材料、零部件或者设备等。

（6）禁止技术接受方对合同标的技术的知识产权的有效性提出异议的条件。

12. 技术合同内容有下列情形的，属于合同法第三百二十九条所称侵害他人技术成果：

（1）侵害他人专利权、专利申请权、专利实施权的；

（2）侵害他人技术秘密成果使用权、转让权的；

（3）侵害他人植物新品种权、植物新品种申请权、植物新品种实施权的；

（4）侵害他人计算机软件著作权、集成电路电路布图设计权、新药成果权等技术成果权的；

（5）侵害他人发明权、发现权以及其他科技成果权的。

侵害他人发明权、发现权以及其他科技成果权等技术成果完成人人身权利的合同，合同部分无效，不影响其他部分效力的，其他部分仍然有效。

13. 当事人使用或者转让其独立研究开发或者以其他正当方式取得的与他人的技术秘密相同或者近似的技术秘密的，不属于合同法第三百二十九条所称侵害他人技术成果。

通过合法的参观访问或者对合法取得的产品进行拆卸、测绘、分析等反向工程手段掌握相关技术的，属于前款所称以其他正当方式取得。但法律另有规定或者当事人另有约定的除外。

14. 除当事人另有约定或者技术成果的权利人追认的以外，技术秘密转让合同和专利实施许可合同的受让人，将合同标的技术向他人转让而订立的合同无效。

15. 技术转让合同中既有专利权转让或者专利实施许可内容，又有技术秘密转让内容，专利权被宣告无效或者技术秘密被他人公开的，不影响合同中另一部分内容的效力。但当事人另有约定的除外。

16. 当事人一方采取欺诈手段，就其现有技术成果作为研究开发标的与他人订立委托开发合同收取研究开发费用，或者就同一研究开发课题先后与两个或者两个以上的委托人分别订立委托开发合同重复收取研究开发费用的，受损害方可以依照合同法第五十四条第二款的规定请求变更或者撤销合同，但属于合同法第五十二条和第三百二十九条规定的情形应当对合同作无效处理的除外。

17. 技术合同无效或者被撤销后，研究开发人、让与人、受托人已经履行了约定的义务，且造成合同无效或者被撤销的过错在对方的，其按约定应当收取的研究开发经费、技术使用费和提供咨询服务的报酬．可以视为因对方原因导致合同无效或者被撤销给其造成的损失。

18. 技术合同无效或者被撤销后，当事人因合同取得的技术资料、样品、样机等技术载体应当返还权利人，并不得保留复制品；涉及技术秘密的，当事人依法负有保密义务。

公报案例

⊙**大洋公司诉黄河公司专利实施许可合同纠纷案**（《最高人民法院公报》2004 年第 9 期）

【关键词】

技术许可　专用生产设备　垄断

【案例要旨】

专利技术实施许可合同生效后，专利技术许可方按合同的约定，向专利技术接受方提供包含专利技术的专用生产设备，使其用于生产和销售专利产品的，不构成

《合同法》第三百二十九条（《民法典》第八百五十条）规定的"非法垄断技术、妨碍技术进步"的情形。

第二节　技术开发合同

第八百五十一条　【定义及合同形式】技术开发合同是当事人之间就新技术、新产品、新工艺、新品种或者新材料及其系统的研究开发所订立的合同。

技术开发合同包括委托开发合同和合作开发合同。

技术开发合同应当采用书面形式。

当事人之间就具有实用价值的科技成果实施转化订立的合同，参照适用技术开发合同的有关规定。

行政法规

⊙**《植物新品种保护条例》**（2014年7月29日修订）

第二条　本条例所称植物新品种，是指经过人工培育的或者对发现的野生植物加以开发，具备新颖性、特异性、一致性和稳定性并有适当命名的植物品种。

司法解释及文件

⊙**《最高人民法院关于审理技术合同纠纷案件适用法律若干问题的解释》**（2020年12月29日修正）

第十七条　民法典第八百五十一条第一款所称"新技术、新产品、新工艺、新品种或者新材料及其系统"，包括当事人在订立技术合同时尚未掌握的产品、工艺、材料及其系统等技术方案，但对技术上没有创新的现有产品的改型、工艺变更、材料配方调整以及对技术成果的验证、测试和使用除外。

第十八条 民法典第八百五十一条第四款规定的“当事人之间就具有实用价值的科技成果实施转化订立的”技术转化合同，是指当事人之间就具有实用价值但尚未实现工业化应用的科技成果包括阶段性技术成果，以实现该科技成果工业化应用为目标，约定后续试验、开发和应用等内容的合同。

⊙**《最高人民法院关于印发全国法院知识产权审判工作会议关于审理技术合同纠纷案件若干问题的纪要的通知》**（2001 年 6 月 19 日 法〔2001〕84 号）

35. 转让阶段性技术成果并约定后续开发义务的合同，就该阶段性技术成果的重复试验效果方面发生争议的，按照技术转让合同处理；就后续开发方面发生争议的，按照技术开发合同处理。

39. 技术开发合同当事人一方仅提供资金、设备、材料等物质条件，承担辅助协作事项，另一方进行研究开发工作的合同. 属于委托开发合同。

43. 合同法第三百三十条所称新技术、新产品、新工艺、新材料及其系统，是指当事人在订立技术合同时尚未掌握的产品、工艺、材料及其系统等技术方案，但在技术上没有创新的现有产品的改型、工艺变更、材料配方调整以及技术成果的验证、测试和使用除外。

44. 合同法第三百三十条第四款所称当事人之间就具有产业应用价值的科技成果实施转化订立的合同，是指当事人之间就具有实用价值但尚未能够实现商品化、产业化应用的科技成果（包括阶段性技术成果），以实现该科技成果的商品化、产业化应用为目标，约定有关后续试验、开发和应用等内容的合同。

45. 合同法第三百三十五条所称分工参与研究开发工作，是指按照约定的计划和分工共同或者分别承担设计、工艺、试验、试制等工作。

部门规章及规范性文件

⊙《**技术合同认定规则**》(2001 年 7 月 18 日　国科发政字〔2001〕253 号)

第二十条　技术开发合同是当事人之间就新技术、新产品、新工艺、新材料、新品种及其系统的研究开发所订立的合同。技术开发合同包括委托开发合同和合作开发合同。委托开发合同是一方当事人委托另一方当事人进行研究开发工作并提供相应研究开发经费和报酬所订立的技术开发合同。合作开发合同是当事人各方就共同进行研究开发工作所订立的技术开发合同。

第二十一条　技术开发合同的认定条件是：

(一)有明确、具体的科学研究和技术开发目标；

(二)合同标的为当事人在订立合同时尚未掌握的技术方案；

(三)研究开发工作及其预期成果有相应的技术创新内容。

第二十二条　单纯以揭示自然现象、规律和特征为目标的基础性研究项目所订立的合同，以及软科学研究项目所订立的合同，不予登记。

第二十三条　下列各项符合本规则第二十一条规定的，属于技术开发合同：

(一)小试、中试技术成果的产业化开发项目；

(二)技术改造项目；

(三)成套技术设备和试验装置的技术改进项目；

(四)引进技术和设备消化。吸收基础上的创新开发项目；

(五)信息技术的研究开发项目，包括语言系统、过程控制、管理工程、特定专家系统、计算机辅助设计、计算机集成制造系统等，但软件复制和无原创性的程序编制的除外：

(六)自然资源的开发利用项目；

(七)治理污染、保护环境和生态项目；

(八)其他科技成果转化项目。前款各项中属一般设备维修、改装、常规的设计变更及其已有技术直接应用于产品生产，不属于技术开发合同。

第二十四条　下列合同不属于技术开发合同：

（一）合同标的为当事人已经掌握的技术方案，包括已完成产业化开发的产品、工艺、材料及其系统；

（二）合同标的为通过简单改变尺寸、参数、排列，或者通过类似技术手段的变换实现的产品改型、工艺变更以及材料配方调整；

（三）合同标的为一般检验、测试、鉴定、仿制和应用。

第八百五十二条 【委托人义务】委托开发合同的委托人应当按照约定支付研究开发经费和报酬，提供技术资料，提出研究开发要求，完成协作事项，接受研究开发成果。

司法解释及文件

⊙**《最高人民法院关于印发全国法院知识产权审判工作会议关于审理技术合同纠纷案件若干问题的纪要的通知》**（2001 年 6 月 19 日 法〔2001〕84 号）

48. 委托开发合同委托人在不妨碍研究开发人正常工作的情况下，有权依据合同法第六十条第二款的规定，对研究开发人履行合同和使用研究开发经费的情况进行必要的监督检查，包括查阅账册和访问现场。

研究开发人有权依据合同法第三百三十一条的规定，要求委托人补充必要的背景资料和数据等，但不得超过履行合同所需要的范围。

49. 研究开发成果验收时，委托开发合同的委托人和合作开发合同的当事人有权取得实施技术成果所必需的技术资料、试验报告和数据，要求另一方进行必要的技术指导，保证所提供的技术成果符合合同约定的条件。

第八百五十三条 【研究开发人义务】委托开发合同的研究开发人应当按照约定制定和实施研究开发计划，合理使用研究开发经费，按期完成研究开发工作，交付研究开发成果，提供有关的技术资料和必要的技术指导，帮助委托人掌握研究开发成果。

第八百五十四条 【委托开发合同的违约责任】委托开发合同的当事人违反约定造成研究开发工作停滞、延误或者失败的，应当承担违约责任。

公报案例

⊙钦州锐丰钒钛铁科技有限公司与北京航空航天大学技术合同纠纷案（《最高人民法院公报》2018年第1期）

【关键词】

技术开发合同 欺诈

【案例要旨】

对于技术委托开发合同中受托方欺诈行为的认定，必须尊重技术开发活动本身的特点和规律，区分技术开发的不同阶段，以合同签订之时的已知事实和受托方当时可以合理预知的情况作为判断其是否虚报情况或隐瞒真实情况的标准。

人民法院案例选案例

⊙中保人寿保险厦门分公司诉广州金融电子化公司解除技术委托开发合同案［《人民法院案例选》1998年第4辑（总第26辑）］

【关键词】

技术开发合同 研究开发人职责 主观努力 违约责任

【案例要旨】

并非受科技知识水平等限制，也不存在无法克服的技术困难，不具备研究开发风险，而是未尽研究开发的职责，未充分发挥主观努力所造成合同无法继续履行的，属于违约责任，而不是风险责任。

第八百五十五条 【合作开发合同当事人的主要义务】合作开发合同的当事人应当按照约定进行投资，包括以技术进行投资，分工参与研究开发工作，协作配合研究开发工作。

司法解释及文件

⊙**《最高人民法院关于审理技术合同纠纷案件适用法律若干问题的解释》**（2020年12月29日修正）

第十九条 民法典第八百五十五条所称“分工参与研究开发工作”，包括当事人按照约定的计划和分工，共同或者分别承担设计、工艺、试验、试制等工作。

技术开发合同当事人一方仅提供资金、设备、材料等物质条件或者承担辅助协作事项，另一方进行研究开发工作的，属于委托开发合同。

⊙**《最高人民法院关于印发全国法院知识产权审判工作会议关于审理技术合同纠纷案件若干问题的纪要的通知》**（2001年6月19日 法〔2001〕84号）

45. 合同法第三百三十五条所称分工参与研究开发工作，是指按照约定的计划和分工共同或者分别承担设计、工艺、试验、试制等工作。

第八百五十六条 【合作开发合同的违约责任】合作开发合同的当事人违反约定造成研究开发工作停滞、延误或者失败的，应当承担违约责任。

第八百五十七条 【合同的解除】作为技术开发合同标的的技术已经由他人公开，致使技术开发合同的履行没有意义的，当事人可以解除合同。

第八百五十八条　【风险负担及通知义务】技术开发合同履行过程中，因出现无法克服的技术困难，致使研究开发失败或者部分失败的，该风险由当事人约定；没有约定或者约定不明确，依据本法第五百一十条的规定仍不能确定的，风险由当事人合理分担。

当事人一方发现前款规定的可能致使研究开发失败或者部分失败的情形时，应当及时通知另一方并采取适当措施减少损失；没有及时通知并采取适当措施，致使损失扩大的，应当就扩大的损失承担责任。

人民法院案例选案例

⊙天津市染料制桶厂诉天津市精大稀设备维修改造公司技术开发合同风险责任承担纠纷案［《人民法院案例选》1995年第3辑（总第13辑）］

【关键词】

风险负担　约定　防止损失扩大的责任

【案例要旨】

在技术开发合同履行过程中，因出现无法克服的技术困难，致使研究开发失败或者部分失败的，该风险责任由当事人约定。没有约定或者约定不明确，风险责任由当事人合理分担。当事人一方发现可能致使研究开发失败或者部分失败的情形时，应当及时通知另一方并采取适当措施减少损失。没有及时通知并采取适当措施，致使损失扩大的，应当就扩大的损失承担责任。

第八百五十九条　【委托开发技术成果的归属】委托开发完成的发明创造，除法律另有规定或者当事人另有约定外，申请专利的权利属于研究开发人。研究开发人取得专利权的，委托人可以依法实施该专利。

研究开发人转让专利申请权的，委托人享有以同等条件优先受让的权利。

行政法规

⊙《**集成电路布图设计保护条例**》（2001 年 4 月 2 日）

第十一条　受委托创作的布图设计，其专有权的归属由委托人和受托人双方约定；未作约定或者约定不明的，其专有权由受托人享有。

司法解释及文件

⊙《**最高人民法院关于印发全国法院知识产权审判工作会议关于审理技术合同纠纷案件若干问题的纪要的通知**》（2001 年 6 月 19 日　法〔2001〕84 号）

50. 根据合同法第三百三十九条第一款和第三百四十条第一款的规定，委托开发或者合作开发完成的技术成果所获得的专利权为当事人共有的，实施该专利的方式和利益分配办法，由当事人约定。当事人没有约定或者约定不明确，依照合同法第六十一条的规定不能达成补充协议的，当事人均享有自己实施该专利的权利，由此所获得的利益归实施人。

当事人不具备独立实施专利的条件，以普通实施许可的方式许可一个法人或者其他组织实施该专利，或者与一个法人、其他组织或者自然人合作实施该专利或者通过技术入股与之联营实施该专利，可以视为当事人自己实施专利。

第八百六十条　【合作开发技术成果的归属】合作开发完成的发明创造，申请专利的权利属于合作开发的当事人共有；当事人一方转让其共有的专利申请权的，其他各方享有以同等条件优先受让的权利。但是，当事人另有约定的除外。

合作开发的当事人一方声明放弃其共有的专利申请权的，除当事人另有约定外，可以由另一方单独申请或者由其他各方共同申请。申请人取得专利权的，放弃专利申请权的一方可以免费实施该专利。

合作开发的当事人一方不同意申请专利的，另一方或者其他各方不得申请专利。

行政法规

⊙《**集成电路布图设计保护条例**》（2001年4月2日）

第十条　两个以上自然人、法人或者其他组织合作创作的布图设计，其专有权的归属由合作者约定；未作约定或者约定不明的，其专有权由合作者共同享有。

司法解释及文件

⊙《**最高人民法院关于印发全国法院知识产权审判工作会议关于审理技术合同纠纷案件若干问题的纪要的通知**》（2001年6月19日　法〔2001〕84号）

50.根据合同法第三百三十九条第一款和第三百四十条第一款的规定，委托开发或者合作开发完成的技术成果所获得的专利权为当事人共有的，实施该专利的方式和利益分配办法，由当事人约定。当事人没有约定或者约定不明确，依照合同法第六十一条的规定不能达成补充协议的，当事人均享有自己实施该专利的权利，由此所获得的利益归实施人。

当事人不具备独立实施专利的条件，以普通实施许可的方式许可一个法人或者其他组织实施该专利，或者与一个法人、其他组织或者自然人合作实施该专利或者通过技术入股与之联营实施该专利，可以视为当事人自己实施专利。

第八百六十一条　【技术秘密成果的归属与分享】委托开发或者合作开发完成的技术秘密成果的使用权、转让权以及收益的分配办法，由当事人约定；没有约定或者约定不明确，依据本法第五百一十条的规定仍不能确定的，在没有相同技术方案被授予专利权前，当事人均有使用和转让的权利。但是，委托开发的研究开发人不得在向委托人交付研究开发成果之前，将研究开发成果转让给第三人。

法 律

⊙《**促进科技成果转化法**》（2015 年 8 月 29 日修正）

第四十条 科技成果完成单位与其他单位合作进行科技成果转化的，应当依法由合同约定该科技成果有关权益的归属。合同未作约定的，按照下列原则办理：

（一）在合作转化中无新的发明创造的，该科技成果的权益，归该科技成果完成单位；

（二）在合作转化中产生新的发明创造的，该新发明创造的权益归合作各方共有；

（三）对合作转化中产生的科技成果，各方都有实施该项科技成果的权利，转让该科技成果应经合作各方同意。

司法解释及文件

⊙《**最高人民法院关于审理技术合同纠纷案件适用法律若干问题的解释**》（2020 年 12 月 29 日修正）

第二十条 民法典第八百六十一条所称“当事人均有使用和转让的权利”，包括当事人均有不经对方同意而自己使用或者以普通使用许可的方式许可他人使用技术秘密，并独占由此所获利益的权利。当事人一方将技术秘密成果的转让权让与他人，或者以独占或者排他使用许可的方式许可他人使用技术秘密，未经对方当事人同意或者追认的，应当认定该让与或者许可行为无效。

第二十一条 技术开发合同当事人依照民法典的规定或者约定自行实施专利或使用技术秘密，但因其不具备独立实施专利或者使用技术秘密的条件，以一个普通许可方式许可他人实施或者使用的，可以准许。

⊙《**最高人民法院关于印发全国法院知识产权审判工作会议关于审理技术合同纠纷案件若干问题的纪要的通知**》（2001 年 6 月 19 日 法〔2001〕84 号）

51. 根据合同法第三百四十一条的规定，当事人一方仅享有自己使用技术秘密的权利，但其不具备独立使用该技术秘密的条件，以普通使用许可的方式许可一个法人或者其他组织使用该技术秘密，或者与一个法人、其他组织或者自然人合作使用该技术秘密或者通过技术入股与之联营使用该技术秘密，可以视为当事人自己使用技术秘密。

第三节　技术转让合同和技术许可合同

第八百六十二条　【定义及内容】技术转让合同是合法拥有技术的权利人，将现有特定的专利、专利申请、技术秘密的相关权利让与他人所订立的合同。

技术许可合同是合法拥有技术的权利人，将现有特定的专利、技术秘密的相关权利许可他人实施、使用所订立的合同。

技术转让合同和技术许可合同中关于提供实施技术的专用设备、原材料或者提供有关的技术咨询、技术服务的约定，属于合同的组成部分。

司法解释及文件

⊙**《最高人民法院关于审理技术合同纠纷案件适用法律若干问题的解释》**（2020年12月29日修正）

第二十二条　就尚待研究开发的技术成果或者不涉及专利、专利申请或者技术秘密的知识、技术、经验和信息所订立的合同，不属于民法典第八百六十二条规定的技术转让合同或者技术许可合同。

技术转让合同中关于让与人向受让人提供实施技术的专用设备、原材料或者提供有关的技术咨询、技术服务的约定，属于技术转让合同的组成部分。因此发生的纠纷，按照技术转让合同处理。

当事人以技术入股方式订立联营合同，但技术入股人不参与联营体的经营管理，并且以保底条款形式约定联营体或者联营对方支付其技术价款或者使用费的，视为技术转让合同或者技术许可合同。

第二十四条 订立专利权转让合同或者专利申请权转让合同前，让与人自己已经实施发明创造，在合同生效后，受让人要求让与人停止实施的，人民法院应当予以支持，但当事人另有约定的除外。

让与人与受让人订立的专利权、专利申请权转让合同，不影响在合同成立前让与人与他人订立的相关专利实施许可合同或者技术秘密转让合同的效力。

第二十九条 当事人之间就申请专利的技术成果所订立的许可使用合同，专利申请公开以前，适用技术秘密许可合同的有关规定；发明专利申请公开以后、授权以前，参照适用专利实施许可合同的有关规定；授权以后，原合同即为专利实施许可合同，适用专利实施许可合同的有关规定。

人民法院不以当事人就已经申请专利但尚未授权的技术订立专利实施许可合同为由，认定合同无效。

第四十二条 当事人将技术合同和其他合同内容或者将不同类型的技术合同内容订立在一个合同中的，应当根据当事人争议的权利义务内容，确定案件的性质和案由。

技术合同名称与约定的权利义务关系不一致的，应当按照约定的权利义务内容，确定合同的类型和案由。

技术转让合同或者技术许可合同中约定让与人或者许可人负责包销或者回购受让人、被许可人实施合同标的技术制造的产品，仅因让与人或者许可人不履行或者不能全部履行包销或者回购义务引起纠纷，不涉及技术问题的，应当按照包销或者回购条款约定的权利义务内容确定案由。

⊙**《最高人民法院关于印发全国法院知识产权审判工作会议关于审理技术合同纠纷案件若干问题的纪要的通知》**（2001年6月19日 法〔2001〕84号）

36. 技术转让合同中约定让与人向受让人提供实施技术的专用设备、原材料或者提供有关的技术咨询、技术服务的，这类约定属于技术转让合同的组成部分。因这类约定发生纠纷的，按照技术转让合同处理。

37. 当事人以技术入股方式订立联营合同，但技术入股人不参与联营体的经营管理，并且以保底条款形式约定联营体或者联营对方支付其技术价款或者使用费的，属于技术转让合同。

52. 合同法第三百四十二条所称技术转让合同，是指技术的合法拥有者包括有权对外转让技术的人将特定和现有的专利、专利申请、技术秘密的相关权利让与他人或者许可他人使用所订立的合同，不包括就尚待研究开发的技术成果或者不涉及专利、专利申请或者技术秘密的知识、技术、经验和信息订立的合同。其中：

（1）专利权转让合同，是指专利权人将其专利权让与受让人，受让人支付价款所订立的合同。

（2）专利申请权转让合同，是指让与人将其特定的技术成果申请专利的权利让与受让人，受让人支付价款订立的合同。

（3）技术秘密转让合同，是指技术秘密成果的权利人或者其授权的人作为让与人将技术秘密提供给受让人，明确相互之间技术秘密成果使用权、转让权，受让人支付价款或者使用费所订立的合同。

（4）专利实施许可合同，是指专利权人或者其授权的人作为让与人许可受让人在约定的范围内实施专利，受让人支付使用费所订立的合同。

55. 合同法第三百四十三条所称实施专利或者使用技术秘密的范围，是指实施专利或者使用技术秘密的期限、地域和方式以及接触技术秘密的人员等。

56. 合同法第三百五十四条所称后续改进，是指在技术转让合同有效期内，当事人一方或各方对合同标的技术所作的革新或者改良。

57. 当事人之间就申请专利的技术成果所订立的许可使用合同，专利申请公开以前，适用技术秘密转让合同的有关规定；发明专利申请公开以后、授权以前，参照专利实施许可合同的有关规定；授权以后，原合同即为专利实施许可合同，适用专利实施许可合同的有关规定。

部门规章及规范性文件

⊙《**技术合同认定规则**》(2001年7月18日　国科发政字〔2001〕253号)

第二十五条　技术转让合同是当事人之间就专利权转让、专利申请权转让、专利实施许可、技术秘密转让所订立的下列合同:

(一)专利权转让合同,是指一方当事人(让与方)将其发明创造专利权转让受让方,受让方支付相应价款而订立的合同。

(二)专利申请权转让合同,是指一方当事人(让与方)将其就特定的发明创造申请专利的权利转让受让方,受让方支付相应价款而订立的合同。

(三)专利实施许可合同,是指一方当事人(让与方、专利权人或者其授权的人)许可受让方在约定的范围内实施专利,受让方支付相应的使用费而订立的合同。

(四)技术秘密转让合同,是指一方当事人(让与方)将其拥有的技术秘密提供给受让方,明确相互之间技术秘密使用权、转让权,受让方支付相应使用费而订立的合同。

第二十六条　技术转让合同的认定

(一)合同标的为当事人订立合同时已经掌握的技术成果,包括发明创造专利、技术秘密及其他知识产权成果;

(二)合同标的具有完整性和实用性,相关技术内容应构成一项产品、工艺、材料、品种及其改进的技术方案;

(三)当事人对合同标的有明确的知识产权权属约定。

第二十七条　当事人就植物新品种权转让和实施许可、集成电路布图设计权转让与许可订立的合同,按技术转让合同认定登记。

第二十八条　当事人就技术进出口项目订立的合同,可参照技术转让合同予以认定登记。

第二十九条　申请认定登记的技术合同,其标的涉及专利申请权、专利权、植物新品种权、集成电路布图设计权的,当事人应当提交相应的知识产权权利证书复印件。无相应证书复印件或者在有关知识产权终止、被宣告无效后申请认定登记的，不予登记。申请认定登记的技术合同，其标的涉及计算机软件著作权的，可以提示当事人提供计算机软件著作权登记证明的复印件。

第三十条　申请认定登记的技术合同，其标的为技术秘密的，该项技术秘密应同时具备以下条件：

（一）不为公众所知悉；

（二）能为权利人带来经济利益；

（三）具有实用性；

（四）权利人采取了保密措施。前款技术秘密可以含有公知技术成份或者部分公知技术的组合。但其全部或者实质性部分已经公开，即可以直接从公共信息渠道中直接得到的，不应认定为技术转让合同。

第三十一条　申请认定登记的技术合同，其合同标的为进入公有领域的知识、技术、经验和信息等（如专利权或有关知识产权已经终止的技术成果），或者技术秘密转让未约定使用权、转让权归属的，不应认定为技术转让合同。前款合同标的符合技术咨询合同、技术服务合同条件的，可由当事人补正后，按技术咨询合同、技术服务合同重新申请认定登记。

第三十二条　申请认定登记的技术合同，其合同标的仅为高新技术产品交易，不包含技术转让成份的，不应认定为技术转让合同。随高新技术产品提供用户的有关产品性能和使用方法等商业性说明材料，也不属于技术成果文件。

公报案例

⊙海南康力元药业有限公司、海南通用康力制药有限公司与海口奇力制药股份有限公司技术转让合同纠纷案（《最高人民法院公报》2013年第2期）

【关键词】

技术转让　强制性规定

【案例要旨】

在技术合同纠纷案件中，如果技术合同涉及的生产产品或提供服务依法须经行政部门审批或者许可而未经审批或者许可的，不影响当事人订立的相关技术合同的效力。

人民法院案例选案例

⊙爱迪曼研究所诉金峡公司给付下欠技术合同项下设备款、技术费案

［《人民法院案例选》2001 年第 3 辑（总第 37 辑）］

【关键词】

实施许可　技术转让

【案例要旨】

第一，从合同的名称来看，双方所签订的体现不出联营的性质；第二，从合同的内容来看，双方所签合同约定一方提供生产设备、工艺流程等，另一方提供厂地、资金等；第三，从合同的目的来看，一方签订合同是想得到技术；第四，从双方履行合同的事实来看，双方没有联营的行为。故双方协议实质上为技术转让合同，而非联营合同。

第八百六十三条　【合同类型和形式】技术转让合同包括专利权转让、专利申请权转让、技术秘密转让等合同。

技术许可合同包括专利实施许可、技术秘密使用许可等合同。

技术转让合同和技术许可合同应当采用书面形式。

法　律

⊙《**专利法**》（2020 年 10 月 17 日修正）

第十条　专利申请权和专利权可以转让。

中国单位或者个人向外国人、外国企业或者外国其他组织转让专利申请权或者专利权的，应当依照有关法律、行政法规的规定办理手续。

转让专利申请权或者专利权的，当事人应当订立书面合同，并向国务院专利行政部门登记，由国务院专利行政部门予以公告。专利申请权或者专利权的转让自登记之日起生效。

第十二条　任何单位或者个人实施他人专利的，应当与专利权人订立实施许可合同，向专利权人支付专利使用费。被许可人无权允许合同规定以外的任何单位或者个人实施该专利。

行政法规

⊙《**技术进出口管理条例**》（2020 年 11 月 29 日修订）

第二条　本条例所称技术进出口，是指从中华人民共和国境外向中华人民共和国境内，或者从中华人民共和国境内向中华人民共和国境外，通过贸易、投资或者经济技术合作的方式转移技术的行为。

前款规定的行为包括专利权转让、专利申请权转让、专利实施许可、技术秘密转让、技术服务和其他方式的技术转移。

⊙《**计算机软件保护条例**》（2013 年 1 月 30 日修订）

第十八条　许可他人行使软件著作权的，应当订立许可使用合同。许可使用合同中软件著作权人未明确许可的权利，被许可人不得行使。

第十九条　许可他人专有行使软件著作权的，当事人应当订立书面合同。没有订立书面合同或者合同中未明确约定为专有许可的，被许可行使的权利应当视为非专有权利。

第二十条　转让软件著作权的，当事人应当订立书面合同。

第二十一条　订立许可他人专有行使软件著作权的许可合同，或者订立转让软件著作权合同，可以向国务院著作权行政管理部门认定的软件登记机构登记。

⊙《**集成电路布图设计保护条例**》（2001 年 4 月 2 日）

第二十二条　布图设计权利人可以将其专有权转让或者许可他人使用其布图设计。

转让布图设计专有权的，当事人应当订立书面合同，并向国务院知识产权行政部门登记，由国务院知识产权行政部门予以公告。布图设计专有权的转让自登记之日起生效。

许可他人使用其布图设计的，当事人应当订立书面合同。

司法解释及文件

⊙《**最高人民法院关于审理技术合同纠纷案件适用法律若干问题的解释**》（2020年12月29日修正）

第二十五条 专利实施许可包括以下方式：

（一）独占实施许可，是指许可人在约定许可实施专利的范围内，将该专利仅许可一个被许可人实施，许可人依约定不得实施该专利；

（二）排他实施许可，是指许可人在约定许可实施专利的范围内，将该专利仅许可一个被许可人实施，但许可人依约定可以自行实施该专利；

（三）普通实施许可，是指许可人在约定许可实施专利的范围内许可他人实施该专利，并且可以自行实施该专利。

当事人对专利实施许可方式没有约定或者约定不明确的，认定为普通实施许可。专利实施许可合同约定被许可人可以再许可他人实施专利的，认定该再许可为普通实施许可，但当事人另有约定的除外。

技术秘密的许可使用方式，参照本条第一、二款的规定确定。

第二十七条 排他实施许可合同许可人不具备独立实施其专利的条件，以一个普通许可的方式许可他人实施专利的，人民法院可以认定为许可人自己实施专利，但当事人另有约定的除外。

第四十五条 第三人向受理技术合同纠纷案件的人民法院就合同标的技术提出权属或者侵权请求时，受诉人民法院对此也有管辖权的，可以将权属或者侵权纠纷与合同纠纷合并审理；受诉人民法院对此没有管辖权的，应当告知其向有管辖权的人民法院另行起诉或者将已经受理的权属或者侵权纠纷案件移送有管辖权的人民法院。权属或者侵权纠纷另案受理后，合同纠纷应当中止诉讼。

专利实施许可合同诉讼中，被许可人或者第三人向国家知识产权局请求宣告专利权无效的，人民法院可以不中止诉讼。在案件审理过程中专利权被宣告无效的，按照专利法第四十七条第二款和第三款的规定处理。

⊙**《最高人民法院关于印发全国法院知识产权审判工作会议关于审理技术合同纠纷案件若干问题的纪要的通知》**（2001 年 6 月 19 日　法〔2001〕84 号）

38. 技术转让合同中约定含让与人负责包销（回购）受让人实施合同标的技术制造的产品，仅因让与人不履行或者不能全部履行包销（回购）义务引起纠纷，不涉及技术问题的，按照包销（回购）条款所约定的权利义务内容确定案由，并适用相应的法律规定处理。

39. 技术开发合同当事人一方仅提供资金、设备、材料等物质条件，承担辅助协作事项，另一方进行研究开发工作的合同，属于委托开发合同。

40. 当事人一方以技术转让的名义提供已进入公有领域的技术，并进行技术指导，传授技术知识等，为另一方解决特定技术问题所订立的合同，可以视为技术服务合同履行，但属于合同法第五十二条和第五十四条规定情形的除外。

部门规章及规范性文件

⊙**《技术合同认定规则》**（2001 年 7 月 18 日　国科发政字〔2001〕253 号）

第六条　以技术入股方式订立的合同，可按技术转让合同认定登记。以技术开发、转让、咨询或服务为内容的技术承包合同，可根据承包项目的性质和具体技术内容确定合同的类型，并予以认定登记。

第二十五条　技术转让合同是当事人之间就专利权转让、专利申请权转让、专利实施许可、技术秘密转让所订立的下列合同：

（一）专利权转让合同，是指一方当事人（让与方）将其发明创造专利权转让受让方，受让方支付相应价款而订立的合同。

（二）专利申请权转让合同，是指一方当事人（让与方）将其就特定的发明创造申请专利的权利转让受让方，受让方支付相应价款而订立的合同。

（三）专利实施许可合同，是指一方当事人（让与方、专利权人或者其授权的人）许可受让方在约定的范围内实施专利，受让方支付相应的使用费而订立的合同。

（四）技术秘密转让合同，是指一方当事人（让与方）将其拥有的技术秘密提供给受让方，明确相互之间技术秘密使用权、转让权，受让方支付相应使用费而订立的合同。

第二十六条 技术转让合同的认定

（一）合同标的为当事人订立合同时已经掌握的技术成果，包括发明创造专利、技术秘密及其他知识产权成果；

（二）合同标的具有完整性和实用性，相关技术内容应构成一项产品、工艺、材料、品种及其改进的技术方案；

（三）当事人对合同标的有明确的知识产权权属约定。

第二十七条 当事人就植物新品种权转让和实施许可、集成电路布图设计权转让与许可订立的合同，按技术转让合同认定登记。

第二十八条 当事人就技术进出口项目订立的合同，可参照技术转让合同予以认定登记。

第二十九条 申请认定登记的技术合同，其标的涉及专利申请权、专利权、植物新品种权、集成电路布图设计权的，当事人应当提交相应的知识产权权利证书复印件。无相应证书复印件或者在有关知识产权终止、被宣告无效后申请认定登记的，不予登记。

申请认定登记的技术合同，其标的涉及计算机软件著作权的，可以提示当事人提供计算机软件著作权登记证明的复印件。

第三十条 申请认定登记的技术合同，其标的为技术秘密的，该项技术秘密应同时具备以下条件：

（一）不为公众所知悉；

（二）能为权利人带来经济利益；

（三）具有实用性；

（四）权利人采取了保密措施。

前款技术秘密可以含有公知技术成份或者部分公知技术的组合。但其全部或者实质性部分已经公开，即可以直接从公共信息渠道中直接得到的，不应认定为技术转让合同。

第三十一条 申请认定登记的技术合同，其合同标的为进入公有领域的知识、技术、经验和信息等（如专利权或有关知识产权已经终止的技术成果），或者技术秘密转让未约定使用权、转让权归属的，不应认定为技术转让合同。

前款合同标的符合技术咨询合同、技术服务合同条件的，可由当事人补正后，按技术咨询合同、技术服务合同重新申请认定登记。

第三十二条　申请认定登记的技术合同，其合同标的仅为高新技术产品交易，不包含技术转让成份的，不应认定为技术转让合同。

随高新技术产品提供用户的有关产品性能和使用方法等商业性说明材料，也不属于技术成果文件。

第八百六十四条　【转让或许可范围的约定】技术转让合同和技术许可合同可以约定实施专利或者使用技术秘密的范围，但是不得限制技术竞争和技术发展。

司法解释及文件

⊙**《最高人民法院关于审理技术合同纠纷案件适用法律若干问题的解释》**（2020年12月29日修正）

第二十八条　民法典第八百六十四条所称"实施专利或者使用技术秘密的范围"，包括实施专利或者使用技术秘密的期限、地域、方式以及接触技术秘密的人员等。

当事人对实施专利或者使用技术秘密的期限没有约定或者约定不明确的，受让人、被许可人实施专利或者使用技术秘密不受期限限制。

⊙**《最高人民法院关于印发全国法院知识产权审判工作会议关于审理技术合同纠纷案件若干问题的纪要的通知》**（2001年6月19日　法〔2001〕84号）

55. 合同法第三百四十三条所称实施专利或者使用技术秘密的范围，是指实施专利或者使用技术秘密的期限、地域和方式以及接触技术秘密的人员等。

第八百六十五条 【专利实施许可合同的限制】专利实施许可合同仅在该专利权的存续期限内有效。专利权有效期限届满或者专利权被宣告无效的，专利权人不得就该专利与他人订立专利实施许可合同。

法 律

⊙**《专利法》**（2020 年 10 月 17 日修正）

第四十二条 发明专利权的期限为二十年，实用新型专利权的期限为十年，外观设计专利权的期限为十五年，均自申请日起计算。

自发明专利申请日起满四年，且自实质审查请求之日起满三年后授予发明专利权的，国务院专利行政部门应专利权人的请求，就发明专利在授权过程中的不合理延迟给予专利权期限补偿，但由申请人引起的不合理延迟除外。

为补偿新药上市审评审批占用的时间，对在中国获得上市许可的新药相关发明专利，国务院专利行政部门应专利权人的请求给予专利权期限补偿。补偿期限不超过五年，新药批准上市后总有效专利权期限不超过十四年。

第四十四条 有下列情形之一的，专利权在期限届满前终止：

（一）没有按照规定缴纳年费的；

（二）专利权人以书面声明放弃其专利权的。

专利权在期限届满前终止的，由国务院专利行政部门登记和公告。

司法解释及文件

⊙**《最高人民法院关于印发全国法院知识产权审判工作会议关于审理技术合同纠纷案件若干问题的纪要的通知》**（2001 年 6 月 19 日 法〔2001〕84 号）

61. 专利实施许可合同让与人应当在合同有效期内维持专利权有效，

但当事人另有约定的除外。

在合同有效期内，由于让与人的原因导致专利权被终止的，受让人可以依据合同法第九十四条第（四）项的规定解除合同，让与人应当承担违约责任；专利权被宣告无效的，合同终止履行，并依据专利法的有关规定处理。

62. 专利实施许可合同对实施专利的期限没有约定或者约定不明确，依照合同法第六十一条的规定不能达成补充协议的，受让人实施专利不受期限限制。

第八百六十六条　【专利实施许可合同许可人主要义务】 专利实施许可合同的许可人应当按照约定许可被许可人实施专利，交付实施专利有关的技术资料，提供必要的技术指导。

司法解释及文件

⊙**《最高人民法院关于审理技术合同纠纷案件适用法律若干问题的解释》**（2020 年 12 月 29 日修正）

第二十六条　专利实施许可合同许可人负有在合同有效期内维持专利权有效的义务，包括依法缴纳专利年费和积极应对他人提出宣告专利权无效的请求，但当事人另有约定的除外。

⊙**《最高人民法院关于印发全国法院知识产权审判工作人文关于审理技术合同纠纷案件若干问题的纪要的通知》**（2001 年 6 月 19 日　法〔2001〕84 号）

65. 除当事人另有约定的以外，排他实施许可合同让与人不具备独立实施其专利的条件，与一个法人、其他组织或者自然人合作实施该专利，或者通过技术入股实施该专利，可视为让与人自己实施专利。但让与人就同一专利与两个或者两个以上法人、其他组织或者自然人分别合作实施或者入股联营的，属于合同法第三百五十一条规定的违反约定擅自许可第三人实施专利的行为。

66. 除当事人另有约定的以外，专利实施许可合同的受让人将受让的专利与他人合作实施或者入股联营的，属于合同法第三百五十二条规定的未经让与人同意擅自许可第三人实施专利的行为。

第八百六十七条 【专利实施许可合同被许可人主要义务】 专利实施许可合同的被许可人应当按照约定实施专利，不得许可约定以外的第三人实施该专利，并按照约定支付使用费。

司法解释及文件

⊙**《最高人民法院关于印发全国法院知识产权审判工作会议关于审理技术合同纠纷案件若干问题的纪要的通知》**（2001 年 6 月 19 日 法〔2001〕84 号）

63. 专利实施许可可以采取独占实施许可、排他实施许可、普通实施许可等方式。

前款所称排他实施许可，是指让与人在已经许可受让人实施专利的范围内无权就同一专利再许可他人实施；独占实施许可，是指让与人在已经许可受让人实施专利的范围内无权就同一专利再许可他人实施或者自己实施；普通实施许可，是指让与人在已经许可受让人实施专利的范围内仍可以就同一专利再许可他人实施。

当事人对专利实施许可方式没有约定或者约定不明确，依照合同法第六十一条的规定不能达成补充协议的，视为普通实施许可。

专利实施许可合同约定受让人可以再许可他人实施该专利的，该再许可为普通实施许可，但当事人另有约定的除外。

64. 除当事人另有约定的以外，根据实施专利的强制许可决定而取得的专利实施权为普通实施许可。

公报案例

⊙**刘某某诉北京市康达汽车装修厂专利实施许可合同纠纷案**（《最高人民法院公报》1989年第3期）

【关键词】

技术许可　技术指导

【案例要旨】

当事人就技术签订的专利实施许可合同和补充协议，是在平等互利、协调一致的基础上签订的，内容符合有关的法律规定。补充协议虽未履行，但已经成立，因此是有效协议。即使在补充协议中约定继续履行原协议，受让人仍拒不履行合同义务。因此，受让人违约是酿成本案纠纷的主要原因，专利人主张解除合同理由正当。

第八百六十八条　【技术秘密让与人和许可人主要义务】技术秘密转让合同的让与人和技术秘密使用许可合同的许可人应当按照约定提供技术资料，进行技术指导，保证技术的实用性、可靠性，承担保密义务。

前款规定的保密义务，不限制许可人申请专利，但是当事人另有约定的除外。

司法解释及文件

⊙**《最高人民法院关于印发全国法院知识产权审判工作会议关于审理技术合同纠纷案件若干问题的纪要的通知》**（2001年6月19日　法〔2001〕84号）

67. 技术秘密转让合同对使用技术秘密的期限没有约定或者约定不明确，依照合同法第六十一条的规定不能达成补充协议的，受让人可以无限期地使用该技术秘密。

68. 合同法第三百四十七条所称技术秘密转让合同让与人的保密义务不影响其申请专利的权利，但当事人约定让与人不得申请专利或者明确约定让与人承担保密义务的除外。

69. 技术秘密转让可以采取本纪要第 63 条规定的许可使用方式，并参照适用合同法和本纪要关于专利实施许可使用方式的有关规定。

第八百六十九条 【技术秘密受让人和被许可人主要义务】 技术秘密转让合同的受让人和技术秘密使用许可合同的被许可人应当按照约定使用技术，支付转让费、使用费，承担保密义务。

司法解释及文件

⊙**《最高人民法院关于审理技术合同纠纷案件适用法律若干问题的解释》**（2020 年 12 月 29 日修正）

第十三条 依照前条第一款规定可以继续使用技术秘密的人与权利人就使用费支付发生纠纷的，当事人任何一方都可以请求人民法院予以处理。继续使用技术秘密但又拒不支付使用费的，人民法院可以根据权利人的请求判令使用人停止使用。

人民法院在确定使用费时，可以根据权利人通常对外许可该技术秘密的使用费或者使用人取得该技术秘密所支付的使用费，并考虑该技术秘密的研究开发成本、成果转化和应用程度以及使用人的使用规模、经济效益等因素合理确定。

不论使用人是否继续使用技术秘密，人民法院均应当判令其向权利人支付已使用期间的使用费。使用人已向无效合同的让与人或者许可人支付的使用费应当由让与人或者许可人负责返还。

第十四条 对技术合同的价款、报酬和使用费，当事人没有约定或者约定不明确的，人民法院可以按照以下原则处理：

（一）对于技术开发合同和技术转让合同、技术许可合同，根据有关技术成果的研究开发成本、先进性、实施转化和应用的程度，当事人享有的权益和承担的责任，以及技术成果的经济效益等合理确定；

（二）对于技术咨询合同和技术服务合同，根据有关咨询服务工作的技术含量、质量和数量，以及已经产生和预期产生的经济效益等合理确定。

技术合同价款、报酬、使用费中包含非技术性款项的，应当分项计算。

第八百七十条　【技术转让合同让与人和技术许可合同许可人保证义务】技术转让合同的让与人和技术许可合同的许可人应当保证自己是所提供的技术的合法拥有者，并保证所提供的技术完整、无误、有效，能够达到约定的目标。

司法解释及文件

⊙**《最高人民法院关于印发全国法院知识产权审判工作会议关于审理技术合同纠纷案件若干问题的纪要的通知》**（2001年6月19日　法〔2001〕84号）

58. 订立专利权转让合同或者专利申请权转让合同前，让与人自己已经实施发明创造的，除当事人另有约定的以外，在合同生效后，受让人有权要求让与人停止实施。

专利权或者专利申请权依照专利法的规定让与受让人后，受让人可以依法作为专利权人或者专利申请人对他人行使权利。

59. 专利权转让合同、专利申请权转让合同不影响让与人在合同成立前与他人订立的专利实施许可合同或者技术秘密转让合同的效力。有关当事人之间的权利义务依照合同法第五章的规定确定。

第八百七十一条 【技术转让合同受让人和技术许可合同被许可人保密义务】技术转让合同的受让人和技术许可合同的被许可人应当按照约定的范围和期限，对让与人、许可人提供的技术中尚未公开的秘密部分，承担保密义务。

第八百七十二条 【许可人和让与人违约责任】许可人未按照约定许可技术的，应当返还部分或者全部使用费，并应当承担违约责任；实施专利或者使用技术秘密超越约定的范围的，违反约定擅自许可第三人实施该项专利或者使用该项技术秘密的，应当停止违约行为，承担违约责任；违反约定的保密义务的，应当承担违约责任。

让与人承担违约责任，参照适用前款规定。

司法解释及文件

⊙**《最高人民法院关于印发全国法院知识产权审判工作会议关于审理技术合同纠纷案件若干问题的纪要的通知》**（2001年6月19日 法〔2001〕84号）

53. 技术转让合同让与人应当保证受让人按约定的方式实施技术达到约定的技术指标。除非明确约定让与人保证受让人达到约定的经济效益指标，让与人不对受让人实施技术后的经济效益承担责任。

转让阶段性技术成果，让与人应当保证在一定条件下重复试验可以得到预期的效果。

54. 技术转让合同中约定受让人取得的技术须经受让人小试、中试、工业性试验后才能投入批量生产的，受让人未经小试、中试、工业性试验直接投入批量生产所发生的损失，让与人不承担责任。

第八百七十三条　【被许可人和受让人违约责任】被许可人未按照约定支付使用费的，应当补交使用费并按照约定支付违约金；不补交使用费或者支付违约金的，应当停止实施专利或者使用技术秘密，交还技术资料，承担违约责任；实施专利或者使用技术秘密超越约定的范围的，未经许可人同意擅自许可第三人实施该专利或者使用该技术秘密的，应当停止违约行为，承担违约责任；违反约定的保密义务的，应当承担违约责任。

受让人承担违约责任，参照适用前款规定。

第八百七十四条　【受让人和被许可人侵权责任】受让人或者被许可人按照约定实施专利、使用技术秘密侵害他人合法权益的，由让与人或者许可人承担责任，但是当事人另有约定的除外。

第八百七十五条　【后续技术成果的分享】当事人可以按照互利的原则，在合同中约定实施专利、使用技术秘密后续改进的技术成果的分享办法；没有约定或者约定不明确，依据本法第五百一十条的规定仍不能确定的，一方后续改进的技术成果，其他各方无权分享。

法　律

⊙**《民法典》（合同编）**（2020 年 5 月 28 日）

第五百一十条　合同生效后，当事人就质量、价款或者报酬、履行地点等内容没有约定或者约定不明确的，可以协议补充；不能达成补充协议的，按照合同相关条款或者交易习惯确定。

司法解释及文件

⊙**《最高人民法院关于印发全国法院知识产权审判工作会议关于审理技术合同纠纷案件若干问题的纪要的通知》**（2001年6月19日　法〔2001〕84号）

56. 合同法第三百五十四条所称后续改进，是指在技术转让合同有效期内，当事人一方或各方对合同标的技术所作的革新或者改良。

第八百七十六条　【其他知识产权的转让与许可】集成电路布图设计专有权、植物新品种权、计算机软件著作权等其他知识产权的转让和许可，参照适用本节的有关规定。

第八百七十七条　【技术进出口合同或者专利、专利申请合同的法律适用】法律、行政法规对技术进出口合同或者专利、专利申请合同另有规定的，依照其规定。

法　律

⊙**《对外贸易法》**（2022年12月30日修正）

第十三条　国家准许货物与技术的自由进出口。但是，法律、行政法规另有规定的除外。

第十四条　国务院对外贸易主管部门基于监测进出口情况的需要，可以对部分自由进出口的货物实行进出口自动许可并公布其目录。

实行自动许可的进出口货物，收货人、发货人在办理海关报关手续前提出自动许可申请的，国务院对外贸易主管部门或者其委托的机构应当予以许可；未办理自动许可手续的，海关不予放行。

进出口属于自由进出口的技术，应当向国务院对外贸易主管部门或者其委托的机构办理合同备案登记。

第十五条　国家基于下列原因，可以限制或者禁止有关货物、技术的进口或者出口：

（一）为维护国家安全、社会公共利益或者公共道德，需要限制或者禁止进口或者出口的；

（二）为保护人的健康或者安全，保护动物、植物的生命或者健康，保护环境，需要限制或者禁止进口或者出口的；

（三）为实施与黄金或者白银进出口有关的措施，需要限制或者禁止进口或者出口的；

（四）国内供应短缺或者为有效保护可能用竭的自然资源，需要限制或者禁止出口的；

（五）输往国家或者地区的市场容量有限，需要限制出口的；

（六）出口经营秩序出现严重混乱，需要限制出口的；

（七）为建立或者加快建立国内特定产业，需要限制进口的；

（八）对任何形式的农业、牧业、渔业产品有必要限制进口的；

（九）为保障国家国际金融地位和国际收支平衡，需要限制进口的；

（十）依照法律、行政法规的规定，其他需要限制或者禁止进口或者出口的；

（十一）根据我国缔结或者参加的国际条约、协定的规定，其他需要限制或者禁止进口或者出口的。

第十六条　国家对与裂变、聚变物质或者衍生此类物质的物质有关的货物、技术进出口，以及与武器、弹药或者其他军用物资有关的进出口，可以采取任何必要的措施，维护国家安全。

在战时或者为维护国际和平与安全，国家在货物、技术进出口方面可以采取任何必要的措施。

第十七条　国务院对外贸易主管部门会同国务院其他有关部门，依照本法第十五条和第十六条的规定，制定、调整并公布限制或者禁止进出口的货物、技术目录。

国务院对外贸易主管部门或者由其会同国务院其他有关部门，经国务院批准，可以在本法第十五条和第十六条规定的范围内，临时决定限制或者禁止前款规定目录以外的特定货物、技术的进口或者出口。

第十八条　国家对限制进口或者出口的货物，实行配额、许可证等方式管理；对限制进口或者出口的技术，实行许可证管理。

实行配额、许可证管理的货物、技术，应当按照国务院规定经国务院对外贸易主管部门或者经其会同国务院其他有关部门许可，方可进口或者出口。

国家对部分进口货物可以实行关税配额管理。

⊙《**专利法**》(2020 年 10 月 17 日修正)

第十条 专利申请权和专利权可以转让。

中国单位或者个人向外国人、外国企业或者外国其他组织转让专利申请权或者专利权的，应当依照有关法律、行政法规的规定办理手续。

转让专利申请权或者专利权的，当事人应当订立书面合同，并向国务院专利行政部门登记，由国务院专利行政部门予以公告。专利申请权或者专利权的转让自登记之日起生效。

行政法规

⊙《**计算机软件保护条例**》(2013 年 1 月 30 日修订)

第二十二条 中国公民、法人或者其他组织向外国人许可或者转让软件著作权的，应当遵守《中华人民共和国技术进出口管理条例》的有关规定。

⊙《**技术进出口管理条例**》(2020 年 11 月 29 日修订)

第二条 本条例所称技术进出口，是指从中华人民共和国境外向中华人民共和国境内，或者从中华人民共和国境内向中华人民共和国境外，通过贸易、投资或者经济技术合作的方式转移技术的行为。

前款规定的行为包括专利权转让、专利申请权转让、专利实施许可、技术秘密转让、技术服务和其他方式的技术转移。

第三条 国家对技术进出口实行统一的管理制度，依法维护公平、自由的技术进出口秩序。

第四条 技术进出口应当符合国家的产业政策、科技政策和社会发展政策，有利于促进我国科技进步和对外经济技术合作的发展，有利于维护我国经济技术权益。

第五条 国家准许技术的自由进出口；但是，法律、行政法规另有规定的除外。

第六条 国务院对外经济贸易主管部门（以下简称国务院外经贸主管部门）依照对外贸易法和本条例的规定，负责全国的技术进出口管理工作。省、自治区、直辖市人民政府外经贸主管部门根据国务院外经贸主管部门的授权，负责本行政区域内的技术进出口管理工作。

国务院有关部门按照国务院的规定，履行技术进出口项目的有关管理职责。

第七条 国家鼓励先进、适用的技术进口。

第八条 有对外贸易法第十六条规定情形之一的技术，禁止或者限制进口。

国务院外经贸主管部门会同国务院有关部门，制定、调整并公布禁止或者限制进口的技术目录。

第九条 属于禁止进口的技术，不得进口。

第十条 属于限制进口的技术，实行许可证管理；未经许可，不得进口。

第十一条 进口属于限制进口的技术，应当向国务院外经贸主管部门提出技术进口申请并附有关文件。

技术进口项目需经有关部门批准的，还应当提交有关部门的批准文件。

第十二条 国务院外经贸主管部门收到技术进口申请后，应当会同国务院有关部门对申请进行审查，并自收到申请之日起30个工作日内作出批准或者不批准的决定。

第十三条 技术进口申请经批准的，由国务院外经贸主管部门发给技术进口许可意向书。

进口经营者取得技术进口许可意向书后，可以对外签订技术进口合同。

第十四条 进口经营者签订技术进口合同后，应当向国务院外经贸主管部门提交技术进口合同副本及有关文件，申请技术进口许可证。

国务院外经贸主管部门对技术进口合同的真实性进行审查，并自收到前款规定的文件之日起10个工作日内，对技术进口作出许可或者不许可的决定。

第十五条 申请人依照本条例第十一条的规定向国务院外经贸主管部门提出技术进口申请时，可以一并提交已经签订的技术进口合同副本。

国务院外经贸主管部门应当依照本条例第十二条和第十四条的规定对申请及其技术进口合同的真实性一并进行审查，并自收到前款规定的文件之日起40个工作日内，对技术进口作出许可或者不许可的决定。

第十六条 技术进口经许可的，由国务院外经贸主管部门颁发技术进口许可证。技术进口合同自技术进口许可证颁发之日起生效。

第十七条 对属于自由进口的技术，实行合同登记管理。

进口属于自由进口的技术，合同自依法成立时生效，不以登记为合同生效的条件。

第十八条 进口属于自由进口的技术，应当向国务院外经贸主管部门办理登记，并提交下列文件：

（一）技术进口合同登记申请书；

（二）技术进口合同副本；

（三）签约双方法律地位的证明文件。

第十九条 国务院外经贸主管部门应当自收到本条例第十八条规定的文件之日起3个工作日内，对技术进口合同进行登记，颁发技术进口合同登记证。

第二十条 申请人凭技术进口许可证或者技术进口合同登记证，办理外汇、银行、税务、海关等相关手续。

第二十一条 依照本条例的规定，经许可或者登记的技术进口合同，合同的主要内容发生变更的，应当重新办理许可或者登记手续。

经许可或者登记的技术进口合同终止的，应当及时向国务院外经贸主管部门备案。

第二十二条 国务院外经贸主管部门和有关部门及其工作人员在履行技术进口管理职责中，对所知悉的商业秘密负有保密义务。

第二十三条 技术进口合同的让与人应当保证自己是所提供技术的合

法拥有者或者有权转让、许可者。

技术进口合同的受让人按照合同约定使用让与人提供的技术，被第三方指控侵权的，受让人应当立即通知让与人；让与人接到通知后，应当协助受让人排除妨碍。

第二十四条 技术进口合同的让与人应当保证所提供的技术完整、无误、有效，能够达到约定的技术目标。

第二十五条 技术进口合同的受让人、让与人应当在合同约定的保密范围和保密期限内，对让与人提供的技术中尚未公开的秘密部分承担保密义务。

在保密期限内，承担保密义务的一方在保密技术非因自己的原因被公开后，其承担的保密义务即予终止。

第二十六条 技术进口合同期满后，技术让与人和受让人可以依照公平合理的原则，就技术的继续使用进行协商。

第二十七条 国家鼓励成熟的产业化技术出口。

第二十八条 有对外贸易法第十六条规定情形之一的技术，禁止或者限制出口。

国务院外经贸主管部门会同国务院有关部门，制定、调整并公布禁止或者限制出口的技术目录。

第二十九条 属于禁止出口的技术，不得出口。

第三十条 属于限制出口的技术，实行许可证管理；未经许可，不得出口。

第三十一条 出口属于限制出口的技术，应当向国务院外经贸主管部门提出申请。

第三十二条 国务院外经贸主管部门收到技术出口申请后，应当会同国务院科技管理部门对申请出口的技术进行审查，并自收到申请之日起30个工作日内作出批准或者不批准的决定。

限制出口的技术需经有关部门进行保密审查的，按照国家有关规定执行。

第三十三条 技术出口申请经批准的，由国务院外经贸主管部门发给技术出口许可意向书。

申请人取得技术出口许可意向书后，方可对外进行实质性谈判，签订技术出口合同。

第三十四条 申请人签订技术出口合同后，应当向国务院外经贸主管部门提交下列文件，申请技术出口许可证：

（一）技术出口许可意向书；

（二）技术出口合同副本；

（三）技术资料出口清单；

（四）签约双方法律地位的证明文件。

国务院外经贸主管部门对技术出口合同的真实性进行审查，并自收到前款规定的文件之日起 15 个工作日内，对技术出口作出许可或者不许可的决定。

第三十五条 技术出口经许可的，由国务院外经贸主管部门颁发技术出口许可证。技术出口合同自技术出口许可证颁发之日起生效。

第三十六条 对属于自由出口的技术，实行合同登记管理。

出口属于自由出口的技术，合同自依法成立时生效，不以登记为合同生效的条件。

第三十七条 出口属于自由出口的技术，应当向国务院外经贸主管部门办理登记，并提交下列文件：

（一）技术出口合同登记申请书；

（二）技术出口合同副本；

（三）签约双方法律地位的证明文件。

第三十八条 国务院外经贸主管部门应当自收到本条例第三十七条规定的文件之日起 3 个工作日内，对技术出口合同进行登记，颁发技术出口合同登记证。

第三十九条 申请人凭技术出口许可证或者技术出口合同登记证办理外汇、银行、税务、海关等相关手续。

第四十条 依照本条例的规定，经许可或者登记的技术出口合同，合同的主要内容发生变更的，应当重新办理许可或者登记手续。

经许可或者登记的技术出口合同终止的，应当及时向国务院外经贸主管部门备案。

第四十一条　国务院外经贸主管部门和有关部门及其工作人员在履行技术出口管理职责中，对国家秘密和所知悉的商业秘密负有保密义务。

第四十二条　出口核技术、核两用品相关技术、监控化学品生产技术、军事技术等出口管制技术的，依照有关行政法规的规定办理。

第四十三条　进口或者出口属于禁止进出口的技术的，或者未经许可擅自进口或者出口属于限制进出口的技术的，依照刑法关于走私罪、非法经营罪、泄露国家秘密罪或者其他罪的规定，依法追究刑事责任；尚不够刑事处罚的，区别不同情况，依照海关法的有关规定处罚，或者由国务院外经贸主管部门给予警告，没收违法所得，处违法所得1倍以上5倍以下的罚款；国务院外经贸主管部门并可以撤销其对外贸易经营许可。

第四十四条　擅自超出许可的范围进口或者出口属于限制进出口的技术的，依照刑法关于非法经营罪或者其他罪的规定，依法追究刑事责任；尚不够刑事处罚的，区别不同情况，依照海关法的有关规定处罚，或者由国务院外经贸主管部门给予警告，没收违法所得，处违法所得1倍以上3倍以下的罚款；国务院外经贸主管部门并可以暂停直至撤销其对外贸易经营许可。

第四十五条　伪造、变造或者买卖技术进出口许可证或者技术进出口合同登记证的，依照刑法关于非法经营罪或者伪造、变造、买卖国家机关公文、证件、印章罪的规定，依法追究刑事责任；尚不够刑事处罚的，依照海关法的有关规定处罚；国务院外经贸主管部门并可以撤销其对外贸易经营许可。

第四十六条　以欺骗或者其他不正当手段获取技术进出口许可的，由国务院外经贸主管部门吊销其技术进出口许可证，暂停直至撤销其对外贸易经营许可。

第四十七条　以欺骗或者其他不正当手段获取技术进出口合同登记的，由国务院外经贸主管部门吊销其技术进出口合同登记证，暂停直至撤销其对外贸易经营许可。

部门规章及规范性文件

⊙《**技术进出口合同登记管理办法**》（2009 年 2 月 1 日修订　商务部令第 3 号）

第五条　各省、自治区、直辖市和计划单列市商务主管部门负责对本办法第四条以外的自由进出口技术合同进行登记管理。中央管理企业的自由进出口技术合同，按属地原则到各省、自治区、直辖市和计划单列市商务主管部门办理登记。

各省、自治区、直辖市和计划单列市商务主管部门可授权下一级商务主管部门对自由进出口技术合同进行登记管理。

第六条　技术进出口经营者应在合同生效后 60 天内办理合同登记手续，支付方式为提成的合同除外。

第七条　支付方式为提成的合同，技术进出口经营者应在首次提成基准金额形成后 60 天内，履行合同登记手续，并在以后每次提成基准金额形成后，办理合同变更手续。

技术进出口经营者在办理登记和变更手续时，应提供提成基准金额的相关证明文件。

第八条　国家对自由进出口技术合同实行网上在线登记管理。技术进出口经营者应登陆商务部政府网站上的“技术进出口合同信息管理系统”（网址：jsjckqy.fwmys.mofcom.gov.cn）进行合同登记，并持技术进（出）口合同登记申请书、技术进（出）口合同副本（包括中文译本）和签约双方法律地位的证明文件，到商务主管部门履行登记手续。商务主管部门在收到上述文件起 3 个工作日内，对合同登记内容进行核对，并向技术进出口经营者颁发《技术进口合同登记证》或《技术出口合同登记证》。

第九条　对申请文件不符合《中华人民共和国技术进出口管理条例》第十八条、第四十条规定要求或登记记录与合同内容不一致的，商务主管部门应当在收到申请文件的 3 个工作日内通知技术进出口经营者补正、修改，并在收到补正的申请文件起 3 个工作日内，对合同登记的内容进行核对，颁发《技术进口合同登记证》或《技术出口合同登记证》。

第十条　自由进出口技术合同登记的主要内容为：

（一）合同号；

（二）合同名称；

（三）技术供方；

（四）技术受方；

（五）技术使用方；

（六）合同概况；

（七）合同金额；

（八）支付方式；

（九）合同有效期。

第十一条 国家对自由进出口技术合同号实行标准代码管理。技术进出口经营者编制技术进出口合同号应符合下述规则：

（一）合同号总长度为17位。

（二）前9位为固定号：第1–2位表示制合同的年份（年代后2位）、第3–4位表示进口或出口国别地区（国标2位代码）、第5–6位表示进出口企业所在地区（国标2位代码）、第7位表示技术进出口合同标识（进口Y，出口E）、第8–9位表示进出口技术的行业分类（国标2位代码）。后8位为企业自定义。例：01USBJE01CNTIC001。

第十二条 已登记的自由进出口技术合同若变更本办法第十条规定合同登记内容的，技术进出口经营者应当办理合同登记变更手续。

办理合同变更手续时，技术进出口经营者应登录“技术进出口合同信息管理系统”，填写合同数据变更记录表，持合同变更协议和合同数据变更记录表，到商务主管部门办理手续。商务主管部门自收到完备的变更申请材料之日起3日内办理合同变更手续。

按本办法第七条办理变更手续的，应持变更申请和合同数据变更记录表办理。

第十三条 经登记的自由进出口技术合同在执行过程中因故中止或解除，技术进出口经营者应当持技术进出口合同登记证等材料及时向商务主管部门备案。

第十四条 技术进出口合同登记证遗失，进出口经营者应公开挂失。凭挂失证明、补办申请和相关部门证明到商务主管部门办理补发手续。

第四节　技术咨询合同和技术服务合同

第八百七十八条　【定义】技术咨询合同是当事人一方以技术知识为对方就特定技术项目提供可行性论证、技术预测、专题技术调查、分析评价报告等所订立的合同。

技术服务合同是当事人一方以技术知识为对方解决特定技术问题所订立的合同，不包括承揽合同和建设工程合同。

司法解释及文件

⊙**《最高人民法院关于审理技术合同纠纷案件适用法律若干问题的解释》**（2020年12月29日修正）

第三十条　民法典第八百七十八条第一款所称“特定技术项目”，包括有关科学技术与经济社会协调发展的软科学研究项目，促进科技进步和管理现代化、提高经济效益和社会效益等运用科学知识和技术手段进行调查、分析、论证、评价、预测的专业性技术项目。

第三十三条　民法典第八百七十八条第二款所称“特定技术问题”，包括需要运用专业技术知识、经验和信息解决的有关改进产品结构、改良工艺流程、提高产品质量、降低产品成本、节约资源能耗、保护资源环境、实现安全操作、提高经济效益和社会效益等专业技术问题。

第三十四条　当事人一方以技术转让或者技术许可的名义提供已进入公有领域的技术，或者在技术转让合同、技术许可合同履行过程中合同标的技术进入公有领域，但是技术提供方进行技术指导、传授技术知识，为对方解决特定技术问题符合约定条件的，按照技术服务合同处理，约定的技术转让费、使用费可以视为提供技术服务的报酬和费用，但是法律、行政法规另有规定的除外。

依照前款规定，技术转让费或者使用费视为提供技术服务的报酬和费用明显不合理的，人民法院可以根据当事人的请求合理确定。

⊙**《最高人民法院关于印发全国法院知识产权审判工作会议关于审理技术合同纠纷案件若干问题的纪要的通知》**（2001 年 6 月 19 日　法〔2001〕84 号）

70. 合同法第三百五十六条第一款所称的特定技术项目，包括有关科学技术与经济、社会协调发展的软科学研究项目和促进科技进步和管理现代化，提高经济效益和社会效益的技术项目以及其他专业性技术项目。

74. 合同法第三百五十六条第二款所称特定技术问题，是指需要运用科学技术知识解决专业技术工作中的有关改进产品结构、改良工艺流程、提高产品质量、降低产品成本、节约资源能耗、保护资源环境、实现安全操作、提高经济效益和社会效益等问题。

部门规章及规范性文件

⊙**《技术合同认定规则》**（2001 年 7 月 18 日　国科发政字〔2001〕253 号）

第三十三条　技术咨询合同是一方当事人（受托方）；为另一方（委托方）就特定技术项目提供可行性论证、技术预测、专题技术调查、分析计价所订立的合同。

第三十四条　技术咨询合同的认定条件是：

（一）合同标的为特定技术项目的咨询课题；

（二）咨询方式为运用科学知识和技术手段进行的分析、论证、评价和预测；

（三）工作成果是为委托方提供科技咨询报告和意见。

第三十五条　下列各项符合本规则第三十四条规定的，属于技术咨询合同：

（一）科学发展战略和规划的研究；

（二）技术政策和技术路线选择的研究；

（三）重大工程项目、研究开发项目、科技成果转化项目、重要技术改造和科技成果推广项目等的可行性分析；

（四）技术成果、重大工程和特定技术系统的技术评估；

（五）特定技术领域、行业、专业技术发展的技术预测；

（六）就区域、产业科技开发与创新及特定技术项目进行的技术调查、分析与论证；

（七）技术产品、服务、工艺分析和技术方案的比较与选择；

（八）专用设施、设备、仪器、装置及技术系统的技术性能分析；

（九）科技评估和技术查新项目。前款项目中涉及新的技术成果研究开发或现有技术成果转让的，可根据其技术内容的比重确定合同性质，分别认定为技术开发合同、技术转让合同或者技术咨询合同。

第三十六条 申请认定登记的技术合同，其标的为大、中型建设工程项目前期技术分析论证的，可以认定为技术咨询合同。但属于建设工程承包合同一部分、不能独立成立的情况除外。

第三十七条 就解决特定技术项目提出实施方案，进行技术服务和实施指导所订立的合同，不属于技术咨询合同。符合技术服务合同条件的，可退回当事人补正后，按技术服务合同重新申请认定登记。

第三十八条 下列合同不属于技术咨询合同：

（一）就经济分析、法律咨询、社会发展项目的论证、评价和调查所订立的合同；

（二）就购买设备、仪器、原材料、配套产品等提供商业信息所订立的合同。

第三十九条 技术服务合同是一方当事人（受托方）以技术知识为另一方（委托方）解决特定技术问题所订立的合同。

第四十条 技术服务合同的认定条件是：

（一）合同的标的为运用专业技术知识、经验和信息解决特定技术问题的服务性项目；

（二）服务内容为改进产品结构、改良工艺流程、提高产品质量、降低产品成本、节约资源能耗、保护资源环境。实现安全操作、提高经济效益和社会效益等专业技术工作；

（三）工作成果有具体的质量和数量指标；

（四）技术知识的传递不涉及专利、技术秘密成果及其他知识产权的权属。

第四十一条 下列各项符合本规则第四十条规定，且该专业技术项目有明确技术问题和解决难度的，属于技术服务合同：

（一）产品设计服务，包括关键零部件、国产化配套件、专用工模量具及工装设计和具有特殊技术要求的非标准设备的设计，以及其他改进产品结构的设计；

（二）工艺服务，包括有特殊技术要求的工艺编制、新产品试制中的工艺技术指导，以及其他工艺流程的改进设计；

（三）测试分析服务，包括有特殊技术要求的技术成果测试分析，新产品、新材料、植物新品种性能的测试分析，以及其他非标准化的测试分析；

（四）计算机技术应用服务，包括计算机硬件、软件、嵌入式系统、计算机网络技术的应用服务，计算机辅助设计系统（CAD）和计算机集成制造系统（CIMS）的推广、应用和技术指导等；

（五）新型或者复杂生产线的调试及技术指导；

（六）特定技术项目的信息加工、分析和检索；

（七）农业的产前、产中、产后技术服务，包括为技术成果推广，以及为提高农业产量、品质、发展新品种、降低消耗、提高经济效益和社会效益的有关技术服务；

（八）为特殊产品技术标准的制订；

（九）对动植物细胞植入特定基因、进行基因重组；

（十）对重大事故进行定性定量技术分析；

（十一）为重大科技成果进行定性定量技术鉴定或者评价。前款各项属于当事人一般日常经营业务范围的，不应认定为技术服务合同。

第四十二条 下列合同不属于技术服务合同：

（一）以常规手段或者为生产经营目的进行一般加工、定作、修理、修缮、广告、印刷、测绘、标准化测试等订立的加工承揽合同和建设工程的勘察、设计、安装、施工、监理合同。但以非常规技术手段，解决复杂、特殊技术问题而单独订立的合同除外；

（二）就描晒复印图纸、翻译资料、摄影摄像等所订立的合同；

（三）计量检定单位就强制性计量检定所订立的合同；

（四）理化测试分析单位就仪器设备的购售、租赁及用户服务所订立的合同。

适用要点

⊙ 技术服务合同的识别

合同案件的审理中，确定合同的性质是审理案件的基础。实践中合同极为复杂，区分存在一定难度，应全面考虑、综合分析合同的有关约定以及当事人的履约行为，正确确定当事人所争议的合同条款的真实含义。按照合同所使用的语词、合同的有关条款、合同的目的、交易习惯以及诚信原则，确定当事人所争议的合同条款的真实意思，从而正确认定涉案合同性质。判断某一合同关系是否属于技术服务合同关系，关键不在于当事人自行确定的合同名称，而在于其合同内容是否以技术服务为主要交易标的。如合同以技术服务为其主要交易标的，一旦发生纠纷，其审理重点和难点一般在于技术问题，这也是对技术合同管辖法院具有一定要求的原因（一般由法院的知识产权审判庭审理）。应将技术服务合同与一般的提供劳务的服务合同相区分，也要与提供其他种类服务的服务合同相区分，区分的关键即在于技术服务合同与技术问题、技术手段、技术能力的关联性，以及如发生纠纷案件将存在技术事实的查明问题。如一项合同虽冠之以技术服务合同之名，但实际履行与技术毫无关联，则应认为此合同并非技术服务合同。具体如何判断识别，可参照科技部于 2001 年 7 月 18 日发布的《技术合同认定规则》。

第八百七十九条 【技术咨询合同委托人义务】技术咨询合同的委托人应当按照约定阐明咨询的问题，提供技术背景材料及有关技术资料，接受受托人的工作成果，支付报酬。

司法解释及文件

⊙《**最高人民法院关于审理技术合同纠纷案件适用法律若干问题的解释**》（2020 年 12 月 29 日修正）

第三十一条　当事人对技术咨询合同委托人提供的技术资料和数据或者受托人提出的咨询报告和意见未约定保密义务，当事人一方引用、发表或者向第三人提供的，不认定为违约行为，但侵害对方当事人对此享有的合法权益的，应当依法承担民事责任。

⊙《**最高人民法院关于印发全国法院知识产权审判工作会议关于审理技术合同纠纷案件若干问题的纪要的通知**》（2001 年 6 月 19 日　法〔2001〕84 号）

72. 技术咨询合同委托人提供的技术资料和数据或者受托人提出的咨询报告和意见，当事人没有约定保密义务的，在不侵害对方当事人对此享有的合法权益的前提下，双方都有引用、发表和向第三人提供的权利。

73. 技术咨询合同受托人发现委托人提供的资料、数据等有明显错误和缺陷的，应当及时通知委托人。委托人应当及时答复并在约定的期限内予以补正。

受托人发现前款所述问题不及时通知委托人的，视为其认可委托人提供的技术资料、数据等符合约定的条件。

第八百八十条　【技术咨询合同受托人义务】技术咨询合同的受托人应当按照约定的期限完成咨询报告或者解答问题，提出的咨询报告应当达到约定的要求。

第八百八十一条 【技术咨询合同的违约责任】技术咨询合同的委托人未按照约定提供必要的资料，影响工作进度和质量，不接受或者逾期接受工作成果的，支付的报酬不得追回，未支付的报酬应当支付。

技术咨询合同的受托人未按期提出咨询报告或者提出的咨询报告不符合约定的，应当承担减收或者免收报酬等违约责任。

技术咨询合同的委托人按照受托人符合约定要求的咨询报告和意见作出决策所造成的损失，由委托人承担，但是当事人另有约定的除外。

司法解释及文件

⊙《**最高人民法院关于审理技术合同纠纷案件适用法律若干问题的解释**》（2020 年 12 月 29 日修正）

第三十二条 技术咨询合同受托人发现委托人提供的资料、数据等有明显错误或者缺陷，未在合理期限内通知委托人的，视为其对委托人提供的技术资料、数据等予以认可。委托人在接到受托人的补正通知后未在合理期限内答复并予补正的，发生的损失由委托人承担。

第八百八十二条 【技术服务合同委托人义务】技术服务合同的委托人应当按照约定提供工作条件，完成配合事项，接受工作成果并支付报酬。

司法解释及文件

⊙《**最高人民法院关于审理技术合同纠纷案件适用法律若干问题的解释**》（2020 年 12 月 29 日修正）

第三十五条 技术服务合同受托人发现委托人提供的资料、数据、样品、材料、场地等工作条件不符合约定，未在合理期限内通知委托人的，视为其对委托人提供的工作条件予以认可。委托人在接到受托人的补正通知后未在合理期限内答复并予补正的，发生的损失由委托人承担。

第八百八十三条　【技术服务合同受托人义务】技术服务合同的受托人应当按照约定完成服务项目，解决技术问题，保证工作质量，并传授解决技术问题的知识。

司法解释及文件

⊙**《最高人民法院关于印发全国法院知识产权审判工作会议关于审理技术合同纠纷案件若干问题的纪要的通知》**（2001 年 6 月 19 日　法〔2001〕84 号）

77. 技术服务合同受托人在履约期间，发现继续工作对材料、样品或者设备等有损坏危险时，应当中止工作，并及时通知委托人或者提出建议。委托人应当在约定的期限内作出答复。

受托人不中止工作或者不及时通知委托人并且未采取适当措施的，或者委托人未按期答复的，对因此发生的危险后果由责任人承担相应的责任。

第八百八十四条　【技术服务合同的违约责任】技术服务合同的委托人不履行合同义务或者履行合同义务不符合约定，影响工作进度和质量，不接受或者逾期接受工作成果的，支付的报酬不得追回，未支付的报酬应当支付。

技术服务合同的受托人未按照约定完成服务工作的，应当承担免收报酬等违约责任。

司法解释及文件

⊙**《最高人民法院关于印发全国法院知识产权审判工作会议关于审理技术合同纠纷案件若干问题的纪要的通知》**（2001年6月19日　法〔2001〕84号）

76. 技术服务合同受托人发现委托人提供的资料、数据、样品、材料、场地等工作条件不符合约定的，应当及时通知委托人。委托人应当及时答复并在约定的期限内予以补正。

受托人发现前款所述问题不及时通知委托人的，视为其认可委托人提供的技术资料、数据等工作条件符合约定的条件。

第八百八十五条　【新创技术成果的归属】技术咨询合同、技术服务合同履行过程中，受托人利用委托人提供的技术资料和工作条件完成的新的技术成果，属于受托人。委托人利用受托人的工作成果完成的新的技术成果，属于委托人。当事人另有约定的，按照其约定。

第八百八十六条　【工作费用的负担】技术咨询合同和技术服务合同对受托人正常开展工作所需费用的负担没有约定或者约定不明确的，由受托人负担。

司法解释及文件

⊙**《最高人民法院关于印发全国法院知识产权审判工作会议关于审理技术合同纠纷案件若干问题的纪要的通知》**（2001年6月19日　法〔2001〕84号）

71. 除当事人另有约定的以外，技术咨询合同受托人进行调查研究、分析论证、试验测定等所需费用，由受托人自己负担。

75. 除当事人另有约定的以外，技术服务合同受托人完成服务项目，解决技术问题所需费用，由受托人自己负担。

第八百八十七条 【技术中介合同、技术培训合同的法律适用】 法律、行政法规对技术中介合同、技术培训合同另有规定的，依照其规定。

司法解释及文件

⊙**《最高人民法院关于审理技术合同纠纷案件适用法律若干问题的解释》**（2020 年 12 月 29 日修正）

第三十六条 民法典第八百八十七条规定的“技术培训合同”，是指当事人一方委托另一方对指定的学员进行特定项目的专业技术训练和技术指导所订立的合同，不包括职业培训、文化学习和按照行业、法人或者非法人组织的计划进行的职工业余教育。

第三十八条 民法典第八百八十七条规定的“技术中介合同”，是指当事人一方以知识、技术、经验和信息为另一方与第三人订立技术合同进行联系、介绍以及对履行合同提供专门服务所订立的合同。

第三十九条 中介人从事中介活动的费用，是指中介人在委托人和第三人订立技术合同前，进行联系、介绍活动所支出的通信、交通和必要的调查研究等费用。中介人的报酬，是指中介人为委托人与第三人订立技术合同以及对履行该合同提供服务应当得到的收益。

当事人对中介人从事中介活动的费用负担没有约定或者约定不明确的，由中介人承担。当事人约定该费用由委托人承担但未约定具体数额或者计算方法的，由委托人支付中介人从事中介活动支出的必要费用。

当事人对中介人的报酬数额没有约定或者约定不明确的，应当根据中介人所进行的劳务合理确定，并由委托人承担。仅在委托人与第三人订立的技术合同中约定中介条款，但未约定给付中介人报酬或者约定不明确的，应当支付的报酬由委托人和第三人平均承担。

第四十条 中介人未促成委托人与第三人之间的技术合同成立的，其要求支付报酬的请求，人民法院不予支持；其要求委托人支付其从事中介活动必要费用的请求，应当予以支持，但当事人另有约定的除外。

中介人隐瞒与订立技术合同有关的重要事实或者提供虚假情况，侵害委托人利益的，应当根据情况免收报酬并承担赔偿责任。

第四十一条 中介人对造成委托人与第三人之间的技术合同的无效或者被撤销没有过错，并且该技术合同的无效或者被撤销不影响有关中介条款或者技术中介合同继续有效，中介人要求按照约定或者本解释的有关规定给付从事中介活动的费用和报酬的，人民法院应当予以支持。

中介人收取从事中介活动的费用和报酬不应当被视为委托人与第三人之间的技术合同纠纷中一方当事人的损失。

⊙**《最高人民法院关于印发全国法院知识产权审判工作会议关于审理技术合同纠纷案件若干问题的纪要的通知》**（2001年6月19日 法〔2001〕84号）

78. 合同法第三百六十四条所称技术培训合同，是指当事人一方委托另一方对指定的人员（学员）进行特定项目的专业技术训练和技术指导所订立的合同，不包括职业培训、文化学习和按照行业、单位的计划进行的职工业余教育。

79. 技术培训合同委托人的主要义务是按照约定派出符合条件的学员；保证学员遵守培训纪律，接受专业技术训练和技术指导；按照约定支付报酬。

受托人的主要义务是按照约定配备符合条件的教员；制定和实施培训计划，按期完成培训；实现约定的培训目标。

80. 当事人对技术培训必需的场地、设施和试验条件等的提供和管理责任没有约定或者约定不明确，依照合同法第六十一条的规定不能达成补充协议的，由委托人负责提供和管理。

81. 技术培训合同委托人派出的学员不符合约定条件，影响培训质量的，委托人应当按照约定支付报酬。

受托人配备的教员不符合约定条件，影响培训质量的，或者受托人未按照计划和项目进行培训，导致不能实现约定的培训目标的，应当承担减收或者免收报酬等违约责任。

受托人发现学员不符合约定条件或者委托人发现教员不符合约定条件

的，应当及时通知对方改派。对方应当在约定的期限内改派。未及时通知或者未按约定改派的，责任人承担相应的责任。

82. 合同法第三百六十四条所称技术中介合同，是指当事人一方以知识、技术、经验和信息为另一方与第三人订立技术合同进行联系、介绍、组织商品化、产业化开发并对履行合同提供服务所订立的合同，但就不含有技术中介服务内容订立的各种居间合同除外。

83. 技术中介合同委托人的主要义务是提出明确的订约要求，提供有关背景材料；按照约定承担中介人从事中介活动的费用；按照约定支付报酬。

中介人的主要义务是如实反映委托人和第三人的技术成果、资信状况和履约能力；保守委托人和第三人的商业秘密；按照约定为委托人和第三人订立、履行合同提供服务。

84. 当事人对中介人从事中介活动的费用的负担没有约定或者约定不明确，依照合同法第六十一条的规定不能达成补充协议的，由中介人自己负担。当事人约定该费用由委托人承担但没有约定该费用的数额或者计算方法的，委托人应当支付中介人从事中介活动支出的必要费用。

前款所称中介人从事中介活动的费用，是指中介人在委托人和第三人订立技术合同前，进行联系、介绍活动所支出的通信、交通和必要的调查研究等费用。

85. 当事人对中介人的报酬数额没有约定或者约定不明确，依照合同法第六十一条的规定不能达成补充协议的，根据中介人的劳务合理确定，并由委托人负担。仅在委托人与第三人订立的技术合同中约定有中介条款，但对给付中介人报酬的义务没有约定或者约定不明确，依照合同法第六十一条的规定不能达成补充协议的，由委托人和第三人平均负担。

前款所称中介人的报酬，是指中介人为委托人与第三人订立技术合同，以及为其履行合同提供服务应当得到的收益。

86. 中介人未促成委托人与第三人之间的技术合同成立的，无权要求支付报酬，但可以要求委托人支付从事中介活动支出的必要费用。

87. 中介人故意隐瞒与订立技术合同有关的重要事实或者提供虚假情况，损害委托人利益的，应当承担免收报酬和损害赔偿责任。

88. 中介人收取的从事中介活动的费用和报酬不应视为委托人与第三人之间的技术合同纠纷中一方当事人的损失。

89. 中介人对造成委托人与第三人之间的技术合同的无效或者被撤销没有过错，且该技术合同无效或者被撤销不影响有关中介条款或者技术中介合同继续有效的，中介人仍有权按照约定收取从事中介活动的费用和报酬。

部门规章及规范性文件

⊙《**技术合同认定规则**》（2001 年 7 月 18 日 国科发政字〔2001〕253 号）

第四十三条 技术培训合同是当事人一方委托另一方对指定的专业技术人员进行特定项目的技术指导和业务训练所订立的合同。

技术培训合同是技术服务合同中的一种，在认定登记时应按技术培训合同单独予以登记。

第四十四条 技术培训合同的认定条件是：

（一）以传授特定技术项目的专业技术知识为合同的主要标的；

（二）培训对象为委托方指定的与特定技术项目有关的专业技术人员；

（三）技术指导和专业训练的内容不涉及有关知识产权权利的转移。

第四十五条 技术开发、技术转让等合同中涉及技术培训内容的，应按技术开发合同或技术转让合同认定，不应就其技术培训内容单独认定登记。

第四十六条 下列培训教育活动，不属于技术培训合同：

（一）当事人就其员工业务素质、文化学习和职业技能等进行的培训活动；

（二）为销售技术产品而就有关该产品性能、功能及使用、操作进行的培训活动。

第四十七条 技术中介合同是当事人一方（中介方）以知识、技术：经验和信息为另一方与第三方订立技术合同、实现技术创新和科技成果产业化进行联系、介绍、组织工业化开发并对履行合同提供专门服务所订立的合同。

技术中介合同是技术服务合同中的一种，在认定登记时应按技术中介合同单独予以登记。

第四十八条　技术中介合同的认定条件是：

（一）技术中介的目的是促成委托方与第三方进行技术交易，实现科技成果的转化；

（二）技术中介的内容应为特定的技术成果或技术项目；

（三）中介方应符合国家有关技术中介主体的资格要求。

第四十九条　技术中介合同可以以下列两种形式订立：

（一）中介方与委托方单独订立的有关技术中介业务的合同；

（二）在委托方与第三方订立的技术合同中载明中介方权利与义务的有关中介条款。

第五十条　根据当事人申请，技术中介合同可以与其涉及的技术合同一起认定登记，也可以单独认定登记。

第二十一章　保管合同

第八百八十八条　【定义】保管合同是保管人保管寄存人交付的保管物，并返还该物的合同。

寄存人到保管人处从事购物、就餐、住宿等活动，将物品存放在指定场所的，视为保管，但是当事人另有约定或者另有交易习惯的除外。

司法解释及文件

⊙**《最高人民法院关于适用〈中华人民共和国民法典〉合同编通则若干问题的解释》**（2023年12月4日　法释〔2023〕13号）

第二条　下列情形，不违反法律、行政法规的强制性规定且不违背公序良俗的，人民法院可以认定为民法典所称的“交易习惯”：

（一）当事人之间在交易活动中的惯常做法；

（二）在交易行为当地或者某一领域、某一行业通常采用并为交易对方订立合同时所知道或者应当知道的做法。

对于交易习惯，由提出主张的当事人一方承担举证责任。

公报案例

⊙**李某某诉上海大润发超市存包损害赔偿案**（《最高人民法院公报》2002年第6期）

【关键词】

超市寄存　保管合同　借用关系

【案例要旨】

许多超市除了向消费者提供人工寄存服务以外，还推出智能化自助寄存柜服务。这本是一件既方便到超市购物的消费者，又为超市节约经营成本的好事。但由于自助寄存柜服务是现代经营理念和新技术的产物，它突破了传统的保管寄存范畴，在商家与消费者之间形成了新型的借用关系。按照自助寄存柜的操作步骤，通过"投入硬币、退还硬币、吐出密码条、箱门自动打开、存放物品、关闭箱门"等人机对话方式，直接取得对自助寄存柜的使用权，实现了存放物品的目的。这一过程中，李某某的物品没有转移给大润发超市占有，超市也没有收到李某某交付保管的物品。李某某只是借助使用自助寄存柜继续实现对自己物品的控制和占有，而超市由于没有收到交付的物品，也无法履行保管职责。他们之间不存在保管合同成立的必备要件——保管物转移占有的事实。因此，双方当事人就使用自助寄存柜形成的不是保管合同关系，而是借用合同关系。

人民法院案例选案例

⊙**泉州市丰泽区丰泽街道霞淮社区居民委员会与吕某某保管合同纠纷上诉案**［《人民法院案例选》2008年第1辑（总第63辑）］

【关键词】

停车场　场地使用权　保管合同

【案例要旨】

停车场与机动车车主之间法律关系性质的认定主要是认定双方的法律关系是保管合同关系还是场地租赁合

同关系，判断标准主要看停车场地提供一方是否有场地使用权，如果有场地使用权，收取的费用比较公平合理，车主可以随时将车开走的，一般就可以认定为是场地租赁合同关系；如果场地提供一方没有场地使用权，或者虽有场地使用权，但收取的费用较一般场地租赁合同又明显偏高，即按照收取的费用来看，认定是场地租赁合同明显不公平的，则应认定双方成立的是保管合同关系。此外，还应考虑当地人们的交易习惯。

适用要点

⊙ 保管合同与仓储合同的区别

根据《民法典》第904条的规定，仓储合同是保管人储存存货人交付的仓储物，存货人支付仓储费的合同。仓储合同是一种特殊的保管合同，它具有保管合同的基本特征。例如，仓储和保管的货物所有权不发生转移，只是货物的占有权暂时转移，而货物的所有权或其他权利仍属于存货人所有。同时，仓储合同又具有自己的特殊特征：第一，保管合同为实践合同（有约定的除外），即保管合同自保管物交付时生效。而仓储合同为诺成合同。仓储合同自保管人和存货人意思表示一致时成立。第二，在保管合同中，寄存人交付标的物的行为并非合同的债务。寄存人的义务为支付保管费、告知保管物瑕疵等。而在仓储合同中，存货人交付标的物的行为属于合同债务。第三，保管合同在当事人没有约定或约定不明确的情况下，保管是无偿的。而仓储合同是有偿合同。第四，保管合同可以出具保管凭证，也可以根据交易习惯不出具保管凭证。而仓储合同必须出具仓单。除此之外，仓储合同的保管人，必须具有依法取得从事仓储保管业务的经营资格。总之，仓储合同是一种特殊的商事保管合同。因此，根据《民法典》第918条的规定，仓储合同中没有规定的，适用保管合同的有关规定。

第八百八十九条　【保管费】寄存人应当按照约定向保管人支付保管费。

当事人对保管费没有约定或者约定不明确，依据本法第五百一十条的规定仍不能确定的，视为无偿保管。

第八百九十条　【保管合同的成立时间】保管合同自保管物交付时成立，但是当事人另有约定的除外。

第八百九十一条　【保管人出具保管凭证义务】寄存人向保管人交付保管物的，保管人应当出具保管凭证，但是另有交易习惯的除外。

司法解释及文件

⊙**《最高人民法院关于适用〈中华人民共和国民法典〉合同编通则若干问题的解释》**（2023 年 12 月 4 日　法释〔2023〕13 号）

第二条　下列情形，不违反法律、行政法规的强制性规定且不违背公序良俗的，人民法院可以认定为民法典所称的“交易习惯”：

（一）当事人之间在交易活动中的惯常做法；

（二）在交易行为当地或者某一领域、某一行业通常采用并为交易对方订立合同时所知道或者应当知道的做法。

对于交易习惯，由提出主张的当事人一方承担举证责任。

地方性法规及地方政府规章

⊙**《广州市保管行李财物管理规定》**（1990 年 1 月 1 日　穗府办函〔1990〕6 号）

第四条　行李财物保管站（室）必须建立严格的保管登记、收取制度。接受保管行李财物时，物主应出示本人居民身份证，属于住客的还要凭住宿证明。交付保管的行李财物由物主按行李件数、价值、名称登记后交保管站（室），经保管员核对无误，发给保管凭证。物主领取行李财物时，凭本人居民身份证及保管凭证领取。

保管一般行李财物，应在行李箱（袋）贴上封条或由物主加锁。属于现金和贵重物品的，要另行办理登记保管手续。

第八百九十二条 【保管人妥善保管义务】保管人应当妥善保管保管物。

当事人可以约定保管场所或者方法。除紧急情况或者为维护寄存人利益外，不得擅自改变保管场所或者方法。

地方性法规及地方政府规章

⊙**《广州市保管行李财物管理规定》**（1990年1月1日　穗府办函〔1990〕6号）

第三条　行李保管站（室）的设置必须符合安全要求，并指定专人负责保管工作。

第八百九十三条 【保管物有瑕疵或需特殊保管时寄存人的告知义务】寄存人交付的保管物有瑕疵或者根据保管物的性质需要采取特殊保管措施的，寄存人应当将有关情况告知保管人。寄存人未告知，致使保管物受损失的，保管人不承担赔偿责任；保管人因此受损失的，除保管人知道或者应当知道且未采取补救措施外，寄存人应当承担赔偿责任。

第八百九十四条　【保管人亲自保管义务】保管人不得将保管物转交第三人保管，但是当事人另有约定的除外。

保管人违反前款规定，将保管物转交第三人保管，造成保管物损失的，应当承担赔偿责任。

第八百九十五条　【保管人不得使用或者许可他人使用保管物的义务】保管人不得使用或者许可第三人使用保管物，但是当事人另有约定的除外。

第八百九十六条　【第三人主张权利时保管人的返还义务及通知义务】第三人对保管物主张权利的，除依法对保管物采取保全或者执行措施外，保管人应当履行向寄存人返还保管物的义务。

第三人对保管人提起诉讼或者对保管物申请扣押的，保管人应当及时通知寄存人。

第八百九十七条　【保管人赔偿责任】保管期内，因保管人保管不善造成保管物毁损、灭失的，保管人应当承担赔偿责任。但是，无偿保管人证明自己没有故意或者重大过失的，不承担赔偿责任。

司法解释及文件

⊙**《最高人民法院关于审理旅游纠纷案件适用法律若干问题的规定》**（2020年12月29日修正）

第二十一条　旅游经营者因过错致其代办的手续、证件存在瑕疵，或者未尽妥善保管义务而遗失、毁损，旅游者请求旅游经营者补办或者协助补办相关手续、证件并承担相应费用的，人民法院应予支持。

因上述行为影响旅游行程，旅游者请求旅游经营者退还尚未发生的费用、赔偿损失的，人民法院应予支持。

地方性法规及地方政府规章

⊙**《广州市保管行李财物管理规定》**（1990年1月1日 穗府办函〔1990〕6号）

第七条 交付保管的行李财物被盗窃，经公安机关勘查属实的由保管单位或责任人负责赔偿。

第八条 保管站（室）被冒领的行李财物，经核实属保管人员失职造成的，由保管单位或责任人负责赔偿；属于事主本人失误或违反规定造成的，不负赔偿责任。

第九条 破案找回被窃、被冒领的财物应交还失主，失主应将已赔偿的款物退回赔偿单位或赔偿人。

第八百九十八条 【寄存人声明义务】寄存人寄存货币、有价证券或者其他贵重物品的，应当向保管人声明，由保管人验收或者封存；寄存人未声明的，该物品毁损、灭失后，保管人可以按照一般物品予以赔偿。

人民法院案例选案例

⊙**王某某诉蔚蓝海岸公司提供的放物柜锁被换致其存放的物品丢失赔偿案**［《人民法院案例选》2002年第2辑（总第40辑）］

【关键词】

保管合同　寄存贵重物品　寄存人声明义务

【案例要旨】

消费者在消费场所的储物柜寄存物品，即产生保管合同，但《合同法》第三百七十五条（《民法典》第八百九十八条）规定，寄存人寄存货币、有价证券或者其他贵重物品的，应当向保管人声明，由保管人验收或者封存。寄存人未声明的，该物品毁损、灭失后，保管人可以按照一般物品予以赔偿。所以，寄存人未声明保管物为贵重物品，而发生保管物丢失的，保管人可按一般物品对寄存人的损失进行赔偿。

第八百九十九条　【保管物领取】寄存人可以随时领取保管物。

当事人对保管期限没有约定或者约定不明确的，保管人可以随时请求寄存人领取保管物；约定保管期限的，保管人无特别事由，不得请求寄存人提前领取保管物。

第九百条　【保管物返还】保管期限届满或者寄存人提前领取保管物的，保管人应当将原物及其孳息归还寄存人。

第九百零一条　【货币等物的返还】保管人保管货币的，可以返还相同种类、数量的货币；保管其他可替代物的，可以按照约定返还相同种类、品质、数量的物品。

第九百零二条　【保管费支付期限】有偿的保管合同，寄存人应当按照约定的期限向保管人支付保管费。

当事人对支付期限没有约定或者约定不明确，依据本法第五百一十条的规定仍不能确定的，应当在领取保管物的同时支付。

第九百零三条　【保管人留置权】寄存人未按照约定支付保管费或者其他费用的，保管人对保管物享有留置权，但是当事人另有约定的除外。

法　律

⊙《**民法典**》(**物权编**)(2020 年 5 月 28 日)

第四百四十七条　债务人不履行到期债务，债权人可以留置已经合法占有的债务人的动产，并有权就该动产优先受偿。

前款规定的债权人为留置权人，占有的动产为留置财产。

第四百四十八条 债权人留置的动产，应当与债权属于同一法律关系，但是企业之间留置的除外。

第四百四十九条 法律规定或者当事人约定不得留置的动产，不得留置。

第四百五十条 留置财产为可分物的，留置财产的价值应当相当于债务的金额。

第二十二章　仓储合同

第九百零四条　【定义】仓储合同是保管人储存存货人交付的仓储物，存货人支付仓储费的合同。

行政法规

⊙《**粮食流通管理条例**》（2021年2月15日修订）

第十三条　粮食收购者、从事粮食储存的企业（以下简称粮食储存企业）使用的仓储设施，应当符合粮食储存有关标准和技术规范以及安全生产法律、法规的要求，具有与储存品种、规模、周期等相适应的仓储条件，减少粮食储存损耗。

粮食不得与可能对粮食产生污染的有毒有害物质混存，储存粮食不得使用国家禁止使用的化学药剂或者超量使用化学药剂。

司法解释及文件

⊙《**最高人民法院关于审理海上货运代理纠纷案件若干问题的规定**》（2020年12月29日修正）

第二条　人民法院审理海上货运代理纠纷案件，认定货运代理企业因处理海上货运代理事务与委托人之间形成代理、运输、仓储等不同法律关系的，应分别适用相关的法律规定。

人民法院案例选案例

⊙**北京瑞达兴通商贸有限公司诉北京亚鑫公铁快运有限责任公司仓储合同案**［《人民法院案例选》2013年第3辑（总第85辑）］

【关键词】

未支付仓储费　留置权　通知义务

【案例要旨】

仓储合同中保管人在存货人未按时支付仓储费的情况下，可以行使留置权，但也负有相应的通知义务。

第九百零五条　【仓储合同的成立时间】仓储合同自保管人和存货人意思表示一致时成立。

第九百零六条　【危险物品和易变质物品的储存】储存易燃、易爆、有毒、有腐蚀性、有放射性等危险物品或者易变质物品的，存货人应当说明该物品的性质，提供有关资料。

存货人违反前款规定的，保管人可以拒收仓储物，也可以采取相应措施以避免损失的发生，因此产生的费用由存货人负担。

保管人储存易燃、易爆、有毒、有腐蚀性、有放射性等危险物品的，应当具备相应的保管条件。

法　律

⊙**《消防法》**（2021年4月29日修正）

第十九条　生产、储存、经营易燃易爆危险品的场所不得与居住场所设置在同一建筑物内，并应当与居住场所保持安全距离。

生产、储存、经营其他物品的场所与居住场所设置在同一建筑物内的，应当符合国家工程建设消防技术标准。

第二十二条　生产、储存、装卸易燃易爆危险品的工厂、仓库和专用车站、码头的设置，应当符合消防技术标准。易燃易爆气体和液体的充装站、供应站、调压站，应当设置在符合消防安全要求的位置，并符合防火防爆要求。

已经设置的生产、储存、装卸易燃易爆危险品的工厂、仓库和专用车站、码头，易燃易爆气体和液体的充装站、供应站、调压站，不再符合前款规定的，地方人民政府应当组织、协调有关部门、单位限期解决，消除安全隐患。

第二十三条 生产、储存、运输、销售、使用、销毁易燃易爆危险品，必须执行消防技术标准和管理规定。

进入生产、储存易燃易爆危险品的场所，必须执行消防安全规定。禁止非法携带易燃易爆危险品进入公共场所或者乘坐公共交通工具。

储存可燃物资仓库的管理，必须执行消防技术标准和管理规定。

行政法规

⊙**《危险化学品安全管理条例》**（2013年12月7日修订）

第二条 危险化学品生产、储存、使用、经营和运输的安全管理，适用本条例。废弃危险化学品的处置，依照有关环境保护的法律、行政法规和国家有关规定执行。

第三条 本条例所称危险化学品，是指具有毒害、腐蚀、爆炸、燃烧、助燃等性质，对人体、设施、环境具有危害的剧毒化学品和其他化学品。危险化学品目录，由国务院安全生产监督管理部门会同国务院工业和信息化、公安、环境保护、卫生、质量监督检验检疫、交通运输、铁路、民用航空、农业主管部门，根据化学品危险特性的鉴别和分类标准确定、公布，并适时调整。

第十三条 生产、储存危险化学品的单位，应当对其铺设的危险化学品管道设置明显标志，并对危险化学品管道定期检查、检测。

进行可能危及危险化学品管道安全的施工作业，施工单位应当在开工的7日前书面通知管道所属单位，并与管道所属单位共同制定应急预案，采取相应的安全防护措施。管道所属单位应当指派专门人员到现场进行管道安全保护指导。

第十九条 危险化学品生产装置或者储存数量构成重大危险源的危险化学品储存设施（运输工具加油站、加气站除外），与下列场所、设施、区域的距离应当符合国家有关规定：

（一）居住区以及商业中心、公园等人员密集场所；

（二）学校、医院、影剧院、体育场（馆）等公共设施；

（三）饮用水源、水厂以及水源保护区；

（四）车站、码头（依法经许可从事危险化学品装卸作业的除外）、机场以及通信干线、通信枢纽、铁路线路、道路交通干线、水路交通干线、地铁风亭以及地铁站出入口；

（五）基本农田保护区、基本草原、畜禽遗传资源保护区、畜禽规模化养殖场（养殖小区）、渔业水域以及种子、种畜禽、水产苗种生产基地；

（六）河流、湖泊、风景名胜区、自然保护区；

（七）军事禁区、军事管理区；

（八）法律、行政法规规定的其他场所、设施、区域。

已建的危险化学品生产装置或者储存数量构成重大危险源的危险化学品储存设施不符合前款规定的，由所在地设区的市级人民政府安监部门会同有关部门监督其所属单位在规定期限内进行整改；需要转产、停产、搬迁、关闭的，由本级人民政府决定并组织实施。

储存数量构成重大危险源的危险化学品储存设施的选址，应当避开地震活动断层和容易发生洪灾、地质灾害的区域。

本条例所称重大危险源，是指生产、储存、使用或者搬运危险化学品，且危险化学品的数量等于或者超过临界量的单元（包括场所和设施）。

第二十条 生产、储存危险化学品的单位，应当根据其生产、储存的危险化学品的种类和危险特性，在作业场所设置相应的监测、监控、通风、防晒、调温、防火、灭火、防爆、泄压、防毒、中和、防潮、防雷、防静电、防腐、防泄漏以及防护围堤或者隔离操作等安全设施、设备，并按照国家标准、行业标准或者国家有关规定对安全设施、设备进行经常性维护、保养，保证安全设施、设备的正常使用。

生产、储存危险化学品的单位，应当在其作业场所和安全设施、设备上设置明显的安全警示标志。

第二十一条　生产、储存危险化学品的单位，应当在其作业场所设置通信、报警装置，并保证处于适用状态。

第二十二条　生产、储存危险化学品的企业，应当委托具备国家规定的资质条件的机构，对本企业的安全生产条件每3年进行一次安全评价，提出安全评价报告。安全评价报告的内容应当包括对安全生产条件存在的问题进行整改的方案。

生产、储存危险化学品的企业，应当将安全评价报告以及整改方案的落实情况报所在地县级安监部门备案。在港区内储存危险化学品的企业，应当将安全评价报告以及整改方案的落实情况报港口部门备案。

第二十三条　生产、储存剧毒化学品或者国务院公安部门规定的可用于制造爆炸物品的危险化学品（以下简称易制爆危险化学品）的单位，应当如实记录其生产、储存的剧毒化学品、易制爆危险化学品的数量、流向，并采取必要的安全防范措施，防止剧毒化学品、易制爆危险化学品丢失或者被盗；发现剧毒化学品、易制爆危险化学品丢失或者被盗的，应当立即向当地公安机关报告。

生产、储存剧毒化学品、易制爆危险化学品的单位，应当设置治安保卫机构，配备专职治安保卫人员。

第二十四条　危险化学品应当储存在专用仓库、专用场地或者专用储存室（以下统称专用仓库）内，并由专人负责管理；剧毒化学品以及储存数量构成重大危险源的其他危险化学品，应当在专用仓库内单独存放，并实行双人收发、双人保管制度。

危险化学品的储存方式、方法以及储存数量应当符合国家标准或者国家有关规定。

第二十五条　储存危险化学品的单位应当建立危险化学品出入库核查、登记制度。

对剧毒化学品以及储存数量构成重大危险源的其他危险化学品，储存单位应当将其储存数量、储存地点以及管理人员的情况，报所在地县级安监部门（在港区内储存的，报港口部门）和公安机关备案。

第二十六条 危险化学品专用仓库应当符合国家标准、行业标准的要求，并设置明显的标志。储存剧毒化学品、易制爆危险化学品的专用仓库，应当按照国家有关规定设置相应的技术防范设施。

储存危险化学品的单位应当对其危险化学品专用仓库的安全设施、设备定期进行检测、检验。

第二十七条 生产、储存危险化学品的单位转产、停产、停业或者解散的，应当采取有效措施，及时、妥善处置其危险化学品生产装置、储存设施以及库存的危险化学品，不得丢弃危险化学品；处置方案应当报所在地县级人民政府安全生产监督管理部门、工业和信息化主管部门、环境保护主管部门和公安机关备案。安全生产监督管理部门应当会同环境保护主管部门和公安机关对处置情况进行监督检查，发现未依照规定处置的，应当责令其立即处置。

部门规章及规范性文件

⊙《**仓库防火安全管理规则**》（1990年4月10日　公安部令第6号）

第十五条 依据国家《建筑设计防火规范》的规定，按照仓库储存物品的火灾危险程度分为甲、乙、丙、丁、戊五类（详见附表）。

第十六条 露天存放物品应当分类、分堆、分组和分垛，并留出必要的防火间距。堆场的总储量以及与建筑物等之间的防火距离，必须符合建筑设计防火规范的规定。

第十七条 甲、乙类桶装液体，不宜露天存放，必须露天存放时，在炎热季节必须采取降温措施。

第十八条 库存物品应当分类、分垛储存，每垛占地面积不宜大于一百平方米，垛与垛间距不小于一米，垛与墙间距不小于零点五米，垛与梁、柱的间距不小于零点三米，主要通道的宽度不小于二米。

第十九条 甲、乙类物品和一般物品以及容易相互发生化学反应或者灭火方法不同的物品，必须分间、分库储存，并在醒目处标明储存物品的名称、性质和灭火方法。

第二十条　易自燃或者遇水分解的物品，必须在温度较低、通风良好和空气干燥的场所储存，并安装专用仪器定时检测，严格控制湿度与温度。

第二十一条　物品入库前应当有专人负责检查，确定无火种等隐患后，方准入库。

第二十二条　甲、乙类物品的包装容器应当牢固、密封，发现破损、残缺、变形和物品变质、分解等情况时，应当及时进行安全处理，严防跑、冒、滴、漏。

第二十三条　使用过的油棉纱、油手套等沾油纤维物品以及可燃包装，应当存放在安全地点，定期处理。

第二十四条　库房内因物品防冻必须采暖时，应当采用水暖，其散热器、供暖管道与储存物品的距离不小于零点三米。

第二十五条　甲、乙类物品库房内不准设办公室、休息室。其他库房必需设办公室时，可以贴邻库房一角设置无孔洞的一、二级耐火等级的建筑，其门窗直通库外，具体实施应当征得当地公安消防监督机构的同意。

第二十六条　储存甲、乙、丙类物品的库房布局、储存类别不得擅自改变，如确需改变的，应当报经当地公安消防监督机构同意。

第九百零七条　【仓储物的验收】保管人应当按照约定对入库仓储物进行验收。保管人验收时发现入库仓储物与约定不符合的，应当及时通知存货人。保管人验收后，发生仓储物的品种、数量、质量不符合约定的，保管人应当承担赔偿责任。

第九百零八条　【保管人出具仓单、入库单义务】存货人交付仓储物的，保管人应当出具仓单、入库单等凭证。

第九百零九条 【仓单应载事项】保管人应当在仓单上签名或者盖章。仓单包括下列事项：

（一）存货人的姓名或者名称和住所；

（二）仓储物的品种、数量、质量、包装及其件数和标记；

（三）仓储物的损耗标准；

（四）储存场所；

（五）储存期限；

（六）仓储费；

（七）仓储物已经办理保险的，其保险金额、期间以及保险人的名称；

（八）填发人、填发地和填发日期。

第九百一十条 【仓单的性质及背书】仓单是提取仓储物的凭证。存货人或者仓单持有人在仓单上背书并经保管人签名或者盖章的，可以转让提取仓储物的权利。

司法解释及文件

⊙**《最高人民法院关于适用〈中华人民共和国民法典〉有关担保制度的解释》**（2020年12月31日 法释〔2020〕28号）

第五十九条 存货人或者仓单持有人在仓单上以背书记载“质押”字样，并经保管人签章，仓单已经交付质权人的，人民法院应当认定质权自仓单交付质权人时设立。没有权利凭证的仓单，依法可以办理出质登记的，仓单质权自办理出质登记时设立。

出质人既以仓单出质，又以仓储物设立担保，按照公示的先后确定清偿顺序；难以确定先后的，按照债权比例清偿。

保管人为同一货物签发多份仓单，出质人在多份仓单上设立多个质权，按照公示的先后确定清偿顺序；难以确定先后的，按照债权比例受偿。

存在第二款、第三款规定的情形，债权人举证证明其损失系由出质人与保管人的共同行为所致，请求出质人与保管人承担连带赔偿责任的，人民法院应予支持。

人民法院案例选案例

⊙上海朗合经贸有限公司诉上海大宗农产品商务有限公司等仓储合同案［《人民法院案例选》2010 年第 3 辑（总第 73 辑）］

【关键词】

仓单　仓储合同成立

【案例要旨】

仓单具有物权凭证和债权凭证的双重效力，买卖合同的出卖人变更并交付仓单给买受人，不仅使仓单所涉货物的所有权转移给买受人，构成了买卖合同的履行，而且使买受人与仓单所涉货物的保管人之间建立了新的仓储合同关系。

第九百一十一条　【存货人或仓单持有人有权检查仓储物或提取样品】保管人根据存货人或者仓单持有人的要求，应当同意其检查仓储物或者提取样品。

第九百一十二条　【保管人通知义务】保管人发现入库仓储物有变质或者其他损坏的，应当及时通知存货人或者仓单持有人。

第九百一十三条　【保管人催告义务和紧急处置权】保管人发现入库仓储物有变质或者其他损坏，危及其他仓储物的安全和正常保管的，应当催告存货人或者仓单持有人作出必要的处置。因情况紧急，保管人可以作出必要的处置；但是，事后应当将该情况及时通知存货人或者仓单持有人。

部门规章及规范性文件

⊙《**粮油仓储管理办法**》（2009 年 12 月 29 日 国家发展和改革委员会令第 5 号）

第二十六条 库存粮油发生降等、损失、超耗等储存事故的，粮油仓储单位应当及时进行处置，避免损失扩大。属于较大、重大或者特大储存事故的，应当立即向所在地粮食行政管理部门报告。属于特大储存事故的，所在地粮食行政管理部门应当在接到事故报告 24 小时内，上报国家粮食行政管理部门。粮油储存事故按照以下标准划分：

（一）一次事故造成 10 吨以下粮食或 2 吨以下油脂损失的为一般储存事故；

（二）一次事故造成 10 吨以上 100 吨以下粮食或 2 吨以上 20 吨以下油脂损失的为较大储存事故；

（三）一次事故造成 100 吨以上 1000 吨以下粮食或 20 吨以上 200 吨以下油脂损失的为重大储存事故；

（四）一次事故造成 1000 吨以上粮食或 200 吨以上油脂损失的为特别重大储存事故。

第九百一十四条 【储存期限不明确时仓储物的提取】当事人对储存期限没有约定或者约定不明确的，存货人或者仓单持有人可以随时提取仓储物，保管人也可以随时请求存货人或者仓单持有人提取仓储物，但是应当给予必要的准备时间。

适用要点

⊙ **关于仓储费的支付问题**

本条规定了储存期限未确定情况下的解释确定问题，与之相对应的则是仓储费的支付问题。对此，在储存期限未确定的情况下，本条确立了存货人或仓单持有人可以随时提取仓储物，保管人可以随时请求提取仓储物。因此，从保管人实际履行保管义务的期间来说，应以存货人或仓单持有人实际提取仓储物之日为其履行义务的截止期间。与此对应，则保管人有权收取的仓储费也应截止到该日期。

第九百一十五条　【储存期限届满仓储物的提取】储存期限届满，存货人或者仓单持有人应当凭仓单、入库单等提取仓储物。存货人或者仓单持有人逾期提取的，应当加收仓储费；提前提取的，不减收仓储费。

第九百一十六条　【仓储物逾期提取】储存期限届满，存货人或者仓单持有人不提取仓储物的，保管人可以催告其在合理期限内提取；逾期不提取的，保管人可以提存仓储物。

法　律

⊙**《民法典》（合同编）**（2020 年 5 月 28 日）

第五百七十条　有下列情形之一，难以履行债务的，债务人可以将标的物提存：

（一）债权人无正当理由拒绝受领；

（二）债权人下落不明；

（三）债权人死亡未确定继承人、遗产管理人，或者丧失民事行为能力未确定监护人；

（四）法律规定的其他情形。

标的物不适于提存或者提存费用过高的，债务人依法可以拍卖或者变卖标的物，提存所得的价款。

第五百七十一条　债务人将标的物或者将标的物依法拍卖、变卖所得价款交付提存部门时，提存成立。

提存成立的，视为债务人在其提存范围内已经交付标的物。

第五百七十二条 标的物提存后，债务人应当及时通知债权人或者债权人的继承人、遗产管理人、监护人、财产代管人。

第五百七十三条 标的物提存后，毁损、灭失的风险由债权人承担。提存期间，标的物的孳息归债权人所有。提存费用由债权人负担。

第五百七十四条 债权人可以随时领取提存物。但是，债权人对债务人负有到期债务的，在债权人未履行债务或者提供担保之前，提存部门根据债务人的要求应当拒绝其领取提存物。

债权人领取提存物的权利，自提存之日起五年内不行使而消灭，提存物扣除提存费用后归国家所有。但是，债权人未履行对债务人的到期债务，或者债权人向提存部门书面表示放弃领取提存物权利的，债务人负担提存费用后有权取回提存物。

第九百一十七条 【保管人赔偿责任】储存期内，因保管不善造成仓储物毁损、灭失的，保管人应当承担赔偿责任。因仓储物本身的自然性质、包装不符合约定或者超过有效储存期造成仓储物变质、损坏的，保管人不承担赔偿责任。

人民法院案例选案例

⊙扬州市燃料总公司诉江苏省邳州市汽车运输公司偿还结欠的中转、仓储的煤炭纠纷案［《人民法院案例选》1995年第3辑（总第13辑）］

【关键词】

保管不善　仓储物毁损、灭失　赔偿责任

【案例要旨】

储存期间，因保管人保管不善造成仓储物毁损、灭失的，保管人应当承担损害赔偿责任。仓储合同关系合法有效，仓储合同双方当事人明确，确定保管人过错导致仓储物毁损、灭失的，存货人要求保管人承担赔偿责

任的，人民法院应予支持。

第九百一十八条　【仓储合同其他事项的法律适用】本章没有规定的，适用保管合同的有关规定。

第二十三章　委托合同

第九百一十九条 【定义】委托合同是委托人和受托人约定，由受托人处理委托人事务的合同。

法　律

⊙《**信托法**》（2001年4月28日）

第二条　本法所称信托，是指委托人基于对受托人的信任，将其财产权委托给受托人，由受托人按委托人的意愿以自己的名义，为受益人的利益或者特定目的，进行管理或者处分的行为。

第八条　设立信托，应当采取书面形式。

书面形式包括信托合同、遗嘱或者法律、行政法规规定的其他书面文件等。

采取信托合同形式设立信托的，信托合同签订时，信托成立。采取其他书面形式设立信托的，受托人承诺信托时，信托成立。

第九条　设立信托，其书面文件应当载明下列事项：

（一）信托目的；

（二）委托人、受托人的姓名或者名称、住所；

（三）受益人或者受益人范围；

（四）信托财产的范围、种类及状况；

（五）受益人取得信托利益的形式、方法。

除前款所列事项外，可以载明信托期限、信托财产的管理方法、受托人的报酬、新受托人的选任方式、信托终止事由等事项。

司法解释及文件

⊙**《最高人民法院关于适用〈中华人民共和国民法典〉有关担保制度的解释》**（2020 年 12 月 31 日　法释〔2020〕28 号）

第四条　有下列情形之一，当事人将担保物权登记在他人名下，债务人不履行到期债务或者发生当事人约定的实现担保物权的情形，债权人或者其受托人主张就该财产优先受偿的，人民法院依法予以支持：

（一）为债券持有人提供的担保物权登记在债券受托管理人名下；

（二）为委托贷款人提供的担保物权登记在受托人名下；

（三）担保人知道债权人与他人之间存在委托关系的其他情形。

⊙**《最高人民法院关于对中国长江航运（集团）总公司与武汉港务管理局委托代收水运客货运附加费纠纷一案请示的复函》**（2003 年 5 月 28 日　〔2002〕民四他字第 41 号）

湖北省高级人民法院：

你院《关于对中国长江航运（集团）总公司与武汉港务管理局委托代收永运客货运附加费纠纷一案的请示报告》收悉。本院经研究认为，水运客货运附加费属国家行政规费，交通部是惟一的法定征收单位。中国长江航运（集团）总公司（以下称长航总公司）和武汉港务管理局虽是企业法人，但根据交财发〔1993〕456 号和交财发〔1993〕541 号两个文件的规定，它们是受交通部委托征收水运客货运附加费的代征单位和代收单位，因此与交通部形成行政委托法律关系，长航总公司与武汉港务管理局之间则构成该项行政委托的转委托关系，不应认定是民事委托关系。

综上，同意你院审判委员会的第二种意见，本案纠纷不属人民法院受理范围，应依法驳回长航总公司的起诉。

此复

公报案例

⊙世欣荣和投资管理股份有限公司与长安国际信托股份有限公司等信托合同纠纷案（《最高人民法院公报》2016 年第 12 期）

【关键词】

委托合同　信托

【案例要旨】

1. 有限合伙企业中，如果执行事务合伙人怠于行使诉讼权利时，不执行合伙事务的有限合伙人可以为了合伙企业的利益以自己的名义提起诉讼。

2. 资金信托设立时，受托人因承诺信托而从委托人处取得的资金是信托财产；资金信托设立后，受托人管理运用、处分该资金而取得的财产也属于信托财产。

3. 信托财产的确定体现为该财产明确且特定。信托财产的确定要求其从委托人的自有财产中隔离和指定出来，而且在数量和边界上应当明确，以便受托人为实现信托目的对其进行管理运用、处分；信托财产上存在权利负担或者他人就该财产享有购买权益，与信托财产的确定属不同的法律问题，也不当然影响信托财产的确定。

4. 当事人以信托财产上存在权利负担或者他人就该财产享有购买权益，主张信托无效的，不能成立。

适用要点

⊙ 注意委托合同和行纪合同的正确区分

委托合同与行纪合同均属委托类合同，行纪衍生于委托，因此，正确分清二者界限尤为重要，否则容易导致错误适用。两者的相同点主要体现在：都是以提供劳务作为合同标的；都是以当事人双方的信任为基础；都是以处理一定事务为目的。两者的主要区别在于：第一，主体的资质要求不同。委托合同对合同双方当事人没有特殊要求，当事人不必是专门从事贸易活动的，可以是一般的自然人，也可以是法人或者非法人组织；而行纪人一般是专门经营为他人从事贸易活动的人，应当取得从事某种行纪行为的特定资质，其开业和经营原则上需要经过国家有关部门的审批或者登记。第二，适用范围不同。委托合同的适用范围较宽，既可以适用于贸易等法律行为，也可以适用于事实行为；而行纪合同适用范围较窄，主要适用于贸易等法律行为。第三，处理事务的名义不同。委托合同的受托人处理事务既可以用委托人名义，也可以用自己的名义；而行纪合同的受托人只能以自己的名义处理委托事务。第四，处理事务的法律关系不同。在委托合同中，受托人大多以委托人的名义与第三人订立合同，该合同可以对委托人直接发生效力；而行纪人接受委托人的委托后，以自己的名义与相对人订立买卖等合同，与行纪合同是相互独立的两个合同，委托人与第三人之间不发生直接的法律关系。第五，是否有偿不同。委托合同既可以是有偿合同，也可以是无偿合同，是否有偿由当事人自行约定或者按照交易习惯确定；而行纪合同是有偿合同。第六，处理委托事务的费用负担不同。在委托合同中，受托人处理委托事务的费用由委托人负担，而且委托人还应当预付该费用；而行纪合同中，处理委托事务支出的费用由行纪人负担，除非当事人另有约定。

第九百二十条 【委托范围】委托人可以特别委托受托人处理一项或者数项事务，也可以概括委托受托人处理一切事务。

第九百二十一条 【委托费用】委托人应当预付处理委托事务的费用。受托人为处理委托事务垫付的必要费用，委托人应当偿还该费用并支付利息。

第九百二十二条 【受托人服从指示的义务】受托人应当按照委托人的指示处理委托事务。需要变更委托人指示的，应当经委托人同意；因情况紧急，难以和委托人取得联系的，受托人应当妥善处理委托事务，但是事后应当将该情况及时报告委托人。

公报案例

⊙**上海市弘正律师事务所诉中国船舶及海洋工程设计研究院服务合同纠纷案**（《最高人民法院公报》2009 年第 12 期）

【关键词】

委托代理　律师　调解　和解

【案例要旨】

当事人在诉讼过程中自愿接受调解、和解，是对自身权益的处分，是当事人依法享有的诉讼权利。律师事务所及其律师作为法律服务者，在接受当事人委托代理诉讼事务中，应当尊重委托人关于接受调解、和解的自主选择，即使认为委托人的选择不妥，也应当出于维护委托人合法权益的考虑提供法律意见，而不能为实现自身利益的最大化，基于多收代理费的目的，通过与委托人约定相关合同条款限制委托人接受调解、和解。上述行为不仅侵犯委托人的诉讼权利，加重委托人的诉讼风险，同时也不利于促进社会和谐，违反社会公共利益，相关合同条款亦属无效。

第九百二十三条　【亲自处理及转委托】受托人应当亲自处理委托事务。经委托人同意，受托人可以转委托。转委托经同意或者追认的，委托人可以就委托事务直接指示转委托的第三人，受托人仅就第三人的选任及其对第三人的指示承担责任。转委托未经同意或者追认的，受托人应当对转委托的第三人的行为承担责任；但是，在紧急情况下受托人为了维护委托人的利益需要转委托第三人的除外。

司法解释及文件

⊙**《最高人民法院关于审理海上货运代理纠纷案件若干问题的规定》**（2020 年 12 月 29 日修正）

第五条　委托人与货运代理企业约定了转委托权限，当事人就权限范围内的海上货运代理事务主张委托人同意转委托的，人民法院应予支持。

没有约定转委托权限，货运代理企业或第三人以委托人知道货运代理企业将海上货运代理事务转委托或部分转委托第三人处理而未表示反对为由，主张委托人同意转委托的，人民法院不予支持，但委托人的行为明确表明其接受转委托的除外。

第九百二十四条　【受托人报告义务】受托人应当按照委托人的要求，报告委托事务的处理情况。委托合同终止时，受托人应当报告委托事务的结果。

人民法院案例选案例

⊙**宁波天然国际贸易有限公司诉天津泛艺国际货运代理服务有限公司宁波分公司货运代理合同违约赔偿纠纷案**［《人民法院案例选》2010 年第 1 辑（总第 71 辑）］

【关键词】

受托人报告义务　委托人配合义务　过错责任

【案例要旨】

货运代理人应当根据按照委托人的要求，及时地联系承运人并安排货物出运。当某项代理事项因某客观因素的主导作用而未能完成，如国家外贸、财政政策的变更，造成船期紧张，而未能按期订舱出运。此时，货运代理人应将该情况明确告知委托人，便于委托人及时调整或作出新的决策。货运代理人未按指示日期出运货物，导致委托人重新安排出口配额的，如果货运代理人未履行通知义务从而导致损害结果进一步发生，则货运代理人具有一定过错，应承担相应赔偿责任。

第九百二十五条 【委托人介入权】 受托人以自己的名义，在委托人的授权范围内与第三人订立的合同，第三人在订立合同时知道受托人与委托人之间的代理关系的，该合同直接约束委托人和第三人；但是，有确切证据证明该合同只约束受托人和第三人的除外。

公报案例

⊙**厦门航空开发股份有限公司与北京南钢金贸易有限公司及第三人厦门市东方龙金属材料有限公司买卖合同纠纷案**（《最高人民法院公报》2017 年第 1 期）

【关键词】

委托人介入权　委托关系

【案例要旨】

《合同法》第四百零二条（《民法典》第九百二十五条）但书前的规定，仅仅适用于单纯的委托合同关系。实践中因委托合同产生的法律关系，往往不仅仅涉及委托关系，还可能涉及买卖、借贷以及担保等多重法律关系。在此情况下，如简单适用《合同法》第四百零二条但书前的规定，可能损害委托方合法权益，故应综合考虑全部案情，谨慎衡量，正确适用《合同法》第四百零二条的规定。

⊙**巴菲特投资有限公司诉上海自来水投资建设有限公司股权转让纠纷案**（《最高人民法院公报》2010 年第 4 期）

【关键词】

股权转让　委托代理

【案例要旨】

民事法律行为中的委托代理，既可以采取书面形式，也可以采取口头形式。本案所争议的被告自来水公司形成的董事会决议，虽然未标明为“授权委托书”，但其内容已体现出授权委托的意思表示，符合授权委托的基本要素。公司以董事会决议形式授权其他主体代签股权转让合同，代理人以自己名义签订股权转让合同，代理人在合同中表明委托代理关系的，依《合同法》第四百零二条、第四百零三条（《民法典》第九百二十五条、第九百二十六条）规定，相对人有权选择起诉委托人要求履行股权转让协议。

第九百二十六条 【委托人对第三人的权利及第三人选择相对人的权利】受托人以自己的名义与第三人订立合同时，第三人不知道受托人与委托人之间的代理关系的，受托人因第三人的原因对委托人不履行义务，受托人应当向委托人披露第三人，委托人因此可以行使受托人对第三人的权利。但是，第三人与受托人订立合同时如果知道该委托人就不会订立合同的除外。

受托人因委托人的原因对第三人不履行义务，受托人应当向第三人披露委托人，第三人因此可以选择受托人或者委托人作为相对人主张其权利，但是第三人不得变更选定的相对人。

委托人行使受托人对第三人的权利的，第三人可以向委托人主张其对受托人的抗辩。第三人选定委托人作为其相对人的，委托人可以向第三人主张其对受托人的抗辩以及受托人对第三人的抗辩。

公报案例

⊙上海闽路润贸易有限公司与上海钢翼贸易有限公司买卖合同纠纷案（《最高人民法院公报》2016 年第 1 期）

【关键词】

委托　第三人　合同

【案例要旨】

受托人以自己的名义与第三人订立合同时，第三人不知道受托人与委托人之间的代理关系的，合同约束受托人与第三人。受托人因第三人的原因对委托人不履行义务，受托人向委托人披露第三人后，委托人可以选择是否行使介入权：委托人行使介入权的，则合同直接约束委托人与第三人，委托人可以要求第三人向其承担违约责任；委托人不行使介入权的，根据合同的相对性原则，合同仍约束受托人与第三人，受托人可以向第三人主张违约责任，受托人与委托人之间的纠纷根据委托合同的约定另行解决。

⊙大连羽田钢管有限公司与大连保税区弘丰钢铁工贸有限公司、株式会社羽田钢管制造所、大连高新技术产业园区龙王塘街道办事处物权确认纠纷案（《最高人民法院公报》2012 年第 6 期）

【关键词】

委托　第三人　合同

【案例要旨】

受托人以自己的名义，在委托人的授权范围内与第三人订立的合同，第三人在订立合同时知道受托人与委托人之间的代理关系的，该合同直接约束委托人和第三人，但有确切证据证明该合同只约束受托人和第三人的除外。根据上述规定，转让合同直接约束龙王塘办事处和羽田制造所。因此，龙王塘办事处是涉案资产的出让人，羽田制造所是涉案资产的直接受让人。

第九百二十七条　【受托人交付财产义务】受托人处理委托事务取得的财产，应当转交给委托人。

第九百二十八条　【委托人支付报酬义务】受托人完成委托事务的，委托人应当按照约定向其支付报酬。

因不可归责于受托人的事由，委托合同解除或者委托事务不能完成的，委托人应当向受托人支付相应的报酬。当事人另有约定的，按照其约定。

司法解释及文件

⊙《**最高人民法院关于审理海上货运代理纠纷案件若干问题的规定**》（2020年12月29日修正）

第九条　货运代理企业按照概括委托权限完成海上货运代理事务，请求委托人支付相关合理费用的，人民法院应予支持。

第九百二十九条　【受托人赔偿责任】有偿的委托合同，因受托人的过错造成委托人损失的，委托人可以请求赔偿损失。无偿的委托合同，因受托人的故意或者重大过失造成委托人损失的，委托人可以请求赔偿损失。

受托人超越权限造成委托人损失的，应当赔偿损失。

法　律

⊙《**信托法**》（2001年4月28日）

第二十三条　受托人违反信托目的处分信托财产或者管理运用、处分信托财产有重大过失的，委托人有权依照信托文件的规定解任受托人，或者申请人民法院解任受托人。

司法解释及文件

⊙**《最高人民法院关于审理海上货运代理纠纷案件若干问题的规定》**（2020年12月29日修正）

第十条 委托人以货运代理企业处理海上货运代理事务给委托人造成损失为由，主张由货运代理企业承担相应赔偿责任的，人民法院应予支持，但货运代理企业证明其没有过错的除外。

第十一条 货运代理企业未尽谨慎义务，与未在我国交通主管部门办理提单登记的无船承运业务经营者订立海上货物运输合同，造成委托人损失的，应承担相应的赔偿责任。

⊙**《最高人民法院关于浙江省医学科学院普康生物技术公司诉中国农业银行信托投资公司委托贷款合同纠纷一案的答复》**（1997年9月8日〔1997〕法函第103号）

北京市高级人民法院：

你院请示收悉，经研究，答复如下：

农行信托公司有协助委托人监管贷款的义务，当普康公司向其提示风险并要求采取措施时，农行信托公司不仅没有采取应急措施，反而向普康公司提供了担保人捷通公司虚假的资产平衡表，因此，农行信托公司对贷款损失应负主要责任；普康公司指定三联公司为借款人，对借款人的资信情况有失审查，对贷款损失亦负有一定责任。双方当事人具体可按6∶4的比例分别承担责任，即由农行信托公司承担60%的责任，普康公司承担40%的责任。如事实有变化，由该院自定。

公报案例

⊙周某1、周某2诉王某某委托合同纠纷案（《最高人民法院公报》2018年第3期）

【关键词】

受托人义务　诚实信用原则

【案例要旨】

在委托合同项下，受托人负有遵照委托人指示，本着诚实信用的原则在授权范围内依法善意处理委托事务之法定义务。受托人无视委托人的真实意愿与切身利益，转而根据出借人指令恶意处分委托人财产，即使该处分行为对交易相对方发生效力，受托人仍应就其严重侵害委托人利益的行为承担相应赔偿责任。

⊙苏州阳光新地置业有限公司新地中心酒店诉苏州文化国际旅行社有限公司新区塔园路营业部、苏州文化国际旅行社有限公司委托合同纠纷案（《最高人民法院公报》2012年第8期）

【关键词】

委托操作刷卡　星级酒店　审慎义务

【案例要旨】

旅游公司借用星级酒店POS机进行刷卡，并在星级酒店获得银行刷卡预付款项后与星级酒店进行结算，在款项的收取和结算上与星级酒店形成委托合同关系。由于星级酒店与银行就境外信用卡POS机刷卡签有特约商户协议。对境外银行卡的受理条件、操作流程、风险防范和控制有专门的约定，并对酒店刷卡人员进行了专业的培训，因此星级酒店在有关境外信用卡的刷卡业务上具有一般商事主体不具备的专业知识和风险防控能力。星级酒店在受委托操作POS机刷卡时，特别是受理如“无卡无密”这种风险较高的境外信用卡刷卡业务时，应进行认真核查，负有审慎和风险告知的义务。否则即构成重大过失，应对完成委托事务过程中造成的损害承担相应的赔偿责任。

第九百三十条 【委托人赔偿责任】受托人处理委托事务时，因不可归责于自己的事由受到损失的，可以向委托人请求赔偿损失。

第九百三十一条 【另行委托】委托人经受托人同意，可以在受托人之外委托第三人处理委托事务。因此造成受托人损失的，受托人可以向委托人请求赔偿损失。

第九百三十二条 【受托人连带责任】两个以上的受托人共同处理委托事务的，对委托人承担连带责任。

法 律

⊙《**信托法**》（2001 年 4 月 28 日）

第三十一条 同一信托的受托人有两个以上的，为共同受托人。

共同受托人应当共同处理信托事务，但信托文件规定对某些具体事务由受托人分别处理的，从其规定。

共同受托人共同处理信托事务，意见不一致时，按信托文件规定处理；信托文件未规定的，由委托人、受益人或者其利害关系人决定。

第三十二条 共同受托人处理信托事务对第三人所负债务，应当承担连带清偿责任。第三人对共同受托人之一所作的意思表示，对其他受托人同样有效。

第九百三十三条 【任意解除权】委托人或者受托人可以随时解除委托合同。因解除合同造成对方损失的，除不可归责于该当事人的事由外，无偿委托合同的解除方应当赔偿因解除时间不当造成的直接损失，有偿委托合同的解除方应当赔偿对方的直接损失和合同履行后可以获得的利益。

公报案例

⊙上海盘起贸易有限公司与盘起工业（大连）有限公司委托合同纠纷案（《最高人民法院公报》2006 年第 2 期）

【关键词】

解除委托合同　直接损失

【案例要旨】

根据《合同法》第四百一十条（《民法典》第九百三十三条）规定，委托人或者受托人可以随时解除委托合同。因解除合同给对方造成损失的，除不可归责于该当事人的事由以外，应当赔偿损失。但是，当事人基于解除委托合同而应承担的民事赔偿责任，不同于基于故意违约而应承担的民事责任，前者的责任范围仅限于给对方造成的直接损失，不包括对方的预期利益。

人民法院案例选案例

⊙安徽金芒果房地产经纪有限公司与安徽源宏置业有限公司商品房委托代理销售合同纠纷案［《人民法院案例选》2019 年第 9 辑（总第 139 辑）］

【关键词】

委托合同　合同解除　利益分配

【案例要旨】

1. 委托合同中的委托方以特定行为的方式解除合同，依法产生合同解除的后果。解除权系形成权，以意思表示到达生效。解除行为属于以特定作为形式作出解除合同的意思表示，具有现场性和即时性特征，应认定行为完成时合同解除。

2. 合同解除后，当事人能够实现多少权利取决于其义务的履行。在合同解除的情况下，应综合考量合同约定及当事人义务履行情况，均衡裁量其应获得的合同利益。

第九百三十四条 【委托合同终止】委托人死亡、终止或者受托人死亡、丧失民事行为能力、终止的，委托合同终止；但是，当事人另有约定或者根据委托事务的性质不宜终止的除外。

法 律

⊙《**信托法**》(2001 年 4 月 28 日)

第三十九条 受托人有下列情形之一的，其职责终止：

(一)死亡或者被依法宣告死亡；

(二)被依法宣告为无民事行为能力人或者限制民事行为能力人；

(三)被依法撤销或者被宣告破产；

(四)依法解散或者法定资格丧失；

(五)辞任或者被解任；

(六)法律、行政法规规定的其他情形。

受托人职责终止时，其继承人或者遗产管理人、监护人、清算人应当妥善保管信托财产，协助新受托人接管信托事务。

第九百三十五条 【受托人的后合同义务】因委托人死亡或者被宣告破产、解散，致使委托合同终止将损害委托人利益的，在委托人的继承人、遗产管理人或者清算人承受委托事务之前，受托人应当继续处理委托事务。

法 律

⊙《**信托法**》(2001 年 4 月 28 日)

第十六条 信托财产与属于受托人所有的财产(以下简称固有财产)相区别，不得归入受托人的固有财产或者成为固有财产的一部分。

受托人死亡或者依法解散、被依法撤销、被宣告破产而终止，信托财产不属于其遗产或者清算财产。

第九百三十六条 【受托人死亡后其继承人等的义务】因受托人死亡、丧失民事行为能力或者被宣告破产、解散，致使委托合同终止的，受托人的继承人、遗产管理人、法定代理人或者清算人应当及时通知委托人。因委托合同终止将损害委托人利益的，在委托人作出善后处理之前，受托人的继承人、遗产管理人、法定代理人或者清算人应当采取必要措施。

第二十四章　物业服务合同

第九百三十七条　【定义】 物业服务合同是物业服务人在物业服务区域内，为业主提供建筑物及其附属设施的维修养护、环境卫生和相关秩序的管理维护等物业服务，业主支付物业费的合同。

物业服务人包括物业服务企业和其他管理人。

法　律

⊙《**民法典**》(**物权编**)(2020 年 5 月 28 日)

第二百八十四条　业主可以自行管理建筑物及其附属设施，也可以委托物业服务企业或者其他管理人管理。

对建设单位聘请的物业服务企业或者其他管理人，业主有权依法更换。

行政法规

⊙《**物业管理条例**》(2018 年 3 月 19 日修订)

第二条　本条例所称物业管理，是指业主通过选聘物业服务企业，由业主和物业服务企业按照物业服务合同约定，对房屋及配套的设施设备和相关场地进行维修、养护、管理，维护物业管理区域内的环境卫生和相关秩序的活动。

第九百三十八条　【合同内容及形式】 物业服务合同的内容一般包括服务事项、服务质量、服务费用的标准和收取办法、维修资金的使用、服务用房的管理和使用、服务期限、服务交接等条款。

物业服务人公开作出的有利于业主的服务承诺，为物业服务合同的组成部分。

物业服务合同应当采用书面形式。

行政法规

⊙《**物业管理条例**》（2018年3月19日修订）

第三十四条　业主委员会应当与业主大会选聘的物业服务企业订立书面的物业服务合同。物业服务合同应当对物业管理事项、服务质量、服务费用、双方的权利义务、专项维修资金的管理与使用、物业管理用房、合同期限、违约责任等内容进行约定。

第三十五条　物业服务企业应当按照物业服务合同的约定，提供相应的服务。物业服务企业未能履行物业服务合同的约定，导致业主人身、财产安全受到损害的，应当依法承担相应的法律责任。

司法解释及文件

⊙《**最高人民法院关于审理物业服务纠纷案件适用法律若干问题的解释**》（2020年12月29日修正）

第一条　业主违反物业服务合同或者法律、法规、管理规约，实施妨碍物业服务与管理的行为，物业服务人请求业主承担停止侵害、排除妨碍、恢复原状等相应民事责任的，人民法院应予支持。

部门规章及规范性文件

⊙《**住宅专项维修资金管理办法**》（2007 年 12 月 4 日　建设部、财政部令第 165 号）

第二十二条　住宅专项维修资金划转业主大会管理前，需要使用住宅专项维修资金的，按照以下程序办理：

（一）物业服务企业根据维修和更新、改造项目提出使用建议；没有物业服务企业的，由相关业主提出使用建议；

（二）住宅专项维修资金列支范围内专有部分占建筑物总面积三分之二以上的业主且占总人数三分之二以上的业主讨论通过使用建议；

（三）物业服务企业或者相关业主组织实施使用方案；

（四）物业服务企业或者相关业主持有关材料，向所在地直辖市、市、县人民政府建设（房地产）主管部门申请列支；其中，动用公有住房住宅专项维修资金的，向负责管理公有住房住宅专项维修资金的部门申请列支；

（五）直辖市、市、县人民政府建设（房地产）主管部门或者负责管理公有住房住宅专项维修资金的部门审核同意后，向专户管理银行发出划转住宅专项维修资金的通知；

（六）专户管理银行将所需住宅专项维修资金划转至维修单位。

第二十三条　住宅专项维修资金划转业主大会管理后，需要使用住宅专项维修资金的，按照以下程序办理：

（一）物业服务企业提出使用方案，使用方案应当包括拟维修和更新、改造的项目、费用预算、列支范围、发生危及房屋安全等紧急情况以及其他需临时使用住宅专项维修资金的情况的处置办法等；

（二）业主大会依法通过使用方案；

（三）物业服务企业组织实施使用方案；

（四）物业服务企业持有关材料向业主委员会提出列支住宅专项维修资金；其中，动用公有住房住宅专项维修资金的，向负责管理公有住房住宅专项维修资金的部门申请列支；

（五）业主委员会依据使用方案审核同意，并报直辖市、市、县人民政府建设（房地产）主管部门备案；动用公有住房住宅专项维修资金的，经负责管理公有住房住宅专项维修资金的部门审核同意；直辖市、市、县人民政府建设（房地产）主管部门或者负责管理公有住房住宅专项维修资金的部门发现不符合有关法律、法规、规章和使用方案的，应当责令改正；

（六）业主委员会、负责管理公有住房住宅专项维修资金的部门向专户管理银行发出划转住宅专项维修资金的通知；

（七）专户管理银行将所需住宅专项维修资金划转至维修单位。

⊙**《国家发展和改革委员会、建设部关于印发物业服务收费管理办法的通知》**（2003年11月13日　发改价格〔2003〕1864号）

第九条　业主与物业管理企业可以采取包干制或者酬金制等形式约定物业服务费用。

包干制是指由业主向物业管理企业支付固定物业服务费用，盈余或者亏损均由物业管理企业享有或者承担的物业服务计费方式。

酬金制是指在预收的物业服务资金中按约定比例或者约定数额提取酬金支付给物业管理企业，其余全部用于物业服务合同约定的支出，结余或者不足均由业主享有或者承担的物业服务计费方式。

第九百三十九条　【物业服务合同效力】建设单位依法与物业服务人订立的前期物业服务合同，以及业主委员会与业主大会依法选聘的物业服务人订立的物业服务合同，对业主具有法律约束力。

法　律

⊙**《民法典》（物权编）**（2020年5月28日）

第二百七十八条　下列事项由业主共同决定：

（一）制定和修改业主大会议事规则；

（二）制定和修改管理规约；

（三）选举业主委员会或者更换业主委员会成员；

（四）选聘和解聘物业服务企业或者其他管理人；

（五）使用建筑物及其附属设施的维修资金；

（六）筹集建筑物及其附属设施的维修资金；

（七）改建、重建建筑物及其附属设施；

（八）改变共有部分的用途或者利用共有部分从事经营活动；

（九）有关共有和共同管理权利的其他重大事项。

业主共同决定事项，应当由专有部分面积占比三分之二以上的业主且人数占比三分之二以上的业主参与表决。决定前款第六项至第八项规定的事项，应当经参与表决专有部分面积四分之三以上的业主且参与表决人数四分之三以上的业主同意。决定前款其他事项，应当经参与表决专有部分面积过半数的业主且参与表决人数过半数的业主同意。

第二百八十条 业主大会或者业主委员会的决定，对业主具有法律约束力。

业主大会或者业主委员会作出的决定侵害业主合法权益的，受侵害的业主可以请求人民法院予以撤销。

行政法规

⊙《**物业管理条例**》（2018 年 3 月 19 日修订）

第二十一条 在业主、业主大会选聘物业服务企业之前，建设单位选聘物业服务企业的，应当签订书面的前期物业服务合同。

第二十二条 建设单位应当在销售物业之前，制定临时管理规约，对有关物业的使用、维护、管理，业主的共同利益，业主应当履行的义务，违反临时管理规约应当承担的责任等事项依法作出约定。

建设单位制定的临时管理规约，不得侵害物业买受人的合法权益。

第二十三条 建设单位应当在物业销售前将临时管理规约向物业买受人明示，并予以说明。

物业买受人在与建设单位签订物业买卖合同时，应当对遵守临时管理规约予以书面承诺。

第二十五条　建设单位与物业买受人签订的买卖合同应当包含前期物业服务合同约定的内容。

司法解释及文件

⊙《**最高人民法院关于审理物业服务纠纷案件适用法律若干问题的解释**》（2020 年 12 月 29 日修正）

第四条　因物业的承租人、借用人或者其他物业使用人实施违反物业服务合同，以及法律、法规或者管理规约的行为引起的物业服务纠纷，人民法院可以参照关于业主的规定处理。

第九百四十条　【前期物业服务合同的终止】建设单位依法与物业服务人订立的前期物业服务合同约定的服务期限届满前，业主委员会或者业主与新物业服务人订立的物业服务合同生效的，前期物业服务合同终止。

行政法规

⊙《**物业管理条例**》（2018 年 3 月 19 日修订）

第二十六条　前期物业服务合同可以约定期限；但是，期限未满、业主委员会与物业服务企业签订的物业服务合同生效的，前期物业服务合同终止。

第九百四十一条　【物业服务的转委托】物业服务人将物业服务区域内的部分专项服务事项委托给专业性服务组织或者其他第三人的，应当就该部分专项服务事项向业主负责。

物业服务人不得将其应当提供的全部物业服务转委托给第三人，或者将全部物业服务支解后分别转委托给第三人。

行政法规

⊙《**物业管理条例**》(2018年3月19日修订)

第三十九条 物业服务企业可以将物业管理区域内的专项服务业务委托给专业性服务企业，但不得将该区域内的全部物业管理一并委托给他人。

第九百四十二条 【物业服务人义务】物业服务人应当按照约定和物业的使用性质，妥善维修、养护、清洁、绿化和经营管理物业服务区域内的业主共有部分，维护物业服务区域内的基本秩序，采取合理措施保护业主的人身、财产安全。

对物业服务区域内违反有关治安、环保、消防等法律法规的行为，物业服务人应当及时采取合理措施制止、向有关行政主管部门报告并协助处理。

法　律

⊙《**民法典**》(**物权编**)(2020年5月28日)

第二百八十五条 物业服务企业或者其他管理人根据业主的委托，依照本法第三编有关物业服务合同的规定管理建筑区划内的建筑物及其附属设施，接受业主的监督，并及时答复业主对物业服务情况提出的询问。

物业服务企业或者其他管理人应当执行政府依法实施的应急处置措施和其他管理措施，积极配合开展相关工作。

行政法规

⊙《**物业管理条例**》(2018年3月19日修订)

第三十五条 物业服务企业应当按照物业服务合同的约定，提供相应的服务。

物业服务企业未能履行物业服务合同的约定，导致业主人身、财产安全受到损害的，应当依法承担相应的法律责任。

第四十五条 对物业管理区域内违反有关治安、环保、物业装饰装修和使用等方面法律、法规规定的行为，物业服务企业应当制止，并及时向有关行政管理部门报告。有关行政管理部门在接到物业服务企业的报告后，应当依法对违法行为予以制止或者依法处理。

第四十六条 物业服务企业应当协助做好物业管理区域内的安全防范工作。发生安全事故时，物业服务企业在采取应急措施的同时，应当及时向有关行政管理部门报告，协助做好救助工作。物业服务企业雇请保安人员的，应当遵守国家有关规定。保安人员在维护物业管理区域内的公共秩序时，应当履行职责，不得侵害公民的合法权益。

公报案例

⊙赵某某与沈阳皇朝万鑫酒店管理有限公司、沈阳中一万鑫物业管理有限公司财产损害赔偿纠纷案（《最高人民法院公报》2019 年第 5 期）

【关键词】

物业服务　安全防范义务　补充责任

【案例要旨】

消防安全事关人身、财产安全，属于社会公共利益，确保建筑物消防安全是建设单位的法定义务。商品房买卖合同的购房人一般不具有检测所购房屋是否符合消防安全规定的能力，难以适用一般商品买卖合同在标的物交付后买受人应当及时检验产品质量的规定。

案涉责任人在不同时期的数个行为密切结合致使火灾发生，侵权行为、致害原因前后接继而非叠加，责任人对火灾的发生均有重大过失，但没有共同故意或者共同过失，应各自承担相应的责任。建设单位并非主动积极的行为致受害人权益受损，不承担主要责任。

物业服务企业依法或依约在物业管理区域内负有安全防范义务，应协助做好安全事故、隐患等的防范、制止或救助工作。第三人原因致损，物业服务企业未尽到专业管理人的谨慎注意义务的，应在其能够预见和防范的范围内承担相应的补充责任。

第九百四十三条 【物业服务人报告义务】物业服务人应当定期将服务的事项、负责人员、质量要求、收费项目、收费标准、履行情况，以及维修资金使用情况、业主共有部分的经营与收益情况等以合理方式向业主公开并向业主大会、业主委员会报告。

法 律

⊙《**民法典**》(**物权编**)(2020年5月28日)

第二百八十一条 建筑物及其附属设施的维修资金，属于业主共有。经业主共同决定，可以用于电梯、屋顶、外墙、无障碍设施等共有部分的维修、更新和改造。建筑物及其附属设施的维修资金的筹集、使用情况应当定期公布。

紧急情况下需要维修建筑物及其附属设施的，业主大会或者业主委员会可以依法申请使用建筑物及其附属设施的维修资金。

第二百八十五条 物业服务企业或者其他管理人根据业主的委托，依照本法第三编有关物业服务合同的规定管理建筑区划内的建筑物及其附属设施，接受业主的监督，并及时答复业主对物业服务情况提出的询问。

物业服务企业或者其他管理人应当执行政府依法实施的应急处置措施和其他管理措施，积极配合开展相关工作。

行政法规

⊙《**物业管理条例**》(2018年3月19日修订)

第六条 房屋的所有权人为业主。

业主在物业管理活动中，享有下列权利：

(一)按照物业服务合同的约定，接受物业服务企业提供的服务；

（二）提议召开业主大会会议，并就物业管理的有关事项提出建议；

（三）提出制定和修改管理规约、业主大会议事规则的建议；

（四）参加业主大会会议，行使投票权；

（五）选举业主委员会成员，并享有被选举权；

（六）监督业主委员会的工作；

（七）监督物业服务企业履行物业服务合同；

（八）对物业共用部位、共用设施设备和相关场地使用情况享有知情权和监督权；

（九）监督物业共用部位、共用设施设备专项维修资金（以下简称专项维修资金）的管理和使用；

（十）法律、法规规定的其他权利。

第十五条　业主委员会执行业主大会的决定事项，履行下列职责：

（一）召集业主大会会议，报告物业管理的实施情况；

（二）代表业主与业主大会选聘的物业服务企业签订物业服务合同；

（三）及时了解业主、物业使用人的意见和建议，监督和协助物业服务企业履行物业服务合同；

（四）监督管理规约的实施；

（五）业主大会赋予的其他职责。

司法解释及文件

⊙**《最高人民法院关于审理建筑物区分所有权纠纷案件适用法律若干问题的解释》**（2020年12月29日修正）

第十三条　业主请求公布、查阅下列应当向业主公开的情况和资料的，人民法院应予支持：

（一）建筑物及其附属设施的维修资金的筹集、使用情况；

（二）管理规约、业主大会议事规则，以及业主大会或者业主委员会的决定及会议记录；

（三）物业服务合同、共有部分的使用和收益情况；

（四）建筑区划内规划用于停放汽车的车位、车库的处分情况；

（五）其他应当向业主公开的情况和资料。

部门规章及规范性文件

⊙**《国家发展和改革委员会、建设部关于印发物业服务收费管理办法的通知》**（2003 年 11 月 13 日　发改价格〔2003〕1864 号）

第十二条　实行物业服务费用酬金制的，预收的物业服务支出属于代管性质，为所交纳的业主所有，物业管理企业不得将其用于物业服务合同约定以外的支出。

物业管理企业应当向业主大会或者全体业主公布物业服务资金年度预决算并每年不少于一次公布物业服务资金的收支情况。

业主或者业主大会对公布的物业服务资金年度预决算和物业服务资金的收支情况提出质询时，物业管理企业应当及时答复。

适用要点

⊙ 业主能否起诉物业服务人要求其履行公开和报告义务

根据本条规定，物业服务人履行公开义务的对象是业主，履行报告义务的对象是业主大会及业主委员会。业主作为权利方向物业服务人主张其公开相关情况，物业服务人应当公开。同时，物业服务人报告义务的对象是业主大会及业主委员会，而非单独的业主个体。因此，如业主认为物业服务人未及时履行公开义务的，可以起诉物业服务人要求其及时履行。如果业主起诉要求物业服务人向其履行报告义务或者向业主大会、业主委员会履行报告义务，因接受报告义务的主体是作为业主团体及其执行机关的业主大会、业主委员会而非个别业主，则应存在起诉主体不适格的问题。业主如认为物业服务人未履行报告义务的，可行使监督权利，或向业主委员会、业主大会反映情况，要求业主委员会、业主大会向物业服务人主张权利。

第九百四十四条　【业主支付物业费义务】业主应当按照约定向物业服务人支付物业费。物业服务人已经按照约定和有关规定提供服务的，业主不得以未接受或者无需接受相关物业服务为由拒绝支付物业费。

业主违反约定逾期不支付物业费的，物业服务人可以催告其在合理期限内支付；合理期限届满仍不支付的，物业服务人可以提起诉讼或者申请仲裁。

物业服务人不得采取停止供电、供水、供热、供燃气等方式催交物业费。

行政法规

⊙《**物业管理条例**》（2018 年 3 月 19 日修订）

第七条　业主在物业管理活动中，履行下列义务：

（一）遵守管理规约、业主大会议事规则；

（二）遵守物业管理区域内物业共用部位和共用设施设备的使用、公共秩序和环境卫生的维护等方面的规章制度；

（三）执行业主大会的决定和业主大会授权业主委员会作出的决定；

（四）按照国家有关规定交纳专项维修资金；

（五）按时交纳物业服务费用；

（六）法律、法规规定的其他义务。

第四十条　物业服务收费应当遵循合理、公开以及费用与服务水平相适应的原则，区别不同物业的性质和特点，由业主和物业服务企业按照国务院价格主管部门会同国务院建设行政主管部门制定的物业服务收费办法，在物业服务合同中约定。

第四十一条　业主应当根据物业服务合同的约定交纳物业服务费用。业主与物业使用人约定由物业使用人交纳物业服务费用的，从其约定，业主负连带交纳责任。已竣工但尚未出售或者尚未交给物业买受人的物业，物业服务费用由建设单位交纳。

第六十四条 违反物业服务合同约定，业主逾期不交纳物业服务费用的，业主委员会应当督促其限期交纳；逾期仍不交纳的，物业服务企业可以向人民法院起诉。

司法解释及文件

⊙《**最高人民法院关于审理物业服务纠纷案件适用法律若干问题的解释**》（2020年12月29日修正）

第三条 物业服务合同的权利义务终止后，业主请求物业服务人退还已经预收，但尚未提供物业服务期间的物业费的，人民法院应予支持。

部门规章及规范性文件

⊙《**国家发展和改革委员会、建设部关于印发物业服务收费管理办法的通知**》（2003年11月13日 发改价格〔2003〕1864号）

第二条 本办法所称物业服务收费，是指物业管理企业按照物业服务合同的约定，对房屋及配套的设施设备和相关场地进行维修、养护、管理，维护相关区域内的环境卫生和秩序，向业主所收取的费用。

第十一条 实行物业服务费用包干制的，物业服务费用的构成包括物业服务成本、法定税费和物业管理企业的利润。

实行物业服务费用酬金制的，预收的物业服务资金包括物业服务支出和物业管理企业的酬金。

物业服务成本或者物业服务支出构成一般包括以下部分：

1. 管理服务人员的工资、社会保险和按规定提取的福利费等；
2. 物业共用部位、共用设施设备的日常运行、维护费用；
3. 物业管理区域清洁卫生费用；
4. 物业管理区域绿化养护费用；
5. 物业管理区域秩序维护费用；
6. 办公费用；
7. 物业管理企业固定资产折旧；

8. 物业共用部位、共用设施设备及公众责任保险费用；

9. 经业主同意的其他费用。

物业共用部位、共用设施设备的大修、中修和更新、改造费用，应当通过专项维修资金予以列支，不得计入物业服务支出或者物业服务成本。

第九百四十五条　【业主告知、协助义务】业主装饰装修房屋的，应当事先告知物业服务人，遵守物业服务人提示的合理注意事项，并配合其进行必要的现场检查。

业主转让、出租物业专有部分、设立居住权或者依法改变共有部分用途的，应当及时将相关情况告知物业服务人。

行政法规

⊙《**物业管理条例**》（2018 年 3 月 19 日修订）

第四十五条　对物业管理区域内违反有关治安、环保、物业装饰装修和使用等方面法律、法规规定的行为，物业服务企业应当制止，并及时向有关行政管理部门报告。

有关行政管理部门在接到物业服务企业的报告后，应当依法对违法行为予以制止或者依法处理。

第五十二条　业主需要装饰装修房屋的，应当事先告知物业服务企业。物业服务企业应当将房屋装饰装修中的禁止行为和注意事项告知业主。

部门规章及规范性文件

⊙《**住宅室内装饰装修管理办法**》（2011 年 1 月 26 日修正）

第五条　住宅室内装饰装修活动，禁止下列行为：

（一）未经原设计单位或者具有相应资质等级的设计单位提出设计方案，变动建筑主体和承重结构；

（二）将没有防水要求的房间或者阳台改为卫生间、厨房间；

（三）扩大承重墙上原有的门窗尺寸，拆除连接阳台的砖、混凝土墙体；

（四）损坏房屋原有节能设施，降低节能效果；

（五）其他影响建筑结构和使用安全的行为。

本办法所称建筑主体，是指建筑实体的结构构造，包括屋盖、楼盖、梁、柱、支撑、墙体、连接接点和基础等。

本办法所称承重结构，是指直接将本身自重与各种外加作用力系统地传递给基础地基的主要结构构件和其连接接点，包括承重墙体、立杆、柱、框架柱、支墩、楼板、梁、屋架、悬索等。

第六条 装修人从事住宅室内装饰装修活动，未经批准，不得有下列行为：

（一）搭建建筑物、构筑物；

（二）改变住宅外立面，在非承重外墙上开门、窗；

（三）拆改供暖管道和设施；

（四）拆改燃气管道和设施。

本条所列第（一）项、第（二）项行为，应当经城市规划行政主管部门批准；第（三）项行为，应当经供暖管理单位批准；第（四）项行为应当经燃气管理单位批准。

第十三条 装修人在住宅室内装饰装修工程开工前，应当向物业管理企业或者房屋管理机构（以下简称物业管理单位）申报登记。

非业主的住宅使用人对住宅室内进行装饰装修，应当取得业主的书面同意。

第十五条 物业管理单位应当将住宅室内装饰装修工程的禁止行为和注意事项告知装修人和装修人委托的装饰装修企业。

装修人对住宅进行装饰装修前，应当告知邻里。

第九百四十六条 【解聘物业服务人】业主依照法定程序共同决定解聘物业服务人的，可以解除物业服务合同。决定解聘的，应当提前六十日书面通知物业服务人，但是合同对通知期限另有约定的除外。

依据前款规定解除合同造成物业服务人损失的，除不可归责于业主的事由外，业主应当赔偿损失。

行政法规

⊙《**物业管理条例**》（2018年3月19日修订）

第十一条 下列事项由业主共同决定：

（一）制定和修改业主大会议事规则；

（二）制定和修改管理规约；

（三）选举业主委员会或者更换业主委员会成员；

（四）选聘和解聘物业服务企业；

（五）筹集和使用专项维修资金；

（六）改建、重建建筑物及其附属设施；

（七）有关共有和共同管理权利的其他重大事项。

第九百四十七条 【物业服务合同的续订】物业服务期限届满前，业主依法共同决定续聘的，应当与原物业服务人在合同期限届满前续订物业服务合同。

物业服务期限届满前，物业服务人不同意续聘的，应当在合同期限届满前九十日书面通知业主或者业主委员会，但是合同对通知期限另有约定的除外。

第九百四十八条 【不定期物业服务合同】物业服务期限届满后，业主没有依法作出续聘或者另聘物业服务人的决定，物业服务人继续提供物业服务的，原物业服务合同继续有效，但是服务期限为不定期。

当事人可以随时解除不定期物业服务合同，但是应当提前六十日书面通知对方。

第九百四十九条 【合同终止原物业服务人的移交义务及法律责任】物业服务合同终止的，原物业服务人应当在约定期限或者合理期限内退出物业服务区域，将物业服务用房、相关设施、物业服务所必需的相关资料等交还给业主委员会、决定自行管理的业主或者其指定的人，配合新物业服务人做好交接工作，并如实告知物业的使用和管理状况。

原物业服务人违反前款规定的，不得请求业主支付物业服务合同终止后的物业费；造成业主损失的，应当赔偿损失。

行政法规

⊙《**物业管理条例**》（2018 年 3 月 19 日修订）

第二十九条 在办理物业承接验收手续时，建设单位应当向物业服务企业移交下列资料：

（一）竣工总平面图，单体建筑、结构、设备竣工图，配套设施、地下管网工程竣工图等竣工验收资料；

（二）设施设备的安装、使用和维护保养等技术资料；

（三）物业质量保修文件和物业使用说明文件；

（四）物业管理所必需的其他资料。

物业服务企业应当在前期物业服务合同终止时将上述资料移交给业主委员会。

第三十八条 物业服务合同终止时，物业服务企业应当将物业管理用房和本条例第二十九条第一款规定的资料交还给业主委员会。

物业服务合同终止时，业主大会选聘了新的物业服务企业的，物业服务企业之间应当做好交接工作。

人民法院案例选案例

⊙厦门海沧大永固大厦业主委员会与厦门海投物业公司物业服务案

[《人民法院案例选》2010 年第 3 辑（总第 73 辑）]

【关键词】

物业服务合同　物业交接　附随义务

【案例要旨】

物业交接是物业公司在物业服务合同终止后必须承担的义务，该义务实际上即合同法所规定的“附随合同义务”，物业公司为履行该义务给业主造成损害的，应承担赔偿责任。前期物业管理中，业主委员会未备案成立前，物业公司在物业服务合同终止仍应当履行交接义务，此时，其应当将物业管理移交给委托人即开发商。

第九百五十条　【原物业服务人的后合同义务】物业服务合同终止后，在业主或者业主大会选聘的新物业服务人或者决定自行管理的业主接管之前，原物业服务人应当继续处理物业服务事项，并可以请求业主支付该期间的物业费。

第二十五章　行纪合同

第九百五十一条　【定义】行纪合同是行纪人以自己的名义为委托人从事贸易活动，委托人支付报酬的合同。

人民法院案例选案例

⊙**尤某某诉龙海市良兴商场有限公司买卖合同纠纷案**［《人民法院案例选》2010 年第 1 辑（总第 71 辑）］

【关键词】

行纪合同　买卖合同　报酬

【案例要旨】

行纪合同是行纪人以自己的名义为委托人从事贸易活动，委托人支付报酬的合同。根据“谁主张谁举证”原则，一方当事人主张双方之间是行纪合同关系，其应该承担相应的举证责任，因当事人无法提供证据证明对方在履行合同过程中向自己支付报酬，不符合行纪合同的特征，因此，合同双方未签订书面合同，一方当事人无证据证明对方向其支付报酬，其主张双方之间是行纪合同关系不能成立。

第九百五十二条 【处理委托事务的费用负担】行纪人处理委托事务支出的费用，由行纪人负担，但是当事人另有约定的除外。

第九百五十三条 【行纪人对委托物的保管义务】行纪人占有委托物的，应当妥善保管委托物。

第九百五十四条 【委托物的处理】委托物交付给行纪人时有瑕疵或者容易腐烂、变质的，经委托人同意，行纪人可以处分该物；不能与委托人及时取得联系的，行纪人可以合理处分。

法 律

⊙**《民法典》(合同编)**(2020年5月28日)

第五百零九条 当事人应当按照约定全面履行自己的义务。

当事人应当遵循诚信原则，根据合同的性质、目的和交易习惯履行通知、协助、保密等义务。

当事人在履行合同过程中，应当避免浪费资源、污染环境和破坏生态。

第九百五十五条 【行纪人按约定价格买卖的义务】行纪人低于委托人指定的价格卖出或者高于委托人指定的价格买入的，应当经委托人同意；未经委托人同意，行纪人补偿其差额的，该买卖对委托人发生效力。

行纪人高于委托人指定的价格卖出或者低于委托人指定的价格买入的，可以按照约定增加报酬；没有约定或者约定不明确，依据本法第五百一十条的规定仍不能确定的，该利益属于委托人。

委托人对价格有特别指示的，行纪人不得违背该指示卖出或者买入。

法　律

⊙《**民法典**》(**合同编**)(2020 年 5 月 28 日)

第五百一十条　合同生效后，当事人就质量、价款或者报酬、履行地点等内容没有约定或者约定不明确的，可以协议补充；不能达成补充协议的，按照合同相关条款或者交易习惯确定。

第九百二十九条　有偿的委托合同，因受托人的过错造成委托人损失的，委托人可以请求赔偿损失。无偿的委托合同，因受托人的故意或者重大过失造成委托人损失的，委托人可以请求赔偿损失。

受托人超越权限造成委托人损失的，应当赔偿损失。

第九百五十六条　【行纪人的介入权】行纪人卖出或者买入具有市场定价的商品，除委托人有相反的意思表示外，行纪人自己可以作为买受人或者出卖人。

行纪人有前款规定情形的，仍然可以请求委托人支付报酬。

第九百五十七条　【委托物的提存】行纪人按照约定买入委托物，委托人应当及时受领。经行纪人催告，委托人无正当理由拒绝受领的，行纪人依法可以提存委托物。

委托物不能卖出或者委托人撤回出卖，经行纪人催告，委托人不取回或者不处分该物的，行纪人依法可以提存委托物。

法　律

⊙《**民法典**》(**合同编**)(2020 年 5 月 28 日)

第五百七十条　有下列情形之一，难以履行债务的，债务人可以将标的物提存：

(一)债权人无正当理由拒绝受领；

(二)债权人下落不明；

（三）债权人死亡未确定继承人、遗产管理人，或者丧失民事行为能力未确定监护人；

（四）法律规定的其他情形。

标的物不适于提存或者提存费用过高的，债务人依法可以拍卖或者变卖标的物，提存所得的价款。

第九百五十八条　【行纪人与第三人的关系】行纪人与第三人订立合同的，行纪人对该合同直接享有权利、承担义务。

第三人不履行义务致使委托人受到损害的，行纪人应当承担赔偿责任，但是行纪人与委托人另有约定的除外。

第九百五十九条　【行纪人的报酬请求权及留置权】行纪人完成或者部分完成委托事务的，委托人应当向其支付相应的报酬。委托人逾期不支付报酬的，行纪人对委托物享有留置权，但是当事人另有约定的除外。

法　律

⊙**《民法典》(物权编)**(2020 年 5 月 28 日)

第四百四十七条　债务人不履行到期债务，债权人可以留置已经合法占有的债务人的动产，并有权就该动产优先受偿。

前款规定的债权人为留置权人，占有的动产为留置财产。

第四百四十八条　债权人留置的动产，应当与债权属于同一法律关系，但是企业之间留置的除外。

第四百四十九条　法律规定或者当事人约定不得留置的动产，不得留置。

第四百五十条　留置财产为可分物的，留置财产的价值应当相当于债务的金额。

第四百五十三条　留置权人与债务人应当约定留置财产后的债务履行

期限；没有约定或者约定不明确的，留置权人应当给债务人六十日以上履行债务的期限，但是鲜活易腐等不易保管的动产除外。债务人逾期未履行的，留置权人可以与债务人协议以留置财产折价，也可以就拍卖、变卖留置财产所得的价款优先受偿。

留置财产折价或者变卖的，应当参照市场价格。

第四百五十四条 债务人可以请求留置权人在债务履行期限届满后行使留置权；留置权人不行使的，债务人可以请求人民法院拍卖、变卖留置财产。

第四百五十五条 留置财产折价或者拍卖、变卖后，其价款超过债权数额的部分归债务人所有，不足部分由债务人清偿。

第五百二十五条 当事人互负债务，没有先后履行顺序的，应当同时履行。一方在对方履行之前有权拒绝其履行请求。一方在对方履行债务不符合约定时，有权拒绝其相应的履行请求。

第九百二十八条 受托人完成委托事务的，委托人应当按照约定向其支付报酬。

因不可归责于受托人的事由，委托合同解除或者委托事务不能完成的，委托人应当向受托人支付相应的报酬。当事人另有约定的，按照其约定。

第九百六十条 【参照适用委托合同的规定】本章没有规定的，参照适用委托合同的有关规定。

第二十六章　中介合同

第九百六十一条 【定义】中介合同是中介人向委托人报告订立合同的机会或者提供订立合同的媒介服务，委托人支付报酬的合同。

司法解释及文件

⊙《**最高人民法院关于审理期货纠纷案件若干问题的规定**》（2020年12月29日修正）

第十条　公民、法人受期货公司或者客户的委托，作为居间人为其提供订约的机会或者订立期货经纪合同的中介服务的，期货公司或者客户应当按照约定向居间人支付报酬。居间人应当独立承担基于居间经纪关系所产生的民事责任。

部门规章及规范性文件

⊙《**保险经纪人监管规定**》（2018年2月1日　中国保险监督管理委员会令〔2018〕3号）

第二条　本规定所称保险经纪人是指基于投保人的利益，为投保人与保险公司订立保险合同提供中介服务，并依法收取佣金的机构，包括保险经纪公司及其分支机构。

本规定所称保险经纪从业人员是指在保险经纪人中，为投保人或者被保险人拟订投保方案、办理投保手续、协助索赔的人员，或者为委托人提供防灾防损、风险评估、风险管理咨询服务、从事再保险经纪等业务的人员。

⊙《**房地产经纪管理办法**》（2016年3月1日修正 住房和城乡建设部、国家发展和改革委员会、人力资源和社会保障部令第29号）

第三条 本办法所称房地产经纪，是指房地产经纪机构和房地产经纪人员为促成房地产交易，向委托人提供房地产居间、代理等服务并收取佣金的行为。

第七条 本办法所称房地产经纪机构，是指依法设立，从事房地产经纪活动的中介服务机构。

房地产经纪机构可以设立分支机构。

第十六条 房地产经纪机构接受委托提供房地产信息、实地看房、代拟合同等房地产经纪服务的，应当与委托人签订书面房地产经纪服务合同。

房地产经纪服务合同应当包含下列内容：

（一）房地产经纪服务双方当事人的姓名（名称）、住所等情况和从事业务的房地产经纪人员情况；

（二）房地产经纪服务的项目、内容、要求以及完成的标准；

（三）服务费用及其支付方式；

（四）合同当事人的权利和义务；

（五）违约责任和纠纷解决方式。

建设（房地产）主管部门或者房地产经纪行业组织可以制定房地产经纪服务合同示范文本，供当事人选用。

第十七条 房地产经纪机构提供代办贷款、代办房地产登记等其他服务的，应当向委托人说明服务内容、收费标准等情况，经委托人同意后，另行签订合同。

第十八条 房地产经纪服务实行明码标价制度。房地产经纪机构应当遵守价格法律、法规和规章规定，在经营场所醒目位置标明房地产经纪服务项目、服务内容、收费标准以及相关房地产价格和信息。

房地产经纪机构不得收取任何未予标明的费用；不得利用虚假或者使人误解的标价内容和标价方式进行价格欺诈；一项服务可以分解为多个项目和标准的，应当明确标示每一个项目和标准，不得混合标价、捆绑标价。

第十九条　房地产经纪机构未完成房地产经纪服务合同约定事项，或者服务未达到房地产经纪服务合同约定标准的，不得收取佣金。

两家或者两家以上房地产经纪机构合作开展同一宗房地产经纪业务的，只能按照一宗业务收取佣金，不得向委托人增加收费。

第二十条　房地产经纪机构签订的房地产经纪服务合同，应当加盖房地产经纪机构印章，并由从事该业务的一名房地产经纪人或者两名房地产经纪人协理签名。

第二十一条　房地产经纪机构签订房地产经纪服务合同前，应当向委托人说明房地产经纪服务合同和房屋买卖合同或者房屋租赁合同的相关内容，并书面告知下列事项：

（一）是否与委托房屋有利害关系；

（二）应当由委托人协助的事宜、提供的资料；

（三）委托房屋的市场参考价格；

（四）房屋交易的一般程序及可能存在的风险；

（五）房屋交易涉及的税费；

（六）经纪服务的内容及完成标准；

（七）经纪服务收费标准和支付时间；

（八）其他需要告知的事项。

房地产经纪机构根据交易当事人需要提供房地产经纪服务以外的其他服务的，应当事先经当事人书面同意并告知服务内容及收费标准。书面告知材料应当经委托人签名（盖章）确认。

第二十二条　房地产经纪机构与委托人签订房屋出售、出租经纪服务合同，应当查看委托出售、出租的房屋及房屋权属证书，委托人的身份证明等有关资料，并应当编制房屋状况说明书。经委托人书面同意后，方可以对外发布相应的房源信息。

房地产经纪机构与委托人签订房屋承购、承租经纪服务合同，应当查看委托人身份证明等有关资料。

第二十三条 委托人与房地产经纪机构签订房地产经纪服务合同，应当向房地产经纪机构提供真实有效的身份证明。委托出售、出租房屋的，还应当向房地产经纪机构提供真实有效的房屋权属证书。委托人未提供规定资料或者提供资料与实际不符的，房地产经纪机构应当拒绝接受委托。

⊙《**保险经纪人监管规定**》（2018年2月1日　中国保险监督管理委员会令〔2018〕3号）

第二条 本规定所称保险经纪人是指基于投保人的利益，为投保人与保险公司订立保险合同提供中介服务，并依法收取佣金的机构，包括保险经纪公司及其分支机构。本规定所称保险经纪从业人员是指在保险经纪人中，为投保人或者被保险人拟订投保方案、办理投保手续、协助索赔的人员，或者为委托人提供防灾防损、风险评估、风险管理咨询服务、从事再保险经纪等业务的人员。

第四十八条 保险经纪人从事保险经纪业务，应当与委托人签订委托合同，依法约定双方的权利义务及其他事项。委托合同不得违反法律、行政法规及中国保监会有关规定。

⊙《**外商投资人才中介机构管理暂行规定**》（2019年12月31日　人力资源和社会保障部令第43号）

第二条 本规定所称外商投资人才中介机构，是指全部或者部分由外国投资者投资，依照中国法律在中国境内经登记、许可设立的人才中介机构。

第三条 外国企业常驻中国代表机构和在中国成立的商会等组织不得在中国境内从事人才中介服务。

第四条 外商投资人才中介机构必须遵守中华人民共和国法律、法规，不得损害中华人民共和国的社会公共利益和国家安全。

外商投资人才中介机构的正当经营活动和合法权益，受中华人民共和国法律保护。

第五条　县级以上人民政府人事行政部门、商务部门和工商行政管理部门依法按照职责分工负责本行政区域内外商投资人才中介机构的审批、登记、管理和监督工作。

第九百六十二条　【中介人如实报告义务】中介人应当就有关订立合同的事项向委托人如实报告。

中介人故意隐瞒与订立合同有关的重要事实或者提供虚假情况，损害委托人利益的，不得请求支付报酬并应当承担赔偿责任。

部门规章及规范性文件

⊙**《保险经纪人监管规定》**（2018年2月1日　中国保险监督管理委员会令〔2018〕3号）

第五十三条　保险经纪人向投保人提出保险建议的，应当根据客户的需求和风险承受能力等情况，在客观分析市场上同类保险产品的基础上，推荐符合其利益的保险产品。

保险经纪人应当按照中国保监会的要求向投保人披露保险产品相关信息。

第六十三条　保险经纪人及其从业人员在办理保险业务活动中不得有下列行为：

（一）欺骗保险人、投保人、被保险人或者受益人；

（二）隐瞒与保险合同有关的重要情况；

（三）阻碍投保人履行如实告知义务，或者诱导其不履行如实告知义务；

（四）给予或者承诺给予投保人、被保险人或者受益人保险合同约定以外的利益；

（五）利用行政权力、职务或者职业便利以及其他不正当手段强迫、引诱或者限制投保人订立保险合同；

（六）伪造、擅自变更保险合同，或者为保险合同当事人提供虚假证明材料；

（七）挪用、截留、侵占保险费或者保险金；

（八）利用业务便利为其他机构或者个人牟取不正当利益；

（九）串通投保人、被保险人或者受益人，骗取保险金；

（十）泄露在业务活动中知悉的保险人、投保人、被保险人的商业秘密。

⊙《**房地产经纪管理办法**》（2016年3月1日修正　住房和城乡建设部、国家发展和改革委员会、人力资源和社会保障部令第29号）

第二十一条　房地产经纪机构签订房地产经纪服务合同前，应当向委托人说明房地产经纪服务合同和房屋买卖合同或者房屋租赁合同的相关内容，并书面告知下列事项：

（一）是否与委托房屋有利害关系；

（二）应当由委托人协助的事宜、提供的资料；

（三）委托房屋的市场参考价格；

（四）房屋交易的一般程序及可能存在的风险；

（五）房屋交易涉及的税费；

（六）经纪服务的内容及完成标准；

（七）经纪服务收费标准和支付时间；

（八）其他需要告知的事项。

房地产经纪机构根据交易当事人需要提供房地产经纪服务以外的其他服务的，应当事先经当事人书面同意并告知服务内容及收费标准。书面告知材料应当经委托人签名（盖章）确认。

第九百六十三条　【中介人报酬请求权】中介人促成合同成立的，委托人应当按照约定支付报酬。对中介人的报酬没有约定或者约定不明确，依据本法第五百一十条的规定仍不能确定的，根据中介人的劳务合理确定。因中介人提供订立合同的媒介服务而促成合同成立的，由该合同的当事人平均负担中介人的报酬。

中介人促成合同成立的，中介活动的费用，由中介人负担。

第九百六十四条　【未促成合同成立的处理】中介人未促成合同成立的，不得请求支付报酬；但是，可以按照约定请求委托人支付从事中介活动支出的必要费用。

部门规章及规范性文件

⊙**《房地产经纪管理办法》**（2016年3月1日修正　住房和城乡建设部、国家发展和改革委员会、人力资源和社会保障部令第29号）

第十九条　房地产经纪机构未完成房地产经纪服务合同约定事项，或者服务未达到房地产经纪服务合同约定标准的，不得收取佣金。

两家或者两家以上房地产经纪机构合作开展同一宗房地产经纪业务的，只能按照一宗业务收取佣金，不得向委托人增加收费。

第九百六十五条　【委托人绕开中介人的处理】委托人在接受中介人的服务后，利用中介人提供的交易机会或者媒介服务，绕开中介人直接订立合同的，应当向中介人支付报酬。

指导案例

⊙**上海中原物业顾问有限公司诉陶某某居间合同纠纷案**（指导案例1号，最高人民法院审判委员会讨论通过，2011年12月20日发布）

【关键词】

居间合同　二手房买卖　违约

【案例要旨】

房屋买卖居间合同中关于禁止买方利用中介公司提供的房源信息却绕开该中介公司与卖方签订房屋买卖合同的约定合法有效。但是，当卖方将同一房屋通过多个

中介公司挂牌出售时，买方通过其他公众可以获知的正当途径获得相同房源信息的，买方有权选择报价低、服务好的中介公司促成房屋买卖合同成立，其行为并没有利用先前与之签约中介公司的房源信息，故不构成违约。

第九百六十六条 【参照适用委托合同的规定】本章没有规定的，参照适用委托合同的有关规定。

法 律

⊙《**民法典**》(**合同编**)(2020 年 5 月 28 日)

第九百二十条 委托人可以特别委托受托人处理一项或者数项事务，也可以概括委托受托人处理一切事务。

第九百二十二条 受托人应当按照委托人的指示处理委托事务。需要变更委托人指示的，应当经委托人同意；因情况紧急，难以和委托人取得联系的，受托人应当妥善处理委托事务，但是事后应当将该情况及时报告委托人。

第二十七章　合伙合同

第九百六十七条　【定义】合伙合同是两个以上合伙人为了共同的事业目的，订立的共享利益、共担风险的协议。

法　律

⊙《**民法典**》(**总则编**)(2020 年 5 月 28 日)

第一百零二条　非法人组织是不具有法人资格，但是能够依法以自己的名义从事民事活动的组织。

非法人组织包括个人独资企业、合伙企业、不具有法人资格的专业服务机构等。

⊙《**合伙企业法**》(2006 年 8 月 27 日修订)

第四条　合伙协议依法由全体合伙人协商一致、以书面形式订立。

第五条　订立合伙协议、设立合伙企业，应当遵循自愿、平等、公平、诚实信用原则。

第十四条　设立合伙企业，应当具备下列条件：

(一)有二个以上合伙人。合伙人为自然人的，应当具有完全民事行为能力；

(二)有书面合伙协议；

(三)有合伙人认缴或者实际缴付的出资；

(四)有合伙企业的名称和生产经营场所；

（五）法律、行政法规规定的其他条件。

第六十一条 有限合伙企业由二个以上五十个以下合伙人设立；但是，法律另有规定的除外。

有限合伙企业至少应当有一个普通合伙人。

第九百六十八条 【合伙人出资义务】合伙人应当按照约定的出资方式、数额和缴付期限，履行出资义务。

法律

⊙**《合伙企业法》**（2006年8月27日修订）

第十六条 合伙人可以用货币、实物、知识产权、土地使用权或者其他财产权利出资，也可以用劳务出资。

合伙人以实物、知识产权、土地使用权或者其他财产权利出资，需要评估作价的，可以由全体合伙人协商确定，也可以由全体合伙人委托法定评估机构评估。

合伙人以劳务出资的，其评估办法由全体合伙人协商确定，并在合伙协议中载明。

第十七条 合伙人应当按照合伙协议约定的出资方式、数额和缴付期限，履行出资义务。

以非货币财产出资的，依照法律、行政法规的规定，需要办理财产权转移手续的，应当依法办理。

第六十四条 有限合伙人可以用货币、实物、知识产权、土地使用权或者其他财产权利作价出资。

有限合伙人不得以劳务出资。

第六十五条 有限合伙人应当按照合伙协议的约定按期足额缴纳出资；未按期足额缴纳的，应当承担补缴义务，并对其他合伙人承担违约责任。

第九百六十九条　【合伙财产】合伙人的出资、因合伙事务依法取得的收益和其他财产，属于合伙财产。

合伙合同终止前，合伙人不得请求分割合伙财产。

法　律

⊙《**合伙企业法**》(2006年8月27日修订)

第二十条　合伙人的出资、以合伙企业名义取得的收益和依法取得的其他财产，均为合伙企业的财产。

第二十一条　合伙人在合伙企业清算前，不得请求分割合伙企业的财产；但是，本法另有规定的除外。

合伙人在合伙企业清算前私自转移或者处分合伙企业财产的，合伙企业不得以此对抗善意第三人。

第二十二条　除合伙协议另有约定外，合伙人向合伙人以外的人转让其在合伙企业中的全部或者部分财产份额时，须经其他合伙人一致同意。

合伙人之间转让在合伙企业中的全部或者部分财产份额时，应当通知其他合伙人。

第九百七十条　【合伙事务的执行】合伙人就合伙事务作出决定的，除合伙合同另有约定外，应当经全体合伙人一致同意。

合伙事务由全体合伙人共同执行。按照合伙合同的约定或者全体合伙人的决定，可以委托一个或者数个合伙人执行合伙事务；其他合伙人不再执行合伙事务，但是有权监督执行情况。

合伙人分别执行合伙事务的，执行事务合伙人可以对其他合伙人执行的事务提出异议；提出异议后，其他合伙人应当暂停该项事务的执行。

法　律

⊙《**合伙企业法**》(2006 年 8 月 27 日修订)

第二十六条　合伙人对执行合伙事务享有同等的权利。

按照合伙协议的约定或者经全体合伙人决定，可以委托一个或者数个合伙人对外代表合伙企业，执行合伙事务。

作为合伙人的法人、其他组织执行合伙事务的，由其委派的代表执行。

第二十七条　依照本法第二十六条第二款规定委托一个或者数个合伙人执行合伙事务的，其他合伙人不再执行合伙事务。

不执行合伙事务的合伙人有权监督执行事务合伙人执行合伙事务的情况。

第二十八条　由一个或者数个合伙人执行合伙事务的，执行事务合伙人应当定期向其他合伙人报告事务执行情况以及合伙企业的经营和财务状况，其执行合伙事务所产生的收益归合伙企业，所产生的费用和亏损由合伙企业承担。

合伙人为了解合伙企业的经营状况和财务状况，有权查阅合伙企业会计账簿等财务资料。

第二十九条　合伙人分别执行合伙事务的，执行事务合伙人可以对其他合伙人执行的事务提出异议。提出异议时，应当暂停该项事务的执行。如果发生争议，依照本法第三十条规定作出决定。

受委托执行合伙事务的合伙人不按照合伙协议或者全体合伙人的决定执行事务的，其他合伙人可以决定撤销该委托。

第三十条　合伙人对合伙企业有关事项作出决议，按照合伙协议约定的表决办法办理。合伙协议未约定或者约定不明确的，实行合伙人一人一票并经全体合伙人过半数通过的表决办法。

本法对合伙企业的表决办法另有规定的，从其规定。

第三十一条　除合伙协议另有约定外，合伙企业的下列事项应当经全体合伙人一致同意：

(一) 改变合伙企业的名称；

（二）改变合伙企业的经营范围、主要经营场所的地点；

（三）处分合伙企业的不动产；

（四）转让或者处分合伙企业的知识产权和其他财产权利；

（五）以合伙企业名义为他人提供担保；

（六）聘任合伙人以外的人担任合伙企业的经营管理人员。

第九百七十一条　【执行合伙事务报酬】合伙人不得因执行合伙事务而请求支付报酬，但是合伙合同另有约定的除外。

法　律

⊙《**合伙企业法**》（2006 年 8 月 27 日修订）

第六十七条　有限合伙企业由普通合伙人执行合伙事务。执行事务合伙人可以要求在合伙协议中确定执行事务的报酬及报酬提取方式。

第九百七十二条　【合伙的利润分配和亏损分担】合伙的利润分配和亏损分担，按照合伙合同的约定办理；合伙合同没有约定或者约定不明确的，由合伙人协商决定；协商不成的，由合伙人按照实缴出资比例分配、分担；无法确定出资比例的，由合伙人平均分配、分担。

法　律

⊙《**合伙企业法**》（2006 年 8 月 27 日修订）

第三十三条　合伙企业的利润分配、亏损分担，按照合伙协议的约定办理；合伙协议未约定或者约定不明确的，由合伙人协商决定；协商不成的，由合伙人按照实缴出资比例分配、分担；无法确定出资比例的，由合伙人平均分配、分担。

合伙协议不得约定将全部利润分配给部分合伙人或者由部分合伙人承担全部亏损。

第六十九条 有限合伙企业不得将全部利润分配给部分合伙人；但是，合伙协议另有约定的除外。

第九百七十三条 【合伙人的连带责任及追偿权】合伙人对合伙债务承担连带责任。清偿合伙债务超过自己应当承担份额的合伙人，有权向其他合伙人追偿。

法 律

⊙《**合伙企业法**》（2006 年 8 月 27 日修订）

第二条 本法所称合伙企业，是指自然人、法人和其他组织依照本法在中国境内设立的普通合伙企业和有限合伙企业。

普通合伙企业由普通合伙人组成，合伙人对合伙企业债务承担无限连带责任。本法对普通合伙人承担责任的形式有特别规定的，从其规定。

有限合伙企业由普通合伙人和有限合伙人组成，普通合伙人对合伙企业债务承担无限连带责任，有限合伙人以其认缴的出资额为限对合伙企业债务承担责任。

第三十八条 合伙企业对其债务，应先以其全部财产进行清偿。

第三十九条 合伙企业不能清偿到期债务的，合伙人承担无限连带责任。

第四十条 合伙人由于承担无限连带责任，清偿数额超过本法第三十三条第一款规定的其亏损分担比例的，有权向其他合伙人追偿。

第四十二条 合伙人的自有财产不足清偿其与合伙企业无关的债务的，该合伙人可以以其从合伙企业中分取的收益用于清偿；债权人也可以依法请求人民法院强制执行该合伙人在合伙企业中的财产份额用于清偿。

人民法院强制执行合伙人的财产份额时，应当通知全体合伙人，其他合伙人有优先购买权；其他合伙人未购买，又不同意将该财产份额转让给他人的，依照本法第五十一条的规定为该合伙人办理退伙结算，或者办理削减该合伙人相应财产份额的结算。

公报案例

⊙南通双盈贸易有限公司诉镇江市丹徒区联达机械厂、魏某某等六人买卖合同纠纷案（《最高人民法院公报》2011 年第 7 期）

【关键词】

合伙企业　债务承担

【案例要旨】

在当事人约定合伙经营企业仍使用合资前个人独资企业营业执照，且实际以合伙方式经营企业的情况下，应据实认定企业的性质。各合伙人共同决定企业的生产经营活动，也应共同对企业生产经营过程中对外所负的债务负责。合伙人故意不将企业的个人独资企业性质据实变更为合伙企业的行为，不应成为各合伙人不承担法律责任的理由。合伙企业债务的承担分为两个层次：第一顺序的债务承担人是合伙企业，第二顺序的债务承担人是全体合伙人。《合伙企业法》第三十九条所谓的“连带责任”，是指合伙人在第二顺序的责任承担中相互之间所负的连带责任，而非合伙人与合伙企业之间的连带责任。

适用要点

⊙ 合伙人退伙后合伙债务的承担

为充分保护债权人的利益和交易安全，退伙的合伙人，对其退伙前所发生的合伙债务仍承担连带清偿责任。债务范围限于退伙前发生的合伙债务，这里包括虽然退伙前尚未发生，但是基于退伙前的原因于退伙后发生的债务。退伙的合伙人即便按照合伙合同约定或者合伙人协商一致已经承担自己应当承担的份额，倘若合伙债务仍未全部清偿，仍对合伙债务负有连带责任，但就其清偿的数额超过按份之债部分，有权向未足额承担份额的其他合伙人追偿。当然，如果合伙债权人认可合伙人内部承担债务的约定，则应由约定的合伙人独立承担清偿责任。

第九百七十四条 【合伙份额的转让】除合伙合同另有约定外，合伙人向合伙人以外的人转让其全部或者部分财产份额的，须经其他合伙人一致同意。

法 律

⊙《**合伙企业法**》（2006 年 8 月 27 日修订）

第二十二条 除合伙协议另有约定外，合伙人向合伙人以外的人转让其在合伙企业中的全部或者部分财产份额时，须经其他合伙人一致同意。

合伙人之间转让在合伙企业中的全部或者部分财产份额时，应当通知其他合伙人。

第二十三条 合伙人向合伙人以外的人转让其在合伙企业中的财产份额的，在同等条件下，其他合伙人有优先购买权；但是，合伙协议另有约定的除外。

第二十四条 合伙人以外的人依法受让合伙人在合伙企业中的财产份额的，经修改合伙协议即成为合伙企业的合伙人，依照本法和修改后的合伙协议享有权利，履行义务。

第二十五条 合伙人以其在合伙企业中的财产份额出质的，须经其他合伙人一致同意；未经其他合伙人一致同意，其行为无效，由此给善意第三人造成损失的，由行为人依法承担赔偿责任。

第九百七十五条 【合伙人权利代位】合伙人的债权人不得代位行使合伙人依照本章规定和合伙合同享有的权利，但是合伙人享有的利益分配请求权除外。

法　律

⊙《**合伙企业法**》（2006 年 8 月 27 日修订）

第四十一条　合伙人发生与合伙企业无关的债务，相关债权人不得以其债权抵销其对合伙企业的债务；也不得代位行使合伙人在合伙企业中的权利。

第四十二条　合伙人的自有财产不足清偿其与合伙企业无关的债务的，该合伙人可以以其从合伙企业中分取的收益用于清偿；债权人也可以依法请求人民法院强制执行该合伙人在合伙企业中的财产份额用于清偿。

人民法院强制执行合伙人的财产份额时，应当通知全体合伙人，其他合伙人有优先购买权；其他合伙人未购买，又不同意将该财产份额转让给他人的，依照本法第五十一条的规定为该合伙人办理退伙结算，或者办理削减该合伙人相应财产份额的结算。

第九百七十六条　【合伙期限】合伙人对合伙期限没有约定或者约定不明确，依据本法第五百一十条的规定仍不能确定的，视为不定期合伙。

合伙期限届满，合伙人继续执行合伙事务，其他合伙人没有提出异议的，原合伙合同继续有效，但是合伙期限为不定期。

合伙人可以随时解除不定期合伙合同，但是应当在合理期限之前通知其他合伙人。

法　律

⊙《**合伙企业法**》（2006 年 8 月 27 日修订）

第四十六条　合伙协议未约定合伙期限的，合伙人在不给合伙企业事务执行造成不利影响的情况下，可以退伙，但应当提前三十日通知其他合伙人。

第九百七十七条 【合伙合同的终止】合伙人死亡、丧失民事行为能力或者终止的，合伙合同终止；但是，合伙合同另有约定或者根据合伙事务的性质不宜终止的除外。

法 律

⊙《**合伙企业法**》（2006年8月27日修订）

第四十八条 合伙人有下列情形之一的，当然退伙：

（一）作为合伙人的自然人死亡或者被依法宣告死亡；

（二）个人丧失偿债能力；

（三）作为合伙人的法人或者其他组织依法被吊销营业执照、责令关闭、撤销，或者被宣告破产；

（四）法律规定或者合伙协议约定合伙人必须具有相关资格而丧失该资格；

（五）合伙人在合伙企业中的全部财产份额被人民法院强制执行。

合伙人被依法认定为无民事行为能力人或者限制民事行为能力人的，经其他合伙人一致同意，可以依法转为有限合伙人，普通合伙企业依法转为有限合伙企业。其他合伙人未能一致同意的，该无民事行为能力或者限制民事行为能力的合伙人退伙。

退伙事由实际发生之日为退伙生效日。

第五十条 合伙人死亡或者被依法宣告死亡的，对该合伙人在合伙企业中的财产份额享有合法继承权的继承人，按照合伙协议的约定或者经全体合伙人一致同意，从继承开始之日起，取得该合伙企业的合伙人资格。

有下列情形之一的，合伙企业应当向合伙人的继承人退还被继承合伙人的财产份额：

（一）继承人不愿意成为合伙人；

（二）法律规定或者合伙协议约定合伙人必须具有相关资格，而该继承人未取得该资格；

（三）合伙协议约定不能成为合伙人的其他情形。

合伙人的继承人为无民事行为能力人或者限制民事行为能力人的，经全体合伙人一致同意，可以依法成为有限合伙人，普通合伙企业依法转为有限合伙企业。全体合伙人未能一致同意的，合伙企业应当将被继承合伙人的财产份额退还该继承人。

第九百七十八条　【合伙剩余财产分配】合伙合同终止后，合伙财产在支付因终止而产生的费用以及清偿合伙债务后有剩余的，依据本法第九百七十二条的规定进行分配。

法　律

⊙《**合伙企业法**》（2006 年 8 月 27 日修订）

第八十九条　合伙企业财产在支付清算费用和职工工资、社会保险费用、法定补偿金以及缴纳所欠税款、清偿债务后的剩余财产，依照本法第三十三条第一款的规定进行分配。

第三分编　准合同

第二十八章　无因管理

第九百七十九条　【无因管理的成立】管理人没有法定的或者约定的义务，为避免他人利益受损失而管理他人事务的，可以请求受益人偿还因管理事务而支出的必要费用；管理人因管理事务受到损失的，可以请求受益人给予适当补偿。

管理事务不符合受益人真实意思的，管理人不享有前款规定的权利；但是，受益人的真实意思违反法律或者违背公序良俗的除外。

法　律

⊙《**民法典**》(**总则编**)(2020年5月28日)

第一百二十一条　没有法定的或者约定的义务，为避免他人利益受损失而进行管理的人，有权请求受益人偿还由此支出的必要费用。

⊙《**涉外民事关系法律适用法**》(2010年10月28日)

第四十七条　不当得利、无因管理，适用当事人协议选择适用的法律。当事人没有选择的，适用当事人共同经常居所地法律；没有共同经常居所地的，适用不当得利、无因管理发生地法律。

⊙《**企业破产法**》(2006年8月27日)

第四十二条　人民法院受理破产申请后发生的下列债务，为共益债务：

（一）因管理人或者债务人请求对方当事人履行双方均未履行完毕的合同所产生的债务；

（二）债务人财产受无因管理所产生的债务；

（三）因债务人不当得利所产生的债务；

（四）为债务人继续营业而应支付的劳动报酬和社会保险费用以及由此产生的其他债务；

（五）管理人或者相关人员执行职务致人损害所产生的债务；

（六）债务人财产致人损害所产生的债务。

司法解释及文件

⊙**《最高人民法院关于审理民事案件适用诉讼时效制度若干问题的规定》**（2020年12月29日修正）

第七条 管理人因无因管理行为产生的给付必要管理费用、赔偿损失请求权的诉讼时效期间，从无因管理行为结束并且管理人知道或者应当知道本人之日起计算。

本人因不当无因管理行为产生的赔偿损失请求权的诉讼时效期间，从其知道或者应当知道管理人及损害事实之日起计算。

人民法院案例选案例

⊙**白某某诉刘某某无因管理纠纷案**［《人民法院案例选》2000年第3辑（总第33辑）］

【关键词】

无因管理　离婚　无义务

【案例要旨】

夫妻双方离婚后，一方因另一方身体受伤等原因照顾对方，可构成无因管理。即没有法定的或者约定的义务，为避免他人利益受损失进行管理或者服务的，该管理人如果因此支付了必要的费用或受到实际损失，需要由本人偿付的，这

就在管理人与本人之间产生了一种无因管理之债的关系。

⊙**林某根诉林某泉给付必要费用案**［《人民法院案例选》1998 年第 1 辑（总第 23 辑）］

【关键词】

无因管理　无法定或约定义务　捡拾物

【案例要旨】

行为人没有法定的或约定的义务，捡拾到他人的家畜后进行饲养。在家畜的主人前来认领时，将家畜及其产生的孳息予以归还的，行为人的行为属于无因管理。家畜的主人作为受益人应当向无因管理人支付其实施无因管理行为支出的必要费用。

适用要点

⊙ 受益人真实意思的判断

符合受益人的真实意思进行管理，是指受益人对管理事务曾有过明确的意思表示或者通过其他意思表示可推知其真实意思，而并非必须是受益人对管理人明确表示的意思。若受益人对管理人明示了进行管理和如何管理的意思表示，管理人无异议的，则构成委托合同法律关系，不构成无因管理。如邻居曾明确表示需要修理房屋，但因外出而未来得及进行，在突遇狂风暴雨的情形下，管理人帮他修理。此处，受益人只是表示过需要修理房屋的意思，如果是受益人对邻居明示表示让其代修房屋，管理人与受益人之间就形成委托关系，而不能成立无因管理。当然，管理人在管理事务时，对该事务的日常处理办法亦往往代表着本人的意思，故管理人可以平常人的经验得以推知本人的意思。只要管理人的行为符合常识常情常理，即应当认为符合受益人的意思。需要注意的是，在特定情形下，出于维护社会公共利益和公序良俗的需要，管理人即便违反受益人的意思管理事务，仍构成无因管理。如将因迷信不愿进医院的患者强行送医救治的行为，或者抢救意图自杀的人，虽违反受益人的意思，仍构成无因管理。

第九百八十条 【受益人享有管理利益时的义务】管理人管理事务不属于前条规定的情形，但是受益人享有管理利益的，受益人应当在其获得的利益范围内向管理人承担前条第一款规定的义务。

第九百八十一条 【管理人适当管理义务】管理人管理他人事务，应当采取有利于受益人的方法。中断管理对受益人不利的，无正当理由不得中断。

第九百八十二条 【管理人通知义务】管理人管理他人事务，能够通知受益人的，应当及时通知受益人。管理的事务不需要紧急处理的，应当等待受益人的指示。

第九百八十三条 【管理人事后义务】管理结束后，管理人应当向受益人报告管理事务的情况。管理人管理事务取得的财产，应当及时转交给受益人。

第九百八十四条 【适用委托合同的规定】管理人管理事务经受益人事后追认的，从管理事务开始时起，适用委托合同的有关规定，但是管理人另有意思表示的除外。

第二十九章　不当得利

第九百八十五条　【得利人无需返还利益的情形】得利人没有法律根据取得不当利益的，受损失的人可以请求得利人返还取得的利益，但是有下列情形之一的除外：

（一）为履行道德义务进行的给付；

（二）债务到期之前的清偿；

（三）明知无给付义务而进行的债务清偿。

法　律

⊙《**民法典**》(**总则编**)（2020 年 5 月 28 日）

第一百二十二条　因他人没有法律根据，取得不当利益，受损失的人有权请求其返还不当利益。

⊙《**涉外民事关系法律适用法**》（2010 年 10 月 28 日）

第四十七条　不当得利、无因管理，适用当事人协议选择适用的法律。当事人没有选择的，适用当事人共同经常居所地法律；没有共同经常居所地的，适用不当得利、无因管理发生地法律。

⊙《**企业破产法**》（2006 年 8 月 27 日）

第四十二条　人民法院受理破产申请后发生的下列债务，为共益债务：

（一）因管理人或者债务人请求对方当事人履行双方均未履行完毕的合同所产生的债务；

（二）债务人财产受无因管理所产生的债务；

（三）因债务人不当得利所产生的债务；

（四）为债务人继续营业而应支付的劳动报酬和社会保险费用以及由此产生的其他债务；

（五）管理人或者相关人员执行职务致人损害所产生的债务；

（六）债务人财产致人损害所产生的债务。

司法解释及文件

⊙**《最高人民法院关于审理民事案件适用诉讼时效制度若干问题的规定》**（2020年12月29日修正）

第六条 返还不当得利请求权的诉讼时效期间，从当事人一方知道或者应当知道不当得利事实及对方当事人之日起计算。

⊙**《最高人民法院关于广州中谷投资有限公司与中国银行股份有限公司茂名分行、中国东方资产管理公司广州办事处、顺威联合资产管理有限公司不当得利纠纷一案请示的答复》**（2010年6月25日〔2010〕民二他字第11号）

广东省高级人民法院：

你院粤高法〔2010〕95号《关于原告广州中谷投资有限公司诉被告中国银行股份有限公司茂名分行、第三人中国东方资产管理公司广州办事处、第三人顺威联合资产管理有限公司不当得利纠纷一案的请示》收悉。经研究，答复如下：

我院于2009年4月3日发布的法发（2009）19号《关于审理涉及金融不良债权转让案件工作座谈会纪要》（以下简称《纪要》）的主要目的在于规范金融不良债权转让行为，维护企业和社会稳定，防止国有资产流失，保障国家金融安全。根据《纪要》的精神和目的，涉及非国有企业债务人的金融不良债权转让纠纷案件，亦应参照适用《纪要》的规定。

根据《纪要》关于“国有企业债务人不知道不良债权已经转让而向原国有银行清偿的，可以对抗受让人对其提起的追索之诉。受让人向国有银行提起返还不当得利之诉的，人民法院应予受理”的规定及精神，你院请示案件所涉不良债权受让人应先行向债务人提起债权债务追索之诉，经人民法院生效判决认定债务人或担保人已向原国有银行清偿的，方可对国有银行提起返还不当得利之诉。

以上意见，供参考。

此复

公报案例

⊙**喻某某诉工行宣武支行、工行北京分行不当得利纠纷案**（《最高人民法院公报》2005年第6期）

【关键词】

金融企业　额外收费　不当得利

【案例要旨】

金融企业在发放与行政机关行政管理职责相关的服务性集成电路卡时，违反收费管理办法，向当事人收取工本费以外的费用，构成不当得利。

⊙**王某某与银川铝型材厂有奖储蓄存单纠纷再审案**（《最高人民法院公报》1995年第4期）

【关键词】

没有合法根据　无法定义务

【案例要旨】

转让有奖储蓄存单未对获奖财产权利作出特别约定的，该财产权利归存单受让人所有。单位以奖券顶替职工工资，单位职工是有奖储蓄存单的所有人，因存单而获得利益不属于不当得利。

第九百八十六条 【善意得利人返还义务免除】得利人不知道且不应当知道取得的利益没有法律根据，取得的利益已经不存在的，不承担返还该利益的义务。

第九百八十七条 【受损方的求偿权】得利人知道或者应当知道取得的利益没有法律根据的，受损失的人可以请求得利人返还其取得的利益并依法赔偿损失。

公报案例

⊙**徐某某诉王某某不当得利案**（《最高人民法院公报》1996 年第 2 期）

【关键词】

捡拾物 不当得利

【案例要旨】

没有合法根据，取得不当利益，造成他人损失的，应当将取得的不当利益返还受损失的人。将拾到的他人财物占为己有，属于不当得利。

第九百八十八条 【第三人的返还义务】得利人已经将取得的利益无偿转让给第三人的，受损失的人可以请求第三人在相应范围内承担返还义务。